U0938497

秦漢史講義

增訂版

秦暉 著

中華書局

自序

從「周秦之變」到「漢魏之變」：我的秦漢史教研

1995 年我經張豈之先生介紹，到清華大學歷史系任教授。清華歷史學本來名氣很大，但 1952 年院系調整後變成蘇聯式的工科大學，這門學科在清華就中斷了。我到清華時，該系恢復創設未久，主要人員都是原社科系中國革命史和近現代史基礎課教師。所以，那時系裏搞過中國古代史教研的，基本就我一人。當時歷史系還沒有招收本科生，我除了帶過兩屆研究生外，主要是開設全校性的中國社會經濟史和農民史選修課。到了世紀初歷史系開始招收本科生，上面也要求開設「成套的」歷史系專業課，包括中國古代史的各個斷代史專業課。當時歷史系已經有了唐宋明清的教師，但仍然沒有秦漢這一「斷代」的專家，所以上面就要求我來「補缺」，開設秦漢史專業課。這樣一直到 2009 年侯旭東教授入職清華、我向他交棒為止，我在清華大約教授了七八年的秦漢史課程。這本講義的雛形就是那個時候形成的。

在中國傳統史學的「二級學科」分類中，我是屬於「專史」而非「斷代史」出身的。研究生時期跟隨趙儷生先生治土地制度史和農民戰爭史，當時的重點也放在明清這一時段。20 世紀 90 年代我主要研究的是農民史和農村改革問題。秦漢史本不是我的專業方向，但是在我的學術生涯中曾經多次「聽從組織安排」去從事並非我「專長」的工作，比如參加陝西通史項目承擔宋元卷和這次去教授秦漢史，這倒也並不全是出於「集體主義」或「團隊精神」的考慮。因為我本身興趣比較廣泛，而且在專史研究中也涉及過這些時段，覺得還是有一得之愚可以貢獻，或者更不客氣地說，對該「專業」中流行的一些看法也有些不吐不快的意見，所以還是「義不容辭」或者說是「趣不容辭」地接受了。

我們這一代史學工作者是從所謂「五朵金花」的時代過來的。由向達先生首創的「五朵金花」之說，指 1949 年後中國史學界集中討論的五個問題：古史分期、土地制度、農民戰爭、資本主義萌芽和民族融合。這些討論具有眾所周知的意識形態背景，但即使在這個範圍內也未必一直能夠自由討論，在「文革」時期一度萬馬齊喑、「五朵金花」之後，改革初年又重新綻放，並且發展到最高潮。而隨着思想的進一步解放，進入 20 世紀 90 年代後，「五朵金花」討論就已經不再是史學研究的主流。但是如今回頭看，這種史學作為五四以後傳入的「新史學」中最有影響的一支，在其演變成經學化、神學化的「官史學」之前，曾經確實帶來了中國史學的一大進步。至少在兩個方面，它的突破和後續影響是不可否認的：第一，它把中國歷史納入了全球化的視野，突破了傳統史學除了大中華就只有「四夷傳」的狹隘眼界。第二，它打破了單純敍述王朝興衰、鋪陳人事，而不作制度分析的模式，尤其是打破了「二十四史非史也，二十四姓之家譜而已」的傳統「斷代史」格局，而把制度邏輯、社會演變作為歷史的主線。我以為，我們的思想解放，在摒棄經學化、神學化、官學化的同時，當然不應該再回到「二十四姓家譜」的模式去。如果考慮到當年「新史學」還可以出現《十批判書》這樣的作品，「官史學」就一度只能歌頌「千古一帝」，即便後來學界「革命」而回歸「保守」，淡化意識形態而轉趨西方「學術前沿」，還是盛行「子路頌秦王」與新瓶裝舊酒，就能夠感到一種深深的遺憾。

我早年所治的土地制度和農民戰爭史屬於典型的「金花」史學，而在這派史學無法迴避的「古史分期」問題上，我當時持明確的「魏晉封建論」觀點，視秦漢為「前封建」古典（我從不用當時流行的「社會」概念），因此發表過若干以秦漢橫向比較羅馬、縱向比較隋唐的考證著述。在調入清華前，我在陝西師範大學還開過「古代社會形態學」和「封建社會形態學」兩門選修課。即便 20 世紀 90 年代以後，「世道與心路」都已發生重大改變，我現在的研究早已不再是「金花」模式，也不再以社會形態的概念分析周秦、漢魏之別，但至少在上述兩個方面，當年新史學的影響是不會消滅的。我後來使用的「大共同體」與「小共同體」等概念，也明顯帶有當年新史學的烙印。所以在清華開設秦漢史課時，這些學術經歷便起了很大作用，使我的秦漢史課程與一般「斷代秦漢史」有很大區別。

我假設學習秦漢史專業的學生應該具備通史階段的秦漢史知識，沒有必要花時間再講一遍這四個王朝（我認為前後漢完全是兩個王朝，中間的新朝亦非「僭逆」，秦應為四個朝代）的興衰概要，所以絕大部分課時都用來討論這四朝的制度和觀念演變。尤其是分析「周秦之變」和「漢魏之變」。前者要講清楚中國是何以從「三代」進入帝制的，這對此後的中國產生了怎樣的深層次影響。而後者則要說明這一由四個王朝組成的「第一帝國」如何發生了不同於一般王朝更替的深刻危機，導致秦制後來發生了不同於一般所謂「合久必分」的長時段紊亂，但周制卻復興無望，最終在經歷數百年「中間期」後又走向了秦制框架下的第二帝國。換句話說，我不想花時間給學生講一套「四姓之興亡」的故事，只想在有限時間內梳理一下中華第一帝國時期的「世道與心路」，以給今人提供進一步思考的津樑。我一向認為，中華文明數千年，最深刻的變化就是走進帝制的「周秦之變」和走出帝制的「三千年未有之變」。而且對兩者的認識緊密相關。對前者認識的深淺，關係到後者的成敗；對後者的體驗亦能加深對前者的理解。而在這兩者之間次一等的變化，就是所謂的漢魏之變了。如果本書能夠促進人們對這些變化的討論，我的願望就達到了。

我在清華講授秦漢史雖然年頭不算很長，但當時「超星圖書館」做了全程視頻錄像，據說流傳甚廣，至今海內外仍有不少受眾。當時只是做了課程 PPT，並沒有成書的講義。後來我不再講授這門課，也沒有想到要出版講義。但是，近年來好幾位有心的讀者卻分別根據課程錄像，整理成幾個不同版本的全文本惠寄給我，並與書界的朋友一起，極力鼓動我出版。浙江財經大學的劉志先生還花了大量時間校對引文，去除語病，劃分章節。他們的熱心和奉獻令人感動，也使我覺得出這本書不僅有它的價值，也還要對得起學生、讀者和聽眾朋友們的厚愛。

當然，從我過去寫的秦漢相關論文，到課程開設期間乃至視頻傳播中，各種評價也都存在。贊同的聲音就不説了，批評的意見林林總總，常見的就是説我的秦漢史不合常規，有「以論代史」的色彩。對此我這裏做一點回應：

過去我們的史學界有過「論從史出」還是「以論帶史」的爭論。改革時期由於對過去史學官學化的不滿，「論從史出」受到肯定，而「以論帶史」譏為「以論代史」。這是可以理解的。但實際上，那時用以「代史」的論其實只是一些由「信仰」而未經論證的理論教條，而把中國歷史削足適履地塞進教條編織的框框裏，還要不斷根據上面的需要而改變敍事（比如因「十批不是好文章」的指示而對嬴政先生從大批到大讚），這固然不是合格的「史」，但難道這能叫「論」？其實這種思維不改變，即便換了一套意識形態氛圍，比如不再講「五種社會形態」而改為追隨「國際學術前沿」的「後現代理論」，或者從「反傳統」變成「頌傳統」的「保守主義史學」，那種「教條多而論證少」的弊病也還是存在的。

我們講「史」和「論」的關係，其實就是史料和史論的關係，更一般地説其實就是論據與論證的關係。不光是史學，任何一種實證研究，即既非文藝創作也非單純的價值弘揚，而是一種以事實判斷和邏輯推斷為基礎、講究知識增量的研究，無論自然科學、社會科學還是「人文學科」，都是論據和論證的結合。無據而論，固然是不着邊際的空言，有據無論，也會變成不知所云的廢話。有人説「史料就是史學」「有幾分史料説幾分話」，我是不同意這些説法的。史料不等於史學，就像數據不等於數學、實驗室不等於科學家一樣。但要強調的是：論證是一種自己的合乎邏輯的思維，它不等於引述理論。我們看過去「金花」時代的某些著述，往往看起來也是旁徵博引，不僅史料要「掉書袋」，理論更要「掉書袋」。一篇文章幾十個註，史料引證不多，「經典作家語錄」引證倒是不少。有人説這是「以論帶史」，有人嘲曰「以論代史」。其實這並不是「論」多了，而恰恰是「論」極其貧乏的表現。史學不是神學，也不是經學。離開經典作家，你就不會思考了？

說實話，我受「經典作家」影響也很深。但是除了某些事關知識產權的前人具論外，我是不主張理論上掉書袋的。我的論證主要是自己的思考，當然思考並非憑空，接受各種啟發非常重要。除了「經典作家」的啟發，我認為現實生活的啟發其實是不可少的。例如本書中關於商鞅「壞井田」究竟是國有化還是私有化的問題，關於「鄉舉里選」是怎麼回事的問題，等等，我的一些新見其實都來自生活經歷。看到青川秦《田律》，就使我想起親身經歷過的「山水林田路綜合治理」。而我關於小共同體具有「溫情的等級制」的看法，除了「經典作家」的啟發，其實也來自常識。我相信人同此心，心同此理。很多問題其實並沒有想像的那麼複雜，而是「大人物忽視常識卻迷信教條」造成的。當然常識不一定對，「證偽常識」往往是重大科學發現的突破口，哥白尼就是把「太陽東昇西降，顯然圍着地球轉」的常識證偽，而開創了近代天文學。但是常識可以證偽，卻不能無視。實證研究者哥白尼和一個無視常識而高叫「太陽就是從西邊昇起」的妄人，根本區別就在於此。

當然，研究歷史要靠史料，史料的書袋必須得掉。但是秦漢史在這一點上也不同於其他「斷代」，因為這一時期存世文獻較宋明以後要少得多，沒那麼多書袋可掉。這一時期的研究比近古時期更加倚重考古，但考古資料與文獻相比恰恰是「不自明」的，其意義更加有賴於論證。再就是秦漢史既然很難發現新史料，對前人研究推陳出新就更重要，而與「多一分史料多一分話」相比，對前人研究無論推陳還是出新，也更需要論證。所以秦漢史研究相對於宋元明清而言，其實就是一個論據相對有限、而更倚重論證的領域。當然，作為一個並非治「斷代史」出身的學人，我在秦漢史方面的論證對不對，還是要敬請方家賜正。

這本書在朋友們的催促和鞭策下，以劉志先生整理的《秦漢史》課程實錄視頻文稿為基礎寫成。但從課程錄製到現在，已經過去了大約近 20 年，期間秦漢史研究，尤其是考古資料又有了長足的進展。尤其是張家山竹簡《漢律》的發表、里耶秦簡的發現，以及隴東秦西早秦遺址的發掘，都有重大價值，也出現了許多新問題。我當年授課時這些都還沒有。我歷來主張舊作再版一般不修改，以保存寫作的「時代坐標」。但是這本書不同。一是它過去未出版過，是作為新書出版的。二是當初作為講義是面對學生，現在可能也有這方面的讀者，對學生我應該給他們以與時俱進的知識，而不是提供一個「時代斷面」而已。當年授課時，我的講義是每年都要修改的，現在出書也應該如此。所以這次成書我做了較大的修改補充，篇幅也比視頻記錄稿多了近一倍，至於成效，就期待讀者的批評了。

目　錄

緒論

中國文明史上的秦漢時代

第一節　秦漢：中國第一帝國

在中國的歷史長河中，秦漢是一個獨特的階段。

在世界歷史研究中，很多人對一些重大的文明都會劃分時段。這個時段往往具有這一時期最突出的一些特徵，比如古埃及的歷史，人們就把它劃分成古王國、中王國、新王國這幾個階段，[1]每個階段各包含若干王朝。古王國和中王國之間、中王國和新王國之間，分別叫作第一中間期和第二中間期，也各自包含若干分裂、混亂中的小朝廷。古王國之前還有前王國時期。實際上這樣劃分的依據就是古埃及時期的許多王朝中，古、中、新王國這段時間內統一帝國存在的時間比較長，是一種常態。到了第一中間期和第二中間期，雖然也有王朝，但是就像我們的五胡十六國一樣，短暫且比較混亂，沒有形成那種比較穩定的帝國。

其他文明也是如此，包括瑪雅文明、歐洲文明也是這樣。人們往往說古希臘－羅馬屬於古典時期，或者說古代，後來到了中世紀怎樣怎樣。其實「中世紀」這個詞，它的真正的詞義跟所謂「中間期」基本上就是一回事。很多人認為「中世紀」較之「古典時代」是一個「低落期」，是比較混亂的時代，是介乎古希臘－羅馬和後來的近代民族國家之間的一個比較有特色的階段，現在有人對「中世紀」持有不同的評價，發現有許多亮點，不再認為是「黑暗時代」，這當然可以討論，那是另一個話題了。總之，古典時代之後有一個中世紀。而到了啟蒙運動以後——有的人說甚至是從文藝復興以後，歐洲就進入了一個新時期，逐漸形成民族國家，在此基礎上出現了一整套近代文明。

因此，這個所謂的中世紀、中間期和前面的古典文明以及後來的近代文明也成了一個分段的標誌。很多人還用所謂的第一帝國、第二帝國，第一共和、第二共和這種稱呼。總而言之，我們也可以按這種觀點去看中國歷史。

中國歷史的分期是一個扯不清楚、非常複雜的問題。很多人都注意到秦漢在中國歷史上佔有很重要的位置，之所以重要就在於它是中國歷史上第一次從三代的諸侯林立變成了一個大帝國。在秦漢之前的春秋戰國，就是一個多頭並進、相互爭霸的時期，可以看作「三代」到秦漢之間的一個過渡吧。

而秦漢這個大帝國取得了比較長時期的穩定。雖然秦漢之際、前後漢之際也有兩次「鼎革」之變，但時間都較短，不影響大帝國的制度連續，也奠定了中華帝國後來諸多方面的基礎。而從漢末以後，具體地說就是從「黃巾之亂」以後，中國歷史又進入了一個漫長時段的混亂期。秦漢王朝作為一個比較穩定的大帝國存在的歷史就此結束，中國又進入了一個所謂「合久必分」的階段。

一開始是諸侯割據，然後形成三國鼎立，三國又變為三家歸晉，歸於一統的時間只有短短幾十年，馬上又是八王之亂、五胡入華，中原陷入一場起伏不斷的征戰亂象。一直到公元 581 年隋文帝創立隋朝，之後重新統一。隋唐這一段時間，有人說是中國作為一個大帝國發展的第二個時期，除了隋唐之際短暫的亂世，帝國穩定了約三百年，到了唐末五代又走向分崩離析。其實從安史之亂以後就開始動蕩，統一的唐王朝基本上是名存實亡，各地都是藩鎮割據，你方唱罷我登場，後來發展成為五代十國。

後來北宋雖然統一了，但是統一是不完整的，長期都是所謂的宋遼夏金並峙，還有大理等國家並存，因此有人說這是中國的第二個「中間期」。直到元統一，元明清三代才又出現了統一帝國的復興，而且應該說元明清三代帝國的範圍要比前兩個範圍還大，它自身處在一個擴展的過程中。

縱觀中國歷史，我們把秦漢這個階段，看成是中國歷史上的第一帝國時代，是有根據的，主要就是依據現在研究一個文明的歷史通常用的那種角度。其實，相對於版圖的分合而言，我自己更重視制度的演變。就制度而言這個階段的特點也是鮮明的。與之前的「三代」而言主要就是「周秦之變」，與之後而言就是「漢魏之變」。這是我們關注的重點。

第二節　秦漢史授課的重點

秦漢這個第一帝國本身是一個建構的過程，從前帝國時代也就是從三代到諸侯林立的這一時期，中國由一個亂世逐漸演變產生出一種帝國下的社會形態。這個帝國自然有一整套維護自身穩定的制度安排。這套制度後來又產生了很多問題，以至這些問題不斷積累，使它最終垮台。中國歷史上有很多王朝垮台了以後都出現戰亂，因此有研究者認為中國的歷史是一種以王朝更迭為基本內容的「治亂周期」。從《三國演義》講的「天下大勢，合久必分，分久必合」，到現在有些人講的「亂極生治，治極生亂」，他們認為每一個王朝就是一個周期。但是如果宏觀地看，除了這個周期以外，還有一些更長時段的變化：第一就是這個周期本身並不是一樣的，像我們剛才講過的幾個中間期，往往帝國的穩固性就比較差，這些王朝都比較短，而且幅員也在縮小，內部也不夠穩定。

前述的這三段：秦漢時期、隋唐時期、元明清時期，就顯得比較穩固，它們和其他的朝代就不太一樣。更重要的是，每一段大帝國賴以建立的制度安排和它的一些凝聚力產生的基礎，即使在有繼承的情況下它也有一些不同的特徵，秦漢在很多方面是不同於隋唐的，隋唐在很多方面也不同於元明清。

因此，我們把握秦漢這一段歷史，很重要的一條就是探討第一帝國作為它基點的那些最基本的制度安排是怎麼形成的？它包含了哪些主要內容？這個制度在運作過程中產生了哪些弊病？這些問題的積累又如何導致了第一帝國的解體。

這就決定了我們課堂探討的重點是放在兩頭——「周秦之變」和「漢魏之變」。就像一個扁擔挑着兩個筐。我們並不會像一般的中國史講述那樣，政治、經濟、文化羅列擺開，抑或梳理一個個帝王的繼承關係，而是要探討秦漢這個第一帝國的興衰，這個穩定的而且強大的帝國是怎麼建立起來的，後來它又怎麼垮掉了。至於這個帝國本身的制度運作，我想不論它的合理性還是它的弊病，都可以明顯地從這兩端中看出來。它的合理性，那就是周秦之變何以完成的理由，它的內在弊病，也就是後來發生漢魏之變的理由。

第三節　秦漢史的史料

對於秦漢時代，無論歷史研究發展到什麼階段，無論技術手段如何更新，所謂的「前三史」，或者「前四史」，即《史記》《漢書》《後漢書》以及《三國志》，大概都沒有辦法改變它們是研究這段歷史的基本文獻的事實。

因為這段時間基本上沒有保留下來的野史，或者說很稀少。地方志我們看不到，私家文集基本上也沒有，我們看到的私家文集其實是斷簡殘篇輯起來的，比如清代嚴可均彙輯的《全上古三代秦漢三國六朝文》，大部分也是從正史中一段一段輯錄出來的，實際上並不是真正意義上的文集。秦漢時代很少有個人文集傳世，也沒有地方志，當然也不可能有我們在明清史研究中非常重視的檔案資料。明清檔案在故宮中保留下來很多，主要是清檔，明檔都很少，秦漢更不可能留有檔案。類似於檔案材料的，就是後面要講到的在考古中發現的秦漢簡牘這一類的東西，其中有些材料（如里耶秦簡、走馬樓吳簡等）可以被認為是具有檔案性質，但它的隨機性太強了。

老前輩陳援庵先生說史學家對史料要下「竭澤而漁」的功夫。而如果研究明清史，僅僅從文獻角度講，要「竭澤而漁」是非常非常之難的。明清史料不僅「浩如煙海」，而且明清又和民國年間不一樣，晚清民國印刷術比較發達，雖然史料很多，但是由於有印刷術 —— 不是指雕版印刷，而是現代印刷，致使這些書絕大部分流傳面也比較廣，研究近代或民國歷史，很少存在所謂的孤本、善本、珍本問題，因為當時印刷術已逐漸普及，存世的文獻資料相對多一些。當然個人資料是有「孤善珍」的，比如說蔣介石日記，張學良、閻錫山、何應欽等等都有日記留存，這種「孤善珍」就比較豐富。

我可以講一點，就是民國時期的書雖然多，但是它的主要文獻對圖書館的要求並不嚴。但是明清就不一樣了。明清第一是書多，第二那個時候沒有現代印刷術，很多書都是以善本、孤本、珍本、稿本的方式存在的，研究明清史，不跑大圖書館就很難辦，因為很多史料都只有孤本、善本，僅在全國不多的幾個圖書館藏有。所以有人說研究明清史如果不在北京的話就很麻煩，因為其他地方都不可能看到這些史料，要跑到北京來查一趟資料也很難，「善本」的範圍越劃越大，我們當研究生時「泡」圖書館能看的資料，現在很多都收藏進入「善本室」看不到了，看微縮膠捲又容易導致眩暈，我在北圖（今中國國家圖書館）連續看微縮膠捲一久，就有嚴重的暈車感，只能歇歇看看。

有人說，研究宋元史蒐集閱讀史料，窮一個人一輩子之力，「竭澤而漁」是可以做到的。但是研究明清史是做不到的，當然針對某一個具體的小問題另當別論。由於史料太多，不僅閱讀不完，全面檢索你都做不到，因為沒法錄入那麼多東西，現代電子檢索手段也沒法對付。所以明清史研究任何人恐怕都可以找出新材料，只要你肯下功夫。

但研究秦漢史，文獻相對來講要少得太多太多。不要說比明清，比唐宋都要少得多。根本談不上浩如煙海，「竭澤而漁」很容易做到，因此提出新的見解就很重要。

秦漢史研究也不是說就沒有新材料，這些新材料主要是來源於考古，來源於地下出土材料。曾經有一度吵得沸沸揚揚，說某人家裏藏着一個

《孫子兵法》的珍本，說是世代相傳的。如果是埋在地裏，兩千多年人們都不知道，後來發掘出來了，那就另當別論，比如說開發秦始皇陵發現什麼文獻，是有可能的。但是這個人說，它不是埋在地底下的，而是他們家世代相傳的一個《孫子兵法》的珍本，或者說是傳本。老實說，這樣的東西基本上沒有多少人信，別說專家了，從常識判斷可信程度有多少呢？因為像秦漢時代的典籍，保存了兩千多年而且不是埋在地下後來被發現的，而是一直保存在民間但又不為人所知，以至到現在有人說我藏着一個什麼孤本，這幾乎是不太可能的事情，早十幾輩子，在唐宋時期都算是大事，何以能存到今世無人知曉。

因此，秦漢史研究的史料基本上不太依靠所謂的珍本、善本、孤本、稿本這一類的文獻，除非專門做版本校勘，而且版本目錄學和史學根本就是兩種學問。秦漢史的新材料主要在於地下的材料。應該說這些年來地下的考古挖掘屢次有很驚人的發現，而且往往是一次發現就相當於以前所有發現的總和。像走馬樓吳簡，出土了十萬多枚，一次就超過了此前出土所有簡牘的總和。前些年發現了里耶秦簡，這一次發現的秦簡三萬多枚，也超過了以前的睡虎地、青川這些地方出土所有秦簡的總和。[2]

這種大規模出土的簡牘最近相當多，當然還有最近成為清華驕傲的「清華簡」，一批楚簡入藏清華大學，不過這個和秦漢史扯不上什麼太大關係了。真正和秦漢史關係比較大的，有民國年間出土的河西漢簡，基本上就是甘肅西部地區的，包括疏勒河流域的、額濟納河流域的，後者以前叫作「居延漢簡」[3]，就是漢代河西軍屯地區的這些簡牘。其次就是 20 世紀 70 年代以後發現的睡虎地、鳳凰山、張家山、銀雀山這一批秦漢時期的簡牘，其中尤其是張家山漢簡，它基本上是法律文書，對於漢律研究的作用很大，有了張家山漢簡，我們就基本上能了解漢代的法律制度。[4]從這個方面來講，大家對秦漢史有興趣還是一定要有跟蹤的精神，因為這些出土文物往往會帶來比較重大的發現，同時這也是考驗我們耐心的一件事。所以研究秦漢史和機遇也很有關係，近幾十年秦漢史每一次研究高潮幾乎都是圍繞這些考古發現興起的。

第四節　秦漢時代的重要性

我們之所以重視中華文明史中的秦漢時代，原因之一就是它在中國以及漢民族國家認同和民族認同方面佔重要地位。大家都知道現在西方把中國叫作「China」，「China」這個詞很多人都認為是「秦」諧音過來的，當然此說還是有爭議[5]，但是現在大部分人是這樣說的。因此，我們這個國家實際上是在秦以後被世界認識到的，當然這是指的英文，像俄語中稱呼中國完全就是另外一個說法，叫作「Китай」，很多人說這是和契丹有關。「Китай」是不是契丹也是一個問題，但是很多人認為它和「China」完全是兩回事，反映了很多中亞國家、斯拉夫國家對中國的了解。這個詞的來源其實也有一定問題，可能有的人知道，莫斯科克里姆林宮所在地，傳統上俄文就叫作「китайский город」——中國城。可是這個地方怎麼會叫「中國城」呢？那裏不僅現在沒有華人，古代也沒有華人聚居的記載。所以它的詞源說法也很多，都沒有定論，到底和中國有什麼關係也是說不太清楚的一個問題。

但至少在英語世界中、在世界上的絕大部分地方，中國被叫作「China」，「China」又被大部分人認為就是「秦」的轉音。而我們中國的主體民族到現在還被叫作漢族，這個漢族顯然也是從秦漢帝國時期的漢帝國形成的。

中國人經常以這些歷史上形成的王朝作為自己的族羣識別標誌。在國外，很多中國人被叫作唐人，中國人聚居的地方叫唐人街。但是在國內叫唐人的就比較少了，大部分還是自稱為漢族的。我們周邊的一些國家還有另外一些說法，比如越南按照他們的官方定義，共有五十四個民族，其中華人分為三類（社會主義國家都不太承認跨境民族，比如我們不把境內的越南人叫越族，而叫京族。越南也一樣，不把在越南的漢人叫漢族）：一類叫作華族，這是很晚才移民到他們那裏去的；一類叫作艾族，實際上指的是客家人；一類叫作山由族，是明朝末年開始從中國廣東逐漸遷入越南的人的後代（有人說他們與畲族有淵源關係）。越南歷史上還有一個稱呼——「明鄉人」，指的是明代到越南去的一批中國移民及其後代（主要是漢人）。但是不管怎樣，至少我們自己，最常見的稱呼、自稱還是漢人。因此，秦漢時代在我們民族和國家認同形成的歷史中是佔有很重要地位的時代。

三千年來中國的歷史發生了很多變化，而其中最大的變化在哪裏呢？又是在什麼時候呢？

學術界有一個共同的觀點，就是認為近代以來中國面臨的變化是前所未有的，所謂「三千年未有之大變局」（李鴻章語）。我們現在面臨的變化的確是前無古人，這一點是應該成立的，但是這個變化到現在也沒有結束，我們還不知道它最終會變成個什麼樣子。

在此之前，中華文明曾經有相當的穩定性，而在這之前的另外一個變化發生在什麼時候呢？曾經有過一個時期，尤其是晚清，河南殷墟的甲骨出土以後，很多人覺得看到了一個新天地，於是王國維先生有一句話，叫作「中國政治與文化之變革，莫劇於殷周之際」[6]。他非常強調殷周之間的這個變化，而且認為這個變化是最根本性的變化，殷周以後，所有的其他變化都比不過它。

以王國維先生為代表的一些研究殷商史的人，他們經常講殷、周有多大多大的區別，比如說周人主要是拜祖先的，但是殷人鬼神的觀念就很強烈。甚至曾經有人一度認為殷和周乾脆就是兩個文明，兩個民族，甚至有人說是兩個種族。[7]有些人就把「小邦周克大邑商」這樣一個過程，類比為西方羅馬帝國末期的蠻族征服，認為西周是一個蠻族，它滅掉了類似於羅馬帝國一樣的殷商帝國，引起了一場非常大的變革。大家知道，蠻族入侵毀滅了羅馬帝國，這是西方歷史上非常重要的篇章，也是古代和中世紀的分界線。因此有些人就說，這個變化的意義非常大，甚至認為這就是「奴隸社會」和「封建社會」的分界。所謂的「西周封建論」就來源於此。以前經常有人說西周是封建制的，殷商是奴隸制的。[8]

這種說法隨着甲骨文的出現曾時興一時，在此之前人們並沒有這種概念，在這以後人們也逐漸不這樣認為了。以前人們經常講的是「三代

（夏、商、周合稱）」如何如何，尤其是中國的儒家一直把三代看作是比較相近的一個時代，就是所謂的「殷因於夏禮，所損益可知也；周因於殷禮，所損益可知也」。[9] 直到春秋戰國，有些人認為社會不行了，於是禮壞樂崩，「高岸為谷，深谷為陵」[10]，出現了一個很大的變化，以至到了以後，這個觀念仍然根深蒂固，人們認為三代是一回事，三代之後又是一回事。而且很多人都懷念三代，說那才是中國的一個理想時代，以後就一代不如一代了，認為後世人心不古、世風日下。顯然這些人認為「周秦之變」是一個關鍵點。

所謂「殷周之變」十分重要，大概是王國維先生開創的一個觀念，雖然後來還有很多人附會，但是這個說法到了改革開放以後就逐漸淡化消散了。很重要的一個原因是，20 世紀 70 年代出土了很多周原甲骨。以前我們只知道殷商有甲骨，西周好像我們只看到有金文，而且我們看到的金文往往時間比較晚，「后母戊」（以前誤寫為「司母戊」）那樣的殷金文沒見過。周原甲骨更不知道。一看殷甲骨，確實與周金文大不同，有點「劇變」的樣子。

但周原甲骨發現後大家的看法就改變了。周原甲骨大部分是先周的甲骨——所謂「先周」就是滅殷之前、與「商朝」並存作為諸侯的「周」。人們往往有這樣的分期，就是到了周滅掉殷以後，作為一個王朝的周，就分為早周、晚周；類似秦、漢被視為一個「朝代」。但是它們的王室在統一以前作為一個諸侯國就存在了，比如「先秦」就有秦國（其實「先漢」也有漢國，就是項羽把劉邦封在漢中當個諸侯，當然時間很短、地方又小，歷史上基本不提這個「先漢」）。而產生周原甲骨的這個國家，我們一般把它叫作先周，就是沒有滅掉商以前，作為一個諸侯國或「方國」的周。現在我們看到的周原甲骨就是那個時候的。

對於周原甲骨的認識，人們有一點是明確的，就是這些甲骨是周人刻寫，並非殷地移來。而與殷墟甲骨相比雖然片小字少，不夠「發達」，但文字相同，並非「外文」，所以殷周其實文化上是一體的，文字系統完全是一樣的，基本上不能視為兩個文明。這當然就不存在周克商是蠻族征服的問題，和日耳曼人與羅馬人的關係完全不能等同。

簡單說，現在研究者們認為殷周之間的差異，比我們以前想像的要小，尤其是比王國維那個時候想像的要小。其實早在周原甲骨發現之前，甲骨學家、古史學家胡厚宣就撰文指出：「蓋今人每以中國文化之變革，莫劇於殷周之際，中國一切傳統的文化禮制，大半皆由於周公之制禮。據吾人觀之，周起西土，在早期幾無文化之可言，及入主中土，乃全襲殷商之文化，幾乎無所變革，故殷與西周實為一個文化單位，其劇變不在殷周之際，乃在東周以來。」[11] 後來郭沫若引入蘇聯「奴隸社會」之說並指殷墟人殉為奴隸社會之證後，有人又想起了王國維的「殷周劇變論」，便把奴隸社會和封建社會的界線劃在殷周之間。但現在一邊是周原甲骨支持殷周文化一體，一邊是「五種社會形態」論式微，所以現在古史分期討論中，強調商代是奴隸社會、西周是封建社會的觀點的人也比較少了。

而強調周與秦的區別，強調春秋戰國之交中國發生了非常深刻的變化，這個說法古已有之，現在影響還是相當大。儘管變化的內容有不同的理解。在以郭沫若為代表的那個史學年代，人們把這個變化套入了「五種社會形態依次演進」的意識形態框架中，說春秋戰國之際中國出現了從奴隸社會到封建社會的演變，這個說法的意識形態背景現在很少有人提了。但是憑直觀的感覺，學術界多數人仍然相信，春秋戰國之交中國發生了一個很大的變化——把它叫作什麼社會變成什麼社會、給一個形態學的稱謂，可以見仁見智。但有一點應該還是靠得住的，那就是三千年內，中國發生的最深刻的變化大概也就是周秦之變。經此一變後，接下來再一場可以與之相比擬的劇變，可能就是從晚清到我們現在面臨的這個時代，除此以外沒有哪個時代能有這樣巨大而深刻的變化。當然，漢—魏之變、(北)魏—隋之變、唐—宋之變也是有的，但都沒有周秦之變那麼厲害。

很多人都說，世界歷史上有三大軸心文明，經過百家爭鳴逐漸形成文明的主流價值觀，大致上一個是古希臘時代，一個是所謂印度的列國時代，還有一個就是中國的春秋戰國時代。經過一段各種學派的交流和爭鳴，最終進入到一個比較穩定的時期，就是獨尊某某的時期，於是便構成了以後文明的基本框架。秦漢顯然就是由軸心文明過渡到一個比較穩定的文明的這樣一個時期。因此在中國的縱向歷史發展中，秦漢帝國具有一個特殊地位，它的一些標誌性的實質內容在今天仍能看到。

在世界文明中，現在人們也往往公認，在公元前後的這幾百年中，世界各地存在着各種各樣的文明，但是其中對後世影響最大、輻射力也最強的就是歐亞大陸兩端的，以秦漢帝國和同時期的羅馬帝國為代表的這兩大帝國。因此在世界史的範圍內，做秦漢史和羅馬史的比較研究一直是一個很熱門的領域，尤其是所謂的「魏晉封建論」[12]這一支，更是把秦漢和羅馬當作「等值」的兩個對象。在社會經濟層面，人們發現的共同點就更多了，比如説城市的興起，貨幣制度的演變，甚至還有人得出了這麼一個研究結果：有人曾經統計過羅馬帝國的黃金擁有量和漢帝國的黃金擁有量，據説兩者幾乎一模一樣，大概都是一百七十多噸。[13]而且這兩個國家在經濟發展中也的確出現了一些可以類比、十分相似的問題，比如羅馬帝國一度使用黃金作為貨幣，成為一個很突出的現象，但是到了中世紀早期，出現了一個懸而未解之謎——「黃金消失之謎」，或者説「金幣消失之謎」，中世紀初期這些黃金好像一下子都不見了。漢代其實也有這樣的現象，也有所謂的「漢金消失之謎」，漢代大量使用黃金，但是漢以後黃金好像不見了。尤其從稱呼上，漢代提到黃金一般都是説多少斤，漢以後就變成多少兩了，這也是很有意思的一個對比。[14]

但值得注意的是，現在羅馬文明在地面上的遺跡到處都有，不要説羅馬都城那規模宏大、至今林立的競技場、凱旋門、萬神殿、輸水道，就是在羅馬帝國疆域所及的中東、北非，甚至萊茵河、達西亞、兩河流域北部乃至不列顛那樣當時在羅馬帝國算是非常邊遠的地方，凡是歷史比較悠久的城市裏都可以看到古羅馬時期神廟的遺跡、大劇場的遺跡、各種各樣公共建築的遺跡。[15]

但是漢代的公共建築，現在我們基本上都見不到了，大概只有四川、河南、山東還保留下幾個所謂的漢代石闕，這是我們現在唯一能夠看到的在地面上留下來的漢代建築。而且似乎不僅現在如此，從著名唐詞《憶秦娥》所謂「西風殘照，漢家陵闕」等語看，唐宋時漢代地面遺存就已經不過如此。應該承認在建築技術上恐怕秦漢帝國和羅馬帝國差距是非常大的。我們雖然是文明古國，但是明清之前地面上的建築保留下來的非常少，或許也與建材的石質和磚木之別有些關係吧。至於其他原因我們在這裏就不展開了。我們的文明遺存主要表現在墳墓等地下發掘出來的東西。

但如果單純就農業文明本身而言，我覺得中國秦漢時代應該遠遠超過當時的希臘－羅馬，如果我們以土地利用率，或者是複種指數來衡量的話。羅馬時代的農業文明應該說也相當發達了，但如果跟同時期的中同相比的話，至少土地生產率就不會比中國高。當然，勞動生產率就不一定。中國農業一直有精耕細作的傳統，這一點就是從秦漢時期開始的，後來也一直延續。即使在中國被認為是「東亞病夫」所謂落後了的近代，我們的土地畝產量也還在世界上數一數二，只不過人均佔有量很少，勞動生產率那時已經遠遠落後了。

有人曾經做過這樣的對比，說漢朝最盛時，也就是西漢末，有近六千萬人口，當然這是戶籍統計數字了，加上「浮遊無籍」「不書名數」的黑人黑戶，實際人口應該超過這個數字。而羅馬帝國興盛的時候，就是在圖拉真、哈德良的時代，現在比較流行的說法是，羅馬帝國的人口達到峰值，有一億左右。[16] 考慮到兩邊統計都有模糊，應該說大體相當。到了中世紀，兩邊人口當然就都掉下來了。中世紀在前羅馬帝國盛世疆域內的人口，早期大概在六千萬左右。東漢以後中國人口（漢朝疆界內）也明顯下降，此後一直到宋朝很長一段時間，至少在戶籍統計上中國人口都沒有恢復到西漢末的水平。

漢代與古羅馬的城市都有過很大的發展。漢長安城的人口，據有些研究者說，大概有三十多萬。在西方，對羅馬城的一個通常的估計是，羅馬帝國和平時期的人口一度達到過一百萬。與許多估算出來的古代數據一樣，這些都有爭議。沒有爭議的是城牆內面積，由於遺址清楚，一量便知：漢長安城內有 34.39 平方公里，羅馬（奧勒留城牆）內面積為 13.86

平方公里，只有漢長安的 40%。

但是作為典型的「秦制」城市，考古和文獻都證明漢長安城內 70% 以上的地面都是大型宮殿和官署，居住密度很低，民居與市場多在外郭。而羅馬城內大都是民居、商業設施和公共建築，人口密度要大得多。西漢末年人口最盛時戶籍統計，長安人口有 24.62 萬，[17] 有人認為這只是城內納稅民戶，加上不納稅也不計入戶籍的宮廷及其服務人員和軍人等，應當有四五十萬。這是有道理的。不過長安城內既然絕大部分面積都是宮殿，其餘最多不過 10 平方公里的空間不可能容納 24 萬平民，所以這個數字應該是包括了郭外郊區（但不含陵邑、屬縣）的總人口。古羅馬的數字則是根據當時嚴格的貧民糧食配給制度（Cura Annonae）按比例推算，也有相當可信度。但同樣，不到 14 平方公里的奧勒留城牆內即便沒有大型宮殿，也容不下百萬居民，所以應當也是包括了郭外郊區。

換句話說，不同的統計方式換算成可比口徑，羅馬的城市規模還是明顯大於漢長安。當然，重要的區別還不在於規模，長安的森嚴空闊與羅馬的熱鬧繁華，完全是兩種截然不同的城市類型和人文景觀。

秦漢和羅馬帝國之後，這兩個地方都出現了城市衰落的現象。一直到了隋唐以後，中國才出現了二度的大城市崛起。而在歐洲，羅馬帝國之後，就大城市而言，顯然西方是遠遠不能望中國之項背的，像唐長安、宋開封那樣的超級城市在西歐中世紀是沒有的，即便中國之外，像薩珊波斯的泰西封、阿拉伯帝國的巴格達這些東方帝國的大城市規模也遠超中世紀西方。但是關鍵在於，這種東方帝國城市與西方城市的類型差異，早在秦漢—羅馬時代就存在了。

還有人做過秦漢和羅馬的農書的比較，秦漢時代出現了幾本農書，比如《氾勝之書》《四民月令》等，羅馬也出現了所謂三大農書，就是加圖、瓦羅和科路美拉寫的，翻譯過來都叫《論農業》，英文都叫「On Agriculture」。這三本書有人曾經分析過，說它們有一個共同的特點，就是都談到農業經營方式的盈利性，尤其是科路美拉，關於不同作物的最佳經營規模、地租利息和利潤的比較都有涉及。而秦漢農書趨向於精耕細作的技術方面，卻不太談盈利。

當然，第一帝國的歷史地位，不僅可以從橫向比較，也可以從縱向比較來看。「上古」世界的秦漢與羅馬帝國，似乎很難比誰更「發達」。但是「中古」的世界上，歐洲中世紀在大部分時間內明顯不如中國的唐宋帝國，無論就農業和城市規模，還是就當時旅行家的觀感，這都是不爭的事實。但是唐宋與秦漢相比如何？這就有點微妙。國外（包括西方和日本）有所謂「唐宋變革論」，認為宋較之於唐是個大進步。就直觀來看，宋代城市不僅人口多，而且性質進化。熙熙攘攘的「街市」與唐代森嚴的「坊市」相比，確實有點「近世」和「中世」之差的感覺。但是漢唐之比就不那麼好說。至少就商品貨幣關係的發達而言，漢代的「古典商品經濟」高峰，「盛唐」似乎並未超越。本書最後一章要討論這一點。

秦漢與羅馬帝國如果各有高下，隋唐帝國又明顯比同時期的歐洲發達，但與漢相比卻很難說有什麼超越。這在邏輯上就意味着：同一時期的歐洲，尤其是西羅馬帝國故地發生了大倒退，以至於並不明顯超過漢帝國的隋唐，卻明顯地超過了中古早期的歐洲。這本來是傳統的歐洲中世紀「黑暗時代」說也認可的。

但是近幾十年來西方的中世紀史發生了「革命性變化」，主張與羅馬帝國連續性的「羅馬派」取代認為「蠻族征服」帶來「黑暗時代」的「日耳曼派」成為主流，晚期中世紀領域的「早期近代化」和「早期工業化」之說也方興未艾，這麼一來，中世紀「黑暗時代」之說似乎已經過時。但是，這與我前面說的邏輯推論又是相矛盾的。所以我覺得，無論中國、西方還是其他地方，發展進程都需要有個全球視角。西方的「中世紀史革命」能不能站得住腳，恐怕還得進一步在全球視野中驗證。研究中國「第一帝國」歷史的意義，也就不限於中國史，更不限於所謂「斷代史」領域了。

因此，不管是相同還是相異，我們文明的框架實際上在秦漢時代就已經基本奠定了，所以認識中國，認識我們這個文明，秦漢是一個繞不過去的重要時代。

註釋：

1　也有別的劃分法和階段，如第三中間期、晚期王國等。

2　從書寫材質面言，寫在竹片上的為「簡」，寫在木片上的為「牘」，連稱「簡牘」，還有寫在帛上的，主要是典籍，故稱「帛書」，又有「簡帛」之連稱。四川省青川縣出土的是木牘，一般稱為「青川木牘」。

3　額濟納河流域（包括今甘肅金塔縣和內蒙古額濟納旗地區），為古居延地區（漢代設張掖郡居延縣），故此處發現的漢簡稱為「居延漢簡」。1972—1986 年此地又出土近 2 萬枚漢代簡牘，稱為「居延新簡」。

4　2018 年荊州胡家草場墓地出土了一批西漢簡牘，共 4642 枚，是迄今單座墓葬出土簡牘數量最多的一次，也是出土漢律種類和數量最多的一次，約 3000 枚，並首次發現漢令典。這批漢簡將繼張家山漢簡後進一步推動對漢律的研究。

5　例如，著名語言學家鄭張尚芳先生就認為梵文 Cina（支那）、英語 China 等，源自北方草原民族對春秋時期北方晉國之「晉」音譯，類似下文提到的俄羅斯將中國稱為「契丹」。鄭張尚芳：《「支那」真正的來源》，載《胭脂與焉支》，上海：上海教育出版社，2019 年，第 1-5 頁。

6　王國維：《殷周制度論》，《觀堂集林》第 10 卷，見謝維揚、房鑫亮主編：《王國維全集》第 8 卷，杭州：浙江教育出版社，2010 年，第 302 頁。

7　傅斯年在《夷夏東西說》這一名文中就提出，夷與殷商屬於東系，夏與周屬於西系，見傅斯年：《民族與古代中國史》，上海：上海三聯書店，2017 年，第 67 頁。著名考古學家張光直先生對商人人種與起源的探討，見張光直著，張良仁、岳紅彬、丁曉雷譯，陳星燦校：《商文明》，北京：生活·讀書·新知三聯書店，2019 年，第 367-388 頁。關於商周的族羣起源，歷來眾說紛紜，參見張國碩：《夏商周三族起源研究述評》，載《中國史研究動態》1996 年第 10 期。通過考古發掘，人骨體質類型、古 DNA 的研究對於商周人的族屬、人種提出了一些新的解釋，例如：朱藍《關於殷人與周人的體質類型比較》，載《華夏考古》1989 年第 1 期；賀樂天、劉武：《殷墟青銅時代人羣顱骨表型的數量遺傳學分析》，載《科學通報》2018 年第 1 期。

8　「西周封建說」的首倡學者為呂振羽，參見呂振羽：《史前期中國社會研究》，石家莊：河北教育出版社，2000 年。其他贊同並主張此說的學者有：吳玉章、范文瀾、翦伯贊、楊向奎、徐中舒、王玉哲等。

9 《論語・為政》。

10 《荀子・君子篇》，語本《詩・小雅・十月之交》。

11 胡厚宣：《甲骨學商史論叢初集》，石家莊：河北教育出版社，2002 年，第 79 頁。

12 持「魏晉封建論」主張的學者有尚鉞、王仲荦、何茲全、唐長孺、趙儷生等。關於中國古史分期的爭論，可參閱：詹子慶主編：《中國古代史參考資料》，北京：高等教育出版社，1987 年，第 485-490 頁；朱紹侯：《中國古史分期討論與中國史研究》，載《史學月刊》1998 年第 6 期；趙文亮、雷戈：《改革開放年代的中國史學》，長春：吉林人民出版社，1999 年，第 118-125 頁；張廣志：《中國古史分期討論的回顧與反思》，西安：陝西師範大學出版社，2003 年。

13 貨幣史學家彭信威曾比較：「公元初前後中國和羅馬這兩大帝國的黃金財富。王莽死時政府所儲黃金以七十匱計算，計七十萬斤，約合十七萬九千二百公斤，這數字可以代表中國政府在第一世紀的儲金量。羅馬帝國的貴金屬儲備量據估計約值一百億金馬克。其中金銀數量大約相等，這樣就可以算出羅馬帝國的黃金儲量是十七萬九千一百公斤。和中國可以說完全相等。這是一個有趣的巧合。」彭信威：《中國貨幣史》，上海：上海人民出版社，1958 年，第 85-86 頁。

14 可參閱秦暉：《漢「金」新論》，載《歷史研究》1993 年第 5 期。

15 近年流行「西方偽史」說，稱那些驚人的大石頭建築都是近代西方偽造的假古董，甚至若干「教授」也宣講這種無稽之談。其實在今天土耳其、敘利亞等奧斯曼故地，希臘—羅馬時期的石頭古城廢墟星羅棋布，很多都籍籍無名，或者近年才嶄出風頭。「西方」能化如此力氣造這些無名之物卻不加宣傳？更何況誰不知奧斯曼帝國與西方為敵五百年，西方何能在敵國境內大興土石，搞這麼多、這麼大的「偽史」工程？

16 Scheidel, Walter. "Population and demography". Princeton/Stanford Working Papers in Classics (April 2006). p. 9; Hanson, J. W.; Ortman, S. G. "A systematic method for estimating the populations of Greek and Roman settlements". *Journal of Roman Archaeology*. 30 (2017): 301-324.

17 《漢書》卷 28 上《地理志》，北京：中華書局，1962 年標點本，第 1543 頁。

第一章

周秦之變：從族群社會到編戶齊民（上）

——小共同體本位的周制與儒家思想

第一帝國秦漢時代很重要，前面講過對於它的重要性以前有過爭議。孔子乃至孔孟以後的儒家傳統一直認為，周秦之變很重要。孔子說「殷因於夏禮，所損益可知也。周因於殷禮，所損益可知也」，而如今則是「禮崩樂壞」。「三代」為盛世，此後則求「小康」而不可得，這是儒者主流的看法。到了晚清民國之際曾經有過一段時間人們好像不以為然，認為殷周的變化更大，但是，現在這種說法已經式微，又回歸原來的說法了。因此，我們還是相信中國變革莫劇於周秦之際，除了我們當代面臨的變革以外。

第一節　對周秦之變的評價

即使人們都承認這個時期發生了很大的變革，然而無論就事實判斷還是價值判斷，在承認這段時間社會發生了劇變的人們中間，也有很多不同甚至截然相反的判斷。

不說別的，就政治立場而言，在當時很多方面都比較接近的人中，對周秦之變的判斷也往往是截然相反的。比如晚清的康有為和譚嗣同，這兩個人是戊戌變法時期的「戰友」，譚嗣同「絕命詩」講「去留肝膽兩崑崙」，他自認為兩人（或者去留的兩撥人）是肝膽相照的。但是他們對秦漢開創的時代，評價幾乎截然相反。

在戊戌變法以前，譚嗣同的觀點是「二千年來之政，秦政也，皆大盜也」，說秦以後就是強盜政治，秦以前中國還是一個比較君子的時代。「二千年來之學，荀學也，皆鄉愿也。」[1] 什麼叫「鄉愿」呢？

大家都知道《孟子》中經常提到鄉愿，而且孟子認為鄉愿是最壞的一種人。[2] 這個「鄉愿」，當時是作為「鄉紳」的對立面而言。所謂「鄉紳」就是正直知識分子，比較有自己的價值追求。荀子說這種人應該是「從道不從君」[3]。即我們有我們的道德標準，我們不是以君主的好惡作為標準的。我們遵循自己的道德標準，並不盲目服從君主，一旦君主無道，我們當然可以起來反對他。

而至少在思孟學派[4] 看來，荀子這一派的人，就是沒有自己的道德立場，上面左他也左，上面右他也右，「牆頭草兩邊倒」，缺乏自己的獨立人格，趨炎附勢，完全是一種奴才式的人。這些人叫作「鄉愿」。如果按照譚嗣同的說法，秦以後簡直就糟透了，政治變成了強盜政治，做學問的人變成了御用文人——就是那種揣摩上意，趨炎附勢，上面想聽什麼就說什麼，完全沒有自己立場的人。而且這兩者互相利用，按照他的話說：「惟大盜利用鄉愿，惟鄉愿工媚大盜，二者交相資」[5]，於是就把孔孟的這些精神徹底給顛覆了。

康有為應該說是譚嗣同的老師，也是戊戌變法時候的同道。十幾年以後，康有為曾在民國初年講了一番話，幾乎和譚嗣同講的完全相反。按照康有為的說法，秦漢以前是一個封建社會，也就是人有貴賤之分，有些人是貴族，有些人是賤人，總而言之那個時候是有身份等級之分的，秦漢最明顯的標誌就是廢封建。

> 吾中國自漢世已去封建，人人平等，皆可起布衣而為卿相。雖有封爵，只同虛銜；雖有章服，只等徽章；刑訊到案，則親王宰相與民同罪；租稅至薄，今乃至取民千分之一；貴賤同之，鄉民除納稅訴訟外，與長吏無關；除一二儀飾，黃紅龍鳳之屬，稍示等威，其餘一切，皆聽民之自由。凡人身自由，營業自由，所有權自由，

> 集會、言論、出版、信教自由，吾皆行之久矣。近者疍丐、樂戶，倡優、皂隸，併與解除，奴婢亦禁買賣矣；專制之朝，龍鳳黃紅儀飾之等，又皆免除矣。法大革命後，所得自由、平等之權利，凡二千餘條，何一非吾國人民所固有、且最先有乎？[6]

大家知道，此「封建」的概念跟我們後來講的「封建社會」，完全是兩回事。我們後來講的封建社會是按照意識形態的說法，說這個社會存在着地主，地主剝削佃戶，租佃關係很發達，這就叫「封建社會」。反封建要搞土地改革，廢除租佃制。古漢語中的「封建」則完全是另外一個意思，指的就是「封邦建國」。那時社會上有很多領主，每個領主都有自己的依附者，八百諸侯、萬國來朝，天下不太統一。每個諸侯國當然都是各有其主，諸侯下面都有家臣、國人。

歐洲的中世紀，我們也把它翻譯成「封建」，實際上就是 feudalism，feudalism 在這一點上倒真是和古漢語講的那種狀態有點相似。歐洲中世紀有一句諺語，叫作「沒有一個人沒有主人」，當然反過來說，對主人也是這樣，「沒有一個主人沒有附庸」。或者對於附庸來講，所有的人都有主人；對於主人來講，所有的人都有附庸。也就是說歐洲中世紀是一個有很多主人，每個主人各擁有一批附庸的那樣一個時代。其實中國封邦建國的周代也是這樣。

可是按照康有為的說法，秦漢以後就不是這樣了。貴族制、封建制被取消了，變成了大一統的專制帝國，皇帝以下所有的人都平等，都是臣民。因此他說「自秦漢已廢封建，人人平等，皆可起布衣而為卿相」。[7] 這的確是秦漢以後的不同點，秦漢以前號稱世卿世祿，權力需要有家世淵源，貴族掌權。到了秦漢以後貴族制就變成了官僚制。所謂「官僚」，就是皇上喜歡就可以提拔，不喜歡就可以罷黜。用我們今天的話講，就叫作「國家僱員」，既然是僱員了，我可以用，也可以不用，這完全和以前的貴族不一樣。「皆可起布衣而為卿相，雖有封爵，只同虛銜；雖有章服，只等徽章；刑訊到案，則親王宰相與民同罪」等等，他講了很多秦漢之後如何如何平等。最後講到什麼地步呢？說除了皇帝要管的地方以外，其他一切聽民自由，凡人身自由，營業自由，所有權自由，集會、言論、出版、信教自由，秦漢以後都有了。法國大革命所得自由平等之權利，凡兩千餘條，所有的我們以前都有了，而且都是秦始皇帶給我們的。同樣都是對秦漢開創的時代，怎麼會有這麼大的評價差異呢？

其實這種差異是一個價值立場，就事實判斷而言，很多人都認為發生的變化事實是一樣的，只是有的人認為這是好事，有的人認為這是壞事。對同樣的事實判斷，人們可以得出不同的價值評判，或者說即便同樣的價值評判，人們也可以基於截然相反的事實。大家知道毛澤東對秦制也是高度評價的，在這一點上他和康有為是一樣的，都認為秦始皇了不得，是千古一帝。[8] 毛澤東與康有為一樣對秦始皇評價很高，但是他們的理由是截然不同的。康有為看到的秦制好就好在實現了所謂自由平等，和法國大革命以後的情況差不多。到底是不是，我們姑且不論。毛澤東欣賞秦始皇，欣賞什麼呢？欣賞秦始皇敢於搞「先進階級專政」和「鎮壓反革命」。康有為也欣賞秦始皇，欣賞秦始皇搞的自由平等，而毛澤東恰恰相反，他欣賞的是秦始皇的「革命專政」。而這又恰恰是譚嗣同最反感的。可見，同樣欣賞秦始皇的兩人，欣賞的理由相反。而同樣看到這一理由的兩人，卻一個因此欣賞，一個因此厭惡。

我們看到一個很有趣的現象，同樣的事實判斷可以得出截然不同的價值判斷；同樣的價值判斷，也可以依據好像是截然相反的事實。但是我們可以想一下這些截然不同的東西，是不是背後也有一些共同性呢？講得簡單一點，康有為說秦始皇開創了一個自由平等的時代，而譚嗣同說秦始皇開創的是一個暴力的時代，或者說是一個強盜的時代。這兩者是不是同一件事的兩個方面呢？我們可以設想在先秦所謂封建時代，它的主要特徵就是社會上有很多主人或者說是領主、封建主，或者說是「小邦君」。每個主人都有自己的一批依附者，顯然這個主人是貴的，依附者是賤的，這個時候是有等級制的，是有尊卑之分的。而秦制的確做到一件事情，就是把所有的領主都給消滅了（至少理論上如此），把領主制變成了官僚制。

從秦始皇以後，可以這樣講，貴族和平民的差異性縮小。即使不能說完全消失，但至少是貴族下降了，以後的貴族也不是原來意義上那種貴族。所有人都成了皇帝的奴才，奴才有時甚至成了一種資格。比如像清朝，在現存清宮檔案中有大量的奏摺，誰能夠對皇帝自稱「奴才」，這是要有規定的。一般的漢族大臣向皇帝上奏，只能說「臣某某」，比如林則徐，他就要說「臣林則徐啟奏皇帝陛下」，只有滿族親貴琦善、穆彰阿這些人，他們給皇帝上奏才可以說「奴才琦善啟奏皇帝陛下」「奴才穆彰阿啟奏皇帝陛下」，敢稱「家奴」者一定是滿人而且是關係很親密的人，不是誰想當奴才都可以當上的。如果不是滿族親貴，哪怕像林則徐那樣官至正二品，即使是頗受重視，也頗有權力的人，也不配當「奴才」。能夠當奴才，那要有一定的資格。不是滿族人，要當奴才，人家還不認，你只能當臣。的確可以說，從皇帝之下皆奴才這一點講，是平等了。

秦漢以後的制度基本上就是以官僚制取代了貴族制，這一點是比較明顯的。把周代所謂的「天有十日，人有十等」（語出《左傳．昭公七年》）那樣一種貴賤分層的制度變成了一種「爾等皆為奴」這樣的制度。從這個角度講，說實現了一種「平等」，至少相對而言比以前毫無疑問是平等了。雖然彼是一個宰相，爾是一個引車賣漿者流，至少在一點上是平等的，那就是皇帝要殺你和殺他是一樣的，想殺就殺了，沒有什麼兩樣。皇帝要提拔誰也沒有人能阻攔，比如百里奚、呂蒙正，皇上一旦看重，就可以做到「布衣卿相」。

但是這樣的一種平等，是使大家都變成貴族了，還是使大家都變成附庸了呢？答案應該是明擺着的。我覺得康有為的說法最大的問題，大概就在於這一點。法國大革命所追求的平等，是秦始皇治下那個樣子的平等嗎？是追求皇帝不管對宰相還是引車賣漿者流都想殺就殺，想賞就賞的這種平等嗎？當然不是。秦始皇所要追求的無非就是把所有的人都變成他的奴才，在這一點上是沒有貴賤之分的。秦制使人無尊卑，都隸屬於「大盜」，在這一點上講，是很「平等」的。

可以說秦制的成功也在這裏，如果沒有這樣的「平等」，它就不可能有強大的對人力、物力的動員能力，先秦時代哪一個領主能夠做到？每一個領主只能調動依附於自己很少的人，可是秦始皇就不同了。最直觀的，就是周王陵與秦始皇陵相差懸殊。周王陵規模小到難以辨認，而始皇陵僅一個兵馬俑坑就號稱「世界第八奇跡」。統一至秦亡不過十餘年，長城、始皇陵、阿房宮這些重點工程一個接一個，動輒 70 萬人、50 萬人齊上陣，什麼人間奇跡都可以創造出來。這的確是前無古人的本事。

在諸侯時代，小領主和自己的附庸往往是有直接的人際關係，是互相認識的，有直接交往的，甚至是有血緣關係的。比如河北出土的一件兵器上刻有一個家族世系，一共四代 20 人的名字被記錄在上面。它毫無疑問是個熟人社會，主人和自己的附庸之間是一種小共同體的依附關係。可是到了秦始皇時代就不是這樣。

西周時期，按照周制，即所謂封建制，雖然周天子不認識下面一班臣民，實際上他也管不到下面的一班臣民，下面的一班臣民有自己的領主，領主又有上一級的領主。庶人之上有士，士之上有大夫，大夫之上有諸侯，諸侯之上是周天子，是一種身份性的即固定的等級關係，下兩層的人是不可能越級與上面的人發生聯繫的。

周天子當然不可能認識庶人，但至少在理論上，他應該是認得諸侯的，因為這些諸侯，從理論上來講，都是西周宗法制度中的大宗和小宗之間的關係，相當於一個大家庭內的嫡長子和其他兄弟，或者類似於父子這樣的關係。同理，諸侯一般都是認得卿大夫的，一直下來，每個人和他的主人之間都有一種比較固定的附庸關係。

可是秦始皇他怎麼能認得全國人民呢？他也沒有辦法直接管理全國幾千萬臣民。因此所謂的秦制，它和封建制真正的區別在哪裏呢？封建制是很多的主人各自管束着自己的屬下附庸，而且附庸至少在理論上是固定的，是一種長時期相對穩定的人際關係。而秦始皇有無數的附庸，他根本認不得也管不過來，因此他只能用一些他看中（提拔）的奴才去管理其他奴才[9]。理論上講，這些人都是秦始皇的奴才，從宰相到農民，對於皇帝而言都是臣下之奴，沒有什麼本質區別。只不過宰相受寵，皇帝給他很大的權力。

秦制的「好處」就是通過這樣一種辦法，可以實現中央集權，可以有很強的對人力、物力的調配能力。但是，我們通常從人之常情講，受寵的奴才管理不受寵的奴才，往往要比主人親自管理奴才更糟糕，對奴才的憐惜和照顧的程度恐怕要更差。因為道理很簡單，就算奴才不具人格只被視為財產，而個人的奴才不管怎麼樣，「產權明晰」是你自己的，這個所有權是很清楚的。比如你有一匹馬，這一匹馬既然是你的，你總不會無緣無故把它虐待死，殺了它對你有什麼好處？你的「財產」不就損失了嗎？大家都知道「兔子不吃窩邊草」這個道理，那是因為窩邊草是它自己的，它更願意去吃別人的草。

但是受寵的奴才不太可能對不受寵的奴才產生一種「己物」愛惜照顧之心。因為他們本來就是陌生人，沒有什麼依附關係，這些人不是他自己的人，而是皇帝的人，他本人也是皇帝的人。對於他來講，最重要的是怎麼能夠鞏固皇帝對自己的寵愛，而不是怎麼爭取更多的人依附於自己——像我們經常講的招降納叛，吸引更多的人來投奔自已——在秦制下這可是大忌，要殺頭的。

秦以前不是這樣的，秦以前每個領主都要標榜他對下面很不錯，然後才會有「良好口碑」，使很多人投奔他。所謂「毛遂自薦」「馮諼彈鋏」就是這種口碑。因為，首先他們處於熟人社會；其次，持久依附關係要考慮長期性；第三，隸屬關係邊界比較明確。如果反之，那就會造成一種現象，受寵的奴才整不受寵的奴才往往比主人整奴才還要兇狠，他們有狐假虎威之橫暴，而無損及己物之顧惜。這種現象應該說是人之常情，即使在官僚制內部也有這樣的現象。

在秦以後的歷史中，被士大夫最痛恨的是什麼人？就是宦官。為什麼宦官最遭痛恨？因為宦官是皇帝身邊的人，的確是比一般的官僚更可能得寵的奴才。皇帝與宦官接觸最多，往往很信任宦官，所以他們最得寵，或者說最容易得寵，最有機會得寵。而皇帝如果給宦官賦予很大的權力，讓他去管理他人，宦官的殘暴往往比朝官更甚。這是因為與朝官相比，他更是名副其實的受寵奴才。取得皇帝的寵信是他唯一的目標。如果說朝官還略微顧及考慮一些別的因素，宦官因自身的條件限制除了「爭寵」沒有其他了。宦官用以前階級分析的方法可以說基本上都是出身「苦大仇深的老貧農」，絕不可能是貴族出身——哪一個貴族會願意「淨身」自宮為奴？秦始皇寵信的趙高，現在有人考證說他不是閹奴，至少沒被閹淨。[10] 但是他出身「世世卑賤」[11] 是史有明載，從無爭議的。

然而無論出身如何卑賤，宦官一旦被皇帝寵信，權傾一時，就常常會忘乎所以，做出一些糟糕透頂的事。對此，當然不能用「階級分析」說事：因為他們是窮苦出身，就會為窮人維權。宦官如此，朝官亦然，程度不同而已。「布衣卿相」絕不是「代表布衣的卿相」。從常識判斷，皇權爪牙對無緣皇寵的百姓（「布衣卿相」對一般的「布衣」），比貴族對自己的附庸更無情，這不說是規律，也應是大概率現象。

我們可以說，譚嗣同講的暴力或者說是「大盜」之制，和康有為講的「平等」，用官僚制取代貴族制後的這樣一種結構，也就是說用受寵的奴才管理不受寵的奴才這樣一種制度——就是同一事物的兩面。皇權之下，大家都是奴才，「朝為田舍郎，暮登天子堂」[12]，這是好的說法；「朝為座上賓，暮成階下囚」，這是壞的說法。朝賤暮貴者有之，朝不保夕者有之。但是兩者都一樣，個人的命運是完全託之於皇權的，不像歐洲中世紀的貴族，包括先秦時代的那些貴族，甚至也不像我國歷史上漢族以外少數民族地區的那些世襲土司，官僚羣體沒有自己的領地、屬民和其他獨立依憑。「君要臣死，臣不得不死」，「平等」與「大盜」，都是這麼一回事。

第二節　周秦之變何以名之

像這樣一種變化，顯然是從所謂的封建演變而來的。這種封建我們把它叫什麼？古漢語中的「封建」，在 1949 年以後我們就經常把它叫作「奴隸社會」，我們一般講西周宗法制是奴隸社會；到了「廢封建、立郡縣」

以後，我們反而說那是進入了「封建社會」。這個用詞可以說和古漢語中的用法是截然相反的。古漢語講的「封建」，肯定不可能有中央集權和皇帝專制，有君主專制就不是「封建」，反過來講，有「封建」，就不可能有君主專制。所以說，我們後來講的所謂「封建社會」和古漢語中講的「封建」完全是兩回事，甚至是相反的。但古漢語講的先秦時代，或者說周秦之變所要變的那套東西，到底是什麼呢？

從晚清以來，很多人給這種社會形態或「階段」加了各種各樣的名稱，比如梁啟超先生認為，周秦之變就是從「封建時代」到「統一時代」，或者從「貴族時代」到「無階級時代」。[13] 原來是有貴族和平民的區別，現在沒有了，所有人都成了皇帝之下的「走卒」，所以叫作「無階級時代」。所謂「無階級」，在政治上他們都是皇帝的臣民、奴婢。嚴復說先秦時代是一個「宗法社會」，那個時候主人就像家長，附庸就像家屬，彼此之間有一種溫情籠罩的血緣情感關係。可是後來就顧不得溫情了，因為春秋戰國要打仗，打仗就得靠嚴刑峻法，就得集中人力物力統一調配。這個國家就得有最強的控制和汲取能力，把整個國家凝聚起來，就逐漸變向「軍國社會」。

這裏講一下「軍國」一詞的演變。自從日本和中國打仗了以後，「軍國主義」成了一個貶義詞，我們經常講日本軍國主義者如何如何。可是在晚清後，曾經有很長一個時期，軍國主義是一個褒義詞。當時有識之士尤其是從日本的明治維新中看到一些中國應該學習的方面，這些人往往張口閉口都把軍國社會當作他們追求的目標。「軍國社會是我們的未來」，很多人都是這樣說的。[14] 後來日本人打我們了，當然就是另外一回事，但是在此之前「軍國社會」是中國人羨慕的。因此，嚴復說這樣一種變化是宗法社會向軍國社會的演變。[15]

陶希聖是蔣介石的筆桿子，是國民黨的主要理論家、改組派歷史學家。其實國民黨的理論很大程度也是受到馬克思主義影響的，因為他們都是革命黨，而且也曾經「以俄為師」。當時這些說法都是很流行的，在國民黨中也很盛行。陶希聖講社會形態的演變，說先秦時期是貴族的封建制度，到了秦以後就不是封建制度，可以統稱為「前資本主義」。因為按照古漢語的說法，秦始皇肯定是廢封建。廢了封建以後怎麼樣呢？如果按照康有為的說法，幾乎已經是資本主義了。因為人人平等，甚至是法國大革命以後的那種狀況，好像就和秦始皇那個時候的狀態差不多。但是陶希聖當然不這樣看，陶希聖看到秦以後不是封建社會，也不像康有為講的那樣就是資本主義，因此他起了一個名字，叫作「前資本主義」官僚制，他說這既不是封建社會，也不是資本主義社會。[16]

這裏我們可以看到，即使像陶希聖那樣的國民黨理論家，還是有很濃的社會發展階段論的意識。他總認為封建社會和資本主義社會兩者好像有某種承繼關係。如果有一個既非這也非那的，好像就沒有恰當的別的名稱，要叫作「前資本主義」。「前資本主義」似乎在他的語境中，就是已經離開了封建社會，但是又沒有進入資本主義社會。只不過這個過渡期怎麼會長達兩千多年，就成了一個很大的疑問。這也是後來人們總要討論中國古代資本主義萌芽為什麼「萌而不發」、不能成長的原因之所在，其實這種命題是國共兩黨當時共同面臨的解釋難點。

而郭沫若則把西周那樣一種制度說成是奴隸制。那時「五種社會形態」之說興盛，一講「奴隸社會」就聯想到古羅馬。記得那時有個電影《屈原》，就有模仿古羅馬「奴隸角鬥」的場面。郭沫若自然知道那時的中國不會有這種東西，為了解釋中國的「奴隸制」不同於西方，他認為這種奴隸制的特點是宗族奴隸制，也就是血緣起的作用很大。比如周滅殷後，「殷民七族」「懷姓九宗」被征服受奴役，在他看來這就是奴隸制了。這種說法把族羣之間的征服都看成奴隸制，如果按此邏輯，英國征服了印度豈不是英印都變成「奴隸社會」，英國人都是「奴隸主」，印度人都是「奴隸」？可見生搬硬套「社會形態」的問題之大。

不過，至少郭沫若也看到西周社會的血緣共同體性質，他說這是宗族奴隸制，廢除了這種奴隸制（亦即去宗族化、「編戶齊民」化），按照他的說法就是封建制了。當然郭沫若是所謂「戰國封建論」者，強調春秋戰國之交禮崩樂壞就是社會形態的轉變，春秋可能還是周的東西多一點，到了戰國越來越向秦靠攏，因此他認為到了戰國就是封建社會了，到了秦當然就更不用說，那是第一個「封建王朝」。郭沫若說周秦之變是宗族奴隸制到封建制的演變。

范文瀾先生則相反，他是「西周封建論」者，他認為西周就已經是封建社會。[17] 這一點很可能是因為西周的分封制和中世紀歐洲的「封建」（feudalism）確有類似之處，都是由領主和他的附庸構成的，有很多領主，每個領主各有自己的附庸，而且有層層的分封。現在我們翻譯西方中世紀的概念，經常用中國先秦時代的公、侯、伯、子、男這些稱呼，儘管英語中並沒有這個說法。但是我們仍把 duke 翻譯成公，公下面一級翻譯成侯（marquess），侯下面一級翻譯成伯（earl），以及子（viscount）、男（baron）等等。那是因為按《周禮》的說法，西周的時候就有這樣一套天子下面是公、侯、伯、子、男「五等爵」的制度。當然正如我後面要說的，《周禮》是後人宣傳中央集權的作品，實際上並非真正的周制。甚至歐洲中世紀也沒有真正規範化的「五等爵」。但這仍然反映了人們以西周「封建」對應歐洲中世紀的觀念。

因此以范文瀾為代表的一派學者說，西周就是「封建社會」。但范文瀾也看到西周的制度和秦漢的制度區別還是非常大的，所以他說西周是「宗族領主」的封建制，到了秦漢就是所謂地主的封建制。也就是說雖然西周與秦漢都是封建，但是他很強調西周的封建是以宗族或者宗法制度為基礎，到了秦漢就完全不一樣了。

這是西周封建論的說法，當時還有魏晉封建論。在當時的「古史分期」討論中，把中國的「封建社會」說得最晚的就是魏晉封建論，郭沫若居中，是戰國封建論，范文瀾更早，是西周封建論。持「魏晉封建論」的代表人物是尚鉞先生（1902—1982），字健庵，是中國人民大學歷史系的開創者，也是中國共產黨的一位元老學者。尚鉞先生認為，曹魏才是真正封建的開始。這就是我前面講到的，人們往往也把「漢魏之變」理解得很深刻，認為好像「五胡入華」就相當於羅馬帝國滅亡那個時代的「蠻族」入侵。這一點上「魏晉封建論」和「西周封建論」是很類似的，他們都很強調「蠻族」征服。只不過魏晉封建論者把五胡十六國時代的五胡當作帶來封建制的「蠻族」，而西周封建論者把周族當作帶來封建制的「蠻族」，周族征服殷，他們認為是「蠻族」征服。而尚鉞先生認為匈奴、羯、氐、羌、鮮卑這些人征服中原王朝，才是「蠻族」征服。

在尚鉞看來，秦漢時代才像羅馬帝國一樣，是真正的奴隸社會。實際上真正的奴隸，有明確主人的、可以買賣的，完全被物化的奴隸，秦漢時代倒真是比先秦時代多得多。因此持尚鉞這種觀點的人把秦漢叫作奴隸社會。這裏我要講，即使把中國先秦說成是奴隸社會，它也的確完全不同於古希臘－羅馬時代那種情況，就是存在着作為自然人（而不是族羣）的奴隸主，而「產權明晰」的奴隸也是像商品買賣一樣，從市場上可以買來。像這樣的狀態，中國在先秦時代肯定是沒有的，在秦以後也不是說有多發達，但確實比先秦更多。

前述那部電影《屈原》，因為當時官方認可的郭沫若學派堅持楚國是奴隸社會，影片就安排了像羅馬角鬥士那樣的表演，其實這是非常荒唐的。中國先秦時代不管是什麼「社會」，肯定不是希臘－羅馬那個樣子。但是到了秦漢的確是有了更多的奴隸（官私奴婢）買賣，秦代那些大規模的國家「重點工程」（長城、阿房宮、驪山墓等）役使巨量無自由的勞改犯（刑徒）的現象更是西周從未有的。儘管不可能造成所謂「奴隸勞動」超過小農勞動成為「主要生產方式」的狀態，但西周和「三代」的族羣式生產就更談不上「小農」了。所以尚鉞先生認為西周比「奴隸社會」更落後，其時處於氏族社會末期。那時的血緣關係，他把它叫作「氏族」。到了秦漢時代，才算是真正的奴隸社會了。[18]

顯然，所有這些學者儘管「分期」的節點不同，但都受「五種社會形態說」的影響，以希臘－羅馬社會作為參考的範本。現在我並不認為所有這些人講的哪一個就是全對，也不想再用這種「五階段」來套中國歷史。但是我注意到一個很有趣的現象，什麼現象呢？所有上述說法都很重視周秦之變在歷史發展上有一個很重要的特徵，不管把這個特徵叫作奴隸制還是封建制，抑或氏族社會。他們都描繪了一個共同點，這可能是一個事實，因為所有人都承認這一點，那就是西周族羣社會到秦漢編戶齊民的演變，這的確是一個不同於此前時期的重大變化。以什麼名稱命名這種變化、以什麼理論解釋這種變化，可以暫且不論，但發生了這種變化是所有人公認的。

在先秦時期，不管我們怎麼去判斷「族」，説它是奴隸社會的「貴族」，説它是原始社會的「氏族」，説它是封建社會的「宗族」，不管怎麼説，當時一個最明顯的事實是，無論統治者還是被統治者，人們都生活在「殷民七族」「懷姓九宗」之類的羣體中，「宗」「族」血緣共同體，是社會的基本組織形式，與秦以後那種非「宗」非「族」的社會有顯著的差別，這一點是沒有什麼問題的。

第三節　周制的特徵

之前已經指出秦漢第一帝國是在周秦之變的演進過程中產生的。作為周秦之變的起點，就是所謂的周制，它的特徵是什麼？在社會形態討論中，很多人給它加了各種名稱，諸如「氏族社會末期」「奴隸社會」「領主封建制」等等。關於這些我們拋開不論。我們講周制在後人的印象中，往往被理解為是一個以血緣關係為基礎、比較「倫理化」的社會。

孟子所講的理想社會，實際上也就是他認為的周制，「人人親其親、長其長，而天下平」[19]。所有人都尊重自己的家長，都親近自己的親人，這個「長幼有序」的天下就是溫情脈脈的、一個非常倫理化的天下。

《左傳》中有一句話，可以了解當時的國家是怎麼一回事：「率其宗氏，輯其分族，將其類丑。」[20]當然，那個時候沒有國家這個詞。先秦古語中的「國」不是指一片領土，就是指一個居民點。講得簡單一點，所謂「國」就是一個城，或者用我們今天的話來講，實際上就是首都的意思。住在「國」中的人就叫作國人，所謂「國人」並不是國民的意思，而是住在首都的人。這些人往往是組織在一個比較小的族羣裏，本身就是一個統治族羣。按照一般的說法，西周在確立了它的統治地位以後，便分封自己的子弟。被分封的人就帶領他的一幫宗族跑到一個地方建立一個據點，就是我們講的「國」。據點周邊被統治的地區叫作「野」，那裏居住着與「國人」不同的「野人」。這些「野人」就依附於「國人」，需要向後者納貢，向後者稱臣，這樣就形成了一個體制。

今天學術界對於這種族羣有氏族、宗族、大家族等定性之爭。但是這種國家建構，一個很明顯的特徵就是血緣色彩很濃。另外，國人的交往半徑比較小，簡單來說，它是一個小共同體。國人這個團體中，存在有比較多的人際交往。當然「國人」本身也是有等級的，理論上，周天子和諸侯構成了一個家庭，周天子是家長，諸侯是家屬。然後諸侯又跟他下面的卿大夫構成了一個家庭，諸侯是家長，卿大夫是家屬。卿大夫又跟更下一層的士構成了一個家庭……這樣層層延續下來。這種體系是依靠血緣或者是擬血緣原則組織起來的。所謂「擬血緣」，就是說沒有真正的血緣關係，但即使不是親父子，也是比擬於父子、按照血緣族羣的原則組織起來的。

這裏宗族親情和與親情有關的父權構成了一種倫理關係，起着很重要的作用。至少在人們觀念中，那個時候周天子、諸侯、卿大夫一直到士的層層分封，實際上相當於一個大家族的輩分、長幼、嫡庶這種序列。天子是天下共尊，但是天子的這種共尊主要是一種倫理意義上的共尊，並不具有科層化的行政權力機構。這怎麼解釋呢？實際上天子相當於一個家長，諸侯相當於家屬。當然一方面家屬必須聽家長的，另外一方面家長對家屬存在着一種不能甩掉的關係，說白了，他不能隨意任免諸侯及諸侯的家臣，這也是貴族制和官僚制的最大區別。

官僚制下，官員就是君主的僱員，是可以任免的。大家看過《韓非子》就會知道，韓非子把國君和官僚的關係比擬為主人和長工的關係。一個長工給主人幹活，他幹得好，主人就給他賞賜多，幹得不好就賞賜少，就是這麼一種僱傭關係。[21] 而且他講得很清楚，「人臣之於其君，非有骨肉之親也，縛於勢而不得不事也」。[22] 君臣之間沒有什麼骨肉（親情）關係。但是父子之間就不是這樣，大家都知道父親是高於兒子的，但是這跟老闆和工人的關係不一樣，父親是不能解僱兒子的，這種關係他是擺脱不了的。再加上領主（諸侯）的下一層也是這樣，因此不存在像後世的那種皇帝可以一級級任免官僚，組成一個科層化的行政體制，當時是沒有這種權力結構的。有些人説秦始皇統一不是最早的統一，説夏就統一了，甚至有人説黃帝就統一了，但在這種意義上，夏商周時代哪怕諸侯認天子就是天下的盟主，這個「盟主」卻和秦始皇的「皇帝」有本質上的區別。

這樣的一種組織形態，肯定是具有很強的倫理性，「子弟」必須尊敬「家父」，不能擺脱「家父」的束縛，也就是説近代的平等觀念在那個時候是不可能有的。但是，「家父」也必須承擔責任，他也不能任意任免、解僱「子弟」，也就是説「子弟」對於「家父」雖然有依附，但是並不是他的下屬僱員，更不是奴僕。我們都知道這種熟人社會，尤其是親人社會，產生倫理關係是很自然的。有人説重倫理輕制度是東方人的特點，西方人就不是這樣。[23]

老實説我一直很懷疑這個説法，課堂上我經常講，即使那麼重視制度的西方人，他們在家庭內也不會實行這個規則——西方從來沒有人主張在家裏實行民主選舉父親，也沒有人主張在家裏對父親實行三權分立。道理何在？當然有可能家人太少，搞選舉好像選民都不夠。但是我看最重要的原因不在此，而是即使不制約父親，一般來講，父親也都會愛護子女的。這不光是人，動物都是這樣，叫作「虎毒不食子」，魯迅的一句詩：「知否興風狂嘯者，回眸時看小於菟」[24]，説老虎對自己的虎仔還是很溫情的。當然也有把子女當作自己的貨物一樣隨便亂甩的，但畢竟是極少數。因此我覺得倫理其實是於人皆有。倫理最早的來源就是親情，這可能也不是哪一個民族特有的，可能所有的民族倫理的最終來源都是親情，只不過從親情中派生出很多各種各樣的東西。

除了親情以外，類似於親情這樣的一種感情發生在熟人社會中，尤其是那些長期的、不可擺脱的依附關係中。這裏我要説，近代人當然對中世紀的農奴制印象很壞，因為農奴制是依附性的，農奴沒有自由，不能到處亂跑，有很多很糟糕的東西。信奉自由平等的人，是不能容忍這種束縛的。但是看看很多近代的人，他們都提到中世紀有一個特點，有一層溫情脈脈的家庭面紗覆蓋在這種關係之上。馬克思就在《共產黨宣言》中寫道：「資產階級撕下了罩在家庭關係上的溫情脈脈的面紗，把這種關係變成了純粹的金錢關係」；將這種關係「淹沒在利己主義打算的冰水之中」，等等。意思就是說，以前人們有這種倫理關係，到了現在就很難維持了。

為什麼有這種倫理關係？有的人說那是因為孟夫子講了某一句話，說倫理很重要，倫理是人的生命，「人之所以異於禽獸者幾希」[25]，沒有了倫理就如何如何。其實這種觀點可能想得太簡單了。我覺得經濟學上有兩個說法可以參考，一個說法叫信息對稱。不要說朋友、鄉親之間，哪怕是關係不平等的主僕之間，長期相處，「路遙知馬力，日久見人心」，你知道我是什麼樣的人，我也知道你是什麼樣的人。這就是經濟學說的，信息對稱有助於降低交易費用。講得簡單點，熟人之間容易建立起信任，一輩子打交道甚至祖祖輩輩打交道的熟人，彼此知根知底，產生信任肯定比路人要容易得多。

第二個說法叫重複博弈。持久的人際關係不是一錘子買賣，這和陌生人之間是不一樣的。京劇《沙家浜》裏的阿慶嫂有句著名唱詞：「來的都是客，全憑嘴一張。相逢開口笑，過後不思量。」這就是陌生人打交道的邏輯。一次性的博弈通常是「零和博弈」，你輸我贏甚全你死我活都可以，但是如果雙方「抬頭不見低頭見」，知道博弈將無限重複，那就大概率會追求「雙贏」，形成一種倫理關係。即便雙方不平等，有長幼尊卑之別，但如果雙方終生相守，甚至祖祖輩輩都得相處在一起，這個博弈就是長期的。不能做一錘子買賣，互動過程既然多次重複，肯定就要考慮長期回報，就不能一次把事情做絕了，否則很難長期相處。

因此像這樣一種小共同體本位的社會，都會具有比較濃厚的倫理色彩。我這裏不談儒家理論，也不談情感，哪怕從理性自利的「經濟人」角度講，信息對稱和重複博弈也會帶來馬克思提到的那種「溫情脈脈」。現在人們從經濟學角度講家族企業之所以有效，也是從這兩個角度講的。

但是在陌生人社會中就是另一種邏輯了。西方中世紀農奴制很邪惡，但沒聽說有秦制下從陳勝吳廣到太平天國那種大規模民變，為什麼？「天高皇帝遠，民少相公多，一日三遍打，不反待如何。」元代江浙一帶流行的這首著名民謠是個很好的解釋。

現在很多人也引用這條民謠，但是他們的解釋在我看來完全是顛倒了。他們根據西方漢學流行的「皇權不下縣」之說（此說根本不通，請看下文），把這民謠解釋成「皇權的有限性」，認為皇權太高夠不着基層，因此下面都是自治的，彷彿下面都是土司一樣。說就是因為土司太多，所以造成民變。

這樣解釋對嗎？當然不對。上面已經說了，無論西方中世紀的還是中國三代的「封建」，乃至我國少數民族地區傳統的土司制度，儘管種種黑暗，但恰恰是沒有大規模民變的。而且這民謠說得很清楚：「天高皇帝遠」，是說皇帝本人高遠，但皇權卻並不高遠，所謂「任是深山更深處，也應無計避徵徭」，就是因為「民少相公多」。「相公」就是皇權的爪牙，他們不是我們的主人，不是諸侯，不是領主，不是土司，也不是貴族，而是「朝廷命官」，是皇上派來治我們的。糟就糟在這裏：如果真沒人管，那就是「桃花源」。如果皇上親自管，或者某個小領主管，我們也有「馮諼彈鋏」「毛遂自薦」的機會。但落到爪牙的手裏，主人又遠在天邊，我們就只有捱一日三遍打的份了。

那個時候雲南是有土司的，江浙一帶有嗎？秦制下江浙這種「財賦重地」絕對是中央集權控制最嚴的，哪裏有什麼土司。而這裏講的「民少相公多」中「相公」指的是什麼？在當時本是指俗稱的太監。當然，這裏指的不是真的太監，實際上講的就是那些由於皇上寵愛而擁有權力的縣太爺之類，他們本質上對皇上而言和我們是「平等」的臣民。縣太爺不是我們的主人，我們也不是他的農奴，但是他比我們的主人可怕得多。縣太爺治下，中國會出現大量餓死人的事，農奴制下反倒是沒有這種事的。

小領主和他的附庸，一般來講都是直接認識的，所以才會產生「士為知己者死」，才會產生馮諼、毛遂和孟嘗君的故事，你對我不錯，我就捨命相報。組成這樣一個社會，有一個很重要的特點，人們都非常重視直接的依附關係。倫理化的表述就是「人人親其親，長其長，而天下平」。所以西周時代的社會，並沒有中央集權，卻有一定的整合力。諸侯必須尊天子，卿大夫必須尊諸侯，士必須尊卿大夫，如此類推，一直到每一個庶人都必須尊他們的領主，就是「人人親其親，長其長」。這句話聽起來很像歐洲中世紀的一句名言：「主人的主人不是我的主人」，或者反過來講：「附庸的附庸不是我的附庸。」

一 特點一：小共同體本位

這裏首先要解釋一下「小共同體」這個概念。馬克思、滕尼斯等 19 世紀以來的很多思想家用「共同體」指那種近代自由市民社會以前的身份性「整體」，首先它是一種扼殺個性、束縛（保護）個體成員的存在，不同於「結社自由」的市民組織——比如農奴組成的「采邑」是小共同體，自由遷徙的「社區」就不是；同樣是教會，沒有信仰自由、可以審判異端的中世紀教會是「共同體」，信仰自由、政教分離的近代教會就不是；作為行業組織，限制競爭的、強制性的中世紀行會是「共同體」，自由結合的近代商會就不是；作為經濟單元，農奴制莊園是「共同體」，契約結合的企業就不是；作為政治組織，人身依附的傳統「會黨」是「共同體」，自由結社的近代政黨就不是；等等。按馬克思、滕尼斯、梅因等人的看法，前近代傳統社會與近現代社會的區別，就在於前者是「共同體」本位的，後者則把個人從「共同體」中解放出來，完成「從身份到契約」的轉變，或者說是從「共同體」到「社會」的轉變。

其次，在缺乏皇權傳統的前近代西方，個人依附的主要是那些以「直接人際關係」為基礎「自然形成的」的「共同體」，其中長幼、尊卑、主客（主僕）大體上互相認識，「張家長李家短」的「口傳議論」（不同於陌生人之間流傳的文字輿論）作用強大。在此之外馬克思還提到「政治性的」共同體，即依靠專制權力把人身依附關係擴大到陌生人之間的那種現象。但是在西方歷史上，除了中世紀與近代之間的過渡期有過「市民與王權聯盟」性質的專制王權（所謂「絕對主義」時期），大體上是缺少這種體驗的。這就是為什麼滕尼斯在其名著《共同體與社會》中基本上不討論陌生人組成的「大共同體」，韋伯甚至把取代貴族制的「官僚制」看作「近代政治」現象，而馬克思常常把他講的皇權專制體制稱為「亞細亞國家」。

但實際上，皇權專制在西方不是沒有，在「東方」也不是從來就有。更重要的是，以它為基礎的、由大量陌生人組成的「大共同體」，雖然與滕尼斯說的「共同體」（本書稱為小共同體）都是束縛個性的傳統桎梏，但兩者不僅有很大區別，甚至有嚴重的矛盾。忽視這一點，就會帶來嚴重的誤解。諸如把「封建」和「專制」混為一談，把「民少相公多」中的「相公」要麼混同於貴族或土司，要麼把非貴族的皇權爪牙和韋伯所說的「官僚政治」相混淆。正確分析「周秦之變」，這是個繞不過去的重點。

在秦朝之前的「三代」社會中，我們可以看到，人們對小共同體的認同是很強的。對大共同體的認同，對天子的認同，往往只是限於諸侯層級的一種認同。孟子曾經講過一句話，「民為貴，社稷次之，君為輕。是故得乎丘民而為天子，得乎天子為諸侯，得乎諸侯為大夫」。[26] 人們經常只引前一句，其實後一句更耐人尋味。孟子強調諸侯應該忠於天子，卿大夫應該忠於諸侯，士應該忠於卿大夫。最後天子應該忠於誰？他說天子應該忠於人民。因為沒有再更高一級的。但是天子忠於人民，老實說在那個時代，如果缺少一種制度安排，只不過是說說而已。按康有為的說法這就是總統共和制 [27]，不對。因為諸侯是天子封的，但「丘民」怎麼封天子？其實就算天子為丘民選舉，沒有民選議會為之制衡，沒有對諸侯、大夫的任免機制，也不可能是現代總統制。但是天子下面的各級關係應該是可以成立的，這裏頭的關鍵是什麼呢？孟子並沒有強調老百姓要忠於天子。他甚至也沒有強調士要忠於天子，沒有強調大夫要忠於天子。大夫只要忠於諸侯。只有諸侯是要忠於天子的。那個時候並沒有各國人民都忠於天子，而且為了天子，我可以「大義滅親」，可以把我的爹給幹掉，可以背叛我的直接主人，並沒有這樣的觀念。如果有人這樣做，就會被人很看不起，認為是禽獸——「異於禽獸者幾希」，講的就是這樣一種狀態。因此這也並非是「秦制」，倒不是因為天子代表丘民之說，而在於其體現的「我主之主非我主」規則。

因此可以看到當時的人們有這樣的一種價值觀：很多家臣往往是非常強調服從自己的主人，為主人可以幹任何事，包括殺掉國君，這些都是很高尚的行為，被認為是很了不起的行為。例如，晉有一個大貴族叫欒氏，欒氏有一個家臣叫辛俞，欒氏在晉國失勢後逃走了。晉國出了一個佈告，說他的家人不能跟着走。所謂「家人」不是指他的親人，而是他的那些門客、客卿、依附者。可是這個辛俞執意相隨，結果就被抓了起來。國君問：「你為什麼跟他走？」他說主人就是我的國君，「三世事家，君之」，我不懂你這個國君是什麼人，我只認我的主人，主人現在走了，我就要跟他走，不惜犯險。這個人被認為是一個義士。[28]

齊國有一個權臣叫作崔杼，有一次他跟齊莊公發生很嚴重的矛盾，據說是因為齊莊公偷了他的老婆。他就派家臣謀刺齊莊公。這些人把齊莊公逼在牆角，齊莊公怒斥：「你們這樣幹怎麼行呢，這不是大逆不道嗎？」這些人都回答得振振有詞，說：「如果崔杼要殺你，那是大逆不道，因為他是你的家臣。你是諸侯，他是大夫，大夫要忠於諸侯。可是我們不是你的家臣，我們是崔杼的家臣。崔杼要我們幹什麼就幹什麼。你有什麼意見，可以跟你的家臣講。可惜崔杼現在病了，他不能來了（其實他就是躲起來了）。崔杼必須聽你的，而我們呢，只知道服從崔杼，不知二命。「你是什麼人，我們不管，我們只知道服從崔杼。崔杼殺你，那是大逆不道，可是我們殺你，就是義正詞嚴，我們忠於我們的主人，何錯之有。」[29]

在歷史仍處於以氏、宗、族為社會組成單位的條件下，不管是被征服者的氏，還是征服者的族，都是抵禦皇權縱向延伸的壁壘。小共同體之內實際上成了國君權力的禁區。當時政治所呈現出來的權力結構便是這樣，它實際上是天子統諸侯，諸侯統大夫，最後是家長治其家這樣的層級結構。因此我們可以看到當時人們的社會觀念，類似我上面引的歐洲中世紀名言：「附庸的附庸不是我的附庸，主子的主子不是我的主子。」剛才舉的這兩個例子都是這樣，他們只認自己的主子，不知道什麼是國君。當然那個時候不是說沒有忠君的概念，那個時候「君」這個詞不一定是指「國君」，當然更不是指那時還不存在的皇帝。先秦典籍中的「君」，往往指的就是「家主」。君臣當時指的是封主和封臣之間的關係。如果是親人，自然就更不用說了。

二　特點二：孝高於忠

當時的觀念是「孝親高於事君」，「親親高於尊尊」，這一點是很明確的。幾年前出土的郭店楚簡，裏頭有一段據說是子思的話，其中有兩句是「為父絕君，不為君絕父」。[30] 有人把它解釋為：我可以為父親得罪君主，但是我絕不能為君主得罪父親。這句話後來引起了一些爭論，清華大學歷史系的彭林老師並不認為這一句話可以做這樣廣義的引申，認為它僅指喪禮服制方面的一個具體規定。[31] 而社科院哲學所搞儒學研究的李存山則主張這種解釋，他說這句話的意思是，父親高於君主，而且在他看來這是郭店楚簡中第一次發現儒家有這樣的思想。[32] 結果這一場爭論變成了兩個問題的爭論：首先是這句話是不是可以做這個解釋，其次是如果可以做這個解釋，這種思想是不是在郭店楚簡中第一次看到，以前是否有其他材料能夠證明這一點。

彭林不同意李存山的說法，他說這句話好像不能做這樣廣義的引申，對於第二個爭論，彭林和其他大多數人一樣，認為這種觀念在當時是有的，而且絕不僅僅存在於郭店楚簡中，實際上這是一個儒家所謂的「親親高於尊尊」的觀念，很多人認為這是儒家的一個正常命題。郭店楚簡中這句話，不管怎麼解釋，都與儒家有這種命題不構成矛盾。像戰國時期齊宣王就曾經問過儒者田過：「君上和父親哪一個更重要？」（「君與父孰重？」）田過就明確講：君「殆不如父重」。[33] 君上當然不如父親重要。

推動周秦之變的法家，最為惱怒的就是這一點。按照當時的說法，韓非說關中之人在商鞅變法前是什麼情況？叫作「勇於私鬥，怯於公戰」。[34] 什麼叫「勇於私鬥」呢？不是說為自己鬥叫私鬥，而是為自己所在的小團體，即為自己的領主，為自己的父親打仗時就特別有積極性。但是如果為君上、為諸侯而戰，他們就不太願意。這是後來法家最不能容忍的一點。

這裏有一個非常關鍵的問題：什麼是「公」，什麼是「私」？在這個問題上，可以說當時的儒家和法家有着截然對立的理解。在儒家看來，天子不是把天下給自己一家繼承，而是層層分封下去，天子分封諸侯，諸侯分封大夫，大夫封給諸士……一直到庶人都各有份地，使「人人親其親，長其長，而天下平」。每個人都不是只顧自己，而是替自己周圍的人、替自己所在的小共同體，包括小共同體的主人着想，我孝敬爹，忠於直接的主人，主人義忠於他的主人，直到陪臣忠於諸侯，諸侯忠於天子，反過來每一級主人又都保護自己的附庸。那就是「天下為公」了。

但是在法家看來，每個人不為皇帝着想那就是「私」，哪怕是殺身成仁，捨生取義，捨己為人，只要為的不是皇上，那也是私，甚至可能是更加危險的私，即所謂「親親則別，愛私則險」。只有每個人都為皇上坑親殺熟，不僅把自己的一切奉獻給皇上，還要把別人的一切也搶過來獻給皇上，那才是為公，即所謂「公戰」。

而這種行為，在古儒看來才是與「公天下」最尖鋭對立的「家天下」，或者用後世黃宗羲最為一針見血的話說：「使天下之人不敢自私，不敢自利，以我之大私為天下之大公。」[35]

從這種謊稱為「大公」的「大私」出發，秦制皇帝們「以為天下利害之權皆出於我，我以天下之利盡歸於己，以天下之害盡歸於人」，「視天下為莫大之產業，傳之子孫，受享無窮。漢高帝所謂「某業所就，孰與仲多」者，其逐利之情不覺溢之於辭矣」。這種打着「大公」幌子謀取「大私」的獨裁者，為打天下不惜「屠毒天下之肝腦，離散天下之子女，以博我一人之產業」，打下天下之後更是「剝天下之骨髓，離散天下之子女，以奉我一人之淫樂」，真是「為天下之大害者，君而已矣」。[36] 這當然是後話了。

回到周秦之際，法家所謂的「勇於私鬥」不是說為自己鬥，因為當時講的這些人，都不是為自己，而是為小共同體。最典型的一個例子，就是伍子胥復仇的故事。楚國的昏君殺了伍子胥的父兄，他一怒之下就投奔敵國（吳）去了，然後引了敵國的軍隊把楚國給滅掉，而且還把楚平王挖出來鞭屍。但是當時人都說伍子胥是一個「賢人」。大家可能都知道的，伍子胥的行為後來也是受到了非議，他的一個「髮小」叫申包胥，就對他說：「現在你看你的仇也報了，楚平王的確對你不好，但是我們楚國人沒有對不起你，你現在就走吧，讓我們楚國恢復吧。」伍子胥不幹，於是申包胥跑到秦國去請救兵，大家可能都知道「秦庭之哭」這個故事，申包胥秦庭之哭，據說哭了七天七夜，最後終於感動了秦王，秦國出兵把吳國的部隊趕跑了，楚國就因此得以復國了。[37]

這個故事說明了什麼呢？說明即使是申包胥，他也不認為伍子胥為父親報仇是不對的，他只是說你大仇已報，此恨已解，你就應該走了。如果你再不走，好像就有點做得太過分，但是如果你報了仇就走，在申包胥看來也並沒有什麼不對。如果按照我們今天的觀念，伍子胥不是大漢奸嗎？或者說至少是一個大楚奸。但是當時的人都說這是一個賢人，這種做法是合乎道德的。

所以人們對當時所謂的「忠」，包括當時的君，恐怕要有與後來不同的看法。比如說，孔子主張尊王，也就是遵從周天子，而且他經常指責諸侯不尊重周天子。管仲教齊桓公要打出「尊王攘夷」的旗號，孔子對此很稱讚：「管仲相桓公，霸諸侯，一匡天下，民到於今受其賜。微管仲，吾其被髮左衽矣。」[38] 很有意思的是，在日本明治維新的時候，很多人是反儒的，認為儒不好。這裏我要講，日本明治維新的反儒和周秦之變幾乎是互為表裏的，因為日本在明治之前就是一個和西周有點類似的諸侯林立的時代，那個時候天皇根本是沒有權力的，權力都在那些大名、藩主乃至幕府（諸藩盟主）的手裏。那個時候的日本是由 200 多個「國」構成的。後來日本經過「維新」變法，把藩廢了建立縣，其實有點像中國戰國到秦時候「廢封建，立郡縣」的味道。[39] 當時的日本很多人就指出孔子的尊王是假的，說孔子是不忠於天子的。理由是什麼？孔子為了追求官位，風塵僕僕遊走於列國之間，他到了鄭、到了衞這些地方，都在周天子所居的洛陽附近。但是他從來沒有去朝見過周天子，因此這些人說孔子不忠。實際上當時這些人是要大家忠於天皇，不能忠於藩主。[40]

那麼孔子的尊王真的是假的嗎？我覺得其實不是。道理很簡單，孔子講的尊王，最好的解釋就是《孟子·盡心下》裏的那一句話：「得乎天子為諸侯，得乎諸侯為大夫。」實際上孔子講的尊王，就是諸侯要尊王，孔子並沒有說所有的老百姓都必須以天子馬首是瞻。老百姓和周天子之間隔着好幾層，沒有任何直接關係，但是這並不等於說老百姓就不需要忠於誰。他們忠於誰？就是忠於自己的領主。比如說這些人要忠於士，這個士要忠於卿大夫。所以孔子當時最不能容忍的就是諸侯不拿天子當回事（「禮樂征伐自諸侯出」），大夫不拿諸侯當回事（「陪臣執國命」）[41]，大夫下面的這些士又不拿大夫當回事，推而下之，連兒子也不拿老子當回事，他認為這就是「禮崩樂壞」了。

但是孔子自己並不是諸侯，甚至也不是卿大夫。按照現代的研究，孔子實際上屬於「士」這一等級。所以孔子並不認為他自己有對周天子朝見的義務（其實也沒有朝見的權力。真按「周制」，他見天子甚至是「違禮」的），而且既非卿大夫，則他對特定的諸侯也沒有什麼義務。所以他可以周遊列國，誰用他都可以。因為主人的主人不是我的主人。而當時「周制」已經有點混亂，孔子的直接領主似乎已經模糊不清。而他每到一地都勸諸侯上尊天子，下行仁義，實際上正是竭力維護「周禮」。

在那「禮樂征伐自諸侯出」「陪臣執國命」的亂世，由孔子這麼區區一「士」來奔走呼號「克己復禮」，呼籲「興滅國、繼絕世、舉逸民」，這真是「禮失而求諸野」[42]了。這不是「尊王」還能是什麼？因此像傳說中吉田松陰認為孔子周遊列國是對周天子不忠[43]，我認為是不對的。真正的事實是：孔子時代講的「忠」和秦始皇以後講的「忠」是完全不同的兩個概念。

三　特點三：性善論與教化論，兼論「鄉舉里選」之「尚德之舉」

既然是小共同體本位，既然在倫理社會中，倫理關係能夠起到很重要的作用，因此這個社會當然會倡導「性善論」，會很重視對人的教化，以及對倫理秩序的重視和維護。其實性善性惡如果純粹從哲學的角度去談論是沒有什麼意義的，特別是用舉例來論證，就更莫名其妙了。你舉雷鋒叔叔為例證明人性善，我舉貪官污吏為例證明人性惡，這有什麼意義？

性善論要能夠流行，一般來講都是在倫理規則比較有效的場合下。而倫理規則最有效的當然就屬在親族團體裏，在熟人團體裏，在交往半徑很小的小共同體裏，我覺得不管是東方還是西方，大概都是這樣的。

我前面已經講了西方人在家庭裏也認為倫理要比制度管用，也不會主張民主選舉父親，原因就是家裏還是倫理管用。但是到了天下，在陌生人社會中，這就比較麻煩了，我後面要講到其實儒家也認為放大到陌生人羣裏頭，這套東西就會被稀釋掉，未必管用。因此儒家比較強調性善，與他們希望維護「小共同體本位」的周制是互為表裏的。所謂性善是源於小共同體的血緣親情。

強調性善，就會比較重視教化，小共同體本位那個時代的政治，就有一種倫理中心主義的色彩。

而以性善論為基礎的、小共同體本位的政治設定中就會重視推薦——推薦賢人，最有名的就是所謂的「外舉不避仇，內舉不避親」的說法。而且那個時代就有了「選舉」這個漢語名詞，我們很多現代政治詞彙都是來自日語，而這個詞卻是土產的。但是這個「選舉」當然不是我們今天意義上的一人一票全國範圍內的普選。「選舉」一詞最初在漢語中是「鄉舉里選」的意思，所謂「鄉舉」，就是下面的人把一個好人推舉上去，所謂「里選」，就是上面派人到鄉以下最基層的「里」去調查你的口碑以選拔人才，實際上就是考察所選之人的德望人緣，這個人是不是德才兼備，在地方上鄰居怎麼評價他，鄉親們怎麼評價他，如果大家說這個人是「賢能」或者「孝廉」，那就意味着這個人是可用的。

鄉舉里選重視德望人緣，被稱為「尚德之舉」。但是德的標準由小共同體認定，後來這就引起法家強烈抨擊。其實，今天先秦的甲骨、金文等原初史料都與頂層祭祀有關，沒有基層社會的記載。而後世儒者議論（如下文）的想像成分又太多。雖然這些想像也可供分析，但先秦法家對周制的抨擊，卻也有「反向推斷」的價值，可以體現周制與法家推崇的秦制最明顯的不同。

法家認為這種做法最大的問題，就是導致君主的指揮不靈。韓非批評儒家，最重要的根據就是下面這個故事：「魯人從君戰，三戰三北。仲尼問其故，對曰：『吾有老父，身死，莫之養也。』仲尼以為孝，舉而上之。以是觀之，夫父之孝子，君之背臣也。」[44]說的是魯國有一個人跟着國君去打仗，一打仗他就開小差，一連開了三次。孔子說你為什麼開小差，他說我是獨子，我死了沒有人養父親。於是孔子就說，這個人真是賢人大孝子，魯君你不用他你用誰？趕快給他一個官做，因為這個人道德很高尚呀。

這就是韓非描繪的「舉孝廉」。在這個描繪中，孔子與該「魯人」有直接交往，並以「鄉老」身份向國君舉薦了這個大孝子。這就是「鄉舉里選」。眾所周知，無論古今中外，軍隊都不是自由進出的俱樂部，開小差是冒大風險的。鄉親們為他盡孝不惜犯險而感動，就把他當作道德模範來舉薦了。

但君主對此怎能接受？所以韓非接着就抨擊說如果這樣幹，那還得了嗎？只知有父不知有君，父親的孝子，那就是國君的叛徒啊。如果這樣幹，這國君還怎麼當？所以韓非說要反過來，要重用「父之暴子」[45]，就是那些為了效忠皇上可以殺爹殺媽的狠人。

問題是，讓鄉親們推薦的話，他們會推薦這種為了巴結君主向上爬而不怕坑親殺熟的狠人嗎？

「鄉舉里選」重視德望人緣、人品高下，但是「秦火之後」典籍淪亡，當時怎麼做的，後人已經語焉不詳。到了後世秦制下，「薦賢」顯然行不通了。法家的性惡論預設，使推薦者的「出以公心」不可信，「內舉不避親」正好推薦我的傻兒子，而「外舉不避仇」，等着我把仇人都「推薦」到死刑名單中去吧。

而實踐中靠權貴推薦選拔皇權爪牙，也明顯是弊病多多。最典型的例子就是門閥政治。魏晉南北朝的門閥士族包括九品中正就是這樣。這種推薦搞得多了，不僅導致道德虛偽化，而且推薦引起的拉幫結派的確會對皇權國家的強控制力構成一種障礙。所以後來科舉考試就逐漸取代了道德推薦。

但是正如下文所言，科舉這種義辭取士不顧德行、個人應考不由鄉薦的「儒表法裏」之制又引起古儒清議的不滿。推薦不行，考試也不行，所謂「三代之治」所賴的「鄉舉里選」就一直令人嚮往，被人熱議。

「鄉舉里選」究竟是怎麼回事呢？後世儒者其實對此討論頗多。宋儒普遍認為，西周「鄉舉里選」並非為朝廷選官，而是「一鄉之中有可推者，因民興之，而因以治民，必能興利除害，與民周旋於比閭族黨之間，可謂公天下之心」[46]。也就是一鄉之人推舉鄉長以治其鄉，一里之人選出里長以治其里。假如真是一人一票的選舉，那和今天的民選其實差不多（這就可以理解晚清許多儒者都覺得西方的選舉類似「鄉舉里選」）。即便在貴族制下，由德高望重的「父老」來推舉，在一個「在地情感」起作用的小範圍熟人社會內，也可以大體做到權責對應，不會弄出個酷吏來坑親殺熟。這和秦制以後九品中正制那種門閥「推薦」子弟到朝廷當官完全不同。

我曾經以「文革」時期「推薦上大學」之弊和村內民辦教師、赤腳醫生的推薦之別相比擬。後一種推薦雖然也難免幹部說了算和優親厚友的問題，但應該說並不嚴重。因為村內服務如果用人不當，推薦者自己就會吃虧。但是「推薦上大學」就不同。推薦傻兒子入朝為官，對自己只有好處，禍害的是國家和百姓。古儒其實也明白這個道理，他們推崇「鄉舉里選」，都是強調它與周制、與小共同體的聯繫：「古之論秀，必本於鄉。」「古者選於里，舉於鄉……是故鄉老之薦不濫。」[47]

這些儒者都認為周制的鄉舉只為治鄉，並不是為「天子」選官，更不會有出自「鄉薦」的「舉人」還要「進京趕考」的事兒。但如今禮崩樂壞，秦制把這套好東西都已經敗壞了：「論成周選舉之法，孰不知鄉舉里選之為公？」「賢能之興，皆出於民，此鄉舉里選之所以為公也。……後世選舉之法，壞人自科目始。籲！科目豈能壞人？亦教之者有以壞人也。」[48]「後世鄉舉里選之法壞，如天下之官吏悉總於吏部」。[49]而「天下之官吏悉總於吏部」正是秦制的特徵。所以宋儒劉攽就直接說，在秦制下提倡「鄉舉里選」行不通。[50]

總之，歷代儒者盛誇「成周之鄉舉里選」，都是用周制來抨擊秦制之弊。在秦制下他們（除個別如黃宗羲外）已經不能直接抨擊皇權，但卻希望有一種「皇權不下縣，縣下皆選舉」的安排。但一代又一代下來，總是令他們失望。只是到了近代他們才驚訝地發現，原來在西方卻「保留」了這套好東西，而且連縣以上乃至「朝廷」都是可以「選舉」的，真是「推舉之法，幾於天下為公，駸駸乎三代之遺意」。[51]

當然今天我們知道，現代選舉是民主制，而周制是「封建」制，兩者不能混為一談。民主制下的選民是自由的個人，不是什麼共同體本位，全國性選舉也不限於「鄉里」。而封建制和「鄉舉里選」都立足於小共同體本位的倫理秩序。嚴格的封建制是一種直接的依附關係，主人的主人不是我的主人，而這個直接主人並不是我選的，而是他的主人封授的。按這個邏輯，嚴格的封建制就不會有「選舉」，不管是一人一票的「公舉」還是基層鄉老的薦舉。

但是所謂「嚴格的封建制」其實很少，依附關係往往在文明初顯的時候就已經開始超出熟人的圈子，雖非秦制下的「天高皇帝遠」，領主也不一定直接認識所有的附庸。比如說孟嘗君，他認識毛遂、馮諼，但是他領地上的每一個農民，他都認識嗎？真正只和熟人、親人發生關係，那幾乎就是原始氏族，難有文明可言。文明一開始，依附關係往往就要超出這個圈子。但倫理性的小圈子（小共同體）這時仍然是基礎。比如一個很小的領主只有 10 個、8 個附庸，這些附庸他都認得，也可以直接指揮，「鄉舉里選」就沒有必要。但如果有 100 個、200 個，領主就可能不直接認識他們了。

而這個時候他的附庸人數還很有限，不是有 1000 萬、2000 萬甚至上億，只有幾百個附庸。這幾百個附庸就是他的全部依靠，世世代代靠着這麼一些人，那麼他也會讓小共同體有點溫情脈脈的意思。在這種情況下，領主會傾向於通過熟人圈子的口頭議論，來選出治理助手——還不是「爪牙」，助手是熟人圈中人，不是一任兩三年的外來人，不是「天高皇帝遠，民少相公多」中的「相公」。

現代社會學的經驗社會學派或者說芝加哥學派，強調所謂的「圈子」。什麼叫「圈子」？就是「關於一個人的口頭議論能夠傳多遠，這個圈子就有多遠」，就是直接人際關係中的議論對每個人是有作用的。這種小共同體中的大家議論，在很多民族中都存在，而且基本都是在封建制背景下，尤其是封建制向中央集權制過渡之前的時期。那時「人主」仍然林立，並非大一統，你對附庸太刻薄他們就會另棲高枝。為了維持小共同體凝聚力，主人會允許一些在附庸中深孚眾望、有道德權威的人來實行「自治」，這此人並非受封的次級領主，也不是受命的基層官僚，而是附庸中被推舉的熟人。主人不認識每一個附庸，而對這些人是認識的。

俄國中世紀村社就有這個特點。那時俄國是一個貴族社會，貴族領地中是有村社組織的。學者曾指出俄國村社在近代有兩種管理方式，一種是政社合一的「警察式公社」。這種公社是領主指定頭頭，百姓的議論不起作用，實際上等於是官僚治理。但是當時俄國的村社治理也有另外一種更常見、也更「原生態」的方式，就是「民主式村社」。就是村社本身隸屬於領主，但是村社的社頭是大家推舉的人來做，不是領主指派，更沒有秦制下的迴避制這個說法。隨着俄國從貴族制變成中央集權專制國家，民主式村社就逐漸被政村合一的警察式公社取代了。[52]

西歐的中世紀封建時代也是這樣。大家知道中世紀有領主權，但是也有所謂的村社慣例。所謂慣例，就是要服從村社大眾的意願。像敞地制、村社份地制，領主不能像自己的土地那樣隨意「鏟佃增租」，村社首領也是推舉的，要服從大家的意志。領主除了自持莊園之外，對領地的其餘部分也是任其自治，只要按慣例履行封建義務就行，領主一般不直接從外部派人管理。到圈地運動以後，這些村社慣例就被打破了。但是此前一直保持這種慣例，也就是所謂封建時期「溫情脈脈的家庭面紗」。

「成周之鄉舉里選」也是這樣。雖然經過後世儒者的理想化，古代的記憶也還是保留的。那個時代不可能有「閭里什伍」編戶保甲式的基層管制，更不可能「任是深山更深處，也應無計避徵徭」。所謂的「三代」時期，天子也好，諸侯也好，其關係都具有倫理色彩，基層則是一個個血緣聯繫的「口頭議論」小圈子，「賓之於鄉，用之於鄉」，「因民興之，而因以治民……與民周旋於比閭族黨之間」。這就是小共同體本位的「選舉」或「賢能」之治。到了後世，面對秦制之弊，他們還是一直都把「鄉舉里選」當成敲打秦制的棍子。後來的朝廷以秦制冒充周制，以考試冒稱「舉薦」，以省試冒充「鄉舉」，以「英雄」替換「孝廉」，以智力測試取代道德風評，把古語「選舉」的內涵從「鄉舉里選」偷換成「科舉」，他們一直覺得是掛羊頭賣狗肉。直到近代，看了西方的「推舉之法」，不少士大夫馬上想到：這才是古儒所講的「鄉舉里選」呀。所以很自然地，人們就把「選舉」一詞用來指稱 election（投票選舉），而不再用來指稱科舉考試了。

人們一旦同時向對西方的 election 和中國的科舉考試，很快就把「選舉」用來指前者（甚至都不想造個新詞），而不是指後者。這說明「鄉舉里選」雖然並不就是 election，但顯然比科舉考試更接近。最起碼可以說，他們看到的西方近代選舉和古儒描述的三代「鄉舉里選」都是眼睛向下、考察民意或民心，屬於「得民心者得天下」、而不是「代天子牧民」的辦法。雖然民主選舉是一人一票更準確地顯示民意，鄉舉里選則是通過所謂「德高望重」的父老耆宿舉薦來反映民意，但在小共同體的熟人社會（鄉里）中，「父老」與「鄉親」通常被叫成一回事，即「父老鄉親」，這兩者的相關性還是明顯的。

固定地用「選舉」一詞指近代西方傳來的投票選舉，其實來自日本。1868 年（明治元年）的《新令字解》中，「選舉」被解釋為「從分散的町中選出一些人」，[53] 其語源其實就是來自中國古代的「鄉舉里選」。[54] 日本明治前一直實行「封建」，並沒有秦制下的科舉之制，於是「選舉」就從「鄉舉里選」的古義直接承接了投票選舉的今義。而晚清國人在見到近代西來民主選舉制後立即引為「三代」理想，但稱呼上則比日本多了個多元化的過渡期：馬建忠、何啟、胡禮垣等直接以「選舉」稱呼 election，而不再用其指稱科舉；更多的人則因官方把科舉叫「選舉」，而用另一些詞來譯 election，如「推舉之法」「公舉」「民舉」「民薦」等，尤以「公舉」為多。誠如識者指出：以「公舉」別於科舉，本是基於儒家「天下為公」

之義，「公舉」一詞「成功地樹立了西式選舉『公』的形象」。[55]而古儒又老講「孰不知鄉舉里選為公」，無怪乎後來日本譯法傳入，這些譯法很快就統一了。

四　特點四：權責對應

周制的第四個特點，就是「倫理化而非制度化的權責對應」。

各民族的進化史證明，在沒有制度約束的情況下，往往是共同體的交往半徑越小，基於情感的權力和責任就越能夠對應。在一個陌生人社會中，權責對應不是不能做到，但要嚴重依賴制度安排。簡單地講，如果國王不是民選的，權力沒有制約，很可能他就亂來。

但是「虎毒不食子」，所以儘管爹不是我選舉的，但我可以相信他，因為「父權」與「父責」是天然對應的。對子女不養育，只奴役，這樣的壞爹當然也有，但是絕大部分的爹媽不管有多少私心，還是會替子女着想的。共同體如果足夠小，如果它是由持續交往的熟人甚至親人組成，血緣親情或「擬親情」可以大體保證權責對應，那就不需要或者不那麼需要特設的制度約束。

在小共同體內，父權一般都是直接和父責掛鉤的。君臣（先秦之所謂君臣，是指每一級的「封主」和「封臣」，不是僅指皇上和臣民）亦如父子，這就是孔子講的「君君、臣臣、父父、子子」[56]，君要像個君，臣才能像個臣；父要像個父，子才能像個子。反過來講，就是「君不君臣不臣，父不父子不子」。這樣一種權利（對於約束他人而言即權力）和責任對應，古儒不是從制度，而是從倫理來理解，這在小共同體本位時代是比較自然的。你是父親，擁有父權，當然要對兒子盡責任，連動物都有這種哺幼的本能不是嗎？這一種關係對雙方都有約束。也就是「父慈子孝，兄良弟悌，夫義婦聽，長惠幼順，君仁臣忠」，[57]顯然這種關係是雙向對稱的。所以原始儒家雖然不講什麼平等，不講什麼自由，但是放在小共同體本位的時代，如果簡單說這就是專制主義，甚至說這是絕對專制主義，恐怕是成問題的。

相反，從這種權責對應的角度，既然君不君則臣不臣，當然是君對臣要盡責在先，行權在後；或者說是臣對君問責在先，服從在後。無怪乎他們從中還可以推出「民為貴，社稷次之，君為輕」「聞誅一夫紂矣，未聞弒君也」[58] 等等這些所謂的民本思想。

後世儒家由此發展出一套仁政學說，就是講權責理應對應，君君臣臣，父父子子，君不君則臣不臣，父不父則子不子，這是一種倫理秩序。還有儒為帝王師、教君行仁政，君命來自「天意」、而「天意」非神意，「天視自我民視，天聽自我民聽」[59]「順天應民」等之類的說法，一直到近古流行的「得民心者得天下」[60] 之說，都強調行政正義原則的重要性。這種倫理秩序，雖然不平等，但是也不能說專制，因為倫理秩序下權利和責任是天然對應的，君王不能不像話，否則會遭天譴。而民變推翻你，就是「湯武革命，順天應人」，那是合理的。

過去人們通常認為，這些「民本」思想與近代「民主」思想有重大區別，從某種意義上講確實如此，因為近代民主包含的制度設計，當然不是古人所能為。但是從基本政治哲學而言，在兩者間劃出一道不可逾越的鴻溝，則是不對的，也是沒有必要的。有人從「文化決定論」出發，執意要在《聖經》中尋找「民主」生長基因，如從人皆有原罪之說，推出在上帝面前人人平等，再推出權力制衡等說。如果這樣在邏輯上無限推理，從「民本」推出「民主」我以為絕不會更難。至於「得民心者得天下」，有人說這是「謊言」，就「實然」而言當然如此。真正的事實是君王「馬上得天下」，「成則為王敗則為寇」，「竊鉤者誅竊國者侯」，「秦政皆大盜也」，「為天下之大害者君而已」。但是就「應然」而言，得民心者應當得天下，難道有錯嗎？應然如此而實然則非，不就揭示了努力方向嗎？

第四節　周制的經濟基礎

這樣的一種「周制」是怎麼形成的呢？它又是怎麼演變成「秦制」的呢？歷史唯物主義總是強調生產力決定生產關係，經濟基礎決定上層建築。這種決定論的描述可能是有問題的，但是，我們也不能反過來說政治倫理和社會經濟之間沒有任何聯繫。兩者之間的關係當然還是有的。我們暫且不講什麼社會形態理論，但是周制這一套治理方式和相應的觀念能夠延續「三代」，顯然有它的經濟基礎。

關於周秦之際的經濟變遷，一直有一種爭論。很多人都認為西周時代實行「井田制」。但是「井田制」到底是一種什麼制度呢？持戰國封建論的郭沫若先生就說，「井田制」實質是奴隸主私有制，他認為井田制下無論所謂的公田、私田，都是「奴隸主」私有的，下面有一幫奴隸給奴隸主幹活。他舉例說，「七月流火，九月授衣」，[61] 就是說奴隸主給奴隸在田頭吃了飯，奴隸就被驅使幹活。[62] 然而把西周說成是亞細亞生產方式的侯外廬先生，用馬克思的亞細亞生產方式理論解釋，認為井田制是一種國有制。[63] 史學界長期以來就有這種爭論：西周的井田制到底是國有制還有私有制？這就涉及秦商鞅變法，商鞅據說是「壞井田，開阡陌」，他到底是搞了一場私有化運動呢，還是搞了一場國有化運動呢？

以往很多人都說商鞅變法是一場私有化運動，董仲舒就提到商鞅變法，「至秦則不然，用商鞅之法，改帝下之制」，秦重用商君，行商君之法，那個時候叫作「壞井田，開阡陌」「除井田，民得買賣」，[64] 就說井田制取消了以後，老百姓就可以買賣他們的私有土地了。因此很多人就說，看，井田制被廢除了，就是土地私有化了。可是到後來人們就發現，秦朝的土地好像不太像想像中的私有制。實際上，秦王朝對土地管制的嚴密程度，遠遠不是周天子和春秋戰國時代諸侯所能相比的，國家對土地的權力，在秦制下肯定是更強了，而不是更弱了。

睡虎地秦簡就已經有大量的這種記載。到後來我們又發現了四川青川縣郝家坪 50 號秦墓中的一個所謂的「田律」（又稱「為田律」）。這裏面講「秦武王二年」（公元前 309 年），這個時候秦剛征服四川，還沒有統一天下，還屬於戰國時代晚期。《田律》中說「王命丞相戊，內史匽」，對土地進行規範化：

> 二年十一月己酉朔，朔日，王命丞相戊（茂）、內史匽，□□更修為田律：田廣一步，袤八則為畛。百二畛，一百（陌）道。百畝為頃，一千（阡）道，道廣三步。封，高四尺，大稱其高。捋（埒），高尺，下厚二尺。以秋八月，修封捋（埒），正疆畔，及登千（阡）百（陌）之大草。九月，大除道及除澮；十月為橋，修陂隄，利津□。鮮草，雖非除道之時而有陷敗不可行，相為之□□。[65]

其規定之細，細到一畝地分多少塊，每塊的長、寬，田埂和田間道路的規格都定死。動作之煩，每個月搞什麼「農田基本建設」都有日程規定。涉及之廣，令人想起當年筆者在農村「學大寨運動」中常聽到的：「山水林田路綜合治理」。說實話，兩千多年前就搞這種全國「一刀切」的標準化建設，我極其懷疑其實效。不過這也說明秦國對土地的管治嚴到何等地步。

而關於西周國家對田地進行規劃，在這種意義上講井田最多的就是《周禮》。[66]但是《周禮》本身成書有很大的問題，大多數人傾向認為它很可能成書很晚，當然也有一些人認為它成書其實很早，彭林先生認為它成書在漢初。一般認為《周禮》的文本夾雜有不同的歷史時期的東西。[67]《周禮》也講一套國家對土地的管制，但遠沒有秦《田律》之細。而實際上在真正的西周歷史上，乃至在春秋的歷史上都很少看到其實踐。但是在秦以後，倒的確是像青川木牘的《田律》那樣記載的，睡虎地秦簡、張家山漢簡裏也有很多這類記載。因此很多學者又開始說，商鞅變法其實不是搞土地私有化，而是搞土地國有化，說商鞅變法以後國家對土地的控制，才是真正發達起來了。[68]

的確，以前周人雖然有「溥天之下，莫非王土」的說法，但這實際上談不上是什麼所有制，這就像我們現在說什麼地方是某國領土一樣，講的是一個政治上的統治範圍，和經濟上的所有制其實是沒有什麼關係。同樣的話，在秦漢時代人們也講得很多，比如瑯琊刻石就有一句話，叫作「六合之內，皇帝之土」[69]。其實與其說「溥天之下，莫非王土」近似於國有制的概念，不如說「六合之內，皇帝之土」更近似於國有制。因為秦的專制控制力度遠遠超過周天子的國家，它對土地的實際管理，要遠遠強於周天子。

至於西周那個時候，諸侯林立，周天子其實是管不了號稱他家「天下」（國家）的土地的。如果說他有所管理，大概也就是管理「王畿千畝」——周天子自己的直轄領地。《國語》說周宣王「不藉千畝」，又說他「料民於太原」[70]，一般認為是說他停止了直轄領地上的藉田禮，又在領地上調查戶口，兩件事都引起很大爭論，以至被載入史冊。可見被視為罕有的大舉。也就是說，那時即使就是周王的直轄領地，他的管理也很粗疏。其實在「封建」制下，周王除了作為眾多領主的冊封者或宗主外，他自己也是個領主，也有自己的領地。然而，就連他自己的直轄領地都管得那麼粗疏，諸侯的那些土地他能管得了嗎？

國家的政治統治和經濟上的財產「所有」完全不同，政治統治和「宗藩關係」也有所不同。今天祕魯有個馬爾科納鐵礦，多年前被中國國有企業首鋼買下，那就是中國的「國有資產」，但那個地方並不是中國領土。相反，今天香港澳門無疑都是中國領土，但誰都知道港澳的私有地產業多麼發達，「國有地產」反倒極少。僅就政治而言，統治權與宗主權也不同。光緒以前朝鮮、越南都受清朝冊封，向大清納貢，但並不等於被清朝統治。而當年的周天子，對諸侯的土地只有類似清朝對朝鮮、越南那樣的「宗主」權，連秦對郡縣的統治權都還沒有，哪裏談得上經濟上的地產所有權。甚至周天子對「王畿千畝」的權利都不如秦始皇對郡縣土地的權利。比較西周在王畿的「不藉千畝」和秦頒行四川的《田律》那種嚴苛的國家控制，哪個更像「國有制」呢？

西周或者春秋時期，雖然很難說存在土地國有制，但是反過來講，那個時候有「土地私有制」嗎？恐怕也難說。因為那個時候黃河流域主要實行「耦耕」。《詩經》中的「十千維耦」[71]，「千耦其耘」[72]和《論語》中的「長沮、桀溺耦而耕」，描繪的都是一種集體耕作狀態。在過去的「古史分期」爭論中，有人說這是「奴隸制農場」的集體耕作，有人說是氏族公社的集體耕作。現在不管持什麼樣社會形態學說的人，一般都承認「耦耕」是要強調集體耕作的。[73] 在「耦耕」條件下很難產生我們今天講的個體農戶，當然所謂的土地買賣等，恐怕就更加談不上。因此我覺得談論國有私有之爭，這本身就是一個問題背景的錯位，拿現代概念去套周制是不行的。

我們今天可以講，對國有的東西怎麼把它私有化，對私有的東西怎麼把它國有化。但是在先秦時代，在所謂「人人親其親，長其長，而天下平」的時代，在所謂「率其宗氏，輯其分族，將其類丑」的時代，嚴格來說，並不存在國有私有的對立。當時既沒有國有也沒有私有。要說「國」，國家其實管不了；那個時候「人人親其親，長其長」，用韓非的話來說，這就叫「勇於私鬥，怯於公戰」，既然是私鬥，當然可以說那就是「私」，但是這個「私」又不是個人，這個「私」是小共同體，是家族，或者說是一種小的采邑。

因此，井田制不是國有也不是私有，而是當時族羣社會中一種小共同體的公共土地制度。土地，或者說耕地，那時既不是周天子的國家或王家的財產（「王畿千畝」可能除外），也不是私人或個體家族的財產，而是一個個身份性的熟人－親族羣體，即所謂小共同體的財產。

有人可能會說，既非國有又非私有，那不就是「集體所有制」嗎？其實也不然。我們今天講的「集體所有」並不是一個規範的民法概念。如果那是個人自由結合的「集體」，比如股份制、合夥制，在現代民法中就是private（私有的、民間的）的一種形式，或者說是「法人」財產。但如果是國家強制的「歸大堆」，比如蘇聯的「集體農莊」，那就是「國有化」的一種形式。前者是「個人本位」的，後者是「國家本位」的。但是，「小共同體本位」則與兩者都不同。「三代」時人都固定地屬於某一小共同體，原則上個人既不能自由結合，國家也不能把某人從 A 族羣調動到 B 族羣，秦始皇能輕易徵發各地幾十萬人到某工地，周天子無法想像。周制下這種小共同體本位的財產關係，無論與今天的股份公司還是集體農莊都截然不同，但它與政治上的「封建」「鄉舉里選」，觀念上的「周公之道」則無法分開。[74]

而像「壞井田，開阡陌」這樣的一種變化，如果從所有制的角度講，其實就是瓦解周制一個很重要的經濟根源。這一種變化，是在戰國時候才出現、秦統一後才普及的。它既可以叫「私有化」（就個體家庭財產擺脫小共同體的控制而言），也可以叫「國有化」（就朝廷或「國家」對編戶齊民財產的嚴厲控制而言）。如下所述，作為瓦解小共同體這同一過程的兩個觀察角度，它們根本就不是對立的，也不存在分別彼此、二者擇一的問題。

第五節　儒家與周制的價值體系

一　儒家代表周制的價值體系

西周時代是一個小共同體本位的族羣社會，西周的價值體系很有意思。後來孔子曾經用三個字表達他的主張：「吾從周」。孔子創立了儒家，而儒家與周制又是什麼關係呢？

一般來說孔子之後才有儒家。但是孔子本人並不認為他創造了什麼。孔子評價自己，最有名的說法就是自稱「述而不作」。有人說那就是述說而不寫作，孔子喜歡教課帶學生，而不喜歡寫文章。但唐司馬貞說《史記》為司馬太史兩代「父作子述」，亦即子承父業。「作」乃創業，「述」為繼承也。朱熹也指出：「述，傳舊而已。作，則創始也」，「孔子刪詩書，定禮樂，贊周易，修春秋，皆傳先王之舊，而未嘗有所作也」。[75] 所以，「述而不作」不是說孔子只上課不寫文章——現在有些老師就是「口力勞動者」，動嘴不動筆，但孔子不是這樣。當時的古語中「述而不作」的意思，「述」就是「紹述」、傳承，「作」就是創新。孔子這麼說，實際上不是說他不寫東西，而是說他無論講課還是寫作，都沒有什麼自己的創見，他的責任就是把西周傳下來的好東西傳至後世，這就是所謂「述而不作」的原始意思。

孔子這麼說並不僅僅是自謙。

大家知道，在漢代儒家成為「正統」之後，第一場內部的大論戰就是「經今古文之爭」。這場爭論涉及面很廣，其中一個重要問題是：對我們儒家而言孔子究竟是「先師」還是「先聖」？儒家的宗師到底是孔子還是周公？當然他們都肯定孔子偉大，但是按照孔子自己的說法，他傳的是周公之道，孔子不僅自稱「述而不作」，除了傳承周公等先聖之道，自己並不創造，而且經常張口閉口就是西周如何輝煌，周公如何偉大。

孔子心目中的理想社會就是夏商周「三代」，而三代的高峰實際就是西周。「殷因於夏禮，所損益可知也。周因於殷禮，所損益可知也。其或繼周者，雖百世可知也。」「周監於二代，郁郁乎文哉，吾從周。」「周之德，其可謂至德也已矣。」「周公之才之美」，「巍巍乎，舜、禹之有天下也而不與焉。」《論語》裏充斥着這類讚美。儘管「殷因於夏禮」，「周因於殷禮」，但是夏禮、殷禮孔子都不太講，他說是「文獻不足故也」，唯獨周禮經常掛在他的嘴邊。到了晚年精力不濟了，他說「甚矣吾衰也，久矣吾不復夢見周公」。唉！我真是老了，好久沒有夢見周公了。也就是說他一直把周公當作導師和思想的來源。

因此漢代發生經學論爭之後，古文經學和今文經學的一個分歧，就是對孔子的定位。古文經學家一般認為，儒家開創者應該是周公，孔子是個傳道授業的「先師」，一個偉大的佈道者，但是「教主」應該是周公。我們如果藉用基督教來比喻，也可以說古文經學家心目中的周公相當於耶穌，而孔子相當於聖保羅。

但是今文經學家則抨擊這種「尊周不尊孔」之說，他們認為孔子的地位是最高的，孔子是先聖或「素王」，是儒家的開創者，而不僅是先師。同樣藉用基督教來比喻，今文經學中的孔子才是耶穌，是第一號教主。而周公作為影響過耶穌的人，相當於施洗者約翰，如此而已。

應該說這樣講也有堅實的理由。因為無論周公影響有多大，在西周時代是不會有儒家這一流派的。為什麼？因為在真正的小共同體本位狀態下，周公所代表的這一套倫理被視為當然，自然而然司空見慣，作為「常識理性」的東西是不需要反覆強調或把它理論化的。就像現在如果有人又是寫又是說，長篇大論地講人需要吃飯，不吃飯是會餓的，人們會認為那儘管正確，但完全是廢話。

只有真正到了一個社會禮崩樂壞的時候，才需要有人把「禮樂」這套東西翻來覆去地宣講，去衛道，去反駁禮樂的破壞者。這就像我們對自己的身體器官沒有感覺就是正常，一旦感受強烈，那是因為有病了。

所以對儒家的出現應該這麼理解，在西周族羣社會很穩定、人們對周公之道習以為常的時候，當時是不需要對之特別「加持」、反覆強調宣傳的。因為這一套東西當時都被人們視為當然，沒有必要特別為之辯護，把它理論化為一個學派。族羣社會的「盛世」，人們都以這種倫理為慣常，並不需要什麼「儒學」。

但是到了春秋禮崩樂壞的時候，憤世嫉俗的人們就匯聚於孔子名下，「儒家」就產生了。關於孔子的事業司馬遷是這麼說的：「大周室衰而《關雎》作，幽厲微而禮樂壞，諸侯恣行，政由彊國。故孔子閔（憫）王路廢而邪道興，於是論次《詩》《書》，修起禮樂。適齊聞韶，三月不知肉味。自衛返魯，然後《樂》正，《雅》《頌》各得其所。世以混濁莫能用，是以仲尼干七十餘君無所遇，曰：苟有用我者，期月而已矣。西狩獲麟，曰：吾道窮矣。故因史記作《春秋》，以當王法，其辭微而指博，後世學者多錄焉。」[76]

這裏既談到了游說也談到了寫作，但列舉的所有寫作都是對先世典籍的編纂，即當時作為古儒經典的「六經」（《詩》《書》《禮》《樂》《易》《春秋》，其中《樂》或為口耳相傳的樂曲而無文本，故以文本言則為「五經」）。當時弟子整理的孔子語錄《論語》已很流行，而且相比秦火之餘的「五經」文本幾乎都有爭議而言，《論語》既未被焚，也無爭議，但司馬遷在論述孔子事業時卻沒有提及。[77]

司馬遷通常被列為尊重孔子創教地位的今文經學派，而他對孔子的先典編輯成就要比孔子本人言論重視得多。顯然在太史公看來，孔子的偉大不在於他創作了什麼，而在於他在「周室衰」「禮樂壞」「諸侯恣行，政由強國」的時代，逆歷史潮流而動，挽狂瀾於既倒，對抗「王路廢而邪道興」的現實，為恢復周制進行了知其不可而為之的不懈抗爭。而這是周公沒有做的，孔子也就因此成為了對抗「周秦之變」的那個羣體，即「儒家」的創始人。

確實，孔子之後兩千年，無論秦制對後儒進行了多少「思想改造」，崇「三代」為盛世，為聖治；周公為極盛，為至聖；此後則亂世，求「小康」而不可得，至秦則是「禮崩樂壞」，是墮落的暴政——這種「倒退的歷史觀」始終是儒者的主流。即便懾於威權，誘於利祿，後儒對「今上」難免屈膝奉迎，但「倒退的歷史觀」仍然不絕如縷，一脈相承。

近代中國在又一次「三千年未有之變」中，對儒家的評價出現了兩極化。貶之者對儒家最嚴厲的抨擊，是說儒家宣傳「今不如昔」的「倒退論」，甚至有「復辟奴隸社會」之罪。而褒之者對儒家最熱烈的誇獎，是說儒家總是批判當今，體現了知識人應有的良知，不愧為當時社會的良心。兩種說法價值判斷相反，但事實判斷卻幾乎一樣：都認為以孔孟為代表的古儒，是當時最不滿現狀、激烈抨擊現實，尤其是抨擊當權得勢者的一批人。20 世紀 90 年代，郭店楚簡出土孔子之孫子思（孔伋）的名言「恆稱其君之惡者，可謂忠臣矣」，[78] 歷經兩千年秦制「思想改造」的蒙塵而重見天日。此言「忠」乃儒者自許，所以這句話說白了就是：儒家就是從來只罵皇上（而從不稱頌皇上）的那些人。不知後世偽儒如叔孫通之流聞此言，當作何想？

孔孟這些人眼見當時「高岸為谷，深谷為陵」，人心不古，世風日下，越來越糟糕。孔子甚至說，如果再這樣墮落下去，我只能移民海外了：「道不行，乘桴浮於海。」[79] 這個時候他出來捍衛西周的那一套價值體系，這就是所謂的「儒」。當時儒者的主張一言以蔽之，就是恢復周公那一套，叫作「克己復禮」，[80]「興滅國，繼絕世，舉逸民」。[81] 這就是後世的人們說儒家主張「復古」、主張「倒退」的主要依據。魯迅為此還創造了一個文學典型叫作「九斤老太」，老是說以前好，現存什麼都不行，連新生兒體重都不如過去了[82]——但是魯迅自己認為現在好嗎？

這且不論，但早期儒家確實認為一代不如一代，最好的是三代盛世，以後就九斤老太太過年，一年不如一年。

當然周制是不可能恢復的。不過以周制來罵秦制是否就沒有意義？恐怕未必。人類歷史上打着「復古」旗號抨擊現實，實際起了開闢新路的作用，這並不罕見。歐洲史上所謂的「文藝復興」（這個翻譯不好，Renaissance 其實就是復古 —— 回到希臘－羅馬之意，並沒有限於「文藝」）、宗教改革（也是要回到基督教的「初心」），都是這樣的。至於儒家能否如此，走着瞧吧。

而當時儒家代表的是周制的價值體系，包括小共同體本位、性善論、權責對應，這都是族羣社會中的思想和行為準則。但是實際上這一套東西，在當時已經面臨着極大的危機。當然不能說造成危機的原因僅僅是出了個壞人韓非或者商鞅，這幾個人陰謀顛覆了周制而搞了個邪惡的替代。應該講，「周秦之變」無論好壞，當時已是個客觀的大趨勢。秦只是在這一方面走得最極端而已，東方六國其實也搞過類似的變法。而法家也不是瓦解周制的唯一思想，事實上儒家最初認為的思想之敵，也不是法家，而是楊、墨。

二　「墨楊對立」與「楊近墨遠」

不光是中國遠古有「三代」，人類歷史上很多早期政治形態其實都是一種小共同體本位的族羣政治。族羣共同體的交往半徑越小，熟人社會或者親人社會中那種倫理因素就會越大，於是這種社會治理方式就會帶有一種「長者政治」的性質：既有不平等的「長幼尊卑」，又有保護性的「溫情脈脈」。但是在共同體不斷擴大、親親倫理的作用不斷削弱的情況下，「長者政治」終究會瓦解，出現種種替代的後續形態，但其邏輯上的大端無非有二：

第一種替代就是當所謂的親情、倫理的作用弱化以後，「德高望重」不管用了，我們就憑拳頭說話，誰的拳頭硬，能夠打服大家，大家就聽誰的。於是「長者政治」就變成了「強者政治」。周秦之變就是這樣的。

第二種替代則相反，德高望重的大家長不管用了，大家就商量着辦，建立一種商量的制度，就是所謂的「共和」，「長者政治」於是變成共和政治。希臘－羅馬就是這樣。現在大家知道古希臘－羅馬的共和政治並不像恩格斯說的那樣起源於「軍事民主制」，而是起源於「王政時代」。那個「王政」也是小共同體本位的一種「封建」狀態。由「封建」變共和，當時中國也不是沒有這個苗頭。前輩學者日知（林志純）先生說春秋有所謂的「國人會議」，[83] 我前面提到的「成周鄉舉里選」，都體現了這種可能。只是林先生說的不僅是可能，他認為確實存在過「亞洲古代民主政治」，我覺得他演繹得過了。不過話說回來，如果「共和政治」在東方並非絕無可能，那麼「長者政治」變成「強者政治」也不光是周秦之變，古希臘的馬其頓也是這樣。而且雅典的民主，斯巴達的貴族共和，最後都敗在了馬其頓的王權之下。可見道德理想不能代替現實，在那個時代，「王道」敵不過「霸道」是個令人遺憾的大概率現象。

但並不是一開始就這樣。在「周衰秦未興」的時期，儒家捍衛周制面對的是另外的「敵人」。

從周秦之際人們觀念的變化，我們可以明顯看到當時周代的這種族羣政治，在孔、孟之間主要面臨着兩個方面的挑戰。一方面，小共同體內部出現了「個人主義」的離心傾向。由於鐵器、牛耕的使用，商品交換的發展，人們自然會提出私有、小家和個人的訴求。另一方面，小共同體也面臨外部的挑戰：不僅當時的「軍國」在從外部鼓動這種潮流，希望以強權打碎小共同體的親人－熟人認同，建立大範圍強制性的陌生人整合，還有一種「道德整體主義」也希望打破小共同體的狹隘性，實現一個「大同世界」。

小共同體內部出現個人主義的苗頭，行觀念形態上這就是春秋戰國時興起的楊朱學說，有人說這是中國個人主義的源頭。遺憾的是楊朱所有的著述都沒有留下來，留下來的都是罵他的人的「斷章取義」。對罵他的人摘取的他講過的話，應該怎麼理解？這就有一個很大的問題。其中最有名的就是那句話：「拔一毛而利天下，不為也。」[84]

另一家就是墨子。墨子是鼓吹「兼愛」的，也就是「愛無差等」，主張愛別人和愛自己是一樣的，愛陌生人和愛親人是無差別的，我愛一個路邊的人，和愛我的父親應該是沒有什麼兩樣的，這實際上打破了小共同體的界限。

墨子強調一種普世性的利他、利公主義，一種我們今天聽起來好像非常高尚、非常理想主義的那種天下團結的理念。而楊朱正好相反，他強調的是一種個人本位的價值。但是這兩者有一個共同點，就是他們都對小共同體本位這種價值取向，即作為周制基礎的價值取向造成了很大的衝擊。

因此我們可以看到，一種觀念真正的含義，要在這種觀念和其他觀念的衝突中把握。如果不考慮衝突，只看他正面講什麼話，老實說世界上各種觀念的差別，我們都看不出來。我前面講過所有的觀念，都是用「好話」來表述的，都是用語言分析哲學中講的「good words」來表述的，而從來不用「bad words」來表述，思想家從來都是提倡仁義道德，主張人要變好，主張這個社會要進步，主張高尚；很少有人主張我就是要殺人放火、爾虞我詐、坑蒙拐騙，沒有公開這麼講的。但這些「好詞」只是語言哲學所謂的「能指」，它的實際意義（「所指」）究竟是什麼並不確定，這就是所謂的任意原則。

所以我們要判斷一種話語的實際意義是什麼，一定從各種觀念之間的爭論中去理解。現在大家學國學，很多人都讀《論語》。如果只讀《論語》，和只讀《聖經》其實沒有太大區別，因為形式上，兩者（與其他「主義」一樣）都是由「好詞」作為能指的。而根據任意原則，能指背後的所指不能由這個能指本身確定，而是從能指間的「差異」來確定的。比方說「天下為公」，黃宗羲用這個詞來敲打皇帝，說他「使天下之人不敢自私，不敢自利，以我之大私為天下之大公」，這就是「家天下」，是「天下之大害」。而商鞅則用這個詞來敲打「天下人」，指責他們不僅為自己，甚至為孝父、為小共同體權益而努力都是「勇於私鬥，怯於公戰」，其實恰恰就是要「使天下之人不敢自私，不敢自利」，而把他們的一切都奉獻給皇帝。這意思（「所指」）就與黃宗羲正相反了。義如同樣「弘揚儒家」，有人以法家為敵，有人以「西學」為敵，背後的所指也往往相反。

所以理解儒家「從周」的真意如何，一定要看他們與別人的辯論，看其他人是怎麼罵儒家的，儒家又是怎麼罵其他人的，這樣才能知道各方真正的「所指」。從這方面看，儒家如此激烈的「辟楊墨」和後來法家如此激烈的「焚書坑儒」，委實是真正理解先秦儒家的關鍵。

在《論語》中，孔子雖然對當時社會上種種「禮崩樂壞」的現象抨擊甚力，但並沒有怎麼與其他學派論戰。到孟子就不同了。楊墨兩家據說在當時曾經非常流行。這兩家的流行，恰恰就是當時周制危機的一種明顯表現。在孔子時代這個問題已經出現，但還不算太尖銳，就那樣孔子已經憤世嫉俗到恨不得「乘桴浮於海」了。到了孟子時代，周制只剩殘餘，其價值觀就更岌岌可危，「歪門邪道」變得愈發突出了。《孟子》可以說批評了很多人和主張，但稱得上破口大罵，使用了最激烈的文字，大概就是下面這一段：

> 聖王不作，諸侯放恣，處士橫議，楊朱、墨翟之言盈天下。天下之言，不歸楊，則歸墨。楊氏為我，是無君也；墨氏兼愛，是無父也。無父無君，是禽獸也。公明儀曰：「庖有肥肉，廄有肥馬，民有饑色，野有餓殍，此率獸而食人也。」楊墨之道不息，孔子之道不著，是邪說誣民，充塞仁義也。仁義充塞，則率獸食人，人將相食。吾為此懼，閑先聖之道，距楊墨，放淫辭，邪說者不得作。作於其心，害於其事；作於其事，害於其政。聖人復起，不易吾言矣。[85]

孟子認為最不能容忍的，就是楊墨兩家。雖然後世一直有人對「楊朱、墨翟之言盈天下」「天下之言，不歸楊，則歸墨」的描述存疑，認為楊墨兩家的影響，尤其是楊朱的影響當時並未如此之大，[86]但在邏輯上兩家對儒家所捍衛的基本價值觀進行了直接的挑戰，是不能不回應的。在孟子看來，這兩家都太「違禮」：「楊氏為我，是無君也。」這裏講的所謂「無君」，在孟子那個時代，「君」並不只是指國君，更不是只指天子，孟子講的「君」就是「封建」即封主——封君關係中的封君，也就是「人人長其長」的長。「楊氏為我，是無君也」，就是說他不考慮家長，不考慮他的直接主人，實際上就是只顧自己，不管他從屬的小共同體。「墨氏兼愛，是無父也」，對任何一個陌生人的愛都可以和對父親的愛相提並論，那就是無父了，實際上還是不管小共同體了。然後「無父無君，是禽獸也」，說楊墨兩家就是禽獸，還說他們要「率獸食人」，如果兩家得勢，好像就是一羣虎豹豺狼來吃人一樣。這確實是氣憤得失了儀態，在破口大罵了。

孟子認為當時周制這種理想的制度受到個人主義和天下主義兩個方面的衝擊，應該說這並不難理解。但在「辟楊墨」中，孟子對楊與墨的區別對待尤為耐人尋味。孟子曰：「逃墨必歸於楊，逃楊必歸於儒。歸，斯受之而已矣。今之與楊墨辯者，如追放豚，既入其苙，又從而招之。」[87]「逃墨必歸於楊，逃楊必歸於儒」後人又省作「去墨歸楊，去楊歸儒」，正是這幾個字，導致後人歧解紛出。

從字面上講，「逃墨必歸於楊，逃楊必歸於儒」，是說擺脱墨翟的邪說就必然去相信楊朱，而了解了楊朱的謬誤就會皈依儒家的真理了。「相比較而言，恐怕還是墨家（的謬誤）走得更遠。」[88]這就是所謂「楊近墨遠」。然而按後人對儒楊墨三家的通常看法，這似乎很難理解。誠如民國年間的李宗吾所說：「墨子志在救人，摩頂放踵以利天下。楊朱主張為我，叫他拔一毛以利天下，他都不肯。在普通人看來，墨子的品格，宜乎在楊朱之上，乃孟子曰：『逃墨必歸於楊，逃楊必歸於儒。』認為楊子在墨子之上，去儒家為近，豈非很奇的事嗎？」[89]

事實上，秦後之儒者均覺得這是個需要解釋的問題。

其中極少人認為墨高於楊而近於儒。孟子如果不是講錯了，就是後人記錯了。韓愈即持此說。他著有《讀墨子》，極言「孔墨必相為用」。試圖證明「墨氏之學比之楊朱又在可取」。但是，絕大多數論者都反對韓愈的說法。如朱熹就不客氣地指責：「昌黎之言有甚憑據？」[90]程顥也說《讀墨子》「不知謹嚴，故失之」。[91]由於這種說法只是出於韓愈自己的想當然，而明顯與《孟子》所述相悖，唐以後似無人再提。

有些論者認為「去墨歸楊，去楊歸儒」的說法並無深意，楊墨皆為孟子所拒而無所謂高下。如清儒焦循説：「逃墨之人始既歸楊，及逃楊，勢不可復歸墨而歸儒。假令逃楊之人始而歸墨，及逃墨，亦義不可復歸楊而歸儒可知也。亦有逃楊不必歸墨而即歸儒、逃墨不必歸楊而即歸儒者。非以兩必字例，定一例如是逃、如是歸，且以斷兩家之優劣也。」[92] 今人于建福認為：去墨歸楊、去楊歸儒的説法「顯然並非意味着辟墨甚於辟楊，而旨在説明人們探討中道的一般過程：人們一旦發現某一事理的極端錯誤之後，往往又會矯枉到另一個極端，但在兩種極端之間幾經搖擺之後，會逐漸歸於中道」。[93]

以筆者所見，這類説法應該源自二程及其門人楊時等一些北宋理學家。他們認為楊墨作為兩個極端，都違背了中庸之道。他們説楊朱的「為己」並非自私自利，而是專注個人的修養，忽視了他人；而墨子大公無私，也過於極端：「厚則漸至於兼愛，不及則便至於為我，其過不及同出於儒者，其未遂至楊、墨。」「楊子拔一毛不為，墨子又摩頂放踵為之，此皆是不得中。」「大凡儒者學道，差之毫厘，謬以千里。楊朱本是學義，墨子本是學仁，但所學者稍偏，故其流遂至於無父無君。」[94]

但是這些説法都經不起推敲。所謂「逃楊不必歸墨而即歸儒、逃墨不必歸楊而即歸儒」，只是這些論者的「假令」。孟子的説法完全相反，而且還不止一處，豈是後人一個「假令」就能顛倒的。

至於説楊墨本皆出自仁義，只是分別「過」和「不及」了些，因而要由孟子來調和「執中」，這與孟子痛斥楊、墨的言辭如此激烈更難合轍。

其實孟子自己在另一處提及楊墨時已經説得很清楚：「楊子取為我……墨子兼愛……子莫執中，執中為近之，執中無權，猶執一也。所惡執一者，為其賊道也。」[95]

孟子自己説得很清楚：調和楊墨而取折中之道的不是他，而是子莫。子莫其人今已無考，據漢儒説是「魯之賢人」，喜歡「中和」各家。[96] 但孟子並不同意他對楊墨的「中和」，批評他「執中無權，猶執一也」，亦即只知折中，不知權衡楊墨之利弊，那就跟走極端一樣地錯誤。顯然孟子認為，應該比較楊墨而分遠近，而不是一味調和。

孟子明確說他對楊墨兩家的批評並不是執中，或者並不僅僅是執中。因為他明確講了，「執中無權，猶執一也」，也就是說如果僅僅是和稀泥，或者僅僅是各打五十大板，當中間派，但是沒有權衡利弊，是不行的，這和走極端其實沒有什麼兩樣。因此孟子的確有楊近墨遠的意思，也就是說對這兩者並不是等距離對待。

除此而外，大多數論者都承認「楊近墨遠」，肯定孟子辟墨甚於辟楊。但是何以如此，則又有多種解釋：

程朱之間的宋儒楊時曾說：「禹稷三過其門而不入，苟不當其可，則與墨子無異。顏子在陋巷，不改其樂，苟不當其可，則與楊氏無異。」[97] 朱熹對此評論曰：「墨氏務外而不情，楊氏太簡而近實。故其反正之漸，大略如此。」[98] 顯然朱熹也肯定儒楊較儒墨為近。但「太簡」何以就「近實」，朱子語焉不詳。

民國年間的郭沫若與當代台灣學者袁保新都把楊朱看作道家，因而把「楊近墨遠」解釋為「儒與道之比較相近」，[99]「墨家的熱情……必然會不斷承受外命的傷害，受傷害太重就……必歸於楊，選擇道家隱士的休養路線。但休養好了……必然要再走回人羣，必然會走到儒家這條路向上去」。[100] 只是，楊朱與道家雖有某種聯繫，尤其是楊朱後學與秦以後的道家漸趨合流（如《列子．楊朱篇》所顯示）大概是事實，但在孟子的時代要說楊朱就是道家，顯然過於牽強，因為那時的道家同樣熱心於拒楊墨，說：「敝跬譽無用之言……楊、墨是已」，[101] 甚至要「鉗楊、墨之口」。[102] 更何況按二程的說法，楊道雖有聯繫，楊儒、墨儒更有聯繫，論其遠近，何必假途於「道」？

還有些現代學者把儒家，尤其是思孟一派的儒家做了「個人主義」化的解釋，認為「楊近墨遠」是因為孟子與楊朱都主張利己。只是楊朱只求利己不損人，而孟子要求利己亦利人。但墨翟則要求「捨去我字，損己利人，當然為孔門所不許」，所以「孟子認為他（楊朱）的學說，高出墨子之上」。[103] 但是把古儒說成是「個人主義者」已經不可信，把「個人主義」歸結為「利己」就更成問題。孔孟都有許多克己復禮、捨生取義、殺身成仁之類的說法。後之反儒者或有責其虛偽，但責其公開反對捨己為人、甚至惡捨己為人甚於所謂自私自利，則從未聽說。

三 「拔一毛」的權利屬於誰？

本着「註唯求古」的原則，筆者認為現存最早的孟子註家、漢儒趙岐之說應該最接近孟子的本意。而秦制日久之後的續貂者[104]畫蛇添足，反而把人弄糊塗了。趙岐在「逃墨必歸於楊」條下註曰：「墨翟之道，兼愛無親疏之別，最為違禮；楊朱之道，為己愛身，雖違禮，尚得（受之父母）不敢毀傷之義。⋯⋯故曰歸：去墨歸楊，去楊歸儒。」[105]

這個說法在宋儒孫奭的疏中又得到進一步發揮：「墨翟無親疏之別，楊朱尚得父母生身不敢毀傷之義。儒者之道，幼學所以為己；壯而行之，所以為人。故能（逃）兼愛無親疏之道，必歸於楊朱為己；逃去楊朱為己之道，必歸儒者之道也。」[106]

趙岐的說法之所以值得重視，不僅因為其注早出，更因為它實際上是把「楊近墨遠」當成一個權利（right，或曰「正當性」）問題，而不是如「儒道相近」說所言的學派問題或「利己利人」說所言的狹義倫理問題。

從趙岐到孫奭的論者雖然並無強調 right 意識的自覺，但所謂「受之父母，不敢毀傷」的意思很明確：拔一毛以利天下這事不是不該做（顯然是該做的），而是「不敢做」。為什麼不敢？當然不是怕疼，也不是怕吃虧，而是因為我的「身體髮膚」包括「一毛」在內，都是「受之父母」而並不屬於我自己，因此沒有請示父母我就無權這麼做。墨子目無父母，在孟子看來自然大逆不道。但是如果父母許可，或者父母授意（如後世傳說的「岳母刺字」故事），這事當然要做了。楊朱「愛身」如果是為父母，當然不錯，這應當是孟子看來其比墨為「近」之理由。但是他這「愛身」是「為己，似乎拔不拔一毛全憑己意，這就「違禮了」，我願意為天下拔己一毛是一回事，別人（包括眾人）以利天下為由拔我一毛是另一回事。真正的問題在於：誰有權利做出這個抉擇——「拔一毛」的權利屬於我，屬於我的家庭家族（小共同體），還是屬於「天下」、國家或「大共同體」？

近代以來多有為楊朱辯誣者，認為楊朱之說是個人權利觀念在中國文化中的濫觴。的確，從現代觀念視之，如果以「一毛」喻個人之權利，則在「羣己權界」之己權內，他人及公共權力不得以某種理由，包括「利天下」之理由輒行剝奪。至於我行使己權，自願為天下利，則「拔一毛」固無足論，即拋頭顱、灑熱血，其權在我，「我自橫刀向天笑」，何其壯哉！

但若權不在我，則奴隸矣。若公共權力及以公權代表自命的統治者今得以「利天下」為由拔我一毛，明日自可按同樣邏輯，以「利天下」為由而折我一臂，又明日當可取我之頭，乃至取類我者任一人之頭，以此類推，直至號稱為 51% 之「多數之利」，就可以屠戮 49% 之「少數」。天下之事，尚可言乎！而所謂利天下者，亦不過為「天下之主」者自利之藉口耳。誠如明儒黃宗羲抨擊法家帝王時云：「使天下之人不敢自私，不敢自利，以我之大私為天下之大公」，此乃「為天下之大害者君而已」。[107] 是以自由及個人權利之為現代性張本，良有以也。

如果楊朱強調個人對自己的合法權利雖小至「一毛」亦必申明，在當時自為超前之論，則儒家強調的是支配此「一毛」之權利不在個人，但亦不在君國與「天下」，而在父母——正如君王為大共同體之主，這個所謂「父母」也是家族的、家庭的、你所從屬的那個小共同體的象徵符號。這就是所謂「身體髮膚，受之父母，不敢毀傷」[108]。按原初儒家的邏輯，拔一毛以利父母，以利家庭或家族，乃上合天理，不由爾不為也。但拔一毛以利君國又如何？這就要看父母之意了。正如楊朱未必主張自私自利，但強調我之一毛、我自主之一樣，儒家也未必反對自願的「毀家紓國難」，但家人之一毛，（代表全家的）家長自主之，君國不可強，我亦「不敢毀傷」——不敢以此一毛私許也。「一毛」尚不敢私許，何況乎「摩頂放踵」？無怪孟子要「辟墨甚於辟楊」了。

四　何以「楊近墨遠」

這樣我們也就不難理解對原初儒家來說何以「楊近墨遠」，而諸如「魯人從君戰，三戰三北。……仲尼以為孝，舉而上之」此類故事，也就順理成章了。

楊朱強調我之一毛我自主之，這可以說是一種個人權利本位的觀念（至少是具有了這種觀念的雛形）。而墨子認為個人的一切都應當服從「利天下」的目的，這可以說是一種「天下本位」的權利觀念。孟子兩者都反對，他認為我之一毛，我不得私許——當然也不得私不許，並以此辟楊；但同時，「身體髮膚，受之父母」，而非受之皇上，受之君國或「天下」，因此君國也不得藉公共利益之名輒行「毀傷」，此其所以辟墨也。顯然，從這裏只能導出一種家族或小共同體本位的權利觀念。而在孟子看來，這種觀念與個人權利本位之觀念雖不同，若較之君國天下權利本位之觀念，則前兩者宜乎更為近也。

眾所周知，孟子嚴厲的「辟楊墨」，並沒有挽回小共同體本位的「周制」衰亡。不過有趣的是，周制的沒落卻也沒有導致楊墨任何一家的理想實現。相反，自主的個人主義萌芽與民本的普世主義萌芽在「周秦之變」進程中，都隨小共同體本位的制度一起走向衰亡，而皇權操控下瓦解宗族的「偽個人主義」和君權至上的「軍國主義」都膨脹起來。這就是戰國時期不斷發展、最後在秦帝國達到登峰造極的「法家」主張。因此不僅儒家，法家與楊墨之相辟、相容及「遠近」，也值得一辯。

耐人尋味的是，後人從不同角度發現法家與楊墨兩家似乎都有些關係。如清人章學誠說：「楊朱書亡。多存於韓（非）子」，「楊朱為我。其術自近名（家）、法（家）也」。[109] 而關於法家與墨家有淵源關係的說法就更多：《呂氏春秋》就提到過「秦之墨者」，[110] 後人也指出「戰國晚期秦國無儒而崇墨，所謂聖人隱伏墨術行」，[111] 有人還注意到「法家思想之墨學源頭」，[112] 乃至「秦國墨學與商鞅變法」的關係。[113]

不難理解的是，楊墨兩家既然都是瓦解小共同體本位的力量，而周秦之際小共同體本位瓦解的最終結果就是「秦制」，即法家那一套，因此法家與這兩家有緣是很自然的。但是從另一方面看，墨家的「非攻」和平主義，與兼併統一戰爭或法家的「耕戰」主張明顯對立，墨家的民本主義雖然不同於孟子的「民貴君輕」，卻也明顯對立於法家的君權至上。而楊朱的個人權利本位與法家的極權主義控制更是難以相容。所以法家與這兩家的淵源主要是在「破」的方面，「破」了之後「立」什麼，法家與他們就完全不同了。

法家樂見小共同體瓦解為原子化的個人以便其為帝國之用，但不會尊重個人的權利。法家也嫻於建立帝國皇權本位的大共同體，但不是通過兼愛「非攻」，而是通過極端性惡論的「兼恨」和窮兵黷武，不是基於草根公益，而是基於一姓之私。所以對於法家而言，楊墨也都是既可以利用（用來瓦解小共同體），也必須「相辟」的。從本質上講，法家既非楊，也非墨，正如法家雖然通過韓非對荀子的師承，與儒家也不能說完全沒有關係，但又絕非儒家。

在「儒法鬥爭」中，對於儒法兩家而言，其實都有與楊墨兩家的相對遠近的問題。如果就儒家而言是「楊近墨遠」，那麼就法家而言則可能相反。漢人曾有「楊朱守靜，墨翟務時」之說[114]。在「周秦之變」的當時，「守靜」應該有利於維護周之舊制，而「務時」則近於奔趨秦制之時髦。由此看來，似乎與孟子截然相反，對於法家和秦制而言是「墨近楊遠」的。這樣，秦以後儘管楊墨兩家都近於「中絕」，但墨家殘留成分似乎多於楊家，也就可以理解了。

這裏還要指出，以小共同體權利為本位，絕不是說只考慮某個特定小共同體的利益。這正如現代所謂的個人本位是指我們要尊重每個人的權利，而不是只縱容某個人（如皇帝）自私自利甚至侵犯他人權益一樣。所以有人說，儒家主張「特殊主義」而法家主張「普遍主義」，是完全說反了。

實際上，楊朱所謂一毛不拔，並非只許某個人保住自己一毛，卻可以拔別人之毛。即便在罵他的話中保存下來的吉光片羽裏，楊朱的意思也是「損一毫利天下，不與也；悉天下奉一身，不取也。人人不損一毫，人人不利天下，天下治矣」。這就是個人本位的普世主義。小共同體本位也一樣。如果說孟子的意思是，「人人親其親，長其長」，普天下的人都遵循這個邏輯，都在自己的小共同體內，維持一個家長愛子弟、子弟尊敬家長這樣一種和諧的格局，這個天下儘管沒有近代所謂的個人自由，但在孟子看來也是很理想的天下。這當然也是一種普世主義。

但是，如果說我皇家可以維護家族的整體性，我要把天下傳給兒子，要建立皇帝和太子之間的家庭秩序，但老百姓卻不能有這種秩序，也就是「爹親娘親不如皇帝親」，那就沒有普世可言，等於只准我有家族，不准百姓有家族。類似於只准我利己，不准百姓自利，而盡刮百姓之利歸我，這就是典型的特殊主義，法家主張的秦制就是這種典型。

而墨子當然不是這樣，他主張為天下可以拋頭顱灑熱血，但絕不是只要求他人為天下拋頭顱灑熱血，而我卻可以不拋。所謂普世的大共同體本位，就是大下的利益高於一切，當然也高於帝王。為天下拋頭顱灑熱血，首先就是要求帝王做到。而在法家看來這不就是弒君大逆嗎？所以法家儘管可以利用「墨者」，最後還是導致了墨學的消亡。

第六節　周制的危機

一　鐵器、牛耕促進了社會的個體性發展

從周制到秦制這個趨勢，當然不僅是「思想史」進程。過去講「唯物主義」講成了經濟決定論，什麼都要納入「生產方式」和「社會經濟形態」來談，這當然很片面，現在似乎也不是主流了。但是我們也不能反過來變成「文化決定論」。周秦之變能夠在這個時期成為大勢所趨，當然並不是法家那一套比儒家更得民心（法家自己就絕不這樣認為，恰恰相反，他們強調的是「政作民之所惡」，以後我們還要談到這一點），但也不僅是法家「逢君之惡」，說動了帝王那麼簡單。秦制能夠成功，當然是有物質條件的。

要講它的經濟背景，首先就是鐵器、牛耕和當時的交換關係促進了社會的個體性發展。前面說過，在周制那種族羣社會，人們不能離開族羣存在。在耦耕制下，真正的個體經濟很難存活，這時人們有很強的小共同體認同，是可以理解的。後來不同了，農業上開始出現鐵器和牛耕，最早是

什麼時候呢？一般人們都認為鐵器在中國產生時間較晚。

現在人們講，世界史上最早有鐵器的是小亞細亞的赫梯古國，在公元前第二個千年紀就發明了冶鐵技術。大約公元前 1200 年左右赫梯帝國滅亡後，鐵器開始向其他地域傳播，歐洲用鐵器比中國早。我國最早的鐵器，有人說在商代有一把斧頭，那個刃口就有鐵，即所謂「鐵刃銅鉞」。但是後來做金相分析證明，這個鐵不是冶煉出來的，而是用隕鐵打的。真正由地球上的鐵礦石生產的鐵器，一般來講最早出現在春秋，大量出現應該說是在戰國。

我們都知道春秋以前的農業，普遍是耦耕，所用工具是耒耜，屬於木石器（木柄石刃）。過去說商周是「青銅時代」——郭沫若有部名著就叫《青銅時代》，[115] 他根據「生產力決定生產關係」的公式，把石器時代、青銅時代和鐵器時代分別當成「原始社會」「奴隸制社會」和「封建社會」的基礎。但現在我們知道，即便按照這種「生產力標準」說，他的說法也無法成立。很多人認為，青銅時代作為一個「生產力」分期，可以說是不存在的。因為世界各國的青銅器都很少用來做生產工具，尤其是農業工具。原因在於青銅不同於鐵，它雖然由於冶煉要求的溫度低，而更早被人類使用，但地殼中銅礦錫礦都比鐵礦明顯數量要少。青銅因而比後來的鐵要稀少和貴重得多，一般來講都是做最高層統治者祭祀、禮儀和奢侈生活用的「禮器」，其次是武器，而幾乎不用於農具。

中國更是如此，商周時代青銅器雖然高度發達，但並不用於農業。青銅時代的農具往往還是木石器。若把青銅時期作為生產力發展的一個階段，現在很多人偏向認為不太能夠成立。但是鐵就不一樣了，實際上鐵器是真正取代了木石器提升了生產力。中國鐵器大概從春秋時代開始零星出現，但數量很少，主要發現於湘中長沙一帶。到了戰國，鐵器開始普及，尤其戰國中期以後。從出土情況看，當時的「七國」都有鐵器，並被廣泛應用到軍事和生產中，農業、手工業工具和軍隊的武器都已使用鐵器。尤其是中國古代的冶鐵業雖然起步比地中海地區晚很多，但技術發展到這時已後來居上。由於爐溫不足以熔化鑄造用鐵水，歐州鐵器長期處於鍛造為主的階段，而中國很早就提高了爐溫，先於歐洲出現鑄鐵，和鍛鐵可能同時產生。到了戰國，鍛鐵已可以加工成滲碳鋼，而鑄鐵已經從白口生鐵發展為展性鑄鐵。鐵農具的使用使個體家庭可以脱離小共同體的集體耕作。

牛耕何時出現，爭議更大。以前人們講耒耜農業，認為春秋時期是沒有牛耕的。但是又有些人説在春秋時代就有了，為什麼？他們主要是從幾個名字推斷的。比如孔子有一個弟子叫冉耕，字伯牛；另一弟子司馬耕，字子牛。有人便説這表明牛和耕發生了關係。古人取字，和名有意義上的關聯，比如岳飛字鵬舉，諸葛亮字孔明。冉耕字伯牛是否意味着牛已經用於耕地？但是持這種觀點的人，大概只能用這一兩個名字作為論據，而記載這兩個名字的《論語》一書提到的只是耒耜耦耕。大家都知道子路跟隨孔子周遊列國，有一次掉隊了，碰到兩個農夫在耦耕，就問：「你們看到夫子沒有？」兩人答曰：「四體不勤，五穀不分，孰為夫子？」[116] 有關孔子的事跡中提到的耕作，全都是耒耜農業，全都是耦耕，沒有提到農夫用牛拉犁的。

無論從史籍的描述還是從考古的發掘，我們還看不到那個時代有牛耕的痕跡。即便牛和耕已經發生某種意義關聯，也不一定就是牛拉犁。當時開耕儀式盛行用牛做祭品（犧牲），也可能形成這種關聯。因此，很多人都認為牛耕哪怕在春秋那個時代有點萌芽，但是大量出現還是在戰國以後，甚至一直到秦，牛耕都不是很普遍。而到了漢，牛耕就開始普遍了。[117]

鐵器、牛耕使得生產力提高，社會關係中的個體性開始發展，族羣共同體有了解體的可能。而商品貨幣交換的發展則是更重要的條件。因為個體小農不可能自給自足，沒有交換，人們是不可能脱離共同體的。殷商和西周只有以物易物的記載，考古雖有無文銅貝出土，只能算雛形貨幣。相比過去被認為是「奴隸社會」的古希臘－羅馬貨幣經濟的高度發達，商周的「自然經濟」往往被看成否定那時是奴隸社會的論據之一。春秋前期雖有「周景王鑄大錢」的説法，[118] 號稱是我國史籍中第一次有鑄錢記載，但考古從未發現過可以證實為這種「大錢」的東西。應該説即使有這種錢，當時也作用不大。

但是春秋晚期，各國鑄幣就開始活躍起來，到了戰國，商品貨幣經濟進入了中國歷史上第一個繁榮期。刀幣、布幣、蟻鼻錢、圜錢等賤金屬（銅）幣分別在各國流行，可觀的考古出土量表明當時貨幣交換的活躍。以郢爰為代表的貴金屬（黃金）也以稱量或雛形制式貨幣形式進入流通。隨着秦漢第一帝國的統一，以秦半兩和漢五銖為代表的統一貨幣在帝國全境廣泛流行，其規模堪比羅馬帝國的塞斯退斯。尤其是漢五銖的發行量之大，直到唐宋的銅錢都罕有其匹。由於出土量太多、分佈地又廣，以至今天古董市場上，普通漢五銖以歷史如此久遠的古幣，估價竟不如唐宋明的近古主流貨幣。當時以貨幣計價的土地、奴婢市場的發達也遠遠超過先秦，這種所謂「古典經濟」的活躍曾在當年的「古史分期」爭論中，成為秦漢（而非三代）才是「奴隸社會」的有力論據。

鐵器、牛耕與商品貨幣關係的發展對上古親緣－熟人共同體的解構作用，應該是個世界性現象，這不難理解。但是，經濟上「單幹」一定會導致社會組織解體，這種「經濟決定論」邏輯卻未必成立。

即便作為經濟單元的小農家庭已經取代了井田、耦耕式的小共同體經濟，觀念上的小共同體認同乃至社會組織上的小共同體紐帶仍然可以在個體家庭之上存在，並保持強大的活力。以小農農業為基礎的村社、采邑、宗族共同體組織廣泛存在於包括中世紀歐洲在內的世界各地，我國清代的東南地區小農經濟已經歷時兩千年，以祠堂、族譜、族廟公產為體現的功能性宗族組織卻不斷發展。然而，在我們下面將要講述的秦漢帝國時期，小共同體的瓦解和民間社會的「原子化」卻曾達到驚人地步，這顯然是經濟決定論無法解釋的。

為什麼這種基於族羣社會的小共同體一度瓦解得這麼乾淨，民間被如此「原子化」？除了經濟條件外，更重要的還是政治因素。

春秋戰國時代是延續四百多年的一個戰亂時代。所謂「春秋無義戰」，「爭地以戰，殺人盈野；爭城以戰，殺人盈城」。這一段持續的戰亂使中國的政治格局發生了很大變化。簡而言之，那個時候出現了一個「大魚吃小魚，小魚吃蝦米」的淘汰過程。最終由所謂的西周八百諸侯，變成了春秋時代的幾十個諸侯國，又變成了戰國時代的所謂七雄，最後七雄通過血腥的兼併，秦建立了大一統帝國。整個過程中，各國面臨的最大問題就是舉國全力去打仗，要在武力兼併中勝出。這就需要實行「全民皆兵」「兵農合一」「耕戰合一」，把全國變成一個君王嚴密控制的大兵營，「民中有一戶，軍中有一丁」。[119]

而這種「編戶齊民」之制的直接敵人，就是那種「為父絕君，不為君絕父」的小共同體。晚清思想家嚴復，認為周秦之變的實質在於把「宗法社會」變成「軍國社會」。[120] 而追求「軍國主義」，就必須實行一種獨特的「個人解放」，即嚴復所謂「言軍國主義，期人人自立」。[121] 這個「自立」當然不是近代意義上的個人自由，只是要使個人擺脱小共同體的束縛而接受皇權的桎梏，充當「君之忠臣，父之暴子」，為效忠皇上而不惜坑親殺熟。

這種「軍國主義」，就是君國要儘可能地強化控制，集中人力、物力與他國一爭雌雄。春秋特別是戰國時代的戰爭經常規模很大，動輒有幾萬、幾十萬人參戰，而那個時候的國家人口都不多，要窮兵黷武，以全國洪荒之力來「問鼎」「逐鹿」，就需要一種集權化的變革。這種集權化要消除「魯人從君戰，三戰三北⋯⋯仲尼以為孝」的事情存在。因此在強勝弱敗的淘汰過程中，這些國家的社會結構發生了很大的變化，用當時的話來講，叫作「高岸為谷，深谷為陵」，禮崩樂壞，國滅世絕，所以孔子才要提出「興滅國，繼絕世」，就是「天下無道，則禮樂征伐自諸侯出」，更嚴重的是禮樂征伐自卿大夫出，「陪臣執國命」[122]。那個時候周制這一套已有的規則全亂了，諸侯不把天子放在眼裏，卿大夫不把諸侯放在眼裏，士又不把卿大夫放在眼裏，人們已經不管這些宗族的高低了。大家佩服什麼呢？只佩服軍國，只佩服武力，只佩服強權。

這種狀況自然不是一年兩年造成的，也不能説只是商鞅、李斯這些人設計出來的。事實上，最早的秦制萌芽可能在殷商時代已經產生。殷商雖然總體上仍然屬於小共同體本位的「三代」之制，但在盤庚遷殷後，連年發動大規模征服戰爭，抓來大量俘虜——這些俘虜並沒有成為私有的奴隸財產，而是控制在國家手裏用作「犧牲」，同時發展起規模驚人的巨墓大陵大量殉人之制。這些都需要強化「霸道」，大規模集中人力物力。這種大共同體的雛形就與當時的方國封建之制產生矛盾，然而其發展壯大的歷史條件還不具備。史載殷紂王（帝辛）拘囚諸侯、殘殺宗臣，結果造成大亂。周武王姬發聯合眾多諸侯舉兵「革命」，推翻了殷紂並正式「封建諸侯」，後來的「周公制禮」更把周制推到了峰期。

但是殷紂對「封建」的挑戰並沒有根絕。史載殷紂的大將（不是封臣）飛廉是嬴秦之祖，他與周作對，被周公所殺。但是他的部族則被西遷到朱圉（今甘肅甘谷），成為西周王室無封號的低級臣屬。[123] 到了西周孝王時，這個部族的首領非子為周王養馬得法，受到獎賞，受封秦邑（今甘肅清水），成為周王附庸。公元前 822 年，秦莊公成為諸侯，建都西犬丘（今甘肅禮縣），公元前 677 年秦遷都雍（今陝西鳳翔），在雍建國長達 294 年，到進一步東遷櫟陽時，秦已經成為強國。

1977 年以來，在雍城開始進行系統的早秦考古，近十餘年已擴展至甘肅甘谷、禮縣的秦人更早發祥地。結果發現這些遺址普遍規模驚人，而且從西周時期就開始出現與殷商傳統有關、嚴重違背封建周制等級的巨墓大陵。其中秦公一號大墓（一般認為是秦景公墓）比河南殷墟侯家莊殷王陵要大 10 倍以上，是中國歷來已發掘的最大陵墓，而且人殉多達 186 人，為中國有史以來發掘的帝王陵墓中殉葬人數最多的一座，不僅為西周文明所未見，也超過了以殘忍的大規模人殉著稱的殷商王陵。[124] 過去人們認為秦繼承了西垂犬戎的野蠻遺風，現在考古界認為殷商末期才是「暴秦」傳統的由來。而且秦陵逾（周）制違（周）禮其來已久，未封諸侯時已逾公制，封公之後更逾越天子規格，可見其不臣之心。[125]

早秦考古發現的另一個特點是：與西周、春秋時代「金文」盛行，各國除諸侯外，貴族青銅器也多有銘文發現不同，早秦乃至先秦秦國考古所見的秦公鐘、秦公鎛、秦石鼓等有文字的器物全屬於國君，而貴族的青銅器雖也頗有發現，卻全無銘文。考古學家由此認為「秦文字幾乎被國君壟斷，貴族難得一見」，「貴族的帶字器物極少見，幾乎沒有」，「這可以說明春秋時秦國君的集權，也說明當時秦貴族的文化欠發達」。[126] 秦君早在那時就既不把周天子放在眼裏，又公然把貴族視同奴僕，缺乏禮遇，愚民政策愚到了貴族頭上。後來法家的那一套在這裏登峰造極，也算其來有自了。

二 「軍國主義」假手「偽個人主義」戰勝家族主義

在這種情況下，就出現了「軍國主義」假手「偽個人主義」，內外合力解構了西周時代的家族主義和小共同體認同。一方面，小共同體內部禮崩樂壞，產生個體離心傾向；另一方面，君主使用高壓，粉碎了小共同體的自治功能，讓皇權可以「一竿子插到底」，直接控制「編戶齊民」，改變那種「主人的主人不是我的主人」的狀態。周天子做不到的事，秦始皇就能夠做到，因為他打破了小共同體及其認同。

因此就出現了所謂的「家天下」這種制度。儒家的理想本是反對家天下的，這是晚清共和思想能夠在中國傳播的一個很重要的根源。當時很多改革派士大夫，一講共和就說這符合儒家的理想和「三代」的仁政。因為儒家是反對傳子的，儒家本是主張禪讓的，禪讓就是傳賢，傳子很不道德。尤其是中國沒有君主立憲的環節，直接建立了共和國，這一點很多人都說和儒家的觀念是有關的。此前在法家的強制下，人們被迫接受了家天下，包括儒家當時也承認國家要有皇帝才行。一旦這個束縛被打破，很多人直接就從儒家本來固有的觀念想到，國家不應該是皇家繼承的，而應該是由賢人來治理的。可是實際上，早期儒家的傳賢或者禪讓，和近代的共和制度完全不是一碼事。

如果我們從歷史上看，原始政治其實都帶有家長式或者親族式的特點，可能中外東西都類似。儘管明確的傳子規則形成的時間比較晚，像殷商大部分的王位繼承都是兄終弟及的。周秦時代才比較嚴格地實行傳子制度，但是傳賢禪讓的說法，在先秦時代尤其是在上古夏商周這三代也很少見。那個時代的典籍中並沒有傳賢禪讓的說法，因此以後「古史辨學派」形成了層累地造成的古史觀[127]，說這些故事都是以後才有的。

這種故事為什麼會產生？很可能是由於先秦的原始儒家不滿於當時禮

崩樂壞的現實，而把遠古政治理想化的結果。雖然古史辨派這一套說法，我們不見得完全接受，但是認為以後的說法附會了很多想像和藉題發揮的成分，應該說還是成立的。因為我們看到所謂的「傳賢」，並不是民主選舉，即使按照後來的說法，也沒有說堯傳天下於舜、舜傳天下於禹，是通過民主選舉還是競選，這當然都是沒有的。當時的「禪讓」，其實就是我把權力傳給我靠得住的接班人，有兩層含義：第一，不是耗到自然退出，而是主動讓賢，第二，雖然不是我的兒子，但也不是民選的。這當然不是民主政治，但它也不是強權政治。因為在當時的小共同體本位時代，還是有所謂的「父父子子」，共同體越小，權責就越容易對應。

在小共同體本位的族羣中，傳賢還是傳子，其實並沒有本質的差別。在「率其宗氏，輯其分族，將其類丑」的親緣－熟人羣體中，即使不傳子，也不會傳給一個小共同體之外完全無關的人。因為那個時代本身就是一個族羣社會，而且西周時代的國人基本是一個親族團體。不傳子，也無非就是傳給親族姪弟等。反過來講，即使是傳子，在當時不是「天高皇帝遠」，而是族長治族的小圈子裏頭，也必然帶有些類親情的倫理色彩，在一定程度上形成權責對應，不可能像陌生人社會中的專制者那樣冷酷殘暴，不可能像後來的皇帝一樣不識臣下，造成「天高皇帝遠，民少相公多」的狀態。因此可以說，儒家這個所謂「傳賢」的概念，是對傳子的一種抨擊，實際上反映了在周秦之變的過渡階段，人們懷念周制、敵視秦制的一種價值觀。

在早期的族羣社會裏，傳子和傳賢這兩者其實沒有太大的區別，不傳子也是要傳給血緣共同體內部的人，很少傳給一個我們今天講的外姓人，即完全和我們團體無關的人。傳子，也要挑賢的、挑能成大業維護周制的人。在熟人社會，很少有那種完全不顧親情的做法。因此，實際上禪讓傳賢這一種觀念是在出現了家天下以後才有的。這個家天下的重點並不在於傳子，而在於它是用這樣一種方法來統治陌生人社會，來統治一個非常龐大的、人們沒有直接親緣關係的「率土之濱」上的所有人羣。

這樣一種方式在當時被認為不合倫理，因此促成了一種所謂「禪讓制」

與家天下的矛盾。實際上，這背後還是小共同體本位和陌生人構成的一個大共同體之間的矛盾。「家天下」這種概念，只有在突破了小共同體本位以後的陌生人社會，才會有意義。當然主要是那些不滿現狀者，在負面的意義上使用這個概念。在戰國時期，使用這個概念的有儒家，也有墨家，他們都認為家天下很糟糕，原因就是上述背景。

三 小共同體解體的兩條不同路徑

實際上無論中西，最早的政治都不是原始民主。以前我們講的歷史唯物主義史觀，往往說專制和私有制有關。恩格斯有一本書《家庭、私有制和國家的起源》，其中就強調這一點。而在原始社會，因為沒有私有制，所以也就沒有專制，便說那個時代是原始民主。但是這套理論其實產生得很晚。即使是馬克思、恩格斯，他們早年也沒有這種觀念。這種理論是以摩爾根為代表的一些人類學家提出的，後來被恩格斯所接受。實際上連馬克思本人在接觸摩爾根的學說以前也沒有這種觀念。[128] 接觸以後，馬克思大量閱讀人類學資料並做了很多摘要筆記，顯然他在思考，但直到去世他也沒有正式發表什麼「原始社會」的研究。至今沒有證據表明，馬克思去世後恩格斯寫的那本書能夠代表馬克思的看法。

人們一般認為，對權力的服從就意味着在羣體中存在等級秩序。這可以說在動物世界就有，人類的初民社會也是這樣。

人們一般認為，早期的社會都有個大家長，人們都聽他的，這和私有制並沒有什麼關係。就連動物中也有蟻王、蟻后、工蟻、兵蟻之類的分工，羊羣裏頭也有頭羊，狼羣裏有頭狼，頭羊好像也不是羊羣民主選舉出來的，以此類推。很多人都認為中西最早的政治都不是原始民主，而是家長式的親族政治，也就是所謂的「王道」或者「王政」。這個「王道」肯定不是民主，但「王道」又不是專制霸道，原因就在於它蒙着一層倫理色彩，是在小共同體本位的基礎上產生的，具有「父父子子」這樣一種外擴的親情。後來的儒家認為秦始皇那樣搞就不行，那叫作「霸道」。儒家理想中的三代那一套東西叫作「王道」。[129]

我們現在的一些古史家也用這個詞來講希臘－羅馬的早期，即所謂的「王政時代」，用希臘語講就是 Basileus，用拉丁語講就是 Rex（複數：Reges），從某種意義上講和西周是類似的。所以現在也有人講，前古典時代的希臘－羅馬也是封建社會。曾經有一位中國學者寫文章說，西方的古史學家墮落到了認為封建社會在奴隸社會之前的地步，意思就是有西方人認為 Basileus、Rex 這個時代屬 feudalism（封建），feudalism 不是在古典時代之後，而是在其之前。

說來這種王政，實際上是個相當普遍的現象。由禪讓而家天下故事發生的背景，就是小共同體本位社會演變為一種陌生人構成的大共同體本位社會。因為王道政治的特點是「長者政治」，這是我發明的一個名詞，就是說小共同體的統治者像我爹，他和我不是平等的，但他也不會是個暴君，而是一個像我爹一樣的長輩關心愛護我，這是一種類似「父愛」的「長者政治」，古儒所謂的「仁政」也就是這個意思。孔子所謂「能近取譬可謂仁之方」[130]，孟子所謂「仁政必自經界始」[131]，其實都是說這種長者政治必須以尊重小共同體為條件。

而統治半徑一旦擴展到大範圍陌生人中，「長者政治」一旦維持不下去，會有兩種可能。一種是民主選舉，既然沒有爹了，或者說在陌生人社會裏爹的話不管用了，我們就大家商量着辦事，或者大家推舉出一些代表我們的人來辦。另外一種可能是「有槍便是草頭王」，不管爹不爹，誰厲害就怕誰，誰的拳頭硬就聽誰。於是政治演變出兩種分化：一種是由「長者政治」變為「公共政治」，即民主政治，就是所謂從王政到共和，例如古希臘－羅馬；一種是由「長者政治」演變為「強者政治」，就是所謂從王道變霸道，例如馬其頓。中國的周秦之變屬於後者。

註釋：

1　譚嗣同著，加潤國選註：《仁學——譚嗣同集》，瀋陽：遼寧人民出版社，1994 年，第 70 頁。

2 例如，孟子說：「閹然媚於世也者，是鄉原（『原』通『愿』）也」；「同乎流俗，合乎污世」；「惡鄉原，恐其亂德也」，見《孟子·盡心下》。

3 《荀子·臣道》《荀子·子道》。

4 《韓非子·顯學》：「故孔、墨之後，儒分為八，墨離為三，取捨相反不同，而皆自謂真孔墨。」《史記》卷74《孟子荀卿列傳》說，孟子「受業子思（孔伋，孔子之孫）之門人」。《荀子·非十二子》：「子思唱之，孟軻和之……是則子思、孟軻之罪也。」因此，後世將子思、孟子這一支儒學流派稱為「思孟學派」。

5 譚嗣同著，加潤國選註：《仁學 —— 譚嗣同集》，第70頁。

6 康有為：《中華救國論》，《不忍》第1冊，1913年，第16-17頁。其實，民國之前，康即有此論：「吾國久廢封建，自由平等已二千年，與法之十萬貴族壓制平民，事既不類，倡革命、言壓制者，已類於無病而學呻矣。」明夷（康有為號）：《法國革命史論》，載《新民叢報》第4年第13號，1905年，第24-25頁。

7 與前引文字略有不同，可能版本有異，參見錢基博：《現代中國文學史》，上海：上海書店出版社，2004年，第264頁。「自秦漢」更為準確。

8 這從1973年8月5日毛澤東發表的《七律·讀〈封建論〉呈郭老》可見一斑「勸君少罵秦始皇，焚坑事業要商量。祖龍魂死秦猶在，孔學名高實秕糠。百代都行秦政法，十批不是好文章。熟讀唐人封建論，莫從子厚返文王。」中共中央文獻研究室編：《毛澤東年譜（1949—1976）》第6卷，北京：中央文獻出版社，2013年，第490頁。毛澤東曾多次稱頌秦始皇比孔子偉大，還提出要「馬克思與秦始皇結合起來」。參見胡松濤：《秦始皇加馬克思》，載《毛澤東影響中國的88個關鍵詞》，北京：中國青年出版社，2016年，第261-264頁。

9 本文這裏用「奴才」一詞指事實上的人身隸屬關係，與常識中的「奴隸」（不是史學理論中「奴隸社會」定義的「奴隸」）同義，而不帶褒貶之別。這是因為在古語中「奴隸」比「奴才」更具貶義，所以清代滿官對皇帝自稱奴才而絕不稱奴隸。但是現代受「奴隸社會」理論影響，「奴隸」作為「被剝削被壓迫者」享有同情，「奴才」變得更具貶義。但秦制下的「君臣」關係原則上就是主奴關係，至少在法家看來，臣民中只有受寵與否之別，作為皇上之奴身份上是「平等」的，即所謂「編戶齊民」，不應有褒貶之分。本文為表述方便都用「奴才」稱之。

10 李開元：《說趙高不是宦閹》，載《史學月刊》2007 年第 8 期。

11 《史記》卷 88《蒙恬列傳》，北京：中華書局，1982 年標點本第 2 版，第 2566 頁。

12 楊梓：《承明殿霍光鬼諫》，載關漢卿等撰，寧希元、寧恢校點：《元刊雜劇三十種新校》，南京：鳳凰出版社，2023 年，第 409 頁。

13 梁啟超：《論中國與歐洲國體異同》（1899 年），載《梁啟超全集》，北京：北京出版社，1999 年，第 312-315 頁。

14 嚴復就曾提出中國需要「沛然變為軍國之制，而文明國家以興」，見嚴復：《政治講義》，載《嚴復集》第 5 冊，北京：中華書局，1986 年，第 1265 頁。再如，著名學者劉文典（1897—1958，字叔雅）民初就曾在陳獨秀主編的《新青年》上撰文鼓吹德意志式的軍國主義。劉叔雅：《軍國主義》，載《新青年》第 2 卷第 3 號，1916 年 11 月 1 日。關於新文化運動時期國內對軍國主義的推崇，可參閱毛明超：《早期〈新青年〉雜誌中的德國想像》，載《中共黨史研究》2019 年第 11 期。「一戰」後追求和平成為一種世界潮流，同內有聲討軍國主義者，但仍有人主張軍國主義，可參閱：[英] 方德萬（Hans J. van de Ven）著，胡允桓譯：《中國的民族主義和戰爭（1925—1945）》，北京：生活．讀書．新知三聯書店，2007 年，第 79-86 頁。

15 嚴復《〈社會通詮〉譯者序》，載甄克思著，嚴復譯：《社會通詮》，上海：商務印書館，1917 年，譯者序，第 1-2 頁。

16 陶希聖：《中國社會之史的分析（外一種：婚姻與家族）》，北京：商務印書館，2015 年。

17 參見詹子慶主編：《中國古代史參考資料》，北京：高等教育出版社，1987 年，第 485-487 頁。

18 關於魏晉封建論，參見詹子慶主編：《中國古代史參考資料》，第 489-490 頁。

19 《孟子．離婁上》，「人人親其親，長其長」，即人各「親其親，長其長」。

20 《左傳．定公四年》。

21 《韓非子》多次提及君主應對臣民善使賞罰權柄。例如，《韓非子．二柄》：「為人臣者畏誅罰而利慶賞，故人主自用其刑德，則羣臣畏其威而歸其利矣」；「為人臣者陳而言，君以其言授之事，專以其事責其功。功當其事，事當其言，則賞；功不當其事，事不當其言，則罰」。

22 《韓非子·備內》。

23 例如費孝通先生的「差序格局」理論，費孝通：《鄉土中國》，北京：北京出版社，2004 年。

24 魯迅：《答客誚》，載《魯迅詩集》，長沙：湖南人民出版社，1986 年，第 27 頁。

25 《孟子·離婁下》。

26 《孟子·盡心下》。

27 康有為：《共和政體論》，載湯志鈞編：《康有為政論集》下冊，北京：中華書局，1981 年，第 679 頁。

28 《國語·晉語八》。

29 《左傳·襄公二十五年》。

30 荊門市博物館：《郭店楚墓竹簡》，北京：文物出版社，1998 年，第 71、188 頁。

31 彭林：《再論郭店簡〈六德〉「為父絕君」及相關問題》，載《中國哲學史》2001 年第 2 期。

32 李存山：《先秦儒家的政治倫理教科書——讀楚簡〈忠信之道〉及其他》，載《中國文化研究》1998 年第 4 期。李存山：《再說「為父絕君」》，載《江蘇社會科學》2005 年第 5 期。

33 《說苑·修文》、《韓詩外傳》卷七。

34 《史記》載，商鞅變法的內容包括：「有軍功者，各以率受上爵；為私門者，各以輕重被刑大小」，「行之十年」後，「民勇於公戰，怯於私鬥」。《史記》卷 68《商君列傳》，第 2230-2231 頁。說明商鞅變法之前的情況是「勇於私鬥，怯於公戰」。這一狀況在《韓非子》中也多有述及。例如，《韓非子·孤憤》：「是以弊主上而趨於私門者……故主上愈卑，私門益尊。」《韓非子·屈學》：「夫斬首之勞不賞，而家鬥之勇尊顯，而索民之疾戰距敵而無私鬥，不可得也。」《韓非子·人主》：「明主者，推功而爵祿，稱能而官事，所舉者必有賢，所用者必有能，賢能之士進，則私門之請止矣。夫有功者受重祿，有能者處大官，則私劍之士安得無離於私勇而疾距敵，游宦之士焉得無撓於私門而務於清潔矣？此所以聚賢能之士，而散私門之屬也。」

35 黃宗羲《明夷待訪錄·原君》。

36 黄宗羲《明夷待訪錄·原君》。

37 見《左傳·定公四年》《史記·伍子胥列傳》《說苑·至公》。

38 《論詔·憲問》。

39 日本明治維新的開始階段，下級武士發動了「尊王攘夷運動」和「尊王倒幕運動」，明治天皇即位後頒佈了「王政復古大號令」，開始「廢除封建制度」。可參閱：王新生：《日本簡史》（第三版），北京：北京大學出版社，2016 年，第 129-133 頁；[日] 阪本太郎著，江向榮等譯：《日本史》，北京：中國社會科學出版社，2008 年，第 416-423 頁。

40 參見張昆將：《德川學者對孔子思想的異解與引申》，載顏炳罡主編：《儒家文明論壇》（第 2 期）下，濟南：山東人民出版社，2016 年，第 360-373 頁。按：當時頗有人把這種見解歸源於吉田松陰。這應該有些誤解，詳見下注。

40 《論語·季氏》。

41 《漢書》卷 30《藝文志》，第 1746 頁。

42 吉田松陰：《講孟餘話》，巖波書店，1943 年，第 263-264 頁。按：當時日本有此說，顯然是因為吉田松陰反對幕府，主張天皇集權的「一君億兆臣民」之制，其諸門生正是因此發動了維新，吉田氏因而被尊為明治思想之源。同時他也確實批評過孔孟周遊列國。不過，幕末明治初人們的思想並沒有後來那麼清晰，像西鄉隆盛那樣一方面尊天皇，一方面又恪守傳統武士尊藩事主之道，並因此而死者，不乏其人。吉田松陰更不是福澤諭吉那樣的西化思想家，作為幕末的先驅他其實矛盾之處甚多。他批評孔孟周遊列國，其實恰恰因為他認為此舉違背周制，《講孟餘話》開篇第一頁就批評孔孟離開生國魯鄒而遊事他國是不對的。也就是說吉田松陰在此仍然認同「封建」，認為應該層層向上效忠於直接的主人。按照此種講法，孔子周遊列國應該是對魯國國君不忠。不過如果他一直這樣想而又沒有早在幕末死難，明治後他將難免西鄉隆盛那樣的命運。又，《講孟餘話》此處承劉志先生提示，特此致謝。

44 《韓非子·五蠹》。

45 《韓非子·五蠹》。

46 王與之：《周禮訂義》，見《古今圖書集成》經濟匯編選舉典，第 39 卷。

47 王禹偁:《鄉老獻賢能書賦》，見《古今圖書集成》經濟匯編選舉典，第 41 卷。

48 朱健:《古今治平略・三代貢舉》，見《古今圖書集成》經濟匯編選舉典，第 41 卷。

49 王與之:《周禮訂義》，見《古今圖書集成》經濟匯編選舉典，第 39 卷。

50 劉攽:《送焦千之序》，見《古今圖書集成》經濟匯編選舉典，第 41 卷。

51 徐繼畬:《瀛圜志略》卷 9《北亞墨利加米利堅合眾國》。

52 曹維安:《俄國農村公社初探》，蘭州大學碩士論文，1986 年。

53 澤大洋:《明治最初期的選舉制度論發》，日本選舉學會《選舉研究》1990 年第 5 卷。

54 https://ja.wikipedia.org/wiki/%E9%81 %B8%E6%8C%99。

55 劉斌:《近代「選舉」概念的演化及其文化喻義》，載《安徽史學》2018 年第 2 期。

56 《論語・顏淵》。

57 《禮記・禮運》。

58 《孟子・梁惠王下》。

59 《書經・周書・泰誓中》。

60 《孟子・離婁上》:「得天下有道，得其民，斯得天下矣。得其民有道，得其心，斯得民矣。」後人簡化為「得民心者得天下」。

61 《詩經・即風・七月》。

62 郭沫若:《奴隸制時代》，載《郭沫若全集》(歷史編)第二卷，北京:人民出版社，1984 年，第 29-30 頁。

63 侯外廬:《中國古代社會史論》，石家莊:河北教育出版社，2000 年，第 76-81 頁。

64 《漢書》卷 24 上《食貨志上》，第 1126、1137 頁。

65 四川省博物館、青川縣文化館:《青川縣出土秦史修田律木牘 —— 四川青川縣戰國墓發掘簡報》，載《文物》1982 年第 1 期。

66 《周禮》並未出現「井田」二字，不過有授田的規劃，一般認為與傳說中的田制相關，見《周禮・地官司徒・遂人》等篇。另可參閱李雪山:《〈周禮〉

中的農民土地分配問題》，載《殷都學刊》1994 年第 1 期。

67 彭林先生則認為「《周禮》不成於一人一時」不可信，另關於《周禮》成書的各種說法，見彭林：《〈周禮〉主體思想與成書年代研究》（修訂版），北京：中國人民大學出版社，2009 年，第 1-16、166-186 頁。

68 參見閆桂梅：《近五十年來秦漢土地制度研究綜述》，載《中國史研究動態》2007 年第 7 期。

69 《史記》卷 6《秦始皇本紀》，第 245 頁。

70 《國語・周語上》。「太原」一作大原，與王畿千畝同義，非今山西太原也。

71 《詩經・周頌・噫嘻》

72 《詩經・周頌・載芟》。

73 關於耦耕的各種解釋，可參閱王星光、符奎：《關於耦耕問題的探討》，載《農業考古》2011 年第 1 期。

74 參見秦暉：《農民地權六論》，載《社會科學論壇》2007 年五月號，第 122-146 頁。

75 朱熹：《論語集註》卷上《述而第七》。

76 《史記》卷 121《儒林列傳》，第 3115 頁。

77 包括《論語》在內的「四書」只是在宋明理學時代才經典化。

78 荊門市博物館：《郭店楚墓竹簡》，北京：文物出版社，1998 年，第 141 頁。

79 《論語・公冶長》。

80 《論語・顏淵》。

81 《論語・堯曰》。

82 魯迅：《風波》，載《吶喊》，北京：人民文學出版社，1976 年，第 70-81 頁。

83 林志純：《從〈春秋〉「稱人」之例再論亞洲古代民主政治》，載《歷史研究》1981 年第 3 期。

84 《孟子・盡心上》。

85 《孟子・滕文公下》。

86 孫詒讓：《墨子間詁》附錄《墨子舊敘》：「楊朱之書惟貴放逸，當時亦莫之宗，躋之於墨，誠非其倫。」北京：中華書局，2001 年，第 670 頁。

87 《孟子・盡心下》。

88 徐克謙：《孟子現代版》，上海：上海古籍出版社，2001 年，第 266 頁。

89 李宗吾：《厚黑大全》，北京：今日中國出版社，1996 年，第 146-147 頁。

90 《朱子語類》卷 61。

91 《河南程氏遺書》卷 18。

92 焦循：《孟子正義》，光緒丙子焦氏遺書本，卷 29，第 1 頁。

93 于建福:《孟子的中道教育觀及其價值》，載《山東大學學報》2005 年 8 月號。

94 《河南程氏遺書》卷 4、15、16、18。

95 《孟子・盡心上》。註家或謂「執中無權」意為調和而不知時變，似乎孟子是主張在楊墨之間搞「機會主義」，時而親楊時而親墨，這於理難通。實際上「權」指權衡、比較，如《孟子・梁惠王上》:「權，然後知輕重。」此處當指比較楊墨之謬孰為甚也。

96 趙岐註：「子莫，魯之賢人也，其性中和專一者也。」

97 轉引自朱熹：《孟子集註》，上海：上海古籍出版社，1987 年。

98 朱熹《孟子集註》，第 114 頁。

99 郭沫若：《莊子的批判》，載《莊子集釋》，北京：中華書局，1961 年，第一冊，序第 20 頁。

100 袁保新：《如何在自由中活出人性尊嚴 —— 中國儒道哲學的現代詮釋》，www.ntnu edu.tw/aa/aa5/92. 1.6article.htm。

101《莊子外篇・駢拇》。

102《莊子外篇・胠篋》。

103 李宗吾：《厚黑大全》，北京：今日中國出版社，1996 年，第 147 頁。

104 像孔穎達、朱熹都是唐宋以後的人。

105《十三經註疏》(一八一五年阮元刻本)《孟子注疏・盡心章句》卷第十四下。

106《十三經註疏》(一八一九年阮元刻本)《孟子注疏・盡心章句》卷第十四下。

107 黃宗羲：《明夷待訪錄・原君》。

108《孝經・開宗明義》。

109 章學誠：《言公》，見賀長齡編：《皇清經世文編》卷五《學術五・文學》。

110《呂氏春秋．有始覽．去宥》。

111 羅世烈：《墨家的專制主義》，載《四川大學學報》（哲學社會科學版）1999 年第 5 期。

112 馬騰：《法家思想之墨學源頭》，載《中山大學法律評論》2010 年第 8 卷第 1 輯。

113 王宏：《變法的前夜：秦國墨學與商鞅變法的社會史考察》，載《學術探索》2011 年第 10 期。

114《三國志》卷 39，《蜀書》9《劉巴傳》引《零陵先賢傳》：「記問之學，不足紀名，內無楊朱守靜之術，外無墨翟務時之風。」

115 郭沫若：《青銅時代》，北京：中國人民大學出版社，2005 年。

116《論語．微子》。

117 關於鐵器和牛耕的出現和廣泛使用，可參閱翦伯贊主編：《中國史綱要》（修訂本）上冊，北京：人民出版社，1995 年，第 62、108 頁。

118《國語．周語下》。

119 參見杜正勝：《編戶齊民：傳統政治社會結構之形成》，台北：聯經出版事業公司，1990 年。

120 嚴復：《政治講義》，載王栻主編：《嚴復集》第 5 冊，北京：中華書局，1986 年，第 1245 見嚴復認為周秦之變把這一過程完成了一半，另一半有待於當時的改革。而當時學界指出商鞅變法為軍國主義導向者，不乏其人，玆不贅舉。

121 甄克思著，嚴復譯：《社會通詮》，見《嚴復合集》編輯委員會編：《嚴復合集》第 12 冊，台北：辜公亮文教基金會，1998 年，第 145-146 頁。嚴復說的是晚清改革，但如前所述，他認為這是周秦之變的未竟之業。

122《論語．季氏》。

123《清華簡〈繫年〉》第二章：「成王（踐）伐商奄，殺飛廉，西遷商奄之民於邾（朱圉），以禦奴之戎，是秦之先，世作周（僕）。」

124 王恩田：《關於殉葬問題的再認識》，載《齊魯學刊》1983 年第 1 期。

125 參見梁雲：《戰國時代的東西差別——考古學的視野》，北京：文物出版社，2008 年。

126 早秦遺址考古項目負責人梁雲教授與筆者的微信，2023.1.2-3。

127 古史辨學派是 20 世紀 20 年代顧頡剛先生領銜開創的一個研究中國古史的學派，核心觀點或方法即是「層累地造成的古史觀」，可參閱顧頡剛：《古史辨自序》，北京：商務印書館，2011 年。

128 恩格斯：《家庭、私有制和國家的起源》，中共中央馬克思恩格斯列寧斯大林著作編譯局編譯：《馬克思恩格斯選集》第四卷，北京：人民出版社，2012 年，第 12-195 頁。恩格斯該作本有副標題：「就路易斯・亨・摩爾根的研究成果而作」，「摩爾根的研究成果」指其名著《古代社會》。

129 漢宣帝曾說：「漢家自有制度，本以霸王道雜之，奈何純任德教，用周政乎！」《漢書》卷 9《元帝紀》，第 277 頁。先秦儒家推崇王道，法家實行霸道。

130《論語・雍也》。

131《孟子・滕文公上》。

第二章

周秦之變：從族群社會到編戶齊民（下）

——法家的興起與「百代都行秦政制」

當周制這樣一種「人人親其親，長其長，而天下平」的制度衰落下去以後，自主的個人主義並沒有興起，而是與民本的普世主義和小共同體本位的周制一樣，都走向了衰亡。而這個時候興起來一種個人主義和國家主義。這種個人主義不是楊朱的個人主義，而是一種「偽個人主義」。為什麼說「偽」個人主義呢？因為在皇權操控下宗族瓦解，個人從小共同體中解脱出來，結果卻不是使人真正獨立，而是讓人成為皇權的工具。講得簡單一點，就是讓大家斬斷血緣紐帶，六親不認只認皇上。為了皇上可以赴湯蹈火，但是不能為了父親去做皇上不喜歡的事。這就是把之前講過的儒家命題「為父絕君，不為君絕父」倒過來了。

秉着這個目的，法家是鼓吹這種個人主義的，另一方面，君權至上的「軍國主義」也膨脹起來。這麼一來，就從兩個方面對小共同體為本位的周制形成了一種解構。將君權至上的軍國主義和皇權控制下的偽個人主義貫徹到一起的，就是戰國後期乃至秦興盛起來的法家學說。

第一節　法家的興起及其主張

在周秦之變中，毫無疑問，法家學說是代表秦制的一種價值觀，而儒家學說是代表周制的一種價值觀，所以周秦思想博弈又集中表現為儒法的衝突。這個衝突在秦漢時代基本上被壓下去了，等於是解決了。所謂「解決」，當然是表面上的解決，底下隱伏的一些東西並沒有完全退出，而在以後的歷史中又不斷地在一些關鍵點上被翻出來。

法家這種思想，其實在春秋時就開始出現，《管子》這本書已經有這種思想的影子[1]，到了戰國逐漸發展。現在有人說法家是來源於道家[2]，又有人說法家是來源於儒家，因為有荀子這樣一個過渡式的人物[3]。其實，先秦「諸子百家」本身相互影響、相互滲透是常見的，各家之間沒有那麼清晰的邊界，但各自的基本源流還是清楚的。春秋戰國之交已經產生了法家的先驅：子產、李悝以及《管子》的作者（未必是管仲本人）等。但真正的法家，一般是指公元前 4 世紀的以下三人：第一位自然是商鞅（約前 390—前 338），他行「法」：一號令，嚴賞罰，集君權，實現「強國弱民」。第二位是申不害（約前 385—前 337），他重「術」：「獨視」「獨聽」「獨斷」。「術者，因任而授官，循名而責實，操殺生之柄，課羣臣之能者也，此人主之所執也。」[4] 第三位是慎到（約前 395—前 315），他主「勢」：「握法處勢」，「賢智未足以服眾，而勢位足以屈賢者」[5]。韓非則是把「法」「術」「勢」融為一爐，成為法家思想的集大成者。我覺得法家思想是在周秦之變的歷史大背景下，在軍國主義盛行的環境下，在多國家、多源頭產生的。在秦國當然表現得最集中、最張揚，有兩本書，應該說是最典型反映這一套理論的，就是《商君書》和《韓非子》。

一　法家是什麼？

現在流行一種說法：東方文化是強調性善論的，因此可以設想有一個偉大君主，他全心全意為老百姓服務，他是聖人，老百姓一切都聽他的。而西方人是性惡論者，他們往往把人想得很壞，因此他們對領導人不夠信任，認為「總統是靠不住的」[6]，這樣就會提出權力制衡、三權分立之類的制度。這些推導不是沒有一點道理，但邏輯上完全構不成「充要條件」：性惡論難道就不可以導出「臣民是靠不住的」，並得出皇權不受制約的結論嗎？

把性善論還是性惡論直接對應於專制（人治）還是民主（法治），肯定大謬不然。性惡論當然可以推理出王者會自私，因此需要制約，但難道不可以推理出百姓都是刁民，因此需要從嚴管教嗎？霍布斯用性惡論為專制立據，而洛克正是以反駁這種性惡論，或者也可以說是以性善論，來論證「父權自然，王權不自然」，論證人民有能力自治、有權利對抗王權，從而推出他的共和主義。

有人提出要「為法家正名」，他們說儒家性善論是「德治」，有利於專制，而法家認為人性絕對是惡的，這雖然未必會導向民主，但總有利於「法治」。他們還說，法家反對貴族特權，主張「王子犯法與庶民同罪」。[7]

這種說法完全沒有根據。不錯，在周秦之變中主張維護貴族特權的，主要是要求「興滅國、繼絕世、舉逸民」的儒家，就像1215年在英國，維護貴族特權的也是逼迫國王承認「大憲章」的那些人，而不是力圖消滅貴族的國王。法家確實極力打壓乃至試圖消滅貴族特權，但是法家打擊貴族特權是為了維護皇權，而不是為了維護民權。至於「王子犯法與庶民同罪」，這句話作為文字出現，可以查到的最早出處是清乾隆年間的《野叟曝言》，作為民間俗語應該更早。這種觀念發生於近代西學傳入前，體現了中國傳統中一種「應然」理想，確實是今天有利於實行法治的一種「本土資源」。然而它與法家有何關係？哪個法家說過這種話，甚至主張過類似思想？

很多人引《商君列傳》為據：「太子犯法。衛（商）鞅曰：『法之不行，自上犯之。』將法太子。太子，君嗣也，不可施刑，刑其傅公子虔，黥其師公孫賈。」[8]真是太可笑了，這裏明明講的是王子犯法、別人頂罪，與「王子犯法與庶民同罪」不是恰恰相反嗎？儒家就算承認「刑不上大夫」的特權，也不會主張大夫犯罪可以殺庶人來背鍋吧！

當然，如果觸怒皇上，不但太子可殺，皇后也可殺，貴族更不在話下。真按法家理論，皇上要殺個宰相就跟殺個乞丐一樣，沒啥不行。在這點上法家確實講「平等」。這就是商鞅所謂的壹刑：「所謂壹刑者，刑無等級。自卿相將軍以至大夫庶人，有不從王令、犯國禁、亂上制者，罪死不赦。有功於前，有敗於後，不為損刑；有善於前，有過於後，不為虧法。」[9]

這句話也常常被引證來說明商鞅對「法治」的貢獻。但是請注意：商鞅這裏講的根本不是法律條文的權威，他這裏甚至沒有用一個「法」字，而只是講「王令」。什麼叫作「朝令夕改」？什麼叫作「前主所是著為律，後主所是疏為令」？一個紅頭文件就可以推翻憲法，皇上一句話比一萬條法律都管用。哪怕你再「有功於前」「有善於前」，皇上說殺就殺，「所憎者，曲法滅之」。真是「平等」得很哪！

但那是在皇威、皇權面前人人平等，而絕不是在法律（哪怕是皇上自己立的法律）條文面前人人平等。這不是清清楚楚的嗎？這種對任何人都不手軟的專斷權力有時也的確管用，比方說戰場上「違令者斬」的督戰方式，有時真能穩住陣腳，但與「法治」（無論怎麼定義的法治）有關係嗎？

法家確實善於羅織「法網」，不但對百姓，而且對貴族，甚至不妨說對他們自己都構成了威脅（商鞅最後不就「作法自斃」了嗎？）但是法家獨尊皇權，不但「執法」唯上意，而且「立法」如兒戲。就前者而言，西漢著名法家酷吏杜周的一句名言流傳千古：「三尺（法）安出哉，前主所是著為律，後主所是疏為令，當時為是，何古之法乎？」[10] 法是皇上定的，皇上說啥就是啥，哪怕皇上他爹說的，皇上也可以對着幹。不要說這只是杜周的發明。該說法上承「法後王」，下接「祖宗之法不足守」，是有傳統的。

立法如此，執法呢？有道是「上心莫測」，喜怒無常，而「法吏」照着皇上（甚至皇上授權的「上級」）意思來就行——他們治理國家的標準其實並不是法律，當然也不是儒家所謂的道德，而是皇帝的眼色。「不循三尺法，專以人主意指為獄」；[11]「所愛者，撓法活之；所憎者，曲法誅滅之」，[12] 為了迎合「人主」，什麼「撓法」「曲法」、玩法、枉法的事都可以幹。名氣更大的法家酷吏張湯，也是「上意所欲罪，予監史深禍」，「上意所欲釋，與監史輕平」[13]。上面要整這個人，即使按照他們制定的法律這人沒有罪，也要把他弄死。如果上面要保他，即使他明明犯了法，也可以受到包庇。

有人說這是些「酷吏」，按司馬遷的說法，酷吏確實是出自「法家」

實踐，但法家並非盡是酷吏，兩者還是有「異同」的。[14] 這是一種典型的「人治」之說，皇帝有好壞，法家人品當然也有好壞。但制度的問題不能這樣化解。其實就像上引所言，商鞅本人就是這樣執法的，夫復何言？

執法的隨意其實來自「立法」的任性。有人說，法家固然忽視道德，但強調「守法」。還有人說，法家雖然殘酷、專制，但「惡法亦法，勝於無法」。這些說法我都無法苟同。

其實歷史上但凡提到「法家」，都是以「變法」，而非「守法」著稱。從「商鞅變法」上溯李悝、吳起的「變法」，下延並不自稱、卻被後人封為法家的王安石「變法」、張居正「變法」等等，莫不如此。當然，論及這些，辯護者總是說：「變法」是進步的，「守法」是保守的。但是，「法治」的本來意義不就是程序至上嗎？如果為了「進步」就可以亂來，那和為了「綱常」、為了「革命」就可以亂來，有什麼不同？

法家強調皇權無限，這就在本質上決定了立法隨意。拿《商君書》來說，開卷頭兩個字就是「法」，往下檢索，依次提到「法」的文字是：「正法之本」「變法以治」「變法之慮」「苟可以強國，不法其故」「今若變法」「制法之人，不足與論變」「何古之法？」等等，絕大部分都是要改變成法，而不是要守法。誰可以變法？皇帝，以及皇帝寵信的幾個祕書，他們想怎麼變，就怎麼變，不需要經過議會，不需要諮詢元老，不需要上朝討論，更不需要民眾同意。他們公開說：「成大功者，不謀於眾」，「制法之人，不足與論變，君無疑矣」。他們可以變「古之法」，變「先王之法」，甚至變昨天剛立之法。而相反，從該書依次檢索出來「不變法而治」「法而治」「法古無過」等「守法」之語，全部來自反對法家的「保守派」。

最有名的一些「變法」手段，大都匪夷所思。以秦為例，前有商鞅的「徙木立信」，後有趙高的「指鹿為馬」。人們往往稱讚前者而指責後者。商君是強秦首功，趙高是亡秦首禍。商君是貴族「公孫」，趙高是刑餘小人（就算沒有刑餘，「世世卑賤」也史有明載）。其實我已經論證過，這兩者本來是同一類事例：[15] 都是推出一件荒腔走板的胡鬧，用不擇手段的權力，通過威脅利誘要人「信」——不是相信「法治」，而是相信權力可以無限任性。

在「徙木立信」這個故事裏，商鞅要做些通常讓人難以置信的事，害怕老百姓反對。一請注意，不少人聲稱反對「商鞅變法」的只是貴族，老百姓是擁護的。可是太史公明明說的是「恐天下議己」「恐民之不信」，這「天下」和「民」不會只是貴族吧？

照理說，既然大家對你難以置信，你就該做幾件好事讓大家看看，好爭取民心，可是商君大人不這麼想。也是，商君又不是民選總理，用不着在乎選票，討好民眾。相反，《商君書》中充滿仇民、憎民、蔑民的話語，甚至主張「政作民之所惡，不作民之所樂，」我就是要做百姓痛恨的事（當然，得是皇上高興的事），而絕不做百姓高興（皇上或許不高興）的事！所以你想，商鞅會在乎百姓的信任嗎？他只要百姓服服帖帖——所謂「立信」，並不是信任，而是相「信」我什麼都做得出來，從而只能無條件屈從於我。

怎麼才能做到這一點？商君的妙計是：你們不是懷疑我的做法違背常理嗎？我就偏要做一件最不合常理的事讓你們看看！

「徙木予五十金」之不合常理，是大家都知道的。問題是：今天很多人無法想像其荒唐乖戾的程度，總是想把它解釋得稍微合理，至少荒謬程度小一點。於是今人往往會把「徙木」的難度放大，而把「五十金」的價值縮小。

比如有人說，這裏的「金」不是真金、黃金，而是銅；還有人說這「五十」不是五十斤，而是五十兩，甚至只是五十銖。這些當然是不經之論。戰國秦漢間黃金不僅「為幣」，而且當時還嚴禁「偽黃金」，以銅鎏金作偽要處嚴刑，甚至黃金成色不足都有懲罰。金銅不分怎麼可能？當然，金銅既然都是貨幣，等價（絕不是等重）的黃金與銅幣是可以互兑的（常引的漢價是「一金萬錢」）。秦漢史籍中確有以金計值而實際以官定兑價付給銅錢的記錄，但是商鞅此舉並無這種跡象。就算有，這種等價兑換也不影響其賞額驚人到不可思議的程度。

更清楚的是，那時金衡通常稱鎰、稱斤，而絕不稱兩。《史記》註引臣瓚曰：「秦以一鎰為一金，漢以一斤為一金。」蓋漢以前以鎰名金，漢以後以斤名金也。鎰者二十四兩，斤者十六兩也。《漢書・食貨志》也說：秦時「黃金以鎰為名」。除了 24 兩為一鎰外，史載還有 20 兩（趙岐）、30 兩（鄭玄）為一鎰之說，總之一鎰比一斤更重是無疑的。而黃金稱兩，則是東漢以後尤其近古才流行的——這就是經濟史上有名的「漢金消失之謎」。30 年前我就在《歷史研究》上長文詳論過此事。[16] 學界前賢，如彭信威先生早在民國時期的《中國貨幣史》上也論及於此，當代學者如胡珠生、李祖德、杜勁松等也屢論之。所以，太史公記述商鞅重賞「五十金」，應當是秦時的五十鎰黃金。但為了保護讀者的下巴不被驚掉起見，姑且少算一點，權當作太史公時代的漢制五十斤吧。如果不能證明太史公是昏了頭亂寫，那「五十金」至少也得是五十斤（時衡）黃金，斷不能強作他解。

除了貶低賞格，更多的人是加大「徙木」的難度。太史公文中明明說的是「國都市南門、北門」，後來卻被有的人想像成國都的南、北門，事情就顯得不那麼荒謬：把三丈之木（三丈就是十米長，似乎不是個小木頭）從城南搬到城北，聽起來還是挺費力的，給十斤黃金（儘管當時的斤只有今斤的一半重，十斤黃金還是很驚人了）的重賞雖顯過分，好像還不是太荒唐。但是，扛起這麼重的木頭從南到北穿過整個都城這麼長的路，為什麼初時百姓對這十斤之賞都不信？難道秦廷的信用已經破產到如此地步了？商鞅入秦之前，秦的動員力就那麼不堪嗎？

要知道，秦國並不是商鞅執政後才成為強國，早在春秋時的秦穆公就已躋身「五霸」，商鞅入秦之前，作為戰國七雄之一的秦又比春秋時更強，只不過還無力一統天下而已。如果秦人都不把朝廷的話當回事，國家動員力幾為零，在戰國背景下秦還不早就被滅掉了，它怎能長期成為強國？

略加考辨就明白了：其實這次國人之所以不「信」，就因為商鞅此舉在常人眼裏實在匪夷所思。首先，當時度量衡不同於現在，先秦的一丈約當今丈之半強，若長寬高之比不變而取立方比，「三丈之木」的體積、重量僅約今天概念的八分之一，對男子漢而言應當不過是根隨手可移的木杆而已。

其次，所謂「國都市南門」絕不能妄刪一字，當成國都南門。明顯它並不是城門，只是「市門」而已。要知道，當時不像宋代以後才有的城裏的街市，先秦時城裏做買賣的地方只是一道或幾道「市牆」圈起來的市場，日中為市，定時啟閉。後來唐長安的東西二市和漢長安的九市，就是歷史上「闠市」之極，其實也沒多大，何況先秦。

更何況，商鞅執政之初的秦都並不在後來的秦咸陽，而在規模很小的櫟陽城。加上秦歷來只重「耕戰」，以商為「蠹」，買賣人都被打入「市籍」，視同賤民，因此櫟陽小城中的「市」不會比今天縣城裏一個農貿市場大多少。對一個壯漢來說，把一根不重的木杆從市場南頭移到北頭，比「吹灰之力」也多費不到哪裏去，就這能值十斤黃金之賞？你當這是持戈陷陣殺敵斬將啊？

太過荒唐，無怪乎沒人信了。

而無人相信之際，商鞅居然又把重賞一下提高五倍，達到黃金五十斤——很可能還是五十鎰，即相當於今天的 13—25 公斤，就算秦漢「多金」而後世不及，這麼一堆黃燦燦的金子也太嚇人了吧？嚇人到什麼程度？我給你聯想一下：秦漢都有戰場上斬首賜爵且爵可定價之制，秦的價碼無考，西漢的價碼相當於斬首一人值十七金（中井積德據《平準書》考）。假設「漢承秦制」，那就相當於把這木杆在市場裏挪個位置，等於在兩軍相搏你死我活的戰場上連斬三個敵軍，這是連晉三爵的大功啊！

拿個木杆穿過市場就連晉三爵？這是什麼意思啊？不就是顯示權力萬能，我大權在握，什麼荒唐事我都做得出來，你們服不服？！

果然，有個楞小子拿起木杆，大步流星從市場這頭走到那頭，人們正等着看笑話呢，不料商鞅立即兑現，真的給了楞小子五十斤黃金！楞小子狂喜萬分，秦民無不驚掉了下巴：乖乖，這公孫鞅大人果真是權力萬能啊，這麼荒唐的事，他就是做得出來，服了服了！

後來，據説公孫鞅真用這一手馴服了秦人，絕大多數秦人喪失了思考和判斷能力，就像《商君書》所主張的「愚民」（「民愚，則知可以王」），成了指哪打哪的機器。公孫鞅就此立下蓋世之功，受封成了商君。但幾年後，商鞅在秦制內的黨內鬥爭中失勢，落荒而逃又撞在自己立下的錮民苛法中，「作法自斃」。如此暴秦功臣，竟被五馬分屍而慘死。然而，秦民經商君「蒙啟」之後，已經習慣於「服了服了」，對此絕無異議。於是商君雖死，秦制益張。

直到後來出了個趙高，他「指鹿為馬」，什麼意思？不也就是顯示權力萬能，我大權在握，什麼荒唐事我都做得出來，你們服不服嗎？

當年那個楞小子帶頭服了，立得重賞。後來絕大多數人都服了，當權者指鹿為馬，那就是馬吧。但是商鞅做得似乎還不徹底，仍有些人不服，說這明明是鹿呀，怎麼可以當成馬？就像當年持棍過市，怎麼能當成持戈陷陣呢！結果，趙高「陰中諸言鹿者以法」一史書說得很清楚，趙高正是用「法」（就是商君之法吧？）將他們都殺了。於是「後羣臣皆畏高」。

總之，兩人及兩事都是要讓大家明白，權力任性可以無極限，只要我掌權，無論多麼荒誕也必須聽我的。不同的似乎僅僅是：商鞅賞順而趙高罰逆。不過其實也談不上異，因為商君自己就明確主張重罰更勝於重賞。治國要「重罰輕賞」，決不能「重賞輕罰」。[17] 他舉例說，老百姓或許不愛錢，但都怕死。再膽怯的兵，你掄着大刀在後督戰，不衝鋒就殺頭，他也能豁出來。等他衝上去了，再賞他倆錢，他就習慣賣命了。假如反過來，他縮頭縮腦時你用這倆錢讓他衝鋒，他能幹嗎？所以慈母必出逆子，孝子都是棍棒打出來的！仁君對老百姓好，百姓就會漫天要價，甚至犯上作亂。只有暴君下狠手，把百姓的脊梁骨給打斷，他們才會乖乖聽話。因此，善治國者就要「政作民之所惡」，而絕不「作民之所樂」！

那當初為什麼又要重賞徙木者呢？沒辦法，那時百姓還不知我商君的厲害，大家都覺得徙木五十金荒唐，不願去拿那木杆，我總不能把他們都殺了吧？但我以重賞開路之後，大家都服了，對那不服的「一小撮」當然就必須下狠手了。

所以，「徙木立信」與「指鹿為馬」原本一脈相承，趙高其實也不過是秉承商君遺教，青出於藍而勝於藍，發展了商君的做法而已。其實按史書明載，趙高也確實是商君的出色後學。《史記·蒙恬列傳》稱：「秦王聞

（趙）高強力，通於獄法，舉以為中車府令。高既私事公子胡亥，喻之決獄。」又《李斯列傳》載趙高自稱：「高，固內官之廝役也，幸得以刀筆之文進入秦宮，管事二十餘年。」原來，趙高當年就是因為「通於獄法」，被秦王政（後來的秦始皇）慧眼識「珠」，把他從太監「廝役」之賤破格提拔成大內總管。他作為刀筆之吏，在商鞅開創的「以吏為師」道路上飛黃騰達，不僅「管事二十餘年」，還在宮中當起了胡亥（後來的秦二世）的老師，「喻之決獄」——教他學法家的學問。前面說過，對於不承認「指鹿為馬」的人，他也正是用法家那一手來陷害的。

近年李開元先生大申前已有之的異論，為嬴政與趙高做了許多辯白。他說趙高不是太監，已有學者力駁其非。但他說「趙高堪稱精通法律的專才，有家學淵源的法學名家。晚年的秦始皇將少子胡亥的教育委託於他」。[18] 如果所謂法學指的就是法家商君之學，那李開元之說還是有幾分道理的。

可見商鞅與趙高，實為一丘之貉。其實，早在明代，就有人看出：這兩人「行不測之賞誘之於先，用不測之刑驅之於後」，「趙高指鹿為馬，廷無間言，皆（商鞅）徙木之所致也」。[19] 怪的是頗有人褒鞅而貶高。

今天居然有人說，商鞅「徙木立信」是「樹立了法律的權威」，這樣說的人好像還很多。我就百思而不解了：「徙木立信」與法律有什麼關係呢？無論是惡法還是良法，但凡法律都是要能常態實行的。商鞅後來確實立了許多苛法，包括最後令他「作法自斃」的禁徙法，無論好惡那總還算是法。但「徙木立信」能是立法嗎？秦人如果個個拿根棍子招搖過市就能向國家要五十斤黃金，那秦國還不立即財政破產？就像趙高指鹿為馬，你當他真認為鹿就是馬，會立個法讓秦國騎兵全都騎鹿打仗？

其實徙木立信也好，指鹿為馬也好，都只是一次性的淫威展示；商君也罷趙高也罷，都不會以此作為法律，而只是顯示一種「我想怎樣就怎」的無限權力傲慢與極度專制任性而已。無論權力的言行多麼荒唐乖戾，多麼違背常識，你「信」了（其實應該說是屈服了）就重賞五十金，不信就「陰中以法」殺你沒商量。而且權力可以翻雲覆雨朝三暮四（這就叫「變法」），無法以情理度之，今天他可以徙木賞金，明天就可以觸木斬首；今天可以指鹿為馬，明天就會指良為奸。看你服不服？

所以，徙木立信與指鹿為馬這種荒唐事越多，這個國家離所謂的法制（無論是約束權力以保障公正的現代法治，還是「王子犯法與庶民同罪」的古代理想）就越遠。

最後，還有人說法家雖然殘酷、專制，但「惡法亦法，勝於無法」。這當然也不對。前面說過，無論良法惡法，只要是法就必須常態實行，不能只是一次發威把人唬住就完了。但商鞅、趙高那一套，能說是「法」嗎？

其實要說「惡法亦法」，儒家倒庶幾近似。儒家確實是維護貴族制的，「刑不上大夫」的法肯定也不是講究人權平等的現代法治，從現代的眼光看也就是「惡法」了。但儒家至少要求皇上遵守這類「先王之法」，就算那不是今人所講的法，而是道統、道德、習慣等，至少不能是皇上想亂來就亂來。儒家講「從道不從君」，其實也可以說是從（先王之）法不從君。這難道不就是「惡法亦法」嗎？

無論古代還是近代，惡法還是良法，只要還有一點「法治」的影子，皇權就不能是無限的。「王在法下」就是西方貴族時代（大憲章時代）的東西，它並不是「民主」的產物，但誰能說它不是近代法治之源？而在中國古代，與之最近似的不就是古儒所強調的君王必須服從道統嗎？而法家整個那一套就是要確保皇權無限，帝在法上。它離法治，哪怕是「惡法亦法」的原始法治，難道不是最遠嗎？

二　法家的性惡論與「法、術、勢」

在我的閱讀範圍內，其實主張性惡論最典型的文獻是我們中國人的，代表作就是法家的著作：《韓非子》。

我們講的西方性惡論，其實是說人的性惡是難免的，但是並沒有說人的性惡是唯一的。講西方性惡論時，被引最多的一句話就是霍布斯說的：「人待人如豺狼。」[20]這是很有名的一句話，其實看看霍布斯的原著就會知道，實際上他的意思是，要從這個預設出發去考慮制度安排，也就是說不能預先設想人待人不是狼，人待人難免是狼。但這指的是陌生人之間的關係，霍布斯從來沒有講丈夫對於妻子是狼，父親對於兒子是狼。[21] 不論霍布斯還是其他西方學者，第一，並沒有把性惡當作一種無例外的原則，甚至可以用於親人之間，這是第一個事實判斷。第二，霍布斯並沒有説，人對於人應該是狼，如果不是狼，反而不好，我要把他變成狼，他也沒有這樣的主張。但事實判斷上，他講的性惡論，其實是在陌生人之間的，並沒有用到信息對稱的親人中間。

在價值判斷上，他更沒有説性惡是應該的，我們要促使人們性惡，他也沒有此意。

可是韓非在這兩點上都要遠遠超過霍布斯。韓非明確講，每一個人都要算計別人，都要為自己考慮，這一點就是骨肉至親都不例外。按照韓非的説法，任何人都是不可信的，包括老婆孩子也不例外。

> 人主之患在於信人，信人則制於人。人臣之於其君，非有骨肉之親也，縛於勢而不得不事也。故為人臣者，窺覘其君心也，無須臾之休，而人主怠傲處其上，此世所以有劫君弒主也。為人主而大信其子，則奸臣得乘於子以成其私，故李兑傅趙王而餓主父。為人主而大信其妻，則奸臣得乘於妻以成其私，故優施傅驪姬，殺申生而立奚齊。夫以妻之近與子之親而猶不可信，則其餘無可信者矣。（《韓非子．備內》）

韓非舉了很多例子，當然他這個話都是講給君主聽的，所以舉的都是君主身邊的例子。比如某一個妃子，表面上好像對國王百依百順，其實巴不得他早死。為什麼？因為她現在正受寵，她的兒子很可能會繼位，可是如果國王不早死，難免他又會寵別的女人，她的兒子的位置可能就受到威脅了。所以別看她跟你那麼親近，那麼恭順，其實她有自己的小算盤，試圖對國王圖謀不軌。然後説兒子也是一樣，所有的兒子都希望父親早死，因為他可以繼位。如果父親不早死，又生下幾個兒子怎麼辦？這就很危險。

> 且萬乘之主，千乘之君，后妃、夫人、嫡子為太子者，或有欲其君之蚤死者。何以知其然？夫妻者，非有骨肉之恩也，愛則親，不愛則疏。語曰：「其母好者其子抱。」然則其為之反也，其計惡者其子釋。丈夫年五十而好色未解也，婦人年三十而美色衰矣。以衰美之婦人事好色之丈夫，則身死見疏賤，而子疑不為后，此后妃、夫人之所以冀其君之死者也。唯母為后而子為主，則令無不行，禁無不止，男女之樂不減於先君，而擅萬乘不疑，此鴆毒扼昧之所以用也。故《桃左春秋》曰：「人主之疾死者不能處半。」人主弗知則亂多資，故曰：利君死者眾則人主危。故王良愛馬，越王勾踐愛人，為戰與馳。醫善吮人之傷，含人之血，非骨肉之親也，利所加也。故輿人成輿，則欲人之富貴；匠人成棺，則欲人之夭死也。非輿人仁而匠人賊也，人不貴則輿不售，人不死則棺不買，情非憎人也，利在人之死也。故后妃、夫人太子之黨成而欲君之死也，君不死則勢不重，情非憎君也，利在君之死也，故人主不可以不加心於利己死者。故日月暈圍於外，其賊在內，備其所憎，禍在所愛。[22]

儒家說「人人親其親，長其長」，法家說這是不應該的。大家注意，西方沒有人說性惡論是應該的，只說性惡是難免的。針對孟子那套原則，法家反駁說，「親親則別，愛私則險，民眾而以別險為務，則民亂」。[23] 對於君主而言，每個人都親自己的家長，那誰親我啊？每個人都服從自己的家長，那誰服從我啊？如果這樣搞，誰聽我的，我不就是孤家寡人嗎？每個人都由他的父親來指揮，我指揮誰呢？所以「親親愛私」是一種毛病，不應該鼓勵，而應該打擊，就是要讓這些人六親不認，前提是只認我，如果他連我也不認，當然也不行。「夫以妻之近與子之親而猶不可信，則其餘無可信者矣」，就連老婆孩子都是你的敵人，父親對於兒子都是狼，講得簡單一點就是這樣。「子、父，至親也，而或譙或怨者，皆挾相為而不周於為己也」[24]，連老婆孩子都不可信，還能信誰？當然誰都不可信。韓非還說，大臣說忠於皇上，這都是假的，不要相信。天下沒有人會忠於誰。他說「人臣之於其君，非有骨肉之親也」。既然連父子、夫妻之間也不可信，一般人之間的仁義忠信就更加不足恃了。

在法家看來，唯一可信的是什麼呢？

第一就是「法」，所謂法，就是普遍主義的賞罰規定[25]，就是要賞罰分明。你為我幹事，我就賞你，至於你為我幹事是不是愛我，是否從心底裏贊同我，這無所謂。因為來者是圖賞的，有利可圖就會得到擁戴，只要我認準這一點就行了。如果你不好好幹事，我就罰你，迫使你聽話。

第二，就是術：通過分權制衡駕馭羣臣的權術。很多人都說權力制衡是西方的特產，其實中國人講權力制衡比西方人早得多，也發達得多。西方人講三權分立，中國的皇帝恨不得十權分立，讓每一個人都不能對他構成威脅，但前提是他要分的都是別人的權，所有的權最終都得歸他自己，他要使臣民之間互相制約。權力制衡的目的，是為了維護君權還是為了維護民權？在近代西方政治中講的權力制衡，是害怕君主權力太大會威脅民權，所以要強調任何人不管是總統也好，議會也好，其權力不能是無限的。可是法家講的分權制衡，哪怕它的分權比西方還要稀碎，但其目的是不一樣的，它的目的是為了維護君權。有人認為三權分立其實根本不是什麼新鮮玩意兒，我們老祖宗早就玩過了，中國以前傳統朝廷都很懂得安排甲制約乙、乙制約丙、丙制約丁，又安排丁制約甲，皇帝在上面操控一切，比近代歐美的三權分立要厲害多了。秦漢以後歷代政治都很講究這一點，我在後面會具體講。法家所講的「術」，就是要用分權制衡駕馭羣臣，使羣臣之間互相構成一種制約，不能抱團來對皇帝構成威脅，只有皇帝能夠在上面操控一切。

第三，就是勢。所謂「勢」，就是用嚴刑峻法形成一種高壓，使得大家一看見皇帝就瑟瑟發抖。這樣的話，就可以建立一個很穩定的秩序了。[26]韓非講：「人臣之於其君，非有骨肉之親也，縛於勢而不得不事也。」對君王而言，你的部下對你並沒有什麼感情，你也不要相信他們會忠於你，但是他們害怕你的權勢，貪圖你的利益，不得不服從你。「臣之所不弑其君者，黨與不具也。」[27]很重要的一點，不能讓他們抱團共同對付你。如果他們不抱團，任何人都不敢作亂。但是如果他們私下串聯密謀，那就麻煩大了，所以要令臣子「黨與不具」。這就好比長工為主人幹活，不是為了愛主人，而是為了從主人那裏得到酬賞一樣。因此臣之所以能為君用，是因為他們希望得到富貴。他們之所以不敢反叛，是因為他們害怕殺頭。對於皇帝來講，最重要的是使大臣既希望得到榮華富貴，又畏懼被殺頭，這樣的話，大臣就會乖乖聽話。

後世深受儒家思想影響的人經常有一些「想入非非」的高尚言論。比如宋朝的岳飛有一句名言，說國家要治理得好，很簡單，只要「文臣不愛錢，武將不惜死，天下太平矣」[28]。岳飛的這句話算是儒家言論，可是在法家看來，恰恰相反，皇帝惟恐臣下既不愛錢又不怕死，如果這樣，在上者怎麼能管得住呢？你不愛錢，我賞你，你也不在乎；你不怕死，我罰你，你也不在乎，威脅利誘都不接招，這樣還得了嗎？君王還靠什麼制約呢？所以講這句話的岳飛本人就沒有好下場。我們都知道，這一類話在中國古代講的人很多，但是做的人很少，只要是做的人，一般來講都沒有什麼好下場，包括海瑞，包括于謙。

其實皇帝心裏真正想的是什麼呢？就是韓非講的這一句話，一個人如果居然不圖富貴，又不怕殺頭，那麼他就有造反的嫌疑了。儒家「傻乎乎」提倡的那種「不貪財、不怕死」的精神，像海瑞那樣的人，還是少點為好。韓非明確講了，既不怕殺，又不圖賞，「不可以罰禁也，不可以賞使也」，這種人要不得，「此之謂無益之臣也，吾所少而去也」。這種人有一兩個還不要緊，如果多一點，人人爭相效法就糟了。

> 古有伯夷、叔齊者，武王讓以天下而弗受，二人餓死首陽之陵。若此臣者，不畏重誅，不利重賞，不可以罰禁也，不可以賞使也。此之謂無益之臣也，吾所少而去也，而世主之所多而求也。[29]

海瑞當年是讓嘉靖皇帝扔進死牢的，後來嘉靖皇帝去世了，海瑞才逃過一死。隆慶皇帝登基以後，自然要有一些新政，要表現自己好像還有點新氣象，於是就把海瑞放出來了，而且還對他加以表彰，海瑞因此成了一個我們大家都知道的清官。剛開始，隆慶皇帝對海瑞委以重任，讓他當應天巡撫，類似於今天的江蘇省長。但是，海瑞做事情非常講原則，把人都得罪了，最終被打發到南京戶部。總而言之，給他安排了一個級別比較高卻不管任何事的閒職。[30] 明代的制度很奇怪，遷都北京以後，在南京還保留了一套模擬政府，北京有「吏、戶、禮、兵、刑、工」六部，南京也保留了一套六部，但沒有實權，有點像看守政府。

我們因此可以理解，為什麼像貪污這種事在法家體制下老是解決不了。一個很重要的問題，實際上這種體制並不真正喜歡道德高尚、剛正不阿的人，那叫「沽名釣譽」，顯得比皇上還偉大，還清廉為國。所以我們經常看到，有些人為了自保，不得不搞點貪污腐敗往自己臉上抹灰，秦漢這種例子就很多。秦楚之間發生戰爭，最早秦王派李信為帥。李信說，我很有本事，你給我 20 萬人（兵），我就能把楚國打下來。於是派他領兵去打，結果打了大敗仗，被項羽的爺爺項燕打敗了，秦王就撤了他。然後王翦說，我可以打，但是李信這樣的毛頭小夥子太不穩重了，我需要 60 萬人才能把楚國打下來。接着他又提出要求，說大王，你必須給我多少田，多少財產，我才肯去打，否則我就不打。結果秦王一聽，對他很放心，就把軍隊交給他了。後來他的部將問，將軍說這種話，也不怕在大王面前掉價，您現在都什麼地位了，還在乎多少田地？他說其實我哪是真在乎，但是我如果不這樣說，大王能放心讓我帶那麼多兵嗎？一個貪圖利益、有把柄在大王手裏的人，反而可以讓他放心。這句話說得非常之深刻，也就是說君主其實並不希望臣下是一個高尚的人。君主一聽，你不過是一個又愛錢又怕死的人，人性的弱點隨處可抓，不信拿捏不住你，他就可以放心用你了——

> 王翦曰：「大王必不得已用臣，非六十萬人不可。」始皇曰：「為聽將軍計耳。」於是王翦將兵六十萬人，始皇自送至灞上。王翦行，請美田宅園池甚眾。始皇曰：「將軍行矣，何憂貧乎？」王翦曰：「為

> 大王將，有功終不得封侯，故及大王之向臣，臣亦及時以請園池為子孫業耳。」始皇大笑。王翦既至關，使使還請善田者五輩。或曰：「將軍之乞貸，亦已甚矣。」王翦曰：「不然。夫秦王怚而不信人。今空秦國甲士而專委於我，我不多請田宅為子孫業以自堅，顧令秦王坐而疑我邪？」[31]

到了漢代也是這樣。劉邦當時帶兵在前線打仗，後方由丞相蕭何治理。據説蕭何是一個蠻清廉的人，奉公守法，把後方治理得井井有條。劉邦多次派人打聽蕭何在後方做得怎麼樣，老百姓很多話就傳到劉邦的耳朵裏，説這個丞相真是好，又愛民又廉潔。蕭何得知這個話傳到劉邦耳朵裏，馬上很緊張，因為他知道正面評價很可能會給自己帶來反面效果。於是他馬上改弦易轍，貪污腐化了一把，搶了老百姓很多土地，花天酒地做大地主。於是老百姓紛紛向劉邦告狀，説這個丞相真不像話，你看他多麼貪得無厭。劉邦一聽非常高興，有這樣的人為我治理後方，我就放心了。他的心思在花天酒地上，是個享樂主義者，就不會在政治上有什麼太大的圖謀，這樣我就可以拿捏他的軟肋，治得了他——

> 漢十二年秋，黥布反，上自將擊之，數使使問相國何為。相國為上在軍，乃拊循勉力百姓，悉以所有佐軍，如陳豨時。客有說相國曰：「君滅族不久矣。夫君位為相國，功第一，可復加哉？然君初入關中，得百姓心，十餘年矣，皆附君，常復孳孳得民和。上所為數問君者，畏君傾動關中。今君胡不多買田地，賤貰貸以自污？上心乃安。」於是相國從其計，上乃大說。[32]

這一套把戲，自秦朝以後體制下，都是古代政治家非常重視的。海瑞這些人講了很多高尚的話，聽聽也就罷了，如果真的那樣做，結局就會很糟。因為韓非已經説了，像這樣的人都是「無益之臣也，吾所少而去也」。《韓非子》大家不可不看，這本書寫得非常精彩。看了這本書，我們就會知道這個體制何以能夠持續兩千多年。如果只是看儒家的書，固然很好，似乎是中國社會的治理基礎，但是如果只看這些書，恐怕很難理解秦制。

三　法家弱肉強食的「進化論」與權力中心主義

用我們現在的話來說，法家認為，人類社會是一個社會達爾文主義式的權力競爭場。法家被後人予以比較高的評價，是因為法家的很多言論，如果拋開目的不講，其實和很多近代西方思想是非常合拍的。它強調競爭，強調性惡論，強調官僚制，否定貴族制，等等，這些觀點聽起來都好像很現代化、很超前，甚至它還提出計劃生育的觀念。[33]

韓非子就有這樣的說法，說如果讓人不斷地生下去，國家會越來越窮，人口的增加會比財貨的增加快，導致嚴重的社會問題。《韓非子・五蠹》:「今人有五子不為多，子又有五子，大父未死而有二十五孫。是以人民眾而貨財寡，事力勞而供養薄，故民爭，雖倍賞累罰而不免於亂。」有人說韓非是比達爾文更早的進化論者，這句話也不是一點道理沒有，早在達爾文之前一千多年，韓非已經提出了競爭的理論。他說：「上古競於道德，中世逐於智謀，當今爭於氣力。」[34] 在上古，誰的道德最高尚，我們就服誰；到了中古，誰最聰明，我們服誰；到了現在，誰的權力最大，我們就服誰。

商鞅也說，當下我們最重要的就是權力競爭，「上世親親而愛私，中世上賢而說仁，下世貴貴而尊官」。「上世親親而愛私」，這就是儒家講的周制，「親親則別，愛私則險。民眾而以別險為務，則民亂」[35]，這是不行的。商鞅說上世人們都是和親人在一起，是小共同體本位，中世人們相信道德，下世「貴貴而尊官」，誰的官大我們就服誰。官大一級壓死人，可以不聽爹的，但是不能不聽官的，這個官手中的權力是最重要的。這是一種赤裸裸的競爭理論。

如前所述，這個競爭理論，其目的是為君主對付他的競爭對手服務的。因此法家思想的邏輯，很重要的就是治理天下不要考慮什麼正義，不要考慮什麼順天應民，不要考慮口碑，不要考慮道德目標、理想主義，所有這一切，統統都是假的；君王安排吏治唯一要考慮的，就是確保大權在我，居重馭輕，強幹弱枝，防止權力旁落，防止權臣竊柄、君位架空，致使法、術、勢失靈而危及「家天下」。於是，由這種性惡論、權力中心主義而導出的保證君權安全至上，就成為秦以後吏治的一個首要原則。

第二節　法家改革瓦解小共同體本位的周制

一　編戶齊民瓦解小共同體

法家的這一套思想理論，是在中國由血緣族羣時代轉向大一統帝國的過程中形成的，這個歷史轉折意味着專制皇權打破了族羣紐帶，而直接控制全天下的老百姓。秦漢之後就出現了一個名詞，叫作「編戶齊民」。編戶齊民的起源，按照中國台灣學者杜正勝先生的說法，最早是從軍隊裏頭來的，民籍中有一戶，丁籍中有一丁。包括後來的八旗制度等等，其實也都是按照這個模式來的，就是政府排除小共同體的分割和干擾，把天下的老百姓都統一編制起來，而且強調使他們的身份都等同，就是所謂的「齊民」。[36]「齊民」就是其中不應該有貴族和附庸的區別。簡單點說，大家都得服從政府，你們自己之間不能有主人和附庸的等差。你們都是「齊民」，不分貴賤都在政府的戶籍編制之中，這就叫作「編戶」。

專制皇權打破族羣紐帶，而直接控制編戶齊民，這意味着天子與諸侯之間的倫理變成了皇帝與臣僚之間的科層關係。像韓非講的那樣，皇帝和大臣之間的關係，就像財主和長工一樣：你為我辦事，我就賞你，你不為我辦事，我就罰你。這裏頭沒有什麼親情可言，也沒有什麼固定不變的身份。這和父子關係迥然不同，兒子要服從父親，但是父親也要保護兒子，父親不可能開除兒子。周天子也不能隨意任免諸侯，諸侯也不能隨意任免卿大夫，這是一種封建的依附關係，而且是累世相承的固定關係，對雙方都有約束。

這和後來的官僚制是不同的，後世的官僚制以及臣民所有人都是皇帝的臣下之奴，皇帝可以用你，也可以殺你，所謂的「王子犯法與庶民同罪」，在這個意義上是對的，那就是說所有人都是皇帝可殺可誅的，滅你九族、十族沒商量。

儒法之別，如果從社會學意義上講，就是宗法制與反宗法的編戶齊民之制在觀念上的區別。在周制下，全國人分屬於成千上萬個小家長，天子雖說是大宗嫡派總家長，是天下之主，可是這個「主」是非常間接的，和最下面一層隔着 N 多層，間接的間接就夠不着了。前面講過，「我的主子的主子不是我的主子」，「得乎天子為諸侯，得乎諸侯為大夫」，但是庶民和天子就沒有這樣的關係。反而是得乎庶民為天子，庶民比天子還大，但其實只不過是說說而已。孟子說的「民貴君輕」[37]，也並沒有制度的保證，但是至少說明了一點，那就是庶民可以不聽天子的，而諸侯必須聽天子的，天子是無法直接管理庶民的。

「我的附庸的附庸不是我的附庸」，中間的隔斷使天子不可能越過各級家長直接控制臣民。同時各級家長與家屬的關係，都是倫理性的長幼尊卑關係，而不是，至少不完全是行政上的上下級關係，更不是僱傭式的主僕關係。就像兒子要孝敬父親，他是有這個義務的。但是父親對他也有義務，他不能隨意把兒子逐出家門，除非他忤逆不孝。而法家改革的一個重要內容，就是把「長者政治」變成「強者政治」，這裏的第一個要素，就是要排除周制的宗法色彩。

法家改革很重要的一個內容，就是要打破「人人親其親，長其長，而天下平」的社會秩序。商鞅變法很重要的一個內容，便是強制解散大家族，規定一家有兩個兒子必須分家，「民有二男以上不分異者，倍其賦」，如果大家族住在一起不分家，國家就要懲罰你；「令民父子兄弟同室內息者為禁」，成年男子必須各自有各自的家庭，不能住在一塊。[38]

大家庭要分成小家庭，可是家庭之上仍有宗族的聯繫，秦漢時代的政治很重要的一點，是考慮防止強宗大族的形成並危害國家的治理。秦始皇統一六國後，「徙天下豪富於咸陽十二萬戶」。[39]《史記》記載漢武帝時期，主父偃獻策推恩令後，接着建言：「茂陵初立，天下豪桀併兼之家，亂眾之民，皆可徙茂陵，內實京師，外銷奸猾，此所謂不誅而害除。」[40] 漢武帝從其計，以強制手段遷徙、拆散「強宗大姓」，使之「不得族居」[41]。史書上有不少具體的記載，像官宦杜鄴，「本魏郡繁陽人也」，「祖父及父積功勞皆至郡守，武帝時徙茂陵」[42]；像遊俠原涉的祖父，「武帝時以豪桀自陽翟徙茂陵」[43]；像鄭弘，本來鄭氏家族住在齊國，但是由於漢武帝的政策，不准強宗大姓住在一塊，因此他們祖父兄弟三人被遷徙到山陰，即現在的浙江紹興，這就是所謂的「強宗大姓，不得族居」[44]。家庭不能大，家庭之上也不能有聚集在一塊的強大家族，更不能以血緣家族的名義聚眾鬧事。

中國宋元以後，尤其是明清以來，獨姓村、大姓村很多，像張家村、李家寨，這種村莊應該是很多的。因此人們就說，中國人傳統上比較重家族。這個說法如果講明清，尤其是清，還說得過去，無限上溯就有問題。實際上中國歷史上很長時間裏，族姓村是很少的，甚至幾乎沒有。以姓名村，魏晉南北朝時候雖有出現，但是不多，宋元以後逐漸增多，大量增加其實都是很晚近的事了。[45]

秦漢時代的統治者力圖拆散宗族或大家庭，拆散以後再擴張編戶齊民式的管制系統，以行政性乃至一定程度上為軍事性質的所謂「閭里什伍」之制，來取代宗法人倫性的族羣組織，並且把它作為專制集權帝國的政治基礎。也就是說，使社會「非宗族化」，而且做法相當極端，這一點我後面會講。所以大家不要以為中國的傳統是一成不變的，或者像酒一樣越陳越醇厚，清代的傳統並不見得可以上推到兩千年前。動不動說兩千年如何、五千年如何，久遠的歷史可能並非如此。

二　在經濟上和財產關係上瓦解族羣共同體

周秦之際，尤其是法家變革以後，出現了一個很有趣的現象：一方面，國家的經濟統治、經濟壟斷和經濟管理都空前強化，但是另一方面，小共同體內的個人離心傾向也在發展，以至秦律中充滿着一種相當極端的反宗法色彩。

大家看了秦律，就會覺得秦人是非常之六親不認的，整個村會瀰漫着一種「爹親娘親不如皇上親」的氛圍，以至到了後來，人們談起秦、談起秦代民風的時候，往往把它描述得類似我們今天有些人講的西方個人主義社會一樣。現在經常有一些人，尤其是一些新儒家，說西方個人主義太不像話，兒子到父親家吃飯還要交錢，簡直是一點親情都沒有了。其實在西方，不要說兒子到父親家吃飯經常是不交錢的，我們到西方人家裏吃飯，也經常是不交錢的。但是要說交錢這個話有沒有道理呢？也有。法律上講，父親對於成年的兒子沒有撫養的義務，他是有權利向兒子要錢的。但是他有這個權利並不等於有這個行為，這一點上，我覺得中國人往往把有這個權利說成是有這個現實，而且只要有這個現實，便認為它會被進一步鼓勵，這會形成非常嚴重的誤解。

比如說這些國家是保護私有財產的，於是就說這些國家鼓勵自私自利，其實哪有這回事？任何國家大概都是鼓勵關心別人的。在美國，只要捐助公益便可以免稅，為什麼免稅？就是鼓勵做慈善。如果有人做了慈善，像比爾．蓋茨把他的財產捐助給公益，大家都說他好。有人說比爾．蓋茨這麼做是沽名釣譽，但是他能夠沽到名、釣到譽，證明這個做法還是在社會上很受推崇的。所以大家一定要清楚這一點，在道德上應該做什麼、鼓勵做什麼，或者說什麼是高尚的，這和人們有權利做什麼應是該分開的。

我前面談到楊朱所謂「拔一毛」問題的時候，也涉及這一區分，真正重要的，不是「拔一毛而利天下」該不該為，其實誰都知道是該為的。但是他強調我的「一毛」得由我來作主，任何人不能以利天下為由拔我的「一毛」，這才是問題的核心。像兒子到父親家裏吃飯，要不要交錢呢？當然，父親可以要求兒子交錢，因為兒子已經長大成人，憑什麼要有撫養你的義務？不要說在美國沒這個義務，在中國也沒有這個義務。中國的法律中也沒有規定說，父母必須無條件撫養已經成年的子女，讓他們無限「啃老」。當然，父母對兒童是有撫養義務的，包括子女對沒有經濟來源的老人，也應該有贍養的義務。對於有獨立經濟來源的人，我沒有這個義務，意味着我有權利要求你付錢。有權利要求付錢和你是不是付錢，完全是兩回事。在西方社會真正生活過，就會知道實際那種社會還是充滿親情的，不要說父親到兒子家吃飯，即使是陌生人，只要他願意請你吃飯，肯定不會跟你收錢。如果他徵得同意，雙方 AA 制有什麼不可？

但是後世的儒家對於秦朝民風的歸納，的確和今天有些新儒家對西方個人主義的描述一樣，甚至更有過之。漢儒賈誼對秦代法家變革的後果做了這麼一番論說：秦代的風俗怎麼樣呢？「借父耰鋤，慮有德色；母取箕帚，立而誶語；抱哺其子，與公並倨；婦姑不相說，則反脣而相稽。」[46] 說秦人個人主義到了極點，兒子向父親借一把鋤頭，父親的臉色就馬上沉下來了。母親來兒子家借個掃帚簸箕，兒子一家就罵罵咧咧。媳婦生了孩子就得意洋洋，不把公公放在眼裏，婆媳一語不合就反脣相譏——「反脣相譏」這個成語正是出自這一段話。所以康有為說，有了秦始皇就有了個性解放，也不是捕風捉影，個性解放已經到如此地步。

但這真的是個性解放嗎？前引商鞅早有「上世親親而愛私，中世上賢而說仁，下世貴貴而尊官」之論。親親倫理的破壞，其實是專制皇權鼓吹「貴貴尊官」的結果。正如魏晉間的庾峻指出：「時不知德，惟爵是聞。故閭閻以公乘侮其鄉人，郎中以上爵傲其父兄。」[47] 爹親娘親不如皇帝親，父大兄大不如當官大。庾峻與賈誼抨擊的，與商鞅提倡的其實就是一回事。

如果我們現在說，中國人是有宗族傳統的，講這句話恐怕要謹慎。明清的東西不見得等於從三代以來一直延續的東西。現在看來的很多傳統，可能是後來才有的，所以到底什麼是傳統？我們講的傳統是指明清，還是指魏晉南北朝，還是指秦漢，這個要弄清楚。前述賈誼的話是不是有道理？我相信賈誼既然這樣說，顯然代表着像他這樣的漢儒對秦普遍有一種不滿。這種不滿是不是像他講得那麼極端，當然是可以討論的。

但是，秦漢與三代相比，的確有這樣的現象：第一，小共同體的解體，使得編戶齊民擺脫了小共同體的束縛。不過，擺脫家族束縛，並沒有變成近代意義上的獨立公民，反而成為大共同體對人們進行一元化控制的前提。三代不能做成的事，秦漢就可以做成。秦所處的時代，中國人口只有兩千萬，但秦可以集中力量辦大事，可以搞很多「重點工程」，這是三代做不到的。三代在諸侯林立的情況下，怎麼可能集中力量辦這些大事呢？但是秦就可以，秦始皇可以調 50 萬勞力去修長城，可以調 70 萬人去修始皇陵，還可以調 70 萬人去修阿房宮。[48] 不過，這在史料上是有爭議的，因為有兩條史料，一條是說 70 萬人修始皇陵，70 萬人修阿房宮；還有一條是說，70 萬人去修始皇陵和阿房宮。[49] 因此，到底是各用了 70 萬人，還是共用了 70 萬人，成為一個有爭議的話題。而且始皇陵和阿房宮這兩個地方相距不遠，也有可能當時是靈活調度。總之，秦朝修宮室陵墓等常年徵發的勞力應不下 100 萬。像這種現象是宗法時代的周天子不能設想的，西周時代乃至三代都不可能動輒調動幾十萬人服徭役。

賈誼講的那種事，即所謂的個人主義到底存在不存在？賈誼這一段話顯然帶有很強的文學色彩，但是秦漢社會一個很明顯的特徵，就是它的「非宗法性」。這一點我們是可以通過很多資料判定的。而且我認為到現在為止，在秦和西漢這兩代，這種印象是很難推翻的，東漢是另外一回事，因為東漢時又開始醞釀另一種變革，就是我後面要講的漢魏之變。

首先秦漢時代 —— 我這裏講的漢主要是西漢 —— 秦和西漢有一個社會特徵，就是對編戶齊民的身份的確定。人們要知道你是誰，是通過一些什麼符號呢？第一，當然就是你的名字。秦漢時代有一個很奇怪的現象，經常出現只有名字沒有姓的情況。驪山一帶出土有不少秦代的墓志瓦文，因為那個時候們大量的勞工在那裏修重點工程，很多人就死在工程上，因此有大量的墓，這些墓裏往往埋一個瓦文。他們當然是窮人了，沒有辦法刻很豪華的墓碑，但也要有一個身份的認定。

這個身份的認定，有點像墓碑或我們現在的名片。我們現在看到的秦代瓦文很多，相當一部分的瓦文是沒有姓的，只有名。我們當然也就無從判斷死者是屬什麼家族了。

秦墓瓦文

序號	姓名	籍貫		爵名	身份
		縣名	鄉里名		
1	羅	東武			
2	遂	東武			
3	距	贛楡			
4	慶忌	東武		上造	居貲
5	所脊	東武		不更	
6	睢	東武	東閒	不更	居貲
7	宿契	東武			
8	去疾	博昌			
9	余	博昌	用里	不更	居貲
10	大教	楊民			居貲
11	富	楊民		公士	居貲
12	契必	楊民	武德	公士	居貲
13	滕	平陰	北遊	公士	居貲
14	驛	平陽			
15	得	贛楡			
16	牙	蘭陵	便里	不更	居貲
17	姜	鄒		上造	
18	□必	□□	□□	不更	居貲
19	滕	觜（訾）	□□	不更	居貲

資料來源：始皇陵秦俑坑考古發掘隊：《秦始皇陵西側趙背戶村秦刑徒墓》，《文物》1982年第3期。

第二，每一個人都必須明確是哪一個縣哪一個里的人。秦漢時代，不管是秦墓瓦文還是居延漢簡都有這個特點。每一個人都要說自己是某一個縣某一個里的人，這個人不一定就住在當地，他往往是在很遠的地方。用我們今天的話來講，每個人都要有一個明確的戶口所在地，通過戶口所在地確定人的身份。

秦代的里，如果按照制度規定，是非常小的單位，所謂五戶為一伍[50]，五伍為一里，一里就是 25 戶人。秦漢時代的確有這種規定：幾家為一里，幾里為一鄉，幾鄉為一縣。[51] 對此，我覺得不可以太當真。實際上不可能完全按照規定，不可能實行這麼整齊劃一的制度。世界上沒有哪一個國家能夠把行政系統簡化為五進制或者十進制。[52] 我們大致可以設想里是一個比較小的單位，每一個人都有一個固定的身份，屬於某一個里。

第三，大部分瓦文還有一個爵名，秦代把所有人劃分為二十等爵。每個人必須有一個國家給你的身份 —— 二十等爵制最下層的是公士，可以當兵打仗，比士卒身份略高[53]，但沒有其他特權。再高一級叫「上造」，「不更」更高一點（第四爵）。按照秦制，全國人民必須被徵調輪流服役，這個輪流就是更替，每年要有一個月去為國家服役。有一些上層的人可以免除這個義務，這些人就叫「不更」[54] ——「不必更替」之意。總而言之，秦有二十等爵位，每個人必須標註爵名。

還有一個特徵就是現在的身份，也可以說是從事的職業，瓦文中絕大多數是「居貲」。什麼叫「居貲」？就是欠了國家賦稅等錢財的人（《說文》：「貲，小罰以財自贖也。從貝此聲。漢律，民不繇，貲錢二十二。」）。秦律規定，有罪以錢財贖罪或是欠國家錢財 —— 比如你應交多少稅，但是沒有完成，拖欠了國家各種賦稅，就必須出來為國家做工抵債，以勞力還錢。[55] 這種人就叫「居貲」，這種身份也必須標明。然而，這些身份信息中唯一沒有的就是姓，該勞工的父輩祖宗是誰，姓什麼，一概缺乏信息。

有個人叫「平陰居貲北游公士滕」，這個人的戶籍所在地是平陰縣北游里，平陰縣在山東，但是他當時是在陝西的臨潼一帶服役。他死在陝西，屬於勞工，是一個公士。他死時具體的身份是「居貲」，也就是因為欠了國家的稅或犯了輕罪被抓來服役的。另外一個人叫「東武東間居貲不更瞗」，這個人的名字叫瞗，姓什麼不知道。但是我們知道他是東武縣東間里的人，爵位是不更，比公士要高。應該說這個人的爵位比較高一點，但是他也被抓來修工程了，所以要說平等還真平等，各色人等都被皇帝抓來修工程。而像周天子，要把一個諸侯給抓來修陵墓，大概率是不可能的，但是秦始皇能做到。

我們看到這些瓦文有一個很值得琢磨的現象，它們很強調戶口、戶籍在哪裏。每一個人都像軍隊的戰士一樣，屬於哪一營哪一連哪一排，必須有一個確定的縣和里。而且國家給予每個人什麼樣的地位，包括爵位，包括現在的身份，都要註明。這些勞工的稱呼只有一個名，是沒有姓的。沒有姓的這種現象，當時不僅存在於瓦文，秦漢時代的墓志中也相當普遍，包括一些題名碑中也有這種現象，當然也不一定都是沒有姓的，很多情況下還是有姓的。

但是即使在有姓的情況下，在秦漢這個時代，我們看不到同姓聚居的現象。[56] 從走馬樓吳簡、居延漢簡等這些各地出土的簡牘裏，我們已經掌握了幾百個秦漢（以及三國時期）之際的里的名籍。走馬樓吳簡從時間上應該說是和東漢末挨在一起的，吳國很多制度都是沿用東漢末的制度。這些名籍絕大多數都是不完全的，因為簡牘基本都是斷簡殘篇，很難發現一個里的完整的名單。不過完整的也有，像江陵鳳凰山漢墓中的鄭里廩簿有25戶。這個墓葬保存得比較完整，因此有人說鄭里廩簿很可能就是鄭里全部或接近全部戶的名單。[57] 按照當時的規定，一里不多不少就是25戶。儘管實際上里的戶數有多有少，但是有一個趨勢，越到後來里越大，大概由於人口不斷繁衍，所以東漢的里比西漢的里大得多。居延漢簡中的里絕大多數是西漢的，一個里大概也就是幾十戶。[58]

東漢的里上百家是經常有的，但是秦和西漢時代，這樣大的里就很罕見。[59] 我們雖然沒有看到很多里的完整名籍，但是保留下來的名籍可以看作是抽樣，或者是隨機抽樣。我們假定保留下來一部分，如果這個村是同姓村，或者大姓聚居村，應該在抽樣中也可以體現出來。

在漢武帝時代，有所謂不許族居的規定。這個規定應該是有現實意義的，因為我們看到秦漢時代這些聚落的確有很明顯不許族居的特徵，所有的里（或丘等）幾乎都是雜姓，而且細碎得就像過了篩子。我上面列出的居延漢簡中的例子，幾乎無一例外，還可以舉出更多具體的材料。當然，我們不能據此說秦漢時代就沒有獨姓聚落，好比有人講的，如果發現100

漢代的里名籍

縣	里	戶主	出處
居延縣	廣都里	陳安國	《新簡》2587：E.P.T51：4
		屈地	《甲乙編》1817：75，23
		李宗	《甲乙編》2119：88，5
		虞世	《甲乙編》5071：220，10
		錢萬年	《甲乙編》5193：227：8
		屈並	《釋文合校》1817：合 75，23
觻得縣	成漢里	淳於炎	《新簡》6402：E.P.T59：838
		司馬成中	《甲乙編》251：13，7
		徐偃	《甲乙編》636：33，12
		堯建德	《甲乙編》762：37，32
		王炎	《甲乙編》3589：194，54
		尹□	《甲乙編》7184：306，19
		朱千秋	《甲乙編》7878：387，4
		王步光	《甲乙編》7964：403，6
		王□世	《甲乙編》9239：520，12
	敬老里	趙同	《新簡》6898：E.P.T65：322
		許明	《新簡》8909：E.P.T12：136
		王嚴	《甲乙編》1465：62，43
		冀土	《甲乙編》7885：387·12，562·17
		成功	《甲乙編》9649：564，6
		彭祖	《甲乙編》9649：564，6
		張德	《甲乙編》9653：564，9
	定安里	楊□	《甲乙編》3474：146，78
		方子惠	《甲乙編》6961：287·13
		楊霸	《甲乙編》9554：560·8
		王捆	《甲乙編》9658：564·16
		王敞	《釋文合校》9656：合 564·16

續表

縣	里	戶主	出處
居延縣	市陽里	原憲	《新簡》7168：E.P.T68：24
		張侯	《甲乙編》1476：62 · 54
觻得縣	市陽里	楊禹	《甲乙編》606：32.11
		寧始成	《甲乙編》2676：117 · 30
		王常賢	《甲乙編》9616：562 · 21
?	市陽里	呂敞	《新簡》7221：E.P.T5：7
		齊當	《新簡》1967：E.P.T48：21
		王福	《甲乙編》267：14.13
		董之襄	《甲乙編》6277：261 · 42
		馬游君	《甲乙編》6277：261 · 42
		張宮	《甲乙編》8136：438 · 3
		王莫當	《甲乙編》9548：560.3
		張延年	《釋文合校》191：合 10 · 22
居延縣	西道里	史承祿	《新簡》4430：E.P.T53：109A
		徐宗	《甲乙編》442：24 · 1A
		許宗	《甲乙編》750：37 · 23
		張圖	《甲乙編》1889：77.33
觻得縣	延壽里	趙猛	《新簡》1962：E.P.T48：17
		楊猛	《新簡》4834：E.P.T56：96
		上官霸	《甲乙編》4860：214 · 125

資料來源：甘肅省文物考古所、甘肅博物館、文化部古文獻研究室、中國社科院歷史所編：《居延新簡》（上表簡稱《新簡》），北京：文物出版社，1990 年。中國社科院考古研究所編：《居延漢簡甲乙編》上下冊（上表簡稱《甲乙編》），上海：中華書局，1980 年。謝桂華、李均明、朱國炤編：《居延漢簡釋文合校》（上表簡稱《釋文合校》），北京：文物出版社，1987 年。轉引自：秦暉：《傳統十論——本土社會的制度、文化及其變革》，第 23-25 頁。

隻烏鴉是黑的，也不能斷言天下烏鴉一般黑，沒準第 101 隻烏鴉就是白的。但是至少從概率來講，可以認為出現獨姓或者大姓聚居的可能性是很低的，因為以我們現在已經看到的幾百個聚落的人口記錄來說，沒有一個是那種情況的，甚至一直到隋唐都是這樣。

例如在敦煌文書中，以及吐魯番文書中，也都是多姓雜居村落。當然，有人説到了隋唐不一定是這樣的，比如唐詩中有個「朱陳村」：「徐州古豐縣，有村曰朱陳。……一村唯兩姓，世世為婚姻。」但是作者白居易自己也說，該村是個世外桃源：「縣遠官事少，山深人俗淳。有財不行商，有丁不入軍。家家守村業，頭白不出門。」這是一個無政府、無賦役、無商業、無對外交流的桃花源。而當時一般人卻過得很悲慘：「朝憂臥至暮，夕哭坐達晨。悲火燒心曲，愁霜侵鬢根。一生苦如此，長羨陳村民。」[60] 可見在白居易看來，朱陳這樣的村極其罕見。應該說族姓聚居的概率即使到了隋唐還不是很大。[61] 秦漢可能是比隋唐更顯著，就我們接觸到的材料而言，幾乎全是多姓雜居的狀態。[62]

可以推想秦制的典型狀態，是上面有一個專制國家，按照「閭里什伍」的原則，對臣民進行嚴格編制，每個人被編制到一個具體的里中，而且管理相當嚴密。除此之外，民間的聯繫，包括宗族的聯繫，被壓縮到一個儘可能低的水平——儘管完全消除是根本做不到的，但是從相對的角度來講，應該說那個時代的反宗法色彩與三代肯定不可同日而語，就是比明清恐怕也要更突出，甚至比起 1949 年前的農村，都可能有過之。據此可以想像，秦的政策對周的宗族有多麼大的衝擊。

三 揚「忠」抑「孝」，鼓勵「大義滅親」

前面提到，按照周代的族羣社會價值觀念，包括體現在儒家著作中的思想，一般都強調「孝高於忠」，即所謂的「為父絕君，不為君絕父」，「（君）殆不如父重」。君主沒有父親重要，為了父親我可以得罪君主，甚至為了報父仇，可以滅掉祖國，就像伍子胥那樣。但是法家堅決反對這種說法，法家認為忠比孝更重要，而且「忠」是對君主一人忠誠。因此法家非常鼓勵所謂的大義滅親，鼓勵為了國家的利益，其實就是為了君主的利益，可以背棄父母。法家甚至把這兩者對立起來，韓非就有一句名言：「君之直臣，父之暴子也」（忠於君主的人，就不能忠於父親，對於父親來講，他很有可能是不孝之子），「父之孝子，君之背臣也」[63]（強調對父親的孝，到頭來就會背叛君主）。

儒家很重視古代聖人的傳承，法家不是不談古代聖人，但是法家和儒家談古代聖人有很大區別。法家談古代聖人，都說他們如何六親不認。韓非說：「其在記曰：『堯有丹朱，而舜有商均，啟有五觀，商有太甲，武有管、蔡。』五王之所誅者，皆父兄子弟之親也。而所殺亡其身、殘破其家者，何也？以其害國傷民敗法類也。」[64]堯、舜、禹都是為了國家的利益可以六親不認的人，這樣的人在法家看來才是聖人——其實韓非等法家可能只是欣賞或利用堯、舜、禹傳說中的這一面而已，未必真尊其為聖人，就像《韓非子．忠孝》所說：「賢堯、舜、湯、武而是烈士，天下之亂術也。」尊奉古聖（而非今上）、捨生取義（而非為皇上賣命），那就要天下大亂！這才是他的真實想法。

儒家描寫的這些聖人，和法家的看法是相反的，按照儒家的描寫，舜是個大孝子。韓非卻指斥儒家所讚美的古代「聖王」舜是不仁不義的典型：「瞽瞍為舜父而舜放之，象為舜弟而殺之。放父殺弟，不可謂仁；妻帝二女而取天下，不可謂義。」[65]

儒家描寫的這些聖人，首先都是家庭裏的孝子。但是法家描寫的這些聖人，是所謂為了治國而六親不認、大義滅親的人。韓非就專門舉過兩個例子，說明「孝」是很有害的。

> 楚之有直躬，其父竊羊而謁之吏，令尹曰：「殺之。」以為直於君而曲於父，報而罪之。以是觀之，夫君之直臣，父之暴子也。魯人從君戰，三戰三北，仲尼問其故，對曰：「吾有老父，身死，莫之養也。」仲尼以為孝，舉而上之。以是觀之，夫父之孝子，君之背臣也。故令尹誅而楚奸不上聞，仲尼賞而魯民易降北。上下之利，若

是其異也，而人主兼舉匹夫之行，而求致社稷之福，必不幾矣。[66]

一個是楚國的例子，說楚國有一個人偷羊，被他的兒子舉報了，楚國的令尹卻把這個舉報父親的人給殺了，認為這個人是不孝之子。然而按照韓非的說法，後來楚國之所以敗亡，就是因為官員像這樣「只知有家不知有國」，顧小家而忘大國。他舉另外一個例子，就是前面曾經提到過的，說魯國有一個人一打仗就開小差，孔子問為什麼，他說我要養我的父親，我是獨子，不能戰死。孔子說，你真是個大孝子，國家不用你用誰？於是舉而上之，向國君推薦說，此人可以重用矣。

按照韓非的說法，這些國家之所以亡國，都是因為孝在忠上，家比國高，只知有家不知有國。國家如果都這樣做，誰還會為國家打仗？所以他說這些國家的人，都是「勇於私鬥，怯於公戰」，都只為自己家裏頭打仗，不為國家效力。因此他說，一定要提倡六親不認，斬斷親情、私情，只認國家，如果按照儒家那種做法，國家肯定要打敗仗，君主的地位斷然不能保持。

因此法家一定要把忠放在孝之上，按照法家的邏輯，就是要禁止容隱、鼓勵告親。「父為子隱，子為父隱」，[67] 儒家認為是應當承認的，法家認為這是同謀，要禁止，鼓勵「大義滅親」。子告父、妻告夫，儒家認為這是違背倫理的行為，而法家卻非常讚賞這種行為。《慎子．逸文》講：「骨肉可刑，親戚可滅，至法不可闕也。」骨肉親情皆可拋，這才叫「真漢子」。

但是法家講的大義滅親，有一個很大的矛盾。如前所述，法家已經在人性論上認定，其實所有的人都是為己的，或者說都是性惡的，連父子之間都是這樣。甚至於韓非連捨生取義就會天下大亂這樣的話都說出來了，因此所謂大義滅親，怎麼可能呢？

深信人性惡的法家，其實心底裏並不相信什麼大義，他們實際上是用現實利害促使人們趨炎附勢。法家提倡告親、禁止容隱，其實都是用利益來引誘的，「大義」只不過說說而已。講得簡單一點，倘若你檢舉父親，我會給你好處；如果你和父親在一起對我不利，我會給你嚴重的懲罰。法家鼓吹的大義滅親，如果落實下來，其實就是「大利滅親」，他們相信以利益誘惑加刑罰威脅，無事不成。為了圖賞，人可以出賣父親，出賣親人，出賣朋友，出賣老師，等等。總而言之，為了高官厚祿，可以不顧一切，所有的情感都可以用利益做交換，「重賞之下必有勇夫」。

因此，秦律非常提倡親人之間的互相告發，其中有一些很值得琢磨的規定。大家知道法家制度主張嚴刑峻法，犯罪首先要抄家沒產。但是秦律中有一條規定：「『夫有罪，妻先告，不收。』妻賸（媵）臣妾、衣器當收不當？不當收。」[68] 丈夫犯了罪，妻子如果告發，妻子不僅可以免被沒收為官婢，而且其財產可以不被沒收。這一句話馬上使人想到，難道夫妻的財產還可以分得那麼清楚嗎？秦律的觀念好像很現代化，秦國似乎已經有婚前財產公證，哪一部分財產是丈夫的，哪一部分財產是妻子的，秦人都是知道的，所以才會有這樣的條文。我們今天聽到這個條文都覺得很新鮮，妻子如果告發了丈夫，妻子的財產可以不被沒收，只沒收丈夫的財產，這是不是很有意思？

但是秦國畢竟還是一個男尊女卑的國家，因此下面還有一條規定：「妻有罪以收，妻賸（媵）臣妾、衣器當收，且畀夫？畀夫。」[69] 如果妻子犯了罪，丈夫去告發會怎麼樣呢？獎賞還會更大。如果丈夫告發了妻子，不但丈夫本人的財產可以不被沒收，妻子的財產還可以用來獎賞丈夫。其實按照後世的法律，這兩種財產差不多，沒有什麼妻子的財產和丈夫的財產之區別。即便在今天，對關係穩定的夫妻而言，妻子的財產和丈夫的財產都是共享的，用妻子的財產獎勵丈夫，鼓勵他出賣老婆而自利，這真的很有吸引力嗎？

從常識講，除非正在鬧離婚，或者有什麼更糟糕的動機，否則這樣的獎勵有點匪夷所思。但是秦律就是要區分清楚，一個家庭內老婆和丈夫各有財產，而且丈夫想奪取妻子的財產，就可以去告發她！我們知道，現代民法承認個人財產。夫妻共有財產、夫妻各自的婚前財產，都可以通過婚前財產公證界定清楚。但這是維護個人權利，而不是國家對個人設定強制義務，沒有哪個現代文明國家會規定不搞夫妻分產就不得結婚。婚前財產公證的現實功能主要是防止婚姻詐騙，在離婚時保護夫妻各自利益，防止彼此侵害，並不是為了維護「公權力」而鼓勵夫妻互相告發。所以秦律中的夫妻異產規定是「個人主義」，還是皇權本位的「偽個人主義」，應該非常清楚。

而且秦律還有一些莫名其妙的規定，比如規定子盜父應該怎麼樣判，父盜子應該怎麼樣判。當然這裏頭還有一些不同，正如丈夫告妻子比妻子告丈夫更受優待一樣，子盜父在秦律看來是一個稍顯嚴重的問題，父盜子在秦律看來並不是什麼問題。[70] 但是不管怎樣，這個提法本身就很奇怪，因為到了後世，法律根本不承認父子之間還有異財的。《唐律疏議》中有一條規定，叫「諸祖父母、父母在，而子孫別籍、異財者，徒三年」[71]，只要老人不死，兒子就不能分家。不過我在這裏要講，中國往往是說一套做一套，雖然有這樣的規定，但事實上中國歷史從戰國以來就是小家庭社會，從來就是分家的。

儘管這樣，至少儒家的財產觀念是不承認個人財產的，只承認家庭財產或者家族財產。但是法家很奇怪，父盜子，子盜父，還有假父盜假子，也就是義父盜義子，甚至專門有一條規定說，奴婢盜主人應該怎麼判。奴婢偷主人的東西，這是一個很嚴重的罪行。有一些主張魏晉封建論的人認為，秦漢才是奴隸社會，原因就在於私人擁有奴僕在秦漢的確要比三代多得多。三代基本上是族羣社會，人們以前講三代是奴隸社會，主要是指征服者宗族對被征服者宗族的奴役而言。我前面曾經講過，三代時並沒有像古希臘－羅馬那樣，個體家庭裏有很多奴隸。但是到了秦漢，個體家庭中的奴隸倒是真的比較多了。奴隸偷了主人的東西，當然是罪過。但是秦律專門規定，如果奴隸偷的是主人「不同居」父母的東西，雖也是罪過，但是就要次一等，為什麼呢？因為在這種情況下，奴婢盜主人父母不為「盜主」，也就是說主人的東西和他父母的東西，是兩回事。[72]

大家看秦朝的法律觀、財產觀好像是非常個人主義的，一個家庭內丈夫和妻子各有財產，父親和兒子也各有財產。但是它和近代的財產觀念最大的不同在於，不管是妻子的還是丈夫的，也不管是父親的還是兒子的，最終都是皇帝的。所謂的大義滅親，其實在性惡論的背景下是大利滅親，就是用利益、用利害關係來引導人們邀寵避禍、六親不認，只為高高在上的皇帝一人服務。

近代社會是不承認宗法原則的，比如婚姻自由，是近代社會的觀念。但是法家的反宗法、滅親，是不是真的具有個性解放的功能呢？有人說法家思想比儒家進步，指的就是這些。其實在與君權沒有矛盾的地方，法家和儒家一樣要強調家內尊卑，這一點毋庸置疑。法家並沒有近代意義上的個性解放觀念，法家並不是不承認父權。相反，法家對父權的強調，只要不違背君權，其實比儒家還要極端，更強調君權、父權的單向性，所謂「三綱」就是法家的發明。

大家知道後來講的三綱：「君為臣綱，父為子綱，夫為妻綱」，在董仲舒以前的儒家文獻中並沒有記載，[73] 反而是法家最早說過類似的話。

《韓非子》中有這樣一句話：「臣事君，子事父，妻事夫，三者順則天下治，三者逆則天下亂，此天下之常道也，明王賢臣而弗易也。」[74] 這「三順」就是三綱理論最早的出處，因此可以說董仲舒的三綱說法，實際是來自法家的。這與古儒強調權責對應的「君君臣臣，父父子子」的說法是完全不同的。儒家講的父子關係，當然是雙向的，就是「父父子子」，「父不父則子不子」。當時的儒家並沒有所謂「父要子死，子不得不死」這種觀念，反倒是法家提出了這種觀念。但是法家並非是為了父親，而是為了皇帝，所以「君要臣死，臣不得不死」才是真的；而「父要子亡，子不得不亡」則必須得到皇帝批准，而皇帝為了自己的統治，甚至可以鼓勵「子要父亡」的「告親」之制。

第三節　「百代都行秦政制」——秦制的主要特徵

法家改革按照「閭里什伍」原則對臣民進行嚴格編制所構建起來的社會狀態，導致的一個直接功效，就是解決了法家一再強調要克服的現象——所謂的「親親則別，愛私則險，民眾而以別險為務，則民亂」，改變了那種「人人親其親，長其長，而天下平」的狀態，建立了一種國家可以打碎民間自治功能、可以把整個社會按照國家的意志整合起來的可能。這種可能構成了後世人們稱之為秦制的一些主要特徵。

一　以吏為師

秦制的一個特點是「以吏為師」。「吏」和「儒」這兩個概念，在秦漢時代被談得很多。一直到東漢末年的王粲，寫過一篇很有名的文章，叫作《儒吏論》，就是把儒和吏做對比。儒和吏在隋唐以前一直被認為是兩個很重要的相對範疇。這個對立一直到什麼時候才沒有呢？是在科舉制度建立以後逐漸淡化。因為科舉制度是通過考試來選拔官員，而考試是用儒家的文獻作為試題和標準答案，基本是從儒生中選拔。應考者必須是讀儒家經典的人，才能通過考試，才能當官。因此到了科舉制度實行以後「儒吏合一」。但是「儒吏合一」有一個很大的問題，是吏變成了儒還是儒變成了吏？這是一個很值得研究的問題。

先不扯那麼多，我覺得秦漢這兩代，漢代尤其是西漢，實際上是以吏為師的。而吏就是國家僱員。國家想僱誰就僱誰，「不拘一格選人才」，沒有多少界限。僱來幹什麼？受僱者就是為了給政府辦事，不是為了別的，因此也不會考慮德望、人緣、口碑這一類的「虛假道德」。而且當時一般人們認為，對吏的要求就是「公事公辦」。所謂「公事公辦」，就是嚴格按照政府的要求辦，並不包含公平、公正這一類意思。上面讓你怎麼樣，你就怎麼樣。吏需要對規章制度很熟悉，對法律、對公文要背得很熟，可以不管道德、信仰這些東西。

東漢王充說：「儒生不為非，而文吏好為奸者，文吏少道德，而儒生多仁義也」[75]；「文吏幼則筆墨，手習而行，無篇章之誦，不聞仁義之語。長大成吏，舞文巧法，徇私為己，勉赴權利；考事則受賂，臨民則採漁，處右則弄權，倖上則賣將；一旦在位，鮮冠利劍，一歲典職，田宅併兼」[76]。儒和吏，按照王充的說法，儒有所長，吏有所短，但當時人們對吏的尊崇是超過儒的：「論者多謂儒生不及彼文吏，見文吏利便，而儒生陸落，則詆訾儒生以為淺短，稱譽文吏謂之深長」；「世俗共短儒生，儒生之徒，亦自相少。何則？並好仕學宦，用吏為繩墨也」；「將以官課材，材以官為驗，是故世俗常高文吏，賤下儒生」[77]。否則王充也不會用這種口氣說話，說儒也不是那麼一無是處，儒有所長，吏有所短。

「吏」是怎麼產生的呢？其實史書中有些案例很有意思。我們知道漢高祖劉邦就曾是一個秦朝的基層小吏，是一個亭長。他這個人別說德高望重了，不僅鄉親們對他的評價口碑很差，連他的父親對他的評價也很低。司馬遷在《史記》中明確講，我們漢朝第一代君王是個「無賴」，而且是他父親說的。劉太公，就是劉邦的父親，很不滿意劉邦的所作所為，說你這個人不治產業，整天游手好閒、吊兒郎當，就是一個「亡賴」，也就是無賴的意思。但是劉邦這個人好勇鬥狠，國家一看這個人可以「牽牛扒房」，很兇狠，打小販、拆遷扒房絕對拉得下臉來，所以馬上提拔他為吏。[78] 至於他是不是在鄉里有很高的道德口碑，不在考慮範圍，只要敢於在地盤上發狠辦事就行。我覺得司馬遷是很偉大的，他當代人寫當代史，一點兒都不避諱。

秦漢時代選拔吏的標準有兩個，叫作「強謹」。[79] 什麼叫強呢？就是勇敢，不講情面，敢「牽牛扒房」「砸攤沒收」。什麼叫謹呢？就是聽話，聽上面的話不越界，不擅自行動，上面指東你不敢打西，在領導面前為人很謹慎。在百姓面前「強」，在上司面前「謹」。

劉邦是秦吏典型之一，我們從秦漢史料中看到，張耳、陳餘這兩個人也是很有意思的例子。張耳、陳餘是魏國的貴族，他們本來是反秦勢力，也就是反對派分子。在秦滅亡六國的時候這兩個人被通緝，他們就流亡到外面去了。這說明什麼呢？說明所謂的商君之法無孔不入，大概就是說說而已，實際上還是有很多空隙的，否則這些人不可能藏匿於民間。《史記》記載張耳、陳餘跑到陳這個地方，也就是說離他們的家鄉已經很遠了，而且在當時的情況下，也不太可能設想他們在那個地方有什麼親族。我想大概這兩個人很聰明，而且有辦事能力，所以在當地被提拔為幹部，為「里監門以自食」。[80]

這兩個人是外地人。按理說在一個宗法制度的社會裏，外地人很難在一個村子裏掌權，因為你在當地沒有宗族根基。但是秦有這種很奇怪的現象，一個外地人在離家鄉很遠的地方，居然可以成為一個基層幹部。這個社會，顯然是一個控制很嚴密的社會。這裏和我前面講的所謂的私有制構成了一個很有趣的對比。這個社會從某種意義上講，好像是非常個人主義的；但是從另外某種意義上講，又是很國家主義的。無論是國家主義還是個人主義，都是對三代宗法制的一種否定。這個國家很強大，對人的控制也相當嚴酷。但是它能提供的公共服務則相當有限。

二　無福利，更無自由

秦制的第二個特徵，就是極端的反福利傾向。我們知道世界上各國的思想家中，很多人都是主張救濟窮人的，中國古代也不例外，包括儒家也有這種說法。孟子就主張要照顧老人，「五十者可以衣帛」「七十者可以食肉」。[81] 但是法家是非常之不信這一套的。韓非就明確說，救濟窮人要不得。窮人不是酒鬼就是懶漢，救濟他們，就是把那些勤勞的人的財產拿來救濟懶漢，這是絕不可為的。

> 今世之學士語治者多曰：「與貧窮地以實無資。」今夫與人相若也，無豐年旁入之利而獨以完給者，非力則儉也。與人相善也，無饑饉、疾疢、禍罪之殃獨以貧窮者，非侈則惰也。侈而惰者貧，而力而儉者富。今上徵斂於富人以佈施於貧家，是奪力儉而與侈惰也。而欲索民之疾作而節用，不可得也。[82]

商鞅也說過，對這些窮人「獎懶罰勤」更要不得，所以我們要對他們實行嚴格的收容制度，在街上如果看到窮人討飯，馬上抓起來，這叫「怠而貧者舉以為收孥」[83]。

現代社會要麼得給人們自由，要麼得給人們福利，要麼兩個都給，但是兩樣都不給，好像就不行。但是商鞅、韓非這些人堅決認為，就是兩樣都不給。自由絕對不給你，福利也不給你。我的權力要無窮大，但是責任可以無窮小，秦制下就是這樣一種狀態。

這種狀態，當然就使得這一套制度隱藏着一些危機。這些危機在戰國時代還不是很明顯，因為當時秦和周邊六個國家還在打仗。一旦戰爭結束，危機很快就突顯了。因為法家制度雖然成功使得秦國崛起，並且成為天下最強的大國，可是秦國大國崛起後，真是使秦國人民站立起來，再也不能坐下了，他們必須不停地幹活。國家的強大是需要和國民的尊嚴並存的，而且我們可以講，在現代應該既追求國民的尊嚴，也追求國家的強大。可是在古代，這兩者並不一定是統一的。關於這一點，秦把法家學說推到了極端，「強國弱民」不僅是秦的事實，而且是統治者明確的追求。在世界各種學問中，大概商鞅、韓非之學，是最赤裸裸地提出國的利益和老百姓的利益是絕然對立的。也就是說，國要強大，老百姓就得趴下，國家的利益裏是沒有強民、富民這一項的。

《商君書》專門有一章叫《弱民》，其中就提到「民弱國強，民強國弱，故有道之國，務在弱民」。就是說，國家要強大，老百姓就得趴下；老百姓如果站起來了，國家就完蛋了，因此國家強大的最重要條件，就是要把老百姓徹底踩在腳下。而且商鞅說，一個國家要戰勝敵國，首先要做的就是戰勝自己的人民。一個國君如果連老百姓的反對都收拾不了，怎麼能征服外國呢？他的邏輯就是這樣。

這個國君首先要征服自己的老百姓，然後才能談得到征服其他國家的老百姓。「能制天下者，必先制其民」；「能勝強敵者，必先勝其民」。[84] 商鞅還說，統治者治國的秘訣是，絕不能讓人民佔了上風，必須把老百姓打翻在地再踩在腳下，「民勝其政，國弱；政勝其民，兵強」。[85] 他說老百姓如果對政府佔優勢，這個國就會疲弱；政府如果把老百姓戰勝了，這個國就會很強大。所有的法家學說都是把國和百姓嚴重對立起來，這是法家學說一個非常有標誌性的特點。

商鞅認為，「治主無忠臣，慈父無孝子」[86]，因此「棍棒底下出孝子」，為了「制民」決不能心慈手軟。統治者為了戰勝人民需要怎樣做呢？商鞅說，第一，不能讓老百姓聰明起來。「愚農不知，不好學問，則務疾農，」[87]「民愚，則知可以王」，[88]。老百姓都很蠢，且很愚忠，我很聰明，我就可以當王了。如果老百姓也聰明起來，那就不好辦了，所以要想把國家治理好，老百姓要愚昧。老百姓越笨，沒有自己的頭腦，沒有辨別能力，只會聽吆喝，跟着政府鼓噪，聽從政府的宣傳，我就越好治理。第二個條件，老百姓也不能太富。法家強調治國要靠賞罰。賞要起作用，諸然是人要自私一點，我前面已經講了，如果一個人既不圖賞又不怕罰，法家就認為這是一個危險分子。沒有「軟肋」是做人的「硬傷」，就不能要。但就算有人比較自私，還是不行。假如你是一個富人，也不會稀罕國家的賞。假如你本身就有大房子住，就不會想着我要搞動作，投機當個大官，希冀皇上賞我一套豪宅。因此法家說，賞罰要起作用，老百姓就不能富。因為一旦富了，老百姓就不會圖國家的賞了。老百姓一定要窮兮兮的，因此國家給他們一點賞賜，他們就會拚命地賣力，像一羣狗搶骨頭一樣，所謂重賞之下有勇夫。如果老百姓本來就很富，他們可以通過自己的努力很富有，而不必靠諂媚搖尾乞憐，這個賞還有誰稀罕呢？因此商鞅說，老自姓是絕對不能讓他們富起來的，「農有餘食，則薄燕於歲」。[89]

當然話又說回來，老百姓也不能太窮，窮得快要餓死了，老百姓就要造反了。因此法家的說法是，要讓老百姓有飯吃，但是不能讓他們有餘糧。韓非有一句名言，叫作「足民，何可以為治」[90]，最理想的狀態，是使民「家不積粟，上藏也」[91]。老百姓家手頭都沒有餘糧，糧食都存國家的倉庫裏，不要讓老百姓太富裕。有些人說，民富才能國安，商鞅卻說，這個話可以講講騙人，但是你自己最好不要相信。民富有的時候就要生亂，因為他們就看不起你了。最好是老百姓都比較窮，絕不能「農有餘食，則薄燕於歲」。老百姓吃飽了飯沒事兒幹，他們就會游手好閒，就會東逛西逛，免不得還要想入非非，會接受一些不好的影響，就像《韓非子．六反》中說的：「凡人之生也，財用足則隳於用力，治慵則肆於為非。」因此最好的辦法，就是把他們搜刮得一貧如洗，財富都在國庫裏，當然國家要保證他們不餓死，這樣的話，他們就會只看到眼前這點利益而拚命地幹活，不知其他，這種狀態最好。同時還要以什伍連坐、嚴刑峻法來禁錮他們，而且使那些想要擺脱桎梏的人上天無路、入地無門，「行間無所逃，遷徙無所入。行間之治，連以五，辨之以章，束之以令，拙無所處，罷無所生」[92]。在法家看來，如果你遂了百姓的願望，他們就會弄奸耍猾，一旦富裕起來，他們就會貪得無厭，就會不知天高地厚，只有窮困潦倒，他們才會賣力。所以商鞅就説：「上舍法，任民之所善，故奸多。民貧則力富，力富則淫。」[93]

什麼叫「任民之所善」呢？就是人民所希望的。如果你滿足了人民的希望，人民就會弄奸耍猾，越來越不知好歹、不知天高地厚。「民貧則力富，力富則淫」，老百姓窮，他們就會賣力幹活，老百姓如果富了，他們就成了花花公子，那絕對要不得。法家又説，要做到「民辱則貴爵，弱則尊官，貧則重賞」，[94] 老百姓必須活得屈辱，這樣他們才知道大人的尊貴，如果老百姓本身地位就很高，他們就會不知天高地厚了；老百姓必須很卑賤，這樣他們才懂得當官的厲害；老百姓必須很貧困，這樣他們才會為你的賞賜而賣命，如果是富人，就不會重視你的賞賜了。總而言之，要「富國強兵」，就必須使老百姓停留在辱、弱、貧、愚之中，如同好操縱的「提線木偶」。這樣一種制度，會帶來什麼樣的結果呢？當然會使這個國家的武力變得很強大。

第四節　秦制的危機

商鞅變法後，秦國的武力變得很強大，但是秦在經濟上是不是很富裕，對此始終是有爭論的。以前我們經常講，法家的治國使秦國變得很富裕，秦在經濟上很發達，而且説秦統一六國，就是靠經濟上的富裕，經濟強大是統一的重要原因。這些論斷，應該説也不是一點道理都沒有。因為在《史記．貨殖列傳》中，司馬遷就曾經講過一句話，這句話後來被認為是法家改革的成果。「故關中之地，於天下三分之一，而人眾不過什三，然量其富，什居其六。」[95]

從司馬遷這一句話的上下文可以看到，他講的關中是大關中，不是僅指今天陝西西安附近那塊地方，而指的是戰國時代的秦故地。當時秦統治的地方都叫關中，包括西北地區，包括像四川這樣的地方，都是在秦始皇統一以前就已經歸了秦國。上述之地按照司馬遷的說法，佔天下面積的 1/3，人口不過 30%，卻佔有 60% 的財富。

但是以後的不少史家經過考證，其中也引證了《史記》和《漢書》中的《食貨志》《地理志》提供的材料，他們指出司馬遷這一段帶有文學色彩的描述並不可信。根據秦漢時期各郡國的數據分析，包括全部秦故地的大關中，的確面積佔秦末漢初天下的 1/3，但是人口並沒有太多，即使在西漢時期多次移民關中、其人口比例有所提高的情況下，到了西漢末年，關中也只佔全國人口的不到 17%。即使這樣，關中仍然是一個經濟不能自給的地方。這個地方從秦到漢一直要依賴外部向它大量進行經濟支援和糧食輸入。按照現在一些史學家（包括葛劍雄先生）的說法，當時秦比較落後，楚也是比較落後，燕也比較落後。當時中國經濟最發達的地方，是關東的魏、趙、韓、齊故地，也就是原來的三晉加上齊（「燕山山脈以南，太行山、中條山以東，豫西山地和淮河以北地區」），這些地方面積只佔天下的 11.4%，人口卻佔到 60%，是當時中國人口最密集的地方。這些地方人口雖然密集，經濟還是有餘，能大量向其他地方進行支援，在糧食自給的前提下，每年至少要向關中輸出 400 萬石糧食。還有大量的紡織品和其他手工商品從關東輸入關中。不僅僅是剛才講的這些數字，種種材料都證明，正如葛劍雄先生所說，「全面考察秦漢時期的經濟狀況，我們不得不承認，當時最發達的地區是在關東」[96]。主要財富集中於關東，而不是關中。

在中國歷史上甚至近代以前的世界歷史上，好像都有一個相當普遍的特點：富的地方往往不強，強的地方往往不富。不僅秦漢是這樣，大家知道明清時代江南是最富庶的，但是江南在政治上處於弱勢，統治中心一直都在華北，儘管華北要比江南窮得多。其實隋唐以前基本上也是這樣，早就有人說過，中國在隋唐以前是東富西貧，但是政治上東弱西強。隋唐以後是南富北貧，政治上南弱北強，一直都有這樣一種現象。其實在世界範圍內，在近代以前的冷兵器時代，普遍有經濟－政治的反差。那些蠻族一般來講都是經濟比較落後，但是武力比較強大，像匈奴人、蒙古人，包括古羅馬時代的日耳曼人，所謂「蠻而不盈，盈者不蠻」。

秦漢時期財富主要是在關東，而不是在關中。實際上關中並不富裕。當然了，關中通過打仗從關東搶來大量的東西，這些東西自然主要是由統治者享受。一般老百姓是不是也能分到一杯羹呢？當然可以設想，他們還是可以分到一杯羹，這是戰爭的激勵機制，不過結束征戰進入統一以後，統治者還會不會給秦人分這一杯羹，就另說了。所以秦統一以後，它的一些問題很快就暴露出來。

秦的經濟其實不算發達，但是它的政治相當苛暴。商鞅說：「政作民之所惡，民弱。政作民之所樂，民強。民弱國強，民強國弱。」[97]也就是說，如果統治者討好老百姓，做老百姓喜歡的事兒，老百姓就會變強，而老百姓強了，國家就弱了；如果統治者專門做老百姓痛恨的事兒，老百姓就會被你壓服，民就弱了，民弱國就強了。「民強而強之，兵重弱」，老百姓越來越強，君王的軍事力量會越來越弱；「民弱而弱之，兵重強」[98]，老百姓越來越弱，國家的軍隊就越來越強大了。其實古今中外的專制者這樣想的恐怕不少，但是敢赤裸裸地這樣講，商鞅大概是最肆無忌憚、口無遮攔的。

秦的實力到底怎麼樣呢？實際的情況可能是豐富多彩的，幾條乾巴巴的史料並不能夠涵蓋一切。秦人有沒有快樂的生活呢？我想大概有。尤其是當他們割掉了敵人幾個腦袋，換到了賞賜的時候，秦特別重視這一點，秦人也有很快樂的。但是當一個國家的統治者說，我的統治要使人民快樂，人民是不是真的能夠快樂起來？這可以存疑。因為你說得好聽，做得不一定怎麼樣。但是一個國家的統治者明着說，我就是要使老百姓不快樂，那麼老百姓能快樂得了嗎？統治者說得好，老百姓不見得過得好，但是統治者連好話都不願意說了，老百姓的日子能不能過得好呢？如果統治者公然說，他就是要使老百姓辱、弱、貧、愚，就是要「政作民之所惡」，那麼老百姓的苦難還用懷疑嗎？

我覺得秦的強大，從長遠的觀點看，應該給予它應有的歷史地位。這裏我倒不是說，如果不是秦，中國就不能統一，因為從三代到春秋再到戰國，總的趨勢是通過戰爭，國家越來越少，是「大魚吃小魚，小魚吃蝦米」，大勢所趨擺在那裏。秦如果不統一，也會有其他國家來統一。但是畢竟這個統一最後是由秦來完成的，因此我們說秦開創了中國的統一局面，給它一個比較高的評價，是可以成立的。但是我們不要忘了這個事情的另一面，在這個過程中，不但關東六國的老百姓是遭殃的，秦國的老百姓也的確過得不怎麼樣。現在經常有人這樣講，強秦使得老百姓很富裕。要糾正這種說法，用不着引反秦人士的言論，只需引述我剛才講的這些秦的主流思想家的話，他們自己就是這樣說的。他們公開說，我們這個國家民弱、民貧、民辱、民愚，正是因為這樣，我們才強大。是他們自己坦誠承認的，並不是反秦的人說的。

賈誼寫了《過秦論》，大家知道他是站在儒家的立場上批評秦，說秦無道、暴虐，有人說這是反對派的攻擊。但商鞅、韓非當然不是反對派了。我們以前講「得民心者得天下」，古代的儒家也經常講這一句話。但是老實說，古往今來的歷史上，「得民心者不得天下，不得民心者得天下」，這種例子還少嗎？

「得民心者得天下」與「民貴君輕」一樣，是我們傳統文化中寶貴的思想遺產，但它是指「應然」，而非「實然」。否則還用得着「聞誅一夫紂矣」「伐無道，誅暴秦」嗎？古代歷史上幾乎成為規律的「蠻族征服」現象，難道也是被征服人民（他們通常人數佔絕對優勢）的「人心所向」？成吉思汗屠遍歐亞，反抗者不堪一擊，這就可以證明成吉思汗比反抗者更得人心？

在那個時代，歷史的「實然」是「馬上得天下」「成王敗寇」「竊國者侯」，如朱熹所說「堯舜禹湯文武周公之道未嘗一日得行於天地之間」。直到現代民主政治登場，政治順從民意才成為實然，「得民心者得天下」的古老理想才能實現。而法家思想從商鞅到韓非，就是相信強者為王的。他們有一個很重要的觀點，就是統治者不能指望老百姓忠於自己，不能指望老百姓熱愛自己，如果一個統治者總是追求受人愛戴，他肯定是一個軟弱的統治者；一個出色的統治者，不會在乎人民愛戴不愛戴他，他只在乎人民害怕不害怕他，以及能不能因害怕而巴結他。

《商君書》和《韓非子》都明確講，統治者是不能指望人民擁護自己的，因此爭取這種擁護也沒有意義，也就是說統治者用不着討好老百姓。按照商鞅、韓非的說法，老百姓本來就是不知好歹的，去討好民眾，他們也不會感激你，何況也沒有必要討好下里巴人，統治者完全不應該顧及民眾的感受。統治者要做的是如何以「法」來賞罰，以「術」來操控，以「勢」來威嚇。成功的統治不在於受眾人愛戴，而在於使眾人不敢反對或者無法反對，這一點對他們來講尤為重要。

如何統治？在法家看來，首先是統治者要壟斷組織資源。這是為什麼法家極力鼓吹反宗法的主要原因，法家很反對「人人親其親，長其長」，「親親則別，愛私則險」。治國的妙訣是壟斷組織資源，使得除了這一套「閭里什伍」從上到下的管制體系以外，社會上沒有別的組織資源可以使大家抱團。除了統治者的控制以外，整個社會就是一盤散沙，原子化的個人是沒有辦法跟統治者較量的。哪個個人膽敢單挑，必定讓他無比悽慘，以此來儆效尤，恐嚇眾人。因此，我前面講的這一套制度是很提倡偽個人主義的。所謂偽個人主義，就是只服從國家的個人主義，所有「截留」上面權力的中間環節統統要被消除。

在法家看來，如果能夠壟斷組織資源，摧毀民間的認同，使得大家都六親不認，只認皇上；同時利用人性弱點，玩弄所謂的厚黑學，威脅利誘、借力打力、挑動互鬥、分化瓦解潛在的反對者，那麼就可以在連老婆孩子都不可信的情況下，仍能夠維持自己的統治，這才叫作高明，才是法家崇尚的最高境界。我們看看商鞅和韓非的言論就會知道，他們認為偉大的君主是連老婆孩子都不能相信的，遑論他人，唯一可以相信的就是法、術、勢。依靠法、術、勢，君主能夠把這個國家治理得井井有條，把天下坐得穩穩考當。爾等蕞爾小民反對我並不要緊，只要你們不抱團，「臣之所不弒其君者，黨與不具也」。[99]「人臣之於其君，非有骨肉之親也」，臣和君是沒有什麼親情的。但是臣為什麼為你賣命呢？因為他圖你的賞。為什麼他不敢叛亂呢？因為他怕你殺他的頭。為什麼你要殺他的頭，他就害怕？因為「黨與不具」，他沒有別的依憑，他是孤立的，是原子化的。每一個個人如果都是原子化的，哪怕所有的人都對統治者不滿，也對皇上奈何不得。

像這樣的強秦是很可怕的。但並不是反過來講，像關東六國那樣就會更好。在當時那樣一種情況下，也的確只有強秦能夠避免不斷失敗的命運。儘管關東的經濟比秦地發達，而且很多人都提到在和平時期關東人民的生活不比秦人更糟糕，但是既然攤上了秦這樣一個強鄰霸鄰，被打敗的苦難遭遇當然可想而知。大家知道，趙遭到長平之敗，幾十萬戰俘都被坑殺，整個趙國幾乎皆是孤兒寡母，青壯年男子倖存無幾，弱國不可能求一國自保，也沒有前途。暴秦的「強國弱民」之道固然可惡，但是關東諸國不知自強，也是應該引以為鑒的。

實際上，在彼時的確面臨無解的問題，這個「無解」就是後來的元曲作者張養浩在路過潼關時發出的那種感歎：「傷心秦漢經行處，宮闕萬間都做了土；興，百姓苦；亡，百姓苦。」[100]無論國家強大與否，遭罪的都是老百姓。總之在那時，強國主義與弱國主義，國家「崛起」與「衰落」，對老百姓都未必是好事。

其實這也一直是中國歷史中頗為棘手的問題。不過，後來中國的主流歷史觀一直是以國家強大與否作為評價的標準。比如漢唐明清很強大，我們對它們的評價就比較高；兩宋比較弱，經常打仗打不過人家，割地賠款，縱然百姓的日子有改善，文化相對繁榮，在傳統話語中評價卻不高。

秦制這樣一種治理方式，當然引起了一場很大的社會風波，就是秦末的大亂。這場大亂有非常多的戲劇性場景。我在此主要想給大家提供一些思辨，這些故事就不講了。

註釋：

1 《管子》的成書較為複雜，據考證，其篇什有成於戰國秦漢者。

2 其實，司馬遷在《史記》中就將老子、韓非並置於「列傳」，說申不害，「申子之學本於黃老而主刑名」；說韓非，「喜刑名法術之學，而其歸本於黃老」。見司馬遷：《史記》卷63《老子韓非列傳》，第2146頁。

3 眾所周知，荀子是先秦儒學的重要代表人物，但他與孟子主張「人性善」相反，標舉「人性惡」。法家李斯、韓非都出自荀子門下。

4 《韓非子．定法》。

5 《韓非子．難勢》。

6 林達：《總統是靠不住的》（第3版），北京：生活．讀書．新知三聯書店，2013年。

7 張千帆：《為法家正名》，倫敦金融時報中文網，https://vip.ftchinese.com/story/ 001094272。

8 《史記》卷68《商君列傳》，第2231頁。

9 《商君書．賞刑》。

10 《漢書》卷60《杜周傳》，第2659頁。

11 《漢書》卷60《杜周傳》，第2659頁。

12 《史記》卷122《酷吏列傳．周陽由》，第3135頁。

13 《史記》卷122《酷吏列傳．張湯》，第3139頁。

14 張鈞濤：《〈史記〉法家人物與酷吏之異同剖析》，載《渭南師範學院學報》，2017年，總32（13）期。

15 秦暉：《從商鞅「徙木立信」到趙高「指鹿為馬」》，https://ipkmedia.com/125169/。

16 秦暉：《漢「金」新論》，載《歷史研究》1993年第5期。

17 《商君書．去強》。

18 李開元：《秦崩：從秦始皇到劉邦》，北京：生活．讀書．新知三聯書店，2015年，第98頁。

19 盧格：《荷亭辯論》卷5《徙木立信辯》，濟南：齊魯書社，1995年。

20 霍布斯曾引用古羅馬人說法：「有兩條公理必定同樣正確：人待人如上帝；人待人如豺狼。前者就公民之間的關係而言屬實；後者就國家之間的關係而言屬實。在正義和仁慈這些和平的德性方面，公民跟上帝有些相似。但在國家之間，壞人的邪惡使好人為了保護自己，不得不訴諸暴力和詭詐這種戰爭的技能，即訴諸動物食肉的天性。」見霍布斯著：《論公民》，應星、馮克利譯，貴陽：貴州人民出版社，2003 年，「獻辭」，第 2 頁。

21 參見霍布斯著：《利維坦》，黎思復、黎廷弼譯，北京：商務印書館，1985 年。

22 《韓非子・備內》。

23 《商君書・開塞》。

24 《韓非子・外儲說左上》。

25 法家這種「普遍主義」的體現之一就是強調「壹」，例如，《商君書・賞刑》:「聖人之為國也：壹賞，壹刑，壹教。壹賞則兵無敵，壹刑則令行，壹教則下聽上。」

26 「法、術、勢」是法家思想的核心內容，韓非是法家集大成者，「法、術、勢」思想集中體現於《韓非子》中，可參見馮友蘭著：《中國哲學簡史》，趙復三譯，北京：生活・讀書・新知三聯書店，2013 年，第 207-208 頁。

27 《韓非子・揚權》。

28 《宋史》卷 365《岳飛傳》，北京：中華書局，1985 年標點本，第 11394 頁。

29 《韓非子・奸劫弒臣》。

30 《明史》卷 226《海瑞傳》，北京：中華書局，1974 標點本，第 5930-5932 頁。

31 《史記》卷 73《王翦列傳》，第 2340-2341 頁。

32 《史記》卷 53《蕭相國世家》，第 2018 頁。

33 相關說法，可參見聞性真：《簡談韓非的人口思想》，《光明日報》1999 年 10 月 29 日第 8 版；石鵬飛：《知今不知古謂之盲瞽，知古不知今謂之陸沉——中國智慧的現代啟示，2017 年 1 月 4 日，http://www.ynmm.gov.cn/xxyd/mywc/07008289556726032882；《百家爭鳴：第一個提出計劃生育的思想家》，2018 年 8 月 8 日，https://www.163.com/dy/article/DON6DLIA0523C2AR.html。

34 《韓非子・五蠹》。

35 《商君書・開塞》。

36 杜正勝:《編戶齊民:傳統政治社會結構之形成》，台北:聯經出版事業公司，1990 年。

37 《孟子・盡心下》:「民為貴，社稷次之，君為輕。」

38 《史記》卷 68《商君列傳》，第 2230、2232 頁。這種「強宗大姓，不得族居」的做法，可能秦國時期就已經實行，雖然從現有的史料我們無法看到相關記載。

39 《史記》卷 6《秦始皇本紀》，第 239 頁。

40 《史記》卷 112《平津侯主父列傳》，第 2961 頁。

41 《後漢書》卷 33《鄭弘傳》註引謝承《後漢書》，北京：中華書局，1965 年標點本，第 1155 頁。

42 《漢書》卷 85《谷永杜鄴傳》，第 3473 頁。

43 《漢書》卷 92《游俠傳》，第 3714 頁。

44 「其曾祖父本齊國臨淄人，官至蜀郡屬國都尉。武帝時徙強宗大姓，不得族居，將三子移居山陰，因遂家焉。」《後漢書》卷 33《鄭弘傳》註引謝承《後漢書》，第 1155 頁。

45 從地名學看村落與宗族的關係，詳見秦暉：《傳統十論——本土社會的制度、文化及其變革》，太原：山西人民出版社，2019 年，第 1-34 頁。

46 《漢書》卷 48《賈誼傳》，第 2244 頁。

47 《晉書》卷 50《庾峻傳》，北京：中華書局，1974 年標點本，第 1393 頁。

48 參見范文瀾：《中國通史簡編》（修訂本）第 2 編，北京：人民出版社，1964 年，第 18 頁。秦朝人口總數及徵發人口數，學界有不同推測，可參見葛劍雄：《中國人口史》第 1 卷，上海：復旦大學出版社，2002 年，第 304-308 頁。

49 《史記》卷 6《秦始皇本紀》，第 256、265 頁。

50 商鞅變法，「令民為什伍，而相牧司連坐」。《史記》卷 68《商君列傳》，第 2230 頁。

51 參見張金光：《秦鄉官制度及鄉、亭、里關係》，載《歷史研究》1997 年第 6 期。關於秦漢鄉里制度聚訟紛紜，參閱沈頌金：《漢代鄉亭里研究概述》，載《中國史研究動態》1999 年第 10 期；高士榮：《40 年來秦鄉里社會研究綜述》，載《西安財經學院學報》2017 年第 1 期；魯西奇：《中國古代鄉里制度研究》，北京：北京大學出版社，2021 年，

52 據尹灣漢簡，西漢東海郡有 170 鄉、688 亭、2534 里。鄉亭里數比例約為 1：4：15，與史書所載「十里一亭」「十亭一鄉」相差甚大。見楊際平：《漢代內郡的吏員構成與鄉、亭、里關係 —— 東海郡尹灣漢簡研究》，載《廈門大學學報》（哲學社會科學版）1998 年第 4 期。

53 《漢書》顏師古註：「言有爵命，異於士卒，故稱公士也。」《漢書》卷 19《百官公卿表上》，第 740 頁。

54 《漢書》顏師古註：「言不豫更卒之事也。」《漢書》卷 19《百官公卿表上》，第 740 頁。

55 秦律載：「有罪以貲贖及有責（債）於公，以其令日問之，其弗能入及賞（償），以令日居之，日居八錢；公食者，日居六錢。」睡虎地秦墓竹簡整理小組編：《睡虎地秦墓竹簡》，北京：文物出版社，1990 年，「秦律十八種釋文註釋」第 51 頁。

56 秦暉：《傳統中華帝國的鄉村基層控制：漢唐間的鄉村組織》，《傳統十論 —— 本土社會的制度、文化及其變革》，第 1-34 頁。

57 裘錫圭：《湖北江陵鳳凰山十號漢墓出土簡牘考釋》，載《文物》1974 年第 7 期。這 25 戶至少有 20 戶戶主皆不書姓，也許本就沒有姓。

58 參見何雙全：《〈漢簡 · 鄉甲志〉及其研究》，載甘肅文物考古研究所編：《秦漢簡牘論文集》，蘭州：甘肅人民出版社，1989 年，第 179-180 頁；楊劍虹：《從簡牘看秦漢時期的鄉里組織》，載《秦漢簡牘研究存稿》，廈門：廈門大學出版社，2013 年，第 77 頁。

59 據尹灣漢簡，西漢末期東海郡平均每里管轄約 105 戶，見謝桂華：《尹灣漢墓簡牘和西漢地方行政制度》，載《文物》1997 年第 1 期。《續漢書 · 百官志》載：「里有里魁，民有什伍，善惡以告。本註曰：里魁掌一里百家。什主十家，伍主五家，以相檢察。」見《後漢書志》第 28《百官五》，第 3625 頁。可見，秦漢時代甲的戶數規模在擴大，東漢時期估計一里平均也有上百戶，上百戶的里必不少，甚至可能有幾百戶的里。另，關於秦漢的里有多少戶數，可參閱符奎：《秦漢閭里戶數初探》，載《中國農史》2016 年第 1 期。

60 白居易《朱陳村》，見《全唐詩》卷433。

61 詳見秦暉：《傳統十論——本土社會的制度、文化及其變革》，第1-34頁。

62 凌文超的研究再次證明了這一結論，見凌文超：《秦漢王朝對鄉里族姓的規劃與管理》，載《中國人民大學學報》2021年第6期。

63 《韓非子・五蠹》。

64 《韓非子・說疑》。

65 《韓非子・忠孝》。

66 《韓非子・五蠹》。

67 《論語・子路》。

68 睡虎地秦墓竹簡整理小組編：《睡虎地秦墓竹簡》，「法律答問釋文註釋」第133頁。

69 睡虎地秦墓竹簡整理小組編：《睡虎地秦墓竹簡》，「法律答問釋文註釋」第133頁。

70 秦律規定，「父盜子，不為盜」；「子盜父母，父母擅殺、刑、髡子及奴妾，不為『公室告』」。「賊殺傷、盜它人」才屬於「公室告」，即為官府所受理的法律事件。睡虎地秦墓竹簡整理小組編：《睡虎地秦墓竹簡》，「法律答問釋文註釋」第98、117頁。

71 長孫無忌等撰：《唐律疏議》，劉俊文點校，北京：中華書局，1983年，第236頁。

72 秦律規定：「『父盜子，不為盜。』今叚（假）父盜叚（假）子，可（何）論？當為盜」；「人奴妾盜其主之父母，為盜主，且不為？同居者為盜主，不同居不為盜主」。睡虎地秦墓竹簡整理小組編：《睡虎地秦墓竹簡》，「法律答問釋文註釋」第98頁。

73 董仲舒並未直接提出「三綱」，此句見《白虎通・三綱六紀》：「三綱者，何謂也？謂君臣、父子、夫婦也。六紀者，謂諸父、兄弟、族人、諸舅、師長、朋友也。故《含文嘉》曰：『君為臣綱，父為子綱，夫為妻綱。』」但董仲舒有類似的表述，見《春秋繁露・觀德》：「天地者，萬物之本……君臣、父子、夫婦之道取之此」；《春秋繁露・基義》：「君臣、父子、夫婦之義，皆取諸陰陽之道。」

74 《韓非子・忠孝》。

75 《論衡・量知》。

76 《論衡・程材》。

77 《論衡・程材》。

78 《史記》卷 8《高祖本紀》，第 341-345、386-387 頁。

79 北魏太和十年（486 年），李沖上書：「宜準古，五家立一鄰長，五鄰立一里長，五里立一黨長，長取鄉人強謹者。」《魏書》卷 110《食貨志》，北京：中華書局，2018 年點校本二十四史修訂本，第 3109 頁。「強謹」之語雖出自《魏書》，但秦漢實亦如此。

80 《史記》卷 89《張耳陳餘列傳》，第 2571-2572 頁。

81 《孟子・梁惠王上》。

82 《韓非子・顯學》。

83 《史記》卷 68《商君列傳》，第 2230 頁。

84 《商君書・國策》。

85 《商君書・說民》。

86 《商君書・國策》。

87 《商君書・墾令》。

88 《商君書・開塞》。

89 《商君書・弱民》。

90 《韓非子・六反》。

91 《商君書・說民》。

92 見《商君書・畫策》。行間軍隊如此，實際上秦社會亦然。秦孝公卒後，商鞅被告謀反，逃亡途中，「欲舍客舍，客人不知其是商君也，曰：『商君之法，舍人無驗者坐之。』商君喟然歎曰：『嗟乎，為法之敝一至此哉！』」《史記》卷 68《商君列傳》，第 2236-2237 頁。

93 《商君書・弱民》。

94 《商君書・弱民》。

95 《史記》卷 129《貨殖列傳》，第 3262 頁。

96 葛劍雄：《論秦漢統一的地理基礎——兼評魏特夫的〈東方專制主義〉》，

載《中國史研究》1994 年第 2 期。

97 《商君書・弱民》。

98 《商君書・弱民》。

99 《韓非子・揚權》。

100 張養浩：《山坡羊・潼關懷古》。

第三章

法道互補：「儒表法裏」之下的強權與犬儒

第一節　從「儒道互補」到「法道互補」：漢初的黃老之術

從秦以後到西漢初年，是黃老「無為而治」理論很時興的一個時代。關於黃老，通常認為就是道家。道家在從周到秦的階段裏扮演了什麼角色呢？為什麼它在西漢初年一度非常興盛時尚呢？

很多人在講到西漢初年黃老政治時，往往強調的都是黃老政治和法家政治的對立。簡而言之，法家政治是極端的「有為」，就是「窮兵黷武」，統治者有雄偉的抱負，想青史留名，於是把老百姓折騰得七葷八素，日子很苦。到了漢代便「輕徭薄賦、與民休息」，實行寬鬆的政策，糾正秦朝的弊病，人們說這就是西漢黃老政治「無為而治」的一個背景。考試的時候這麼答題，應該和標準答案大體不差。

「輕徭薄賦、與民休息」，國家對老百姓好一點，一定要用黃老的語言來表述嗎？如果用別的語言來早現，會不會在邏輯上更順當呢？比如為什麼不直接說，這是「施仁政」？儒家講的「民貴君輕」，「民為貴，社稷次之，君為輕」，「施仁政於民，省刑罰，薄稅斂」，[1]不同樣可以解釋嗎？可是等到儒家那一套時興，已經是漢武帝以後了。漢武帝時期，恰恰國家又開始橫徵暴斂，不同於漢初那種狀態，漢武帝很多政策比秦始皇有過之無不及。反而在這種狀態下，儒家才興起來了，這又是怎麼回事？為什麼所謂的「行仁政」「仁者愛人」「民貴君輕」這一套東西在西漢初年並不時興，這一套不也可以解釋「輕徭薄賦、與民休息」嗎？我估計歷史書上不會解答這些疑惑的。

所以，恐怕黃老之學或者說道家在歷史上起的作用絕不那麼簡單。而且從長遠看，西漢初年的黃老政治，其實是在周秦之變整個歷史時期中，道家思想自我演變及其與其他諸家發生互動的一個結果，和「漢代秦」造成的政策調整不是一點關係都沒有，但是兩者之間的關係不像我們以前講得那麼大。

一　儒道初互補

道家的一個主導思想就是「無為」「清淨無為」「順物自然」[2]。道家強調自然，當然就認為人不可以完全隨心所欲，什麼「人有多大膽，地有多大產」諸如此類。用我們現代化的語言來講，事物的發展有客觀規律，所謂的「天行有常，不為堯存，不為桀亡」[3]，有一套所謂的自然之理、客觀規律，人在這個「天道」面前是渺小的，因此人不應該過於有「征服慾」，不應該過於想入非非，不應該老想着改造世界。

這裏有一個很大的問題，當人們說「無為」的時候，無為的主體是誰？我們講無為，可以講統治者應該無為，統治者不要那麼好強，政策應該寬鬆一點。這是解釋無為的一種取向。還有一種解釋正好相反：老百姓應該無為，或者說弱者應該無為。你們不要老是想着反抗或者搞制衡，質問統治者，不要牢騷滿腹蠢蠢欲動，應該儘量地逆來順受，安天命，安之若素，因為這是一種自然的安排。

道家講的「無為」，所針對的「有為」是什麼呢？其實我們前面已經講過，無論是儒還是道，都是在一個禮崩樂壞的局面下出現的。在西周時代既沒有儒也沒有道，那是一個小共同體本位的時代，是「人人親其親，長其長，而天下平」那樣一種狀態。這種狀態是儒家想要維護的一種秩序，但是在西周並沒有什麼人要破壞它，因此也用不着儒家大聲疾呼，把這個東西理論化為一整套很強烈的價值訴求去推崇。一種東西成為一種強烈的價值訴求時，往往是因其在現實中已經受到破壞，或者說還沒有實現，而成為人們心中的夙願。

諸子百家其實都是在周秦之變的過程中，在西周這一套制度碰到了危機以後提出的主張。孔子的主張是把周制理想化，積極入世對這一套制度進行維護，他的一個很重要的政治理念就是「興滅繼絕」「克己復禮」。大家知道儒家學說曾被認為是歷史倒退論，那是因為它對春秋戰國之際的發展趨勢深惡痛絕，對過去充滿了懷念。孔子明確講，行仁政就是要「興滅國，繼絕世，舉逸民」[4]，就是把那些被滅掉的小諸侯國恢復起來，把已經衰落的貴族再承繼起來，把現在不得勢的這些人給扶植起來。而且說這是「克己復禮」[5]，我們要克制自己，恢復那套宗法式的道統、倫理。儒家這樣講的時候，當然是持一種積極入世的態度。

我們「批林批孔」的時候，天天在談「克己復禮」是指林彪妄圖復辟資本主義，我們一直納悶資本主義和孔子怎麼能扯上關係？為什麼要把兩千年前的人物拉出來做墊背？報紙上一堆生僻字的「引述」，搞得我們知青給農民讀報磕磕巴巴，壯族老鄉更是丈二和尚摸不着頭腦。

可是大家知道，春秋戰國之際積極入世的人，更多是破壞周制制度的。原來在周制下，很多人覺得如果沒有什麼追求，這種制度也挺好，就是日出而作、日落而息，小國寡民，大家都蠻自在。「有為」在春秋戰國之際應當說是相當摩登時興、遭追捧的，因此當時的一些道家主張「無為」，是要消解這樣一種追求秦制的「有為」。

此時道家的「無為」和儒家的「有為」從形而上的層次來講，好像是對立的；用以前意識形態的套話來講，道家是「客觀唯心主義」，儒家是「主觀唯心主義」。然而，主張「有為」的儒家和主張「無為」的道家，當時在社會政治哲學層面卻相當接近，它們都要維護西周的那一套小共同體本位制度，維護一種溫情的等級秩序的存在。

孔子是主張積極「興滅繼絕」的：如果這種理想狀態被破壞了我要努力把它恢復起來。他強調要「恢復」，就是「克己復禮」。而老子的主張看似相反：如果這種狀態還存在，我們不要想入非非，把它破壞掉，還是多一事不如少一事，順其自然吧。所以在《道德經》中，老子明確描寫了一種古樸的狀態，「其政悶悶，其民淳淳」，統治者和老百姓都不要有太多改變現狀的新思想。最好是一種什麼狀況呢？就是《道德經》中講的「鄰國相望，雞犬之聲相聞，民至老死，不相往來」。我們經常講的「小國寡民」「鄰國相望」，是指西周時代的情景，是沒有帝制乃至「霸道」的一種狀態。

顯然這個時候，儒道都是要維護周制的，只不過一個是從積極的方面維護周制，一個是從消極的方面維護周制。一個強調周制現在已經被破壞了，我們現在要積極地把它恢復起來；一個強調周制本來好端端的，你們幹嘛要無事生非追求強大霸業，把它給毀掉呢？他們一個主張積極，一個主張消極，實際上背後的訴求是差不多的。

二　儒道漸對立

但是到了戰國時期，情況就有了變化。我們講道家，都是講老莊，但是老和莊其實有很大的區別。道家到了戰國時代，即莊周所處的時代[6]，已經和孔子的時代有了很大的不同，所以造成一個現象：儒道對立和爭論變得異常突出。

儒家希望主動地恢復周制，也就是去「救世」「興滅繼絕」。而道家如老子，實際上主張人們不應該基於功利心，抱着「驚天地泣鬼神」成就一番偉業的思想破壞周制。他認為原來的狀態就很好。何謂原來的狀態？從《道德經》中我們可以看得很清楚，其實就是指西周那種宗法狀態。也就是說，老子是要用消極躺平、否定進取之心的辦法，來消極地守護「小國寡民」。儒道在早期是比較接近的，但是到了莊周和孟子的時代，也就是到了戰國，道和儒開始分離對立。

在《莊子》中有很多罵儒家的話，在《孟子》中倒是沒有多少罵道家的話。但是孟子罵的一種人，叫作「鄉原（願）」[7]。「鄉愿」其實帶有很濃的道家色彩，其含義是說不講是非實質，同流合污，是一種極度相對主義、犬儒主義，這是一種道家的態度。

總而言之，到了孟子和莊周的時代，儒和道的關係就漸行漸遠。為什麼呢？因為社會背景已經和老子時代有了很大的不同。莊周時代即戰國時期，周制明顯越來越不行了，恢復周制需要非常強烈的作為才能實現，而無所作為、順其自然，實際上已經越來越多地滑向順從秦制而不是順從周制。老子那個時代，還可以說你們何必那麼積極進取，變化那麼快幹嘛？現在小國寡民不是很好嗎？他講的「無為」其實是針對秦制。然而到了莊周時代，已經沒有小國寡民了，恰恰相反，那時「霸道」已經成了一個基本的現實，強者為王，弱者為食，弱肉強食的秩序橫行。這時候莊周和事佬般地說，算了吧，算了吧，其實我們不必去爭什麼，這樣順着走，就挺不錯。這時候他講的「無為」，其實背後已經沒有了西周式小國寡民的理念，順其自然已經日益變成順從秦制，變成不講是非的犬儒主義。

我這裏是在政治哲學層面上講，當然對一個學派，人們可以從各個層次去理解，如果從形而上去理解又會不同。有一次我在中央美院做一個演講，就提到對道家的看法，我覺得道家在秦漢之際是以犬儒主義順從當時的專制主義，和法家起了很大的互補作用。但是，美術界從形而上的角度崇尚道家的人很多，因為搞美術的人很多都欣賞道家那種飄逸、瀟灑、不拘小節、自由想像，「鯤鵬展翅」「北冥有魚」等等。所謂的「瀟灑」，《莊子》專門有一篇《逍遙遊》，對藝術家的想像確實很有好處。所以很多藝術家對莊子都很有好感，於是他們紛紛表示不能同意我對莊周的解讀，好像玷污了他們心中的神。

其實這是很自然的事兒，因為對一種思想完全可以從各個角度去進行解讀。但是我現在並不是講藝術史，也不想講哲學。我要談的是這些理念的現實政治意義。道家到了戰國時代，尤其是到了戰國晚期，本身就變得與儒家的區別越來越明顯，而與法家越走越近。以至後來有人說法家是從道家中演變出來的。

這裏我要強調，法家的源流比較複雜，有人說它來自儒家，舉的例子就是荀子，韓非、李斯都是荀子的學生。有人說它來自道家，舉的例子就是法家講生存競爭是自然規律，此一說和道家所謂的「天行有常」、自然主義是有關聯的。[8] 法家是不是來源於道家，可以論證，但不影響我的結論。我認為真正重要的是在孔子那個時代，老子的思想與法家的對立是非常大的，法家能接受「小國寡民」嗎？但是到了莊周時代，這個差別縮小並變得逐漸趨同了，法家已經消滅了小國寡民，而道家已經順從了弱肉強食。至少是道法之間的差異要比儒法之間的差異小，甚至比儒道之間的差異也小。

從這個時期一直到西漢，我們經常看到黃老之學和儒學之間的劇烈衝突，我們也看到焚書坑儒這樣的事情，也就是毛澤東講的「儒法鬥爭」[9]。但是在這個時期我們很少看到道法之間的衝突，我們也將會發現很多道家講的話，實際上是在為法家辯護。

到了莊周時代已經出現這種現象，尤其是在楚國表現得最明顯。現在比較盛行研究地域文化，很多人指出道家是楚文化的一個特產。[10] 因為老、莊都是楚人，而且道家思想在楚地也確實比較流行。漢初之所以黃老之道能夠流行，一部分原因，按照有些人的解釋，「漢代秦」在文化上其實就是「楚代秦」，因為推翻秦朝的那些人幾乎全是楚人，從陳勝、吳廣到項羽、劉邦，幾乎沒有一個不是楚人。而且秦統一六國期間，遭遇到的最大抵抗就來自楚地。楚亡了以後，很多人還說，將來能夠滅秦的就是楚，「楚雖三戶，亡秦必楚」，[11] 這是當時很多楚國人的信念。

西漢雖然首都建在長安，但是西漢的文化帶有很濃的楚文化色彩。西漢早年主要的政治家，包括蕭何、曹參這些人，以及追隨劉邦在反秦戰爭中活躍的人物大都是楚人。除了楚文化的地域特徵使得黃老之道在西漢初年具有一定的傳播優勢以外，還有一個很重要的原因是，早在戰國晚期楚地的社會思想演變中，道家就扮演了一個與法家妥協的角色。

根據我們現在的了解，雖然道家文化起源於楚地，但是戰國時期，儒家文化對楚國的影響也非常深遠，以至於我們最近在簡牘中發現的新的儒家文獻，幾乎全是來自於楚簡。上博簡也好，郭店簡也好，清華簡也好，幾乎全是楚簡，這表明什麼？表明儒家當時在楚地的流傳非常廣泛。楚墓中有儒家文獻，也說明儒家在楚地傳播的普及程度。

在對楚國後期政治的分析中，不少學者提出這麼一個觀點：楚國到了晚期面臨的最大問題就是秦國想要兼併楚國，對此楚國內部有嚴重的政治矛盾，而這個矛盾背後是有思想背景的。具體來說，楚國末年在政治上有所謂的親齊派和親秦派。所謂「親齊派」，就是主張聯合齊國來對抗秦國，包括像屈原這樣的人，就是這一派的代表，一般被認為是比較愛國的，對秦國持抵抗立場。[12] 大家知道在戰國七雄中，能夠和秦抗衡的，比秦次一等的兩個大國，就是齊和楚。因此當時主張抗秦的楚人，往往都希望齊楚能夠聯手。

而秦國外交一個很重要的目的，就是離間齊楚，使這兩個國家互相敵對。有人認為以屈原為代表的抗秦派儒家，在這場鬥爭中最終是失勢一方。有研究者言之鑿鑿：「郭店一號楚墓的墓主，據對現有材料的分析，看來已非屈原莫屬。」[13] 指墓主就是屈原本人，恐怕證據不足，但包括出土楚簡的這幾個墓主，都是屬於與屈原同一類的人，還是靠譜的。他們儒家思想比較濃厚，對秦反感，主張抗爭，但是最後遭到排擠，不得勢而垮台。[14] 所以在失勢者簡陋的墓中會有這麼多儒家的佚典。

楚國內部也有一批人是主張親秦的，認為秦強大彪悍，惹不起。既然惹不起秦，他們往往用道家的思想來解釋，說我們最好是順其自然，不要硬去改變什麼。用我們今天的話來講，就是「勢比人強」，歷史規律不可抗拒，人為的努力是沒有什麼作用的，還是清淨無為、順其自然為好，不要過於想要有所作為，用雞蛋碰石頭。親秦派的思想背景就是道家。可見，楚國末年的抗秦、親秦兩派本身就有很濃的儒道對立背景。

順其自然的道家在楚國掌權以後，持一種苟且偷安、順從暴秦的態度。這種姿態可以說是最早的犬儒主義對專制主義的順從，也可以稱其為一種最初的「法道互補」。

三　漢初黃老學說盛行的原因

前述滅秦起義是由楚人發動的，其中扮演重要角色的，幾乎都是楚人。楚文化因而一度在漢初也很有影響。但是楚文化在漢初的影響，為什麼沒有導致儒家的得勢，而是導致了道家的得勢呢？所謂漢初的「輕徭薄賦、與民休息」，是因為當時人們覺得秦朝太好大喜功、咄咄逼人，這不行，所以我們要「無為」？我認為這個說法不太合理。

如果要講輕徭薄賦的「仁政」，以及藏富於民等等，儒家無疑講得更多，而且用所謂的民本主義能更好地解釋這種政策。何況在楚人反秦的過程中，以儒反法的動力其實也明顯存在。當陳勝起兵後，晉地的父老對他講「伐無道，誅暴秦」。[15] 所謂的「以有道伐無道」，這樣的說法本身就帶有比較強烈的儒家色彩。道家是不講那些充滿鬥爭精神的話語的，一切順其自然嘛，怎麼還會有伐誰不伐誰的問題呢？更何況前有孔鮒與「魯諸儒」投奔「張楚」，後有楚霸王死後魯地仍為他孤守到最後，楚魯如此接近，儒家何以不興？

顯然後來道家的興盛和漢初統治者的選擇是分不開的。第一，道家發源於楚地，在楚地原有道儒兩家中，道家本來勢力就比較大。第二，它也更加適應「漢承秦制」的需要。

在秦亡之後，周制和秦制曾一度展開較量，項羽試圖恢復原來的那種封建制——就是古漢語中所講的「封建制」。雖然劉邦是中央集權主義者，他戰勝了項羽後，漢初也仍然帶有很濃的分封制色彩。西漢中央集權過程有幾個階段，首先是項羽要全面地實行封建制，雖然劉邦比較強硬，但是在與項羽進行戰爭的時候，他還是用分封諸侯的形式，封了很多異姓王。在漢初，最早是鏟除了異姓王，把韓信、彭越、英布這些人都給消滅了。七個異姓王只留下勢力最弱小的長沙吳芮，另外還在蠻荒之地封了三個「外諸侯」（領地在漢初疆域外，僅稱臣納貢，不受漢王朝控制）：南越王趙佗、閩越王無諸，南海王原南武侯織。在漢文化的主要地區，異姓王都被消滅了。但是劉邦仍然封了很多同姓王，以至到劉邦死的時候，朝廷直接管的郡只有 15 個，38 個郡都是在諸王控制之下。[16]

這個過程後來在逐漸改變，一開始是削藩，「眾建諸侯而少其力」[17]，然後爆發吳楚七國之亂，朝廷把強大的同姓王給消滅了。到了漢武帝時期，又採取所謂的「推恩令」，全面推行「眾建諸侯而少其力」的方針，把一個諸侯國用推恩令分裂成幾個、十幾個，把那些諸侯的部分權力上收，另外以「化整為零」（拆分使其「零碎化」）的策略使他們的力量越來越小。因此到了西漢後期，才真正把中央集權恢復到秦的水平。在整個過程中，劉邦等漢帝國統治者要推動的一個事業就是「漢承秦制」。他們當然不希望周制再回來，不歡迎封建制被重建。而當時講法家已經不合時宜了，因為法家實在太極端赤裸裸了，被天下人所厭棄，沒有人喜歡聽那些「坑民」「害民」「與民為敵」的東西，面對這樣的統治者，怎麼能伸着脖子任其塗炭。如果法家不行，在儒道兩家中，應該說道家也就是當時所謂的黃老學說更適應「漢承秦制」的需要，這才是黃老之治在漢初能夠盛行的重要原因。

另一方面，當時的儒家思想，尤其思孟這一派，和法家體制的衝突顯然還是相當激烈的。入秦以後，秦制已成現實，而「除桀誅紂」、恢復三代仁政，便成為一種理想主義的追求。道家是要消解理想主義的，《道德經》就說要「絕聖棄智」「絕仁棄義」。當然，在近年發現的郭店楚簡《道德經》中，這八個字作「絕智棄辯」「絕偽棄慮」，[18] 因此造成很多爭議。依傳世版，它與儒家「仁義」觀大有不同，但也就是有為無為之別；依楚簡版，與我前面說的老、孔同護周制就更和諧，但仍有積極消極的不同。然而不管怎樣，儒家好像表現得很理想主義，很不甘心就這樣投降了，道家卻比較隨和，不去費勁給自己找不痛快。「除桀誅紂」、恢復三代仁政成為新的理想，這個時候道家消解理想的犬儒主義則成為維護秦制的一種因素，而且在秦亡以後法家名聲不佳的情況下，它一度成了「漢承秦制」主要的思想資源。因此，我們不要認為黃老之治只與所謂的「輕徭薄賦、與民休息」有關，更重要的是，當時漢朝統治者有的事情是能說不能做，有的事情是能做不能說，在這兩者之間進行協調，他們更多願意講道家，以此為自己政策的理論依據。

四　法道互補：「圓融通透」的道術使「儒表法裏」成為自然

莊周時代的道家當然比老子時代更多帶有我們今天講的犬儒主義的色彩，也就是孟子講的「鄉愿」。司馬遷的父親司馬談對道家有一個評價，說道家是「以虛無為本，以因循為用」。[19] 何謂「以虛無為本，以因循為用」呢？就是說要順從現實。但是這個說法如果是指老子，我認為是不太準確的。老子雖然講無為，但是他無為中是有追求的，還是有一個心目中的理想境界，就是那種所謂的「其政悶悶，其民淳淳」「小國寡民」這樣的一種狀態。「虛無為本」就是不講理想主義，「因循為用」，就是順從現實。真正沒有理想了，也就是所謂的「虛無主義」了，以「因循為用」、順從現實作為取向，是到了莊周時代，這一點是很明確的。

很多人都說，在現存的《莊子》中有很濃的相對主義色彩。當然，這個相對主義在《莊子》中也表現得很智慧，或者說很富有審美色彩，很多思想都是通過一個個寓言來表述的。先秦諸子的文筆的確是很優美，包括韓非講那些赤裸裸的、聽起來完全是強盜邏輯的話，往往也講得很生動，都是用一個個故事串起來的。莊子當然也不例外。但是他的一個特點，就是把一切都相對化了。大家都知道有一個非常著名的故事，是說莊子的老婆死了，惠子覺得這是一個悲哀的事兒，就前去安慰他，可是發現莊子在「鼓盆而歌」，表現得很高興。[20] 這是不是因為他們夫妻關係原來就很糟糕，莊子巴不得這個黃臉婆早點死呢？好像也不是。據說這是因為莊子思想特別深刻，他意識到沒有什麼東西值得計較，生和死差不多，對和錯也差不多，黑和白差不多，善和惡也差不多，都是可以轉化的，因此對一切都要看得開。於是他才那麼豁達地「鼓盆而歌」。

而且他對相對主義還能講出一套道理來，最能代表他思想的，便是內篇的《齊物論》。歷來人們都認為《齊物論》是莊學的核心或者代表作，此篇可以說把相對主義發揮到了極致。相對主義講得簡單一點，就是不講是非。這裏我是把它簡單化了，像中央美院那些人絕對不能同意我的說法，但是至少在政治哲學層面可以這樣概括。莊子講「無為」，無為本身沒有什麼對錯，關鍵看針對誰而言。人們一般認為，無為如果講的是統治者要寬容，不要太強硬，不要與民爭利，最好給大家更多的自由，便比較偏向於自由主義。後世一些自由主義者對道家印象特別好，認為道家主張的是自由放任，如果按照他們的理解，強者對弱者的無為就可以理解為寬容和自由。

但如果是講弱者對強者無為，又是什麼意思呢？實際上就是提倡苟且，不要抗爭。如果是 right（權利）對於 power（權力）講無為，當然就是一種奴役；如果是 power（權力）對 right（權利）講無為，掌權的人要尊重不掌權人的權利，當然是一種自由的觀念。所以無為本身有一個很重要的問題，就是到底講的是誰要無為，是強勢者無為，還是弱勢者無為？這一點是人們對道家有不同評價的很重要的原因。

後世有些人，比如晚清的嚴復就認為道家很不錯，他主要站在反專制角度這樣說的，認為秦那一套嚴刑峻法是極端的「有為」，道家鼓吹的「無為」就是要求統治者承認民間的自由，皇上啥都別幹，享樂主義碌碌無為可能比雄才大略會使老百姓的日子好過一點。[21] 他做出這樣的解讀未必符合原意，我認為莊周時代的道家恰恰主要是一種面向弱者的學說，即所謂的「貴柔」之學，這種學說有可能導出比較明顯的犬儒主義。

莊周自己有一個說法，他說我們就像在森林裏跳躍的猴子，這個猴子「有為」還是「無為」，關鍵得看環境。「其得柟梓豫章也，攬蔓其枝而王長其間，雖羿、蓬蒙不能眄睨也」，猴子只要抱到「大粗腿」，就趾高氣揚，誰都不放在眼裏，可以為所欲為，這個時候它很有為，一點都不無為。但是它一下子從樹上摔下來，摔到一堆荊棘叢中，一動就要給刺扎了，「及其得柘棘枳枸之間也，危行側視，振動悼栗；此筋骨非有加急而不柔也，處勢不便，未足以逞其能也」[22]。當處在強權控制之下，有為便會給個人帶來危險，這個時候最好是「識時務者為俊傑」，那就「無為」吧。這是什麼邏輯呢？不就是一種苟且之論嗎？人當得勢的時候須有為，所謂「無為」，就是「處勢不便，未足以逞其能」時的一種生存方式。用莊周自己的話來講，他說現在有為會很危險，搞不好就被抓去坐牢了。「今處昏上亂相之間而欲無憊，奚可得邪？」[23]

莊周這一句話給人的印象，就不是什麼「達則兼濟天下，窮則獨善其身」，而是「達則稱王稱霸，窮則奴顏婢膝」。如果你苟且，假如是出於一種無奈也就罷了，在那種高壓之下，人要自保也是可以理解的。可是莊周是一個智者，他不願把苟且說成是無奈，而是要用「玄學」把它奉為一種崇高的境界。按照莊周的說法，你較真，你是傻瓜，能夠把一切都看透，那才是偉大的真人、智人。如果有人見義勇為，路見不平拔刀相助，他認為這是一個傻帽，要知道世上沒有什麼平不平，平就是不平，不平就是平。所以，如果說我不敢做也就罷了，莊周則說，其實你就不該做，爭論什麼叫平什麼叫不平根本沒有意義。為苟且解套，還要賦予它哲學意義，這是故意裝深奧的開脱。

莊周並不認為苟且是無奈，他認為這是一種很崇高的境界。如果有人不苟且，他認為那是看不透，是傻瓜，是境界不高。在他講的崇高境界中，真偽不分，有無不分，是非不分，善惡不分，可以說什麼都不分，而且也不可分。《齊物論》中講，「物無非彼，物無非是」，「彼出於是，是亦因彼」，這個就是那個，那個就是這個，這個那個其實是沒有什麼區別的。「方可方不可，方不可方可；因是因非，因非因是。」公說公有理，婆說婆有理，誰都有理，誰也都沒有理，講得簡單一點就是這樣。「是亦彼也，彼亦是也。彼亦一是非，此亦一是非，果且有彼是乎哉？果且無彼是乎哉？」你講的有你的道理，他講的有他的道理，大家都有道理，大家也都沒有道理，因此較真講道理是傻瓜，不講道理才是對的。

怎麼樣都行，「惡乎然？然於然。惡乎不然？不然於不然。……無物不然，無物不可……恢詭譎怪，道通為一」。什麼樣都可以的，對於我來講，沒有什麼不能接受的，反正什麼都看開了。即便老婆死了，我也無所謂，並不是說我不愛老婆，在我看來，愛和不愛也差不多。所以這一篇叫《齊物論》，這個題目意味着「萬物一齊」，就是所有的東西其實都是相對的，沒有什麼值得較真。

這個境界後來不少國人一直非常崇尚，於是我們就會在很多地方看到掛着鄭板橋題的條幅——「難得糊塗」。過於較真，那是蠢是傻，我們都要「糊裏又糊塗」，這些都是從《齊物論》派生出的觀念。

這種觀念最能解決一個問題，就是解決秦以後人們因表裏不一形成的巨大張力。雖然漢承秦制，漢一直搞秦的規則，但講的卻是儒家那一套語言，致使儒家語言和法家的行為之間有很大的扭曲。這裏有一個非常大的問題，說一套做一套，難道當時人們心裏不覺得彆扭嗎？這就用得着鄭板橋條幅中的話了，做人要「難得糊塗」，若太認真，就活不下去了，你整天就會覺得信仰破滅，世道如何欺世盜名。而且老是講言不由衷的話，思想與話語兩張皮會覺得很難受，言與行的分裂會導致人格分裂，宣傳和現實南轅北轍不「虛偽」嗎？可是如果有了莊周這樣的境界，那就很自然了。

趙高「指鹿為馬」這個事情如果在儒家看來，違背內心就很難受。如果你說這個東西明明不是馬，坑儒就要坑到你的頭上；如果你說它是馬，你就不是儒家了。可是如果按照《齊物論》的觀點看，這個問題很好解決，因為馬和鹿其實差不多，幹嗎要那麼較真呢？馬亦鹿也，鹿亦馬也，所謂「萬物一齊」也，都差不多。所以，如果你指鹿為鹿，你是儒家；如果你指鹿為馬，你是大儒家。為什麼是大儒家呢？因為你是智者，你已經看透、參悟、得道了，已達到了最高境界。指鹿為鹿是低境界，指鹿為馬是高境界。你已經超越了是非的俗見，世上的人斤斤於是非，這都是俗人。超越了是非，就成神仙了，人間的是非對於你來講是無所謂的，你「逍遙遊」了。

人一旦進入了這種境界，你說他是高尚還是卑鄙呢？既然，如果按照這種邏輯，人活一世短短幾十年，高尚和卑鄙也差不多，本身兩者的區別也不是很大。照此邏輯類推，法家也就是儒家，儒家也就是法家，「儒表法裏」當然很正常。

因為道家這一套學說提倡的就是「順其自然」，以逍遙的態度對待世事。用莊子的話來講叫作「不譴是非，以與世俗處」[24]，也就是說我不太較真，不要太管那些是非曲直。我可以隨遇而安，把一切矛盾化解為虛無，化解在莊生夢蝶、蝶夢莊生、似是而非、似非而是、難得糊塗、玩世不恭的態度之中。莊子做了一個夢，夢見蝴蝶，然後他就想，哎呀，這到底是我夢見了蝴蝶，還是蝴蝶夢見了我？最後的結論是這兩者雖然有分別，但可以互相轉化，因此我和蝴蝶也差不多。如果思想達到了這樣一種境界，那的確是把什麼都混淆和虛無化了。這個世界存在貪官污吏、獨裁腐敗等等，這都沒啥問題，和理想世界的差別也不太大，看透了都一樣。

有了這種遊戲人生的心態，人們就可以在「儒表」與「法裏」的巨大反差之間游刃有餘，表現得漫不經心，以無所謂、何必爭長論短的態度，適應說一套做一套的生存方式。在其他文化中，這樣大的人格分裂或雙重人格恐怕要造成嚴重的精神分裂症，甚或造成因幻滅而自殺的社會病，但在中國有了老莊這種犬儒哲學作為「儒表」與「法裏」之間的潤滑劑，人們就會心安理得許多，而且顯得虛無超脱。

後來的一些大儒都認為，道家的這種態度是對法家制度的一個很重要的支撐，講得簡單一點，就是：「在上者指鹿為馬，在下者難得糊塗。」明清之際的王夫之就講過，統治者越專制，老百姓越犬儒，「其上申韓者，其下必佛老」[25]。道家思想推廣的利弊方的導向一望而知。

一般地講，中國歷史上有權者真正相信的是「法、術、勢」，而要別人相信仁義道德；只我一家萬世一系，爾等小民打破宗族各自東西。那些「操守雖清」卻奴性不足，只想為萬世開太平而不懂得趨炎附勢的書呆子，不僅多災多難，有時還被公開批判為只知「潔己沽譽」而受到懲戒。人們並不是傻子，那些成仁取義、殉道存德的理想主義者如東林黨人、海瑞的下場有目共睹，通過文字遊戲挑選聰明人而對道德並無分辨力的科舉制度之奧妙也人所共知，因此以「難得糊塗」參悟人生，就成了中國源遠流長的一種所謂的大智慧。

不僅精英層熟諳「難得糊塗」，我們在一些民間讀物中也可以看到，像大家知道的《增廣賢文》裏頭就講「山中有直樹，世上無直人」。整個《增廣賢文》宣傳的都是這樣一套為行為開脱的「狡猾」處世哲學。魯迅先生就曾寫過一篇文章（散文詩），叫《聰明人和傻子和奴才》，說比較講是非的人是傻瓜，聰明人比他們更開通。[26]他當然對這個現象很不滿，他認為國人現在越來越「聰明」（滑頭），這是指在「識時務者為俊傑」的意義上，「糊塗者」越來越少，一個個學得比誰都圓滑，比誰都猴精，但同時他們又越來越糊塗。什麼叫越來越糊塗呢？就是老子「絕聖棄智」那種意義上的糊塗，價值理性越來越萎縮，連最基本的是非都沒有了。這樣一種逍遙之道、犬儒主義和所謂「圓融通透」的行為方式大行於世，與儒家的道德說教形成了一種鮮明的對比。

儘管儒學是一種強調入世、有為的學說，有「內聖外王」的強烈要求，但在正常情況下，面對有霸道而無王道的現實，漢以後的歷代儒者也都接受了「內聖外霸」的狀態——就制度與典籍而言是「儒表法裏」，就理念與行為而言是「內聖外霸」，就總體文化而言是儒法道三者互補，構成了過去兩千年間、至少是在近代西學傳入前的常態。

「其上申韓者，其下必佛老」，這一句話我覺得講得非常深刻，專制主義和犬儒主義的互補，應該是專制社會能夠持續很長時間的一個很重要條件。世界上的專制主義，在它建立的時候，很可能是需要激情的，要強調道德，比如為了解放全人類準備犧牲自我，把渺小的個人投入到偉大的事業當中等等。如果整個社會都很狂熱，這個時候講逍遙，人們往往會認為是對專制的消解。當原教旨主義狂熱瀰漫社會的時候，如果有人擺出一副玩世不恭的態度，像王朔寫的那種小說，倘若是在「文革」期間，應該是屬於一種解構迷信很有力的武器。可是歷史表明，原教旨主義的專制往往都比較短命，打天下的時候需要狂熱，等到坐天下，就需要冷漠。因為這個時候如果人們還繼續狂熱，可能就會革命革到自己頭上了，所以需要冷漠。這時候就要強調「難得糊塗」，「辯證看待事物」，最好是對一切都無所謂。這樣遊戲人生的態度，對於統治者來講，就成為了一件好事情。

這一點對中國後世的政治影響很大。專制者越是殘暴，身邊越是有一些具有道家色彩的人。如果是一個儒家做謀士，就很難跟他合作。儒家往往較真，經常講「從道不從君」「道在君上」，我有自己的一套價值觀，君主的是非不符合「道」，就不一定是我的是非。這時就需要有一些人應聲附和，抹殺是非，不談價值觀，說老大講的我就做，對錯我不管，因為對和錯不是我能決定。有這樣一種境界，才能在老大身邊做事。很多人都講中國文化是一種所謂的儒道互補的文化。有些人還經常講所謂的儒道互補文化，就是「窮則獨善其身，達則兼濟天下」。[27] 可是我覺得這很難說是儒道互補，因為這句話本身就是孟子說的，道家並沒有人說過這樣的話。有一些人說，「達則兼濟天下」是儒家，「窮則獨善其身」是道家，面臨困境，我自己明哲保身就行了。可是這句話整個就是孟子說的，並不是說後一句是道家說的，所以從形式上講，這個說法本身是有問題的。如果根據前面講過的莊子的「騰猿理論」，恐怕就變成了「達則稱王稱霸，窮則奴顏婢膝」，這當然就是一種犬儒主義。我覺得到秦漢以後，實際上是一種「法道互補」的狀態；如果說「儒道互補」，在孔子、老子那個時代可能還有點影子，以後就不能說是儒道互補了。

五　不食馬肝：「轅黃之爭」與「道儒」的形成

到了漢武帝時代，黃老之學逐漸被儒學取代，儒學成了主流，而且號稱是「獨尊儒術」。但是漢武帝時期的儒已經跟孔孟時代的儒有了很大的區別。我前面提到過，孔孟時代儒家沒有三綱概念，三綱在秦以前應該是法家概念，韓非就有這樣的觀點。但是韓非講的三綱，是把它作為道來講的[28]，有人認為法家來源於道家，其中的理由之一，也就在這裏。[29]法家排斥道德，強調所謂的客觀規律，生存競爭就是客觀規律。這個客觀規律當然沒有什麼道德可言了，法家講的客觀規律，就是競爭，尤其是權力的競爭。在用法家思想改造儒家的過程中，道家可以說提供了一個中介。

在漢初一段時間，道家還扮演了秦制捍衛者的角色，站在秦制立場上和儒家進行論戰，這就是漢景帝時的「轅黃之爭」。從「轅黃之爭」中我們更能看出，當時道家的犬儒主義和法家的專制主義是相當接近的或者是互補的，兩者共同對儒家的所謂理想主義構成了一種緊張關係。

漢景帝時代朝廷還是崇信黃老之學，至少從表面上看，西漢放棄黃老之學是在漢武帝時代，那時就有一些對道家雲山霧罩「耍賴皮」式處世哲學不滿的儒生，經常出來爭辯。有一個儒生叫轅固生，他是清河王的一個太傅，按照《史記．儒林列傳》的說法，他是治《詩》的，是《詩經》的傳人，因此也是當時著名的儒者。有一天他和一個代表黃老之學的學者辯論：

> 清河王太傅轅固生者，齊人也。以治詩，孝景時為博士。與黃生爭論景帝前。黃生曰:「湯武非受命，乃弒也。」轅固生曰:「不然。夫桀紂虐亂，天下之心皆歸湯武，湯武與天下之心而誅桀紂，桀紂之民不為之使而歸湯武，湯武不得已而立，非受命為何？」黃生曰:「冠雖敝，必加於首；履雖新，必關於足。何者，上下之分也。今桀紂雖失道，然君上也；湯武雖聖，臣下也。夫主有失行，臣下不能正言匡過以尊天子，反因過而誅之，代立踐南面，非弒而何也？」轅固生曰:「必若所云，是高帝代秦即天子之位，非邪？」於是景帝曰:「食肉不食馬肝，不為不知味；言學者無言湯武受命，不為愚。」遂罷。是後學者莫敢明受命放殺者。[30]

這些學者當時都是只講姓不講名，所以我們不知道他們叫什麼名，我們只知道，用現在的話來講，一位叫黃先生（「黃生」），一位叫轅固先生（「轅固生」），轅固是一個複姓。這兩個人有一天在漢景帝面前發生了一場爭論。黃生是代表黃老之學的人，他說「湯武非受命，乃弒也」，說湯武這樣的人，根本就不是什麼代表人民討伐暴君的英雄，而是亂臣賊子，湯武起兵造反，那是弒君，是犯上作亂。而儒家講「湯武革命，順天應人」。[31] 眾所周知，儒家經常講討伐暴君是一種正義的事業，順應民心。討伐暴君，湯武是這樣，陳勝、吳廣「伐無道、誅暴秦」當然也是這樣。這裏我要講一句，孔子的嫡系後裔八世孫孔鮒，就加入了造反的行列，成了陳勝的博士，後來「與涉俱死」[32]。這是很罕見的，以後就少有這種事了。因此，儒家的轅固生就很不同意，他說：「不然。夫桀紂虐亂，天下之心皆歸湯武，湯武與天下之心而誅桀紂，桀紂之民不為之使而歸湯武，湯武不得已而立，非受命為何？」說商湯伐夏桀，周武伐殷紂，這都是正義的人民革命，推翻暴君是受命於天。所謂「受命於天」，實際上就是受人民的擁護。

按照儒家的說法，「天視自我民視，天聽自我民聽」[33]，所謂「受命於天」也就是順應民心。而黃老之學說：什麼民心？我只懂得自然之理，道德、氣節這些人為的東西都是假的。道家最喜歡講一種永恆不變的宇宙秩序或者說客觀規律，所以我們要無為，聽天由命，因為客觀規律是沒有辦法改變的。

黃生說，帽子就是再破爛，也必須把它戴在頭上，鞋就是再新，也必須把它踩在腳下。不能因為鞋很新，就把它頂在頭上，不能因為帽子破了，就把它踩在腳下，這是不對的，因為違反規律。反之也可以說，昏君雖然失道，但也是皇上，他再失道，皇上的地位不能改變，你不能造反。湯武道德再高尚，作為臣下，位置不能顛倒。即使皇上是暴君，大不了規勸他，要造反是不行的。要造反，那就是弒君、犯上作亂，絕對是亂臣賊子，絕對不能容忍。很明顯，黃老之學的代表在這裏其實就是替專制者立言，所以徐復觀先生曾經有過一句名言，說繼法家之後向專制者效勞的就是道家[34]。從這個例子中我們可以看得很清楚。

轅固生就怒懟他，反駁很有說服力。他說如果按照你這個說法，再怎麼樣的昏君也不能反抗，劉邦造反該怎麼說呢？劉邦就是起兵伐秦。如果說皇上再怎麼壞，我們也不能造反，劉邦不就成了亂臣賊子？每一次改朝換代不都是亂臣賊子犯上作亂嗎？

這一下子，漢景帝覺得討論涉及了劉家天下的合法性問題，就比較麻煩了。因為這個討論不管怎麼說，都很難自圓其說，若說暴君應該被推翻，那就意味着現在如果民眾說漢景帝是暴君，他也可以造反，但如果說即使是暴君也不能造反，那漢景帝的爺爺劉邦就是一個亂臣賊子，漢朝立國的合法性何在？漢室本來就是鬧革命起家的，但是他們現在很害怕別人效法起來革他們的命，所以他們不能鼓吹革命、頌揚革命史觀。鼓吹革命，別人來革你的命怎麼辦呢？可是他們又不能鼓吹反革命。鼓吹反革命，漢這個朝廷建立的合法性就沒有了。所以漢景帝一聽就着急了，一較真就涉及問題本質了，他就跑出來說這個討論就此打住，你們都不要爭了。

問題是不能討論了，況且你們不討論，也不妨礙你們成為大學問家，你們可以研究別的問題。「食肉不食馬肝，不為不知味」，吃什麼好東西不行啊，為什麼一定要吃馬肝呢？你不吃馬肝，人們也不會說你不是美食家。「言學者無言湯武受命，不為愚」，不要談這些敏感話題，對一些「禁區」問題免談不爭論，「遂罷」，於是就不談了。最要緊的是後面這句話，「是後學者莫敢明受命放殺者」。革命史觀便被列為禁區。

以前的儒家經常講這種話，「聞誅一夫紂矣，未聞弒君也」。[35]「民為貴，社稷次之，君為輕」，[36]「君之視臣如手足，則臣視君如腹心；君之視臣如犬馬，則臣視君如國人；君之視臣如土芥，則臣視君如寇仇」，[37]「撫我則后，虐我則仇」，[38]等等。講的都是對等原則：上好則報，上昏則反。以後他們再也不敢這樣講了，因為皇帝不喜歡聽。「其上申韓者，其下必佛老」，「在上者指鹿為馬，在下者難得糊塗」。此後，專制主義之下犬儒主義盛行，「無為」之儒或稱「道儒」比比皆是。

第二節　儒表法裹的形成

一　古儒：在家靠親情，在國靠「革命」

為什麼當時政府提倡黃老，而不提倡儒家呢？說白了，皇帝喜歡黃老，「其上申韓者，其下必佛老」，他們不太喜歡儒家。但是，後來他們怎麼又喜歡了呢？為什麼到了漢武帝時代情況有了變化呢？

首先講，最初他們為什麼不喜歡呢？我前面講過，儒學是建立在西周時代封建的那種價值觀上，封建的價值觀，是以小共同體為本位。小共同體為本位有一個特點就是共同體越小，越可以不依賴一種制度安排，僅僅通過感情、倫理、慈孝、善意就可以達成權責對應。父親是大家長，有權威，但是父親是愛子女的，這是人之常情，不需要制度制約。這點恐怕沒有什麼中西之分，即使是西方人也不認為父親應該民主選舉，也不認為在家裏頭要搞三權分立來制衡父權，原因就是親情可以起到這個作用。

但是如果共同體一大，放到陌生人社會問題就出來了。儒家經常講的一句話，就是「君君，臣臣，父父，子子」。君要像個君，臣才能像個臣，父要像個父，子才能像個子。「君不君則臣不臣，父不父則子不子」。可是，問題就在於「父父，子子」是比較容易做到的，「君君，臣臣」則不一定。虎毒不食子嘛，父慈子孝，人之常情就是如此。當然，也會有少量「父不父」。所以，我一直認為包辦婚姻是不好的，但是非要包辦，還是父母包辦的比較好，要是讓組織包辦，那真是「傷天害理」。「父父，子子」比較容易做到，「君君，臣臣」呢？早期的儒家說那是應該做到的，是不是真的就能做到呢？誰也沒有把握。在前述郭店楚簡《六德》這篇文章中，就明確講君臣和父子是不一樣的。父子有骨肉之情，所以比較容易做到親情和權力的結合，但是君臣就要另說了。

依此類推，比較小的共同體裏，哪怕不是父子，也是領主、貴族和他的門客，比如春秋時期為主人出生入死的那些人，像聶政、專諸、豫讓、荊軻等等，甚至李斯、呂不韋、藺相如都曾當過寄食他人門下的門客。這些人有一個共同特點，就是我們以前經常講的「士為知己者死」，因為他們和主人都彼此認識，受主人恩惠當湧泉相報。他們基本上都是為自己的主人與國家抗爭，用法家的話來說，也就是屬於所謂的「勇於私鬥，怯於公戰」。他們為什麼能夠這樣做呢？很重要的一個原因，就是他們與自己的主人之間是熟人關係，有真正的人際交往，有深厚感情，受過恩惠而願意捨生取義，所以當時社會崇尚「忠誠」「信義」互相回報的對等關係。

最有趣的，就是豫讓的故事。豫讓知道趙襄子殺了他的主人智伯，他為了給主人報仇，付出了很大的犧牲。他吞了炭，毀了容，因為趙襄子認識他，他為了謀刺就要毀容。不料謀刺失敗，趙襄子抓住他後問，你為什麼要為你的主人報仇呢？你在智伯之前還投奔過其他主人，你的前主人就是被智伯殺死的，你為什麼不為他們報仇？豫讓說的一番話，我覺得很有意思。他說范氏、中行氏——就是他最早的兩個主人——以「眾人遇我」，就是他們對待我很平常，所以我也以平常人待他們。至於智伯以「國士遇我」，我以「國士報之」，智伯對我恩重如山，所以我要捨死相報。[39] 像這樣一種關係是對應的，知恩圖報，你對我好，我必當回報。「投我以木桃，報之以瓊瑤，匪報也，永以為好也。」

所以早期儒家的很多觀點都是為這種關係論證，「君之視臣如手足，則臣視君如腹心」[40]，「君使臣以禮，臣事君以忠」[41]，等等。偽古文《尚書》中還有一句話：「撫我則后，虐我則仇。」大家知道在古漢語中，王和后是同義詞，後來才有了 king、queen 的區別，以前是 king、queen 不分，王就是后，后就是王，例如有「夏后氏」。「撫我則后」，你愛護我，你就是我的王。「虐我則仇」，你虐待我，你就是我的仇人。

那個時代儒家的思想實際上是說，君臣應該像父子一樣，但是當時的儒家非常清楚，只是說「應該像」，事實上並不一定像。君臣既不像父子是親人，也不像豫讓和智伯有真正的人際交往、知遇之恩。甚至「天高皇帝遠，民少相公多」，我知道皇帝老兒是誰啊？他又怎麼會知道我呢？我跟他根本就是路人。既然沒有感情，怎麼能夠做到像父子那樣呢？早期的儒家經常提到這個問題，他們的回答也很簡單，那就是在陌生人社會中，要看是否對應、對等，好與忠於對應，虐與革命對應。上對下不好，下必反之——革命。當然，如果真按照這個回答去做，恐怕也有很大的問題，那就要不斷革命了。在無親情的陌生人社會中以制度設定權責對應，即近代的憲政制度，儒家當然是想不到的，我們不必苛求或「拔高」古人。

「革命」這個詞本來就是在儒家經典《易經》中提出的，「湯武革命，順乎天而應乎人」。[42] 因此儒家的政治學說如果一言以蔽之，就是「在家靠親情，在國靠革命」。在家裏頭，我們靠親情維持一種父父子子的關係。在國家層面，我們是陌生人，君主和臣民之間應該像父子一樣，如果不像，那我就搞革命把你推翻，換一個對我好的人，而並沒有說這個皇帝我來當。可見古儒的觀念是，統治者的權責如不對應，如果他沒有履行提供公共服務的責任，甚至反而虐待人民，他的權力就沒有合法性，人們就可以推翻他，所謂「湯武革命，順乎天而應乎人」；「君之視臣如土芥，則臣視君如寇仇」；「聞誅一夫紂矣，未聞弒君也」。

這個說法到了秦以後，統治者再也不能容忍了。第一，他不能容忍在家靠親情，各自服從親長，那誰聽我的？每個人都聽爹的，那不就出現「魯人從君戰，三戰三北」這種狀況了嗎？不就出現伍子胥為報父仇可以當「楚奸」，而且大家還說他是一個賢人的狀況了嗎？那不行，國君豈不虛焉。第二，親情不能要，革命更不行。法家是既不能允許百姓「人人親其親，長其長」，更不能允許他們犯上作亂，因此這一套東西，到了漢朝都得改，要「化家為國」，不改是不可能有「獨尊」的。轅固生那番導致漢景帝十分尷尬、觸到「敏感點」的言論，就是古儒「革命」觀念的最後一次重要表現，從此就「禁言」了。

轅黃之爭後，漢景帝就禁止學者講「湯武革命」這類話了。但老實說，也不是漢景帝這麼一句話就可以改變這些人的思維習慣，「灰色地帶」各朝都有，禁得了官場，禁不了民間，早期的古儒並沒有後來那麼惺惺作態，經常會直奔主題。其實儒家從被排斥到被尊崇之間經歷了一個相當複雜的思想改造過程。這個過程相當有意思，可以算作中國古代「改造」知識分子的開端。

漢武帝以後，古儒漸變為「法儒」，權責對應的思想為無條件忠君的思想所取代。儘管一些「法儒」的「法家化」並不徹底，還保留一些古儒約束君權的想法，如董仲舒一方面接過法家的「三綱」之說而放棄了古儒的父重於君、權責對應和「革命」觀念，一方面又從道家、陰陽家那裏搬來一套天人感應學說，想藉上天示警來嚇唬君主而對其行為稍加約束。這一套雖不能說全無作用，但傳統的權勢者們對此常常是不太在乎的。於是這種約束與「周制」相比是小得太多了。而「革命」這時從「正能量」已經變成「法儒」所不齒的「賊寇」行為。至於在制度上提出質疑，除了一些保留古儒遺風的批判者如黃宗羲以外，已很少有人為之。

二　儒家的分化

儒家提倡「法先王」，在《孟子．離婁上》《荀子．儒效》《春秋繁露．楚莊王》等篇章中都可以見到此說——儘管荀況引述此說是用以批評的。

孔子雖未直接說出這三個字，從《論語》中滿篇的「從周」、言必稱堯舜文武周公看，無疑也是這個觀點。

什麼叫「法先王」？其實，法先王真正的含義就是不法後王。因為先王已經死了，他是不能對你發號施令、賞順罰逆的。他只是留下一堆「道統」，讓你去規範現實，包括規範「今上」。而這就意味着是可以反對當下的統治者的。郭店楚簡中有一句子思的話很有意思，叫作「恆稱其君之惡者，可謂忠臣矣」[43]。什麼叫「忠」呢？不是說老給皇上拍馬屁叫「忠」，相反，是數落皇上的不是，而且並非偶爾為之，而是「恆言」，天天指責皇上之「惡」，不說一句歌功頌德的話，這才叫「忠」。這個話後來沒有人再講了，也就「亡佚」了 —— 有了秦始皇，誰還敢啊。「恆稱其君之惡者」，那不是反對派嗎？那能叫忠臣？所以，子思講的「忠」，是忠於先王（甚至都不是本朝的「先主」）的道統，而絕不是忠於當今聖上。這意思在後來《荀子》所謂「從道不從君」一語中還有痕跡 —— 因為他說了太多相反的話。

然而子思乃至孔孟的努力並不能挽狂瀾於既倒。孔孟兩人當時都是到處碰壁、備感孤獨的「喪家狗」[44]。但是他們的學生也有很得意的，在那時的大潮中，儒門後學不可避免地產生了分化。在「禮壞樂崩」成為大勢所趨的情況下，孔子身後「儒分為八」，其中有影響的主要就是思孟與荀子兩支。荀子「識時務者為俊傑」，不再「從周」而改行「法後王」，匯合於李悝、商鞅代表的法家潮流。而思孟一支則歷經坎坷，在與法家和秦制的激烈衝突中，幾經掙扎，最後被「焚書坑儒」。

大家仔細看，在焚書坑儒以後，秦朝朝廷裏頭仍然有很多儒生，包括所謂的博士，以及我後面要講的叔孫通都是儒者，這是為什麼呢？ 實際上就是儒有一部分，甚至不妨說大部分是荀學派，是主張「法後王」的。[45] 所謂「法後王」，即我們要追隨的不再是堯舜禹湯，而是現在的偉大領袖。「法後王」這些人，當然後來就歸到法家的圈子裏頭去了，不再堅持古儒的理念。

這裏要提一下由來已久的一個筆墨官司：這位荀況、荀卿或者說荀子到底是什麼人？有人說他是儒家，至少是儒家中的一派，有人說他是法家（尤其在「文革」中，他甚至幾乎與商鞅並列，被奉為法家的教主之一）。當然，更多的人說他很複雜，既有儒家的一面，也有法家的色彩。至於哪一面為多，也有不同的說法……但是在我看來很清楚：這不是多少的問題，而是「表裏」的問題。

後世源遠流長的「儒表法裏」，源頭可以說就在荀子。荀子不是儒家的開創者（無論這開創者是孔子還是周公，反正輪不到他），但也不是法家的開創者（法家「法、術、勢」三大支的開創者是商鞅、申不害和慎到，都輪不到他）。然而，如果講「儒表法裏」，荀況毫無疑問是第一人。他以下則其流滾滾，下一個大家大概要算叔孫通了。

今天看《荀子》一書，書中不僅自認是儒家門牆，而且大部分篇幅談的是儒家的東西——當然多是那些人畜無害的、心靈雞湯式的東西。比如《荀子》第一篇，也是傳頌最廣、最有名的那篇《勸學》，號稱千古勵志之文，不能說它對孔子「學而時習之……」之類的話沒有傳承。況且該篇列舉的必讀書目也盡是「六經」之屬，沒有號召大家去讀《商君書》（就是商鞅自己，如果真寫了此書——通常認為是商鞅的後學而非商鞅寫的——也不會號召芸芸眾生去讀，因其本來就是專給皇帝看的「祕籍」，流傳出去屬於泄密。辛德勇先生說，後來的「焚百家之書」，也包括禁止民間流傳這些法家作品。[46] 我信）。

除了雞湯，《荀子》偶爾也會有點儒家乾貨，比如那句名言「從道不從君」。可惜，這點乾貨很快就被他自己的其他言論，尤其是下列要害「三論」，給徹底否定掉了。

「三論」之一，是「性惡論」。後世所有評論荀子的人，幾乎都注意到這一點。前已述及，以瓦解小共同體為目的的性惡論（不是什麼抽象的或「哲學」的性惡論）是摧毀周制、建立秦制的理論基礎，也可以說是儒家的死敵！荀況教導出來的韓非，正是在性惡論的基礎上建構了「集大成」的法家學說。必須注意，荀子講的性惡只是對臣下的預設，他從來沒有預設君主性惡該如何。否則他下面的兩論就不可能出台了。

之二是「法後王」。什麼叫「法後王」？20 世紀 70 年代大捧荀韓，說「先王」代表過去，是倒退，「王」代表未來，是前進。這是根本上說不通的。「後王」憑什麼就代表進步？歷史上的「後主」大概率不如「先主」，一個朝代如此，多個朝代就一定相反？還有人說先王是堯舜，後王是文武，荀子和孟子一樣「從周」，沒什麼不同。甚至有人說，後王是未來的王。未來的王是誰？他會怎麼想怎麼做，你怎麼知道？怎麼可以「法」？其實荀況說得夠清楚了：「後王者，天下之君也，捨後王而道上古，譬之是猶捨己之君而事人之君也。」[47]「先王」與「後王」的根本區別不是什麼保守與改革，更不是什麼過去與未來。所謂「後王」，就是「己之君」，就是我現在奉事的王，就是「今上」，這不是明明白白的嗎？「先王」與「後王」之別，說穿了就是死了的王和在位的王之別。死了的王，我法他他也不能賞我，我不法他他也不能罰我，我幹嘛要法？「法後王」就是現在誰在位，我就聽誰的，誰大權在握，我就跟他走，什麼道德原則都見鬼去吧。這不就是「從君不從道」嗎？譚嗣同說「法後王」的「荀學」是「鄉愿（趨炎附勢的御用文人）」之學，應該沒有錯。

因此，「法後王」與「從道不從君」明顯是矛盾的。「法先王」其實就是「法道統」，而「法後王」就是「法君權」，不法先王而法後王，就是「從君不從道」，明顯屬於法家思想，與「從道不從君」的儒家思想是相反的。兩種矛盾的思想並存，與其說反映了荀子思想的過渡性質，不如說是他思想的「表裏」性，就是儒表法裏嘛。

之三荀子還公然提出「隆君不隆父」的主張。他先是論證「君恩重於父母恩」，說是「父能生之，不能養之；母能食之，不能教誨之；君者，已能食之矣，又善教誨之者也，三年畢矣哉！」[48] 有學者指出：這樣的說法顯然是強調「父母之恩與君主之恩相比，君恩大於父恩，明顯不同於重視血緣親情的孔子、思孟學派對君父關係的認識」，即所謂「為父絕君，不為君絕父」。荀子反其道而行之，就是為滿足大一統專制的政治需要，保證君主的絕對權威而進行的「理論創造性發展」。[49] 荀子在這一基礎上進一步提出「隆君不隆父」，他聲稱「君者，國之隆也；父者，家之隆也。

隆一而治，二而亂。自古至今，未有二隆爭重而能長久者。」[50] 換言之，父不能與君「二隆爭重」，當君、父的意志出現歧異時，人們就只能「為君絕父」，乃至事君棄父了。

這樣的荀子，能夠培養出韓非、李斯這種學生，不足為奇。

無怪乎漢代的趙岐在《孟子注》中明確指出，暴秦「焚滅經術，坑戮儒生，孟子徒黨盡矣」。[51] 所謂的焚書，是焚百家書，連法家的厚黑學也只供主上獨享，不能讓百姓知道。但「以古非今」的儒書應該是重點。而坑儒，主要就是坑孟子這一系的人。荀子這一系的人其實有很多被保留下來，而且能夠在秦制下吃香。

於是在秦漢之際，儒士們的思想發生了很大的分化。其中有一些儒是堅決反對法家那一套的，他們就是我講的「在家靠親情，在國靠革命」。在秦時，這些人有不少真的跑去革命了，比如孔子的嫡傳子孫孔鮒，就帶着孔子的牌位，率領「魯諸儒」去參加了以陳勝為首的起義，而且「與涉俱死」。後來在楚漢戰爭中，魯地也在這種傳統下為項羽堅守得最久，直到項羽兵敗身死，他們看到劉邦送來的項羽首級後才順漢。

但是也有「識時務者為俊傑」的人，例如漢代所謂的「儒宗」叔孫通，他就走了另外一條路。

叔孫通這個人，在當時很多儒家看來，是很為人所不齒的。這個人沒有信念，沒有原則，很會溜鬚拍馬順着上級說話。當時陳勝、吳廣造反之後，秦二世把一幫專家學者找來詢問，說你們看現在局勢怎麼樣？一些比較「冒傻氣」的人，就是比較較真的人，對秦二世說，不得了，現在天下造反的人很多，君上要自省，從自身找原因，要重視啊。秦二世一聽就很不高興。叔孫通卻說，怎麼會有這樣的人呢？我們現在的皇帝這麼英明，是古往今來第一人，全國人民歌頌都還來不及，「安敢有反者？」其實只不過有一些偷雞摸狗、小偷小摸的人而已，派些治安警察就把他們搞定了。你們這些人誹謗大好形勢。秦二世大悅，覺得叔孫通很對路，就重賞了他，而把講形勢很嚴峻的人全部給抓到監獄裏頭去了。叔孫通就是這麼個角色。

叔孫通者，薛人也。秦時以文學徵，待詔博士。數歲，陳勝起山東，使者以聞，二世召博士諸儒生問曰：「楚戍卒攻蘄入陳，於公如何？」博士諸生三十餘人前曰：「人臣無將，將即反，罪死無赦。願陛下急發兵擊之。」二世怒，作色。叔孫通前曰：「諸生言皆非也。夫天下為一家，毀郡縣城，鑠其兵，示天下不復用。且明主在其上，法令具於下，吏人人奉職，四方輻輳。安敢有反者！此特羣盜鼠竊狗盜耳，何足置之齒牙間。郡守尉令捕論，何足憂。」二世喜曰：「善。」盡問諸生，諸生或言反，或言盜。於是二世令御史案諸生言反者下吏，非所宜言；諸言盜者皆罷之。乃賜叔孫通帛二十匹，衣一襲，拜為博士。叔孫通已出官，反舍，諸生曰：「先生何言之諛歸也？」通曰：「公不知也，我幾不脫於虎口！」[52]

到了秦漢戰亂之際，叔孫通到處押寶，一下投奔這個，一下投奔那個，投奔了差不多有十個主子。在他自己看來是「良禽擇木而棲」，在古儒眼裏則是個只會拍馬屁「攀高枝」的勢利小人、一個投機分子。他最後投奔了漢高祖（時為漢王）。漢高祖本來是很瞧不起儒家的，「叔孫通儒服，漢王憎之；乃變其服，服短衣，楚制，漢王喜」[53]。大家都知道高祖是馬上得天下，而且他本身也是秦朝的一個基層幹部，一個無賴混混出身的亭長，是受到秦制影響很深的一個人。他本來沒有把儒生放在眼裏。但是後來漢高祖就面臨一個問題，跟他一起起家的那幫弟兄，好像也並沒有把他太當一回事，那些弟兄像在他稱王之前一樣，經常跟他拍拍肩、搭搭背，繼續稱兄道弟，喚其乳名。原本就是一起長大的髮小，一塊兒和泥尿尿，誰不知道誰呀，犯不着端着。劉邦把他們召來開會，他們經常大呼小叫、毫無儀態，一點敬仰都沒有。這讓劉邦很不爽，王的威嚴何在？叔孫通就說，我有辦法，用我們儒家祭祖的繁文縟節結合秦朝那套恐嚇辦法，可以把他們搞定。漢高祖此時半信半疑，就說你試試吧。

漢五年，已併天下，諸侯共尊漢王為皇帝於定陶，叔孫通就其

> 儀號。高帝悉去秦苛儀法，為簡易。羣臣飲酒爭功，醉或妄呼，拔劍擊柱，高祖患之。叔孫通知上益厭之也，說上曰：「夫儒者難與進取，可與守成。臣願征魯諸生，與臣弟子共起朝儀。」高帝曰：「得無難乎？」叔孫通曰：「五帝異樂，三王不同禮。禮者，因時世人情為之節文者也。故夏、殷、周禮所因損益可知者，謂不相復也。臣願頗採古禮與秦儀雜就之。」上曰：「可試為之，令易知，度吾所能行為之。」[54]

叔孫通就制定了一套所謂的禮，這個「禮」很有意思，因為很多儒家認為他制的根本就不是禮。他制定的這套禮儀，實際上和先秦古禮沒有太大關係。因為他講「五帝異樂，三王不同禮。禮者，因時世人情為之節文者也。……臣願頗採古禮與秦儀雜就之」。裏頭夾雜着很多秦的東西。

叔孫通制禮，跑去找其他儒生來幫忙，其中魯地有兩個儒生就很不高興，說「公所事者且十主，皆面諛以得親貴」，說你這個傢伙有奶便是娘，投奔了好幾個主人，而且見一個就拍一個的馬屁，你是一個馬屁精。「今天下初定，死者未葬，傷者未起」，你又想搞禮樂這一套，禮樂是要「積德百年而後可興也」，我們儒家講的「禮」不是一種形式主義的東西，是要整個國家有很高的道德水平才能辦到。你現在搞的這一套是讓大家都害怕皇帝，根本就不是真的禮，你樂此不疲幹的那些事情，我們都不拿正眼瞧。「公所為不合古」，你幹的這一套和孔孟之道不是一回事。「吾不行，公往矣，無污我」，你趕快走吧，不要侮辱了我。他們對叔孫通很不客氣，然後叔孫通就說，哎呀，你們這些人都是大傻瓜啊，「若真鄙儒也」，你們「不知時變」，不能與時俱進。叔孫通不知道到底是法家還是道家，大概他法道兼而有之，他是很會「攀高枝」的。

叔孫通於是制定了一套禮儀，讓大家照規矩學，而且讓劉邦派來些膀大腰圓的金瓜力士，不好好學就秦法侍候。結果大家都學乖了。某天長樂宮修成，劉邦又把大家召集起來舉行隆重大典。叔孫通精心佈置，在大臣周圍佈置了一圈魁梧的武裝警衛，盯着他們。這些人都要規規矩矩、戰戰兢兢地依次向皇帝三拜九叩，三呼萬歲。如果有誰做得不規矩，馬上「舉不如儀者，輒引去」，對那些喊萬歲喊得不夠響亮的人，馬上把他們抓去打板子。在暴力脅迫下這些人嚇得兩腿發抖，莫不「振恐肅敬」，「竟朝置酒，無敢喧嘩失禮者」，喝了一天酒，這些人都恭恭敬敬，沒一個敢大呼小叫發酒瘋。漢高祖看了很高興說，哎呀，我這才嚐到了當皇帝的威風，「吾乃今日知為皇帝之貴也」。他很受用這一套，就重用了叔孫通，「拜叔孫通為太常，賜金五百斤」。隨後叔孫通舉薦（和他一起制定禮儀的弟子儒生做官，「高帝悉以為郎」。叔孫通把漢高祖賞賜的五百斤黃金也全分賜了他們。當初這些弟子跟着他投漢，本想混個進步，可是叔孫通知道劉邦不喜歡儒生，就盡向劉邦舉薦一些能打能殺的強盜「壯士」（「專言諸故羣盜壯士進之」），而從不引薦自己的學生，結果學生們背地裏都罵他。這下叔孫通受寵了，他才向劉邦說：你看我搞的這一套，弟子們也有功勞呀。於是弟子們就得了官。叔孫通的弟子們一下子有了官有了錢，就開心地連連讚頌「叔孫生誠聖人也，知當世之要務」。

這些弟子顯然也是從「法後王」到「面諛得親貴」這一套「荀叔之學」而來，誰給官做，誰就是「聖人」。在他們的追捧下，叔孫通就這樣成為了「儒宗」。

司馬遷說叔孫通「希世度務，制禮進退，與時變化，卒為漢家儒宗」，也不知太史公是褒是貶。簡而言之，就是識時務者為俊傑，錢理羣先生所謂「精緻利己主義」者的典型了。拎得清孰輕孰重，是一個能夠審時度勢、趨炎附勢的人，既沽名釣譽，為「上進」又不惜名譽，結果他成功了。

這件事也是儒的一個轉折點，叔孫通是儒家入漢以來第一個受重用的儒士。[55]

以後的儒家受叔孫通的影響很大，他們很受啟發：除了「死諫」，還可以這樣「做儒」。但是《史記》又講了，叔孫通搞的這一套，「大抵皆襲秦故」，其實「偷帶私貨」，搞的是秦的那一套。也就是說不是儒家那一套了，而是用儒家語言做外包裝，使秦的內容不但不那麼赤裸裸，而且具有了欺騙性。他唯一能夠做到的，就是「尊君抑臣」，可以使大家都畏懼皇上，都給皇上當奴才，這顯然是「不合聖制」。經過道家的中介，從叔孫通開始，儒與法具有了兼容之勢。

> 至秦有天下，悉納六國禮儀，採擇其善，雖不合聖制，其尊君抑臣，朝廷濟濟，依古以來。至於高祖，廣有四海，叔孫通頗有所增益減損，大抵皆襲秦故。自天子稱號下至佐僚及宮室官名，少所變改。[56]

我們看叔孫通，說他是「漢家儒宗」，但是他像個儒家嗎？所以叔孫通以後的儒家，就跟孔孟時代的儒家有了本質上的區別。而且在周秦之變時，叔孫通和前面講的投奔陳勝的孔鮒，二人有極大的反差。當一個國家都普遍遵奉一種符號的時候，比如西方的基督教國家，絕大多數人都是基督徒，記得有學者說過，基督徒之間的區別，往往要比基督徒和非基督徒的區別還要大。在中國其實也一樣，自稱是儒的人之間的區別之大，往往比儒與非儒的區別還要明顯。像叔孫通和魯諸儒之間，叔孫通和孔鮒之間，雖然都是儒，恐怕有如雲泥之別。

太史公對叔孫通的記載耐人尋味。從《史記．叔孫通列傳》全文看，可以說極盡譏諷，但文末的評論又給他戴了頂「漢家儒宗」的帽子，而且還記載了他兩件拿得出手的事：一是勸諫劉邦不要改易太子，二是惠帝在劉邦廟搞了個違禮工程，叔孫通進諫，惠帝知錯就改，立即表示要拆掉。但是叔孫通又說：皇帝是不能認錯的，既然違禮了就把此廟改作他用，索性再搞個更大的工程，到渭北給你爹蓋個更大、更堂皇的新廟吧。

而漢以後，歷代官方覺得他為儒表法裏做出了貢獻，所以對他多是表揚，不再有司馬遷的譏諷之詞。說什麼「蕭何定法令而受封，叔孫通以制儀為奉常。立功立事，古之所重」[57]，「叔孫通定禮儀，始知天子之尊，此知變之善也」[58]。但是民間學者卻沒有不罵他的。尤其宋代大儒，幾乎個個大罵叔孫通。司馬光罵他「徒竊禮之糠秕，以依世、諧俗、取寵而已，遂使先王之禮淪沒而不振，以迄於今」[59]，叔孫通幾乎成了儒家罪人。朱熹說「叔孫通之為人」卑下，只懂「秦人尊君卑臣之法」，「未必能傳孔孟之道」。[60] 那兩件拿得出手的事也被解讀為惡行：勸惠帝不拆違禮而另起大造，是「教人君以文過遂（飾）非」[61]；而勸諫劉邦易儲，也被宋儒黃震斥為當時劉邦將死而呂后勢大，叔孫通要拍呂后的馬屁。如果「高帝未老，呂后不強」，他肯定會拍劉邦馬屁去支持易儲的。[62]

但不管古儒怎麼罵，叔孫通的這個做法卻開啟了一條道路，就是「儒學法家化」之路。通過他的解讀和中轉，儒學辭藻和法家實質結合起來。儒學原來那一套，就是所謂的「家內靠親情，國內靠革命」理念的棱角被磨平了。我們知道叔孫通制禮，他制的這個禮，其實不是儒家之禮了，與其說是周禮，不如說是秦法。但這就使儒家逐漸被皇帝接受，這個過程當然不是一蹴而就，而是比較緩慢的。漫長的歷史濃縮起來，漸變過程來到叔孫通這個人身上，就發生了突變。

古儒的「家內靠親情，國內靠革命」畢竟還是反對絕對君權的，古儒中的確有反專制的思想資源，但是這套東西乃至整個儒家的小共同體本位的構制，對於法家的官僚制帝國來說都不可接受。專制皇帝既不容你「親親愛私」而「為父絕君」，更不容你對他「造反革命」。因此從戰國到秦漢，就不斷地搞「思想改造」，靠「胡蘿蔔＋大棒」進行兩手威脅利誘，「儒表法裏」是經過很多階段完成的。

首先是法家發明「三綱」，明確否定權責對應，強調絕對君權。接着道家（黃老）出面否定「革命」之說，最典型的就是黃生對轅固生的那番反駁，而且由景帝給「轅黃之爭」定調，不許再講「革命」道理了，漢劉天下既已打下，就容不得他人效法。再後董仲舒接受「三綱」而放棄「革命」，深化「儒表法裏」。但董又搬出「天人感應」，想以那套裝神弄鬼的讖緯保留一點嚇唬皇上的手段，儘管那些裝神弄鬼本是道家、陰陽家的東西，而且素為古儒不屑。但我看董生也是不得已啊。後人說他搞這一套是想幫皇上嚇唬老百姓，良心大大的壞了。我想，嚇老百姓不能說沒有這個成分，但董老先生主要還是想以此嚇唬皇上，多少保留一點古儒限君之遺意。

不料後來的皇上主要從法家道家那裏學來「唯物主義」，不吃這一套，乾脆就把讖緯給禁了，而且禁得似乎比暴秦焚書還徹底，如今我們已經無緣見識那些圖讖緯書。同時，東漢又發展了「尊周不尊孔（實際是尊官不尊士），傳經不傳道（實際是從君不從道）」的古文經學，對董子用心良苦的「微言大義」嗤之以鼻。還把一部來歷不明、沒有什麼倫理味兒的官僚制帝國中央集權法《周官》冒稱為「周禮」，並謂作「三禮」之首置於宗法倫理之前。到了這一步，儒者也就徒喚奈何了。

此後直到宋明，程朱又期望以世俗之「道」稍微規範詵勸君王；而陸王則以凡人之「聖」，期望能夠稍微寬鬆於民。然而世俗已無「革命」之勇、「從道不從君」之壯，又尤無圖讖之威、緯書之怪，君王已經沒有任何懼怕的東西了，怎會乖乖就範？而小民怎能期待有寬鬆自由的社會環境？所以即使程朱理學、陸王心學的這些大儒們有限制皇權、擴大民權的想法，但理學、心學流行的結果是，皇權依然不受限制，而民權卻被鉗制到動彈不得。沒有制度約束，僅靠儒生們動的那點小心思起不了什麼作用。當然，他們在中國思想史、哲學史上的意義是另外層面的問題，此處不贅述。

直到明末黃宗羲、王夫之及唐甄等人，才反思制度的弊病，所以尖銳地提出廢除皇權，以古儒權責對應之道拯救世弊。

三　以法入禮

「儒表法裏」並不是一蹴而就，而是經過很多階段，其中「以法入禮」是很重要的一件事情，也是貫穿整個過程的一件事。可以說，這是秦制下儒學居然可以「獨尊」的一個最重要的前提條件。

首先，什麼叫作「禮」？最早古人講的禮，主要就是血緣宗族團體中的倫理。大家看「禮」這個象形字就知道，左邊是一個「示」，其實就是對祖先的祭祀；右邊是一個「豊」，一般單寫為「醴」，大概類似於現在的醪糟（甜酒），當時是用來做祭品的。所以「禮」實際就是宗法家族時代的倫理，是一種親緣－熟人羣體中「親親尊尊」的規則，是對祖先對尊長的一種禮敬。這種「禮」，首先體現的是一種「長幼尊卑」的等級秩序，也就是說「禮」是強調「貴賤有別、尊卑有序」[63]的，和我們近代講的自由平等不同。有這樣的「禮」，就談不上平等，禮就是要強調上下尊卑的。所謂的「禮」，就是對家族中尊卑長幼秩序的一種安排。

但也絕不是任何不自由不平等的東西都合乎「禮」，禮這種親熟小羣體中的等級差異，又與陌生人大社會中靠強權暴力、專制政治建構起來的制度化等級（語源意義上的「法」就是用來維護它的）不同。西漢時有「設醴」的典故：楚元王劉交禮遇名儒穆生、白生、申公，知道他們不飲烈酒，每宴必專設甜酒（醴）以待。後來劉交去世，其子劉戊繼位，宴請他們時卻時常「忘了」設醴，穆生發現苗頭不對，說新王已經不再禮遇我們了，我們還是知趣點，趕快走吧！白生與申公笑他過於敏感，說主人不過暫時忘了而已，不必大驚小怪。於是穆生走了，而白、申二人留下。結果沒過多久，新王就翻臉了，把白、申二人抓了起來。[64]後來辛棄疾有詞曰：「暫忘設醴抽身去，未曾得米棄官歸。穆先生，陶縣令，是吾師。」[65]

「禮」通「醴」如上述，可見「禮」雖是楚王御下之道，卻帶有很濃的血緣情感和小共同體的記憶符號，具有束縛和保護、父權和父責天然結合的性質，即馬克思引述的「溫情脈脈的家庭面紗」。而「法」（不要想到現代法治，那根本就是風馬牛）則是另一回事。古語語源中的「法」，古字寫作「灋」，最早見於西周金文，其詞根「廌」又叫獬豸，是一種傳說中非常厲害的獨角獸。「禮」和「法」、甘美醇厚的甜酒和令人生畏的獨角獸這兩個原始意符，確實給人以很多想像。

所以禮的第一基本詞義就是等級差異，第二則是溫情和保護。禮就是強調不平等。這沒有什麼可說的，我們不能因為現代社會主張平等，同時現在又要宣傳優秀傳統，就強為之解，硬把不平等說成平等。其實對古儒而言，一個最重要的常識就是所謂的「禮樂」：「禮別異」「樂合同」。[66]什麼意思？音樂是大家可以共享的，祭祀時，奏起雅樂，大家都很陶醉，沉浸在一種審美的享受之中，這沒有等級分別，因此樂是尚同的。但是禮就是區分尊卑之異的。如果要在古代傳統中找「平等基因」，可以講樂，禮就免了。「親親之殺，尊賢之等，禮所生也」[67]，「樂統同，禮辨異」[68]，「禮者，所以別尊卑，異貴賤」[69]，「制禮義以分之，使有貴賤之等，長幼之差」[70]，「進退有度，尊卑有分，謂之禮」[71]，……古典中這樣的話不要太多！簡而言之，禮就是不平等，就是區別尊卑長幼的。從這個意義上講，儒家主張的禮教，的確會與近代社會講的平等原則產生矛盾。兒子就得聽爹的，爹無須聽兒子的，這就是「禮」。

但是這個禮所講的不平等，它的原始含義是在一種小共同體內部，尤其是血緣親族共同體內部、家族內部，建築在倫理基礎上的不平等，是與親情套在一起的，具有溫情脈脈的色彩。這種不平等對家屬來說，既是一種束縛，也是一種保護。對於父親（尊長）來講，既是一種權力，也是一種責任。而且，其權責的對應並不需要某種制度來安排，這在陌生人社會做不到，而親人之間可以做到。

汶川地震時有一個「范跑跑事件」，那個「范跑跑」聲稱他誰都可以不救，只有一個人例外，就是他女兒，他說為了救女兒，他可以冒險。這說明什麼？說明親情的確可以賦予人們一些不需要制度安排就天然具有的義務。

因此這種儒家講的「禮」，由於最初形成於宗法小共同體內部，是一種建立在親情和倫理基礎上的不平等，因而不是後世那種「天高皇帝遠」、靠陌生的「相公一日三遍打」的暴力維持的上下之別。當然，也不是那種自由僱傭制下的科層關係：作為受僱傭者，你必須聽老闆的，但你可以選擇老闆，老闆也可以解僱你。而宗法式的父子則不同，兒子必須尊敬父親，擺脫不了父權，但是父親也不能任免兒子，推卸不掉父責。兒子和父親之間是一種擺脫不開的對雙方都有約束的依附關係。

非骨肉的小共同體中的依附當然比父子疏遠，但不會是「天高皇帝遠」，所以一方面，「禮」是不平等的上下關係，另一方面，「禮遇」「禮賢下士」「君待臣以禮，臣事君以忠」，雖然是在上者馭下之道，但帶着濃厚的溫情、父愛色彩。在下者與其說感到壓迫，不如說感到的是某種溫情與保障。所以才有「禮不下庶人」之說庶人雖也是在下者，但不能享受諸侯所給予的「禮遇」。《禮記．曲禮上》:「國君撫式，大夫下之。大夫撫式，士下之。禮不下庶人，刑不上大夫。刑人不在君側。」從上下文可知，《禮記》這句話是對諸侯講的。在「人各親其親，長其長」的小共同體本位時代，我的附庸的附庸不是我的附庸，諸侯對附庸的權力只及於大大，他的禮遇同樣也只及於大夫（所謂「刑不上大夫」在孔子看來就是一種禮遇），猶如天子的禮遇只及於諸侯一樣，是不難理解的。這並不意味着孔子把「庶人」作為奴隸而不當人看，像過去一些意識形態批孔言論所說的那樣。因為按孔子所說的規則，庶人在他所屬的小共同體中是完全可以得到其「親」其「長」的禮遇的。

而如果「禮遇」甚厚，其等級性甚至可能被掩蓋，以至「禮尚往來」「以禮相待」這些詞會給人一種平等的錯覺，而「禮賢下士」甚至有尊敬的感覺。它與「刑」「法」這種單向的威脅是不同的。從武王師事姜尚、智伯知遇豫讓、孟嘗禮待馮諼，乃至劉備「三顧茅廬」，就是給足了臣屬面子的禮遇行為。

對於儒家所謂的「禮不下庶人，刑不上大夫」，至今存在着兩極化的曲解。一方面，從古到今都有人認為此說無比野蠻，說它強調的只是貴族的特權和平民的卑賤，前者有罪也可免於刑罰，後者無辜卻仍慘遭非禮。在反儒盛行的年代，此說甚至被視為孔子主張「奴隸制」的證據。但在我看來，這樣的解釋不值一駁。如上所述，「禮」不僅是「禮遇」，它首先是嚴格的等級差別。如果說庶人不配得到禮遇，庶人也不適用等級差別嗎？難道「禮不下庶人」是說諸侯與大夫有等級差別，諸侯與庶人反而沒有等級差別，兩者是平等的？這不是與「奴隸制」說恰恰相反了嗎？

而另一方面，近年的一些「新儒家」把此說解釋得無比平等，他們認為「刑不上大夫，禮不下庶人」就是「禮不卑庶人，刑不尊大夫」，這裏的「上」「下」應該作動詞「尊」「卑」解。刑不尊大夫，就是在受刑方面大夫沒有任何特權，禮不卑庶人，就是在行禮方面對庶人也沒有任何歧視；據說這是一種所謂的原始平等，「原始性質的、以天神報應為根據、以血緣宗親行正義的遠古刑禮觀」，[72] 有人還把這種「上下」與「尊卑」的換字遊戲到處移用，説「上智下愚」就是尊重知識、貶斥愚昧，這完全無視了儒家的等級思想，幾乎把孔子説成是盧梭、把西周説成是美國了。這當然更是極度誤解。

儒家的常識是：「禮」就是用來別尊卑的，「禮不卑」，那還是禮嗎？儒家典籍中俯拾皆是的等級觀念，是幾個換字遊戲能夠否定得了的？且不説「遠古」怎麼會有大夫和庶人，「血緣宗親行正義的遠古刑禮觀」在東方西方都是子虛烏有。遠古血緣羣體可能充滿親情（當然，常常與羣體之外的殘酷無情並存），卻難言平等。「原始平等」這種意識形態的假設不要説在世界各地的原始人中不存在，甚至在「猿人」所由來的猿羣中也不存在。「靈長類社會學」現今積累的可觀材料中，可有一例「始平等」的例證嗎？舜、鯀、禹、皋陶間的「刑禮」和「禪讓」這類很晚才「層累地造成」的説法，其實是有它的意義的，我們以後會説。但是把它當作「遠古」的事實就荒唐了。

其實這種「溫情的等級制」（或等級化的溫情）不僅在典籍中有很多類似的表述，近年也有相關的考古發現，如郭店楚簡重現佚文「刑不逮君子，禮不逮小人」[73]等。這些且不論，我們看看《禮記》原文怎麼説：

> 《禮》曰：「君子抱孫不抱子。」此言孫可以為王父尸，子不可以為父尸。為君尸者，大夫（不可，）[74]士見之，則下之。……國君撫式，大夫下之。大夫撫式，士下之。禮不下庶人，刑不上大夫。刑人不在君側。[75]

這裏以「尸」禮和「撫式」禮從正反兩面清楚地表明瞭，「禮」的兩種意義都具有「我主之主非我主」的小共同體本位性質。什麼是「尸」，什麼是「撫式」？歷來註家和「禮學家」解釋紛紜，但在這裏並不重要。重要的是「尸」用於「我主之主」，所以孫子可以用於祖父（父之父），士也可以用於諸侯（主之主），但兒子不能用於父，卿大夫也不能用於諸侯。有人説「君子抱孫不抱子」就是今天所謂的「隔代親」，其實不盡是望文生義。重要的是父子之禮在那個時代很嚴格，爺爺逗孫子就純屬天倫之樂，沒那麼講究了。而「撫式」就完全不同，那是用於「我主」的，所以卿大夫用於諸侯，士用於卿大夫。猶如父用於祖，子用於父。

這些話以後，再帶出「禮不下庶人，刑不上大夫」，意思就再明顯不過了：諸侯是卿大夫的主人，所以要禮遇卿大夫——「刑不上大夫」，或者說「刑人不在君側」就是一種禮遇。不是說大夫犯罪就不受罰，而是受罰也要顧及面子。而對庶人就用不着這樣，因為諸侯並非庶人的主人（他只是庶人主人的主人……的主人），並不能直接支使庶人，自然也無須禮遇庶人——那是庶人的直接主人的事。庶人的服從對象是誰，自然就從誰那裏得到禮遇。政治上的等級關係也是一樣，諸侯、大夫、士，以及諸侯之上的天子，他們之間的關係也是遵照「封建」規則：「國君撫式，大夫下之；大夫撫式，士下之」，《禮記》這個說法相當於孟子說的「得乎天子為諸侯，得乎諸侯為大夫」。每一級的人都只對緊挨着他的下一級有權威，同時也有照顧的義務。在這樣一個「人人親其親，長其長」的小共同體時代，對於諸侯而言，他的禮遇只及於大夫。反過來講，天子應該對諸侯給予禮遇，而不必禮遇大夫。再往下走，我就管不着了。這種尊卑分明的規則並不「平等」，但當然也絕不是把「庶人」作為奴隸而不當人看。因為按照這個規則，庶人在他所屬的小共同體中，完全可以得到他的親長的禮遇，但諸侯就不操心這事啦。

所以這段話的意思是，在周制或「封建」制中，每個人的權力和庇護，都僅僅及於他下邊的一層。所有的人都要受到各自尊長的管束，當然也都應當接受親長的禮遇。包括處於等級金字塔頂端的周天子，理論上也要受到「大」即天下民眾（「天聽自我民聽」，所以「民貴君輕」）的管束，當然也要接受民眾的禮遇，這就是所謂「得乎丘民為天子」。在古儒看來，整個社會關係就瀰漫在類似家庭般的氛圍中，每個人都有人管束，也都有人愛護，就像每個人都有爹媽：一方面，有爹的孩子受管教，另一方面，有媽的孩子是個寶。而這種管束和愛護都是直接的，如果延伸上去，就是所謂的愛有差等了（墨翟否定這種差等，所以孟子罵他「率獸食人」）。按照這種嚴格的禮制，祖父和孫子的關係都不同於父親和兒子的關係，更不用說諸侯與庶人了。

前面已經講了，有禮就有尊卑上下。如果不分尊卑上下，在儒家看來就是非禮僭越了。因此這種溫情當然有極大的局限，君待臣之禮再優厚，君臣之別還是不可逾越的。不過這種擬父子化宗法式的禮，對雙方都有約束。

而法家講的「法」卻是完全單向的，全體臣民要無條件服從皇帝，中間沒有任何等級區隔（所謂秦制的「平等」，或曰「齊民」）。但事實上，99.99% 以上的臣民終身未睹天顏，皇帝自然也不會直接管理他們，實際上他們只是服從得寵於皇帝的「相公」即官僚。而官僚只是皇權爪牙，並非臣民的主人，也不會給臣民禮遇。所以要講「禮不下庶人」，秦制才更徹底。因為周制只是諸侯之禮遇不下及庶人，但庶人還可以得到自己所在小共同體主人的禮遇。而秦制廢除小共同體，將百姓直接置於皇權爪牙而非主人的管制下，那可真是「一日三遍打」，什麼禮遇也沒有了。

甚至皇帝身邊的高官也不同於周制的貴族，哪怕他們認識皇帝並有侍君之幸，在法家的性惡論邏輯下也不可能形成「禮」賴以存在的小共同體。所謂「伴君如伴虎」，與「禮賢下士」恰成鮮明對比。侯旭東先生專門寫了一本大書研究「寵」，[76] 秦制確實視這些高官為「齊民」中之受寵者。而天威莫測，寵怒無常，秦制之得「寵」和周制之「禮」遇是很不一樣的。侯書區分了西漢朝廷中的「禮儀型君臣關係」和「信任型君臣關係」，並稱後者為「寵」。其實，如果有「禮」「寵」之分，那與其說是西漢的兩種類型，不如說就是周制與秦制之別。因為正如閻步克先生說：貴族是不需要「爭寵」「取寵」的，他們也不會「失寵」；[77] 他們的地位由「禮」來保證。實際上庶人也是如此，只是他們不能從諸侯那裏、而只能從直接親長那裏得到禮遇，所以那時的社會上下，大夫與庶人，其實都不時興「爭寵」。

秦制則不同。如果說對諸侯而言，「禮不下庶人，刑不上大夫」是周制的特點，那秦制就真是刑可上大夫，也可下庶人，而禮遇則不及於任何人——這當然也可以稱為某種「平等」，但這種「平等」不是消滅了奴隸，而是消滅了自由民，其與現代平等之對立，甚至比周制之不平等還甚。

與「禮」相比，諸時所謂「法」是一種令人害怕恐懼、戰戰兢兢的東西。漢初所謂的叔孫通制禮，他制的這個禮，其實不是儒家之禮，與其說是周禮，不如說是秦法。他開創了儒學發展一個很重要的變化，就是「以法入禮」。

研究法律史的人都知道，瞿同祖先生曾經有過一個說法，他認為中國的法律儒家化是從曹魏開始，曹魏的陳羣、劉劭修改法律，實現了法律的儒家化。用他的話來講，就是「以禮入法」，禮法合一。[78]

周秦有一個變化，到了漢魏又經歷一次變故。理解了周秦之變，再理解漢魏之變，對秦漢到底是怎麼回事，我們也就有了比較準確的認識。

漢魏之變一個很重要的特徵，就是把秦漢以來一直是法家化的法律加上了很多儒家的倫理色彩，變成了一種比較倫理化的東西。即瞿同祖先生講的法律儒家化，「以禮入法」，禮法合一。這一點我覺得瞿同祖先生是很有眼光的。但是我覺得瞿同祖先生沒有注意到一個事，那就是漢魏時代的「禮」已經和孔孟時代的「禮」不是一回事了。在曹魏「以禮入法」之前，周秦之際先有一個「以法入禮」的過程。周秦之變中首先是法家把儒家的禮給改造了，由於過分極端，在幾百年後的漢魏之際，乃至曹魏以後，又用「禮」把當時的法律再次進行了調整。瞿同祖先生詳細論證了「以禮入法」，但是他沒有提到「以法入禮」。我覺得「以法入禮」恐怕更為重要，因為正是先有了「以法入禮」，曹魏時代的「以禮入法」才沒有導致總體上的周制的復歸和秦制的解體，也就是不可能真正回到西周那種狀態去了。

很多人說到了魏晉時代，好像歷史的迴光返照，從一個中央集權狀態退回到諸侯林立的狀態，似乎很多方面都有周的影子，有一種似曾相識的感覺，包括宗族制度、語言用詞等。但是我認為實際是不一樣的，原因之一就是那個時代的儒已經不是孔孟時代的儒了，此儒非彼儒也。

整個兩漢的法律基本上都是法家之法，也就是反宗法的、非倫理性的法律，包括漢初的《九章律》，以及我們現在在張家山漢墓中看到的那些漢律簡牘。在漢律簡牘出土之前，漢律的原文我們基本看不到，漢律在傳世文獻中已經亡佚了。以前我們看到的漢律是分散在各種材料裏頭引述的隻言片語。晚清學者沈家本曾經輯過一本《漢律摭遺》，是漢唐律的比較，大致是把散見於各種文獻中的漢律引述輯在一起。唐律現在都可以看到，就是《唐律疏議》。漢律過去只能從《漢書·刑法志》《晉書·刑法志》和各種史籍中找到一些片斷。沈家本先生把這些零零碎碎的材料都集中起來，輯了一本漢唐律對比的書，為我們研究古代法律提供了條件。

清朝的乾嘉之學，其中很重要一門學問是「輯佚之學」，就是把已經不存在的書，從浩如煙海的古籍中蒐集它的佚文，然後儘量拼成一部大概齊的文獻。像二十四史中的《舊五代史》，就是這樣輯出來的。本來《舊五代史》早就亡佚了，後來人們從《永樂大典》等書中，從不同片斷關於《舊五代史》的引文中，把它全部都輯出來。這一類書其實有不少，聊勝於無嘛。

清末沈家本也用這種辦法，把有關漢律的條文集中起來，輯成《漢律摭遺》。民國年間瞿同祖先生就以這些材料為根據，認為除了漢承秦制以外，還有漢承秦法，就是漢代的法律系統基本上是法家化的、非倫理的。按照他的觀點，這個秦代法家化的法律，一直沿用到漢代滅亡。

到了陳羣、劉劭修改法律的時候，在曹魏的法律中，才出現了實質性的修改，就是按照儒家觀點，把法律變得具有很強的倫理性。

儒家的規範是所謂的「禮」，法家的規範是所謂的「法」。先是周秦之際發生了倫理法家化，法家把倫理搞成了法家的樣子，然後到了曹魏時代，才又有人用倫理來改造法律。因此，「以法入禮」這個過程是很重要的：戰國時期已經有了這種現象，就是所謂「禮」逐漸受到法家化的改造。禮變得越來越森嚴，變得很理性冰冷，令人恐懼，從一種懷柔的情感說教變成了高高在上的威嚇條文，同時適用範圍也發生改變，從主要處理小共同體親熟關係（包括以「我主之主之主……」層層套疊延伸至「天下」的「封建」關係）的規則，變成了「天高皇帝遠，民少相公多」的官僚制帝國管治陌生人社會的規則，無論這些規則經過多少「儒表」的包裝，「一日三遍打」的威脅始終是它的核心。

這一過程說來話長。首先，戰國時期出現了「軍法」對「軍禮」的同化。「軍禮」這個名詞是在戰國時期開始出現的，說穿了就不是禮，而是軍法。像後世經常講的，如果膽敢如何如何，以「軍法從事」：如果你怎麼怎麼樣，我就殺了你，實際上就是這個意思。在戰國時期的戰爭狀態下，也就是我前面講過的那種類似軍國主義的狀態下，這種軍法越來越被解釋為一種正常的「禮」，從戰時狀態變成了日常約束，於是戰國時就有了所謂「軍禮」的說法。

法家大概最早是在齊國產生的，很多人認為《管子》就是齊地法家著作。[79] 應該講，《管子》作為法家著作，尚屬早期比較溫和的一種過渡形式，它的主要特色在於以《輕重》等篇為主的經濟管制。如果拿《管子》和《商君書》《韓非子》相比，後面這兩本書要「兇相畢露」「殘暴」得多。相對而言，《管子》中法家的嚴苛色彩還不是太明顯。雖說法家思想最早源於齊國，然而在其母國，它並沒有發展得很成熟，而後它傳播到很多國家，在秦國結出碩果，發展得最為典型。但是，齊國在戰國時期產生了所謂的軍禮。

戰國時期有一部很有名的兵家著作叫《司馬法》，司馬本身就是一個先秦時代的官職，意同「總司令」。兵部尚書以前就叫作「司馬」，因此《周禮》六官「吏、戶、禮、兵、刑、工」中的「兵」這一章，就叫作「夏官司馬」，司馬是軍隊最高統帥。《司馬法》本身是一部軍法著作，這本書在《漢書．藝文志》中，被記載為《軍禮司馬法》，而且它被《漢書．藝文志》列入了「禮」類著作中。[80]

因此，本來在宗法傳統下被溫情覆蓋的禮，就變成了在軍事化背景下肅殺整肅的法；原來的知遇之禮變成了一種震懾之法；原來的宗法事親之禮，就是我們對待親人的禮，變成了一種軍國征伐之法；原來的一種權責對應之禮，變成了一種單向服從之法。在國家機器的加持下，在上命令其下，要你怎麼樣，你就得服從，叫你朝東不能朝西，你必須怕我懼我遵從我，敢不服從，有嚴刑峻法等着你。

到秦漢時期，「以法入禮」這個過程又有了進一步發展。叔孫通制禮，但是這個「禮」，《史記》已經記載了，實際上是「大抵皆襲秦故」，沒什麼儒家的味道；或者至少也是「雜採秦儀」，把禮嚴重變味了。總之，用的是秦那一套做法。而且當時的很多儒生認為，這個做法是不合古禮的，和儒家原來的主張是完全不一樣的。「公所為不合古」，我不跟你走，你快離開，不要侮辱了我，當時的一些儒生就是這樣說的。叔孫通炮製的所謂的「禮」，是一種毫無情感、使人戰慄發抖的「威禮」。按照本書之前描述的那個場景，大家見了劉邦都得畢恭畢敬，稍微在行禮過程中有一點不規矩，馬上就被旁邊的御史當場拿下，於是「自諸侯王以下，莫不振恐肅敬」「無敢喧嘩失禮者」，大家都給嚇得兩腿發抖。[81] 這樣一種「禮」，還是我們講的禮遇嗎？當然不是，而是變成強迫服從的紀律。

叔孫通搞的這一套「禮儀」其表、「法術勢」其裏的把戲，曾經受到時儒的痛斥，說這個東西根本就不是禮。但是司馬遷講，正是由於叔孫通採用了變通的辦法，「希世度務，制禮進退，與時變化」，坦率講就是識時務者為俊傑，能夠根據當時的情況順應適時，「卒為漢家儒宗」。太史公這個「卒」用得真有意思！卒，在此就是「突然」「不料」之意。史遷前面講了很多譏諷的話，尤其是「所事者且十主，皆面諛以得親貴」，幾乎是不堪入目了。但「忽然間這個馬屁精就成了咱們大漢儒者的領導啦」。顯然，這個「儒宗」和孔孟所謂的「儒宗」已經不可同日而語。這是「以法入禮」又一個步驟。

「以法入禮」到了西漢中期又有一個進展，就是《周禮》的出現。儒家講的《詩》《書》《禮》《易》《春秋》，是所謂的「五經」。所謂「禮」就是我前面所講的，是在一個具有宗族親情的小共同體內部，區分各種各樣的上下尊卑的那種秩序，一方面有等級的差異，另一方面瀰漫着一種溫情色彩。儒家講的「禮」就是指這個東西。但是到了西漢中期，突然出現了一本書，這本書的來路一直是有爭議的，以至到了近代，關於它的真偽仍然是中國思想史上一個非常重要的話題。

西漢中葉，河間獻王劉德在民間找到一本書，叫作《周官》。後來這本書叫《周禮》，一開始它並不叫《周禮》。據説找到這本書的時候，它本來應該有六部，就是「天地春夏秋冬」六官：天官塚宰、地官司徒、春官宗伯、夏官司馬、秋官司寇、冬官司空，然而，找到的只有前面五官，最後一部分沒有了。後來劉德又找了一本書叫《考工記》，作為「冬官」這部分補在裏頭，於是就有了《周官》。

我後面要講到，秦制最早的高級官僚「三公九卿」還有不少貴族色彩。到了漢武帝任用「尚書」，遂開始了後來歷史上一次次重演的、用皇帝身邊祕書班子（身份低微的皇家奴）掌握實權的「內朝架空外朝」之變，從而大大強化了秦制。「秦皇漢武」並稱，不是浪得虛名。

而「尚書治國」與《周官》有着明顯的關係。後世六部尚書，對應於「《周禮》六官」。但是六部尚書的形成有個過程。根據史籍，西漢尚書在武帝時初分設四個曹，就是所謂常侍尚書、二千石尚書、戶曹尚書、主客尚書。到了漢成帝時代，又加了一個曹——三公曹，就變成五曹尚書。[82] 根據我們現在看到的材料，到了東漢光武帝時已經有了六曹尚書。關於六曹是哪六曹，史書中有不同記載，我們現在還不能詳考。[83] 按照《續漢書》的説法，就是所謂的常侍曹、三公曹、二千石曹、民曹、客曹，客曹又分為南主客曹、北主客曹。[84] 六曹尚書，也就是後世六部尚書的雛形。

但我認為，六曹尚書很可能在王莽時代已經有了，只不過王莽時代比較短暫，新朝又毀於戰火，檔案散失，對於新莽時代的一些細節我們還不能清晰化。尚書，漢武帝時代有四曹，漢成帝時代有五曹，很可能到了新莽已經有了六曹，到了東漢延續下來。漢承秦制，東漢很多東西其實也是承了莽制。

我這裏要講，「東西漢」（以前又叫前後漢）完全不同於此前的東西周和此後的東西晉、南北宋，乃至明朝和所謂南明。兩周兩晉和兩宋，其實都是同一個皇（王）室在戰亂中播遷、偏安而延續下來的。但「兩漢」則完全是兩個朝代，期間還有個新莽。劉秀雖然姓劉，可能也真是劉邦後代，但兩百多年後劉家後裔已經不計其數，其枝蔓疏宗早已平民化，有的已經變成劉盆子那樣的放牛娃。劉秀算是「豪強」富戶，但早年讀書時曾經勤工儉學，完全沒有皇室待遇，所以他事實上是亂世中另打江山的。儘管東漢自稱中興漢室而貶新莽為篡逆，但其實新莽亦如秦、隋，是個短暫而變革甚劇的王朝。王莽的「周表秦裏」改制，其實對後世影響很大。新莽只是很短暫的時代，但是它很多東西實際上由東漢繼承下來了。六曹之制，很可能就是在新莽時代出現的。

正好這個時代又出現了所謂《周禮》六官。因此很有可能，所謂《周禮》六官就是劉向、劉歆父子附會新制的產物，講的就是當時的制度。[85]《周官》或許真有這樣一本書，也可能河間獻王劉德找到的就是一個古本。但是無論如何，今天我們看到的《周官》不可能是劉德的原本，更不可能是西周的書。哪怕二劉並非完全向壁虛構、憑空偽造，可能也採用了不少先秦「磚瓦」，但整個《周官》大廈及其中央集權觀念無疑是為迎合王莽的「周表秦裏」而建造的。所謂六官絕不是古制。我覺得這個六官的內容應該是劉歆偽造的。關於《周官》來龍去脈的討論，我們暫放一邊。

東漢以後，六官也就是六曹（部），成了常設機構，一直到清代都有六部。直到晚清才又發展出來一些別的部，比如說當時為了外交，把總理衙門改成外務部，又設立了商部，後將工部併入，改稱農工商部。最後，古代的六部就變成現在的國務院下面內政、外交、國防等現代的部。在戊戌變法以後，清末新政才開始打破六部框架，可以說從王莽一直到清，整個中國這一套中央集權政府的管理，都是從《周官》而來。甚至後世有一些復古的人，還喜歡把名稱也恢復成《周官》的舊稱。一個典型就是洪秀全的太平天國，太平天國的政府設置就是按照《周官》建立的，但是不叫尚書，叫丞相：天官丞相，地官丞相，春夏秋冬各官丞相，等等。每一個丞相的分工都和《周禮》有很多類似的地方，比如說夏官丞相，相當於《周禮》的夏官司馬，就是掌管軍隊的。太平天國號稱以基督教為信仰，而且是很反孔、反儒的，但是太平天國的官職中大撒的稱呼都是取自於所謂《周禮》，一直到下面部隊的基層軍官「兩司馬」等。[86] 太平天國是一個糅合各種東西的大雜燴。

因此我們可以說，像《周官》這樣一部書，其實和禮沒有什麼關係。它本來就沒有叫作《周禮》，是後來人們造出的，也許並不一定是全造，但起碼後人附會成分很大，這一點是肯定的。但是自新莽以後，它不但被認為是「禮」，而且排在「三禮」之首，以至現在人們只要談「禮」，就必談《周禮》；所謂「禮學」，也以《周禮》之學為核心。但「三禮」中，《周禮》確實與《儀禮》《禮記》差別非常大，後二者都有明顯的周制色彩，《周禮》可謂是中央集權之「禮」。因此，從《司馬法》到叔孫通，再到劉向、劉歆父子，是逐步「以法入禮」的階段。

第三節　「周表秦裏」：由漢武帝到王莽

經過戰國這樣一個軍國主義的時代，秦始皇統一六國，法家的強權登峰造極。然而秦的統一並不穩定，僅僅十幾年以後，很快出現天下大亂的局面，秦便滅亡了。其實反秦的過程，很大程度上是周秦之變中的一次震盪反覆，一種對沖。反秦是以諸侯並起的方式進行的，因此反秦以後，似乎出現了一種回到周制去的趨勢。項羽當然表現最明顯，他主張重建諸侯、恢復封建制，在取代楚義帝熊心成為諸侯共主後也沒有稱帝。但是「霸王」這個稱呼[87]明顯有「霸道而王」的含義，也不是西周「王道」初衷，實際上只是回到戰國。而戰國時期兼併趨秦已是大勢，項羽要重走一遍，也是改變不了這個趨勢的。

項羽出身六國貴族，做事循規蹈矩，鴻門放走劉邦，鴻溝守約罷兵，戰爭中俘虜劉邦父親妻兒幾乎全家老小，卻全部放回，連人質也不留一個。時人多稱其有「婦人之仁」。甚至毛澤東也把項羽珍惜名譽作為他失敗的首要教訓（「不可沽名學霸王」）。作為周秦之變中「暴秦」的取代和繼承者，他廢弑義帝，誅殺子嬰，多次屠城，新安殺降，包括並非史實卻流言千古的「火燒阿房宮」之類事件，使他留下殘暴之名。後人甚至以劉邦約法三章比項羽的殘暴更得人心，作為漢勝楚敗的一種「政治正確」的解釋。

但是考慮到這些都是勝方對失敗對手的評價，後之中立者是不能全盤照搬的。綜合來看，在勝利者書寫的歷史傳統中，項羽應該是失敗者當中形象最好的一個了。而劉邦則相反，在勝利後己方書寫的歷史中，尤其在「本朝人寫本朝史」對開國皇帝的記載中，他的形象恐怕是有史以來最差的。他不僅少年「亡賴」，德不高望不重，連父親都看不起他，而且從政不講信義，不擇手段。戰敗時為了自己快逃，竟然把妻兒推下馬車；父親被項羽俘虜，他竟然說你把我爹煮熟吃了，分我一杯羹吧。勝利後以「欲加之罪」，幾乎把功臣殺戮一空；初時重用流氓無賴而令斯文掃地，後來提拔的「漢家儒宗」卻是個「所事且十主，皆面諛取親貴」的佞臣，其得寵只是因為搞了一套恐嚇之法令羣臣「震恐」，而使劉某感到了做皇帝的快活！誰為官清廉，他就猜疑其收攬人心、別有圖謀，以至蕭何不得不「假裝貪污」來固寵……

我們固然很佩服以司馬遷為代表的前漢史官還保留着「在齊太史簡，在晉董狐筆」的周史遺風，能把這些都記錄下來，但也相信太史公並非蓄意謀逆，在已是專制政治的當時，他不會把劉邦寫得比實際更壞，也不會把項羽寫得比實際更好——大概率而言他還是要對本朝「掩惡揚善」的，只是真話比後世史臣說得稍多罷了。

顯然，無賴劉邦戰勝貴族項羽不能解釋為道德或正義的勝利，劉邦戰勝項羽，本質上是更傾向於秦制的一方戰勝了更傾向於周制的一方。從「識時務者為俊傑」的意義上講，秦制就是比周制要強。

劉邦獲勝以後，歷史的鐘擺又經歷了重建中央集權的一個過程，到呂后時代基本上掃除了異姓王，只留下勢力最弱小的長沙王吳芮，另外留下三個少數民族地區的閩越王無諸、南越王趙佗、南海王織。漢景帝時代通過平定七國之亂，把同姓王尾大不掉的問題也基本上解決了，雖然還保留有同姓王，但他們已是心有餘力不足，沒有實力造反了。最後到了漢武帝以後，「眾建諸侯而少其力」，通過推恩令，諸侯王勢力進一步被削弱。[88]

隨着中央集權一步一步深化，出現了一個很有趣的現象：不僅漢承秦制，而且還有漢承秦法。現在我們對秦法的很多理解，都是從漢法中倒推出來的。比如我前面提到秦漢實行反宗法的法律，就是所謂的世家大族不許族居，人為強制打斷血緣、拆散世家大族，這個法本來是漢代的法，但是我們推想秦大概已開始實行。因為大家知道，秦也是以反宗法來作為建立中央集權的一個條件。

但是在意識形態的表像符號體系上，漢代一直沒有恢復《商君書》和《韓非子》所倡導的法家崇高地位。周的溫情與商、韓赤裸裸的兇殘反差太大，表裏如一會大大增加統治風險。漢代人始終是法家那一套為裏，作為實際的權力運行規則，但是他們講的語言開始與行為剝離。一開始他們主要講所謂的黃老之道，標榜無為，後來無為逐漸被有為取代。一般的說法是到了漢武帝時代，無為階段便結束了。

因此，武帝時代對於漢的歷史是一個很大的轉折點。用司馬遷的話講，漢武帝以前中央政府是比較無為的，對國家的管理比較粗疏，漢初七十年間「開關梁，弛山澤之禁」，[89]，在經濟上很寬鬆。但是我這裏插一句，所謂在經濟上很寬鬆，並不能理解為我們今天講的使老百姓有了自由競爭的機會。其實所謂「寬鬆」，是指中央政府對地方諸侯而言，在對諸侯的控制上採取「無為化」，是站在諸侯角度所講的消除緊張的「鬆弛感」，而不是站在百姓立場所講的經濟競爭的「自由度」。講得簡單一點，當時中央政府甚至連貨幣都不管，各地諸侯可以自己鑄錢，在漢武帝以前，大量的貨幣都是那些境內有銅礦的諸侯鑄出來的，包括半兩，包括五銖。這當然就使得一些諸侯，比如吳楚七國之亂時候的吳楚兩個諸侯，變得異常富有。為什麼吳楚比較強？很重要的一點，它們能夠鑄錢，有鹽鐵之利。

以往有一種說法：法家主張國家管制，而儒家主張官不與民爭利，持一種比較寬鬆的政策。的確也是這樣，在早期儒家思想中，比較強調小共同體本位，並不強調大一統，甚至可以說是反對秦制大一統的。但是我們看到一個現象，儘管人們可以把儒家解釋成反對秦制大一統，但是在西漢初年中央集權相對而言並不強的時候，所謂「無為」之際，時興的並不是儒家學說，而是黃老學說。

到了漢武帝以後，中央集權逐漸強化，表現在很多方面。在政治方面，通過推恩令把同姓王的地位進一步削弱了，「眾建諸侯而少其力」。漢武帝時代在經濟上的集權和國家壟斷，更是前所未有，與秦不分伯仲。漢武帝搞了鹽鐵官營，把當時天下最有利可圖的兩大行業給壟斷起來了，一個是鹽，一個是鐵。大家知道即使是在自然經濟時代，理論上講民間可以男耕女織，很多東西可以自己生產。但是有兩樣東西，無論如何自然經濟是不能自給自足的，那就是鹽和鐵。這兩樣東西是人們維持最低生活所離不開的。人們可以不穿綾羅綢緞，但是不能不吃鹽。只要從事農業，就不能沒有鐵器。但不是人人家裏都可以打出鹽井，也不是每個人家裏能夠開鐵礦煉鐵。因此鹽、鐵這兩項是必需的生活生產用品，再怎麼自給自足也要去購買。

漢武帝時代鹽鐵官營，把鹽鐵給控制起來。還搞了上林三官五銖，把全國的貨幣給統一起來，規定諸侯不能鑄錢，由中央統一在上林苑設立鑄幣廠，大量鑄五銖錢。[90]

上林三官五銖就是漢武帝之後鑄造的五銖，以前的五銖不是中央政府鑄造的，而是諸侯鑄造的，叫郡國五銖。那種五銖特徵鮮明，玩古錢的人一眼就能識別，與中央政府的鑄幣規格和質量不同。

後來到了王莽時代，鑄幣的工藝水平可以說是越來越高，然而鑄出的幣也越來越荒唐，簡直是亂來，而且王莽後來垮台與此有一定關係。王莽時代的貨幣稱得上空前絕後，其成色、工藝乃至錢文書法都是第一流的。比如金錯刀，此幣是銅幣，但是上面的字，即「一刀平五千」中的「一刀」兩個字，是用黃金挫上去的，所以叫「金錯刀」。這個工藝後來失傳了，歷代偽幣製造者都想仿造，卻很難仿造出來，因為它的工藝的確很複雜。現在潘家園古貨市場上動輒就能拿出來幾十枚偽造的金錯刀，只能算是形似，工藝差遠了。

到了漢以後，貨幣的鑄造量與流通量一下子就跌落了。魏晉南北朝時期，一直是一個不怎麼用貨幣的時期，直到唐朝才開始大規模鑄開元通寶。中國曾經在很長一個時期一直使用漢五銖，魏晉南北朝時期都是這樣，當然有的時候也鑄新錢，但是錢幣質量很不怎麼樣，也流傳不久。所以說漢以前的自由和現在的自由不同。現在哪怕經濟再自由，貨幣還是要統一的。如果貨幣誰想印就印，自由交易怎麼進行呢？諸侯國不用幹別的，光鑄錢就可以了。其實也用不着國家禁，自已印的貨幣本來就沒有信用，只有國家主權才能建立信用。

漢武帝時期還推行了很多舉措，比如「均輸平準」。所謂「平準」，就是國家調節物價：國家建立一個儲備庫，什麼東西貴了就拋出來，什麼東西便宜了就收進去，用這樣的辦法穩定市場，控制物價。所謂「均輸」，就是國家對各地方上交的特產進行統一安排，規定某個地方特產桑麻，比如這個地方可以養蠶，就徵收布帛；由國家統一徵收、統一分配，類似後世的「統購統銷」，建立一套國營的流通體制。[91]

「算緡告緡」更是對民間經濟的一種管制、控制乃至抑制。什麼叫「算緡」？實際上就是對老百姓徵收財產稅。窮人不會有太多財產，所謂對老百姓徵收財產稅，主要是針對民間富人，即針對「個體戶」「民營企業家」等等的「薅羊毛」行為。有權有勢的、皇親國戚「官二代」以及狗腿子有各種優免，是不會徵的。漢武帝時代在原來「貲算」（財產稅）的基礎上擴大了徵稅範圍（有「算商車」「算緡錢」「算馬牛羊」等），用民間富裕階層補財政窟窿。[92]

當時肯定有很多人不交，誰會主動讓國家「放血」呢？怎麼辦？漢武帝就採納了楊可的建議：發動大家檢舉。一旦經過檢舉，國家發現某人尤其是沒有官宦背景的平民富人有那麼多財產，而不交財產稅，就可以強行沒收財產，而且拿出其中一部分獎賞給檢舉的人以茲鼓勵。秦就有這種規定，並且夫妻之間互相檢舉都有獎勵的，只不過我們不知道秦代的獎勵檢舉是不是涉及財產稅。但現在根據新出土文獻嶽麓秦簡，可以證明秦代就有財產稅即「訾稅」，而且徵收力度不小。[93]

到了漢武帝，這種秦稅就青出於藍而勝於藍了，即所謂「楊可告緡」。《史記．平準書》中記載：「楊可告緡遍天下，中家以上大抵皆遇告。」大家互相告密，搞得凡是中等財產以上的人家都破產了，可見這股告密風飈的有多邪火，波及面有多大。[94]

這個趨勢到了漢武帝後期雖有所放緩，但還是波浪式地在不斷強化。

到了王莽時代發展到極端，開始搞「五均六筦，王田私屬」。所謂「五均六筦」，用現在的話講就是對全國工商業進行國家壟斷，在五個大城市設立國家統購統銷的部門，然後進行六種管制（鹽、鐵、酒、採礦鑄錢、山林特產和借貸業，全部由朝廷壟斷，比漢武帝時的鹽鐵官營還極端）。「王田私屬」則是宣佈天下所有的土地都是國有的，不准買賣；奴婢不叫奴婢，叫私屬，但這個私屬也是由國家管制的。某種程度上就是發動一場運動，讓奴隸國有化、土地國有化、商業國有化齊頭並進。

要說搞國有化，認真點搞也罷了，偏偏王莽的特點是一拍腦袋就熱，想起一出是一出，治國如同兒戲，折騰老百姓當耍猴。國有化了以後盡瞎胡鬧，尤其是他的貨幣政策真把當時的人民給坑苦了。

王莽執政期間搞了四次比較大規模的貨幣改革，不斷地花樣翻新，先是改鑄大錢，後又改鑄小錢，再後來實行品差不等的「寶貨」，金、銀、銅、龜、貝都作為貨幣材料，最後又罷大小錢，更行貨幣，把貨幣系統搞得異常複雜。他對周制很迷信，搞了一個「周官」，又要恢復秦統一以前各種各樣的貨幣，什麼布幣、刀幣之類的東西，但前提都是中央政府發行，用於敲詐地方、搜刮老百姓，也就是實際上的秦制極端化。

這種表面上「尊周」而實際上厲行秦制的「周表秦裏」把漢武帝時期的「儒表法裏」給大大地升級了。「周表秦裏」其實就是捆住老百姓的手腳。皇上新瓶裝舊酒，還喜不自勝、自認為高明，結果搞得貨幣市場極其混亂，以至後來造成一場人為的通貨膨脹。[95] 當然，如果現在誰在貨幣收藏界有這些玩意兒，倒是奇貨可居了。

市場、貨幣政策之外，在土地問題上王莽的「周表秦裏」尤其突出。王莽推崇傳說中的西周井田制，並把當時的一切災難都歸咎於井田制破壞以後地主階級的土地兼併。新莽建國伊始，王莽下詔他的治國綱領曰：

> 古者設廬井八家，一夫一婦田百畝，什一而稅，則國給民富而頌聲作。此唐虞之道，三代所遵行也。秦為無道，厚賦稅以自供奉，罷民力以極欲，壞聖制，廢井田，是以兼併起，貪鄙生：強者

規田以千數，弱者曾無立錐之居；又置奴婢之市，與牛馬同欄，制於民臣，專斷其命，奸虐之人，因緣為利，至略賣人妻子，逆天心，悖人倫，謬於「天地之性人為貴」之義。……漢氏減輕田租，三十而稅一，常有更賦：罷癃咸出，而豪民侵陵，分田劫假；厥名三十稅一，實什稅五也。父子夫婦終年耕耘，所得不足以自存，故富者犬馬餘菽粟……貧者不厭糟糠。……今更名天下田曰王田，奴婢曰私屬，皆不得賣買。其男口不盈八而田過一井者，分餘田予九族鄰里鄉黨。故無田，今當受田者，如制度。敢有非井田聖制，無法惑眾者，投諸四裔，以御魑魅。[96]

王莽說：當年西周實行井田制，土地國有，國泰民安。到秦就敗壞了，不僅橫徵暴斂，而且廢除了井田，土地私有可以買賣，導致土地兼併，兩極分化，富人田連阡陌，窮人無地立錐。而且私人買賣奴隸，非常不人道！到了漢代，說是減輕田稅，但人頭稅不減，只便宜了富人，他們出租土地，國家只收三十分之一的土地稅，他們的地租卻拿走收成的一半，簡直是強盜！怪不得農民辛勤勞動卻不得溫飽，富人的犬馬都比農民吃得好，這怎麼得了？所以我要恢復井田制，把天下土地和奴隸都收歸國有，不准私人買賣。富人多餘的土地必須分給窮人，無地農民由國家分配土地。有誰敢攻擊土地國有制，嚴懲不貸！

這不簡直就是打土豪、分田地嗎？乍看起來，如此徹底的土地革命綱領，簡直進步得不得了！過去我們都說歷代農民起義是反抗地主階級剝削，而「封建王朝」則維護地主鎮壓農民。可是從陳勝吳廣到太平天國，連同小說裏的「農民起義」如水滸好漢們，哪個提出過如此鮮明的「革命綱領」？我們過去認為的「農民領袖」們，除了針對朝廷（而非地主）的「不納糧」「無向遼東浪死」和泛泛的「均貧富」、謀「太平」，以及「王侯將相寧有種乎」「殺到東京奪了鳥位」外，哪一個像王莽那樣明確地譴責私人地主，控訴土地兼併和地租收取？哪一個提出過如此接近於「打土豪、分田地」的主張？不要說分田地，所有這些「農民領袖」們連減租減息都沒有提出過呀！

然而正是這個王莽，這樣的主張一出台，便天下大亂。從綠林、赤眉那樣的貧苦農民，到劉秀那樣的豪強地主，紛紛揭竿而起。結果是地主和農民這對「階級敵人」聯手推翻了新莽政權，王莽慘死於一個長安商人之手，而被王莽「代表農民」如此血泪控訴的劉家，似乎反而變成民心所向，劉玄、劉盆子和劉秀接連被擁戴為帝。

這是怎麼回事？歷來的論新莽者，無論是斥責其「篡逆」的正統史家，抨擊其「復辟倒退」的郭沫若學派，還是首個稱讚王莽、「替他說公平話」先河的胡適[97]，都不能解釋這麼大的反差。

其實在我看來，這沒什麼難理解的。王莽改制根本不是什麼復辟周制，更不是什麼「社會主義」，甚至不是對他所抨擊的西漢弊政的任何改變或緩解。他只是變本加厲，把漢武帝以來的秦制強化趨勢進一步推向極端，從「儒表法裏」發展到「周表秦裏」，結果就像秦末一樣惹出大禍，如此而已。

王莽除了一大堆名詞（以及貨幣的外形）外，對周制有一絲一毫的模仿嗎？當然沒有。他沒有實行層層分封，而是進一步中央集權。沒有實行貨幣與市場的分散，而是「五均六筦」控制得更緊。就在他上述最出名的「王田私屬」詔中，也不是以恢復周制，而是以強化秦制為宣言。

王莽講的「井田」不是周制，而是極端的秦制。我們前文已經論述，所謂周代的井田制，其實是既非國有，也非私有，而是小共同體的田制。秦制才是真正的國家土地壟斷和管制的極端化，同時利用「鳥籠中的『私有』」來瓦解小共同體。而王莽的「王田」名義上是恢復井田，實際上更加強化了秦「田律」式的土地管制，甚至連秦時為瓦解小共同體而有所利用的、國家嚴控下的民間交易都禁止，民更加無所措手足了。這其實並不奇怪，先以國家暴力強推「小私有」來消滅「族廟公產」，然後順勢取消「小私有」而歸於「一大二公」，這種事我們難道沒見過嗎？至於「田連阡陌」的大地產，古今中外都是憑政治搶奪圈佔，而非「民間自由買賣」形成，王莽進一步強化秦制，不是更加惡化了這一災難嗎？

秦漢私有奴婢的買賣，確實是周制小共同體瓦解後才流行起來的弊病。但是秦制最可怕的還是「國有奴隸」的氾濫成災。秦時廣泛使用刑徒、罪隸、「收孥」「居貲」為苦役，造成多少慘劇，至今仍有驪山等地大片的刑徒墓地和流傳千古的孟姜女傳說為證，也是直接造成秦末民變的原因。其實筆者曾指出，私有奴隸受虐待的程度受到奴價影響，奴價昂貴時奴隸主是不會隨意揮霍自己的「財產」的。但是「產權不明晰」的國有奴隸（尤其是連做奴隸資格都沒有的國有俘虜，如殷、秦乃至印加帝國人殉的那些犧牲品）沒有這個限制，國有奴隸監工（有時本身就是奴隸）不像私人奴隸主那樣愛惜自己的「財產」，古今中外都是大概率現象。古希臘最悲慘的不是私人奴隸，而是斯巴達城邦的黑勞士和雅典「國營」勞里昂銀礦裏的奴隸，而近世的古拉格更是例證，那裏的苦難豈是美國內戰前南方種植園可比的？而王莽並不解放奴隸，只是把私人奴隸沒收為國家奴隸，這不是加劇了奴隸制、也加劇了秦制的危害嗎？把「大觀園」變成「古拉格」，結果激變天下，有何難以理解？

總而言之，西漢在漢武帝以前管理比較粗放，到了漢武帝以後就越管越嚴密，無窮盡地變着法兒出台新政策，越來越變成一種極端化的國家統制經濟，從鹽鐵官營、均輸平準、算緡告緡，一直發展到王莽時代的五均六筦、王田私屬，把漢承秦制發展到了極端。但搞笑的是，這一切卻是在「尊儒」「從周」的名義下幹的！

從漢武帝到王莽，看起來可以說越來越尊儒，漢武帝要「罷黜百家，獨尊儒術」，到了王莽時代，不僅尊儒而且尊周，什麼東西都要遵循周的說法，所有的官名都改成周的名稱，很多制度名目都恢復周制的稱呼，也就是說把儒家這套「推崇」到了極端。王莽時代，不僅嘴裏講的是儒家，而且聲稱要講「原教旨主義」的儒家，講到孔孟還不夠，還要講到西周，當時經常講周公。所以，漢代經學中就有了一個爭論：儒家究竟是孔子的儒家還是周公的儒家？原來人們都說，孔子是儒家的教主；到了王莽時代，一批古文經學家卻開始說，不對，孔子只不過是一個很有作為的傳教士而已，真正的教主是周公。於是，儒教到底是孔子最偉大還是周公最偉大，便成了一個今古文之爭很重要的話題。古文經學「尊周不尊孔，傳經不傳道」，我曾指出它的實質是「尊官不尊士，從君不從道」。孔子「從周」，是想恢復周制；而王莽、劉歆「從周」，卻是要推行「周官」。閻步克先生曾把從周制到秦制的變化稱為「從爵本位到官本位」[98]，而《周官》恰如其名，完全沒有周制爵本位特徵，而是典型的秦制「官本位」之書。

《周官》一書傳說得自壁間，藏入內府，此前沒人見過。劉歆突然拋出來，說是治國綱領（致太平之書），改稱《周禮》，列入官學，要求天下傳習之。《周禮》是不是完全意義上的「偽書」姑置不論，但它描繪的不是周制而是一種超級「秦制」卻無可懷疑。連認可「周禮」非偽的朱熹也感歎，該書把專制「做得縝密，真個盛水不漏！」並不無嘲諷地說：「禁治蝦蟆，已專設一官，豈不酷耶！」[99] 我們且看這個「周官」的法網「縝密」到何等地步。

所謂「周禮六官」是個龐大的中央集權官僚體系。其中天官塚宰即後之吏部，有屬官六十三；地官司徒即後之戶部，有屬官七十八；春官宗伯即後之禮部，有屬官七十；夏官司馬即後之兵部，有屬官六十九；秋官司寇即後之刑部，有屬官六十六；冬官司空即後之工部，「在漢代發現時已缺」，取《考工記》抵充，有屬官三十，不及以上五官各自之半，一般認為是內容殘缺。

且不論冬官的殘缺，統共此中央六部有記錄者，舊時常約言共有官三百六十，實數為三百七十六，每一官署皆有不少屬員，實際上是 376 個「司局級單位」。其中有些「大衙門」編制驚人，例如天官塚宰下轄的「漁人」衙門編制有「中士二人，下士四人；府二人，史四人，胥三十人，徒三百人」，共計 342 人；「酒人」衙門有「奄十人，女酒三十人，奚三百人」，共計 340 人。地官司徒下轄「牛人」，編制為：「中士二人，下士四人；府二人，史四人，胥二十人，徒二百人」，共計 232 人。……餘如秋官司寇下轄「司隸」，編制有 249 人。春官宗伯下轄的「墓大夫」編制 236 人。而同為春官所屬的「大師」，更是個編制 650 人之多的大衙門：「下大夫二人。小師，上士四人。瞽矇，上瞽四十人，中瞽百人，下瞽百有六十人。視瞭，三百人，府四人，史八人，胥十有二人，徒百有二十人。」

還有夏官司馬中的「大司馬」，編制為「卿一人」。小司馬，中大夫二人。軍司馬，下大夫四人。輿司馬，上士八人。行司馬，中士十有六人，旅下士三十有二人。府六人，史十有六人，胥三十有二人，徒三百有二十人，也是 437 人的大衙門。

這些已經夠驚人的了，而更有些「司局級單位」還面向全國各地撒網，編制了無數的「基層幹部」。如地官司徒下轄的「鄉老」，掌管農村，「二鄉則公一人。鄉大夫，每鄉卿一人。州長，每州中大夫一人。黨正，每黨下大夫一人。族師，每族上士一人。閭胥，每閭中士一人。比長，五家下士一人」。五家就設一幹部！

城裏則有「遂大夫」，掌管「每遂中大夫一人。縣正，每縣下大夫一人。鄙師，每鄙上士一人。酇長，每酇中士一人。里宰，每里下士一人。鄰長，五家則一人」，這也比如今的居委會還多了。

還有管理市場的「胥師」，「二十肆則一人，皆二史。賈師，二十肆則一人，皆二史。司虣十肆則一人。司稽，五肆則一人。胥，二肆則一人。肆長，每肆則一人」。市場管制如此嚴格，讓人歎為觀止！其實這不就是王莽當時搞的「五均六筦」嗎？

更驚人的是，連「山林川澤」也遍設官吏：

> 山虞：每大山中士四人，下士八人；府二人，史四人，胥八人，徒八十人。中山下士六人；史二人，胥六人，徒六十人。小山下士二人；史一人，徒二十人。
>
> 林衡：每大林麓下士十有二人；史四人，胥十有二人，徒百有二十人。中林麓如中山之虞。小林麓如小山之虞。
>
> 川衡：每大川下士十有二人；吏四人，胥十有二人，徒百有二十人。中川下士六人；吏二人，胥六人，徒六十人。小川下士二人；史一人，徒二十人。
>
> 澤虞：每大澤大藪中士四人，下士八人；府二人，史四人，胥八人，徒八十人。中澤中藪如中川之衡。小澤小藪如小川之衡。[100]

以上這四個衙門尤其可以突顯《周官》的秦制性質。秦制不僅有嚴格的《田律》，而且有「山林川澤之禁」，這是史有明載的。司馬遷說：「漢興……弛山澤之禁，是以富商大賈周流天下，交易之物莫不通」，[101] 即漢初一度鬆弛了秦制對山川的管制。叔孫通以「儒宗」「皆襲秦故」，也暫未恢復。到了言必稱周公、行必超秦皇的王莽，才變本加厲，「五均六筦」管到了山嶺溝谷、江河湖海、一草一木、鳥獸蟲魚，無所不包。什麼叫「任是深山更深處，也應無計避徵徭」，什麼叫「天高皇帝遠，民少相公多」，看看《周官》便可領教。

前人說《周禮》設計的中央六部，官員「合計數萬人」，看來只少不多。「封建」而非帝制的西周，能有如此規模的官僚機器嗎？「不籍千畝」「民不可料」的周制需要如此龐大的中央機關嗎？當然不可能。不要說在「八百諸侯」層層分封的「天下」不可能有，就是在周天子直轄領地的「太原」和「王畿千畝」，西周時也不可能建立這樣的「官本位」體制。

其實宋儒早就質疑，像《周禮》如此「官多田少」，社會怎麼負擔得起？後來有人說，諸如族師、閭胥、比長這類基層幹部，是自耕自養的，國家不負擔。這是越說越像人民公社時代的大小隊幹部了。其實從宋朝起，秦制的基層管制就日益實現從「鄉官（鄉吏）」到「職役」的轉變，小民不但要為朝廷出糧出力，還要為朝廷無償當差辦事。[102]「職役」的沉重負擔，有時甚至不亞於錢糧和力役。皇權不僅下了縣、下了鄉、下及編戶丁口，而且延伸到「任是深山更深處」，皇責卻小到不僅百姓饑荒不救濟，卻反問「何不食肉糜」，[103] 甚至連自己的爪牙都可以不給報酬而抓人當差！但這還都是秦制在後世變本加厲的事，需要一些相關的制度支持。不但西周不可能這樣，秦漢時代似乎也還是以鄉吏為主的。[104] 王莽如果當時就要推行職役，激起民變就更加理所當然，一點也不奇怪了。

總而言之，西漢後期國家壟斷、中央集權對社會的強控制越走越極端，文化領域的「復周」以及制度層面的秦制強化互相拉扯，終於到王莽時代重複了秦末的那樣一場大亂。其實二千多年來這種周而復始不知重複了多少次，所不同的是外包裝的語言不停變換。

如果說中國在秦以後有一個儒表法裏的狀態，由漢武帝到王莽，我們可以說是很典型的周表秦裏的過程。表面上說的是周禮，實際上搞的是秦制，而且兩者都越來越極端。一方面獨尊儒術，實際上是為強化秦制來造輿論，用的符號卻是儒家的；另一方面，無論是在經濟上、政治上、文化上，都實行強控制。

因此，如果僅就西漢一朝的歷史看，從字面上看，似乎儒家倒是代表着統制經濟的。關於這一點，我覺得有點像表像的「儒法換位」，因為以往傳統經濟思想史學者都認為，法家是主張經濟管制的，儒家是主張寬鬆的。一直到了 20 世紀七八十年代，還有很多學者在講所謂經濟上的儒法鬥爭。台灣學者侯家駒先生曾寫過兩本書，一本叫作《先秦儒家自由經濟思想》，一本叫《先秦法家統制經濟思想》。[105] 那時候中國大陸正好在搞批儒弘法運動，大捧秦始皇，大貶孔夫子。同時統制經濟也越管越緊，好像統制經濟就是法家搞的。可是從西漢這一朝的歷史看，好像恰恰相反，為什麼會與人們的感覺擰巴着來呢？恰恰在於「儒表法裏」的緣故，因為這個「儒」已經不是原來的儒了，也就是索緒爾說的，符號沒有變，而「能指」所表達的「所指」已經不是原來的了。

經過叔孫通以「儒宗制禮」而「大抵皆襲秦故」，經過漢景帝處理「轅黃之爭」而禁言「受命放殺」，經過董仲舒放棄革命、接受三綱，經過劉向、劉歆用《周官》來改造「周禮」，經過這一切慢慢地偷天換日，後來的儒已經和以前完全不一樣了。漢武帝以後，中央集權「獨尊」是真的，但是「儒術」和孔孟時代有了很大區別。而且落腳點在「獨尊」上。其實任何話語沒有了「百家爭鳴」，只剩下「獨尊」就已經變味了。所以，獨尊是裏，儒術是表，文化上的「罷黜百家」和經濟上的「利出一孔」[106] 成為互相協調的東西。文化上的「罷黜百家」是經濟上「利出一孔」的最好註腳。事實上，文化專制不管以什麼樣的意識形態為符號，不管「獨尊」的是儒術還是別的什麼術，只要「獨尊」，從根本上說就是與經濟自由不相容的。焚書坑儒的秦朝和獨尊儒術的西漢（尤其是獨尊「周禮」的新莽）雖然口頭上意識形態大相徑庭，但做法和目的卻殊途同歸。

新莽的滅亡也是一個很有意思的故事。東漢及其以後的史家通常講王莽是一個「篡漢奪權」的野心家，違背了劉氏的正統，天下老百姓只知道劉氏應該當皇帝，他篡奪了劉氏的皇位，因此大家都罵他。

從劉氏宗室一直到像綠林、赤眉那樣的老百姓都羣起造反，把他推翻了。可是天下人果然認定了只有姓劉的人才能當皇帝嗎？如果真是這樣，漢朝為什麼不一直延續到現在呢？中國歷史上改朝換代不知倒過多少遍手了。趙家、朱家誰不說自己的「家天下」有血統合法性加持，不也照樣灰飛煙滅了嗎？其實恰恰在這一點上，王莽和其他人不一樣，王莽雖然是篡漢奪權（用舊史學觀點來看是這樣的），但是王莽和歷史上無數亂臣賊子相比，有一點是大家公認的，就是王莽曾經德高望重，非常得人心，即使到了後來身敗名裂，仍有很多文獻記載了他先前的「感人事跡」。據說王莽一直律己甚嚴，生活很儉樸，而且禮賢下士，尊師重道，對儒生不錯。尤其是執政公平，幾個兒子犯了罪，他也不徇私枉法，而是一律嚴懲。更有名的是王莽針對當時西漢的社會積弊，批評的方向似乎與董仲舒等所謂大儒一致，但看起來更尖銳、更深刻也更嚴厲。即便後來身敗名裂，這些話卻被詳加記載，作為「政治正確」言論流傳至今，並且被頻繁引用。

總之，王莽奪權時應該是深得民心的。其「合法性資源」至少不亞於後來的魏代漢禪、晉代魏禪，乃至同為外戚的隋代周禪，以及禪代後延續最久、最成功的趙宋代周禪。因此後人白居易寫了一首詩《放言》，其中道：「周公恐懼流言日，王莽謙恭未篡時。向使當初身便死，一生真偽復誰知。」說這個王莽當年是很有號召力、很得人心的，曾被寄予厚望，後來才發現他原來是篡漢奪權的野心家。但曹丕、司馬昭、楊堅、趙匡胤同樣篡權上位，他們原來的「賢名」還遠不如王莽，為什麼卻成功了呢？

所以，所謂謙恭的虛偽，所謂臣民正統觀念不接受篡位，都不能解釋王莽的失敗。實際上如前所述，後來起兵反王莽的所謂劉氏宗室，都不是西漢時真正有地位的劉姓貴族。劉盆子、劉秀，乃至劉秀的哥哥，以及更始帝雖然都姓劉，其實「盆子貧賤光武富，終究布衣素封徒」，不過是財產多少不等的平民而已。社會對他們這些沒有貴族身份的「劉十代」「劉八代」原本能有多少尊重？東西漢和東西晉等等不一樣。東西晉、南北宋都可以說是前一個王朝偏安的結果，晉元帝、宋高宗就是前一個皇帝的兒子，包括南明和北元也一樣。但東漢和西漢基本上是兩個王朝，前朝聲望對劉秀能夠拱倒王莽，其實沒什麼太大作用。

還有一種流行說法，認為王莽是書生治國的失敗之例。說他是儒家原教旨主義者，一切根據儒家教條行事，不切實際，所以失敗。其實，「王莽謙恭未篡時」就說明他老奸巨猾，如果真是書呆子，他怎可能在「元、成、哀、平」時期黑暗的宮廷政治中一路崛起，積累如此聲望？當然，成為「至尊」後就進入「信息繭房」，容易做出不切實際的蠢事，這也只能說與專制有關，與是否「書生」無關。正如說出「何不食肉糜」的晉惠帝，沒人說他是書生治國一樣。

至於說到王莽尊奉「原教旨」，其實王莽看重的古文經學「尊周不尊孔，傳經不傳道」，對其他儒家經典並不特別提倡。王莽真正推崇的不就是《周官》嗎？這本來歷不明的書就算文句不盡作偽，本來也幾無影響，並沒有經典地位。正是在王莽得勢時，劉歆等人希意承旨拿出定本，改「官」為「禮」，奉為聖典，尊入學宮，天下傳習。所以與其說是「原教旨」造就了王莽政治，不如說王莽造就了「原教旨」(雖然未必偽造全文)。《周官》本來就是王莽為強化秦制而推出的，說他為其「教條」所誤，乃倒果為因，不足為訓。

其實，王莽後來鬧到眾叛親離，原因沒那麼複雜，主要就是他執政以後採取的眾多倒行逆施的政策造成的。王莽推行的那些政策，老實說和秦統一以後做的事情很類似，都是一通極端法家化的操作。他自恃甚高，不聽勸也無人敢勸，最後自己走火入魔到「上了房頂下不來」的地步，把社會上各階層都折騰得受不了。[107] 當然，王莽時代還要考慮一個因素，就是歷代大亂中經常有的 —— 氣候異常，出現大災荒。[108] 這也是激起民變的一個原因。但是不能說「王莽謙恭未篡時」。大家都覺得他很偉大，但就是不允許他篡，一旦他篡上台，大家就覺得他血統不正，羣起造反了，不是這樣的。實際上是王莽那套極端的法家化的管制政策，導致新莽成為和暴秦一樣很短暫的統一時代。

新莽雖然短暫，但遺留下來的很多東西對東漢還是有很多影響的，就像秦很短暫卻對西漢影響很大一樣。中國歷史上幾個比較短暫的王朝：秦、新莽、隋、元，雖然很短暫，但在歷史上仍有相當重要的地位。下面我們談到「漢魏之變」時還會提到這一點。

總之，西漢前期，經過秦末焚書以後長達近一百年的思想變化，尤其是儒、法、道三家關係比較複雜的演進，到了漢武帝時代基本上實現了所謂的「儒表法裏」，或者說以法家思想改造後的儒家作為這個王朝的一種意識形態語言。在這個過程中，實現了在儒家框架下法家的專制主義和道家的犬儒主義的一種結合，即在儒表之下的法道互補。法和道於是成為以後中國人談論問題時的兩種角度。概括成一句話，就是「有為」之儒變成「法儒」，而「無為」之儒變成「道儒」。以後很多爭論都可以納入「法儒」和「道儒」爭論的軌道裏。雖然援引早期儒家道統的成分並不是沒有，但已經被淹沒在這種二元張力的結構之下。[109]

註釋：

1 《孟子・梁惠王上》。

2 《莊子・內篇・應帝王》。

3 《荀子・天論》。

4 《論語・堯曰》。

5 《論語・顏淵》：「克己復禮為仁。一日克己復禮，天下歸仁焉。」

6 學界對於誰是老莊、老莊孰前孰後一直有爭論。本講原本不涉及這一話題，暫且從主流之說（認為老子與孔子同時，是春秋時期人，莊子是戰國時期人），而主要從文本入手，解析在周秦之變的時代背景下老莊思想（或曰道家前後期思想）的異同。

7 《孟子・盡心下》：「閹然媚於世也者，是鄉原也。」

8 參見葛兆光：《中國思想史》第 1 卷，上海：復旦大學出版社，2001 年，第 167-178 頁。

9 參見彭厚文：《「批林批孔」運動中的儒法鬥爭史研究》，載《黨史博覽》2011 年第 12 期；周展安：《儒法鬥爭與「傳統」重構 —— 以 20 世紀 70 年代評法批儒運動所提供的歷史構圖為中心》，載《開放時代》2016 年第 3 期。

10 參見張智彥：《楚文化與老莊哲學》，載《社會科學輯刊》1990 年第 2 期；蔡靖泉：《道家思想與楚國社會》，載《江漢論壇》1991 年第 12 期。

11 《史記》卷 7《項羽本紀》，第 300 頁。

12 參見朱自清：《經典常談》，北京：北京出版社，2003 年，第 93 頁；[日] 陳舜臣：《中國詩人》，陳琰譯，北京：北京出版社，2020 年，第 2-3 頁。

13 高正：《郭店竹書在中國思想史上的定位 —— 兼論屈原與郭店楚墓竹書的關係》，載《中國哲學史》2000 年第 2 期。

14 參見欒勝奎等著：《大江儒林 —— 長江流域的儒學與修身》，武漢：長江出版社，2014 年，第 7 頁；徐丹：《郭店一號墓墓主身份研究綜述》，載《社會科學動態》2019 年第 12 期。

15 《漢書》卷 48《陳涉世家》，第 1952 頁。

16 周振鶴《中國地方行政制度史》，上海：上海人民出版社，2014 年，第 39-44 頁。

17 《漢書》卷 48《賈誼傳》，第 2237 頁。

18 傳世本《道德經》:「絕聖棄智，民利百倍；絕仁棄義，民復孝慈；絕巧棄利，盜賊無有。」郭店楚簡中的這幾句，釋讀略有不同，李零先生讀為：「絕智棄辯，民利百倍。絕巧棄利，盜賊無有。絕偽棄詐，民復孝慈。」見李零：《郭店楚簡校讀記》增訂本，北京：中國人民大學出版社，2007 年，第 5 頁。

19 《史記》卷 130《太史公自序》，第 3292 頁。

20 《莊子 · 外篇 · 至樂》。

21 參見黃克武：《筆醒山河：中國近代啟蒙人嚴復》，桂林：廣西師范大學出版社，2022 年，第 168-178 頁。

22 《莊子 · 外篇 · 山木》。

23 《莊子 · 外篇 · 山木》。

24 《莊子・雜篇・天下》。

25 王夫之：《讀通鑒論》卷 17《梁武帝》，北京：中華書局，1975 年，第 501 頁。

26 魯迅：《野草》（插圖本），北京：人民文學出版社，2022 年，第 98-102 頁。

27 《孟子・盡心上》，原文「濟」作「善」。參閱白奚：《孔老異路與儒道互補》，載《南京大學學報》（哲學・人文科學・社會科學版）2000 年第 5 期；董平：《「儒道互補」原論》，載《浙江大學學報》（人文社會科學版）2007 年第 5 期。

28 《韓非子・忠孝》：「臣事君，子事父，妻事夫，三者順則天下治，三者逆則天下亂，此天下之常道也，明王賢臣而弗易也。」

29 參閱周傑、林聰舜：《〈史記〉中老子韓非合傳原因之疏解》，載《江漢學術》2021 年第 1 期；韓凌：《法由道生 —— 韓非的道法思想研究》，碩士學位論文，杭州師範大學政治經濟學院，2010 年。

30 《史記》卷 121《儒林列傳》，第 3122-3123 頁。

31 《易經・革卦》：「湯武革命，順乎天而應乎人。」

32 《史記》卷 121《儒林列傳》，第 3116 頁。

33 《尚書・泰誓中》。

34 徐復觀先生說：「五四運動以來，有人反儒家而崇尚道家，以為道家富有自由精神，殊不知先秦各家思想，除法家本為統治階級立言以外，最先向專制政治投降者即係道家。」見徐復觀：《中國思想史論集》，上海：上海書店出版社，2004 年，代序，第 8 頁。徐復觀對漢初道家以及黃老之學如何與法家結合有極為精闢的論述，見《兩漢思想史》等著作，此不贅述。

35 《孟子・梁惠王下》。

36 《孟子・盡心下》。

37 《孟子・離婁下》。

38 《尚書・泰誓下》。

39 《史記》卷 86《刺客列傳》，第 2519-2521 頁。

40 《孟子・離婁下》。

41 《論語・八佾》。

42 《易經・革卦》。

43 《魯穆公問子思》，載荊門市博物館：《郭店楚墓竹簡》，第 23、141 頁。

44 「孔子適鄭，與弟子相失，孔子獨立郭東門。鄭人或謂子貢曰：東門有人，其顙似堯，其項類皋陶，其肩類子產，然自要以下不及禹三寸。纍纍若喪家之狗。子貢以實告孔子。孔子欣然笑曰：『形狀，末也。而謂似喪家之狗，然哉！然哉！』」《史記》卷 47《孔子世家》，第 1921-1922 頁。

45 《荀子．儒效》。

46 辛德勇：《讀〈趙正書〉：始皇帝的御「儒」之術》，https:/Im.thepaper.cn/newsDetail_forward_2974599。

47 《荀子．非相》。

48 《荀子．禮論》。

49 孫秀偉：《「為父絕君」內在的儒家親親尊尊之思》，載《陝西師範大學學報》（哲學社會科學版）2010 年第 4 期。

50 《荀子．致士》。

51 焦循撰、沈文倬點校：《孟子正義》，北京：中華書局，2017 年，第 16 頁。

52 《史記》卷 99《叔孫通列傳》，第 2720-2721 頁。

53 《史記》卷 99《叔孫通列傳》，第 2721 頁。

54 《史記》卷 99《叔孫通列傳》，第 2722 頁。

55 叔孫通事，見《史記》卷 99《叔孫通列傳》，第 2720-2727 頁。

56 《史記》卷 23《禮書》，第 1159-1160 頁。

57 《晉書》卷 128《慕容超載記》。

58 《舊唐書》卷 90《朱敬則列傳》。

59 《資治通鑒》卷 11《漢紀三》。

60 《朱子語類》，上海：上海古籍出版社，1986 年，第 4196 頁。

61 《資治通鑒》卷 12《漢紀四》。

62 「叔孫通所事且十主，皆面諛取親貴。既起朝儀，得高帝心，然後出直言諫易太子。然向使高帝未老，呂后不強，度如意可攘太子位，又安知不反其說以阿意耶。隨時上下，委曲取容，名雖為儒，非婁敬比矣。」見施之勉：《漢書集釋》卷 11，台北：三民書局股份有限公司，2003 年，第 5409 頁。

63 《大戴禮記・朝事》。

64 《漢書》卷 36《楚元王傳》。

65 辛棄疾：《最高樓・吾衰矣》。

66 《荀子・樂論》。

67 《中庸》。

68 《禮記・樂記》。

69 《淮南鴻烈解》卷 11《齊俗訓》。

70 《荀子・榮辱》。

71 《漢書》卷 58《公孫弘傳》。

72 湯起康：《「禮不下庶人，刑不上大夫」原意索解》，載《文史知識》1984 年 4 月號。

73 丁四新：《「禮不下庶人，刑不上大夫」問題檢討與新論》，載《江漢學術》2020 年第 4 期，引郭店楚簡《尊德義》。

74 按：此處疑有脫字，《禮記正義》於此引《既醉》註云：行尸禮時「太子以卿（大夫）」，則諸侯以士不以卿，方合於「孫可以為王父尸，子不可以為父尸」之例。

75 《禮記・曲禮上》。

76 侯旭東：《寵：信一任型君臣關係與西漢歷史的展開》，北京：北京師範大學出版社，2018 年。

77 [文研讀書 10] 關係視角與歷史研究——《寵：信一任型君臣關係與西漢歷史的展開》研讀會，http://www.ihss.pku.edu.cn/templates/yf_xz/index.aspx？nodeid=125&page=ContentPage&contentid=1158。

78 瞿同祖：《中國法律與中國社會》，北京：中華書局，2003 年，第 329-374 頁。

79 參見梁啟超：《先秦政治思想史》，北京：商務印書館，2014 年，第 164 頁；黃文娟：《先秦法家法治思想的衍變——以〈管子〉、〈商君書〉和〈韓非子〉為中心》，載《管子學刊》2008 年第 3 期；周熾成：《法家的道理之論：從管子到韓非子》，載《華南師範大學學報》（社會科學版）2007 年第 6 期。

80 《漢書》卷 30《藝文志》，第 1709 頁。

81 《史記》卷 99《叔孫通列傳》，第 2723 頁。

82 《漢書》卷 10《成帝紀》註引《漢舊儀》，第 308 頁。《後漢書》卷 1《光武帝紀》註引《漢官儀》，第 15 頁。

83 除《續漢書・百官志》外，《晉書・職官志》、《通典》卷 22《職官四》對十六曹皆有不同說法。

84 見《後漢書志》卷 26《百官志三》，第 3597 頁。

85 《周禮》為劉歆偽造，宋朝以下多有學者持此論者，例如康有為、錢玄同、徐復觀、侯家駒。參見彭林：《〈周禮〉主體思想與成書年代研究》(修訂版)，第 5-6 頁。

86 參閱盛巽昌：《太平天國職官志》，南寧：廣西人民出版社，1999 年。

87 《史記・項羽本紀》記載為「西楚霸王」，《漢書・陳勝項籍傳》記為「西楚伯王」。伯仲叔季，伯為諸侯之長。「霸道」而王，已非王道本義，伯霸通假，詞義也介於周秦也。

88 《漢書》卷 14《諸侯王表》，第 395 頁；《漢書》卷 48《賈誼傳》，第 2237 頁。

89 《史記》卷 129《貨殖列傳》，第 3261 頁。

90 「於是悉禁郡國無鑄錢，專令上林三官鑄。」見《史記》卷 30《平準書》，第 1434 頁。

91 《史記》卷 30《平準書》，第 1441 頁。

92 林甘泉主編：《中國經濟通史・秦漢經濟卷》下冊，北京：經濟日報出版社，1999 年，第 668 頁。

93 朱德貴、莊小霞：《嶽麓秦簡所見「資稅」問題新證》，載《中國經濟史研究》2016 年第 4 期；凌文超：《秦「資稅」平議》，載《簡帛研究》2018 年第 2 期；賈麗英：《秦漢至三國吳的「資稅」變遷》，載《歷史研究》2019 年第 2 期。

94 《史記》卷 30《平準書》，第 1435 頁。

95 《漢書》卷 24《食貨志下》，第 1177-1185 頁；《漢書》卷 99 中、卷 99 下《王莽傳》，第 4099-4194 頁。

96 《漢書》卷 99 中《王莽傳中》，第 4110-4111 頁。

97 胡適：《王莽——一千九百年前的一個社會主義者》，載《讀書雜誌》第 1 期，1922 年 9 月 3 日。「可憐這樣一個勤勤懇懇，生性『不能無為』，要

『均眾庶，抑並兼』的人，到末了竟死在漸台上，他的頭被一個商人杜吳斫去，屍首被軍人分裂，『支節肌骨臠分』！而二千年來，竟沒有人替他說一句公平的話！」

98 閻步克：《從爵本位到官本位》，北京：生活．讀書．新知三聯書店，2009年。

99 《朱子語類．禮三》。

100《周禮．地官司徒》。

101《史記》卷129《貨殖列傳》，第3261頁。

102 參見梁方仲：《明代糧長制度》，上海：上海人民出版社，2001年。

103 這是關於晉惠帝的著名故事，人們一般都以此抨擊他的白癡。但實際上，這個典故更能說明的是，皇權無限大的同時，皇責卻無限小。朝廷如果救災，那就是皇恩浩蕩，草民必須感激涕零；如果不救，百姓只有束手待斃，沒有任何問責皇上的可能。

104 秦暉：《傳統十論——本土社會的制度、文化及其變革》，第1-34頁。

105 侯家駒：《先秦儒家自由經濟思想》，台北：聯經出版事業公司，1983年；侯家駒：《先秦法家統制經濟思想》，台北：聯經出版事業公司，1983年。

106《商君書．弱民》。

107 關於王莽為人及其新政，可參閱錢穆：《秦漢史》，北京：生活．讀書．新知三聯書店，2004年，第307-328頁；呂思勉：《秦漢史》，上海：上海古籍出版社，2005年，第174-202頁。

108 關於兩漢之際氣候變化的研究，可參閱竺可楨：《中國近五千年來氣候變遷的初步研究》，載《考古學報》1972年第1期；王子今：《秦漢時期氣候變遷的歷史學考察》，載《歷史研究》1995年第2期。關於氣候變遷與王朝興替之間關係的研究，可參閱：布雷特．辛斯基著、藍勇等譯：《氣候變遷和中國歷史》，載《中國歷史地理論叢》2003年第2期；陳強：《氣候衝擊、王朝周期與遊牧民族的征服》，載《經濟學（季刊）》2015年第1期；俞煒華、董新興、雷鳴：《氣候變遷與戰爭、王朝興衰更迭——基於中國數據的統計與計量文獻述評》，載《東嶽論叢》2015年第9期；孫程九、張勤勤：《氣候變遷、政府能力與王朝興衰——基於中國兩千年來歷史經驗的實證研究》，載《經濟學（季刊）》2019年第1期。

109 詳閱秦暉：《傳統十論——本土社會的制度、文化及其變革》，第139-205頁。

第四章

鹽鐵論戰：帝國經濟中的「干預」與「放任」

我前面提到西漢出現了一個耐人琢磨的現象，就是從漢武帝到王莽，國家管制的比重越來越大，從鹽鐵官營一直到王田私屬、五均六筦，秦制的色彩越來越濃。但另一方面，卻表現得越來越崇儒，發展到王莽呈現出「周表秦裏」的時代特色，字面意義和實際內容成了兩張皮，「官儒」「國儒」脱離「古儒」「真儒」，成為國家的御用工具。

在這個過程中，社會思想論爭也發生了一些變化，這裏我們不是講哲學，而是強調思想論爭與社會變遷有關的部分。就像我和美術學院的人談道家，因為立足點不同，肯定有很大的區別。在當時，與社會變遷密切相關的論爭有一個非常集中的表現，就是漢昭帝時召開的「鹽鐵會議」。

桓寬寫了一本《鹽鐵論》，用我們今天的話講，內容就是「鹽鐵會議」的記錄，當然這個會議記錄是經過修飾的。[1]《鹽鐵論》典型反映了當時思想領域的分歧和社會現實之間的互動。「鹽鐵論戰」從表面上看，是關於國家經濟政策應該是「有為」還是「無為」的討論。漢武帝時把弦綳得很緊，施行高強度的國家有為政策，包括鹽鐵官營、均輸平準、算緡告緡等。這些漢武帝制定的政策帶有很濃的軍事先行的色彩，理論上講他這樣做是為了打匈奴，就和秦始皇掃平六國要打仗一樣，但也有人説是以打匈奴為名在窮奢極欲，擴張自己的利益。

漢武帝的這些做法一方面引起了非常強烈的不滿，一方面也導致國力極大虛耗。漢武帝晚年，社會狀況很不好，可以説民變四起，按下葫蘆起來瓢，朝內也鬧得劍拔弩張、沸沸揚揚，漢武帝的強硬政策還導致宮廷鬥爭加劇。漢武帝末期曾經發生過一些聽起來不可思議的事情，比如「巫蠱之變」，太子被殺，漢武帝自己也給鬧得心焦焦，惶惶不可終日。因此到了生命快結束的時候，漢武帝覺得再這樣搞下去恐怕釀出亂子來，就在臨死時發佈了一個「罪己詔」。這是中國傳統皇權政治裏看起來有點好玩的一個事。歷史上有些剛愎自用的皇帝在迫不得已時是會認錯的，會發表一個罪己詔，説造成這樣的局面是我的責任，「萬方有罪，罪在朕躬」，皇帝出來承擔責任，而且表示要改弦易轍。

當然，漢武帝究竟有沒有發佈過「輪台詔」，輪台詔是不是「罪己詔」，此後漢朝的政策是否因此立即改變，都是有爭議的，近年來爭議更激烈。[2] 不過可以確定的是，「崇周仇秦」的古儒傳統對秦制的不滿和抗拒，並沒有因叔孫通、漢武帝和王莽對儒家一波又一波的思想改造，以及儒表法裏、周表秦裏的一次次實踐而消失。無論武帝是真的「罪己」了，還是後世儒家藉修史強加給他一個「罪己」，也無論武帝末年是否改弦易轍，「秦皇」與「漢武」的蓋世武功和暴君形象都一直在流傳，秦制的極端強化也一次次受到抵制。即便武帝不願改弦易轍，他死後的所謂「昭宣中興」也確實是秦制強化進程中的一個轉折。有趣的是，中國歷來所謂的中興，都是王朝衰亂後的復甦，從傳説中夏朝的「少康中興」、周之「平王中興」、漢之「光武中興」（正統史觀之言，實際上是東漢初創），直到清代的「同治中興」無不如此。只有漢武帝末年，儘管民怨沸騰、民變頻仍、亂象叢生、清議四起，卻正是王朝開疆拓土、武功鼎盛之際，昭宣中興反倒是武功收縮時期，所以「昭宣中興」這個説法其實是從價值觀上對漢武帝所作所為的一個否定。

漢武帝去世以後，漢昭帝即位時還是一個八歲的小孩。那個時候漢武帝已經快不行了，一方面急忙立幼子為太子，另一方面把他的生母給殺掉，説是「主少母壯」便會淫亂自恣，於是「立子殺母」，把鉤弋夫人給賜死了，以防皇帝太小出現母后干政的事。漢武帝隨後就死了，劉弗陵繼位，因為母后被鏟除，不存在后黨干政的問題，但皇帝太小，不可能親政，因此當時有顧命大臣霍光、金日磾、桑弘羊等人，由大將軍霍光輔政。[3]

霍光上台以後改變了漢武帝的一些做法，其實就是所謂「文武之道，一張一弛」，漢武帝這一朝搞得太過頭，老百姓都受不了。在中國傳統政治中，任何鬥爭都攙雜着個人權力的色彩，不完全是思想鬥爭。霍光要推行他自己的那一套，實際上也是要擴張霍氏一門的權勢，當然會得罪一些人。當時與他對立的一個很重要的人是御史大夫桑弘羊，此人是漢武帝社會經濟管制政策的主要執行者。所謂御史大夫，就是最高的監察長官；御史本是言官，但那時候的御史大夫比所謂言官權力大得多，是副丞相，掌握實權。

在漢武帝身後，桑弘羊與霍光產生了很嚴重的矛盾，這個矛盾看起來帶有很重的權力爭奪色彩。[4] 後來的史實表明，儘管通過鹽鐵論戰鬥爭了桑弘羊，賢良文學受到了霍光的支持[5]，但實際上在桑弘羊消失以後的很長一段時間，漢代政策雖有鬆弛，但總的來看並沒有按照賢良文學的主張演進，直到「元、成、哀、平」時期，還延續了漢武帝以來國家管制不斷強化的大趨勢。[6] 不過話說回來，霍光對先帝政策的改變還是緩衝了漢武帝末年緊張的社會氣氛，迎來了「昭宣中興」，漢昭帝和漢宣帝時期，社會變得相對鬆懈和緩。從老百姓的角度看，只要政府少折騰百姓就能喘息，經濟就能恢復發展。這個「昭宣中興」就是由鹽鐵會議奠定的。

第一節 「大夫」與「賢良文學」爭什麼？

鹽鐵會議所爭論的是，要不要改變漢武帝實行的政策。主張改變的是賢良文學，他們是霍光為了駁倒桑弘羊，從各地學術界招來的一批儒家學者，加入「國家隊」參與辯論，另一方則是御史大夫桑弘羊。

《鹽鐵論》這本書我是在「文革」期間毛澤東批儒弘法時看的，當時年輕，看過以後覺得桑弘羊很了不起，基本上是他一個人對戰一羣儒生。後來才發現所謂「大夫」是一個陣營，不是桑弘羊一個人，還包括支持他的丞相田千秋等，也是一個「團隊」。但不管怎樣講，至少這本書寫的是大夫和賢良文學在那裏辯論，雙方都很能言善辯。

整個這場爭論，按照桓寬的描述，其實是賢良文學佔上風。寫這本書的人是在昭宣中興背景下整理的，[7]這裏頭有很多有意思的內容，跟中國歷史上很多類似的爭論一樣，後世的評論都和當時所處的政治社會背景有關。北宋有司馬光和王安石的爭論，簡單比較的話，王安石類似於桑弘羊，主張強硬的國家管制，司馬光類似於賢良文學，強調官不與民爭利，主張實行寬鬆的經濟政策。但是後世的評論則因時而變：凡是強國家主義流行的時代就説王安石、桑弘羊很偉大，説他們是改革家，賢良文學、司馬光是保守派。到了搞放權讓利、搞活市場經濟的時代，又説王安石才是大壞蛋，司馬光是改革派；這種説法如果套用在漢代，則賢良文學是改革派，而桑弘羊就成了保守派。

其實保守、改革就是一種價值判斷。實事求是地講，如果説改革就是改變現狀，那賢良文學也是要改變現狀，因為漢武帝時代是桑弘羊那一套佔主流，即使在鹽鐵會議以後這種現象也沒有顯著改變，一直到王莽時代都是如此。賢良文學反抗這個主流，所以説賢良文學是改革派比較合乎實際。但是賢良文學改革最後並沒有成功，儘管辯論賽中好像是佔了上風，桑弘羊後來也在宮廷鬥爭中失敗，被霍光殺掉了。霍光不會完全按照賢良文學的主張去行事，霍光雖要擴大他們家族的勢力，但還是要以朝廷以及權貴利益為基礎，不可能恢復漢武帝以前諸侯坐大的割據局面。

從表面上看，有人説雙方的辯論是一場儒法鬥爭，賢良文學代表儒家，而桑弘羊代表法家。[8]但是我前面已經講過，經過漢武帝以前一百多年的改造，到了漢武帝時代儒法其實已經合在一塊了，也就是我們通常講的「儒表法裏」。當時在言論上沒有哪個人説自己是法家，而在行為上沒有哪個人完全按照儒家去做。[9]但是從形式上看，政策上的確有「法道互補」狀態下的一張一弛，有主張很強硬的，也有主張多一事不如少一事的無為而治。我們可以把強調強權的稱之為「法儒」，把強調無為的稱之為「道儒」。法儒——也就是桑弘羊這派人，主張擴張朝廷的權力，而道儒強調的重點是朝廷應該推卸責任，於是形成了中國歷史上經常有的「抑兼併」和「不抑兼併」的爭論，或者説「國家干預」與「無為放任」的爭論。

但後世人都喜歡把這些講得很現代化，似乎主張國家干預的就和我們現在的左派比較相近，類似主張福利國家的；而主張無為的或者道儒，就和現在的右派或者自由派比較接近，是主張民營經濟的，或者是主張自由競爭的。這個說法有很大的問題，實際上在當時的秦制背景下，桑弘羊不等於現代的左派，而賢良文學也不等於現代的右派，這種套用不僅簡單化且容易扭曲。

桑弘羊或者當時的強國主義者是完全沒有社會福利概念的，他們要求的強國很明顯是要加強皇權，並不是要給社會提供服務。[10] 桑弘羊是明確反對國家搞救濟的，反對國家對窮人提供保護。也就是說桑弘羊和韓非一樣，是極端反對福利政策的。[11] 我前面給大家提到過，像韓非這樣的人，一方面要求擴張皇權，一方面卻要推卸責任；他們一方面主張國家要把一切管死，但另一方面對老百姓，不要說什麼公費醫療、義務教育，這些當然不會有，就是對那些快要餓死的人進行救濟也被認為是不應該的，而且他的表達都說得赤裸裸、惡狠狠。桑弘羊並不主張搞福利國家，儘管他是主張強國家的，主張國家集權以壟斷工商之利。

相反，賢良文學是反對鹽鐵官營的，但我們不要以為反對鹽鐵官營就是主張鹽鐵民營。其實，賢良文學的主張就是要回到漢武帝搞鹽鐵官營以前那種狀態。而我們知道，漢武帝以前的那種狀態也不是我們今天講的民營經濟，如果說那時候有市場，市場背後也是以權貴為背景的，以吳、楚、齊等各大諸侯國、地方上的地頭蛇為背景。前述漢初有一段時間，甚至連鑄錢基本上都是各大諸侯與權貴私家鑄的，而不是主要由民間或中央政府鑄的。賢良文學的主張同樣是反對民間自由競爭的，他們其實是主張由那些權貴寡頭、地方諸侯充當經濟生活的主體。

因此，這種爭論和我們今天講的經濟自由與福利國家之間的左右之爭有很大區別。今人評價這段歷史往往都從自己的偏好出發，左派比較喜歡桑弘羊，右派比較喜歡賢良文學。但我要說，兩者是不一樣的。「秦制」中既沒有自由也沒有福利，這樣一種弊病在類似爭辯中也是無法改變的，甚至有可能會變本加厲。

鹽鐵論戰就是一個典型案例，在昭帝時代的這場爭論中，大夫和賢良文學在爭什麼呢？桑弘羊是力主國家集權以壟斷工商之利的，因此其思想曾經被一些人叫作中國古代的「重商主義」，這個說法有一定道理，但不全對。為什麼？因為西方歷史上講的「重商主義（Mercantilism）」不是說尊敬商人，更不是說要讓商人去搞自由貿易。所謂「重商主義」，是說國家要重視對商業的控制，也就是說國家不能對商業活動掉以輕心、放任不管。重視商業的意思是要管制商業，把它抓到手裏。這確實與桑弘羊的主張有點類似。但不同之處在於：西方「重商主義」的國家管制主要着眼於民族主義，雖然也存在本國王權與商人的矛盾，但主要還是針對外國人的。重商主義是要幫助本國商家與外國商家競爭，擴大出口，打壓進口，為本國商家開拓更廣大的市場。而中國法家如果說也有重商主義的話，其商業管制則幾乎完全着眼於本國皇權自利，卻敵視本國商人，從商鞅、韓非到桑弘羊都強調「利出一孔」（朝廷壟斷一切利益），都以商為「蠹」，認為商人有害於國家（其實就是有害於皇權），所以必須「幣租稅以困辱之」，甚至「事末利……者舉以為收孥」（做買賣牟利的要抓起來勞改）。鹽鐵官營就是重要的「抑商」措施。其實「抑商」也不是全抑，由於這種壟斷提供了大量設租尋租機會，那些以皇權為後台的「紅頂商人」反倒能夠大賺。桑弘羊就是這樣一個紅頂商人。

如果說法家與「重商主義」還有那麼一點相似，那麼它與西方所謂的「重農主義（Physiocracy，或譯重農學派）」就完全相反了。事實上這兩個名詞的翻譯是有問題的，Mercantilism 的字面意思是「商業主義」，實際意思是控制商業，而非重用商人；Physiocracy 的字面意思是「自然規則」，完全沒有「重農」含義，實際意思是反對人為干預，也就是反對 Mercantilism，主張順其自然、自由放任的經濟政策。只是這種政策被認為有利於農民（當時主要的產業者），中譯者就把它譯成了「重農」。這個學派的順其自然、自由放任主張，據說倒是受到啟蒙時代傳入西方的中國道家「無為」思想的啟發，但恰恰與中國傳統的「重農抑商」毫無關係。

被譯為「重農」的 Physiocracy 主要就是以自由放任反對國家管制，但中國的「重農抑商」恰恰相反，「重農」就是要管制農業，農民只能種地，不讓農民經商。所以大家不要以為「重農」就是重視農民利益，就一定對農民有好處。民眾早就知道這個道理，叫「一管就死」「管一行死一行」。我國歷史中經常有一種現象，就是朝廷不「重農」，農民的日子相對來講還比較好過，朝廷越重農，農民越倒霉。因為朝廷越重農，就把農民管得越死，就會整天折騰農民，指定必須種什麼、不能種什麼、如何種田，把種田人搞得非常狼狽。

「重商主義」也是這樣。桑弘羊本人就出身於大商人。漢武帝時代起用的整商人的那些官員，幾乎都是商人出身，桑弘羊之外，還有南陽鐵商孔僅、齊之鹽商東郭咸陽等。所以大家應該明白，秦制絕不是代議制——什麼出身的人當了官就會照顧其所出身的那個羣體，這是荒唐的想法。秦漢時代用錢穆先生的說法是「布衣卿相」[12]，但絕不是代表布衣的卿相，而是代表皇上整治布衣的卿相。桑弘羊可以說是「重商主義」者，他本人也是商人出身，但他絕不是商人的代表，他只是皇權的代表。桑弘羊在中國歷史上是以比較重視工商業聞名的，那時很多思想家都認為工商業不重要，農業才重要，農業是本，工商是末，他們提倡「崇本抑末」。桑弘羊則不然，他認為工商業非常重要，因為其利潤豐厚，但是這個利潤必須由國家壟斷，絕不能搞自由競爭，這怎麼會有利於商人呢？

桑弘羊講國家要壟斷工商利益，尤其是鹽鐵之利，為的是什麼呢？是為了集中資源給老百姓提供公共服務嗎？是為了搞公費醫療或者義務教育嗎？當然不是。把工商利益壟斷起來就是為了朝廷，為了皇帝的利益。因此，桑弘羊本人和韓非一樣，既反對自由放任，更反對福利國家。在古今中外的思想史上，他們恐怕是國家福利政策最激烈、最直言不諱的抨擊者。桑弘羊說「貧窮，非惰則奢也」，「施惠悅爾」就是憐憫「無行之人」，韓非也說「貧窮者，非侈則惰也」，「今上徵斂於富人以佈施於貧家，是奪力儉而與侈惰也」。今天很多人對於福利政策也是不以為然的，但是他們的表述都不會這麼難聽，不能說這些窮人窮死活該，國家沒責任。他們往往會說其實濟貧用別的辦法更好，比如發展民間公益組織或曰「第三部門」，會比國家救濟更有效率。比如說福利可以少一些，自由應該多一些，這樣會給他們提供更多的就業機會。比如「授人以魚不如授人以漁」，給他們搞職業培訓，會比救濟幫助更大，等等。

只有韓非、桑弘羊們，敢於赤裸裸地講，窮人不是懶漢就是醉鬼，他們窮死活該，救濟他們就是養懶漢。桑弘羊在這個問題上的立場幾乎完全重複了韓非的話。他在鹽鐵會議中就明確講：你窮，說明什麼？說明你懶。為什麼要救濟你？們是不救濟又如何？西方「右派」會說，不給福利，應該給自由，鼓勵他們自謀生計。但是法家卻說：福利不給，自由更不能給，讓他們四處流浪會有礙觀瞻，給強國抹黑。所以國家應該強制收容，把他們抓去勞改，強迫勞動服苦役，這就是「怠而貧者舉以為收孥」。

所以我們不要以今推古，想當然地認為不搞「右派」的自由放任，就是「左派」的福利國家。桑弘羊和商鞅、韓非一樣，自由、福利都不給，他們是反對濟貧，而支持懲貧的。桑弘羊是強國主義者，但是這個強國家並不是為人民服務的，而是為皇帝服務的。

桑弘羊一派是如此，他們的反對者又如何？

賢良文學在會議上的主要主張是反對鹽鐵官營，但是正如他們的對於「反對福利國家並不意味着自由放任」一樣，他們反對鹽鐵官營，卻並不主張鹽鐵民營，更不是主張在鹽鐵業中實行對平民開放的自由競爭。他們只是主張回到前漢武帝時代的經濟政策，而漢武帝以前的鹽鐵生產乃至鑄幣都是由大諸侯和權貴私家所把持的，並不是民間資本可以自由進入的。也就是說，賢良文學主張的實際上是貴族專營，這就有點接近於「周制」，或者古儒的初心了。只不過當時事實上已經是秦制，秦制下的權貴已經不是真正的貴族，也沒有小共同體了。

而且賢良文學在反對中央政府經營鹽鐵的同時，也反對中央政府發行貨幣，這個主張是今天經濟自由主義者也不會提倡的。大家知道，自由競爭要有一個交易媒介，而這個媒介一定要有公信力，這種公信力很難由私人提供，一般只能由國家提供。當然，不能像今天委內瑞拉那樣的國家，公信力跌落到極點，通貨惡性膨脹，欠中國的 500 億也是準備賴賬的。這個姑且不論，我們現在的貨幣都是所謂的主權信用貨幣。[13] 賢良文學反對國營鹽鐵的同時也反對國家鑄幣，主張維持漢武帝以前諸侯權貴鑄幣牟利的政策，其實是不利於「自由市場」的。可見，賢良文學主張的放任或者無為，並不是對老百姓無為，主要是對權貴無為。[14] 這種主張當然不是我們今天講的自由競爭的市場經濟。

賢良文學對於權貴是主張放縱的，但是對於民呢？他們的主張是重農抑商。在這一點上，賢良文學似乎比較傳統。桑弘羊被認為是重視商業的，但是他所講的「重視」，就是讓你為國之重器多做貢獻，就是重視管制、重視盤剝商業。而賢良文學在對商人的態度上也很糟糕，他們説搞工商的都是一些壞人，「商則長詐，工則飾罵」[15]，中央政府搞國營是不好的，讓老百姓搞好像也不行，那麼誰搞最好？還是由那些貴族搞最好，像鄧通、吳楚諸侯支持的商人搞最好。他們説，國家要制止「民淫好末，侈靡而不務本」[16]，老百姓紛紛下海經商可不行，國家要管起來。他們要求取消土地私有，要「分土井田」[17]，老百姓不能自由買賣土地，而且也不能離開土地，諸民必須世襲，不得改業，「黎民咸被南畝而不失其務」[18]。桑弘羊後來失勢被殺，支持賢良文學的霍光家族以後也垮台了。

「昭宣中興」時期法家的經濟統制有了一定緩和，酒類專賣被廢除，鹽鐵官營也中止了幾年，但元帝以後又再次強化，一直發展到王莽的惡性經濟統制闖下大禍。

到了東漢，統治者再不敢像王莽那麼玩了，國家的經濟統制退回到類似漢武帝以前。但這時就出現了一種窘迫現象，朝廷財政越來越困難，整個東漢一朝，朝廷大都處在赤字預算的狀態下，財政入不敷出。[19] 依現在來看，東漢實際上發行了最原始意義上的「國債」。當時官府向老百姓借債，「官負人責（債）數十億萬」[20]。東漢中期以後的政府一直是高負債運行的。朝廷對社會的控制逐漸放鬆，但是放鬆的結果是什麼呢？是出現了所謂的公民社會嗎？是出現了所謂的民營企業家的盛世嗎？都不是。按照賢良文學的思路，所謂放縱其實是放縱權貴，放縱那些「官倒」官商，讓各級政府、各級地方權力部門都去謀利。這樣的結果不是放任出了自由的平民經濟，而是放任出了一個豪強大姓滿天下、門閥士族氣焰熏天的局面，而市場經濟卻日益凋敝。

前述東漢有一個現象，就是社會經濟逐漸自然經濟化，各種各樣的交易活動尤其是跨地區的交易活動逐漸萎縮，貨幣流通量大為減少。以至有一種說法，到了東漢後期，當時那些大的豪強往往都是「閉門成市」，規模大到可以關起門來「自循環」，不需要與外界發生交往。[21] 因此我們可以說，大夫和賢良文學的爭論反映了中國後世王朝經常可以看到的一種現象，儘管「文武之道，一張一弛」，始終有「有為」和「無為」的鬥爭，但是這個有為、無為和我們現在講的福利國家、自由放任迥異。今天我們講的放任主要是給老百姓以自由，但是那個時候講的放任，很大程度上是指給權貴以自由，放縱他們去聚斂，讓這些當官的任意創收。到了北宋出現了王安石和司馬光的爭論，這又是一場到底是國家不與民爭利，還是國家要把這個利益壟斷起來的大討論。強硬的有為政策搞到底會出現天下大亂，王莽就是這樣，秦末也是這樣，這都是中央政府強管制造成的。

如果中央政府不管，像東漢末年政府就是不管的，大家知道東漢既沒有修長城也沒有蓋阿房宮，結果東漢政府後來什麼事情都做不成，國家處於一種各地權貴為所欲為的狀態，最後搞到諸侯林立。漢魏之際就是這樣的狀態，最後回到類似於秦以前的那種景況去了，出現了幾百年魏晉南北朝的分裂割據。用我的話講，出現了第一帝國與第二帝國之間的中間期，或者有人說相當於西歐的中世紀這樣一種狀態。東漢是一個所謂「道儒」支配的政府，但最後也導致了嚴重的社會危機。像這樣一種跳不出去的怪圈，其實是中國歷史上不斷反覆的現象，很值得分析。中國後世歷代都有這樣一種源自法儒、道儒的爭論，這並不是自由還是福利的爭論，而是反自由還是反福利的爭論。都是站在君主立場上博弈，「放」給貴族諸侯抑或收歸國家。他們這些反自由者並不搞福利，而反福利的人也是如此，既反福利也不給自由。強調管制的一方主要想管制平民，而強調放任的一方主要想放縱權貴。於是就出現了一種現象，左是老百姓吃虧，右也是老百姓吃虧。

我曾經在一篇文章中給這種現象起了個名字，叫作「尺蠖效應」。[22]「尺蠖」這個詞挺有意思，為什麼叫「尺蠖」？它是一種蟲，一伸一縮好像在丈量什麼東西。這個蟲，英語叫 inchworm，「英吋蟲」，實際上講的也是這個意思。「尺」也好，「英吋」也好，都是好像會丈量的一種蟲。尺蠖一伸一縮，就像我們現在講的一左一右、政策一放一收。但一放一收都是朝着一個方向，都是朝着有利於一些人而不利於另一些人的方向。

第二節　鹽鐵論戰與北宋的「王馬黨爭」

我們現在不妨將視野擴大，把鹽鐵論戰跟北宋中後期的「王馬之爭」做一個比較。北宋的社會危機日趨嚴重，圍繞難以為繼的財政赤字和社會危機，從宋神宗開始，朝中產生了所謂的道儒和法儒關於要不要「抑兼併」的爭論。

大家知道王安石主張抑制兼併，強調一切收歸國有：金融要收歸國有，要搞青苗錢，貿易要由國家管制，要搞市易務。而司馬光則主張不抑兼併，無為而治。後世對這兩個人的評價也是根據政治的變化有所不同，早先歷史學家都説王安石是非常偉大的人，司馬光是個保守派；到了改革開放以後，有些人説司馬光才是偉大的市場經濟的先驅，王安石是鼓吹國家管制的保守勢力。但是我們今天看來，這兩派其實對老百姓都很不客氣。

王安石有一個很著名的觀點，他説歷代的儒家都強調皇上要節儉，反對奢靡，他卻説，皇上為什麼要節儉？天下就是他的，他完全可以「厚自奉養」，願意如何奢靡都可以。天下那麼大，皇上一個人吃穿用度能消費多少啊？為什麼要他節儉呢，用不着的。王安石認為朝廷財政困難不是因為皇上花錢花得太多，而是因為朝廷不會撈錢，朝廷撈錢撈得太少，汲取能力太差，才導致經濟困難。所以他有這樣一種觀點，説關鍵不在於要皇上節儉，而在於要嚴厲打擊「阡陌閭巷之賤人」的發財夢。説社會上最糟糕的是出現了一大批「大農、富工、豪賈」，有一批富可敵國的人把朝廷不當一回事，以為有幾個錢就趾高氣揚得不行。以前只有官員能夠坐轎，他們都得走路，現在他們也牛氣起來了，坐着豪華的轎子，比我們官員的還漂亮。王安石說：「阡陌閭巷之賤人，皆能私取予之勢，擅萬物之利，以與人主爭黔首，而放其無窮之欲，非必貴、強、桀、大而後能。」[23] 他說天下之大害非但不能怪「人主」，連「貴、強、桀、大」即上層統治者都未必要負責，只能怪那些富有的「賤人」，如果朝廷不嚴加管束，「阡陌閭巷之賤人」都能闊起來。而一旦這些人牛氣起來，「與人主爭黔首」，就會和我們朝廷來爭影響力。以前民眾都只認當官的，現在麻煩了，有些人錢多得燒手便自我膨脹，拿當官的不當一回事，認為自己無所不能，比我們還要厲害，這怎麼可以？

所以他說，對這些人一定要從嚴打擊。顯然他要打擊的是所謂「阡陌閭巷之賤人」，而認為皇上怎麼奢靡腐朽也吃不垮國家，甚至連官僚的待遇他認為也無妨提高。[24] 真正的問題在於平民中的富人可惡，他們錢多，國庫的錢就少了。所以皇帝可以窮奢極欲，但是對「阡陌閭巷之賤人」的發財夢要嚴厲打擊，這就是王安石講的「抑兼併」。他曾做過一首著名的《兼併》詩：「三代子百姓，公私無異財。人主擅操柄，如天持斗魁。賦予皆自我，兼併乃奸回。奸回法有誅，勢亦無自來。後世始倒持，黔首遂難裁。……俗儒不知變，兼併可無摧。利孔至百出，小人私闔開。」[25]

可見他罵的還是「子百姓」中的「奸回」和「小人」。梁啟超對王安石有一個評價，說王安石的「抑兼併」實際上是想讓「國家自為兼併」，意即只許我兼併，不許你兼併。大家看看，王安石那一套是不是有點像桑弘羊再世？有趣的是在意識形態上，王安石也是由「儒表法裏」走向「周表秦裏」，他與王莽一樣對包裝為「周禮」的《周官》（其實是「秦官」）特別推崇，搞了一本《周官新義》作為「變法」的依據而列於「二經」之首，於是從神宗到徽、欽，北宋也像西漢從桑弘羊到王莽那樣走向了末路。

司馬光反對王安石。當王安石向皇帝宣傳「民不加賦而國用足」時，司馬光不客氣地指出當年桑弘羊就是這樣騙人的。這也是直接把王安石比作桑弘羊了。司馬光認為，王安石的主張會導致國家橫徵暴斂，而官不應與民爭利。我們知道司馬光曾經講過一句話，說「天地所生財貨百物，止有此數，不在民則在官」。[26] 意思是，王安石你說你會理財，會把財富都搞到朝廷手中，實際上這個財富並不會增加，你所謂會理財，只不過是把老百姓的財富糊弄到了朝廷的口袋裏。那麼，司馬光講的「民」是什麼人呢？

司馬光講的「民」可不是平民百姓，因為司馬光、張方平、文彥博這一派人反反覆覆強調的是：皇上「為與士大夫治天下，非與百姓治天下也」。[27] 我們士大夫不能跟老百姓一樣，作為士大夫是十分神聖的，皇上不能割我們的韭菜，至於百姓就無須顧忌了。所以陸游就曾經針對司馬光這句話做過一個反問：「自古財貨不在民又不在官者，何可勝數？」實際上天下財富既不在中央政府手裏，也不在老百姓手裏，這種現象比比皆是，那麼在誰的手裏？他說「或在權臣，或在貴戚近習，或在強藩大將」，總而言之是在權貴手裏。[28] 所以，司馬光的這種主張其實就是維護權貴階層的利益，不要妨礙權貴聚斂私財。

因此我們看到一個現象，王安石搞的其實也不是福利國家，而司馬光搞的也不是自由競爭，兩派鬥爭產生的是一種「尺蠖效應」。在宋神宗時期，王安石受到重用，但是宋神宗一死便發生「元祐更化」，司馬光就把王安石那一派都打下來了。我們以前從同情王安石的角度認為，是王安石變法失敗了，由此導致了北宋的滅亡。可是要知道，實際上這個說法從政治鬥爭的角度來講是不對的，為什麼呢？因為到了北宋後期，也出現了一種好像是兩黨輪流坐莊的現象，新黨和舊黨兩派交替執政。元祐更化之後不久，新黨捲土重來。宋哲宗親政以後，又立起「元祐黨人碑」，把司馬光這幫人給打下去了，出現了所謂的「紹聖紹述」時期。繼而宋哲宗死後，再次出現了司馬光一派重新站上政治舞台。當然，司馬光、王安石這兩個人當時都已經死了。然而沒過多久，黨派輪替再次發生，最終北宋是在王安石那一派執政的狀態下滅亡的。北宋末年的蔡京、蔡卞這些人，從政治脈絡來說都屬於新黨，用過去的話說，都屬於「改革派」。當然，彼時講的改革派是指強化國家壟斷的改革派，不是像現在我們講的要搞市場經濟的改革派。

兩派的鬥爭產生的是一種「尺蠖效應」：北宋後期新黨和舊黨輪流執政，國家政策就像隻一放一縮的尺蠖，無論如何變化，都只有利於權貴。

這與尺蠖爬行時一收一縮，但只向一個方向移動不是很像嗎？新黨只懂得與民爭利，嚴重損害了「阡陌閭巷之賤人」的利益；舊黨只懂得放任無為，則使權貴得以放手圈錢。國家的「自由放任」只是放出了無數土皇帝，卻放不出一個中產階級；國家的經濟統制統出了與民爭利，卻統不出社會保障。

北宋實際上是亡在王安石一派手裏的。因此，現在經常聽到有一種說法：王安石變法沒有失敗，但是出現了新法變質。老實說，這種變法怎麼可能不「變質」呢？如果不「變質」又能怎樣？難道能指望王安石搞出一個福利國家來嗎？能指望王安石變成一個社會民主黨人嗎？根本是不可能的事。相反，司馬光也不可能變成自由黨。王安石搞的不是福利國家，正如司馬光搞的不是自由市場一樣。不管是王安石還是司馬光，我覺得談不上走樣不走樣。在北宋末年，按照王安石的做法，國家就是管制得很厲害，正是因為強化了國家管制，到了宋徽宗時期才會出現所謂的蘇杭應奉局、西城括田所、花石綱等等。

大家看過《水滸傳》就知道花石綱——國家在全國各地大規模搜刮奇花異石，這個政策就是由王安石的國家壟斷綱領發展出來的。當然，可以說蔡京是一個貪官，王安石是一個清官。的確，僅就個人人品私德講，王安石和司馬光兩個人都很不錯，而且他們雖然政見爭論針鋒相對，但兩個人的私人關係是不錯的。可以說這兩個人都是君子，無論就才幹還是就人品來講都是很難得的人。但是，他們背後這兩黨的爭論，最後陷入了這麼一個怪圈。[29]

我們甚至都不能說，這種爭論還是「儒法」之爭、「周秦兩制」之爭。因為爭論實際只涉及秦制內部的皇帝與官僚權貴（士大夫）間的分配。桑弘羊、王安石維護皇帝，賢良文學與司馬光維護官僚，而秦制下的官僚並不同於周制下的貴族或小領主，他們沒有小共同體，沒有貴族對王權的制約。他們作為皇權的爪牙，只是「民少相公多」中的「相公」。如果只在皇帝和官僚的分配上做文章，而沒有批判秦制，沒有哪怕不是為草民而只是為貴族、為小共同體的維權，那麼這種爭論就無法避免秦制下的「尺蠖效應」，就只是專制主義和犬儒主義、「法儒」和「道儒」的杯水風波，不

僅與平民，而且與「古儒」無關。我們甚至很難說，

這種爭論的無結果是因為兩方或一方是「烏托邦」，因為事實上皇帝增加利益或官僚增加利益都是很現實的。只有改變秦制、恢復周制才是烏托邦，就像幾百年後的黃宗羲、唐甄、呂留良等人對秦制的批判那樣，那些人的追求才真是烏托邦。

曾有人這樣評論「鹽鐵會議」的結果：這次關於商品經濟的論戰，一方是桑弘羊代表的統制經濟取向，一方是賢良文學代表的自然經濟取向，而代表商品經濟取向的平民商人卻是缺席的。因此我們也無法站在商品經濟的立場上對兩邊評判優劣。[30]

這話說得好。但在西漢那個時候，指望資產階級（代表商品經濟取向的平民商人）出台，可能太遙遠了。更確切的評價應該是：在周秦之變末期的這場直接談經濟，間接涉及政治、文化與社會變遷的論戰中，一方是桑弘羊代表的「法儒」，另一方是賢良文學代表的「道儒」，而代表周制的「古儒」——孔孟、子思、孔鮒、「魯諸儒」和轅固生一類人卻缺席了。因此不要說無法站在近代社會的立場上，我們甚至無法站在古儒的立場上對兩邊評判優劣。只能說這次論戰表明，秦制經過不斷進退調整後，已經在「法道互補」「周表秦裏」的框架下大致定型了。

當然，如果從現代立場看，就更加沒法「代入」。這種爭論說破天了，也沒法變化為一種近代意義上對於國家權力和責任問題的真正意義上的左、右派之爭。他們只是站在皇帝和官僚的角度闡發各自的立場並搶奪施政資源，每一方的每一次失敗都會帶來一輪清洗，這種反覆震盪都沒有跳出循環的「怪圈」。現代人切莫有太強的代入感。

註釋：

1 鹽鐵之議召開於漢昭帝始元六年（前 81），桓寬於漢宣帝時整理成冊，即《鹽鐵論》，見《漢書》卷 66《公孫劉田王楊蔡陳鄭傳》，第 2886、2903 頁。

2 參見辛德勇：《製造漢武帝：由漢武帝晚年政治形象的塑造看〈資治通鑒〉

的歷史構建》，北京：生活．讀書．新知三聯書店，2015 年。

3 《漢書》卷 6《武帝紀》、卷 7《昭帝紀》、卷 66《田千秋傳》，第 208-212、217-218、2886 頁。

4 《漢書》卷 68《霍光傳》，第 2934-2936 頁。

5 參閱郭沫若：《鹽鐵論讀本．序》，《郭沫若全集》歷史編第 8 卷，北京：人民出版社，1985 年，第 473 頁。

6 史載：「昭帝即位六年，詔郡國舉賢良文學之士，問以民所疾苦，教化之要。皆對願罷鹽鐵酒榷均輸官，毋與天下爭利，視以儉節，然後教化可興。弘羊難，以為此國家大業，所以制四夷，安邊足用之本，不可廢也。乃與丞相千秋共奏罷酒酤……宣、元、成、哀、平五世，亡所變改。元帝時嘗罷鹽鐵官，三年而復之。」《漢書》卷 24《食貨志》，第 1176 頁。

7 詳閱王利器校註：《鹽鐵論校註（定本）》，北京：中華書局，1992 年。

8 例如，郭沫若：《鹽鐵論讀本．序》，《郭沫若全集》歷史編第 8 卷，第 476 頁。

9 參閱王利器校註：《鹽鐵論校註（定本）》，「前言」，第 1-2 頁。

10 詳閱秦暉：《中國經濟史上的怪圈：「抑兼併」與「不抑兼併」》，載《戰略與管理》1997 年第 4 期；收入《傳統十論——本土社會的制度、文化及其變革》，第 35-47 頁。

11 「大夫」桑弘羊說：「共其地，居是世也，非有災害疾疫，獨以貧窮，非惰則奢也；無奇業旁入，而猶以富給，非儉則力也。今曰施惠悅爾，行刑不樂；則是閔無行之人，而養惰奢之民也。故妄予不為惠，惠惡者不為仁。」《鹽鐵論．授時》，見王利器校註：《鹽鐵論校註（定本）》，第 422 頁。桑弘羊此語本於《韓非子．顯學》：「今世之學士語治者多曰：『與貧窮地以實無資。』今夫與人相若也，無豐年旁入之利而獨以完給者，非力則儉也。與人相善也，無饑饉疾疢禍罪之殃，獨以貧窮者，非侈則惰也。侈而惰者貧，而力而儉者富。今上徵斂於富人以佈施於貧家，是奪力儉而與侈惰也。而欲索民之疾作而節用，不可得也。」

12 錢穆：《秦漢史》，第 198 頁。

13 至少在基於區塊鏈技術產生的數字貨幣（比如比特幣）之前，是這種情況。

14 淮南王劉安的門客有道家有儒家，他們「集體創作」的《淮南子》中也有類似主張。

15 《鹽鐵論・力耕》。

16 《鹽鐵論・通有》。

17 《鹽鐵論・力耕》。

18 《鹽鐵論・力耕》。

19 參閱林甘泉主編：《中國經濟通史・秦漢經濟卷》下冊，第 791-792 頁。

20 《後漢書》卷 51《龐參傳》，第 1688 頁。

21 參閱翦伯贊主編：《中國史綱要》（修訂本）上冊，第 157-167 頁；楊聯陞：《東漢的豪族》，北京：商務印書館，2011 年，第 1-58 頁；王子今：《秦漢史：帝國的成立》，北京：中信出版社，第 263-273 頁。

22 秦暉：《共同的底線》，南京：江蘇文藝出版社，2012 年，第 217-250 頁。

23 王安石：《度支副使廳壁題名記》，載《臨川文鈔》卷 7。

24 《宋史紀事本末》卷 37《王安石變法》：「執政以河朔旱傷，國用不足，乞南郊勿賜金帛。詔學士議。司馬光曰：『救災節用，當自貴近始，可聽也。』王安石曰：『常袞……不當辭祿。且國用不足者，以未得善理財者故也。』」

25 王兆鵬、黃崇浩編選：《王安石集》，南京：鳳凰出版社，2014 年，第 22-24 頁。

26 《蘇東坡集》卷 36《司馬溫公行狀》。

27 李燾：《續資治通鑒長編》卷 221。

28 陸游：《書通鑒後》，錢仲聯、馬亞中主編：《陸游全集校註》第 10 冊，杭州：浙江教育出版社，2011 年，第 109 頁。

29 關於北宋中後期的變法之爭或「王馬之爭」，詳見秦暉：《中國經濟史上的怪圈：「抑兼併」與「不抑兼併」》，載《戰略與管理》1997 年第 4 期；收入《傳統十論——本土社會的制度、文化及其變革》，第 35-47 頁。

30 孫競昊：《鹽鐵會議的歧異與缺憾：兼論中國古代商人資本的性質和歷史作用》，載《歷史教學問題》2010 年第 3 期。

第五章

強國弱民：秦漢帝國的政治制度

第一節　秦漢的鄉里制

大家知道「周秦之變」以後，中國從一個族羣社會變成一個中央集權帝國管制下的「編戶齊民」社會。社會的宗法血緣紐帶疏散零落，國家對社會的控制強化。這種具體的控制模式是什麼呢？就是現在史學界講的「閭里什伍之制」，商鞅變法中就談到了讓人民編為「閭里什伍」，就是把老百姓編制起來，建立一種科層制的管理體系。

其中，最基本的結構就是所謂的「里」。這個「里」按照很多人的說法是「五家為鄰，五鄰為里」，一里為二十五家。當然，這些大概都是比較約莫化的說法。事實上哪怕組織化到現代人民公社的程度，也不可能整齊劃一地按五進制或十進制建立基層組織。但是大致上我們從考古資料中還是可以看到，這個「里」的確是秦漢時代的一個基本的社會組織，「里」雖然大小不一定是像典籍記載的那樣嚴格規劃，但是的確有一個現象，就是早期的「里」都比較精簡，到了東漢「里」就膨脹了很多。東漢的很多「里」，上百戶都有，但是西漢和秦的「里」，一般大致就是在 25 戶左右，或者有幾十戶，相當於後世一個自然村大小。這幾十戶的「里」是一個社會管理單位。

前面我們曾經講過漢代人身份認定就是某縣某里的人，從這個角度講，漢代對「里」的名稱也是有規範的。漢代在一個縣的範圍內應該是不允許有重名的里，但是不同縣重名的里有很多，就像現在每個城市都有解放路、新華街、人民路一樣，但同一個城市不能有幾條街名稱是一樣的。

漢代萬歲里、興漢里、成漢里，這種帶有歌功頌德性質的「里」名，好多縣都有，還有什麼長樂里、永豐里。好聽的名字，古代人叫「吉語」，就是「吉祥之語」，這類詞作為里的名稱是很常見的。還有一種命名里的方式，就是用它的位置來命名，比如市南里、市北里、忠道里、平南里，在市場南邊有一個里就叫市南里，諸如此類。但是有一個現象，就是那個時候沒有或極少有以族姓來命名里的，那個時候沒有張家里、趙家里，沒有我們現在經常看到的，張家村、趙家寨、石家莊、王各莊、龐家堡、趙鎮、沙家店，這種命名方式在秦漢是沒有的，那是宋以後才逐漸流行起來的一種命名方式。可見秦漢時期對即便沒有血緣關係的同姓里也是很忌諱，要刻意迴避的。

這個「里」是怎麼管理的呢？漢代史書對「里」的生活是怎麼回事有幾處記載，這幾處記載看了以後令人印象深刻，因為給人的感覺是，它和我們通常講的五口百畝之家的說法形成鮮明的反差。但是有一點，當時的確存在着把社會科層化的趨勢。像《漢書 · 食貨志》有這樣的說法：「在野曰廬，在邑曰里，五家為鄰，五鄰為里，四里為族，五族為黨，五黨為州，五州為鄉。鄉，萬二千五百戶也」，完全按照五進制乘上來，最後就乘到一萬二千五百戶。這當然是一種大概齊的說法了。

關於漢代的鄉里到底是怎麼一回事，歷史上也是有爭論的。在《漢書 · 百官公卿表》中就有另外一個說法，大致上是「十里一亭」，「十亭一鄉」，有人又說漢代的基層編制是「鄉、亭、里」三級制。可是這個說法僅此一處，我們看到的絕大部分考古材料都是什麼鄉什麼里，很少看到有亭的。因此「亭」到底怎麼回事呢？是不是十里一亭、十亭一鄉？亭是否是鄉與里之間的一個行政級別呢？

比如劉邦是泗水亭的亭長，亭長是個什麼人物呢？是一個比鄉長小、比里長大的「大隊幹部」嗎？這就成了一個疑問。這個問題應該說現在基本上已解決了，因為大址考古發掘的材料已經證明，漢代其實就是在基層行政編制上實行鄉里二級制的，鄉與里之間並沒有一個「亭」。那「亭」是什麼呢？——「亭」並不是一個行政區劃，「亭」是一個負責治安和接待的組織，說白了，就是一個派出所。而且一般是設在鄉一級的。也就是說劉邦是一個鄉派出所所長，並不是鄉長，也不是鄉以下的幹部，用我們今天的話講他在職能部門，亭郵是另外一個系統。鄉里是行政上的安排，亭郵的職責是負責治安和接待，上面官府來人了，要去接待，比如說招待所歸亭長管，有些公家的事由派出所所長來出面。[1]

亭和郵是另外一個系統的組織和機構，當時真正的行政區劃系統是鄉里，里是最基本的。按照《漢書．食貨志》的說法，行政上的每一個級別都相當於漢代二十等爵制的一個爵位，也就是說，級別差異非常明顯。「鄰長位下士，自此以上，稍登一級，至鄉而為卿也。於是，里有序而鄉有庠。」「春，令民畢出在野；冬，則畢入於邑。」春天讓大家出去幹活，冬天農閒了讓大家都回來。「春將出民，里胥平旦坐於右塾，鄰長坐於左塾，畢出然後歸，夕亦如之。」有些人就說這是奴隸制，你看這就像個集中營一樣。如果按照《漢書》的講法，「春將出民，里胥平旦坐於右塾，鄰長坐於左塾」，「里」是有圍牆的，「里」還有門房，就是「里門」，里門旁邊有兩座房子，就是左塾、右塾，兩個「村幹部」分別住在兩邊。[2]

秦漢一些史料表明至少有這種例子：兩個「村幹部」坐在里門的兩邊，老百姓出去的時候，他們開門讓這些人出去，看着這些人頭出去。從上述引文可以理解為好像出民、入民都是要點名的，否則就不需要這樣佈置。里長要負責把大家都弄出去，這是他的責任，要點名，好像不出去，有人在家偷懶是不行的，他要監督里民幹活，點完了名以後他就回去了。這就產生一個問題，如果大家都出去幹活了，「村幹部」靠什麼為生呢？似乎是有某種待遇的。從秦漢的資料看，這些人的確有某種待遇，所以才會有張耳、陳餘為魏名士，「乃變名姓，俱之陳，為里監門以自食，兩人相對」這樣的事。[3] 到了晚上，這些人回來了，里長、鄰長這些「村幹部」又跑出來，坐在兩邊，逐一數回來的人頭，再點一次名，看看是不是有誰逃走了，有誰沒有回來。而且還有規定，「入者必持薪樵，輕重相分」，回來還不能空着手，每人必須扛一捆柴。當然也分強壯老弱不同對待，「輕重相分」，壯年必須捆得多一點，老弱捆柴可以少一點，「斑白不提挈」，頭髮白的人可以空着手，不用去砍柴。

「冬，民既入」，老百姓到了冬天不去幹活了，「婦人同巷，相從夜織」，不是每個人在家裏織布，而是大家都出來在一個公共場所，進行集體化織布。「女工一月得四十五日」，一個月幹 45 天的活，一月只有 30 天，怎麼能幹出 45 天的活？加班加點嘛，「一天等於 20 年」。為什麼她們不能各自在家幹活呢？據説「必相從者，所以省費燎火，同巧拙而合習俗也」，這樣她們可以省下燒火點燈的費用，還可以互相學習，可以傳幫帶、交流經驗，大家的紡織技術都提高了。[4]給人的印象是，這個社會是一個非常軍事化的社會，所以持秦漢奴隸社會説的人就説，看看這種描寫，漢代的人不是奴隸是什麼？他們都是這樣一種受奴役的狀態。

其實我們看到類似説法還有一些，像東漢的何休有一個説法：一「里」不是二十五戶，而是八十戶了，可能反映出東漢的「里」變大了。我前面從考古發掘角度講的確也是這樣，東漢的「里」要比西漢的大。「在田曰廬，在邑曰里，一里八十戶，八家共一巷」，這裏也叫「中里為校室，選其耆老有高德者名曰父老，其有辯護伉健者為里正。皆受倍田，得乘馬」。説這些人國家給他們的土地要比別人多一倍，而且還可以騎馬，這些人都是由國家給他們待遇的。「父老比三老孝弟官屬；里正比庶人在官。」也就是説「里正」是屬於為國家辦事的人，用今天的話説屬於公務員。

下面這句話又和上面是一樣的，「民春夏出田，秋冬入保城郭。田作之時，春，父老及里正旦開門坐塾上，晏出後時者不得出，暮不持樵者不得入」。又是這兩個人像哼哈二將一樣坐在門口，這些人都得出去勞動，遲到者就要關禁閉了，就不讓你走，你必須按時出去，如果出去晚了，這個門就會關閉，無法出去了。而不持樵者不得入，不打柴者不讓進來。「五穀畢入，民皆居宅。里正趨緝績」，「生產隊幹部」監督婦女要紡織，「男女同巷，相從夜績，至於夜中」，必須每天紡織，幹到晚上十二點鐘。所以「女功一月得四十五日作，從十月盡正月止」。[5]這又是一種説法，與之前的大同小異了。

秦漢時代的很多名詞也和閭里有關。陳勝吳廣被認為是閭左，閭左實際上是和閭里有關的。那麼漢代的閭里是怎麼回事呢？有很多材料把它描述成了組織很嚴密的一種基層單位，像我剛才提到的《漢書．食貨志》的說法、東漢何休的說法，以及《管子》中的說法。大家知道，管仲本人是春秋時期人，但是《管子》這本書，絕大部分研究者傾向於並不是管子本人撰寫的，一些人認為是戰國時期的著作，也有很多人認為其成書於西漢。《管子》中的很多篇章也的確顯示出它和西漢是有關係的，先秦諸子著作中很多都有這種問題。[6]

《管子》中也有這樣一段描寫：「十家為什，五家為伍，什伍皆有長焉」，十家有一個什長，五家有一個伍長，都是有組織的。「築障塞匿，一道路，博出入，審閭閈，慎管鍵。管藏於里尉，置閭有司，以時開閉。閭有司觀出入者，以覆於里尉」[7]，這裏講的也就是我上面講的那種情況，一個居民點是有城牆的，大家都從這個閭門即里門進出。里門是有看守的，進出都在監督之下，大門是定時啟閉的，早上打開，到了晚上就要關上。「管鍵」是鑰匙，要保管好，保管在哪裏？「管藏於里尉」，「里」的鑰匙藏在里尉手裏。「置閭有司，以時開閉」，說有人管這個事情，按時開門，按時關門。「閭有司觀出入者，以覆於里尉」，早上打開門，大家出去，晚上大家進來，有人清點了以後向里尉報告，說今天出去了多少人，所有人都出去了，還是有些人沒有出去，都要報告；晚上回來了又要報告，說今天回來了多少人，全部都回來了還是有逃掉了的，每天都要向里尉報告。「凡出入不時，衣服不中，圈屬羣徒，不順於常者，閭有司見之，覆無時。」[8] 如果他看到遲到早退的，穿衣很不禮貌的，比如說打赤膊的，對各種命令和規定不遵從的，看門人看到這些，可以隨時向里尉彙報，無論在什麼時候都可以彙報。總而言之，從文獻記載我們可以對於漢代的閭里制度有一個大概了解。

如果何休註和《管子》不能算是漢代的直接史料，那麼張家山漢簡《二年律令》的出土，則讓我們看到上述內容不僅是漢代的實際情況，而且是寫入法律條文的內容：

> 自五大夫以下比地為伍，以辨券為信，居處相察，出入相司。有為盜賊及亡者，輒謁吏、典。田典更挾里門鑰，以時開;伏閉門，止行及作田者；其獻酒及乘置乘傳，以節使，救水火，追盜賊，皆得行，不從律，罰金二兩。[9]

如果我們僅僅看《史記》《漢書》，裏面記載的官署的確比較簡單，但實際上當時統治機構的複雜性遠遠超過人們的想像。漢代與「里」有關的官銜非常複雜，而且這些官銜現在都有具體的印文，我們現在對漢代的「里」，什麼里唯、里祭時、里祭酒等説法，很多並不是從《史記》《漢書》中得知的，而是從漢印封泥上了解到的。[10]

長期以來關於漢代的考古發掘，我們對兩類東西很關注，這就是在考古發掘中出土的各種各樣的官印以及印章蓋的封泥。當時很多文件要保存，不能讓別人拆開。大家知道當時的文書不是紙，而是竹簡，竹簡寫好以後把它捲起來用繩子捆紮，某某級的領導自己親閱，是加密的。現在加密可以在信封上貼一個封條，蓋一個封印章 —— 希臘－羅馬考古，封印章就是一大門類 —— 一拆就知道有人偷窺機密或者在搞破壞。當時也有這樣的制度，但是那時沒有信封，章也不是蓋在紙上的，蓋在什麼地方呢？在竹簡上寫好了以後，用繩子一紮，把繩子打幾個結，在結上捏一塊泥巴，泥巴上蓋一個章，這就等於是密封了。如果有人要拆開這個竹簡就得把封泥破壞，一毀壞收發文件的人就知道文件失密了。

大家知道公章只有一個，但封泥可以有很多，每一個公文都要蓋一個東西，因此封泥被發現的概率比官印本身要高。很多秦漢墓葬裏有印章，或者有封泥。漢代也經常有一些物品，尤其是墓葬中的一些箱子或簡牘上往往打有封泥，現在有些印章已經看不到了，但是封泥在出土文物中還可以看到。

我們已經發現了大量秦漢時期的官印和封泥，從中發現當時有大量以前我們不知道的基層官吏名稱。封泥和印章上有很多官銜，與「里」有關的頭銜實在是太多了，比我們在《史記》《漢書》中看到的要複雜得多，有單祭尊、單祭酒、里祭尊、父老、里唯（有人說就是里魁，也就是里正），還有平政、穀史，等等。這些官印和封泥給我們展示了一種複雜的、非常讓人驚奇的基層管理體制。[11]

這些單祭酒、祭尊、父老、里魁、穀史、平政到底具體管什麼事？很多人做過研究，大致有這樣的說法。一說那個時候漢代對基層的管理，從行政上來講有縣、鄉、里三級。鄉一級的官吏在正史中有嗇夫，超過五千戶的大鄉則叫作「有秩」[12]。秩是工資級別的意思，百石、千石、兩千石、斗石小吏之斗石，叫作「秩」。[13] 什麼叫「有秩」呢？「有秩」就是國家給他發工資。曾經有人說中國的官吏只到縣一級，縣以下是沒有官吏的，這個說法至少在秦漢顯然不對。嗇夫（大鄉又叫作「有秩」），從名字可以看出是從國家那裏得到報酬的。

除了有秩、嗇夫以外，鄉級官吏還有三老、遊徼、鄉佐（相當於副鄉長）、還有鄉亭部吏。鄉下面是里，我們看到的官印中有「里唯」這個名稱。

世界上所有的文字最早都是從音發展而來的，西方的拼音文字是這樣，中國的漢字其實也是這樣。早期的漢語，同音必定同義，音和義是不分的，越到後來，同音義異的現象越厲害，以至書面語和口頭語的差別也越來越大，現在的同音字意思可以完全不相干，但早期往往不是這樣的。漢語的發展趨勢在這一點上和西方語言有點不一樣。因此很多人認為「里唯」就是「里魁」，也就是「里正」。[14] 除里正外，當時還設有里父老、里佐、里治中等官吏。[15] 基層要供養的官吏真不少。

漢代還有另外一套系統，在基層就是亭郵，管治安、傳遞信息、接待上級幹部，類似於現在的派出所加郵電局再加招待所，但是這個招待所是內部招待所，只接待官員不接待老百姓。[16] 這個系統在縣裏的長官就是所謂的「尉」，除了縣令以外還有「縣尉」，是分管治安的。在鄉里是「遊徼」。遊徼下設亭，亭也有一堆官，如亭長、亭侯、亭佐，還有一個求盜（專職管治安的）[17] 因此有人認為當時存在與縣令並行的縣尉、遊徼、亭、郵聯繫的治理體系，這是一套情治和信息系統。現在一個縣裏面有 4-7 套班子，而那時一般有 4 套系統。

當時，還有一個祭祀系統或者說是崇拜系統。漢代的一些記載中曾多處提到所謂的「公社」[18]一詞，這個詞一直延續到後來就是我們講的人民公社的「公社」。古漢語中已經有這個詞，它指的是什麼？大家知道，所謂「社」就是一個廟，也即一個祭祀的場所，而且主要是土地廟。「社」字，左邊是表示祭祀的「示」，右邊是「土」，因此「社」就是土地廟。夏商周三代時祭祀中很重要的兩個內容：一個是祭祀土地，一個是祭祀農業神，就是專管糧食作物的穀神。穀神就是稷，土地神就是社，合在一起是「社稷」，「社稷」作為國家的代稱，比如「江山社稷」，亡國了叫丟了「社稷」，可見當時意識形態和祭祀也是國家管理的重要內容。而祭祀從中央到地方也有一套體系，如果信仰、祭祀、崇拜，我們都可以叫作意識形態的話，那麼整個這一套部門也可以說對口那個時代的宣傳部門，上級有這一套東西，在下面的基層也有這一套東西。

很多人認為漢代文書中講的「公社」，一般講是設在鄉一級的，而且是屬於國家規定應該設置的，這不是民間信仰，而是官方規定的信仰。這個里社在一些漢代史書中又叫作「置社」「書社」或者「社彈」。關於「彈」，我後面還會講到，也是最近幾十年來秦漢史研究中人們討論比較多的一個概念。[19]在里一級，「社」也有一個管理人員，叫作「社宰」，負責安排祭祀，以及祭祀完了後負責處理祭品。大家可能都知道有這麼個故事，陳平當年是一個里社宰，在鄉里有一定的威望，原因就是每次祭祀完以後，他分祭肉分得比較公平，因此大家認為他是一個比較公道的人。[20]

我們從官印和封泥中看到最多的官吏名，出自一種組織「單」，這個字在史籍中又被寫成「僤」「彈」，單、僤、彈人們認為是一回事。這個「單」到底是什麼呢？史籍中記載得很少，但是我們發現了大量有關單的官印和封泥，裏面提到「單」下面的名堂，可以說非常之繁複。這個單也包含祭酒或者祭尊，按照已故國家歷史博物館前館長俞偉超先生的說法，祭酒和祭尊應該是一回事，都是首領的意思。此外還設有「三老」，「三老」從名稱上看應該是三個人，而我們現在從封泥上看有所謂的「左父老」和

「右父老」的說法，也就是說所謂三老可能是幾個父老的總稱。而這個父老並不是宗法意義上輩分高的人，而是國家安排的一種職位，在單一級有父老，叫單父老，在里一級也有父老，叫里父老。俞偉超先生曾經指出，漢代基層設置的這些官吏往往在名稱上和上級官吏是對應的。比如說我們現在中央有總書記，省委有省委書記，市委有市委書記，縣委有縣委書記，一直到村裏還有黨支部書記，都叫書記。秦漢時代也有這樣的現象，比如郡有一個郡尉是管治安和軍事的，縣一級有縣尉相當於縣武裝部長或者縣公安局長，一直到鄉、里，都有這個設置，漢代的「單」也有尉，而且有人還發現這個「尉」下面還管轄着一些人，這些人叫作「百眾」。「百眾」是什麼人？我想大概是當時的民兵，或者用我們以前的話來講叫作團練、民團。

除了尉以外，還有一些官是上級有這個稱呼，下面也有這個稱呼，比如長史。大家知道在漢代，郡縣都有長史，里單也有長史，長史一般來講是主官的副職，比如郡裏面的長史就是郡守的副職，用現在的話來講就是副郡長。在里中也有這個職位。還有穀史，現在發現的封泥還有所謂的穀左史、穀右史的分別。穀史管什麼？有人說是管理單倉庫的，相當於我們現在的集體倉庫保管員。[21] 總之，有一系列非常複雜的設置，這是在單一級，這一級和我們前面講到的行政系統、情治系統、信息系統、意識形態系統是平行的，有人稱之為「民政社會系」，可見當時這種組織應該是比較嚴密的，並不是通常有些人講的所謂的「皇權不下縣」這樣一種模式。

我想大家都有疑問，秦漢時代生產力水平並不是很高，養得起那麼多吃閒飯的幹部嗎？如果按照秦漢時代「里」的規模，大家知道一個里不過就是幾十戶、上百戶，「里」這一級行政上要有里唯、里父老、里佐、里治中。在情治信息系統又要有一些人在郵裏頭任職。意識形態系統，要有社宰，還要有這麼一大堆幹部。里和單應該是同一級的，不過一個是行政，一個是民政，「單」還有那麼多的稱呼，加在一起，在幾十戶乃至上百戶的一個居民點裏頭，各種各樣的職位加在一起有幾十個，這可能嗎？所以我們認為，像這樣的設置大概不可能全部設齊，或者會一人兼數職，但是從理論上講，漢代在基層的管理體制已經具有了無所不包的功能。

像我之前講的問題，漢代老百姓真的是集體出工、集體收工嗎？而且出工、收工還要由領導點名，有這樣的制度嗎？從理論上講，國家是能夠做到的，只是國家在認為不需要的情況下，也可以不做。比如說要抓大家去修長城或者服勞役，完全能夠做到監督到個人。如果僅僅去種自家的「責任田」，也可以不那麼認真。對於這些設置，至少我個人是這樣理解的，政府可以安排這麼多的職位，但是在一般情況下實際上不會把它們都安排滿，也就是說，幾套班子開足馬力運轉的飽和度可以不高，或者人員上有重疊，可以兼任，像祭司、祭酒、穀左史、穀右史之類肯定不會天天都有活幹。但它足以反映當時政府對社會的控制能力。

這麼嚴密的控制其實就是為了維護皇權。可是我們知道，天底下沒有一種制度是可以「永垂不朽」的，任何一種基於皇權安全的設置，都不可能讓統治者完全放心，也不可能消除皇權面臨的一切威脅。這也就是兩千多年來中國一直是治極生亂、亂極生治，分久必合、合久必分的原因。秦始皇自認為他是始皇帝，要傳帝位於一世、二世乃至萬世，結果只傳了二世，秦就亡了。以後也沒有一個朝代能夠「千秋萬歲，長樂未央」——這是漢代宮殿瓦當上經常有的話，漢代長安最大的兩個宮殿就叫長樂宮和未央宮。

沒有一個朝代能夠做到這一點，道理很簡單，統治者對什麼人都不放心，但是又不能什麼事情都親自管，因此他在設置官僚機構的時候按照法家的觀點，就要強調「術」（權術），所謂的「君人南面之術」，要保證君主大權獨攬，又要保證行政系統操作的可行性，「既要」「又要」模式是有歷史傳統的。因此，就造成了中國兩千多年來出現一些周而復始的怪圈，而其源頭就在秦漢時代。

秦漢時代作為我們歷史上的第一帝國，很多制度建設、制度安排以及這些制度安排要針對的問題，乃至雖然想針對但是又無法解決的問題，一直遺留了兩千多年。每一個朝代都似乎能看到似曾相識的局面。

第二節　「五口百畝之家」與「閭里什伍之制」：規定與現實

秦漢鄉村社會景觀，人們談得比較多的是兩個概念，一個是「五口百畝之家」，這講的是獨立家庭經濟，說每一家都是自給自足的。研究秦漢史的人經常張口就來，頗有點桃花源男耕女織的景象。但是同時又有很多人談「閭里什伍之制」，感覺就像一個軍營，甚至像個勞改營。這兩種景象怎麼才能統一起來呢？

現實生活很可能介於這兩者之間，或者說新朝新政伊始管束嚴苛，到了王朝末年社會動盪時期便會鬆弛下來。西漢的經濟、西漢的社會，毫無疑問基本單元是家庭，還特指的是小家庭。大家知道法家制度是不允許大家族、大家庭存在的，「民有二男以上不分異者，倍其賦」，很多跡象表明不僅秦有這個規定，漢大致也有類似的規定，包括不許族居、也不存在「率族而動」的現象。秦漢時代是實行小家庭制度的，這可以說是中國兩千多年以來不變的一個現象。

有人老認為古代的家庭都是幾代同堂的，那是政府表彰的一些非常少見的案例，而且通常都有官府信得過的身份。尋常人家如果有「百室合戶」「千丁共籍」的凝聚力，那你想謀反嗎？除非是亂世，官府管不到，否則是不允許的。一般來講百姓都是小家庭。但是小家庭是否都是五口之家？是不是一定有百畝土地？當然不一定，不必百畝，但是秦漢時代有所謂的「名田宅」制度，也就是說大部分人都有自己名下的土地，這個土地如果按照當時的觀念，是國家分給他的。但這個所謂國家分配土地，也不知道是哪一代的事，很可能是一種說法而已。[22] 不過，大部分人都還是有土地的，雖然不一定是一百畝，家庭也不見得都是五口，就像所謂的「什伍之制」，不一定那麼嚴格按照十進制、五進制規劃。但是有一點，漢代朝廷對基層社會的控制還是比較嚴厲的。以前一直流行一種說法，說傳統的政治制度非常寬鬆，國家只管到縣城，縣城以外是自治的鄉村，所謂「皇權不下縣，縣下皆宗族，宗族皆自治」。我覺得從明清之際到晚清民國也許有這種現象，但那是「亂世」。在秦漢時代，在非亂世的情況下，從我們看到的材料綜合分析，當時政府對基層社會的管理還是相當嚴厲的。[23]

儘管平時閭里未必就像疫情時期一樣，嚴管出入，也未必要點名，但是可以肯定當時朝廷如果需要，是可以對閭里中的居民進行調遣的。按照商鞅的說法，當時的人口管理是「為戶籍相伍」[24]，「四境之內，丈夫女子皆有名於上，生者著，死者削」[25]，說當時有一套比較完整的戶口制度，所有人，不分男女，都有嚴格的戶籍登記，出生了就登入，死了就刪除。這個做法的目的是「使民無得擅徙」。[26] 任何人不得隨便搬家，「行間無所逃，遷徙無所入」，[27]「奔亡者無所匿，顛徙者無所容」。[28] 就是不能自由遷徙。這「不能自由」可以從兩方面理解：如果未經官方同意，個人不能遷徙；但是官方如果要遷徙，你也不能賴着不走。秦漢時期國家不斷地搞大規模的移民，不管是秦還是漢都曾經從關東大量移民關中，又從關中移民西北，像河西四郡，像北方的五原、朔方，也就是現在的河套地區、河西走廊地區，都曾經有過整批量的調撥移民，完全是官方行為。

從漢代的歷史看，移民對民間對個人都是大破壞乃至恐怖至極的事，可想而知，一個家庭在一處落地生根、開枝散葉，生地種成熟地，總要積累點家當，有些罈罈罐罐。現在都有「搬三次家等於失一次火」的說法，何況是政府強制移民遷徙。東漢末的王符就曾經講過當時的強迫移民景象。當時的人，國家不讓遷移，個人如果移動就要受到懲罰，國家強制讓你移而你不移也要受到懲罰。也就是說，個人是沒有遷徙自由的，當然也不能拒絕被迫遷徙。

王符說「民之於徙，甚於伏法」，說強迫遷徙對老百姓來講是天大的災難，甚至比抓住殺頭還要可怕。「伏法不過家一人死耳」，伏法不過就是一個人被殺了頭，全家還不致完蛋，但是遷徙就不一樣了，遷徙的結果是，「諸亡失財貨，奪土遠移，不習風俗，不便水土，類多滅門，少能還者」。遷到一個完全陌生的新地方，很多人都陷於絕望的處境，很少人能夠生還，移民的死亡率相當高。因此當時的老百姓對這種強迫遷徙是非常恐懼的。每當朝廷下令遷民的時候，就要「至遣吏兵，發民禾稼，發徹屋室，夷其營壁，破其生業，強劫驅掠」，派一幫武裝拆遷隊，把百姓的莊稼都拔了，把百姓的房子都平了，然後把人趕走，而且是強行押解出去。這時候老百姓的反應，王符說：「萬民怨痛，泣血叫號，誠愁鬼神而感天心。」[29]

秦漢時代的社會絕大部分居民點都是在圍牆之中。鄉村是這樣，城裏又是怎樣的呢？是像電視劇裏熙熙攘攘，馬車人流不斷，商賈店舖綿延嗎？其實秦漢時代的都城基本上都是所謂的「宮城」。什麼意思？城裏頭大量居住的不是一般老百姓，城牆裏頭的主要建築也並不是民居，那個時候的城包括像長安這樣的首都，某種意義上相當於明清以來的紫禁城，就是城裏基本上都是宮殿。我們看到現在的漢長安 80% 以上的建築區域都是宮殿區，包括長樂宮、未央宮、桂宮、北宮、明光宮，等等，除了這些宮殿以外，其餘的地方有一大片還是政府的辦公區，也就是所謂的官署區。大白話說就是，長安城要麼是宮殿，要麼就是機關大院，居民區佔的地方很少。與現在電視劇描寫的場景大相徑庭。

漢長安據說有「九市」—— 九個市場，交易還是比較活躍的，但是漢長安的九市到底在什麼地方，一直是後人研究的一個難題。因為漢長安本來就不大，現在通過考古發掘知道絕大部分地方都是宮殿和官署，所謂的九市在哪裏就成了一個問題。現在很多人傾向於認為，漢長安的九市至少有相當一部分是在城牆外面的，漢長安的一些居民尤其是老百姓往往居住在城外。後來的東漢洛陽也有這個特徵。[30] 一直到明清都有這種現象，關廂 ——「關者城門也，廂者側也」，往往是很熱鬧的地方，甚至比城內還要熱鬧。

漢長安的商業，似乎比隋唐長安還要活躍，市場也比隋唐長安（只有「東西二市」）更多，有人就說，這些活動主要是在城外進行的，一直到隋唐這個格局還是保留的，中國城市在隋唐以前的景觀和宋以後截然不同。隋唐以前，城裏基本是宮殿和衙門，在隋唐兩代，城裏頭有了比較多的居民區，但是那時居民區和閭里什伍之制類似，也是有圍牆的。[31]

總體來講，一直到整個隋唐時期，中國城市的城牆裏面基本上是一個個擁有高牆的大院子，叫作「里」或者「坊」。其實就是一個大城裏套着一堆小城。而且當時的老百姓是不能夠把房屋建在臨街的，不能臨街開門窗，必須建在坊內。

因此當時城市的景觀和宋代很不一樣，進了城可以看到筆直的馬路，馬路兩邊基本上都是高大的坊牆，看不到民居，要走很遠很遠才看到有一個坊門。而且這個坊門早上日出後打開，下午日落前就關上。在門打開之前或者關上了以後，大街上根本沒有任何人，就像宵禁一樣。[32] 不是人們想像的人頭攢動、商業繁榮、酒肆遍佈。

秦漢時代，這種狀態就更突出，城市裏頭連居民居住的坊都比較少。那時，無論城鄉人口，政府都實行比較嚴格的管制政策。其中很重要的一項就是所謂的「八月算民」之制。[33] 什麼叫「算民」?「算民」就是檢查戶口，核對人口。按照晉時的規定，老百姓要繳納人頭稅，這個人頭稅是一個會計單位，所以叫作「一算」，老百姓交的東西叫作「算賦」，實際上就是戶口稅。所謂「算民」就是清查戶口。具體的檢查過程叫作「案比」，也就是把戶口簿攤開在桌子上，把所有的居民都叫來逐個核對。核對後，登記下來就是所謂的名籍名數。一場大亂或災荒發生後，老百姓流散，史籍中往往就叫「浮游無籍」「不書名數」，就是在戶口上沒有登記，「黑人」「黑戶」「盲流」。每年造成戶籍以後，要層層上交，一直送到中央。中央把這些戶籍等資料都集中起來，這個過程叫作「上計」。[34]

「二十四孝」中有一個江革，被稱為「江巨孝」。江巨孝具體的孝順是怎麼表現的？漢代的規定是每年到八月，一個縣境內的老百姓，無論住在哪個偏僻角落，不分老幼都必須跑到縣城去，由縣衙點名核對戶籍。每一家都要全家人到縣裏按時報到，縣裏頭有關的官吏就拿着戶口核對，張某在不在，李四在不在，張某死了就要刪除，李四出生的孩子還沒有報就要登錄。每年八月都有這麼一個固定不變的核對手續，而且這個過程，是相當勞民擾民的。因為要求所有老百姓都必須到縣裏，而不是縣裏派人下去調查。據說江革這個人對母親很孝順，八月算民的時候，母親年紀很大了，江革就害怕用牛拉車，因為路況差加之牛不通人意，會比較顛簸。書上記載，每次八月算民時他都不用牛馬拉車，而是自己拉着母親坐的車到縣裏去，意思是他很體貼，會有意識地避開坑坑窪窪，讓母親儘量少受顛簸，少吃些苦頭。[35] 這個故事也表明當時的「八月算民」執行力度之嚴格，「一個都不能少」，老弱病殘都得去。

現在還保留下來一塊漢碑，是有關穀城縣令張遷的。大家知道「張遷碑」很有名，名氣大在書法上。張遷碑被認為是漢隸第一碑，是我們現在保留的隸書書法碑帖中最有名的。且不論書法，這碑其實還是珍貴史料。《張遷碑》中有一項說張遷「八月算民，不煩於鄉，隨就虛落，存恤高年」。意思是說張遷這個縣長的確關心老百姓的疾苦，採取了一項改革，每到八月算民的時刻，不是讓老百姓到縣城，而是自己率領縣裏的幹部到鄉下去清點戶口，為的是「存恤高年」，不讓這些老弱病殘走路太辛苦。這句話也表明，「八月算民」執行起來絕不馬虎，大部分情況下是老百姓必須到縣裏來點卯，碰到張遷這樣的人民好幹部，他就會主動下鄉。但這就是一樁很了不起的仁政，必須在碑刻上大加讚頌。

按照《管子》的說法，國家對老百姓管理要嚴格。國家必須「塞民之羨，隘其利途」，每個人幹什麼事國家必須要有所管制，不能讓這些人自由打工，隨意謀生。所謂「隘其利途」，就是對這些人的收入途徑要給予鉗制約束。目的是通過制度設定，實現「予之在君，奪之在君，貧之在君，富之在君」。皇帝要百姓幹什麼，百姓就得幹什麼，你的東西都是皇帝給的，皇帝如果不想給，他就可以拿走，韭菜哪有不給割的道理？皇帝要你窮你就窮，皇帝要你富你就富，所以皇帝就有了至高無上的權力。「民之戴上如日月，親君若父母」，[36] 實際上這講的是漢代的社會管理。

第三節　唯上、弄權、枉法的酷吏與循吏及豪強

對於治理老百姓，秦漢時代的人們經常有各種各樣的說法，其中司馬遷的《史記》中就提到了兩個概念，一個叫作「循吏」，循循誘導的「循」，也就是遵循儒家道德觀念，比較強調用教化來治民的這些官吏；一種叫作「酷吏」，所謂酷吏是強調嚴刑峻法，冷酷鐵腕，類似於項目組上「手段」搞逼供信的人。除了循吏、酷吏以外，當時還有一些非官方的「地頭蛇」，他們是本地產生的或者我們稱之為體制外的精英，這些人在當時的史籍中叫作「豪強」，用現在的話說，是國家「打黑」的目標。「豪強」這個詞在秦漢時代史料中經常出現，而且帶有強烈的貶義性。在秦漢時代，對「豪強」的貶義要超過「酷吏」。

我們通常講循吏相對而言是比較儒家化的，他們往往強調要用道德觀念來維護社會秩序。從我們現代的法治觀念看，提倡靠善人來維持秩序，這是一種人治。現在講的法治要以法律為準繩。如果以「道德掛帥」，講倫理中心主義，就要依靠賢人來進行治理，所謂賢人就是好人、善人。如果寄希望於他們來治理社會，當然可以說這是一種人治，而不是法治。在秦漢時期誰是主張法治的？以前有一種說法，認為酷吏代表法家那一套，強調用法而不是用禮、用德來治理社會。因此有些人說，這個酷吏或者法家更接近於現代社會所講的法治概念，而儒家就是主張人治的。

說儒家主張人治應該沒錯，儒家絕沒有現代意義上的法治國家的思想，在那個時代肯定是沒有的。但我們在邏輯上不能說，賢人政治屬於人治，因此只要不是賢人政治就是法治。我們也不能反過來講，所有的人治都是道德至上、倫理中心的，更不能說只要不講道德就是秉公執法。這是兩個不同的概念，但是並不是反義詞。

實際上，所謂的酷吏、所謂的法吏，不是以倫理為中心的，不是道德掛帥的，但必須強調，他們的治理不是以法律為準繩，也不是提倡在法律面前人人平等的。所謂酷吏，實際上是一種權力中心主義的法家政治觀，強調的是對權力的壟斷。這種對權力的壟斷與強調道德其實都屬於人治，

但是酷吏對法治的破壞作用確切地說是對建設法治的阻礙作用，應該說要比倫理型的儒家人治更勝一籌。

我們清楚現代意義上講的法治是什麼。其實現代意義上的法治，說穿了就是以人權為基礎的一種法律秩序，每一個人都有他的合法權利，應該得到保障。法律就是為了保障人權的，因此，法律對社會上的每一個人都構成約束，之所以約束就是因為害怕有人侵犯別人的權利。那麼誰最有可能侵犯別人的權利呢？就是那些有權有勢的人。法治首先要限制誰？首先是要限制政府，限制有權胡作非為的人。至於限制老百姓，那是次要的事。

但是秦代的法家不是這樣。我前面已經從理論上澄清了所謂法家主張「王子犯法與庶民同罪」、法家「守法」、法家雖然殘酷但「惡法亦法，勝於無法」、法家的性惡論有利於法治，等等，都是完全沒有根據的奇談怪論。秦代法家講的「法」治就是我前面講的——「法、術、勢」，主要是管老百姓的，不是管皇帝的；是維護皇權，而不是維護人權的。與現代法治精神恰恰相反，法家只講權力（power），不講權利（right）。因此不僅皇帝是不受制約的，任何有權者對於無權者都是不受制約的。法家的做法可以說它是不講道德的，但絕不能說它是講法律的。更準確地說，它只講「權力意志」，是靠赤裸裸的無限權力來進行治理的。

一直以來，史學家認為漢代的吏治體現了儒法兩種傳統，法家的傳統就是酷吏，而儒家的傳統就是循吏。而且曾經在一個時期，比較有代表性的一種觀點認為，循吏以道德治理是比較落後的人治，而酷吏以刑法治理，雖然不是近代意義上的法治，但是卻包含了一些近代意義上法治的因素，比儒家要進步。這種說法尤其在 20 世紀 70 年代非常流行。[37] 但是自 20 世紀 90 年代以來的一些學者，像研究漢代司法制度的于振波先生，提出了一些不同的看法，他認為如果從現代法治的眼光去衡量，法家比儒家距離法治更遠，反映在漢代的吏治中，就是酷吏比循吏要離現在的法治更遠。[38]

漢代的「酷吏」不完全是一個貶義詞，所謂「酷吏」其實就是公事公辦、不講人情、執法嚴苛的一類官員。就個人品格而言，他們有廉有貪，但是不管貪腐還是清廉，「酷吏」的一個主要標誌是，為皇上辦事非常幹練強硬。如果為皇上辦事手段強硬的同時又給自己撈好處，那就是貪腐的酷吏；如果為皇上辦事嚴格用權，而自己又潔身自好不圖私利，這就是所謂的清廉的酷吏。但不管怎樣，他們都是酷吏。這種執法嚴苛的酷吏在漢代的史書中又叫作「文深」「文惡」的「文法吏」或「文吏」。[39]

「文法吏」所具備的主要素質就是一切按照上面的意志辦事，專心事主，唯權是趨，不受到任何道德良知的約束。韓非曾明確講，「人臣毋稱堯舜之賢，毋譽湯武之伐，毋言烈士之高」，不要講什麼理想道德，不要有什麼聖君明主的觀念，不管皇上聖還是不聖、明還是不明，只要辦案者「盡力守法，專心於事主者，為忠臣」[40]。不管上面交代的事做得對還是不對，只要上面怎麼說你就怎麼做，那你就是忠臣。因此，韓非提出一個觀念，叫作「無先王之語，以吏為師」[41]。什麼叫「先王之語」？所謂先王是古代傳說中堯、舜、禹、湯等賢明君主，儒家老是講這一套，而且用這一套衡量來自上面的旨意。如果來自上面的旨意是合乎聖賢之道的，就說是好的主張，我要貫徹。如果上面的主張和聖賢之道不符合，就說我要從道不從君，上面的規定是錯的，我不能執行。

按照韓非的說法，主觀能動性強，這怎麼能行呢？像這樣的官就不是好官，考察官吏的話這樣的人就不能用，我們只要求這些官吏服從命令，照章辦事，貫徹上面的意圖，像 AI 一樣服從指令。至於上面的意圖對不對，是不是應該有自己的價值判斷，這並不需要執行者思考。執行者不要有什麼價值判斷，也不需要有什麼善惡是非這一類觀念，只要嚴格執行皇上命令、執行上級指令，滿足皇上的意願，那就應該是人們引以為師的文法吏。

漢代雖然在漢武帝時期聲稱「尊寵儒術」，一直到後來的宣帝時代，按照《漢書》中的說法是「所用多文法吏，以刑名繩下」[42]。一直到東漢的光武帝、漢明帝，都是號稱「無任文法」。[43] 漢儒董仲舒雖然被認為是促使漢武帝獨尊儒術的代表，被認為是秦漢新儒學的典型，但是董仲舒在吏治方面的言論卻和法家差不多。他也主張「名責實，不得虛言」，「不能致功，雖有賢名，不予之賞；官職不廢，雖有愚名，不加之罰」[44]。什麼意思呢？就是說某人雖然是賢人，老百姓都說你好，但是你不能為皇上立功，那麼我就不能賞你。相反的，即使有人沒有賢名，大家都說你刻薄寡恩，心狠手辣，但是你能夠為皇上認真辦事，這也不能處罰。尤其在漢武帝時期，一方面號稱是崇儒、獨尊儒術，但是另一方面漢武帝恰恰是任酷吏、嚴刑法，「緩深故之罪，急縱出之誅」，任用酷吏，大搞嚴刑峻法。這個時候酷吏開始氾濫。按照班固的說法，「自是以至哀、平，酷吏眾多」，從漢武帝以後直到西漢末期哀、平時期，酷吏眾多，即漢武帝以後的西漢後期，當時官吏是以嚴酷、嚴厲為風尚的。[45]

那時候的一個特點是「上下相驅，以刻為明；深者獲公名，平者多後患。故治獄之吏皆欲人死，非憎人也，自安之道在人之死」。[46]意即所謂「深刻」是當時的時尚。我們知道「深刻」現在是指見解不淺薄，有想法有洞見，但在古漢語中，秦漢時代「深刻」這個詞的詞義和現在不同，那個時候的「深刻」就是絕不姑息、從嚴打擊的意思。把可殺可不殺的堅決殺掉，就叫「深刻」，而可殺可不殺的不殺，這就叫「平」，比較溫和、平緩。就是說即使太過於「深刻」，打擊面擴大，濫殺無辜，這雖是罪過，卻是一種比較輕微的罪過，如果有漏網的就是大罪。當時吏治上通行的風氣是寧可錯殺不能漏網。奉行「上下相驅，以刻為明」，如果執法者嚴刑峻法就會得到表彰，但是如果心慈手軟，手下留情，就可能受到指責乃至制裁，所以「治獄之吏皆欲人死」，獄吏拿不到他們想要的證據就往死裏整，不信你不招。於是這些官吏判案都是強調從重從嚴，強調多殺人，可殺可不殺的殺。

為什麼酷吏都喜歡殺人呢？路溫舒說，並不是因為他們對這些人有什麼仇恨，而是如果放寬鬆了，就可能會被免職，遭到制裁。如果心慈手軟，同情疑犯，就犯了大忌而不能再被重用了。所以，路溫舒說「非憎人也，自安之道在人之死」，這些人死多了，證明罪犯猖獗，審案人的位置就可以保下來，他們的飯碗才有「可持續性」。因此在那種風氣下，酷吏即使因為過於殘酷被免職，也往往被上面看作是效忠能幹、鬥爭性強的好吏。儘管鬥爭性可能太強，冒頭過火了一點，採取逼供信拿到的口供未必符合事實，但是這都不要緊。倘若錯殺了很多人，辦了很多冤假錯案，招致很多不滿，上峰會暫時讓你迴避一下風頭，等這個風口過去，上面還是會用你的。但是如果你心慈手軟或者比較較真地秉公執法，在上面人看來你就不再是一個好的工具，下場很可能還不如貪官污吏。因此就產生了很多有意思的故事。

漢代有一個很有名的酷吏叫尹賞，曾因用刑過重致使犯人殘廢，皇上為了有個交代就把他免職了。但是尹賞不久後再次復出，辦了不少大案要案。臨死時他把兒子叫到身邊，交代道：「丈夫為吏，正坐殘賊免，追思其功效，則複進用矣」，說如果作為一個官吏，整人整得太狠，製造了冤假錯案，會被罷免，但是以後皇上追思起你的能力和效績來，很可能會再次受到重用。但千萬不要「坐軟弱不勝任免」，如果你被罷免是因為軟弱，在皇上那兒你就失去了使用的價值。「終身廢棄無有赦時，其羞辱甚於貪污坐臧。慎毋然！」[47] 在這種情況下，德治禮治當然談不上。這跟我們講的近代意義上的法治接近嗎？我們不要說以維護公民權利為本的現代法治，即使是傳統意義上所講的秉公執法、清正廉明，在這樣「只認皇上不認法」的背景下恐怕也很難實現。

在漢代，文法吏有很多講究，文法吏在史書中又叫作「文史法律之吏」，[48]，或者叫作「文吏」「刀筆吏」。在漢代人的觀念中，吏和儒是相對立的，也就是說幾乎是反義詞。我們知道漢代據說是獨尊儒術的，東漢的王充還曾經寫文章談論儒和吏的得失，核心觀點是「儒有所長，吏有所短」。王充說儒不見得是沒有用的，還是有點用的，吏也不見得是什麼問題都可以解決的，吏還是有它的短處的。

> 論者多謂儒生不及彼文吏，見文吏利便，而儒生陸落，則詆訾儒生以為淺短，稱譽文吏謂之深長。是不知儒生，亦不知文吏也。儒生、文吏皆有材智，非文吏材高而儒生智下也；文吏更事，儒生

> 不習也。謂文吏更事，儒生不習，可也；謂文吏深長，儒生淺短，知妄矣。
>
> 世俗共短儒生，儒生之徒亦自相少。何則？並好仕學宦，用吏為繩表也。儒生有闕，俗共短之；文吏有過，俗不敢訾。歸非於儒生，付是於文吏也。夫儒生材非下於文吏，又非所習之業非所當為也，然世俗共短之者，見將不好用也。將之不好用之者，事多已不能理，須文吏以領之也。夫論善謀材，施用累能，期於有益。文吏理煩，身役於職，職判功立，將尊其能。儒生栗栗，不能當劇；將有煩疑，不能效力。力無益於時，則官不及其身也。將以官課材，材以官為驗，是故世俗常高文吏，賤下儒生。儒生之下，文吏之高，本由不能之將。世俗之論，緣將好惡。[49]

所謂的「獨尊儒術」其實可能尊的是「術」，很難說漢王朝真正在尊儒，否則王充為儒辯護怎麼會說儒有所長呢？如果當時真的是重儒輕吏，那麼他就不會做這種論證，而是會反過來說，儒儘管有很多很多好處，們終究還是有點局限，應該說「儒有所短，吏有所長」才對。但是王充的語氣完全相反，他其實是想表達：官場中經常認為儒是沒用的，吏是可以解決一切問題的，這是時下流行的主張，但是應該重用儒生，儒吏至少應該平起平坐，但我們現在還做不到這一點。所以，「儒表法裏」這個概念的確是這樣。現實生活中韓非講的「以吏為師」，到了東漢仍然如此，所謂「獨尊儒術」只是宣傳的需要，一是改造後的「儒」早已面目全非，二是在國家機器的張力中要有「儒」的「潤滑劑」來緩解吏造成的緊張。

吏必備的技巧——我們現在講的專業知識，是什麼呢？是會靈活地使用法律條文，會非常精通於「自由裁量權」。法律這樣解釋那樣解釋，裏頭有非常大的彈性空間，善於利用這個空間，在漢代史書中就叫作「善史書」。[50]古漢語有兩個特徵，一個是同音轉假，一個是形式轉假，音相近的和形相近的詞往往可以轉用。所謂的「史書」其實就是「吏書」，吏就是「史」字上加一橫。而且我們知道，中國早在三代就有所謂的巫史文化，巫就是搞宗教的，史就是記事的，具體辦事的，因此「史」和「吏」兩個字在早年是互通的。

這也就可以解釋為什麼中國很多官吏帶有一個「史」字。大家知道長史、御史大夫、都御史、刺史等官職，其實長史、御史、刺史的史都是吏的意思，並不是長史長於歷史研究，御史就是御用史學家，謬也，這些「史」其實都是「吏」的意思。當官專門有一種技巧，就叫「善史書」，就是要會寫文章。什麼叫作會寫文章？難道古人都不會寫文章嗎？用今天的話來講就是會強詞奪理，話看怎麼說，類似於「訟辯」「庭辯」，巧舌如簧。一個人明明犯了罪，可以把他寫成沒罪，你明明沒罪，我可以「以文內之」。「以文內之」，顏師古解釋為「飾文而入為罪」[51]，明明沒有罪，可以找出各種理由加之以罪，就是我們今天講的羅織。

什麼叫作羅織罪名？在什麼情況下我可以把有罪的說成是無罪的呢？如果我揣摩上意，覺得上面是想幫這個人，或者這個人是得寵的，我就可以把有罪的通過種種文過飾非，說成是無罪的。如果我發現上面想整這個人，而此人又失寵了，或者要丟卒保車，或者要整他背後的人，他是個突破口，那麼吏就可以想辦法調動自由裁量權，把他的無罪也說成是有罪，表面上還能做到有禮有節，令人信服。有了這個本事，那就很牛啦，大家都很害怕你，因為你的手筆，所謂的「刀筆」太厲害了，你能把黑說成是白，能把白說成是黑，你能把有罪的人說成無罪，把無罪的人說成有罪，如此之人誰不怕呢？這樣的人於是就有了很高的地位。

史書中就說張湯「盡用文史法律之吏」。顏師古註：「史謂善史書者。」[52]「史書」即「吏書」。西漢有一個很有名的官吏叫嚴延年，他的特點是「巧為獄文，善史書，所欲誅殺，奏成於手，中主簿親近史不得聞知。奏可論死，奄忽如神」。說這個人非常厲害，他只要想殺一個人，寫的奏書就會盡批羅織這個人如何如何該殺，而且他一手包辦，別人都不得與聞。只要他把這個材料報上去，嫌犯就必死無疑，因為他很會羅織罪名。嚴延年的本事還在於，「眾人所謂當死者，一朝出之，所謂當生者，詭殺之」，有一個人犯了罪，大家都認為他是該殺的，吏可以找出各種各樣的理由讓他逃生；眾人認為不該殺的，吏可以羅列出各種罪狀來「詭殺之」。顏師古解釋說，「違正理而殺也」。

嚴延年的本事還在於，「吏民莫能測其意深淺，戰栗不敢犯禁」，「案其獄，皆文致不可得反」。後面的人想要清理冤假錯案，結果看他經手的案卷，羅織得非常之好，甚至連平反都無處下手。他可以振振有詞地說你這一條有惡毒攻擊，那一條有什麼什麼，可以把雞毛蒜皮的東西都搜羅得很仔細，要平反冤假錯案都很困難。總之，不論是「曲文以出之」還是「以文內之」，「巧為獄文，善史書」的酷吏都能「奄忽如神」，而且讓人難以翻案。[53]

這種事情多了以後就產生一種語義上的現象，就是所謂的「善史書」，這個「史」在這種意義上用得多了，幾乎成了實事求是的反義詞。今天看來是我們這些以史為業的人的恥辱。也就是說在漢代人的心目中，所謂「史」就是巧舌如簧地胡說八道，如果不能把胡說八道編造得天花亂墜，那別人就會說你不夠「史」，如果說某人很「史」，那就是說這個人很會搖脣鼓舌、強詞奪理地編排。《儀禮．聘禮》裏面就有這句話「辭多則史，少則不達」。什麼意思呢？就是說一個人話不能說得太多，說得太多就容易漏洞百出露出破綻、偏離事實了，但是也不能說得太少，說得太少，該表達的表述不充分不準確。早在孔子時代就有這種說法，「質勝文則野，文勝質則史」，[54] 什麼意思？「質」就是內容，「文」就是表達形式，如果你寫的文章太過於強調內容而不注意形式，本來內容很好的文章，但是用詞比較粗鄙，滿篇都是「鄉野粗俗」不登大雅之堂的語言，孔子認為這不好，因為文章太野，不夠高雅。大家知道孔夫子是一個比較講究詞語表達之人，粗俗、鄙陋的表達他看不上眼。但同時他還強調，如果辭藻表達信達雅，但是內容很水很糟糕，用很好的表達去講一種歪理，去講一種不能成立的道理，在孔子看來這就叫「史」。言下之意，搞「史」的人就是淨講歪理的，盡是所謂的舞文弄法之徒。

什麼叫作「史書」呢？漢代郡國挑選官吏都要挑選「便巧史書，習於計簿，能欺上府者」，「以為右職」。[55] 何為「右」？大家知道在古漢語中「右」尊「左」賤。現在「右派」有時是個貶義詞，如果在漢代，「右派」則是屬於比較受尊敬的，在當時「右」比「左」要尊貴，這是所謂的以「右」為尊。當時什麼樣的人可以被重用呢？就是那些「便巧史書，習於計簿，能欺上府者」。這些專門善於舞文弄法，善於把齷蹉的事情説得理直氣壯、冠冕堂皇，説得非常之高雅、非常之「正能量」而高大上，善於從壞事中發現閃光點的人，很會設身處地從官方立場出發，這些人能夠討得上面的歡喜，可以欺上瞞下，這些人往往會得到尊貴的職位。

於是當時就有了一個俗語，叫「何以禮義為？史書而仕宦」，[56] 什麼樣的人是有禮義的？是那些靠着舞文弄法能夠當大官的人。這當然是一種諷刺。因此，所謂「史書」就是舞文弄法之技，所謂「法吏」就是以權亂法之徒。與循吏相比，他們當然不太談道德，但是他們並不因此就更適合於法治。我們以前往往把德治與法治當作對立的兩個概念，似乎只要是德治，就違背法治，只要講法治，好像大家就不可以談道德，這是一種極大的誤解。

當時的這種文法吏往往被儒家輕視地稱為「刀筆吏」「俗吏」，[57] 儘管這樣，刀筆吏還是盛行一時，風頭蓋過循吏。根據很多人的記載，這是漢武帝以後的一個很嚴重的社會弊病，這個風氣在「獨尊儒術」以後並沒有減少，反而在西漢晚期愈演愈烈。

按照現在流行的説法，循吏代表儒家的禮治，而酷吏代表法家的法治，前者重視教化，後者重視嚴格執法。但是這個説法看來是不對的。現在不少學者認為，循吏的確是比較重視教化，比較重視道德，但是在法律適用的範圍內，其實恰恰是循吏比較守法，比較依法辦事。這裏並不是指現代意義上的法治，而是傳統意義上講的依法辦事。誰更能依法辦事呢？不是酷吏，而是循吏。雖然循吏平時講道德，但是真正該用法律的時候，他們還是相對能依法辦事的。

司馬遼在《史記》中寫的《酷吏列傳》，沒有過多對酷吏和循吏兩個概念予以道德上的評價，並沒有説循吏是好人，酷吏一定就是壞人。在司馬遷的《酷吏列傳》裏，他講的酷吏中有很多是廉潔奉公潔身自好的。比如漢景帝時代的郅都，他是一個比較清廉的人。但是酷吏中也有很多貪贓枉法的，包括寧成、杜周。[58] 要總結的話，酷吏有一個共同的特點，就是不管是清官還是貪官，都忠實執行上級的旨意，以皇帝的利益為重。因此，酷吏往往都對豪強構成一種威脅，酷吏是打擊豪強的，中央集權往往借用酷吏來「打黑」。

中國傳統的一句話講「強龍壓不過地頭蛇」，當然這未見得是真理，強龍有時候就是能夠壓過地頭蛇，在這個話語語境中，強龍就是酷吏，地頭蛇就是豪強。豪強代表了一些地方勢力，而酷吏是在法家的中央集權政策下，貫徹皇帝的意志，扮演打擊豪強的一種角色。因此，酷吏對於豪強的優勢其實也就是強龍對於地頭蛇的優勢，是法家化的一個很重要的內容。

酷吏不管是清廉的還是貪腐的，在無條件滿足皇帝的慾望或者執行皇帝的旨意這一點上是一致的。也就是說，像郅都這樣的清官在忠於皇帝的前提下也許比較理想主義，也許想為老百姓做一點好事，而甯成、杜周這樣的貪官，他們當酷吏是為皇帝辦事，同時自己也要撈好處，藉機中飽私囊，但是，這兩種人在無條件貫徹上級的意圖或者貫徹皇帝的意圖這一點上是一致的。因此，從今天的眼光看，酷吏打擊豪強這樣一種現象是不是應該無條件地予以肯定，就看站在什麼立場上了。

在漢代，「豪強」是一個被人們經常提及的名詞。豪強的特點是：第一，大多沒有權貴身份，屬於平民；第二，很有勢力，在地方上就會「武斷於鄉曲」[59]。所謂「武斷於鄉曲」就是在當地稱王稱霸，非常有勢力，當然也會對當地老百姓造成災難。但是，由於豪強作為地頭蛇，是地方上產生的，要有地方的基礎，要有地盤，要有地方上的觀念，生活在一個熟人社會中，因此豪強的行為其實也是有制約的，也就是我們經常講的「兔子不吃窩邊草」。要世世代代在這個地方待下去，他生活的環境是熟人社會，如果是一個無賴，像劉邦那樣的人，就很難成為豪強，或者很難穩定地成為豪強。劉邦這樣的無賴當亭長完全是基於朝廷背景，劉邦當然不是豪強，但劉秀是豪強[60]。這兩個人雖然都是基層起家，但是背景卻有很大不同。

劉邦可以說是一個無產的勇敢分子，他爹經常責怪他，就是因為他吊兒郎當沒有置下產業，後來劉邦得到了國家，就對他爹說，你看，我的產業和我哥誰多？國家就成了他的產業。[61] 劉邦本人是一個混混刺頭，他當上亭長完全是為國家辦事，是國家授予他這種地位。但是劉秀就不一樣，劉秀並不是基層幹部，也不是什麼派出所所長、片警之類。劉秀是一個大地主，是一個在地方上有很大勢力的人。[62] 我們可以假設此人劉秀也是在地方上作威作福的，不是民主選舉出來的地方領袖。但是，由於他是世世代代生活在當地的，因此我們可以設想，實際上他行使權力還是會受到一些制約。因為一個人如果禍害本鄉本土，遭到鄉親們的唾棄，他不可能願意生活在周圍仇視敵對的環境中，「兔子不吃窩邊草」的觀念還是有的。

但是酷吏不管是清廉的還是貪腐的，一個共同的特點是「酷」，所謂「酷」就是解決問題不擇手段。雍正年間有一個非常有名的清官是河南巡撫田文鏡，這個人在電視劇《雍正王朝》中大家可能見識過，在劇中這是個非常重要的角色。在《雍正王朝》中，田文鏡是一個正面人物，是雍正很欣賞的人，被視為「能臣」。《雍正王朝》這部電視劇是歌頌雍正皇帝的，當然也非常捧田文鏡。田文鏡是一個為皇帝辦事不講私情，敢於得罪地頭蛇的人，絕對是一個強龍，而且他也很清廉，因此得到了雍正的表彰。

《雍正王朝》播後不多久，中視傳媒影視公司又拍攝了另外一部電視劇，叫作《天下糧倉》，講的是乾隆年間的事情。《天下糧倉》這部電視劇歌頌了劉統勳這個人物，他是乾隆表彰的一個人。劉統勳以什麼出名？以對抗田文鏡出名，田文鏡在《天下糧倉》裏變成了一個反面人物。究竟田文鏡做了什麼事？田文鏡是清官不假，到死都很清廉，但他有一個特點為了忠於皇帝可以肝腦塗地到不擇手段，而且整天只講皇帝喜歡聽的話，絕對是報喜不報憂。

他治理下的河南年年都超額完成上級交辦的任務，錢糧絕對年年超額。而且上面問，你們河南有什麼困難嗎？他絕對會講我們沒困難，其他地方有困難，我們願意支援，我們是顧全大局的，我們是為皇帝分憂解難的。結果河南年年錢糧都超額，可是河南的老百姓就慘了。河南在田文鏡執政時期多次發生大饑荒，但是田文鏡很大公無私，從來不上報，不要國家照顧，並放出豪言：我們的困難我們自己克服。當然不是田文鏡本人克服了，而是讓河南的老百姓克服。冒歉為豐，匿災不報，報喜不報憂，在大災之年田文鏡仍然苛徵錢糧，結果導致河南的老百姓活不下去，大量流亡到鄰省。陝西、安徽、山東都出現河南的流民，一下湧進大量流民，造成地方的治安及各方面的社會問題，於是災民流入地的官員紛紛向雍正報告，說現在不得了了，有大量的河南災民湧入我們這裏。田文鏡這下子瞞不住了，消息就「爛包」了。雍正發現問題的嚴重性，派人下去調查，一調查，果然是欺上瞞下好大喜功。雍正怎麼辦？

雍正說田文鏡還是要保的，但出現這種情況也要有個交代，於是下了個詔書說：田文鏡這個人一貫是個好臣子，現在也是很不錯的，大家還是應該向他學習，但是他畢竟年紀大了，容易被下面的人蒙混欺騙，造成這樣的現象是因為下面的縣官據實不報，他受到部下的蒙蔽，所以有一些事情他不知道。這樣就把事情給糊弄過去了。但當時有些人對這樣的處理非常不滿，乾隆年間就有人跳出來彈劾田文鏡，比如劉統勛，於是乾隆就把田文鏡的名譽給貶下去了。田文鏡到乾隆年間，肱股之臣的形象被破除，這說明什麼？田文鏡這個人其實就是漢景帝時代郅都那樣的人，這個人雖然不是貪官，但是他為皇帝辦事、向皇上表忠心是以犧牲百姓的利益為代價，的確會造成嚴重的社會問題。因此不管個人品質怎麼樣，這種制度是有問題的，這種制度不是德治，但也不能說它是法治。類似的狀況在大饑荒中又重演了一遍。

漢代酷吏有一個特點，他們本人都是當時的法律專家，而且很多法律就是他們制定的，像張湯、杜周這些人本身就是漢律的制定者，某種意義上講他們是最懂法的。但恰恰是他們有法不依，絕對是超乎法律之上，法律只是他們上下其手的工具。有的人明明有罪，他們可以「以文出之」，有的人明明無罪，他們可以「以文內之」[63]，是屬於知法犯法。而知法犯法的原因不是因為他們太講道德，恰恰是因為他們心中只有皇帝，只有權力，惟此惟大。他們實行的既不是法治也不是德治，而是「權治」。誰的權力大，誰是上級，我就聽誰的，皇帝怎麼說我就怎麼做，甚至皇帝不用說我都可以揣摩他的意思，然後按照他的思路做。至於這個意思合不合乎我自己制定的法律，這都不重要，只要我忠心地為皇帝辦事，皇帝就會記得我，哪怕我過激了，殺人過多都不要緊，這就是我前面講到的尹賞的邏輯。[64]

相反，循吏是另外一種操作模式。如果按照司馬遷的說法是「奉法循理之吏」，這些人「不伐功矜能」，用今天的話講就是不追求政績。講得簡單一點就是，這些人不一味討好上面，貫徹朝廷旨意往往不是非常積極。「百姓無稱，亦無過行。」他們也許顯得比較平庸，並不是像郅都那樣的角色，但是也沒有什麼過錯。[65] 司馬遷說這些人「不教而民從其化」。[66] 司馬遷對他們的評價其實不低，這些評價本身包含了法治和德治兩個方面。在《後漢書・循吏列傳》中曾經提到一個任延，他本是縣令，因廉潔奉公馬上要升官當武威太守了。但他是個循吏，堅持原則比較死板，沒有完全按上級意志辦事，因此得罪了上級長官。光武帝很欣賞這個人，便在他赴任前召見了他。光武帝對他說：「你還是不錯的，但關鍵是不太會來事，不會處理上下級關係。你有時候還是應該通融一點，上級對你有些什麼要求你就要做，不要認死理。」結果他怎麼回答的？「善事上官，臣不敢奉詔」，說聖上要我巴結上司，我不敢這麼做。[67] 表示他堅守一種道德觀念，認死理，秉持着這種原則，決定了他即使是皇帝的話也要過過腦子考慮一下。在道德適用的範圍內，循吏的確是比較重視教化的，但是在該用到法律的時候，他們也會比較嚴格地照律辦事。

現在我們不斷強調，當時的法治和近代講的法治是兩回事。近代講的法治主要是講政府要守法，講的是老百姓的合法權利應該得到保障，不是說老百姓只要規規矩矩、不亂說亂動就叫法治。但是即使按照當時的法治標準，就是大家要遵守法律，此外沒有什麼公民權的含義，我們也應該講法家酷吏與循吏相比，前者是法治的破壞者，而後者有點循規蹈矩，既講德治，也不敢違背法治。在當時的情況下，德治和法治並不構成矛盾，與這兩者都形成矛盾的是什麼？就是法家的「權治」，皇上即法，有權力就有了一切，權力不受制約，權力可以為所欲為，既不講道德，也不把「成文法」放在眼裏，甚至不受統治者自己制定的法律制約，這種現象才是最糟糕的。而西漢時期，尤其以漢武帝時代為典型，按照司馬遷的說法，整個體制是鼓勵酷吏壓制循吏的，在這種社會風尚下，能夠貫徹最高權力的「投機者」往往如魚得水，這種現象一直到東漢才有所改變。[68]

西漢這種政治制度必然造就一種非常複雜的官僚體制，同時又導致官僚體制會產生一些規則或者說是「潛規則」。現在很多人有一種說法：中國古代的皇權制度是比較簡易的，那個時候皇帝只管到縣一級，縣以下是自治的鄉村，皇帝基本上不管的。這個說法在晚清是不是能夠成立姑且不論，但是在秦漢時代肯定是不成立的。

第四節　連續的歷史，循環的怪圈

一　秦制的輝煌和暗淡

我們以前往往信奉一種簡單的歷史觀：如果兩種東西相比，其中一種比另一種「成功」，那麼它一定就在任何方面都比另一種「優越」。戰場上一方能夠勝利，那麼它一定在道德上是「正義」的。辦事更有「效率」，那麼它一定就會更為「平等」。老百姓對某個統治者更馴服聽話，那麼這個統治者就一定對百姓更有恩德。「成則王侯敗則寇」，等於「得人心者得天下」，似乎成功者一定比失敗者更「得民心」。某種制度安排具有「歷史合理性」，那麼它一定具有「道德合法性」……

但事實上，歷史並不都是這樣的，甚至有很大概率不是這樣的。歷史上多少次「蠻族征服」的成功，並不說明這些蠻族就是「仁義之師」。從地理大發現以來殖民擴張在全球高歌猛進，到 19 世紀幾乎已經「瓜分」完整個世界，但殖民主義並不能免於「血和骯髒」的道德譴責。而這種譴責，就像馬克思在論及「不列顛在印度的統治」時說明的那樣，也不能否認殖民者引進的「資本主義」往往比前殖民傳統體制或所謂「封建主義」

更「進步」。反過來講，很多前殖民地在取得獨立後的發展遠不如人意，舉步維艱，甚至比殖民時期經濟更凋敝、政治更專制腐敗，但獨立鬥爭仍然不能否定，人們也不會回過頭去歡迎殖民復辟。

美國南方歷史上存在過的黑奴制蔑視自由平等，踐踏人權，早已被美國人包括白人視為國恥。但是 20 世紀 70 年代來以福格爾等人為代表的學者們通過計量經濟學研究，證明當時奴隸制經濟很有「效率」，如果不是南北戰爭失敗，經濟競爭未必能夠淘汰它，甚至他們還證明當時黑奴的物質待遇不差，營養攝入等指標居然高於自由勞動者。這些說法當時以來一直受到「政治不正確」的批判，但學術上卻站住了腳。經過多年辯論，到 1995 年美國經濟史協會對 178 名會員進行調查，結果是 65% 的經濟史學家和 72% 的經濟學家同意福格爾、恩格曼等人的如下觀點：「與自由農業相比，奴隸農業是高效的。規模經濟、有效的管理以及勞動力和資本的集約利用使得南方奴隸農業的效率大大高於北方自由農業。」[69] 但是，接受這個說法並不是說他們認為奴隸制就是好東西。事實上福格爾、恩格曼等人一直就表示：自由無價，奴隸制的效率並不能掩蓋其道德罪惡及其應該被否定，相反，他們的研究只是證明單純經濟競爭並不能消滅奴隸制，因此南北戰爭的貢獻就更偉大。

上述種種，都說明「歷史合理性」並不等於「道德合法性」。就前者而言，東周時代幾百年戰爭最終是秦國勝出，而且當時各國都出現了不同程度趨向於秦制的變革，最終是秦制最極端的嬴秦取得成功，這當然有其邏輯根據。而周秦之變後這種帝制能夠長期延續，雖然沒有一個王朝能夠長治久安，但那麼多次政治崩潰、天下大亂後最終仍然以秦制的方式改朝換代，也必有其深層原因。而近年來的早秦研究也證明，秦制能夠在嬴秦走得最遠並非偶然。法家那些「難聽卻管用」的「惡毒真理」，其實在商鞅等人說出口之前，就一直潛在地起作用。

這些年的考古成功結合文獻研究，證明秦人先祖在從東方移居西戎之地前，就曾受到「強殷」的深刻影響，巨墓大陵、大量人殉之驚人，可謂源遠流長。尤其春秋以後，以秦公大墓為代表的墓葬規格屢超周天子，顯示秦人崇尚強權、無視禮制、久萌不臣之心。[70] 接受法家理論後，更是推動了周秦之變。儘管秦漢之際、新莽時期、漢魏之際，都因為這種體制的極端化，導致天下大亂，但劉邦、劉秀和曹操，仍然一次次重演「流氓戰勝君子」的遊戲，恢復了這種體制。如清人趙翼所言，秦漢間出現「天地一大變局」，「漢祖以匹夫起事，角羣雄而定一尊。其君既起自布衣，其臣亦自多亡命無賴之徒，立功以取將相」。[71] 古儒的道德秩序，在這種「大盜」政治面前顯得不堪一擊。而一旦被「大盜」擊敗，君子們及其「王道」之邦的國民也將落入悲慘的絕境。如趙在長平之戰中敗於秦，四十萬降卒被坑殺，趙國幾乎成為孤兒寡母之邦。正所謂「興，百姓苦；亡，百姓苦」。在這種競爭之局下，君子或學做「無賴」，或屈從於「大盜」，便成為一種大概率趨勢。

事實證明，秦制雖有嚴重的積弊，但是在諸侯紛爭中要奪取勝利，它遠比「宋襄公式的仁義」有效。而在結束戰爭後，它的「集中力量辦大事」的效率既會勞民傷財滿足統治者的窮奢極欲，窮兵黷武帶來王朝戰爭的深重災難，但也能興辦諸侯時代辦不了的大型公共項目、建立統一市場、促進經濟發展和文化交流。中國在秦漢帝國時代與羅馬帝國基本上是並駕齊驅，而到了中世紀，帝制中國在大部分時間比「封建」的歐洲要更為發達，卻也是不爭的事實。這應該是秦制優勢的體現。事實上，直到近代民主制度出現前，「歷史合理性」相悖於「道德合法性」是常見現象。周制失敗於秦制也是無可避免的。

實際上，「強者政治」打敗「長者政治」即便在中國以外的世界史上也是大概率事件，這與「先進戰勝落後」並不是一回事。歐洲中世紀有些帝王以武功著稱，如查理曼大帝、奧托一世等等，但他們都是在「以封建對封建」的戰爭中建立武功的。一旦碰到「帝制」集權的對手，哪怕是在社會發展上更為落後的對手，也往往落敗。如 13 世紀初絕對君主制的法蘭西打敗實際上是諸侯聯盟的所謂「神聖羅馬帝國」、15 世紀政教合一的「西班牙雙王」攻滅安達盧西亞伊斯蘭國家，乃至蒙古人在歐洲的成功。15 世紀時歐洲已經出現「文藝復興」和所謂的「資本主義萌芽」，但東羅馬—

拜占庭的專制帝國卻不是被它、而是被東方的奧斯曼帝國消滅的。更為典型的是實行貴族共和制的波蘭—立陶宛聯邦，它也曾武功顯赫，尤其在17世紀初以前，面對「封建」（貴族波雅爾議會制）的俄羅斯曾經長期據有軍事優勢，波蘭軍隊甚至一直打到莫斯科。但是俄羅斯建立伊凡雷帝式的暴君統治後便逐漸扭轉頹勢，並反過來步步西侵，終於在1795年滅亡了貴族波蘭。而此時波蘭在經濟發展、人民識字率等方面是遠超俄羅斯的。甚至此後在俄羅斯帝國境內的波蘭地區也仍然是經濟、社會和文化，乃至新興工業化最發達之地，但就是在武力上打不過俄羅斯。

所以不難理解，秦漢政治的邏輯儘管在「道德上」令人難以接受，但還是一步步完成了周秦之變。不過這個制度並不能長治久安。如上所述，儘管在整個中世紀時期，歐洲的發展和繁榮總體上不如秦制中國，但這期間中國多次王朝更替都遭遇天下大亂、人口銳減，經濟幾乎從頭開始，這樣的大起大落卻也是世界其他地區極少見的。

由於秦制並不能帶來長治久安，相反，它帶來的社會危機比周制嚴重得多，危機積累導致的社會爆炸也更為劇烈。上古「封建」時期有文字可考的商周兩代，國祚都長達600—800多年，但秦制各代沒有超過300年的。由於秦、新、晉、隋更不要說十六國五代等「小朝廷」的短命，秦制下平均每個朝代壽命其實不到百年，而且「改朝換代」暴力的慘烈更是人類各民族僅見。但是，這些爆炸並不能帶來制度更新，相反，它往往以「比惡」的形式造成流氓戰勝君子的結果，古人的說法是「吃齋唸佛的活活餓死，殺人放火的享受榮華」[72]。最殘忍無恥、最能突破一切道德底線的人，在這種遊戲中才有最大的獲勝概率。結果就是造成秦制的一次次重建，同時又開始新一輪的危機積累。這就是秦制王朝多短命，但作為制度的秦制「生命力」卻如此持久的原因。

顯然以「周制」來戰勝秦制是沒有希望的，這就造成不少大儒深感回天無力、悲觀絕望。朱熹所謂「堯舜三王周公孔子所傳之道，未嘗一日得行於天地之間」[73]，就是這種絕望的體現。當然，一代代在秦制下掙扎求生的百姓，也確實熬煉出舉世罕見的含辛茹苦、任勞任怨、絕境求存逃出生天、逆勢發展青出於藍的能力，在秦制下這種能力也創造出了不少偉大奇觀。但是「治亂循環」的怪圈卻一直走不出去。這也就是近代國門一旦打開，他們發現了周秦二制之外的新天地，「崇周仇秦」的積澱就會帶來「三千年未有之變」的原因。

秦漢時代根據法家的邏輯完成周秦之變，建立了中國歷史上的「第一帝國」，它既產生了偉大的文明，也積累了無數的弊病。秦制運作中的一些固有邏輯形成不少「路徑依賴」，對以後的歷朝政治有着極大的影響，所以研究秦漢史不能「及漢而止」，不了解秦漢政治慣性的深遠影響，就很難理解秦漢史的意義。

許多研究斷代史的人，往往很強調自己所研究朝代的特殊性。中國的史料浩如煙海，而且中國歷史上比較重視史學，因此就造成史學分工細緻，斷代史的研究在中國史學中特別發達，這是很多國家都沒有的現象。斷代史研究發達造成了一個問題，很多研究斷代史的人一輩子在自己那塊自留地上精耕細作，談到自己的領域如數家珍，但缺少一種全史的通透感。他們經常講自己研究的這個朝代有什麼重大的改革，解決了什麼重大的問題，如何偉大，多麼劃時代，可是，我們拉直來看或者從高處俯瞰，以全史的視野會發現類似問題在歷史上早就被解決過多次，但是似乎從來沒有真正斷根，反覆循環的怪圈會再度出現，我們總能發現似曾相識的一幕。

比如研究明史的人說，朱元璋在粉碎胡惟庸、藍玉這些「謀反集團」以後，取消了丞相制度，從此君主大權獨攬，解決了君權和相權的矛盾。[74] 真的解決了嗎？當然沒有解決，以後到了張居正、嚴嵩當權時，他們又被認為是權相。到了清朝搞了軍機處，據說軍機處也是要根治這個問題，[75] 其實未必能徹底解決。可以說這是中國皇帝兩千年以來一直有的一塊心病，那就是基於法家性惡論原則，「以妻之近與子之親而猶不可信，則其餘無可信者矣」。皇上在內心深處什麼人都不相信，又什麼權都想攬，但卻不能什麼事都自己幹；不能不大量用「爪牙」，卻又不能真正信任他們。這就造成了從秦漢開始的一系列周而復始的怪圈。

明儒黃宗羲曾經深刻揭示了這些「法家怪圈」的成因：

> 三代以上之法……未嘗為一己而立也。後之人主，既得天下，唯恐其祚命之不長也，子孫之不能保有也，思患於未然以為之法。然則其所謂法者，一家之法，而非天下之法也。是故秦變封建而為郡縣，以郡縣得私於我也；漢建庶孽，以其可以藩屏於我也；宋解方鎮之兵，以方鎮之不利於我也。此其法何曾有一毫為天下之心哉！而亦可謂之法乎？三代之法，藏天下於天下者也。山澤之利不必其盡取，刑賞之權不疑其旁落，貴不在朝廷也，賤不在草莽也。在後世方議其法之疏，而天下之人不見上之可欲，不見下之可惡，法愈疏而亂愈不作，所謂無法之法也。後世之法，藏天下於筐篋者也；利不欲其遺於下，福必欲其斂於上；用一人焉則疑其自私，而又用一人以制其私；行一事焉則慮其可欺，而又設一事以防其欺。天下之人共知其筐篋之所在，吾亦鰓鰓然日唯筐篋之是虞，故其法不得不密。法愈密而天下之亂即生於法之中，所謂非法之法也。[76]

梨洲先生對「三代」的古儒緬懷之辭且不論，他對「後世之法」即秦制之法的治亂本質是說得很到位的：皇帝們「利不欲其遺於下，福必欲其斂於上；用一人焉則疑其自私，而又用一人以制其私；行一事焉則慮其可欺，而又設一事以防其欺」，這種秦制下的「分權制衡」（與近代相反，不是為保障民權而是為保障君權的分權制衡）就造成「其法不得不密。法愈密而天下之亂即生於法之中」，這就是以下幾種怪圈的形成機制。

二 內朝與外朝的循環

中國有很多皇帝往往要在外朝之外另搞一個身邊的親信團夥、心腹小班子。這個班子有幾個特點：一是人員構成品級都很低，並且不是貴族，只是基於皇帝的信任賞識才有了權力，才能參與機要，他們必然感激涕零、肝腦塗地，因此皇帝也能夠控制他們。二是這些人可以朝夕與皇帝相處，他們是皇帝的奴僕、祕書、衛士、近臣等等。這些人構成一個皇帝貼身的小機構，叫作「內朝」。所謂內朝，就是對於正式的政府即「外朝」而言，這些人是不「上朝」「不列朝班」的－至少開始是如此。秦制下的皇宮一般都分為生活區（所謂後宮）和辦公區（以俗稱「金鑾殿」為主的議政場所，即狹義的「朝廷」），皇帝主持的帝國政府本來應該在辦公區運作，但皇帝卻往往在生活區另搞一個「不上班」的小圈子。皇帝經常把很多事情不是交給正式的政府去辦，而是交給身邊的這些人去辦，這種現象從秦制一建立就有了，皇帝不放心丞相和外朝，秦制建立兩千年來一直都沒有解決這個問題。

我們知道從韓非論證出皇帝除了自己無人可信的規律後，皇帝始終解決不了與朝臣之間的信任問題。秦一開始建立的時候就有丞相，秦朝的丞相不止一個，所謂「三公」：丞相、太尉、御史大夫，御史大夫一般被認為是副丞相，或者也可以認為三公都是秦朝的丞相。到了漢朝也有丞相這個職位，丞相分管着大量官署，負責處理國家大事，這就是所謂的「外朝」。皇帝上朝的時候文武兩班面聖奏事，這些大臣構成了當時的政府。但秦皇漢武都是鐵腕皇帝，都是屬於比較集權的，當時漢武帝對外朝不放心，或者說辦事效率不高，抑或有所掣肘，總而言之不滿意，於是就網羅了一些品級比較低的人。這些人本來並不是政府要員，但是漢武帝把很多事情交給他們去辦，逐漸在他的身邊形成了所謂的「內朝」。內朝這些人被稱為「尚書」。什麼是「尚書」？從字面含義講就是為皇帝整理文牘、起草文件的，簡單說就是皇帝的祕書。「尚書」這個詞有點像後世所稱的書記。「書記」這個詞最早含義就是開會時做記錄的那些人。本來在漢代，尚書是一個內朝官，簡單說只是皇帝的貼身奴僕、私人祕書，因為與皇帝接觸多，對皇帝的性格脾氣比較了解，也深得信任。他們不是中央各部的部長，中央系統當時另有其人（就是三公九卿）。漢代政治的發展到了漢武帝以後，內朝的權勢越來越大，皇帝對內朝委以重任。這些人辦的事一多，手中的權力大了，他們自己就需要有機構，勢力就會逐漸膨脹。

此後尚書就逐漸成為一個龐大的機構，以至到了東漢光武帝時代就有了「六曹尚書」，相當於《周禮》所謂的「六官」，也相當於後來的六部。後來的六部主官是尚書，兵部尚書、吏部尚書等等。這個意義上的「尚書」就是從漢武帝時代來的，它最早含義是皇帝的祕書。後來六部尚書成了正式的政府部長，中央六個部的部長，也就是變成新的「外朝」了。

由尚書們組成的機構在隋代叫作尚書省，這是正式的中央政府機構，尚書省已是外朝。尚書省的首長是尚書令，副首長是僕射，分左僕射、右僕射，這些人位列朝班，上朝的時候正式向皇帝上奏。但成為正式機構後，皇帝對他們又不信任了，認為朝臣在外面不知道搞什麼鬼，而我身邊的一些奴才才是可信的，於是尚書令、左右僕射常闕不補。

表面看，這是唐朝李世民的個人行為，李世民執政後就不設尚書令了。為什麼？因為李世民在沒有當皇帝之前曾經當過尚書令，也就是總尚書，或者叫總理，那時候他爹李淵是皇帝，李世民相當於現在的國務院總理。李世民當了皇帝就把尚書令懸空，也就是說這個官只能他當，雖不敢說前無古人，但是後無來者，我是終結者。

在很多搞個人崇拜的地方都有這樣的現象，就是一個偉大人物當的官只有他自己能當，以後就沒人敢了，也沒有這個稱呼或虛設其位了。比如孫中山很偉大，在國民黨裏叫總理（黨的總理）。孫中山去世以後，國民黨就再也不設總理了，所以國民黨內一講「先總理」，大家知道就是孫中山，因為國民黨內只有他一個人當過總理。孫中山以後蔣介石成為國民黨的一號人物，但不叫總理，而叫總裁（軍界尤其是黃埔系的人則稱「校長」）。蔣介石死了，總裁這個職位也就不設了，因為沒有人自比蔣介石，沒有人能夠接着當總裁，於是到了蔣經國時代，國民黨內最高首領叫主席，在黨內蔣經國就是蔣主席了。老蔣曾經也叫蔣主席，但是那個主席不是國民黨內的，是當時國民政府軍事委員會的主席。

唐初中書、門下、尚書三省都是宰相機關，到開元中尚書省已經不再是決策和宰相機關了，而僅為執行機構。

其實，廢尚書令不僅是個人崇拜的問題，更重要的是對整個外朝的不信任。唐貞觀以後，皇帝們對中書省又疑神疑鬼不放心了，認為中書省的那幫朝官有可能串通勾結起來對我不利，我控制不了。於是又找了一批內朝的人，這些人並不是中書省的官員，但是皇帝授權他們具有「同中書門下」的職權。也就是說，他們雖然不是正式的政府官員，但是卻行使了政府官員的職責，而真正的政府就被晾在一邊架空了，或者成為安排一些虛職。「同中書門下」這些官到唐朝末年就開始扮演越來越重要的角色，到了宋代，這些人就成了正式的政府負責人。大家知道宋代的一些人，像潘美、寇準、王欽若、文彥博等，社會上一般把他們叫作丞相，但他們真正的稱呼不叫丞相，而是叫「同平章事」，這是簡稱，全稱是「同中書門下平章事」。這個稱呼聽起來非常繞口，其實它的含義是：並不是真正的中書省、門下省的官員，但是已和這些官員一樣可以討論國家大事，所謂「平章」其實就是討論、判斷、決策的意思。也就是說同平章事並非官名，僅是職使。這些官職上的人在唐代最初只是品秩較低的皇帝近臣或私人祕書，到了唐後期、宋代，同平章事已經被看成是丞相，成了新一代的外朝官。

北宋同平章事不僅被看成是丞相，而且成了中書門下或稱政事堂的真正長官。也就是說，宋代建立了一套政府機構，負責人就是同平章事，也就是丞相。除了同平章事以外還有副丞相，叫作參知政事，意思是可參與決策。一般來講，我們在宋史中講的相權就是同平章事的權力。南宋曾廢同平章事直接改稱丞相，但到了元代，在丞相之外又恢復了這個稱呼，平章事領導的中書省成為當時正式的機關，平章事（後稱平章政事，簡稱平章）與丞相成為中書省的領導人，平章或平章政事通常被視為丞相之副。

可是大家知道，根據皇帝猜忌疑心的規律，這種機構一旦常設，皇帝對他們使喚不順手又生出疑慮和厭倦來，早晚會棄置一邊再設一套班子。尤其是到了明朝，幾任丞相都被朱元璋殺掉了，他總認為丞相在搞什麼幺蛾子，也不知道朝臣在搞什麼鬼。殺掉胡惟庸以後，他就廢除了丞相制度，由皇帝直接管理政府的日常事務，也就是說皇帝兼任丞相。但皇帝畢竟只是一個人，精力顧不過來，於是皇帝又找了一些人來當他的助手，這些人的正式稱呼是大學士，不是部長，也不是尚書。這些人原來的身份是什麼？是陪皇帝讀書的。現在有些人洋洋得意於他們曾經給首長講過課，或者接待的時候得到青睞被一眼看中，所謂大學士指的就是這樣一撥人。這撥人曾經給中央首長講過課。皇帝認為他們有才幹，但是大學士僅是五品之職，地位較低，皇帝授予他們相當大的權限，讓他們參與論政和決策。這個班子由於原來是不上朝的，只是在皇帝身邊的所謂內朝官，因此在明代就有了一個總稱，叫作內閣。內閣裏頭的人叫作內閣大學士。內閣大學士到了後來權力也很大，而且人數逐漸增加，人數多了的結果就需要一個頭，即首席大學士，這些人在明代被叫作「首輔」——皇帝助手中權力最大的第一助手，一人之下萬人之上，後來的嚴嵩、張居正等人，一直到崇禎皇帝死時最後一個首輔魏藻德，都是這樣的人。

當時的首輔已經被認為是丞相，而且其中的一些人比如張居正、嚴嵩當時被稱為「權相」，實際上他們又成了權力很大的人，而且正式上朝，實際上就是新的外朝。就這樣一茬一茬人用久了放在一邊，再弄個新機構出來疊牀架屋。

內閣從明代開始逐漸被人當作是中央政府的簡稱，一直到現在，我們還是用「內閣」這個詞翻譯國外的中央政府。實行議會制的國家競選以後產生一個執政黨，這個黨就組建一個內閣，內閣負責人有的稱為總理，有的譯成首相。「內閣」這個詞後來就是政府的別名，尤其是中央政府的別名。但是很少有人知道這個中文詞最早並不是指政府，而是指皇帝身邊的一個祕書班子，一個在後宮為皇帝起草文告、陪他讀書、陪他玩耍、解答他各種疑難的一些隨從。但是到了永樂皇帝時，內閣已經成了正式的中央政府機構。一直到清初還有內閣，當時也是正式的決策機構，也就是變成了「外閣」或外朝。

同樣的道理，清朝皇帝對內閣又疑心重重，不放心的結果是在內閣之外又設立一個小機構，起初叫作南書房，後來叫作「軍機處」，一直就設在後宮乾清門邊上，挑選一幫皇上認為可靠且資歷淺的貼身奴才，在那裏參與機要。這個機構到了雍正以後職能越來越重要，權力也越來越大，機構本身也不斷地發展，原來那些「南書房行走」或「軍機處大臣上行走」

的親信奴僕，變成堂而皇之的軍機大臣。這樣軍機處後來又成為一個正式的政府機構，而有的軍機大臣到了清代中期以後又被人稱為宰相，當時在民間或者在官場上人們也稱他們為「相國」，寫信時往往稱他們為「徐相」「李相」等。[77]

現在一些搞斷代史的人經常講，明代設立內閣就解決了皇權與相權的矛盾，或者清代設立軍機處就解決了皇權與相權的矛盾。按照這種説法，漢武帝當時設立內朝就已經解決了皇權與相權的矛盾，説白了，就是把相權給架空了。可是這個處置不能解決問題，皇帝畢竟沒有三頭六臂，畢竟需要有人給他辦事，而給他辦事的人需要得到他的授權。得到他授權的這些人，一旦勢力大了，皇帝又會對他們不放心，疑心生暗鬼，再弄一些品階比較低的祕書另起爐灶，如此反覆。這是秦制條件下永遠不可能徹底解決的問題。[78]

中國歷史上內朝與外朝的循環演變，如下圖：

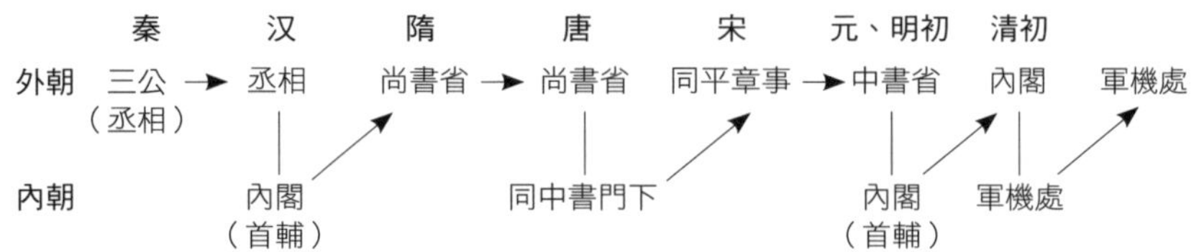

三　欽差大臣與地方「諸侯」的循環

對一牆之隔的「外朝」尚且疑神疑鬼，何況遠在四方的「封疆大吏」？這就造成秦漢以下，皇帝或者朝廷對於地方官員的不信任。「強龍」與「地頭蛇」的鬥爭，「過江龍」與「坐地虎」的轉換，成為秦漢開始延續兩千年的又一怪圈。

「封建」制下的諸侯、卿大夫等地方統治者，皇帝是不能任免的，他們世代相承。而郡縣制其實就是皇帝派受寵的奴才（郡守、縣令等）去治理不受寵的奴才，而受寵的奴才是皇帝可以隨意任命的。皇帝任命了這些地方官，這些地方官為皇帝治理地方，但是這種體制決定了皇帝從來就沒有對誰完全放心過，包括這些地方官。皇帝總是會懷疑這些地方官權力大了就尾大不掉，朝廷指揮不動，且結黨營私幹些蠅營狗苟的勾當。

中國歷代的皇帝經常有這種心理，因此設有多重有密報權的眼線。於是，在正式的地方行政體系以外，就要派一些人到各地去視察，去檢查指導，這些心腹去「私訪」後寫材料密報。這些人在傳統時代叫作「欽差」，他們由皇帝授權到外地去出差辦事，但他們並不是地方官，而是巡行之官，他們不是固定在一個地方任職，而是領了皇帝的命令，到各地去指導視察工作。可是這些欽差的權力特別大，他們的話語直達皇帝耳邊，所以一到地方就往往把地方官架空，後者說有什麼事不要向我彙報了，面向欽差彙報吧，直接由欽差掌管一切。漸漸欽差就架空了原本的地方政府，成為實際上的地方官。用民間的話來說，「過江龍」過一段時間就變成了「坐地虎」，逐漸成了新一茬的地方官。

這些「坐地虎」經營一地久了，與地方勢力盤根錯節，中央又對他們起疑心了，循環往復要派出新的欽差去對他們進行監督檢查，乃至越俎代庖，取而代之。由此就形成了中國行政機構發展過程中一個很奇怪的現象，即中國的行政級別有越來越多、疊牀架屋這種規律，而且之所以會重重疊疊就是因為欽差在一處待久了，尾大不掉發展出自己的勢力，皇上又要新設一攤。

秦代建立中央集權以後最初建立的是郡縣制，當時秦有二十多個郡，郡下面就是縣，實行郡縣兩級的政權。東漢末，州成了郡以上的一級行政區劃，三國以降，實行州—郡—縣三級政區制度。郡這個稱呼一直維持到隋唐，隋唐都曾短暫地改州稱郡，並恢復州縣或郡縣兩級制，但是唐後期州上面還有道，宋代變成路，元代路之上又設省。在唐宋之間的一個時期，中國的行政層次變得很複雜。而郡以上的這些行政區劃是怎麼來的呢？其實最早就是由這些欽差建立起來的。

秦建立了郡縣制，到了西漢，漢武帝就對地方官越來越不放心，於是就派了一些人到地方去檢查工作。這些人就是「刺史」。所謂「刺史」是什麼官？刺史本來是一種言官，為皇帝提供情報、提出建議和批評、對政事進行監督的非常任官員。從名稱我們可以知道，所謂「刺」其實就是打探的意思，現在還有一個詞叫「刺探」。「史」就是吏，前面說過，中國古代「史」和「吏」是不分的，所謂「刺史」就是皇帝的眼線，為皇帝打探消息可以越級密奏的官員。武帝初置時，官秩僅六百石。[79] 漢代最大的官吏俸祿萬石，這個官秩級別和刺史之間差的可不是一星半點。歷史上，皇帝的親信最初都有這個特點：工資少，身份低，授權大，人人怕。

皇帝派這些刺史到各地去檢查工作，一次兩次，這個臨時性工作逐漸變成一個例行的事，為了方便起見，皇帝把天下上百個郡劃成十四個監察區。其中首都周圍諸郡由司隸校尉負責——這也很有意思，只是武職「校尉」，既不是將軍也不是文官，卻成了首都中央直轄市包括近畿幾個要害郡的實際長官。為什麼？原來這是個特務崗位，最初是用來監視朝廷高官和皇親國戚的，後來整個首都和首都附近就都歸他管了。

其他天下郡國則分屬十三個刺史部，每部設一名刺史。每一個刺史固定監察着幾個郡或者是十幾個郡，這十三個刺史部由於是按《禹貢》等古籍中的九州命名的，所以通稱為「州」。在西漢和東漢初中期，所謂州不是一級正式的行政層次，而且刺史也不是常任的，最早的刺史是常駐長安的，只是皇帝有事派人去下面走一走，後來走的路線逐漸固定化，甲專門負責視察西北這一片，乙專門負責視察南方那一片，於是就有了專屬區，但是刺史當時並不是常任的。可是隨着皇帝對郡守、縣令的隔膜戒心漸長，疑心生暗鬼，總覺得自己的宏偉藍圖不能實現是有人做梗，或者有人想取而代之，有的皇帝本身得國不正，害怕他人效法，也就越來越猜忌他們，反之，授予刺史的權力越來越大，他們被派出到外地駐紮的時間也越來越久。

久而久之，州到了東漢末年就成了一級郡以上的行政層次，州的長官就是州刺史，到了東漢末年已經有了另外一個稱謂，叫作牧、州牧[80]。當時縣官叫作令，郡官叫作守，郡上設州官叫作牧，刺史已經成為正式的地方官或者封疆大吏。所謂「牧」相當於放羊，羊就是老百姓，放羊的是官員，官員和老百姓的關係相當於牧人和羊羣的關係，這是當時的觀念。到了東漢末年，州已經成了一級行政區。東漢以後還有郡，但是「郡」事實上等於降了一等，成了州以下的單位。

可是隨着時間的推移，皇帝又認為地方官行事詭異，猜忌他們恐有二心，唐朝的時候皇帝又要派一些欽差到各地去檢查工作，這些人叫「巡察使」，巡察使從名字也可以看得出來，他們最早的職責是到地方上去巡視、察看的，是走動的，並不是要到地方常駐。而這些人也有一定的視察範圍，這個視察範圍在唐代叫「道」，在宋代叫「路」。其實不管是「道」還是「路」，大家從這個字面意義可以看得出來，指的是這些巡察組視察走的路線，我走山東這一條路，你走浙江那一條路，於是一片地方就叫作某某道。唐代所謂的關內道，這個道、那個道，到了宋代就叫作「路」，中國現有的省名很多都是從宋代的路派生出來的，比如廣西就是宋朝的廣南西路，廣東就是宋代的廣南東路。當時，「道」「路」之設影響很大，外國也學，今天朝鮮、韓國的「道」，和日本的「北海道」，都是這麼來的。

「道」和「路」本是巡察使巡行的路線或者是其監察的範圍，到了唐宋成了一級行政區。唐中期更名巡察使為按察使，並將差遣制改為常置制。這個時候州又變小了，州變成道或路下面的二級行政區劃。州下的郡就更是越來越多，越來越小，後來就小到沒有了。以前中國的州很少，《禹貢》當然不是真正夏朝的作品，很可能是戰國時期的作品，那個時候說是天下有九州。西漢最早設立的州即刺史部也只有十三個，後來州越設越多，到了唐宋時期州已經很多了。大家知道，近代以州為地名的往往是一些很小的地方（只有「貴州」例外，它是一個省），最大比如廣州、柳州、梧州等現在留下來的都是市，其他絕大部分州，民國時都改稱縣。現在很多單名縣在民國以前大都是州，比如河北的蔚縣、易縣、定縣、深縣，就是以前的蔚州、易州、定州、深州。那個時候州已經有幾百個之多。

宋代路的官員（安撫使等）由唐代按察使、轉運使、採訪使等演變過來。到了宋代，至少從南宋開始，皇帝對路的官員又有猜忌。由於對權力壟斷的疑心病使他總是焦慮重重，皇帝免不了又派一些人到地方去視察，這些人很抖擻地拿着「尚方寶劍」去做皇帝交辦的事情，所以叫作「行中書省事」，簡稱行省。行省在南宋就已經出現，但是當時行中書省事是臨時的，是朝官（中央的官吏）而不是外官。這些人到了地方，地方上很重視，中央來的人嘛，儘管級別低一點，但他們是皇帝的耳目，得罪了不知道會被密報成什麼。所以正式的地方官哪怕級別更高，也得低三下四請示彙報，自居下級。

南宋陸游有一首詩，開篇就是「往者行省臨秦中，我亦急服叨從戎」。行中書省事的人來到了陝西，陸游本來是南方人，普時在四川陝西一帶任職，朝廷派人前來視察，他馬上整理服裝，穿得整整齊齊地去參見，於是寫了這麼一首詩。[81] 但是這首詩講的行省還是欽差而已，並不是我們後來講的一個省的官員。可是行中書省從南宋到金和元，越設越普遍，而且視察組到了地方就不走了，逐漸就成為路的上級了。因此到了元朝，行省又成了一級地方行政區劃。以至我們現在都把省當作地方上的一級行政區。其實學過歷史就會知道，「省」最早講的是中央機構，指中書省、門下省等機構（現在日本的省還是這個意思，如外務省、文部省等就是中央政府外交部、教育部，不是地方區劃），而行中書省也就是「行省」，本來是中央派出的行走官，但行着行着就不走了，他管的地方就成了現在的「省」。

行中書省的領導人在元代叫作行省平章，全稱是平章政事，前面說過元代的平章相當於政府總理或副總理。這個政府總理怎麼會變成省長呢？原因就是政府總理往往派出一些工作組到地方去檢查工作，這些人逐漸就把原來的省長給取代了，他們就成了省長，叫作行省平章。當時不僅中書省有特派員叫行省，中央其他機構如御史台也有特派員叫行台，樞密院也有特派員叫行院，後來行台、行院消失了，行省不走了就成地方官了。

到了明代，行省的正式稱呼改叫布政使司，布政使司的首腦叫布政使，雖然正式的名稱改了，但民間仍然延續元代的稱呼叫作省，即所謂明代的十二行省。以至一直延續到現在，我們還是把中央以下一級行政區劃叫作省。這就是由中書省、行中書省、行省而演變過來的稱呼。

明代設立的省級正式官員是布政使司，但是到了明代中葉，皇帝逃脫不了對地方大員多疑病的陷阱，於是又派出了一些總督、巡撫，它們一般是由兩個部門派出的，一個是兵部，受命到地方主持軍務；一個是都察院。這些人的頭銜都是兵部和都察院的官員，通常是兵部侍郎，同時又兼都察院副都御史（或僉都御史），甚至有掛兵部尚書或都察院都御史銜的。當時兵部侍郎可以很多，搞了 N 個侍郎，到處外派。而御史其實就是本意上的刺史，到了地方看到哪個不順眼的就抓去審查。因此，所謂的總督、巡撫，當時的正式官稱很長，一般是「兵部侍郎（左侍郎或右侍郎）兼都察院左（或右）副都御史總督某某地方軍務」「兵部侍郎（左侍郎或右侍郎）兼督察院左（或右）副都御史巡撫某某地方」。

也就是說，所謂總督、巡撫其實都是中央機關兵部和都察院派出到地方上檢查工作的人。因此明清兩代巡撫在書信中有一個尊稱叫「部院」，比如巡撫某某，就被尊稱為部院某公。什麼叫「部院」？部就是兵部，院就是都察院。所謂部院是指某人不是地方官，而是朝官，是兵部和都察院派出的官員，不是省政府的官員。被派到地方指導工作後，因為權力通天，基層的人要向他彙報，而不向省長彙報，漸漸地巡撫變成了真正的省長，原來的省長布政使（前身也是巡行官「行省」）如今便退居二線了。

巡撫和總督原來也不是常設的，也沒有一定品級和轄區，「巡」撫就是巡行的，「部院」就是朝官出差，但到後來按照秦制的規律，巡行之官又成了真正的地方官，「過江龍」又成了「坐地虎」，這是又一輪的循環。斷代史的著述往往強調說，本朝的這一改革徹底消除了地方上的尾大不掉，加強了中央集權，意義重大云云。只盯着一朝看，似乎真解決了問題，放在中國歷史長河中俯瞰，就是「太陽底下沒有新鮮事」。從西漢設立刺史起，過江龍變成坐地虎已經不知道多少茬了，除了名詞有所變化，實質上翻不出什麼新鮮花樣。權力機構中的任何人都不過是皇帝的工具，內遷怕外朝失控，外放怕形成諸侯。

中國歷史上「欽差」與「封疆大吏」的循環，見下圖：

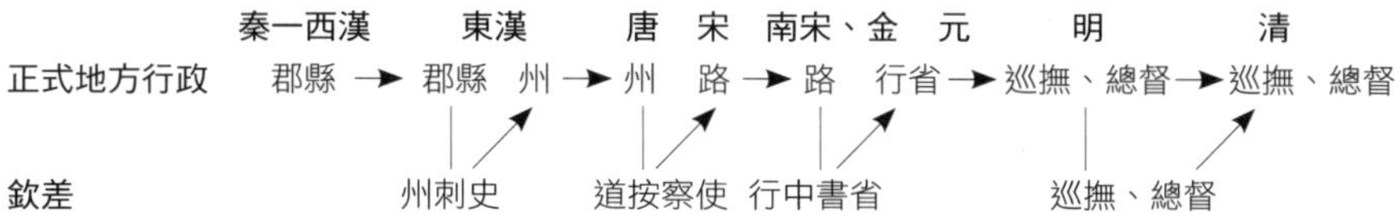

四　地方分權與地方集權的循環

第二種變化也是最早發生在秦漢之間的，但是一直延續到後世，那就是我們不斷強調的，朝廷對地方不放心，除了經常派出欽差去取代地方官員的職權，把地方官給架空，採取的另一個措施是，在地方上實行分權和垂直管理制度。也就是說並不把一個地方上的所有事務都交給一個人總攬，害怕「塊塊」原則會導致某些個人成為一方諸侯，尾大不掉，國家控制不住乃至發展成為割據勢力。因此按照法家的邏輯，往往規定地方權力要分為幾個平行的體系。

秦代就規定郡這一級設立郡守，也就是太守，管行政。但是同時又設立郡尉，管軍政、管治安。同時郡一級還安排了一個平行的機構長官，叫作監御史，監御史是中央御史大夫的下屬官吏，負責監察。按照秦始皇原來的制度設計，郡守、郡尉和監御史是平行的，他們之間沒有上下級關係，他們分別對中央的長官負責。比如郡尉對太尉負責，不對郡守負責，郡守對丞相負責，監御史對御史大夫負責，他們各自有上司，彼此之間沒有上下級關係，形成一種互相制約、互相掣肘的關係。

有些人說「分權制」是西方的特產，而且分權會造成扯皮，不如中國的集權有效率。其實，中國歷史上的分權制遠比西方要發達得多，大概出現也更早。「分權會造成扯皮，影響效率」的問題也同樣存在。可是正如彷彿類似的性惡論，在此地導致懷疑君主性惡，所以要限制君權，在彼地卻可以推出臣民性惡，所以要剝奪民權一樣，「相似的」分權也可能推出相反的邏輯，導致相反的發展。中國歷史上根據法家的韓非式性惡論，一直非常重視對臣下的「分權制衡」，以維護君權的安全，為此不惜犧牲效率。但在另外的地方，性惡論推出的分權其實恰恰分的是君權，以制衡國王，並維護民權的安全，為此同樣不惜犧牲一些效率——有人說你講的是西方吧？西方當然有這種現象，不過那也是比較晚近的事。在這以前，西方同樣有為了維護皇權來實行分權的主張，不信的話你讀讀馬基雅維里。

所以其實無所謂東西方，只要站在皇上不信任臣下的角度，分的都只能是屬下之權。秦制下法家的主張當然也是如此，前述秦始皇時代郡一級的「分權」就是這樣的安排——這也是秦制郡縣與封建諸侯的不同之處。諸侯的權力雖然有「附庸的附庸不是我的附庸」的等級區別，但在面對直接附庸時卻是集權的，它可能帶有小共同體溫情的色彩，卻沒有制度上的分權制衡問題。如果一個諸侯只能理民不能調兵，或者不能監察卿大夫，他就不是諸侯了。

可是分權制帶來最大的問題是：一旦地方有事往往很難協調，由於政出多門，導致互相不能配合，很多事情互相掣肘，推卸責任，辦不成事，遇到大事就亂成一鍋粥，皇帝的政令貫徹也受到阻礙。這個時候為了貫徹皇權的意志，提高效率，朝廷就會派欽差到地方指導工作，而欽差大臣到了一個地方就擁有全權，鬍子眉毛一把抓，所有的人都得聽他的。他因此就形成了一種集權。等到過江龍變成坐地虎，這種集權體制就留在了地方。

前述秦代的郡實行「分權」，到了漢武帝以後就發生變化，隨着刺史的崛起，郡守、郡尉和監御史的權力都逐漸被州的權力所覆蓋，擁有欽差資格的州刺史或者是後來的州牧，就成了地方上的集權者，軍政、民政、財政、司法、監督都由州牧統管。州牧成了一個地方的軍政大員，最終就出現了東漢末到三國的現象——羣雄割據。三國時代的那些羣雄幾乎都是州牧，像大家知道的袁紹、曹操，都是兼領幾個州的州牧，還有當時的劉表（荊州牧）、陶謙（徐州牧）、劉璋（益州牧），等等。劉備也是通過代理徐州的州牧而初步形成勢力，又「依劉表」「借荊州」而逐漸崛起的。這些州牧都割據一方，據地稱雄，既有財權，又有兵權，完全成了一方軍閥，後來甚至成了一方諸侯，中央集權就受到嚴重的威脅。

為解決這個問題，到了唐宋之際，路制取代了州（道）制，而路制的一個特點就是分權分得七零八落。宋代的這些路不僅一個路就設立了很多衙門，而且每個衙門都在中央有它的上級，彼此不相統屬。

一個路由安撫司（別稱「帥司」，長官為安撫使）管行政，又設置了轉運司（即「漕司」，長官為轉運使）管財政[82]。安撫使如果在路內要搞什麼形象工程或者政績工程，得向轉運使報告，通過轉運使向中央提出報告，要求撥款，不能隨便花錢。此外，還有提點刑獄司（又稱「憲司」）管司法，提舉常平司（又稱「倉司」）管市場等。那個時代倒真是司法獨立，不過所謂司法獨立不是對皇權獨立，而是對同級地方官獨立。老實說，對同級地方官獨立也很重要。提點刑獄使和安撫使是平級的，互不統屬，司法獨立於行政。除此之外，路還設立了其他的一些機關。由於分權程度高，宋代的路制還出現一個很有意思的現象，就是每一個司管轄的路境、路名和劃界都是不同的，所以我們講宋代有多少路的時候就會有各種各樣的說法。同一時期如果是按照帥司系統，可以說有若干路，但是按照轉運使司的系統，路可能更多。

比如北宋初年西北地區有一個陝西路，比今天陝西省規模要大，下轄京兆府、河中府、鳳翔府。後分為永興軍路和秦鳳路，這是漕司（轉運司）管轄的。西北地區由於與遼、西夏接壤，安撫司（帥司）的地位重要，帥司多，轄區相對較小。北宋晚期陝西二漕司路各分三帥司路，分別是永興軍路下有永興軍路（治京兆府）、鄜延路（治延安府）、環慶路（治慶州），秦鳳路下有秦鳳路（治秦州）、熙河路（治熙州）、涇原路（治渭州）。所以宋朝的路到底有多少，是說不太清楚的，因為每一個衙門管轄的路不同，這可以說是分權分到了極致。

中國歷史上地方分權與地方集權的循環，見下圖：

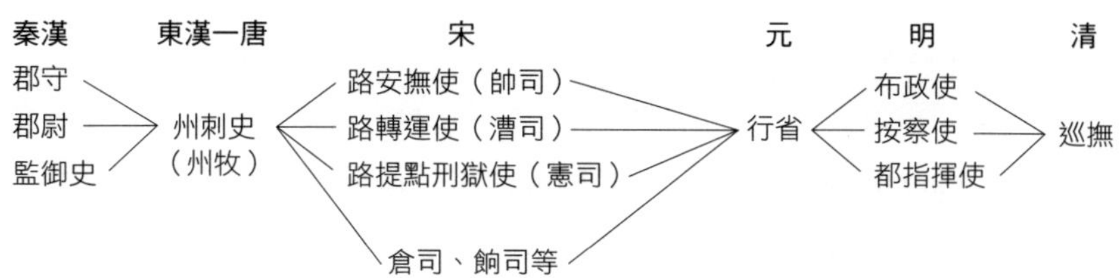

這套制度造成的行政職權疊牀架屋、彼此掣肘非常嚴重，宋朝很多事情幹不好與此有關。尤其在戰爭中弊病盡顯。因此到了南宋就經常出現陸游所說的「行省臨秦中」現象，皇帝得頻頻派出中書省的欽差到地方統籌一切，全權處理。這就出現了前面講的行（中書）省制度。也是由於戰爭需要，金、元兩代不斷強化行省的權力，開始矯枉過正，到了元代，行省就成了一個地方集權的代表。大家知道元代的行省和宋代的路形成鮮明對比的是，行省平章不僅可以管民政，而且可以調動軍隊，可以管司法、管財政。[83] 像蹺蹺板，分過頭了集，集過頭了又分，兩頭擺動。元代行省權力大到什麼程度？大到了每一個行省都有自己的省軍。結果不用到元代末年天下大亂，還在元代中期，泰定帝死後就發生了一場大變亂，叫作「天曆之變」，當時陝西行省出兵進攻外省，其軍隊打到山西、河南。陝西行省被中央收復後，四川行省平章又宣佈獨立，然後就跟其他省打仗，每一個行省都有自己的軍隊，又搞成了一種很複雜、易生變的局面。[84]

朱元璋發現不對頭，明代就廢除了行省（雖然行省俗稱仍流行），改為布政使司。這可不是僅僅換個名詞，而是重新回到了類似秦代那種地方上的「分權」：布政使（藩司）管民政，上屬中書省（朱元璋廢中書省後經六部上屬皇帝）；都指揮使（都司）管軍政，上屬五軍都督府；提刑按察使（臬司）管司法，上屬都察院。官品雖有差異，卻互不統屬，各有上司與下屬。尤其是藩司所屬州縣與都司所屬衛所，轄境重疊卻不重合，分別管理的民戶與軍戶、民田與屯田也交錯分佈，至有同城同街，左鄰軍戶屬湖廣都司偏橋衛，向湖廣交屯租，右舍民戶屬貴州施秉縣，向貴州交田糧，其混亂有甚於宋代的漕司路與帥司路。這樣的體制自然也是弊端百出。所以後來又需要上面派欽差來統一事權，這就是明代形成、清代定型的巡撫一職，它由「過江龍」變成「坐地虎」以後，又成獨攬一方大權，民政軍政司法一把抓的大吏。到了民國，巡撫變成督軍，又發展成軍閥割據的土壤……

法家體制始終解決不了這些問題。這也就是為什麼我認為漢魏之變不如周秦之變深刻的原因之一。因為秦皇漢武造成的或面臨的這些基本問題，其實一直延續到清末。

註釋：

1 參閱沈頌金：《漢代鄉亭里研究概述》，載《中國史研究動態》1999 年第 10 期；高士榮：《40 年來秦鄉里社會研究綜述》，載《西安財經學院學報》2017 年第 1 期；魯西奇：《中國古代鄉里制度研究》，北京：北京大學出版社，2021 年。

2 不過班固說：「此先王制土處民富而教之之大略也。」《漢書》卷 24《食貨志》，第 1121-1123 頁。其實就像《周禮》中的制度一樣，當時的很多現實制度都是「託古」入經，遠古時未必有的。

3 《史記》卷 89《張耳陳餘列傳》，第 2572 頁。

4 《漢書》卷 24《食貨志》，第 1121 頁。

5 《春秋公羊傳》「宣公十五年」何休解詁，見《十三經註疏》整理委員會整理：《十三經註疏》，北京：北京大學出版社，1999 年，第 360-361 頁。

6 關於《管子》成書時間的研究，可參閱楊帆：《〈管子〉成書問題研究綜述》，載《學行堂文史集刊》2014 年第 1 期。

7 《管子・立政》。

8 《管子・立政》。

9 張家山二四七號漢墓竹簡整理小組編著：《張家山漢墓竹簡［二四七號墓］（釋文修訂本）》，北京：文物出版社，2006 年，「二年律令」，第 51 頁。

10 參見王子今：《「閭左」為「里佐」說》，載《西北大學學報》（哲學社會科學版）1985 年第 1 期。

11 可參閱張信通：《秦漢里治研究》，博士學位論文，河南大學，2013 年。

12 參見嚴耕望：《中國地方行政制度史・秦漢地方行政制度》，上海：上海古籍出版社，2007 年，第 237-239 頁。

13 漢代基層官吏之秩，參見楊際平：《漢代內郡的吏員構成與鄉、亭、里關係東海郡尹灣漢簡研究》，載《廈門大學學報》（哲學社會科學版）1998 年第 4 期。

14 參見張信通：《秦漢里治研究》，第 116 頁。

15 參見王子今：《「閭左」為「里佐」說》，載《西北大學學報》（哲學社會科學版）1985 年第 1 期；張信通：《秦漢里治研究》，第 97-153 頁。

16 參見謝桂華：《尹灣漢墓簡牘和西漢地方行政制度》，載《文物》1997 年第 1 期；楊際平：《漢代內郡的吏員構成與鄉、亭、里關係——東海郡尹灣漢簡研究》，載《廈門大學學報》（哲學社會科學版）1998 年第 4 期。

17 《續漢書・百官志五》：「亭有亭長，以禁盜賊。」本註曰：「亭長，主求捕盜賊，承望都尉。」《漢官儀》云：「尉、游徼、亭長皆習設備五兵。」《後漢書志》卷 28《百官五》，第 3624 頁。另見嚴耕望：《中國地方行政制度史・秦漢地方行政制度》，第 237-243 頁。

18 《史記》卷 28《封禪書》、卷 100《季布欒布列傳》，第 1378、2734 頁。

19 關於里、社、單的論述，詳見秦暉：《傳統十論——本土社會的制度、文化及具變革》，第 92-97 頁。

20 《史記》卷 56《陳丞相世家》，第 2052 頁。

21 俞偉超：《中國古代公社組織的考察——論先秦兩漢的單—僤—彈》，北京：文物出版社，1988 年。另，關於漢代「單」的新近研究，可參閱張信通：《秦漢里治研究》，第 267-272 頁。

22 不管是戰國秦漢的授田制、名田制，還是北魏隋唐的均田制，國家分配土地都會出現由於人口增多而土地不敷分配的問題或現象。

23 詳見秦暉：《傳統十論——本土社會的制度、文化及其變革》，第 1-47 頁。

24 《史記》卷 6《秦始皇本紀》，第 289 頁。

25 《商君書・境內》。

26 《商君書・墾令》。

27 《商君書・畫策》。

28 《管子・禁藏》。

29 《潛夫論・實邊》。

30 參見錢彥惠：《西漢長安城市場研究——兼論漢魏洛陽城的市場》，載《考古學報》2020 年第 2 期。

31 參見成一農：《中國城市史研究》，北京：商務印書館，2020 年，第 65-74、100 頁。

32 關於里坊制，參見成一農：《里坊制及相關問題研究》，載《中國史研究》2015 年第 3 期。

33 漢王劉邦四年（前 203 年），「八月，初為算賦」，如淳註：「《漢儀注》：民年十五以上至五十六出賦錢，人百二十為一算，為治庫兵車馬。」見《漢書》卷 1 上《高帝紀》，第 46 頁；「漢法常因八月算人」，《後漢書》卷 10《皇后紀》，第 400 頁。

34 可參閱韓連琪：《漢代的戶籍和上計制度》，載《文史哲》1978 年第 3 期；錢劍夫：《漢代「案比」制度的淵源及其流演》，載《歷史研究》1988 年第 3 期。

35 《後漢書》卷 39《江革傳》，第 1302 頁。

36 《管子．國蓄》。

37 參閱周熾成：《鬧劇背後：從思想史的角度看「評法批儒」運動》，載《現代哲學》2006 年第 2 期。

38 于振波：《漢代的循吏與酷吏》，載《湖南城市學院學報》2006 年第 1 期。

39 于振波：《秦漢時期的「文法吏」》，載《中國社會科學院研究生院學報》1999 年第 2 期。

40 《韓非子．忠孝》。

41 《韓非子．五蠹》。

42 《漢書》卷 9《元帝紀》，第 277 頁。

43 東漢光武帝「既以吏事自嬰，帝（明帝）無任文法，總攬威柄，權不借下」。見華嶠：《後漢書》，周天游輯訂：《八家後漢書輯註》（上），上海：上海古籍出版社，1986 年，第 512 頁。光武帝「退功臣而進文吏」，自到漢順帝時郡國舉孝廉，「限年四十以上，諸生通章句，文吏能箋奏，乃得應選」，文吏仍與儒生並舉。見《後漢書》卷 1 下《光武帝紀》、卷 6《孝順帝紀》，第 85、261 頁。閻步克先生有詳細論述，見閻步克：《士大夫政治演生史稿》，北京：北京大學出版社，2015 年，第 367-373 頁。

44 《春秋繁露．考功名》。

45 《漢書》卷 23《刑法志》，第 1101-1110 頁；卷 90《酷吏傳》，第 3676 頁。

46 《漢書》卷 51《路溫舒傳》，第 2369 頁。

47 《漢書》卷 90《酷吏傳》，第 3675 頁。

48 《漢書》卷 58《兒寬傳》載：「時張湯為廷尉，廷尉府盡用文史法律之吏」，第 2628 頁。

49 王充：《論衡．程材》。

50 例如《漢書》記載，酷吏嚴延年「無巧為獄文，善史書」，見後文。

51 《漢書》卷 90《酷吏傳》，第 3669 頁。

52 《漢書》卷 58《兒寬傳》，第 2628 頁。

53 《漢書》卷 90《酷吏傳》，第 3669 頁。

54 《論語．雍也》。

55 《漢書》卷 72《貢禹傳》，第 3077 頁。

56 《漢書》卷 72《貢禹傳》，第 3077 頁。

57 如：「夫移風易俗，使天下回心而鄉道，類非俗吏之所能為也」；「今俗吏所以牧民者，非有禮義科指可世世通行者也，以意穿鑿，各取一切。是以詐偽萌生，刑罰尤極，質樸日消，恩愛寖薄」。汲黯罵張湯：「天下謂刀筆吏不可為公卿，果然。」《漢書》卷 22《禮樂志》，第 1030、1033 頁；卷 50《汲黯傳》，第 2318 頁。

58 《史記》卷 122《酷吏列傳》，第 3133、3134、3154 頁。

59 《史記》卷 30《平準書》，第 1420 頁；《漢書》卷 24 上《食貨志上》，第 1136 頁。

60 關於劉秀的家庭背景及起兵前的經濟狀況，參見宇都宮清吉：《劉秀與南陽》，載劉俊文主編：《日本學者研究中國史論著選譯》第 3 卷，北京：中華書局，1993 年，第 618-645 頁。

61 《史記》卷 8《高祖本紀》，第 386-387 頁。

62 《後漢書》卷 1《光武帝紀上》，第 1-3 頁。

63 嚴延年在河南太守任上，「摧折豪強，扶助貧弱。貧弱雖陷法，曲文以出之；其豪桀侵小民者，以文內之」。《漢書》卷 90《酷吏傳》，第 3669 頁。

64 《史記》卷 122《酷吏列傳》，第 3137-3144、3152-3154 頁。

65 司馬遷說：「奉法循理之吏，不伐功矜能，百姓無稱，亦無過行。作循吏列傳第五十九。」《史記》卷 130《太史公自序》，第 3317 頁。

66 《史記》卷 119《循吏列傳》，第 3100 頁。

67 任延「拜武威太守，帝親見，戒之曰：『善事上官，無失名譽。』延對曰：『臣聞忠臣不私，私臣不忠。履正奉公，臣子之節。上下雷同，非陛下之福。

善事上官，臣不敢奉詔。』帝歎息曰：『卿言是也。』」《後漢書》卷 76《循吏列傳》，第 2462-2463 頁。

68 司馬遷說：「自甯成、周陽由之後，事益多，民巧法，大抵吏之治類多成、由等矣」；「自張湯死後，網密，多詆嚴，官事寖以耗廢。九卿碌碌奉其官，救過不贍，何暇論繩墨之外乎！」《史記》卷 122《酷吏列傳》，第 3136、3154 頁。「自中興以後，科網稍密，吏人之嚴害者，方於前世省矣。」《後漢書》卷 77《酷吏列傳》，第 2488 頁。

69 Whaples, Robert (March 1995). "Where Is There Consensus Among American Economic Historians? The Results of a Survey on Forty Propositions". The Journal of Economic History. 55(1): 141, 146-147.

70 梁本：《戰國時代的東西差別——考古學的視野》，北京：文物出版社，2008 年。筆者認為，「強殷」的崛起可能是對中國早期小共同體本位國家的第一次挑戰，但是最終被西周的諸侯聯盟所挫敗，「封建」之制因此又持續了 800 年，期間並進入了這種體制的鼎盛與衰亡。

71 趙翼：《廿二史札記》卷 2，「漢初布衣將相之局」。

72 艾衲居士：《豆棚閒話》，南京：鳳凰出版社，2009 年，第 94 頁。

73 朱熹：《答陳同甫》，見《朱子全書》（第 21 冊），上海：上海古籍出版社；合肥：安徽教育出版社，2002 年，第 1583 頁。

74 例如張德信：《明帝列傳 · 明朝典制》，長春：吉林文史出版社，1996 年，第 21 頁；安震：《大明風雲》（第 2 版），長春：長春出版社，2005 年，第 62 頁。

75 例如，朱誠如主編：《中國皇帝制度》，武漢：武漢出版社，1997 年，第 74 頁；暴景升：《軍機處與清代皇權》，載朱誠如、王天有主編：《明清論叢》第 6 輯，北京：紫禁城出版社，2005 年，第 257-267 頁。

76 黃宗羲：《明夷待訪錄 · 原法》。

77 清朝後來形成了這樣的慣例，殿閣大學士有宰相之名而無其實，軍機大臣有宰相之實而無其名。《清史稿》卷 302《劉統勛傳》：「世謂大學士非兼軍機處，不得為真宰相。」見《清史稿》，北京：中華書局，1977 年標點本，第 10468 頁。關於上述歷代政治制度的演變，參閱嚴耕望：《中國政治制度史綱》，上海：上海古籍出版社，2013 年。

78 關於中國歷史上內外朝的分權循環，詳見秦暉：《傳統十論——本土社會的制度、文化及其變革》，第 139-227 頁。

79 《漢書》卷 19 上《百官公卿表上》，第 741 頁。

80 「州牧」一詞出自《尚書·周官》，西漢時曾改刺史稱州牧。

81 陸游：《夜觀秦蜀地圖》，錢仲聯、馬亞中主編：《陸游全集校註》第 2 冊，第 451 頁。

82 唐初設轉運使時，本管運輸，故轉運使司又稱「漕司」，宋初掌管財賦，太宗時，又委以邊防、刑訟、按察等任。

83 關於中國歷史上欽差與地方「諸侯」的循環以及地方分權與地方集權的循環，詳見秦暉：《傳統十論——本土社會的制度、文化及其變革》，第 139-227 頁。另相關中國歷史上行政區劃與行政組織之沿革變遷，參見周振鶴：《中國地方行政制度史》，第 58-199 頁。

84 《元史》卷 32《文宗紀》，北京：中華書局，1976 年，第 704-721 頁。

第六章

漢魏之變：儒表法裏中的「儒裏化」階段

我在緒論裏面曾提到秦漢在中國歷史發展中佔有很重要的地位。作為中國中央集權專制帝國的第一次興盛或者第一帝國時代，其建立並向下一階段的演變具有非常豐富的政治學意義。因此秦漢史學習的重點應該是周秦之變和漢魏之變，就是這套體制是怎麼建立起來的，它又發生了什麼樣的變化。

也許有人會説，從晚清看到的中國傳統好像和秦漢有很大的不同。的確是這樣，這也告訴我們抽象地講「傳統」如何如何，是過於簡略省事、過於偷懶的辦法，其實這個傳統一直在不斷變化。當然有一些東西沒有改變，還一直延續下來，但是有一些東西是變化了。總結一下，就秦漢這個階段而言，我們講的周秦之變一直從西周延續到王莽時代，所謂的禮崩樂壞，春秋戰國發展下來建立了一個按照法家邏輯建構起來的「霸道」秦朝。秦朝很快出現問題導致天下大亂，二世而亡。天下大亂以後就有一個調整過程，曾經有過恢復周制的企圖，比如項羽曾採用分封諸侯的辦法治理天下。漢初也曾經有過比較發達的分封制，各個諸侯國有很強大的勢力。但是自文景以來就出現了中央集權不斷強化的趨勢，周制的殘餘越來越萎縮，秦制則越來越鞏固。前面講過，再總結一下：第一，是解決了諸侯的問題，首先消滅異姓王，接着又拿掉了幾個最強大的同姓王，最後通過推恩令，「眾建諸侯而少其力」，逐漸把剩下來的同姓王也給化解掉了。到了東漢可以説郡縣制已經基本取代了封建制。

國家對社會、對經濟的控制也是從漢初比較鬆散的狀態逐步強化。從漢初諸侯可以鑄錢的各自財政逐漸變成鹽鐵官營、均輸平準、算緡告緡、王田私屬、五均六筦，一直發展為王莽那樣一種國家無所不包的壟斷狀態，也就是我講的周表秦裏的狀態。

雖然儒家從漢武帝以來就得到了所謂的「獨尊」地位，但是儒家本身經過了非常系統的、非常成功的法家化改造或者說「以法入禮」，因此那個時候的儒家已經不是孔孟時代的古儒，而是儒表法裏狀態下的「法儒」或「道儒」。

但是這樣一種狀態當然也不能說後來就直線延續到今天。

這種狀態到了後來又發生了一些調整，如果我們說漢武帝以後這兩千年的歷史基本上是儒表法裏的狀態，而在一定程度上我們應該講，儒雖然是表，但是這個表並不是沒有向裏進行滲透。至於這個滲透是否能夠完全顛覆秦制，使國家回到周制那樣一種狀態去，其實是不太可能的。但是在現實的規則或者潛規則中，儒家的這一套佔有比以前多一些的地位，也就是說儒家有過一定程度的往裏滲透，不單單是浮在表面的意識形態，某種程度上也變成了裏，這個階段的確發生過。這就是所謂的漢魏之變。但是，所謂一定程度的「儒裏化」並不等同於在整體上改變了儒表法裏的格局。

我們濃縮簡述這一段過程：東漢末年中國就出現了所謂的合久必分的局面，一開始是羣雄割據、豪強遍佈，最後是三分天下，再後是非常短暫的西晉統一。這個統一大概只維持了三十多年。其實真正的統一還不到三十多年，也就維持了十多年，然後就發生了八王之亂、永嘉之亂，又出現了漢末天下大亂的狀態。這次大亂以後，很長一個時期就沒有統一，先是東晉十六國，後是南北朝，最終由於北周的發展出現了統一的趨勢，然後由楊堅代周建立了隋，隋完成了最終的統一。但是，隋和秦、新莽一樣，都是很短暫的王朝，二世而亡，又導致天下大亂。直到唐的建立，進入了一個比較穩定的、以統一為主的時期，中國歷史進入了第二帝國時代。

從東漢末的社會動亂，公元 184 年黃巾起義（站在另外一個立場上也可以說是黃巾之亂）以後，統一的集權帝國已不復存在，出現了類似於諸侯林立的局面。大家知道，正式的三國鼎立是比較晚的事，三國中的魏國正式立國是在曹操死了以後，他的兒子曹丕才正式把漢給廢掉，以魏代漢是在曹操死了以後才實現的。到了西晉，所謂的八王之亂本來也是分封造成的，體現了周制一定程度的回盪。

但是，東漢末年的大亂並不是一朝突變。事實上，自從王莽的「周表秦裏」走到極端引發社會大崩潰以後，歷史的鐘擺就已經開始往回盪了。

第一節　東漢以後宗法復興

中國歷史學界早就有人認為由秦漢到隋唐，中國歷史似乎轉了一個圈，隋朝做的很多事情都是秦漢做過的。而隋唐以前這一段比較分裂的、混亂的歷史也有點類似先秦時代的那種諸侯林立的情況，甚至，社會面貌也有某種程度的類似。比如說，前面講到過西周是一個族羣社會，而在魏晉南北朝這段時間，也是世家大族、門閥士族勢力比較興盛的時代。西周是世卿世祿的貴族制度，很多人的政治地位是繼承的，不是官僚制，而是貴族制。魏晉南北朝這段時間實行九品中正制，「上品無寒門，下品無士族」[1]，也導致了某種貴族身份的世襲現象，出現了比較長期穩定的各種依附關係。

西周時代是封建制，每個人都有自己的主人，「人人親其親，長其長」，國家幾乎直接控制不了多少人口，也就是說那個時候沒有編戶齊民制度，或者說即使有也只在周天子能夠直接控制的那塊領地上。西周、春秋時期也有查戶口，編訂田籍、戶籍的做法，像周宣王「料民於太原」[2]，以及魯國的「初稅畝」[3]，但這些範圍都很小，領主各行其便，沒有一定之規。那個時候所謂的查戶門、編戶口只是每個領主在自己的領地上進行，周天子也只是在王畿所在的西安或洛陽附近的一塊地方進行，不可能跑到楚國去查戶口，也不可能跑到秦國去大索貌閱（隋朝的「查戶口」），出了諸侯的那一畝三分地別處管不了。這種現象到了魏晉時期有一定程度的復歸。實行均田制以前的北魏，有人說是宗主督護制，所謂的「百室合戶」「千丁共籍」[4]，很多宗主帶領着龐大的族羣，而國家能夠掌握的編戶齊民比起秦漢尤其是西漢有明顯的萎縮。

因此，整個魏晉南北朝時期在一定程度上，好像歷史復歸轉了一個圓圈，但這個循環只是表面上的。魏晉南北朝時代的社會和先秦的社會還是有很大的不同，而且周秦之變奠定的基本格局也沒有發生顛覆性的變化。魏晉南北朝各個分裂的政權仍然基本上是官僚制帝國，並沒有出現西周式的層層分封的封建制佔統治地位的狀況。也就是「儒裏化」在程度上是有局限的，並沒有使中國真正成為一個儒家理想中的權責對應、小共同體本位、和諧的「父父子子」的社會，並沒有導致所謂三代盛世真正的復歸，只是有些形似。或者打個比方說，歷史鐘擺來回搖擺，向秦制擺動的幅度大，向周制擺動的幅度小，抑或只是表面上有些像。

魏晉南北朝的社會的確比秦漢有了很大的不同，這個變化也就是我們所要解釋的漢魏之變。這個變化時間持續比較長，雖然國家正式的分裂是在公元 184 年黃巾之變後才出現，到魏文帝以魏代漢才正式確立，但是這個苗頭早就有了。中國很多事情都是物極必反，秦制的衰亡也是一樣。秦制這一套，秦始皇搞得天怒人怨；王莽得罪了各色人等，只不過王莽搞的是「周表秦裏」，後世學乖了的表現是穿一個儒家的「外套」，外形上看是尊周那一套，實際上搞的是「超秦制」的中央集權。周表秦裏也導致了社會的崩潰，新莽和秦一樣是個短命王朝。社會混亂中出現了以劉秀為代表的新勢力。

前面我曾提到過，中國歷史上這種前後相承的王朝，性質上往往有很大的區別。北宋南宋、東晉西晉基本上是同一個王朝的延續，南宋的高宗趙構就是徽宗的兒子康王，而且宋朝在垮台的時候，宋欽宗已經在一定程度上授予了他很大的權力，宋高宗從來沒有成為平民。東晉也是一樣，東晉的開國皇帝晉元帝也是西晉皇室直系嫡親，他建立的朝廷基本上是西晉朝廷的延續，無非就是原來的朝廷被顛覆了，統治階層偏安跑到另外一個地方重建了和原來沒什麼區別的體制。但是西漢東漢就不是這麼回事。

劉秀雖然也號稱漢的宗室，但已經是八竿子打不着的旁支宗室，基本上已經平民化了。按照宗法繼承制度，天子或皇帝的兒子中太子繼位，其他兒子降一等作諸侯王，那麼過一代，諸侯王的嫡長子就是世子繼承王位，其他的兒子再降一等，再下一代還是一樣，這樣下去，經過十幾代，那些旁支基本上就已經是平民了。劉秀雖然打的是西漢的宗脈，但起兵的時候其實是一個豪強，雖然有錢，但並沒有太大的血統優勢。

周行幾百年，秦的突變是不可能一下子把它的烙印抹去，在與秦制的博弈過程中還會時不時冒頭，但從大趨勢看是一次次被秦制戰勝。

秦制的最大特點是老有強龍和地頭蛇的鬥爭，即中央集權和小共同體的力量、地方的力量、分封制的力量博弈。劉秀雖然本人是豪強，但他一旦當了皇帝還是要搞中央集權，統領大一統的天下是每一個懷有雄才大略當皇帝人的夢想。但是，由於東漢是在王莽搞中央集權過分強化導致社會大亂的背景下建立的，因此新產生的朝廷在一定程度上就要出現調整。作為對王莽時代「周表秦裏」的逆反，東漢的儒表也逐漸向秦裏滲透。東漢出現了明顯的儒表漸裏趨勢。

王莽「從周」本來是表演性質，但是他強化秦制失敗後，「從周」卻有點弄假成真了。王莽「從周」是要強皇權，東漢跟着「從周」，古文經學仍然興盛，「從周」卻變成主要是強宗族了。劉秀出身「素封」豪強，依靠強宗大族崛起，東漢建立以後在很多具體制度上不僅繼承了秦制，而且也繼承了莽制。北京大學的閻步克先生認為東漢很多制度來自新莽，這一點沒錯，東漢基本上仍是中央集權官僚制的帝國。[5] 但是，由於王莽把官僚制帝國的邏輯貫徹得太極端，弊端百出，東漢雖然繼承了這個體制，卻出現了一些弱化的趨勢。

比如最明顯的一點是，東漢國家的財政運作能力要比西漢弱得多。不但闖下大禍的「王田私屬」無人膽敢再試，連賢良文學們也反對不掉的鹽鐵官營，東漢也不聲不響就取消了。還有，東漢經濟史上有一個很有趣的問題，就是「漢金消失之謎」。文獻中經常提到西漢黃金動輒幾十斤、幾百斤甚至幾千斤的賞賜現象，到了東漢，黃金似乎一下子就地遁沒有了。

其實不是黃金沒有了，而是中央政府可以支配的黃金變得很少。西漢的中央財政通常是比較充裕的，所謂的「太倉之粟陳陳相因」[6]，用我們今天的話講，就是說國庫充盈。但是到了東漢，情況截然相反。東漢的朝廷一直在財政上非常困難，至晚從漢章帝之後，朝廷長期入不敷出，財政赤字很大。[7]到了漢安帝年間出現所謂的「官負人責（債）數十億萬」，有點像今天的美國，國債非常驚人。也就是說東漢政府集中資源的能力要比西漢弱，儘管作為皇帝，擴張中央集權仍然是施政的主要着眼點。

西漢已經出現的趨勢乃至王莽時代的一些趨勢，在劉秀上台以後也仍然延續。比如前述，漢武帝搞內朝，劉秀進一步擴大了內朝，六曹尚書制度很可能新莽時代就已經是如此這般，劉秀自然繼承過來。比如派中央工作組到地方上去檢查工作，乃至架空地方，用「過江龍」來監督乃至覆蓋「坐地虎」，這樣的制度西漢就開始有了，東漢進一步發展，就是所謂的刺史、州牧，所謂的十三州制度，這在東漢也是繼續推進的。誰承想這些政策卻走向了它的反面，十三州刺史本來是為強化皇權派出的中央工作組，但是這些中央工作組派出的時間太長了，走動的「視察員」在一地久待不動，而且中央工作組拿着「尚方寶劍」，欽差大臣權力很大，到地方去以後久而久之，自己就變成「坐地虎」，而且比原來的坐地虎強大得多，尾大不掉更嚴重。由於這些原因，東漢儘管力圖重新鞏固乃至強化中央集權，但是反中央集權的或者封建制的因素，實際上在東漢一朝就已經開始冒頭。

最明顯的一點是社會生活中宗族勢力的擴大，強宗大族興起。對於宗族勢力，秦和西漢都是竭力打擊、想方設法劃大為小，直至到個人。那個時代是鼓勵六親不認，強制分家，不許族居，實行嚴格的非宗族性的編戶齊民制度。但是到了東漢，強宗大族又再度冒頭。[8]

關於這一點，很多人說東漢出現強宗大族，到魏晉南北朝時就出現了門閥士族，出現了宗主督護，出現了「百室合戶」「千丁共籍」，似乎這個時代中國又恢復到族羣社會中去了。[9]可是如果大家真的注意當時反映基層實際狀況的出土簡牘，比如走馬樓吳簡，就會知道，其實當時的世家大族只是高層的時髦，社會上並不普遍，和明清時代尤其是晚清嶺南一些地區農村到處都是祠堂、宗族，族廟公產比重很大的現象相比有很大距離。[10] 彼時的宗族應該說主要是一種貴族現象，一般的平民百姓中還是編戶齊民居多。但是的確這個時候已經出現了一些貴族世家整合抬頭現象，他們有自己的依附者，形成了一種類似於封建的狀態。

第二節　以禮入法：法律的儒家化

東漢仍然延續王莽的做法，什麼東西都要遵從周制，而且莽朝的很多制度也延續了下來，但像王莽那樣所謂周表秦裏的「秦裏」卻已經失去了勢頭，「周表」開始影響到裏了。

這個變化反映在很多方面，首先漢代的法律發生了一些潛移默化的演變。我曾經提到儒家的思想在周秦之變中受到改造，其中很重要的一個內容就是「以法入禮」，用法家行事殺氣騰騰的東西取代儒家那套主要建立在血緣倫理基礎上的溫情覆蓋下的禮。但是到了東漢出現另外一個趨勢，那就是瞿同祖先生曾經提到的，在曹魏時代發展到很高程度的法律儒家化，用他的話講是「以禮入法」。

「法律的儒家化」，最早的表現是「《春秋》決獄」。大家知道秦漢的法律是非常反宗法的，是典型的法家法，有很多原則和儒家是截然相反的，比如說鼓勵告親，禁止容隱，提倡六親不認，而且還假定每個人都可以有自己的財產，造成一種好像非常個人主義化的表像。這個法律一直就沒有大的改動，從《秦律》到漢初的《九章律》，到以後張家山漢墓出土的《二年律令》，一直都帶有很濃的法家色彩，就是反宗法的色彩。但是在漢代的司法實踐中，早在西漢中後期就已經出現了不按法律而按儒家經典進行判案的例子。到了東漢這種例子開始多了起來，就是所謂的「《春秋》決獄」。

所謂「《春秋》決獄」，就是這些判案的法官不是根據法家化的漢律來判案，而是按照儒家倫理原則來判斷是非。比如兒子告發父親，按照法家規定是應該鼓勵的，但是在儒家看來這種做法就是違背倫理，大逆不道，應該懲罰。儘管秦漢的法律都是鼓勵告親的，但是在現實司法實踐中有一些人是從儒家經典出發，並不從法律出發，按照所謂《春秋》大義而不是按照法律的條款來辦事。[11]

這種「《春秋》決獄」就使得法家化法律的效用在降低，而宗法倫理作為一種潛規則開始逐漸流行起來。這個趨勢一直到曹魏時期的陳羣、劉劭開始系統地修改法律為高潮。瞿同祖先生説，儒家之系統修改法律，自魏晉始。[12] 我覺得瞿同祖先生的這個説法是非常之高明的。中國現在保存下來比較完整的法律，最早的一部是《唐律疏議》，也就是唐律。唐以前的法律沒有完整保存下來，只有文獻中的吉光片羽。最近我們通過考古發掘，在睡虎地發現了秦律簡牘，在張家山發現了漢律簡牘，但是這些簡牘也只是一部分，全部的我們沒有看到。但從後來的史籍中，人們收集吉光片羽，自晚清以來就有人進行漢唐法律對照研究，代表人物是晚清的沈家本先生。沈家本先生研究過漢唐法律的演進，他當時覺得這個漢律和唐律有很大的區別[13]，而瞿同祖先生在民國年間又進一步判定這樣的區別主要發生在魏晉，就是陳羣和劉劭修改法律。無論是修改以前的秦漢律還是修改以後的曹魏時期的法律，全文都沒有保留下來，我們都沒有看到。但是瞿同祖、沈家本這些先生從歷史上遺留下來的一些吉光片羽、斷簡殘編中得出的推論，我認為還是可以成立的。也就是説他們從有限的資料中得出的結論，是有説服力的。

現在我們看到的材料比瞿同祖、沈家本那個時代要多得多，比如睡虎地秦簡、張家山漢簡都是 20 世紀 70 年代以後才出現的，他們都沒能看到。看到這些材料以後，我們應該承認這些前輩的確很了不起，他們當年的結論並沒有被我們新看到的材料所推翻，而是我們新看到的材料進一步證實了他們的論斷。

陳羣、劉劭系統修改法律主要是做了哪些工作？他們修改前後的法律原本我們都沒有，無法一窺全貌。但我們知道的是他們強調了一些法家化的法律所不重視的原則。這些原則把儒家的血緣親情倫理觀、小共同體本位的價值觀引進了法律，使得這個法律相當程度上變得倫理化。[14]

法家法律有兩個特點，第一個特點是特別強調政治掛帥，一切從皇權出發，為了皇權可以六親不認。謀反毫無疑問是大罪，但是不孝呢？不孝看是為什麼而不孝，假如是為皇帝而大義滅親那是好的，假如不是為皇帝而殺爹當然還是有問題的。但是不孝本身並沒有成為法律懲辦的一個原則。當然基於人之常情，一般的社會甚全包括西方社會都認為子女尤其是未成年子女應該聽爹的，公民對未成年子女有監護權，現代法律也是承認的。因此即使是秦律，針對父子還是有一些區別。

比如秦律認為兒子和父親是各有財產的，秦律有一個規定，説「父盜子，不為盜」，而「子盜父母」不是「公室告」，也就是説父盜子，不違法，「子盜父母」就是非公室告，什麼叫「非公室告」？雖然是違法的，但是法院不一定要立案，用我們今天的話來講，可以通過民事調解，通過私下調解的辦法來解決。[15] 但是，秦漢法家式的法律都沒有單獨把倫理作為一種法律條文，尤其是宗族倫理、血緣親情基礎上的宗法倫理，都沒有視它們是一種司法原則。

我們知道法家法律最嚴厲懲罰的是政治犯罪，觸犯了皇權，觸犯了統治秩序，這是最大的罪。其次，法家法律從財產法的角度似乎比較現代化，就是我講的「偽個人主義」，有一些好像是強調個人的東西，強調每個人都有單獨的財產。這種偽個人主義和國家強化控制是聯繫在一起的，不是真正的近代意義上的個性解放。在皇權之下，好像法家的法律更多地承認個人相對於族羣的獨立性，實則壓抑消滅了中間環節，使之形成皇帝凌駕萬民之上的結構。

因此，漢初的法律基本上是沿襲秦律，約法三章提出的是「殺人者死，傷人及盜抵罪」。[16] 主要懲罰的是殺人、傷人、偷盜，其實就是民間個人與個人之間的那些侵犯行為。當時並沒有明確這些偷盜要受到更高一級倫理規則的制裁。

但是到了陳羣、劉劭修改法律以後就不是這樣了，史籍上記載，陳羣、劉劭是按照儒家的孝悌親親的邏輯把原來通過「《春秋》決獄」實行的那些原則給法律化了。到了魏晉南北朝時期，北齊河清年間的《北齊律》，在這一點上就表現得更明顯。完整的《河清律》我們現在也沒能看到，但是人們都認為《唐律》是繼承《隋律》，《隋律》不是繼承北周律的，而是繼承《北齊律》的。[17] 我們現在看到的《唐律疏議》，基本框架就是在北齊河清年間建立的，而北齊《河清律》確立了兩個最重要的原則：「十惡」和「八議」。[18] 這是法家化法律中從來沒有出現過的內容。

什麼叫「十惡」？就是所謂的「重罪十條」，這個「重罪十條」規定是不赦之罪。古代皇帝經常大赦天下，即位要大赦，大婚要大赦，皇子誕生，皇帝一高興就要大赦，表示皇恩浩蕩，與民同慶。但是，隋朝開始規定有一些罪過是不能赦免的，有些特別嚴重的罪過在大赦天下中不在赦免的範圍，這就是所謂的重罪、不赦之罪。北齊《河清律》就規定了「重罪十條」，後來演變為「十惡」。[19] 這「十惡」是不赦之罪，因此有了一個成語「十惡不赦」。現在的十惡不赦已泛指了，比如某個人罪惡滔天，那就是十惡不赦。實際上最早這個十惡不赦是有確切的所指，是指十種重罪。哪十種重罪呢？其中有一些政治性的罪，比如說謀反、內亂、大逆、叛降等等，這當然不能赦。但是這十惡中有一些是倫理犯罪，比如不敬、不義、不道，其中有一種叫「不孝」，這個行為成為重罪之一、十惡之一，成為不赦之罪。這是曹魏時代才開始的一種變化。

除了「重罪十條」以外，北齊《河清律》還有所謂「八議」的規定。這個八議主要是倫理上的規定。也就是同樣的一樁罪行，除了這個罪行以外還要考慮八種因素，也就是所謂的議親、議貴、議功，等等。[20] 總而言之，有人殺了人，官府要考慮所殺的人是陌生人還是親人。如果殺了親人，那罪過要大。殺了至親又比殺遠親的罪過更大，因骨肉相殘是禽獸之舉，其實禽獸也未必，所謂虎毒不食子，人做的事也許往往禽獸都不如。殺人不是可以一碗水端平的，要議親。

還有反過來的，是不是為了你的親人而殺人，比如說為了給父親報仇殺了仇人，如果要議親的話，這就成為一個可以從寬處理的條款，是符合倫理要求的。2018 年的于歡案放在歷史上是可以從寬處理的，因為事出有因，為雙親報仇，符合「孝悌之道」。但是如果你殺了爹，那罪過就大了，就不是一般的殺人罪，是倫理犯罪，非常嚴重。

所謂議親之外，還要議故，要考慮人情世故的安排，比如你原來是皇帝的朋友，犯了罪，皇帝可以拉你一把，好像也是可以酌情減免的。所謂的議貴是要在社會中分出上下尊卑，在上者侵犯在下者，要比在下者侵犯在上者罪過小。如果是平民傷害了貴族，比貴族傷害平民的罪過大，兒子傷害了父親或者說子弟傷害了父輩，要比父輩傷害子弟的罪過大，主人和他的附庸之間也有這種不平等的關係。不平等的關係就是所謂的上下尊卑，所謂的「禮」就是規範這種關係，這是儒家最典型的特徵。

但是法家是不承認小共同體內上下尊卑的，所有人都是皇帝的奴才，在這一點上是強調平等的。法家講的法治當然和我們今天講的在法律面前人人平等不是一回事，這主要是兩個因素造成的：

第一，法家講的人人平等，皇帝不包括在內，皇帝至高無上，他不跟平民在一個層面上，不會跟你去講平等。法家毫無疑問是要維護皇權的。

第二，雖然法家並不承認貴族和平民之間的差別，但是實際上在法家的治理中，受寵的奴才和不受寵的奴才之間仍然沒有任何平等可言。可是這種沒有任何平等不是通過法律本身表現出來的，而是通過以權力曲解法律表現出來的。也就是說法家假定天下的人都是皇帝的奴才，皇帝可以決定任何人的生死，不是說只有平民百姓是奴才，王公大臣就不是奴才，不是的，所有人都是皇帝的臣下之奴。但是，奴才有被青睞得勢的，也有失勢的「背鍋俠」或壓根不討喜歡的。而受寵的奴才往往可以給不受寵的奴才羅織罪名，就是我前面講到過漢代酷吏的做法，生死都可「以文內之」，也可「以文出之」。但是在法律上規定所有的人都是奴才，因此奴才應該平等，不承認除了皇帝以外民間還有主從之分（奴隸除外），不承認一些人是貴族，一些人是貴族下屬的世世代代的隸屬民，不承認君王之下有截留的東西。

我們不能說這是法治，也不能說這是在法律面前人人平等，但是在權力面前是人人平等的。也就是說有權勢的人在法家制度上可以欺負無權無勢的人，只是這個有權勢的人很可能是不確定的。身份地位無恒定，皇帝看中了你，便得道升天，皇帝一個不順眼，一擼到底也不是沒有。而儒家講的所謂貴族、所謂長輩，都是一種固定的身份，相對而言是穩定的。

「八議」還有議功、議賢等等。有道德的人殺了沒有道德的人，如果按照這種理念，罪過也要輕一些。當然了，當時不可能承認有道德的人可以不經法律殺那些沒有道德的人，但還是可以從最通俗的角度講，好人殺壞人的罪過要比壞人殺好人的罪過輕。我這裏講的「好壞」不是正當防衛意義上的，不是誰先殺誰的問題，而是即使在一般的案件中，當事人的道德水平也會成為量刑中應該考慮的一個因素。因為道德不能量化，當時口耳相傳的民意可作為其參考。也就是同樣的行為、同樣的侵犯，認為是有道德的人侵犯了不那麼有道德的人，罪過會比相反的侵犯要小一些，這就是所謂的「議賢」。這些條文告訴人們，平時積德很重要，沒準關鍵時候會保一命。「十惡」「八議」這些內容加進去以後，法律便帶有濃厚的儒家倫理色彩。後人就認為這是「法律的儒家化」。隨着法律的變化，當時人們的觀念也發生了一些演變。大家知道在法家理論盛行時期，儒家認為社會禮崩樂壞，人心不古，世風日下，就是賈誼講的「借父耰鉏，慮有德色；母取箕帚，立而誶語」。雖然到了漢代好像沒有那麼極端，但通常人們認為西漢一朝，社會上的家庭氣氛以及溫情脈脈的儒家倫理這些東西還是比較淡薄的，一直到西漢末都是這樣。

西漢盛行的是短喪、薄葬，《史記》中有很多例子，父母死了，兒子守喪時間很短。[21] 父母去世要有三年之喪，這是先秦儒家就已經有的說法，很可能西周也是實行久喪的。[22] 既然儒家講的那一套是周制，我們也應該相信，在宗族制度下，五服之內的或者是至親的，主要是對父親，實行久喪，三年之喪。但是在西漢，這樣做的應該說較少。長沙馬王堆 1 號辛追墓似乎是個例外，可能和墓主人的身份有關，她是諸侯長沙國丞相利蒼的妻子。但是到了東漢厚葬就普遍了，尤其是讀書人，所謂的大儒們，開始爭相標榜久喪、厚葬和守孝。

以至到東漢後期這股風氣愈演愈烈，當時很多人認為三年之喪都太短，要守更久，表示道德更高，甚至有人守了二十幾年喪的。[23] 後來就出現一個問題，道德講得太極端容易虛偽化，所以有人說久喪裏頭有很多貓膩。一個人在父母廬墓旁邊居住，服喪二十幾年，大家都誇他是道德典範。後來人們發現他在服喪期間討了好幾個小老婆，生了若干孩子。[24] 大家知道，在服喪期間是不能辦喜事的，也許有人說這是很虛偽的欺世盜名。這些虛偽的東西能夠大量出現說明社會上的確有這樣的氛圍，世風如此。如果社會上對這種行為嗤之以鼻、根本無人理睬，虛偽也就沒有市場了。虛偽是為了沽名釣譽，這種行為有名有譽可釣，有人才會效法。

第三節　官員選拔標準的道德化

同時，當時的官員選拔也越來越強調所謂的道德標準，儒士的清高成為當時很重要的一項政治資源。這個風氣越到後來越氾濫成災，甚至在魏晉南北朝期間變成很要命的風氣。大家知道，陶淵明不為五斗米折腰，掛冠而去，這在當時都被譽為美德。可在法家看來這是非常嚴重的罪行，明朝朱元璋安了個罪名叫「不為君用罪」[25]，就是承蒙皇上看得起給你安排工作，你卻故作清高推辭不去，這是非常大的罪過，個人在君王面前沒有說「不」的權利。

漢代經常有人標榜自己是非常謙虛的，看破世俗的，國家徵召你，你說我不是這塊料，不能接受任命。這是一種美德，這是一種清高的慎獨。但此風氣風靡一時，就有很多人效法，以至到了魏晉南北朝時期好多人標榜自己是在野的，是處士，是清流，像竹林七賢樂於悠遊林泉之下，屬於那種很清高瀟灑不拘小節的人。這種風氣也就影響了朝廷對官員的選拔標準，即以道德為尚，越是辭官不做的人說明沒有權力慾，就越要把他拉入到體制內。

大家知道，法家有一個很明顯的用人標準，就是不太過問道德，而道德的考核標準，隨意性太大，法家強調以客觀標準來取人。比如秦漢時代的二十等爵制，簡單明瞭，不管你是好人壞人，割下敵人腦袋便給你爵位。這種標準用黃仁宇先生的話講是「數目字管理」。[26] 當然這只是軍功爵，戰場上是這樣。後來二十等爵制普及到民間後，在一定程度上也有客觀標準，比如秦始皇時曾實行「百姓納粟千石，拜爵一級」[27]，漢文帝也聽從晁錯的建議令民入粟拜爵[28]，就是百姓能夠給國家提供多少公糧，國家就給你幾級爵位。給國家交公糧越多，國家就給你提高爵位。如果交公糧交得少，對不起，那就是落後分子。這是法家的一套獎懲措施。從這個角度講，隋唐以後實行的科舉制恐怕就很難説是一種儒家制度，因為科舉制最顯著的標準是力圖按照客觀標準去取人，不是按照道德標準去取人。

科舉制，第一是每個人以個人身份去應國家的挑選，不用考慮德望人緣，既不是家族推薦去的，也不是鄉里鄉親舉薦去的，一個人參加科舉和你所在的小共同體沒有任何關係，考生只代表自己，國家在這個問題上不承認有什麼積德人脈、品行賢良。第二，從科舉考試發展過程來講，越來越向形式主義發展。對這個形式主義，不能過於狹隘理解為是不重視治國的實際才能。它的道理在於受主觀上人事關係的牽制比較少。大家知道中國人現在考托福成績相當不錯，甚至比有的英國人美國人考托福的成績都高。但考托福拿高分的人，實際英語運用水平並不見得很高。但是為什麼托福考試還是有它的可取性呢？托福考試一個最大特點是完全客觀，甚至不用人而用電腦改卷，在標準答案面前人人平等。至於這個標準答案是不是合適，是不是能考出考生的真才實學，這完全是另外一個問題。但是這樣一種考試最大好處是在這個客觀標準面前，沒有任何人際關係和人情世故的考慮。科舉考試大體也是這個思路。

科舉考試在早年還是要考一些實際問題和反映真知灼見的。比如説當時的科舉考試很重要的一個內容是考「策論」。所謂「策論」是皇帝、考官出一些和現實有關的題目，讓考生做一篇論文。比如三農問題應該怎麼解決，比如現在遇到經濟危機應該怎樣拉動內需，比如就業不足有什麼對策或者如何應對匈奴的襲擾等等。按理説這是真要考治國思想的。可是這種考試後來發現一個很大的問題，就是這種題目往往沒有標準答案，開放式的答案也比較多元化。答案一多元化就可能造成人情和個人關係，甚至老百姓中的小共同體認同可能就會起作用。這個社會存在着錯綜複雜的人際關係。比如說我是一個廣西人，就偏袒廣西人給同籍學子高分；你是河南人，有人託關係送禮就給河南人比較高的分。或者我是一個左派，看到比較左的觀點就很喜歡；我是一個右派，看到比較右的觀點就覺得對胃口。於是就會造成一些左派逐漸凝聚在甲的周圍，一些右派逐漸凝聚在乙的周圍。

法家很不喜歡這種做法，法家喜歡除了一人之上，其他人都是平等的奴才，天下所有人都是皇帝的臣民。除了皇帝以外，你們不能互為主奴，要嚴厲防止在社會上發展出貴族和附庸，發展出民間的依附關係。那怎麼辦呢？只能使得考試答案越來越形式化，在價值上是中立的。純粹就考記憶力、做語言遊戲的能力，也就是考詩文是否對仗，符不符合平仄，能不能非常規整地納入四六駢體文等等，這個是有客觀標準的。而且這個標準必須是價值中立的，既談不上左也談不上右。

像這樣的考試，要說考真知灼見的治國之才是不可能的，但是這種考試的確也有它成功的一面。它發展的極端就是八股文。八股的題目限定在儒家的四書五經，後來的標準以程朱理學為宗。標準八股文的文字結構格律非常嚴格，而且考生必須把這個文字填進去，基本上不可能表達自己的思想。但是八股文要填得非常嚴整也不容易，就像嚴格的舊體格律詩一樣，不但要講究長短，每一句的字數都要一樣，而且平仄、對仗、用典很有講究。所以有人說科舉考試是一場安排得非常巧妙的智力測驗。也就是說科舉考試，如果不作弊，要有很高的智商才能夠考出好成績。當然這個智商和考生是否有治國所需要的真才實學不是一回事。非常聰明的人不見得有治國之策，這和真才實學無關。那科舉考試是要做什麼？目的何在呢？是選拔道德高尚的人嗎？不是的。

我們講科舉的時候，經常會提到一個典故，那就是，唐太宗跑到科舉考場，看到大家都在那兒做考卷，非常認真地答題，他很高興，說了一句話「天下英雄入吾彀中矣」[29]。大家知道什麼叫「英雄」嗎？英雄在古漢語中完全沒有道德含義，所謂「英」就是聰明，「雄」就是大膽，英雄就是既聰明又大膽的人，這種人是不是好人很難說。因此英雄這個詞在古漢語中的語感有點類似於我們今天講的梟雄。《三國演義》中的煮酒論英雄，曹操說，「今天下英雄，唯使君與操耳」。[30] 意思不是說我們倆是大善人、大賢人，而是說天下只有我們兩個人最能幹，或者只有我們兩個人最聰明、最大膽。甚至由於「英雄」這個概念的非道德色彩，因此在隋唐以前「英雄」這個詞甚至經常具有道德上的貶義，若社會混亂就說彼時「英雄羣起」，言下之意這個社會很多人膽大妄為，到處都是野心家、陰謀家，都想在渾水摸魚中崛起。一個安定的社會應該是沒有多少英雄的，大家都比較中規中矩。因此，唐太宗說，科舉考試可以使「天下英雄入吾彀中」，就是說科舉考試主要是把智商高的人都控制起來，並不是要把有德性的人都挑選出來。

可是儒家是所謂的倫理中心主義者，儒家是很重視道德標準的。道德標準能夠通過科舉考試考出來嗎？當然是考不出來的，也無法量化，但是可以「裝」出來，假如一個人幾十年地「裝好人」裝下去，靠這套規則約束自己的行為差不多也就是好人了。

科舉考試考的就是搞語言文字遊戲的智力。這個語言遊戲是高智力遊戲，不是智商高的人是做不好的。科舉時代有句話，某些人是讀書的種子，另外一些人不是讀書的種子，實際上說的就是這個意思，科舉考試需要有比較高的智力。老實說，往往有些人怎麼學都學不會，以至於老於科場，好在科舉沒有年齡限制，所以有人幾十年還是一個童生。在考官看來這些人就是不可救藥，在這場選拔中屢試不第證明是智商不夠。從這個角度講，科舉相當成功。

科舉是一種儒家的制度嗎？我覺得這個問題很有意思。清代廢科舉，今天很多人都很遺憾，說科舉制度是不應該廢除的，說它和近代西方文官考試制度很類似，說科舉制度能打破貴族的界限等等。[31] 雖然政府也規定了有些人比如觸犯刑律者、有孝在身者、戲子等不得參加科舉，但這部分人比較少，科舉應該比貴族制的人才選拔面要寬廣得多。大家熟知的「朝為田舍郎，暮登天子堂」，一般老百姓也可以通過科舉脱穎而出。可是晚清別的制度都保留，甚至在光緒年間廢科舉的時候滿族人還是照樣掌權，一般國民都還拖着辮子，什麼東西都沒有改掉，唯獨就把科舉給廢掉了。這是偶然嗎？這是因為當時全盤西化了嗎？這是因為當時的人們過於激進嗎？都不是。

看看歷史就知道，其實從宋元以來對科舉的批評從來就沒有斷，很多批評並不是基於西學也不是基於什麼世界潮流，恰恰是很多人認為科舉違背以道德為標榜的儒家價值，會妨礙人們追求道德內省，會使人們變成整天沉迷於文字遊戲而忽視了品德修養。所以，真正反對科舉的往往都是一些大儒。甚至包括以他的思想為科舉標準題庫的宋代大儒朱熹。

> 古者學校選舉之法，始於鄉黨而達於國都，教之以德行道藝，而興其賢者能者。……今之為法不然，雖有鄉舉，而其取人之額不均，又設太學利誘之一途，監試、漕試、附試、詐冒之捷徑，以啟其奔趨流浪之意。其所以教者，既不本於德行之實，而所謂藝者，又皆無用之空言，至於甚弊，則其所謂空言者，又皆怪妄無稽，而適足以敗壞學者之心志。是以人材日衰，風俗日薄……而議者不知病源之所在，反以程試文字之不工為患，而倡為混補之說，以益其弊。[32]

朱熹的著作《四書章句集注》在明清成為科舉的標準答案和題庫，當時出題都要在《四書集注》裏挑選，而且必須以朱熹的解答為標準答案。偏偏就是朱熹本人對當時的科舉有非常強烈的批評，甚至說南宋要想收復中原，除非三十年不搞科舉，如果搞科舉肯定沒戲。[33] 宋元以下很多儒家學者都有這種見解。再舉一例：

> 楊、墨之害，甚於申、韓，佛、老之害，過於楊、墨。……科舉之學，其害甚於楊、墨、佛、老。人豈知哉，夫何甚為我、兼

> 愛、寂滅、虛無，楊墨之學，蓋足辟矣。至於富貴利達，患得患失，謀之終身，而不知反者，則又佛、老之所無也。……屬聯比對而點綴紛華，某題主某新說，某題立某程文，皮膚口耳，媚合有司，《五經》《四書》，擇題而出，變《風》變《雅》，學《詩》者不知喪弔哭祭，學《禮》者不知崩薨卒喪，學《春秋》者不知嗚呼！此何學哉？富貴而已，利達而已，覬覦剽竊而已。……朱子謂廬山周宜干有言，朝廷若要恢復中原，須罷三十年科舉始得。[34]

我們要問，儒家設想的人才選拔是以什麼為標準？主要是基於道德的選拔。而道德由誰評判？由那些德高望重的地方長老來評判。這種制度就是古儒講的「鄉舉里選」。古漢語早就有了「選舉」這個詞，我們看明清時代地方志都有《選舉志》這一條，這個選舉當然不是今天講的一人一票的民主選舉。在古漢語中「選」和「舉」是兩個概念，選是上面到下面去挑選人才，皇帝派人到地方上去考察幹部，發現張三不錯是個苗子，李四口碑頗佳是可造之材，上面派人來挑人才叫「選」。「舉」是下面的人向上面推薦人才，比如我們這個裏，一些名望很高的老人說這裏有個五好家庭，他家有一個大孝子，對鄰里都不錯，在地方上大家都認為他是一個賢良之才，我們就向皇帝推舉他當模範，舉薦皇帝用他。前面講的「魯人從君戰，三戰三北」，「仲尼以為孝，舉而上之」，也是這種意思。

這裏我們看到，不管是「選」還是「舉」，都是以道德為標準的，那就必須在交往半徑中是個熟悉的人，在人口密集居住的地方才有這種條件，否則像美國西部鄰里之間隔着很遠就不行。鄰里們感覺某人在地方上口碑好，賢良正直、濟困幫貧、敬老愛幼，當地的父老鄉親都說這個小伙子不錯，於是政府就有可能把你選上去。這個就叫「鄉舉里選」。當然推舉制無法標準化，彈性尺度很大，人際關係起的作用很關鍵，其弊病也是一望而知，這就是另一個話題了。

後來的科舉考試與這根本是風馬牛不相及，明清的科舉考試完全憑文章，而且文章是八股文，完全不管考生有沒有德望人緣。因此理論上來講，這是與儒家的用人原則也就是和鄉舉里選格格不入的。宋元以後很多人一再講科舉制度有很多弊病，要求恢復鄉舉里選。講這種話的人更不知道所謂的西方民主制度是何物，這的確是基於儒家的觀念。我們就會理解為什麼科舉制度在傳統制度中，在晚清的變革風潮中被廢除了，除了當時的進步觀念、西學影響以外，很重要的是科舉制在歷史上很早就飽受非議，尤其是它作為一個法家的政治主張，和儒家的政治主張比是有很大的區別。

科舉是做文字上的智力測驗，而秦漢的二十等軍功爵最初主要考的是武藝，就是看殺人的本事，砍多少個腦袋給你提一級。這兩個「考試」一文一武，考的能力當然很不同，但是有一點是一樣的，那就是都很重視客觀標準，與道德無關。你割了幾個腦袋就給你一級爵位，這和科舉考試中你填八股文填得好就給你官做，是同樣的道理。因此唐太宗才會說考生是天下英雄，而不是天下善人，不是天下賢良來入吾彀中。

秦漢二十等爵是法家式的按照客觀標準挑人，宋元以後的科舉制也是按照客觀標準挑人的。科舉制是用儒家經典作題庫，作標準答案，但是這個制度安排並不是儒家的，所以科舉制可以說是最典型的「儒表法裏」制度。表面上看起來科舉制的推行好像是儒家的勝利，實行的是儒家那一套，實際上真正的儒家都不喜歡科舉制度。梁啟超甚至說，科舉對儒家的傷害超過焚書坑儒。[35] 晚清還有人說，為保孔教，必須廢科舉。要捍衛儒家的道統就要廢除科舉，為什麼？因為這個科舉完全把儒家的道德理念變成了敲門磚。[36]

一個與「儒表法裏」相反的例子，或者可以說是「法表儒裏」的例子，就是 20 世紀 70 年代「批林批孔」運動掀起高潮的時候，大學裏招收「工農兵學員」，實行的就是「推舉制」。由大隊、公社、縣三級選拔或者街道、廠礦、區市推薦。為的是培養「又紅又專的接班人」，關於「又紅又專」，蔣南翔有一個通俗的解釋，「專」就是「能幹」，「紅」就是「聽話」。一邊在批「孔老二」，一邊使用儒家的方式挑人才，這倒是與科舉剛好相反了。當然這只是可笑而已，就像筆者前已指出「九品中正」並非真正「鄉舉里選」一樣，推薦上大學本身也只是儒表而已，其服務於秦制的實效還不如考試呢。

梁啟超曾經提到，為什麼西方的基督教得到那麼多人的信仰？很重要的一條是，西方人的基督教信仰不是敲門磚，人們讀《聖經》不是因為政府把《聖經》作為一個考試科目，誰考上了就可以當官，不考了便棄置如敝履。中國的科舉最大問題就在這兒。按照梁啟超的說法，在儒家經典中《孝經》是非常重要的，但是由於《孝經》不在《四書》裏頭，不作為科舉考試的題目，現在的士子沒有幾個人讀《孝經》，因為這和科舉無關。如果是這樣，儒家的道統怎麼還能傳承呢？他說正是因為《聖經》不是敲門磚，而是人們真正的信仰，基督教才能傳承到今天。梁啟超說，現在大家都不讀《十三經》了，都不讀《九經》了，只讀《四書》，為什麼呢？因為《四書集註》是科舉規定的出題範圍，是題庫。像我們每次高考之前公佈一個考試大綱，大家根據這個大綱去複習。這樣一來，真正的儒家經典就沒人看了，人們看的都是《四書集註》，不列入標準答案的《孝經》之類的乾脆沒人理。因此他說，如果我們不廢除這樣的制度，那麼孔教就要滅亡，這種制度對儒教的傷害比焚書坑儒有過之而無不及。

因此這個考試尤其是明清時代以八股文為標準的科舉考試，雖然表面上是儒家的勝利，因為儒家經典成了標準答案，實際上卻是法家的勝利。因為確定的原則是不講道德的，也完全不考慮平日的人脈口碑。每個人以個人身份直接面對國家的挑選，其間沒有任何中間環節，沒有家族，沒有宗族，沒有社區。科舉考試中的舉人那一場考試正式稱呼叫「鄉試」，「鄉試」並不是在鄉里進行的，而是在省裏進行的。但為什麼還叫「鄉」試？就是因為古代儒家有「鄉舉里選」的說法，所以考舉人叫作「鄉試」。舉人還有一個比較文雅的名稱，叫作「鄉薦」，中國比較有文才的人說話往往繞着圈子，不說巡撫要說部院，不說御史要說直指，不說兵部尚書要說大司馬，等等。明清時代的人若要比較文雅地稱呼某個人是舉人，就說這個人是得了「鄉薦」。若望文生義真以為這個「鄉薦」是本鄉的人推薦，完全不是，所謂「鄉薦」是在省裏考試中了舉人，像范進中舉，鄉薦就是中了鄉試。科舉考試中，在省裏頭集中考試，考上的就是舉人，有了舉人的資格，就可以到北京參加全國性的會試，會試通過了就是「進士」。這和所謂「鄉舉里選」完全沒有關係，但是鄉試這個名詞就是從鄉舉里選中來的，鄉試過關了的人叫舉人。「鄉舉」帶有過去的痕跡，好像是鄉里頭推薦出來的道德典範，鄉里頭挑出五好個人，或者是先進個人，這些人就是所謂的「鄉薦」，其實完全不是，只剩下名詞的包裝似乎還有些儒家的痕跡的，內容早就替換掉了。我們通過這些詞語還可以追溯其發展變化。從前述的官職設置也好，選拔機制也罷，我們看到穿着不同戲服的人上演着一遍又一遍的同樣戲碼。

第四節　社會組織變化：小共同體的復興

漢魏之際，法律上、觀念上發生了一些變化，反映在社會組織上是東漢末年出現了一個現象，一些日本學者像宮崎市定、谷川道雄把這個變化描述為鄉里制的危機。[37] 前面我給大家講過，秦漢時代中國第一帝國基層是國家編制起來的編戶齊民，國家給這些老百姓按照閭里什伍這樣的編制組成一套非常嚴密的管制系統，縣下面有鄉，鄉下面有里，而且與行政系統並行的還有治安系統、民政系統、祭祀系統等等，但是這套制度在東漢末年就出現了非常嚴重的危機，當時朝廷無暇顧及地方，地方上社會動盪，原有的結構鬆弛敗落，於是就出來一種新的居民點叫作「村塢」，這個村塢就標誌着中國歷史上「村」的概念出現。

漢語中的「村」是在三國時期出現的。現在經常講「鄉村」，其實在古漢語中，「鄉」出現很早，「村」出現很晚，以前只有「鄉里」沒有「鄉村」。「村」是什麼呢？「村」的最早寫法是「邨」，現在有些地方的「村」還是這樣寫的，「邨」是從屯從邑。什麼叫「從屯從邑」？宮崎市定這些日本學者探討「村」字起源的時候，認為是從曹魏屯田開始的。[38] 也就是在兵荒馬亂的歲月，由一支軍隊的駐地演變而來的概念，現在我們也把村、屯當作一個類似的同義詞。村、屯是在兵荒馬亂中形成的，有可能會打破政權的相對建構，不完全是政府規定的原來那種體制下的佈局。很可能是一場戰爭打過來，原來的人都逃散跑光了，他們跑到另外的山頭，也不一定是原來同鄉同里的人，四面八方的難民集中在一個地方，也不是政府組織的，他們為了自保亦兵亦農，建立了防禦工事，像我們現在經常講的「寨」，有圍牆的寨子就是所謂的「塢」。在當時兵荒馬亂的條件下很多縣城、郡城都破敗了，甚至首都亦被兵火焚燒，滿目瘡痍殘垣斷壁了，很多有勢力的人就把自己的統治中心轉到了這些村塢。

一個例子是東漢末年的董卓，那時候洛陽已經變成瓦礫堆了，他把漢獻帝從東漢首都洛陽挾持到長安，「挾天子以令諸侯」，但是長安也已毀滅了，成為一片廢墟。漢獻帝在長安就暫住在殘留的官舍裏。董卓本人並不把他的統治中心設在長安，而設在今天的眉縣，當時叫作「郿塢」。這個郿塢就是董卓屯兵的地方，是董卓的軍事基地。[39] 大家知道，京劇《鳳儀亭》中呂布會貂蟬就發生在這裏。當然鳳儀亭是演義，但董卓據郿塢是歷史。像這樣的地方，又處於英雄羣起時期，在原來鄉里體制崩潰後，遍地都是流民、流兵的情況下，人們自發組織起來進行防禦，形成一個個居民點，這些居民點就叫作「村落」，有的地方叫作「屯聚」。這種村落、屯聚，有人還叫作「村塢」「塢壁」「堡寨」等。總而言之，是在原有社會組織潰散、兵荒馬亂的時代，老百姓為了自保而自發組織起來的一種有凝聚力的社會組織。

這種組織裏頭的居民是什麼性質的身份呢？我們知道國家編制起來的閭里什伍鄉里組織，它的居民是對國家承擔責任的編戶齊民，國家按照戶口編制起來，可以指揮他們今天修長城，明天修阿房宮，為朝廷納糧當差，屬於朝廷的人。他們的管理者不是他們自己的主人，而是與他們同樣屬於朝廷，卻比自己得寵的人，即「受寵的奴才管治無寵的奴才」。可是，在村塢、塢壁、堡寨這一類土圍子裏頭，主要聚集的是什麼人呢？就是所謂的「私屬」。什麼叫「私屬」呢？他們已經不屬於國家了，國家管不了他們。他們都投靠委身於寨主，尋求庇護於一個豪強。有點像《水滸傳》裏面寨主、莊主下面有一幫莊客這樣一種組織。當時的史籍把這些人叫作

「私屬」，這個「私」也就是不屬於官府，而屬於個人的意思。也有人把他們叫作「徒附」，一個人很有本事，周圍的人來依附他，就叫「徒附」。如果這些人中有很多是親屬，就叫作「宗族」。還有一些人與他們沒有血緣關係，卻跑過來依附，這叫「賓客」。

古漢語中，「客」最早指的是一種依附者，很長一個時期，「客」的含義都有奴人、奴僕、家人的意思。大家知道什麼叫作「門客」？像馮諼就是孟嘗君的門客，荊柯是燕太子丹的門客，專諸是吳公子光的門客，等等。門客是依附於主人的，當時所講的「主客」關係近似於我們今天講的主僕關係或者主從關係。主人和他的僕從，我前面提到過《水滸傳》中的莊主和莊客之間便是這樣的關係，莊客就是莊主的嘍囉。可見當時的「客」和我們現在漢語中講的「作客」不同。當時的「客」其實就是投靠主人、到人家的地盤上「客居」，做他的依附者的意思。

當時人們提到的塢壁、堡寨這一類居民點中，聚集的主要就是宗族、賓客、私屬、徒附，總而言之，這些人已經是朝廷控制不了的人，導致國家戶籍上的人口大為縮小。他們體現的主要是生存自保狀況下需要「抱團取暖」的一種小共同體的凝聚力量，畢竟個人單槍匹馬難以苟活。這些寨子內部都是自治的，與秦漢時代的閭里什伍鄉里組織主要體現國家整合的科層化功能已經有了很大的不同。

這個時候這種塢壁、堡寨有了一個很明顯的特點，由於它是民間形成的，因此民間的草根認同就起了很大的作用。草根認同，最基本的是基於血緣和婚姻關係的親緣、親族的認同，或者是族羣的認同。秦漢法家帝國編制的社會組織，是一種「爹親娘親不如皇帝親」的非宗族、高度科層化的組織形式，但是到了東漢以後就有了變化。東漢以後出現了族羣組織的復興，那個時候史籍中經常談到各地都存在着所謂的世家大族、強宗豪右、門閥勢力之類。由於家族的興起，魏晉南北朝時期，中國興起了一種學問，叫作「譜牒之學」。世家大族為了彰顯自己的凝聚力，都在修家譜、續族譜，追根溯源往上查五代查十代，儘可能使該家族顯得源遠流長、勢力顯赫。當然那個時代的家譜、族譜和明清時代的家譜、族譜不是一回事，區別還是很顯著的，這一股風氣在秦漢時代是沒有的。

一個有權勢的大家族通常包含很多人，而且這些大家族往往本身成為一個土寨主，對它的成員可以進行保護和自治，以至國家都不能對它們進行有效的控制。反映在當時的戶口上，就是當時很多戶有幾千個人、上百個人，但只報一戶，其實是一個土寨主，這種現象史書叫作「百室合戶」或「千丁共籍」。這一種制度就叫作「宗主督護」。所謂的「宗主督護」就是一個實際的或是模擬的大家族 —— 裏頭的人不見得都有真正的血緣關係，但是人們假定他們就像一個家族一樣，聽從家主的，而不是聽從朝廷的。這種「宗主督護」制在北魏前期表現得特別明顯，當時經過「五胡入華」，眾多遊牧民族侵擾，可以說國家的基層治理機能受到很大的損害，整個社會好像在某種程度上又退回到了封建時代，就是諸侯林立、山寨林立的那種狀態。

這種情形在中國歷代混亂時期都不同程度地存在過，在東漢、西漢之間的王莽時代已經有了萌芽。王莽時期，據說東漢光武帝的一個外戚樊宏，他家同族親屬們聚居而住，有老弱千餘家，這實際就是塢壁。[40] 當時還有馮魴「聚賓客，招豪傑，作營壍，以待所歸」。[41] 第五倫當時也聚眾，「宗族閭里爭往附之」，「倫乃依險固築營壁」，進行防禦，外面有所謂的賊寇，他就抵抗。國力孱弱或王朝末期也就奈何不了他這個「地頭蛇」。我們經常講「強龍不壓地頭蛇」，他也算地方的豪強了，於是「省長」接見他，後來委任他當了地方官員。[42] 其實這個人與其說是朝廷命官，不如說是一個很有勢力的土豪，以至於朝廷也不能不承認他的地位。

從某種意義上講，這些組織首領都已經成了類似於明清時代的土司，或者說先秦時代的那些世卿世祿的貴族，歷史的鐘擺在一定程度上有點像回到了先秦時代的那種狀態。但是新莽只是很短暫的一段時期，很快東漢又再度恢復中央集權。而東漢末年的大亂，可比王莽、比東西漢之間的大亂持續的時間更長。東漢末年軍閥混戰，三國鼎立互相攻防，一直到西晉短暫的統一之後，馬上就出現所謂的八王之亂、永嘉之亂、五胡入華。那個時候整個中國北方像歐洲在羅馬解體以後那種狀況，內部不斷發生內戰，外部的蠻族又大舉侵入。所以很多搞中國古代史的人，在古史分期問題上，往往把這個時期的中國和歐洲中世紀對比，中國有五胡入華，羅馬帝國滅亡以後有蠻族入侵。此時不僅國內混亂，而且周邊的少數民族也逐鹿中原，建立了五胡十六國。

當時形成大大小小的這些塢壁、堡寨，內部結構又是怎麼樣的呢？這個時期的歷史，給出了一些可供分析的個案。其中有田疇的徐無山塢壁、庾衮的禹山塢壁，這都是當時的小共同體。這些小共同體有如下特點：第一，他們的首領不是朝廷命官，不是通過科層制體制一級一級任命的，而是經過推舉由地方上有實力有德望人緣的人來擔任。

當時兵荒馬亂，一大幫人集中到徐無山裏，田疇就對這些父老鄉親們說，承蒙大家看得起我，不以我為不孝，大家都來投奔，現在我們已經有了很多人。但是大家如果吵吵嚷嚷，久議不決，恐非久安之道。因此現在我們推舉一個人當頭吧。於是大家附和道，很好，那我們就推舉你吧，田疇就這樣當了後世講的寨主，或者說當了老大、當了舵把子。

> 疇得北歸，率舉宗族他附從數百人，掃地而盟曰：「君仇不報，吾不可以立於世！」遂入徐無山中，營深險平敞地而居，躬耕以養父母。百姓歸之，數年間至五千餘家。疇謂其父老曰：「諸君不以疇不肖，遠來相就。眾成都邑，而莫相統一，恐非久安之道，願推擇其賢長者以為之主。」皆曰：「善。」同僉推疇。疇曰：「今來在此，非苟安而已，將圖大事，復怨雪恥。竊恐未得其志，而輕薄之徒自相侵侮，偷快一時，無深計遠慮。疇有愚計，願與諸君共施之，可乎？」皆曰：「可。」疇乃為約束相殺傷、犯盜、諍訟之法，法重者至死，其次抵罪，二十餘條。又制為婚姻嫁娶之禮，興舉學校講授之業，班行其眾，眾皆便之，至道不拾遺。[43]

庾衮也是一樣，庾衮在禹山這個地方，「乃集諸羣十而謀」，他說「二三君子相與處於險，將以安保親尊，全妻孥也」，我們這些人在這兵荒馬亂中走到這個地方，是為了保護我們這個家庭、家族生存下來，但是「千人聚而不以一人為主，不散則亂矣」，一千個人集中在一個地方，如果沒有一個人當主子，或者一哄而散，或者起內亂，因此必須推舉一個人做主。然後大家忙說，好吧，今天的主人不是你是誰？「今日之主，非君而誰？」庾袞據說是個君子，他還不想幹，猶豫了一會，然後就說「古人急病讓夷，不敢逃難，然人之立主，貴從其命也」。這個活我知道也不好幹，但是既然大家信得過推舉我，我就勉為其難吧，於是他就當了寨主。

> 袞乃率其同族及庶姓保於禹山。是時百姓安寧，未知戰守之事，袞曰:「孔子云『不教而戰，是謂棄之。』」乃集諸羣士而謀曰:「二三君子相與處於險，將以安保親尊，全妻孥也。古人有言:『千人聚而不以一人為主，不散則亂矣。』將若之何？」眾曰:「善。今日之主非君而誰！」袞默然有間，乃言曰:「古人急病讓夷，不敢逃難，然人之立主，貴從其命也。」乃誓之曰:「無恃險，無怙亂，無暴鄰，無抽屋，無樵採人所植，無謀非德，無犯非義，勠力一心，同恤危難。」眾咸從之。於是峻險阨，杜蹊徑，修壁塢，樹藩障，考功庸，計丈尺，均勞逸，通有無，繕完器備，量力任能，物應其宜，使邑推其長，里推其賢，而身率之。分數紀明，號令不二，上下有禮，少長有儀，將順其美，匡救其惡。及賊至，袞乃勒部曲，整行伍，皆持滿而勿發。賊挑戰，晏然不動，且辭焉。賊服其慎而畏其整，是以皆退，如是者三。時人語曰:「所謂臨事而懼、好謀而成者，其庾異行乎！」[44]

這種推舉，毫無疑問並不是普遍意義上的民主，也不是一人一票產生的。這些有可能被推舉的人，基本上就是所謂的「地頭蛇」，就是屬於集團內比較有勢力的人物。但畢竟塢主不是朝廷自上而下任命的，這一點沒有問題。這些塢主他們的性質是「地頭蛇」，不是「強龍」。這和劉邦那樣的人完全不同。我們前面講過，秦末劉邦類似於派出所所長，他這個所長是政府任命的，劉邦在當地毫無德望人緣可言，他是一個二流子，連他爹都看不起他，當地的人也鄙視他。們這些人是好勇鬥狠之徒，國家可以把打人打得臉上不見血、身上不見傷這些難辦的事情交給他們去辦。這些人是一些無賴、刺頭，可以給國家辦「髒活」。

像劉邦這樣的人，當然就和田疇、庾衮這樣的人有很大區別。前者作為基層精英，是一個強大帝國末梢的特徵，但是像田疇、庾衮這樣的人，一直在基層「倒行逆施」，這個帝國肯定是比較成問題了，處於一種不像秦漢那樣的狀態，這是其第一個特點。

第二個特點，這種小共同體往往有很強的整體性。個人在這個裏頭只是整體的一部分，其中不可能有秦漢帝國時代那種所謂的偽個人主義。法家鼓吹所謂的「勇於公戰，怯於私鬥」，要使人都互相告發，使人與人之間冷酷無情，只聽政府的，不聽爹的，不聽族長的，「爹親娘親不如皇帝親」，每個人之間都可以互相獨立，但是大家都必須當朝廷的奴才。朝廷把個人原子化了以後，就可以用朝廷所壟斷的資源，把社會整合起來。簡而言之，前面講過秦漢的法家帝國，它的特徵是專制的國家主義＋反宗法的偽個人主義的結合，專制國家鼓勵大家六親不認，只認皇帝。但是到了這個時候，情況就不是這樣了。這時國法已經不起作用了，靠什麼制衡呢？起作用的是這些小團體內部的一些規定，它對個人有很強的約束力。皇帝已經管不着大家了，盛行偽個人主義、各顧各的，沒有家庭、家族、鄉里、小共同體這種認同，像這樣一種偏向是不可能在兵荒馬亂的狀態下生存的，因此也不被允許，個人都必須服從小共同體。

小共同體變成了一個大家庭，不僅在觀念上有約束力，有凝聚力，甚至在財產類型上，也有族廟公產——一個屬於小共同體所有的財產類型。像徐無山的田疇，他就規定了，我們這些人，要規規矩矩，制定了 20 多條規矩。而且「又制為婚姻嫁娶之禮，興舉學校講授之業，班行其眾，眾皆便之，至道不拾遺」，在我們所處之地，人人都變成了君子，大家大公無私，形成了一個很良好的社會風尚。庾衮在禹山上，從歷史書上的說法看，他幾乎就是搞了一個很小的宗族公社，類似於在一些史籍中看到的，聚族千人不分家，千人同爨。宋到明清時代有人説有些大家庭，一千口人都不分開，怎麼吃飯呢？像一個大食堂，敲鐘開飯，一千個人跑到一個大廳裏一起吃飯。[45] 據説這種大家族有的連穿衣也不分彼此，好的衣服都掛在一個公共大衣櫃裏頭，各家的媳婦如果回娘家，要穿得好一點，就從中挑一件好的。還有一種不那麼公產的辦法，柴米油鹽由整個大家族共管，但是吃飯還是各家各搞自己的小灶。怎麼辦呢？就是每天由大家族的「財務部門」給每個家庭發食材，或者每隔一段時間一個小家庭到大櫃上領柴米油鹽，然後自己在家裏做。此種情景，跟秦漢時代所謂的五口百畝之家很不一樣。

庾袞當時把大家都召集起來，共同起誓——大概是類似於歃血為盟那樣的，然後他規定「無恃險，無怙亂，無暴鄰，無抽屋，無樵採人所植，無謀非德，無犯非義，戮力一心，同恤危難」，大家都説可以，我們都宣誓。然後據説他就「峻險阨，杜蹊徑，修壁塢，樹藩障」，把大家集中在一起建立了一個山寨，這個山寨有很強的設防功能，在各個路口都設置了崗哨，每一個小路都有人把守。山寨外面修了圍牆，圍牆外面樹立了一些諸如鹿角一類的防禦工事，建立了一套防禦體系。在內部據説是「考功庸，計丈尺，均勞逸，通有無，繕完器備，量力任能，物應其宜」，這個聽起來很像人民公社，所有的一切都組織得井井有條。「考功庸」，每個人幹活賣力不賣力，要有考勤。「計丈尺」，每個人幹了多少，這個「丈尺」大概指的是紡織，要有統計。「均勞逸」，大家同樣賣力，不許有人偷懶。「通有無」，大家必須公產，不能有的人富有的人窮。「繕完器備，量力任能，物應其宜」，在團體中每個人都可以得到任用，叫作「人盡其才，地盡其用」。「使邑推其長，里推其賢」，這兩句話大家要注意，這就是儒家理想中所謂的鄉舉里選。

我前面提到過，儒家認為社會精英不是由朝廷根據所謂的客觀標準來挑選的，而是應該根據德望人緣，像劉邦那樣連自己爹都認為他是無賴的人，肯定是不行的。「使邑推其長，里推其賢，而身率之。分數既明，號令不二」，從這裏可以看出小團體相當有凝聚力。「上下有禮，少長有儀」，這裏講的「禮」顯然是一種溫情脈脈的禮，不是法家式的禮。因為這種禮有很強的保護功能，而且罩着一層所謂宗族的外衣。從這裏頭可以看出，這個小共同體從社會組織形式來講，有點像秦以前的族羣。從觀念來講，儒家的那種按照宗族倫理、小共同體本位、熟人社會、親人社會在信息對稱、重複博弈情況下建立起來的倫理秩序，應該是起着相當大的作用。

第五節　政治邏輯變化

在這個時候，政治邏輯也已經發生了變化。法家政治的特點是，第一強調性惡論；第二強調強者政治，不是長者政治。我能夠成功治理，不是要你們把我當作爹，對我懷有一種感情，而是要讓你們怕我，你們知道惹不起我，但是你們又貪圖從我這裏得到賞賜，靠「賞罰」治眾。這種治理強調的是「以吏為師」，強調的是要找能幹的人和聽話的人。這些人由國家控制起來，像科舉制度，「天下英雄入吾彀中」，要挑的並不是所謂的好好先生，在地方上有德行的人，而是像劉邦那樣德薄敢出頭的人。這樣的狀態在東漢末年以後，發生了很大的變化。

這個時候的政治邏輯，已經出現了一種泛道德化。人們評價一個人，不是說這個人能不能幹，而是說這個人有沒有德，是不是德隆望重。東漢末年有一種人特別服眾望，而且政治能力也在逐漸擴大。這些是什麼人呢？當時被叫作「清流」。所謂「清流」，自然是一個儒家的概念。最初指的是在東漢的政治中，從道不從君，對抗宦官和外戚的那些士大夫、知識分子，像李膺、陳蕃、張儉、杜密這樣的人。上述幾人當時都曾經受過迫害，當權的那些貪官污吏、外戚宦官曾經痛恨他們。

東漢末年有一個很著名的政治案件，就是所謂的「黨錮」「黨錮之禍」。這些清流們議論朝政，抨擊腐敗，外戚集團或者宦官集團把他們打成了「朋黨」，把他們鎮壓判罪了，那個時候就叫作「黨錮」。古漢語中的

「黨」從來就是一個貶義詞，與黨有關的詞，除了鄉黨以外，其他全部是不好聽的，什麼狐羣狗黨、結黨營私、死黨、亂黨、黨同伐異等等，孔子也講君子「羣而不黨」。當時「黨」的含義是一個具有強烈貶義性質的詞。朝廷上那些把持朝政的昏聵勢力把這些堅持正義的儒生打成了「黨人」，並把他們禁錮起來，這就叫作黨錮。這個禁錮倒不一定是把他們關起來，確切的意思是不允許他們踏入政界，但有些人是真給關起來了。

經過黨錮之禍，這些儒生積累了很多聲望。到了漢獻帝時代，通過董卓、袁紹的幾次清洗，宦官和外戚勢力同歸於盡，整個朝廷也就瓦解了。解體了以後，誰被社會所重視？就是這些清流。清流們當時雖然沒有在朝為官，但是他們在鄉里、在社會上得到了人們的普遍尊重。這些積累的好名聲，使他們成為地方上的道德評判者。於是朝廷請他們來評判人才。而且評判的標準就是所謂的「寒素清白」，是不是清流，是不是貪污，對鄉里怎麼樣，是不是很刻薄？是不是一個夏洛克式的吝嗇鬼，還是一個急公好義、關心地方公益的人，等等。由他們來評論這些人，而且按照道德標準把人才分為九等，向政府進行推薦，這就是魏晉時期所謂「九品中正制」的起源。[46] 有品評資格的這種長老，一般來講是大族出身，也就是所謂的清流，這些人被稱作「中正官」，由中正官給他們熟悉的人進行道德打分。李四這個人不錯，很孝敬父母，幫助鄰里，因此是「五好家庭」中的人，可委以大任，應該當官。張三這個人不行，像地痞流氓一樣是個無賴，不置產業，橫行鄉里，打爹罵娘、跟兄弟關係不好，鄉里更不用說了，這樣的人不能用。這套制度，顯然是以德望人緣為依據的。

這樣的政治邏輯，在東漢就已經出現，甚至最早的時候，在西漢就已經有苗頭。在西漢，這個原則就已經存在，就是漢代所說的「察舉」和「徵辟」，當時採納董仲舒的提議、「獨尊儒術」以後，就有一種以道德考核、錄用人物的標準或途徑。那個時候有一些人被選拔，叫什麼呢？叫「孝廉」，一聽這個名字就會知道，這是一種道德的標準。一些人被推薦，因為他孝敬父母，為人清廉，有很強的道德含義。後來到了科舉制度的時代，用很多古詞作科舉術語的代稱，「孝廉」一詞被文雅的人用來指舉人，所謂「舉孝廉」，所以舉人也叫孝廉。但是大家知道科舉制下的孝廉根本就和「孝」「廉」是沒有關係的。科舉制下的舉人就是文章寫得好。

但漢代的孝廉不是，漢代的孝廉真的是要「舉」的。也就是說他是鄉舉里選的產物，除了孝廉以外，還有所謂的方正、賢良。這些人有一個共同點都是以道德取人，講究所謂的德望人緣。這種上察下舉以道德取人的模式，就是察舉徵辟，這種制度就是魏晉時代九品中正制的先驅。[47]但是在兩漢時期，像這樣的人，在聽時的人才選拔和官員任用中，只是其中的一個途徑。雖然孝廉之名漢武帝時代就存在，但是實際上一直到西漢末年，官吏主要不是從這個途徑產生的。即使到了東漢也不是，雖然有了這些名目設置，但是由這些名目出身當官的人並不多。到了東漢末年、三國時期，這種現象就比較多了。因此整個政治在一定程度上具有了一些儒化特徵。

像徐無山的田疇、禹山的庾袞，實行的都是以小共同體為基礎的鄉舉里選，就是所謂的「邑推其長，里推其賢」的一種制度產物。這種制度與秦漢、與明清有很大不同。秦漢搞軍功爵，明清搞科舉，都不是鄉舉里選。這一段時間，鄉舉里選產生的地力上有碩望宿德的人物，往往對地方利益比較重視，是不是能夠無條件聽皇帝的話，就不好說了，他們都是盤踞一方的頭臉人物。像這樣的情況，就成為當時政治的一個很重要的特點。

再一個政治邏輯的變化就是上層政治宗族化、門閥化。我前面講過九品中正制從理論上講，並不是根據出身來判斷人，而是根據道德來判斷人。根據一個人所謂的道德評出最優到最劣九等，道德最好的叫作上上品。然後是上中、上下、中上、中中、中下、下上、下中、下下，最糟糕的就是下下品。本來這個制度並不是按照血統，但是由一些所謂德高望重的長老來進行推薦，勢必要產生親疏之分。久而久之會出現所謂的君子的兒子是君子，小人的兒子是小人，所謂「龍生龍，鳳生鳳，老鼠生兒會打洞」，於是九品中正制就變成所謂的「上品無寒門，下品無勢族」，變成了一套靠出身取人的制度了。

魏晉時期就出現了上層政治的宗族化、門閥化，它與秦漢時代的軍功爵制不同，很多政治精英是門閥士族專任，其他人很難進入這個領域。這便造成當時貴族政治成分之大，中央集權的色彩相對淡化，貴族制度本身就是世卿世祿世代相承的，不是皇帝給予的。甚至在魏晉南北朝期間有一個現象，當時的一些大族，像北方的崔、盧、李、鄭，南方的王、謝、桓、庾，既使朝代變了，他們的勢力依然穩固不變。這樣的情況，肯定會造成中央集權的弱化。

第六節　經濟現象的變化

當時的經濟也出現了變化。我前面已經講過，中央集權的第一帝國走向沒落，反映在國家經濟上，就是中央財政變得比較弱化。從漢武帝一直到王莽，國家對經濟的壟斷和管制非常強。通過所謂的鹽鐵官營、均輸平準、算緡告緡、五均六筦、王田私屬，所有比較盈利的產業都由國家壟斷。中央財政因此聚斂了巨額的財富，所謂「太倉之粟，陳陳相因」。到了東漢，情況就發生了很大的變化。地方上有很多很富裕的豪強，但是中央財政就比較萎靡不振，漢安帝時期已經是「官負人責（債）」，用今天的話來講，像美國一樣，國債非常多，負債數十億萬錢。

一　貨幣衰退

漢魏之變，經濟上另一個顯著的變化就是，我前面提到的漢金消失之謎。[48] 西漢朝廷經常賞賜黃金，動不動就是幾十幾百乃至幾千斤。到了東漢突然間就少了，整個東漢朝廷在歷史記載中的用金量還不如西漢武帝一朝的三分之一，而且還出現了一個現象，黃金和其他貴金屬都由稱「斤」而改稱「兩」，一直延續到現在。現在我們論黃金論白銀都是論兩，「黃金萬兩」。但是秦漢時代黃金往往是論斤的，這就在經濟史上留下了所謂的漢金消失之謎。

關於這一點，早在宋朝就有人提出，秦漢時代好像黃金很常見，而今卻成為難得之物，這是為什麼呢？他最後的回答是，這個黃金是有神力的，一個社會如果秩序良好，黃金就會冒出來；一個社會如果秩序不好，黃金就會跑掉、遁走了。這是一種說法。當然也有人說，之所以黃金少了，是因為佛教傳入以後，大量黃金被用去塑佛像的金身，磨成金粉寫經，做各種各樣的用途，因此用來做貨幣、用來做價值尺度的就少了。總而言之，有各種各樣的說法，但是從此以後漢金消失就成了一個謎。

以至到了 20 世紀四五十年代，郭沫若先生還提出了一個很獨到的見解。他認為秦漢時代講的黃金多少多少，或者金多少多少，其實講的不是黃金，而是黃銅。還有人說，當時如果講黃金，那就是金，如果講的不是黃金，而是金，那就是指銅，不是真正的黃金。也就是說，那時黃金才是金，金卻不是黃金。然而，今天的人們已經基本上不太相信這個說法。有幾個最簡單的理由，第一，在秦漢時代的史籍中，有大量金銅並舉的案例，他們不以黃金和銅並舉，也不以黃金和金並舉，而是金和銅並舉，甚至有這樣的規定，一斤金等於多少銅錢。在這樣的背景下，當然不能說金是銅，只有黃金才是金，這個說法顯然是不能成立的。第二，化學史家和考古家已經證明了一點，黃銅是一種發現很晚的合金。中國人乃至外國人能夠冶煉黃銅比能夠冶煉紅銅和青銅是更晚的事，一般認為這都要在十幾世紀以後才有。在秦漢時代根本沒有黃銅，當然也就不可能有所謂黃金是指黃銅的意思。在考古發掘中，人們也沒有看到那個時代的黃銅，但是看到大量同時代的黃金。第三，在秦漢時代，考古發掘中出土了很多除了作為貨幣沒有別的解釋的黃金形態，總而言之，當時以幣塊的形式存在大批的黃金。大家知道出土的黃金有兩種，一種是現在我們講的金條、金塊、金元寶，那種就是一塊一塊的。它本身就是作為黃金的價值尺度而存在，並不是一個實用的東西。像金項鏈、金手鐲、金耳環、金做的發簪甚至金做的碗，這些東西其本身是工藝品，甚至是實用品，但並不是貨幣，而是一種高檔消費品。

秦漢時代的考古，以出土金錠塊為多而少見金器聞名。這個時代出土了各種各樣的金錠塊，包括馬蹄金、麟趾金、金餅，像這樣的東西，如果不是作為貨幣用，好像是很難解釋其用途的。後世出土的黃金比秦漢更多，但是絕大部分是金器，就是實用器物。另一個很有意思的現象是，在秦漢，主要是漢代，我們看到朝廷頒佈了很嚴厲的《鑄錢偽黃金棄市律》，也就是說打擊偽幣，打擊盜鑄錢幣，其中有包括打擊所謂的偽黃金。長期以來人們不知道什麼是偽黃金，所謂偽黃金，顧名思義，應該是可以流通的，作為貨幣用途。因為假如只是一個器物，家庭私用，好像沒有什麼偽不偽的，也不必禁它。例如，如果我搞一個金戒指，這個戒指可以是純金，也可以只是鍍金，對此並不要緊。但是如果我這個金作為貨幣用，是純金條還是鍍了一層金的銅塊，這個問題就非常大了。一個鍍金的銅塊就是偽幣，但如果它只是裝飾品，用不着禁。而且有人還專門在《唐律疏議》中找到了唐朝的一個規定，與漢代的法律形成鮮明對比。唐朝有一條法律也是禁止偽幣的，禁的是什麼呢？禁止偽銅錢，就是假的銅錢，講得簡單一點，就是成色和重最都不達標的銅錢。還禁止什麼呢？禁止不夠尺寸的布帛。因為唐代使用布帛作為貨幣，因此當時有規定，一匹帛標準長度和寬度是多少。如果長寬不合度，就是偽幣，也要禁止的。但是這個規定專門說，一般的金首飾、銀首飾不是拿來流通的，就沒有禁的必要。因此黃金被作為所謂的偽黃金，當時要禁，原因就是它是貨幣。

在考古發掘當中還發現了一種現象，漢墓中有很多金餅，一般人認為那是貨幣。但是在漢代的一些墓葬中，還發現了一種東西，叫作鎏金銅餅，像洛陽一個漢墓中就有發現，這是在銅餅上鎏了一層金。很多人說，這大概就是所謂的偽黃金，像現在我們有些不法分子製造的偽金條、偽金幣，實際是銅的，鍍了一層金，政府肯定要打擊這種行為，因為這等於是製造偽幣。根據這些發現，現在一般都認為西漢的確是一個通行黃金的時代，但是東漢以後就不是這樣了。

大家知道，西漢大量流行銅錢，就是漢五銖錢。五銖錢以後，中國再也沒有這麼大影響的金屬貨幣形式。儘管三國、魏晉南北朝也鑄過錢，但是最很少。大家如果玩古錢就會知道，在收藏古錢的市場上，五銖錢雖然年代很久，但是非常不值錢，原因就是它的存量實在太大。五銖錢的數量是非常多的，價值並不高。但是比五銖錢很晚的許多錢，在古錢收藏中是很珍貴的。魏晉南北朝時期的很多錢，甚至宋代的很多錢，都很珍貴。

魏晉南北朝時期，人們多用實物交易，乃至用布帛為幣。甚至一直到唐代，仍然大量用布帛作為貨幣。當時朝廷賞賜的往往不是黃金和銅錢，而是布帛。借債也是借布帛，朝廷的財政儲備還是布帛，説軍費就説多少多少匹。所以當時朝廷的官庫中堆滿了布帛，黃巢起義，一把火燒掉了朝廷的倉庫，於是就有了《秦婦吟》這首詩裏面的兩句，「內庫燒為錦繡灰，天街踏盡公卿骨」，內庫所藏既不是糧食也不是別的，就是布帛。

你看唐律和漢律，會發現很有趣的對比。凡是犯罪計贓的，貪官要判斷贓款的多少，漢代的規定是坐贓多少兩以下，要怎麼怎麼處置，或者多少斤以下要怎麼處置，是用黃金計價；到了唐代變成貪贓在多少匹以下，要怎麼處置。當時有些罪可以通過罰款來抵罪，比如當時皇帝出行老百姓要躲避，躲避不及，就有罪，但是這個罪是可以用罰款代替的。漢代規定罰黃金多少，唐朝規定罰布帛多少匹，變成了這樣一種制度。老實説，這種現象的確比較普遍。大家只要看一看在河西走廊出土的居延漢簡，其中有大量用錢做買賣的例子，買一個燒餅多少錢，買一袋穀子多少錢，把一車魚運到城裏賣掉賺了多少錢。但同樣是河西走廊的敦煌文書中幾乎就看不到用錢，無論是向國庫交税還是民間的借貸，甚至社區修水渠，大家湊錢搞公益，修一段渠道，用的全是實物，或者是紡織品，或者是糧食。在隋唐、魏晉南北朝時期的敦煌文書中幾乎沒有提到金屬貨幣。但是秦漢河西漢簡中使用貨幣的記錄很多，這到底是什麼原因呢？

中國西部出土的隋唐文書有兩類：一類是敦煌文書，一類是新疆吐魯番地區出土的吐魯番文書。敦煌文書中的借貸、地租基本都是實物，而不是貨幣。吐魯番的文書記載用貨幣的情況就很多，年代和敦煌文書基本同時，都是隋唐時期。吐魯番文書有一個特點，即它用的貨幣不是唐朝的貨幣。大家知道，唐朝主要用開元通寶，是銅錢，可是吐魯番地區使用的銀錢，考古發現有很多波斯銀幣，不是唐朝的貨幣。這意味着什麼呢？意味着吐魯番之所以用銀幣比較多，是因為它是一個國際貿易重鎮，絲綢之路上的一個國際商道重鎮。它的貨幣很大程度是由於國際貿易，唐朝國內用錢則比較少。

西漢用黃金、用錢很多，到了東漢就出現用錢很少的情況，漢金消失之謎，在我看來，很可能不是黃金消失了。真正的可能是東漢以後，黃金本身並不少，但是它不再作為通貨，或者說作為貨幣用的黃金越來越少，黃金退出了流通的舞台，而主要變成了器飾。從考古發掘中我們也發現，漢代以後的墓葬中，很少發現金錠，發現的黃金絕大部分都是器飾。

我曾經提到一個現象，就是經典與現實的悖論，或者說言與行的悖論。魏晉南北朝時期，按照我們的說法，社會風尚比較提倡清高。法家的第一帝國開始走向衰落，小共同體本位的、儒家的宗族觀念正在興起。可是反映在學術界，大家知道魏晉南北朝時期，流行的是玄學、佛教、道教。儒家反而在那個時期被認為是比較衰落的。從我剛才講的事例來看，魏晉南北朝時期是自然經濟的時代，用錢很少。但是恰恰在這個時代，以《錢神論》為題目的文章出現好幾篇，不止一人寫過。[49] 最著名的一篇是魯褒寫的，他說貨幣非常神通廣大，可以使你生、使你死、使你美、使你醜、使你善、使你惡，甚至他把儒家講的「死生有命，富貴在天」，改成了「死生無命，富貴在錢」，這挺有意思。[50] 但是很奇怪，這個時代恰恰又是一個貨幣最不管用的時代。在中國歷史上，這的確是一個很有意思的現象，人們如果只看文人筆下描寫的，和當時的社會現實往往形成了非常鮮明的對比。

二　自然經濟化

為什麼那個時代會出現貨幣衰退和自然經濟發展？大家可以看看東漢年間崔寔的《四民月令》，《四民月令》就已經體現出東漢經濟發生了變化。大家知道，五口百畝之家的小農很難自給自足，他們往往需要交換，因此秦漢時代交換是比較活躍的。東漢開始到魏晉南北朝有很多是一個經濟單元，「百室合戶」「千丁共籍」，是一個比五口之家大得多的小共同體。這個小共同體就完全有可能或者有更多可能是自給自足的。小共同體「百室合戶」「千丁共籍」，其中可以生產各種各樣的產品，因此與外界交往就不那麼需要了。

《四民月令》的作者崔寔，是東漢中期人，出生在一個官宦世家，做過幾任邊郡太守，父親崔瑗，祖父崔駰，《後漢書》都有傳。崔寔雖然出身於仕宦之家，但是有過經營家庭經濟的經驗，史書記載，「寔父卒，剽賣田宅，起冢塋，立碑頌。葬訖，資產竭盡，因窮困，以酤釀販鬻為業。時人多以［此］譏之，寔終不改。亦取足而已，不致盈餘」。崔寔看來是個清官，雖然當過五原太守、遼東太守，但是官越做越窮，死後，竟然家徒四壁，無以斂葬，還是其他做官的朋友故舊為他置備的棺槨葬具。[51]

《四民月令》是依照一年十二個月的次序，安排每個月家庭需要做的事項。首先，正月裏要做的事就是祭祖：「正月之朔，是謂正旦，躬率妻孥，潔祀祖邇。及祀日，進酒降神畢，乃室家尊卑，無大無小，以次列於先祖之前。子婦曾孫，各上椒柏酒於家長，稱觴舉壽，欣欣如也。」可見，這是一個大家庭，並非五口小農之家，而且提到在青黃不接的時候，要「振贍窮乏，務施九族，自親者始」，「十二月，請召宗族婚姻賓旅，講好和禮，以篤恩紀」，看來，這個大家庭還生活在一個大宗族中。

春天開耕後，依照時令氣候，分別安排各種糧食、蔬菜等種養收藏。種植的穀物有：粟、黍、麥、稻等；蔬菜有：葱、蒜、芥、韭等，還種植有瓜果；油料作物有：大小豆、胡麻等。另外，栽種竹、漆、桐、梓、松、柏等竹木，以及桃、杏等果樹。為紡織，還種植桑麻。除了種植業和林業，這個大家庭還經營若干手工業或副業，有食品加工包括釀酒、釀醋、製醬、做飴糖等；紡織，涵蓋了當時紡織的幾乎整個過程，包括織染、漂練、「女紅」等環節，另外還採藥製藥。農閒時，還要修治農具、住宅與農田水利工程。雖然這個大家庭也與外界發生商品交易活動，正如本書提到，粜出大小麥、大小豆、粟、黍、胡麻等，賣紡織品縑帛敝絮等；糴入粳稻、粟、豆、麻子等；還買布、韋履、白犬（供祭祀）。但是這些商品交易量應該佔的比重不大，這個大家庭基本上是可以自給自足的。[52] 這種經濟模式，學界又稱之為莊園經濟。而且，這個大家庭或宗族基本上就是一個小社會，還要辦學堂教育幼童，設有武裝防衛設備和練習戰射，以防止外部賊寇襲擊掠奪。

東漢末年的政治思想家仲長統説，當時豪強的莊園經濟，「豪人之室，連棟數百，膏田滿野，奴婢千羣，徒附萬計」，而這種獲得像公侯一樣財富地位的豪強很多，「以財力相君長者，世無數焉」。

> 漢興以來，相與同為編戶齊民，而以財力相君長者，世無數焉。而清絜之士，徒自苦於茨棘之間，無所益損於風俗也。豪人之室，連棟數百，膏田滿野，奴婢千羣，徒附萬計。船車賈販，周於四方；廢居積貯，滿於都城。琦賂寶貨，巨室不能容；馬牛羊豕，山谷不能受。妖童美妾，填乎綺室；倡謳［伎］樂，列乎深堂。賓客待見而不敢去，車騎交錯而不敢進。三牲之肉，臭而不可食；清醇之酎，敗而不可飲。睇盼則人從其目之所視，喜怒則人隨其心之所慮。此皆公侯之廣樂，君長之厚實也。苟能運智詐者，則得之焉；苟能得之者，人不以為罪焉。源發而橫流，路開而四通矣。[53]

前面講過西漢時期延續了秦朝抑制豪強的政策。但是，東漢朝廷似乎對豪強的抑制不如西漢積極。像仲長統，對於他講的東漢的這種經濟現象，給出的治理對策是恢復井田制，「限夫田以斷併兼」。[54] 因此可以説東漢的經濟政策是「不抑兼併」。這也許與劉秀本身是豪強出身有關。

光武帝劉秀建立東漢政權後，曾經「度田」，就是丈量田畝數以及清查戶口、年紀等信息，國家好收租税派賦役。地方官吏上報的時候，陳留郡的一個吏就在木牘上寫着：「潁川、弘農可問，河南、南陽不可問。」劉秀不明白什麼意思，後來繼位的漢明帝當時才十二歲，和他父親劉秀説：「河南帝城，多近臣，南陽帝鄉，多近親，田宅逾制，不可為準。」就是説帝都洛陽所在的河南郡，近臣多，帝鄉南陽郡 —— 劉秀出身南陽，近親多，近臣近親佔有大量田宅，並且在查清登記的過程中，他們為了逃避税賦，不以實登記，而地方官也不敢得罪他們。這種情況在當時是比較普遍的，「刺史太守多不平均，或優饒豪右，侵刻羸弱，百姓嗟怨，遮道號呼」。當然了，劉秀對發現弄虛作假的官員也做了嚴厲懲罰。[55] 總之，雖然對劉秀度田實不實，學界有爭論 [56]，但是整個東漢一朝對豪強的抑制和打壓應該是不及西漢嚴苛的，東漢的豪強就比較普遍。

豪強的興起，自然帶來了莊園經濟的發展。史書記載劉秀的外家樊氏就是南陽當地有名的富豪，他的外祖父樊重不僅經營土地，還製作漆器等器物，「有求必給」，有什麼需求，自己就生產滿足了，可以「閉門成市」。

> 樊重治家產業，起廬舍，高樓連閣，陂池灌注，竹木成林，六畜雜果，檀漆桑麻，閉門成市。[57]

> 樊宏字靡卿，南陽湖陽人也，世祖之舅。其先周仲山甫，封於樊，因而氏焉，為鄉里著姓。父重，字君雲，世善農稼，好貨殖。重性溫厚，有法度，三世共財，子孫朝夕禮敬，常若公家。其營理產業，物無所棄，課役童隸，各得其宜，故能上下戮力，財利歲倍，至乃開廣田土三百餘頃。其所起廬舍，皆有重堂高閣，陂渠灌注。又池魚牧畜，有求必給。嘗欲作器物，先種梓漆，時人嗤之，然積以歲月，皆得其用，向之笑者咸求假焉。貲至巨萬，而賑贍宗族，恩加鄉閭。外孫何氏兄弟爭財，重恥之，以田二頃解其忿訟。縣中稱美，推為三老。年八十餘終。其素所假貸人間數百萬，遺令焚削文契。責家聞者皆慚，爭往償之，諸子從敕，竟不肯受。[58]

經營莊園經濟的不僅有地方豪強，還有達官貴戚，當然二者之間往往也是有聯繫的。像馬援的兒子馬防兄弟「奴婢各千人已上，資產巨億，皆買京師膏腴美田」；劉秀的兒子濟南王劉康有私田 800 頃，奴婢 1400 餘人。[59] 他們佔有大量土地，使用若干奴婢等經營種植業以及手工業，就像《四民月令》所描述那樣，往往形成閉門成市、自給自足的局面。這種莊園經濟模式的普遍導致東漢朝自然經濟的趨勢發展。

魏晉南北朝仍然延續了莊園經濟模式的發展。《顏氏家訓．治家篇》描述了當時莊園的經濟生活：「生民之本，要當稼穡而食，桑麻以衣，蔬果之蓄，園場之所產，雞豚之善，塒圈之所生，爰及棟宇、器械、樵蘇、脂燭，莫非種殖之物也。至能守其業者，閉門而為生之具以足，但家無鹽井耳。」這段描寫與《四民月令》的內容非常接近，除了食鹽，其他生活所需都能夠自產自足。

除了莊園經濟，魏晉南北朝時期的塢壁經濟、寺院經濟等也比較突顯，這種小共同體經濟共同的特點就是自給自足、閉門成市，同時導致商品交易萎縮，貨幣逐漸淡出流通領域，自然經濟佔據主導地位，而這個趨勢就是從東漢開始的。

第七節　漢魏之變不如周秦之變深刻

一　魏晉封建論、宋代近世說與「中世共同體革命」說

上面說的「漢魏之變」開始了整整一個歷史階段。這個階段，短的界定以王朝存廢計，從公元 220 年曹魏正式代漢、秦漢「第一帝國」在名義上結束，到 589 年隋滅陳恢復統一，延續了 370 年。而從實質來說，自公元 184 年黃巾之亂（或黃巾起義）起，漢帝國實際就已經天下大亂，黃巾被平定後，又陷入軍閥割據。280 年司馬滅吳、三家歸晉的短暫統一僅維持 21 年，在 301 年的「三王伐趙」（八王之亂的內戰階段）後又進入大規模戰亂，至再次統一已歷 400 多年。而長的界定以社會變化論，自公元 25 年東漢建立起，王莽「周表秦裏」的極端集權改革就已經物極必反，出現了一個「周表及裏」入侵蝕秦制的過程，宗族復興，市場衰退，皇權對全國政治、經濟的控制已經開始逐漸弱化，漢魏之變端倪已現。[60] 而時至隋統一以及唐初，門閥政治餘風仍盛。一般認為直到中唐時期，政治上科舉制成為官制主流，經濟上「兩稅法」取代租庸調，所謂「唐宋間變革」漸

次展開。換言之，從漢魏之變到唐宋變革，期間跨度長達七八百年。

這麼長的時段足以構成歷史分析的一個單元。事實上我們前面也論述了這個時期與第一帝國的許多不同。然而這些不同的深刻程度究竟如何？它們是否足以構成周制與秦制之外的第二種制度？如果不是，那麼這個時期只是歷史的循環——周制的復歸嗎？而這個階段以後出現的隋唐「第二帝國」自安史之亂後又逐漸陷於亂世，經晚唐藩鎮和五代十國又出現了「第二帝國」（宋元明清），期間經歷了所謂的唐宋之際變革，那麼它與第一帝國又有多大的區別？它只是秦制的復歸與強化嗎？抑或是第四種制度即所謂「近世」的出現？

長期以來，史學界確實有不少人非常重視漢魏之變。當年以唯物史觀社會形態進化論為基礎的「魏晉封建論」學派，把漢魏之變視為「奴隸社會」向「封建社會」的演變。但這一派學者們對周秦之變的評價則並不一致。如尚鉞就把西周視為氏族社會末期，而秦漢才是奴隸社會。[61] 其他學者，包括當時接近於魏晉封建論的蘇聯漢學古史主流學派，則把周秦之變視為「奴隸社會」內部的變化，並有從早期奴隸社會變為發達奴隸社會、從亞細亞生產方式變為古典奴隸制等多種說法。顯然對他們來說，相比周秦之變而言，漢魏之變作為「社會形態轉變」的重要性更為突出。

我們的東鄰日本，中國史研究領域長期流行古代（上古）、中世（中古）、近世的歷史分期，而且對中國學界影響頗大。從早年的內藤湖南、宮崎市定，到世紀之交的谷川道雄等人，都把魏晉直到唐中葉這段時間視為中國歷史上的「中世」，而三代至秦漢都屬於「上古」，[62] 換言之，漢魏之變屬於上古到中世的劇變，周秦之變則僅僅是上古內部的演變。宜乎前者比後者更重要了。

而另一方面，對「周制與秦制」深有研究的馮天瑜先生，認為中國歷史「第一次大更革（周制演為秦制）發生於周秦之際」，[63] 但同時又稱「周制歷時三千年、秦制歷時兩千年」，這似乎又是說秦制並未否定周制，只是疊加於其上與周制並存至近代。他還認為秦制與漢制不同，漢制是周秦二制的混合，且真正傳承了兩千年的是漢制而非秦制。[64] 按照這個說法，周秦之變和秦漢之變哪個更重要似乎還有疑問，而漢魏之變實際上就在很大程度上給忽略了。

但「漢承秦制」似乎是史家共識，儘管秦漢之際確實出現過某種程度的周制回潮，但很快平息，並為漢武帝至王莽的秦制強化所覆蓋。如果要說周秦二制的混合，似乎魏晉時期，即日本漢學界所謂的「中世」更為適合此說。漢魏之際，國史中「第一帝國」（秦漢帝國）崩潰，世族門閥，宗主督護，「百室合戶」「千丁共籍」，成為時代景觀。瞿同祖謂漢魏之際陳羣、劉劭變法，以禮入法「法律儒家化」，亦即表徵。如謂周秦混制，與其指為秦漢之異，不如說漢魏之異也。但這一「中世」模式也並未傳承兩千年，而是幾百年後就在「唐宋變革」中消失，並為「近世」取代了。所以，說漢魏之變甚於秦、漢之異，應該是沒有問題的。但是漢魏之變是否比周秦之變更深刻，則大有疑問。

而到了「中世」再往後的所謂「近世」，其比「上古」的秦漢差異多少，那就更成問題。北宋中期的王安石、司馬光兩黨之爭，幾乎與西漢中期的鹽鐵論兩派之鬥如出一轍。如果說北宋在不少人印象中似乎還比較寬鬆，那麼明清又如何？至少明代歷史，幾乎就是西漢歷史的全盤複製：兩者都是底層「亡賴」起兵，掃平羣雄而成功定鼎，然後大殺功臣，殺光了良將導致藩王尾大不掉，接着藩王叛亂，漢、明都打出「清君側」旗號。雖然燕藩成王，而吳楚敗寇，但結果都是「削藩」以後「大抵皆襲秦故」。甚至「內朝」架空「外朝」、過江龍變成坐地虎、地方分權變集權，兩個王朝也都各演了一遍。若說明王朝像歐、日「近世」，實在不如說明與漢更加相似許多。如果說「唐宋變革」是「貴族政治」變成了「平民政治」，那西漢不早就是「布衣卿相」了嗎？

所以不但「漢承秦制」，就是明制比漢制（及其所承的秦制）也相差不了多少。但期間的魏晉「中世」卻是個異數，很值得研究。

二　奴隸與農奴，還是大共同體與小共同體

「魏晉封建論」者很強調秦漢私奴婢（王莽希望收歸國有而不成的那

種「商品化」的奴隸）與魏晉南北朝「私屬」「徒附」（被認為是私家農奴）的區別。他們經常面對的一個反駁是：秦漢私奴婢與魏晉私屬就算比其他朝代多，但能比當時的「齊民」小農多嗎？自從井田制下的集體生產消失後，從秦到清不都是農業立國，而農業主要是小農生產嗎？小農生產又肯定會「兩極分化」，那就都是「地主封建制」了。

而他們對此的回擊往往是：從古希臘到今天的發達農業都有大量小農，小農不能決定「社會形態」。

今天的我其實對「社會形態」已經不那麼感興趣，但我認為他們對「奴隸」「農奴」之分的重視，倒也不完全是受意識形態影響。實際上，在沒有秦制（專制官僚帝國）的時代，比如古希臘－羅馬和歐洲中世紀，區分私人之間的各種依附確實很重要——即便你不相信什麼「主義」。

西方中世紀的名言：「沒有一個人（農民）沒有主人」，反過來也可以這樣講，對貴族而言沒有一個人沒有附庸。但附庸的種類卻很多，有人說是奴隸，有人說是農奴。而且由於他們不考慮對國家的依附，所以還會特別計較這些私人附庸到底是農奴還是奴隸。大家知道在西方學界這種爭論其來久矣，並不是「社會形態」理論出現後才有。有人說某種附庸是奴隸，反駁者就會提出附庸還有一部分財產，所以應該算農奴……這種爭論從西方傳到中國，一直到改革初年的古史分期問題中，討論得非常多。

老實說，即便在西方，是奴隸還是農奴，往往也是說不清楚的問題。例如，有些農奴不是他願意當農奴的，他其實更願意在主人身邊直接侍候（當奴隸），只是主人不要，就要他「耕山奉上」，就是主人命令他不當奴隸而必須當農奴。就「不自由」這一點而言，他和奴隸有什麼分別？

農奴和奴隸有時很難區別，但總而言之他們都是依附於個人的。而人與人之間的個人依附和個人對於專制國家或者朝廷的依附，儘管都是不自由，區別卻非常大。西方人長期面臨的是第一種不自由（個人依附），擺脫貴族、實現平等之類訴求都是針對這個問題的。針對這個問題他們就會計較，依附於個人的人中，他們到底還保留了多少個人自由，比如說他是半自由的農奴，還是完全不自由的奴隸？

然而即使在西方歷史中，深入了解就會知道，實際上真正最悲慘的，往往不是私人所有的農奴或者奴隸，而是「人身產權不明晰」的那些賤民。換言之就是國家控制下的那些奴隸、農奴乃至其他「非人」人口。他們並沒有具體的自然人主人，也不像西周的殷民七族、懷姓九宗那樣擁有自己的小共同體。例如古希臘斯巴達的希洛人（又譯黑勞士），由於他們有家庭生產，有人說他們是農奴，但其實他們的處境比所謂奴隸還悲慘。他們不是歸屬於某一個主人（就這一點而言他們其實不是農奴，也不是奴隸）。斯巴達經濟是「國家化（或曰城邦化）」的，斯巴達人不種地，只為國家打仗，而國家通過奴役希洛人來供養他們。沒有一個斯巴達人擁有屬於自己的希洛人，希洛人只屬於斯巴達國家，但是國家對他們非常之殘暴。

殘暴到什麼地步？每年春天斯巴達的小夥子（就是斯巴達的平民）會成羣結隊地拿着刀到鄉下去砍殺希洛人，為什麼？因為希洛人人數遠遠超過斯巴達人，後者認為人數太多會對自己構成威脅，所以要實行「滅丁制」，就是把一部分「多餘」的希洛人青壯年不分青紅皂白地給殺掉。

私人奴隸主會這麼幹嗎？我們知道古希臘一般的私有奴隸其實處境並不是太差，雖然理論上講奴隸主不會把奴隸當人（僅是「理論上講」，其實自然人是有情感的，對自己的牛馬、寵物都會有情感，主僕之情就絕不會有？），但是至少會把奴隸當作自己的財產，對自己的財產也不會隨便揮霍浪費的。當然這很大程度上取決於財產的價格。比如羅馬共和國晚期，戰爭規模很大，戰俘很多，奴隸非常便宜，當時有句成語叫作「便宜得像撒丁人一樣」，那時可能主人不把奴隸當一回事，可以隨便虐待甚至隨便殺害，倘若奴隸價格很貴，誰會這麼「浪費」自己的財產？

可是國家的奴隸就不一樣了。國家不是自然人，沒有七情六慾，作為一個機構，它也不可能面對奴隸，負責管理的都是具體的受委託人。那些受委託人往往身份也很低，他們也是窮人，一旦他們有了國家給予的懲治權，就不把那些奴隸看作是自己人，甚至也不是「自己的財產」，那他們對那些奴隸當然就會比主人更兇殘。

古典時代，突出的例子就是上面講的希洛人，可以隨意屠殺他們的斯巴達人不是他們的主人，甚至都不是斯巴達貴族。還有一個例子是雅典的勞里昂銀礦。這是古典雅典的一個國有企業，據説曾經提供雅典城邦大概一半以上的公共財政收入，我曾經實地考察過它的遺址。勞里昂銀礦是用奴隸勞動的，但是誰來管理奴隸呢？不是奴隸主，而是城邦派來的監工、狗腿子，這些人對奴隸普遍比主人對奴隸兇得多，使得銀礦用的奴隸處境非常悲慘。因為奴隸不是這些監工的財產，監工除了討好上級以外，沒有什麼要照顧奴隸的理由。但如果你是奴隸主，你是會有這種理由的，尤其在奴隸價格很貴的情況下。

可是這些事近代西方人是不去想的，因為那時他們已沒有這種問題了。到了現代極權主義起來，他們就知道奧斯維辛、古拉格的厲害了。但長期以來他們一直有個觀點，説極權主義是現代現象，古代沒有這個東西。

既然沒有這個東西，他們就沒有這種問題意識。其實僅憑常識，國有奴隸的狀況是什麼樣，看看古拉格就知道了；而個人奴隸是什麼情況，看看大觀園就知道了。大觀園無疑也很悲慘（我指的是園裏的奴僕們），但那悲慘能夠跟古拉格相比嗎？大觀園有奴僕不願離開的例子，但是古拉格的人有不想離開的嗎？西方人長期以來談到極權主義是例外，談到古代他們往往只知道「大觀園」（個人奴隸），不知道「古拉格」（國家奴隸）。這當然不能怪他們，但是如果秦制下的中國人也不知道，那不是太可悲了嗎？

所以真正對秦漢社會影響大的，不是私奴婢，而是刑徒、罪隸、「城旦」「收孥」「居貲」「閭左」「七科謫」這類皇權奴役下的賤民，他們是奴隸還是農奴其實不重要，重要的是他們面對的不是自然人主人，而是皇權爪牙。主人也許不把他們當人，但至少會把他們當作自己的財產來看護；而爪牙不僅不把他們當人，甚至不會把他們當成有價值的財產來愛惜。其實在美洲印加帝國等地的人殉人祭，以及我們熟悉的殷商，這種情況也很常見。

我們知道早在殷商時代，小共同體的溫情就是與雛形大共同體的殘酷並存的。令人震驚的殷墟大規模人殉並不是什麼奴隸制，尤其不是什麼私有奴隸制的罪惡，而就是「國家的犧牲」，那些犧牲品是連做奴隸的資格都沒有的。近年來在鳳翔秦公大墓和禮縣早秦遺址看到的大規模人殉，更使一些學者推測作為「東夷」西遷的秦人先祖可能很早就繼承了殷商雛形大共同體人殉的傳統。[65]

而周秦之變，更使得這種雛形大共同體傳統在發達的大共同體本位條件下進一步放大。當然，那時已有私人經濟和奴隸制，即便是國家也懂得利用賤民的勞動，而不是僅以他們為「犧牲」了。秦獻公時期下令「止從死」，廢除了可能源自殷商、西周內地未見，但是自西周到戰國秦人一直就有的巨墓大陵殉人之制（秦始皇又一度恢復）。[66] 然而即便改犧牲為奴役賤民，在這方面大共同體爪牙比私人奴隸主更殘酷也是大概率現象。

現代考古工作者對秦漢大規模刑徒墓葬的發現令人觸目驚心。例如 1980 年，秦陵考古隊在陝西臨潼縣秦始皇陵西約 1.5 公里的趙背戶村發掘了 32 座秦代刑徒墓，共出土 100 具人骨架。少數是一墓葬一人，多數是一墓葬多人。屍骨大多採取「屈肢」的埋葬方式。墓葬內的遺物基本是鋤頭、鐮刀、鑿子等勞作的工具，很符合刑徒的身份。[67]

2000 年西安市文物保護考古所在西安北郊一施工工地也發現了 7 座秦代刑徒墓，它們均位於秦都咸陽渭河南岸宮殿區遺址以東約 2000 米處，均為豎穴土坑墓，一般長 2 米、寬 1 米左右，7 座墓中最多的葬有 7 人，最少的 2 人，共發掘出 31 具屍骨，這些屍骨有的平放，有的疊壓，可以看出大都是扔進墓坑去的。31 具屍骨中有的頭部被擊打過，有的沒有腳趾，有的腓骨骨折，有的身首異處，顯係被殺戮後埋葬，有的俯身作掙扎狀，顯然是被活埋。個別的手、足、頸還戴着鐵製刑具。[68]

專家從兩處現場對人骨形態的粗略觀察，基本的印象是骨骼都很粗壯，包括一些十五六歲的剛成年個體也是如此。上、下肢骨的肌脊顯著隆起，一些個體的小臂骨（尺骨、橈骨）明顯有被肌肉強烈牽拉而形成的骨適應結構。有些個體有骨折現象和程度不同的關節炎。從這些可以推測出，這些人羣當時從事繁重的體力勞動。西安北郊刑徒墓中葬者多被打擊、虐殺。而從趙背戶村刑徒墓羣人骨的出土狀態和骨骼上未見明顯的致命性創傷，又可以推測所有的個體基本上是無傷死亡。而導致這些身強力壯的青壯年人死亡的原因，最主要是勞動強度過大而使身體最終不堪重負，過勞而死，被官吏們草草埋葬，處境相當悽慘，讓人歎息。[69]

漢代歷時長，國家奴隸的悲慘狀況從考古得到的證明更多。晚清以來鄧秋枚、端方、羅振玉、范壽銘等人都著錄過漢刑徒墓磚，散存於社會上的實物也有數百塊之多。特別是洛陽漢魏故城南郊，今偃師縣佃莊鎮西大郊村當地一條小路兩側經常出露殘碎人骨，得名「骷髏溝」，1964 年中國科學院考古隊考察證實那是一處大規模的刑徒埋葬地，估計該處刑徒墓約有 1.6 萬座之多。

當時發掘了其中 516 座東漢刑徒墓，出土墓磚 800 多塊。死者均為密集淺埋，死亡年齡集中在 25 — 34 歲之間。經鑒定的個體中，有 8% 被驗出有打擊或砍擊創傷，應為當時致死。還有很多死者有陳舊性創傷導致的骨折錯位癒合或嚴重感染的症狀，「足可表明當時刑徒受到極其嚴厲的殘酷迫害」。

但該報告指出，這些東漢刑徒還算是逐個單埋，而此前發現的秦始皇陵刑徒墓和西漢陽陵刑徒墓「都是無次序亂葬坑」，[70] 相比之下東漢刑徒似乎還不算最慘了。

除墓葬外，出土簡牘中也有在大規模刑徒工程中處死患病刑徒（「當遷癘所定殺」）的殘酷規定。[71] 而孟姜女的故事更反映了人們對秦代苦役的可怕記憶。秦末民變因此而發，新莽民變與王莽的「私屬國有化」政策也有明顯關係。坦率地講，刑徒、戍卒之類的「臨時奴隸」理論上是有期限的，但我不認為他們值得那些無期限的私奴婢羨慕，因為前者面臨的待遇大概率地會比後者主人給予的待遇更惡劣，而前者是否能熬到期限，誰也沒有把握。

官私「奴隸」待遇不同如此，官私「農奴」的區別也一樣。魏晉時期的曹魏屯田卒、屯田客，與民間經濟中的「宗族」「賓客」「部曲」「私屬」

「徒附」，通常都被「魏晉封建論」者用作那時「封建農奴制」的例證。但其實在當時人們的心目中，官府奴役下的屯田卒、屯田客和民間私人的「宗族」「賓客」是明顯不同、甚至如雲泥之別的存在。史籍中多有屯田卒、屯田客逃亡、抗爭的記載，甚至有屯川客呂並據陳倉起義、雍涼戍卒梁犢的起義、南陽侯音以不堪苦役之民起義等大規模民變。但我們卻極少看到宗族、賓客、部曲、私屬對主人造反的記載。相反，倒是有很多遠近民眾相率歸附塢壁寨堡、爭相成為私人附庸的史實，如前面提到的田疇、庾袞之例。谷川道雄等人把晉時的塢壁寨保稱為「道德共同體」，[72] 也是因為這種小共同體的溫情性質。

更有甚者，所謂的「中世」時期朝廷恢復「編戶齊民」、打擊私屬徒附現象的努力，按「封建農奴制」理論，似乎應該屬於國家「解放農奴」的「進步」政策。但是我們卻從來看不到「翻身農奴把歌唱」的圖景，相反，這種「土斷人戶」「檢定黃籍」「大索貌閱」的行為卻往往導致不願被「解放」的「農奴」們擁戴「農奴主」，對官府發動大規模反抗，如著名的南齊唐寓之起義等。

所以，我們與其把注意力放在性質上不易分清、時代上高度重疊的「奴隸－農奴之分」上，不如去關注秦制下更有實質意義的大共同體本位與小共同體本位的升降轉換。同為「奴隸」，私奴婢就算沒有人身自由，在主人眼裏至少還是有價值的資產。而官家刑徒在監工眼裏就完全命如草芥。同為「農奴」，「宗族」「賓客」在小共同體中還可能得到「禮遇」，而屯田卒、客在「典農都尉」的凜凜軍法下只有「民少相公多，一日三遍打」的感受。

所以一些學者的「中世共同體革命」說很值得一評。在谷川道雄等人的筆下，那種「非封建的中世」主要特徵並非「農奴制」，而是以道德凝聚力為基礎的「豪族共同體」。田疇、庾袞們並不依靠上級封主的分封，而是憑表裏如一的儒家宗法道德（不僅僅是「儒表」），把他們的塢壁寨堡治理得井井有條、溫情脈脈。這種說法曾經引起意識形態影響下的日本「戰後歷史學」的批判：一是批判其忽視階級矛盾，二是批判其不講「生產關係」而只講道德，兩者都背離了某種主義。[73]

其實，包括谷川在內的日本學者喜談「共同體」，本身就是受馬克思影響的結果。我自己在沒有讀過他們的書之前，在 20 世紀八九十年代受先師趙儷生先生影響也經常提到「共同體」，那同樣源自馬克思的啟發。在我看來，谷川罕言農奴制而大談共同體並以此強調中國「中世」的「非封建」性質，本身就有點此地無銀。因為馬克思不但經常提到中世紀西方社會的共同體性質，而且西方農奴制本身也與共同體高度相關。中世紀的「剝削」與「溫情脈脈」，在馬克思筆下也是「一體兩面」的。他曾指出中世紀農奴是有（共同體）保障的，而近代無產者則毫無保障（當然，這後半句顯然已經過時）。俄國馬克思主義鼻祖普列漢諾夫甚至有在農奴制俄國存在「兩個階級：剝削者的公社（共同體）和被剝削的個人」[74] 的名言。所以，如果按谷川的描述，歐、洲的「中世」不也是「非封建」的嗎？或者說，如果歐洲「中世」是封建的，那中國中世為什麼就不是？

當然，中國的所謂「中世」與歐、日「中世紀」確實大有區別。而最重要的區別在我看來，就是中國的秦制，或大共同體本位體制，在魏晉隋唐間並沒有消失，甚至沒有變成「殘餘」。

日本學者所說的中世共同體，其實近似我所講的小共同體，即雖無自由平等卻有道德溫情的、以直接人際關係維繫的小半徑依附性羣體。但是，日本學者並沒有大共同體概念（這與日本人的本土問題意識有關），這導致了他們不僅過分突出魏晉以降的「中世」特性，而且忽視了所謂中國「上古」（主要是秦漢）直到其所謂的「近世」的連續性。他們認為「唐宋變革」實現了「貴族社會」向「平民社會」的轉變。但關鍵問題是：這個「平民」是指「近世」的公民還是指秦制下的「編戶齊民」？如果指前者，秦漢為什麼就不是「近世」？如果指後者，宋明為什麼就不是「上古」呢？

三　倒退回「戰國」並不等於倒退回「西周」

漢魏之變最明顯的有限性，就是黃巾之亂後的長期戰亂和分裂割據，與「西周封建」不可同日而語。要說「倒退」的話，那時好像倒退回了「戰國」，卻完全不像倒退回了西周。

首先我們要清楚：大共同體本位或者秦制，與小共同體本位或者周制的區別，並不等於「統一」和「分裂」之別。崇周仇秦的古儒也是主張「春秋大一統」之制的，他們從來沒有把戰國亂世看成是他們認為的理想的周制。只是他們追求的是貴族制的大一統，並非皇權－官僚制的大一統；是「王道」的大一統，並非「霸道」的大一統；是「人人親其親，長其長，而天下平」的大一統，並非「以受寵奴才治理無寵奴才」的大一統。

因此版圖統一並不等於秦制，而分裂也不等於周制。魏晉以降數百年間，天下絕大部分時期處於分裂狀態，但是儘管中華裂為數國，每國仍是比賽趨秦，如戰國故事，尤以孟德、孔明為甚。曹魏一方面搞九品中正、以禮入法，另一方面卻大興屯田，軍法「典農」，經濟上的國進民退，堪比漢武王莽。政治上也號稱重典治國，只論賞功罰逆，而不論道德。曹操的死敵諸葛亮，治蜀手段也差不多，乃至在 20 世紀 70 年代中國「批儒弘法」運動中，曹操與諸葛亮都被封為「法家」。魏蜀水火，趨秦則一，去周之遠，亦可見矣。魏軍滅蜀時收繳版籍，據說有民 94 萬，而官吏就有 4 萬之多，[75] 平均 24 個百姓就要養一個官吏，就是「以吏為師」的秦代也沒有這麼高的比例。

西晉建立，號稱「以孝治天下」。[76] 有人說那是因為司馬氏弒君篡位，得國不正，不敢稱忠。這個說法其實有點無厘頭。儒表法裏，說一套做一套，漢以下哪個朝代不如此？實際上東漢以來孝風大盛，前已述及。西晉稱孝多過表忠，不過援例而已。但廢屯田改佔田，有點「國退民進」的樣子，分封諸王，也確實弱化了秦制，不久便導致了八王之亂，從此剛恢復統一的天下又陷入長期戰亂與分裂割據。但是整個東晉十六國南北朝，諸國都仍是官僚制，而非貴族制國家。除了少數民族遊牧部落色彩嚴重的地方有些「胡化」狀態外，沒有哪個實行了周制。

「中世道德共同體」的代表，如前述的田疇、庾衮等豪族的塢壁寨堡，由於並非受封采邑，而是在戰亂中據說是以儒家道德凝聚而成，所以被認為是「非封建」的。但其實我前面已經分析：歐洲日本的「封建」也有道德因素，而歐洲中世紀的領主領地，其實最初也是在羅馬帝國解體後的戰亂中，以及民族大遷徙的動盪中憑實力形成，所謂封主－封臣關係，往往是事後建構的，並非「創業」之源。這與西周的天子分封、血親殖民確實不同，但卻並非魏晉與西歐之別。

那麼後兩者的區別何在？首先一眼可見的區別，就在於塢壁寨堡的持續性太差。與歐洲的領主可以延續幾百年（比如波旁家族「封建」於 1327 年，至今仍在西班牙和盧森堡延續其名義上的領主地位）相比，中國「中世」的塢壁寨堡壽命都很短。如典型的田疇徐無山、庾衮禹山「領地」，都為創業者及身而止，連「二世而亡」的壽命都沒有。田疇在徐無山只自立了十多年，就迫於形勢而獻土於曹操，自己與宗族二百餘口都遷居到了曹操的「首都」鄴城，[77]「封建主」就這樣又恢復為秦制下的編戶齊民。庾衮的禹山塢壁更短暫，只有兩三年就在外部威脅下率眾遷走，先後在林慮山、大頭山建塢，為時都只有一兩年，最後庾衮意外身亡，庾氏舉族南渡，雖仍為大族，但已不再是塢主。總之，這個「道德共同體」作為人羣存在不到十年，作為領地始終在游移中，每地立足平均不過兩年。[78] 這種「封建」也實在太短暫了。

門閥士族作為宗族，壽命則要長得多，北方崔、盧、李、鄭，南方王、謝、桓、庾，顯赫之期都跨過若干王朝。但是門閥政治雖然號稱「上品無寒門，下品無勢族」，畢竟這些士族既無領地，也無完全世襲的封爵，他們仍然是「朝廷命官」，只是政治上有些「恩蔭」特權，經濟上「佔田」「蔭客」的性質也不同於領地，與周制貴族的「世卿世祿」和西歐中世紀的貴族都無法相比。閻步克先生認為這些門閥士族本質上仍是官僚的「變態」，而非真正的貴族，[79] 的確如此。

當然，由於門閥士族的存在及其巨大能量，這一時期的皇權相對而言比較受限，也可以說有一些貴族政治的成分。但是這些成分仍然不能壓倒官僚政治。尤其是南朝通過「寒門掌機要」，士族顯貴逐漸被架空，北朝通過孝文帝改革消除了宗主督護，中央集權的程度又在提升。

這個時期，強制分異、「不許族居」的法家反宗法政策已經取消，世家大族聚族而居形成風氣，譜牒之學也興盛起來。如果僅看這些，似乎古儒理想的宗法小共同體本位，即周制確乎有復興之勢。

然而這種族羣共同體復興的趨勢僅限於上層，至於民間社會，正史中很少提及，而這一時期留存的戶籍資料為考古發現者，如長沙走馬樓吳簡，敦煌文書中的西涼、西魏，乃至唐代鄉籍、差科簿和社邑文書等，[80]都顯示了民間仍盛行小家庭多姓雜居的非宗族村落。尤其是走馬樓吳簡「吏民田家莂」顯示的多姓雜居狀態，可以說比秦漢同類資料反映的有過之而無不及。而比起明清鄉村，尤其是東南地區鄉村中平民聚族而居現象之普遍，可以說「中世」中國的平民鄉村反倒是極端無宗法的編戶齊民狀態——即最不像周制而像秦制的狀態。[81]

當然，從正史上看，這一時期皇權直接掌控的編戶齊民比西漢有劇烈的減少。僅看官方數字，西晉統一時統計三國人口總數共有 146 萬多戶，767 萬多口；通過搜刮隱匿，頒佈戶調式，太康元年即增加到 245.98 萬戶，1616 萬多口，太康三年又增加到 377 萬，約 2262 萬口，[82]絕對數僅及西漢末期人口統計峰值的 38%。但從相對增速之高也可以看出，朝廷對於搜刮隱匿戶口還是非常重視，而且很有實效。不像過去所說，門閥士族控制朝廷，恣意蔭客；塢壁寨堡橫行，民皆私屬，似乎真是「中世紀領主時代」了。至於人口絕對數的下降，三家歸晉時的 700 多萬當然不包括大量隱匿者，但經過一再搜檢，太康三年的 2200 多萬就應該搜檢得差不多了，仍然隱匿的比例應該比過去想像的為少，而亂世兵燹災難造成「白骨露於野，千里無雞鳴」，與西漢相比人口真實減少應該還是主要的。

從實際情況看，分裂時期的各個帝國（各國統治者大都稱帝）並非徒有虛名，不是像中西「封建」圖景設想的那樣，國王不能直接對全國徵稅，僅靠諸侯納貢和王庭直轄領地收入來維持運作一當代中世紀史的研究證明，其實西方中世紀也並非真正如此、完全如此。而在中國的這一時期，各國都未見有像西周「王畿千畝」那樣的直轄領地制度，除大戰亂造成的崩潰狀態外，通常朝廷仍然可以令全國的編戶齊民納糧當差服兵役（就像走馬樓吳簡和敦煌西涼西魏戶籍顯示的那樣）。而且當時如同戰國時期，戰爭規模大、頻度高，西方中世紀式的貴族軍或日本明治前的那種職業武士，即中國所謂的軍戶制，在當時雖然存在，卻並非普遍。全國範圍內的「抓壯丁」，如《木蘭辭》所描寫的「可汗大點兵」式的徵兵制仍然是主流，這種情況下沒有「古代軍國主義」，沒有「集中力量辦大事」的秦制，那是要被淘汰出局的。「戰國趨秦」的邏輯是如此，這個時期的邏輯同樣如此。

所以秦制在這一時期的延續完全可以理解。而秦制下的「官逼民反」，即朝廷通過官僚制對編戶齊民進行高強度榨取導致的社會矛盾，仍然是主要的社會問題。「農奴反抗領主的鬥爭」卻幾乎不見於史籍。相反，如前所述，那時朝廷的「土斷」「檢籍」和「大索貌閱」往往引起強烈反抗。而民眾主動歸附塢壁寨堡，甘為豪族蔭客，造成所謂「道德共同體」現象。陶淵明描寫的「桃花源」，其實也就是以徐無山、禹山式的小共同體為藝術原型。

然而，這些「道德共同體」在這一時期多產，是因為當時人們的道德水平最高、儒學最發達嗎？未見得。我認為，這恐怕還是那種「與其做國家奴隸，不如做私人奴隸」的社會心理造成的結果。這與其說是「中世」景觀，毋寧說是對現實存在的秦制的抗爭。如果抗爭成功，或者我們會看到「中世」或周制的復歸。但正如我們所見，田疇、庾袞們的「桃花源」都失敗了，那怎麼還能談得上走出秦制呢？

這一時期，傳統秦制下的各種大規模社會衝突，如陳勝吳廣式的民變，即民眾抗役抗糧抗差，瓦崗水滸式的民變，即民眾投奔土豪山寨以抗官，乃至歷代皆有而這一時期最多見的李特式民變，即「盲流」民眾反抗朝廷戶口控制和強制遣返，都頻頻發生。而這一時期的民變特點主要有二：一是與其他朝代的流民如明代的劉通李原、清代的川陝楚白蓮相比，這一時期的「流民起義」多是舉族而流，如李特李雄與所謂的「乞活」軍，這反映了考時小共同體一度活躍的現實。二是因「五胡」的因素，這一時期特有的一種民變如北魏末六鎮之亂，帶有「反漢化」色彩，但當時孝文帝所謂的漢化，其實就是恢復秦制常態（尤其針對「百室合戶」「千丁共籍」的改革，明顯帶有消除小共同體的目的)，所以所謂反漢化，其實還是反秦制。

而周制下特有的民變，如小共同體本位下放逐厲王卻不改朝換代的「國人暴動」，乃至西方中世紀類型的民變，如只反貴族不反國王「扎克雷運動」之類，在這個時期的中國卻基本見不到。

四　秦制下的推薦與考試之爭：「九品中正」為何不是「鄉舉里選」？

這個時期政治制度演變的基本線索，就是從察舉到科舉，期間又經歷過一個非常有特色的「九品中正」制。有關過程前已述及，這裏要提到的是：整個這一過程的反對聲音，就是以周制為理想的「鄉舉里選」。那時的人們指責科舉、指責察舉，乃至指責九品中正，理由都是它們不符合「鄉舉里選」。而這一過程中的每次變革，卻也是以實現「鄉舉里選」的理想為幌子和旗號的。

以強調道德、重視基層舉薦的「鄉舉里選」來反對「客觀考試」的軍功爵與科舉，好像比較容易理解，但它為什麼也反對察舉與九品中正？在「中世」史觀看來，古儒「從周」是強調道德，中世「道德共同體」也以道德來凝聚，而九品中正更是最典型的以道德為標杆、以推薦為基本手段的選官制度。「近世」的朱熹反對科舉時，也是為九品中正說了好話的。但為什麼在九品中正制實際推行時，它卻恰恰被「鄉舉里選」論者所極力反對？

「里選」歷來被認為是「周制」。但秦火之後，現存先秦文獻中卻找不到這個詞。今天我們看到這個詞出現的最早文獻是在漢代，當然漢人也是把它作為周制，即「成周鄉舉里選之制」來稱引的。新莽「周表秦裏」必反之後，東漢繼續「從周」，卻不敢那麼強化「秦裏」了。漢武帝時名額極少、只是裝裝樣子的「孝廉」，進入東漢後獲得了重視，名額大幅增加。但是對察舉的實效，漢章帝就提出了批評：

> 夫鄉舉里選，必累功勞。今刺史、守相不明真偽，茂才、孝廉歲以百數，既非能顯，而當授之政事，甚無謂也。每尋前世舉人貢

士，或起畎畝，不系閥閱，敷奏以言，則文章可採；明試以功，則政有異跡。文質彬彬，朕甚嘉之。[83]

意思是：鄉舉里選這事真做起來就要靠功勞。如今地方官不明真偽，推薦上來的都不怎麼樣。而過去推舉的人都起自農耕，不靠門第，不僅文章好，政績也不錯，這才像話嘛。

顯然，皇上對當時的選拔不滿。認為不符合「鄉舉里選」的要求——「儒表法里」的皇上，明面上還是拿儒家說法做標杆的。但是所謂鄉舉里選要靠「功勞」，就大有講究了。對誰有功勞呢？一個為皇上橫徵暴斂的酷吏，皇上覺得他有功勞，但苦於徵斂的鄉里會認為他有功嗎？真的搞鄉舉里選，哪怕不是一人一票，而是讓鄉里「父老」「德望耆宿」來推舉，這樣的酷吏能出頭嗎？

所以那時的「選舉」往往兩頭招怨。皇上抱怨選出來的人護着小圈子，不肯為朕當鷹犬，而鄉黨覺得皇上拋開鄉里尋爪牙，只會網羅一些坑親殺熟之輩。但是顯然，古儒描述的鄉舉里選更容易為後一種抱怨提供理據。

有人會說：靠道德推薦不是毛病很多嗎？不要講「九品中正」造成的門閥之弊，就是我們這代人，經歷過「文革」時代的「推薦上大學」和改革後的考試上大學，誰不知道後者相對公平？

推薦上大學的確是弊端百出，今天有些沒經歷過那個時代的年輕人，困於如今的高考之弊，就美化那種推薦制，我是不能苟同的。但是我也知道，那時的農村不僅上大學靠推薦，村裏的很多位子也靠推薦，比如生產隊的衛生員，就是所謂「赤腳醫生」，以及民辦教師等等。當時這些位子並不是投票「民選」或者考核上崗，其實通常是名義上「羣眾推薦」、實際上是生產隊幹部推薦的。在赤腳醫生擁有某些制度化待遇（工分補貼、脱產培訓機會之類）的情況下，也會有推薦制下優親厚友的毛病，但一般來説問題不大。為什麼？因為這些人就是為本村服務的。鄉土感情就不用説了，即便只從「理性自私」考慮，生產隊長如果推薦自己一個傻兒子去幹赤腳醫生，他就不怕把自己的病給治壞了？

而推薦到「外邊」上大學就不同了，在當時，上大學就等於踏進了「國家幹部」的門檻，一般人高不可攀。而推薦不當的後果本村並不承擔。生產隊長把傻兒子推薦上去當了國家幹部，自己父以子貴狐假虎威，本村朝中有人也可沾光，對自己對本村不都是「有益無害」嘛。至於對國民如何，那就是另一回事了。

「九品中正」之所以不同於「鄉舉里選」，就是這個道理。本來「鄉舉里選」就不是為秦制準備的。西周「封建」之制人各有主，主人的主人不是我的主人，不可能有龐大的中央集權政府，天子也不可能越過各級領主把各地人才都弄來奉事自己。宋儒中的「周禮」專家王十朋就指出：二劉版《周禮》那種「進士之制，自鄉而升之司徒，自司徒而升之學，自學而升之司馬，皆以遞推，而以身至於天子畿內」的說法根本靠不住，至少西周絕不是這樣的。王十朋認為，「成周賓興之法，初不過賓之於鄉而用之於鄉耳，是未嘗遞推也，又不過獻其書耳。是其身未嘗至於天子之畿內也。」[84] 這話說白了就是：古代理想的「舉人」，原本是鄉里推舉出來治理本鄉本土的，沒有進京趕考、入朝為官之說。

另一宋儒王與之，則進一步強調：「成周賓興賢能，出於其鄉，不過賓之於鄉而亦用之於鄉，此正所謂『出使長之，入使治之』者也。」「大抵一鄉利病、風俗善惡，惟一鄉知之。今一鄉之中有可推者，因民興之而因以治民，必能興利除害，與民周旋於比閭族黨之間，可謂公天下之心。」[85]

確實就像我前面說的「赤腳醫生」之例，如果「鄉舉里選」只是一鄉之人推舉鄉長以治其鄉，一里之人選出里長以治其里，那當然是行得通的。假如真是一人一票的選舉，那和今天的民選其實差不多（這就可以理解晚清許多儒者都覺得西方的選舉類似「鄉舉里選」）。即便在貴族制下，由德高望重的「父老」來推舉，在一個「在地情感」起作用的小範圍熟人社會（小共同體）內，也可以大體做到權責對應，不會弄出個酷吏來坑親殺熟。

但是，「九品中正」是這麼回事嗎？

要之，「鄉舉里選」必須有兩個要素：一是以小共同體內民意為基礎，二是以小共同體自治為實質。先談民意：「有善焉鄉里先知之，有不善焉鄉里先知之。」[86]「人之實行，能掩於人之所不知，而不能逃乎鄉黨之公議。故古之論秀，必本於鄉。」「公議之在鄉里，昭昭乎不可泯沒，安能掩其所不知？」[87] 在一個口頭議論能起很大作用的小半徑熟人社會（現代社會學所謂的「口傳社會」），這種議論猶如陌生人社會中的自由媒體，有相當的「輿論監督」功能。即便沒有一人一票而是在貴族長老制下，長老們的作為也是受「公議」制約的，正如宋人王禹偁所說：「古者選於里，舉於鄉，是故鄉老之薦不濫。」[88]——這與「天高皇帝遠」、治者與被治者沒有直接人際關係的大共同體本位的秦制，完全不同。

再談自治：鄉舉只為治鄉，並不是為「天子」，給朝廷提供爪牙，「鄉舉」也與「吏部」無涉。更不會有出自「鄉薦」的「舉人」還要「進京趕考」的事兒。遍觀古儒對「鄉舉里選」的嚮往，你會發現這確實就像今天不少人從西方漢學那裏找來並大為宣揚的「國權不下縣」的情景，有所區別的只是並非「國權不下縣，縣下惟宗族」，而是「國權不下縣，縣下惟選舉」。

可惜古儒這樣說時，指的都不是「實然」，而是「應然」，這只是他們對「周制」的嚮往，而且通常都是用這套說法來抨擊現實，說如今禮崩樂壞，秦制把這套好東西都已經敗壞了。只是到了近代他們才驚訝地發現，原來在西方卻「保留」了這套好東西！

而當時我們這裏搞的是秦制，皇上要壟斷人才為爪牙，令「天下英雄入吾彀中」，那麼由此鄉推薦某甲入朝廷而專親此鄉、彼鄉推薦某乙入朝廷而偏袒彼鄉，皇上能允許嗎？更何況，皇上為了「家天下」還要搞迴避制和流官制，存心就是要把甲鄉的人派到乙鄉去搜刮，乙鄉的人派到丙鄉去苛斂，就是要消除「在地感情」。即便這樣，為了防止官員對治地產生歸屬感，還要令他們頻繁調任，不得久治一地。那些人即便在家鄉還知道「兔子不食窩邊草」，對鄉親有點「孝廉」樣，而秦制不就是存心讓他離「窩」覓食、到外地陌生人社會去割韭菜嗎？這樣引人學壞，「貪不貪，一任官，雪花銀子三萬三」又何足怪哉？

因此明儒朱健指出：「賢能之興，皆出於民，此鄉舉里選之所以為公也。……後世選舉之法，壞人自科目始。吁！科目豈能壞人？亦教之者有以壞人也。」[89] 鄉舉里選本是最公道的辦法，但後世給搞壞了。朱熹說是科舉考試搞壞的，唉，考試怎能搞壞？其實都是被制度教壞的呀。有秦制在，就是不搞考試而搞推薦，就能好嗎？沒準更壞呀。

前面提到的王與之更是一針見血：「選舉」敗壞的根源就在於秦制，「自後世鄉舉里選之法壞，如天下之官吏悉總於吏部，至吏部而受任者，其為人賢不肖，何自知之？」[90]

由於秦制下無論推薦還是考試都是給皇上找鷹犬，所以「天下之官吏悉總於吏部」是變不了的。而在古儒看來，只要是秦制，無論推薦還是考試，都是違背「鄉舉里選」本意的。推薦為權貴把持，突破「鄉舉治鄉」的小共同體本位初衷，就成為門閥政治而遭到詬病。而朝廷拋開鄉里直接對個人進行智商考試以選拔爪牙的方式，更是屢受抨擊。

朱熹並不是這種抨擊的開創者。早在科舉實行之初的唐朝，代宗時宰相楊綰就對「進士不鄉舉，但試辭賦浮文，非取士之實」嚴厲批評，當時得到過廣泛的共鳴。[91] 但是後來的「改進」，不過是把朝廷在省裏舉行的考試改叫「鄉試」，考中者叫「舉人」，以應「鄉舉」之名而已。無怪乎朱熹對這種典型的儒表法裏更加不滿。

至於推薦，歷史上往往就是以「鄉舉里選」之名進行的，因為鄉舉里選的本意確實就是鄉里薦舉。但是，一旦與秦制掛鉤，大共同體本位的推薦很快被認為與小共同體本位的真正鄉舉里選背道而馳，就像推薦本村衛生員變成了推薦外出上大學一樣。

漢代的察舉徵辟本來就號稱古制：「漢之取士，猶有鄉舉里選之遺意也。」[92] 但正如上引漢章帝所言，當時上下都認為它實行得很糟，不合古義。以至於「舉秀才，不知書；舉孝廉，父別居；寒素清白濁如泥，高第良將怯如雞」。這很虛偽不是嗎？這首民謠歷來是抨擊儒家「虛偽」的證明。其實虛偽固然，但不是什麼「家」天生虛偽，而是儒表法裏之下，說的是周制，做的是秦制，能不虛偽嗎？

到了曹魏的九品中正，朝廷專門委任負責道德推薦的「中正官」，「九品中正之官設之於州縣，是即鄉舉里選之遺意」[93]。但是很快人們就發現：「中正任久，愛憎由己，遂計官資以定品格，天下唯以居位為貴。」[94] 不但造成門閥，甚至秦政下最惡劣的「認官不認爹」都氾濫起來：「時不知德，惟爵是聞。故閭閻以公乘侮其鄉人，郎中以上爵傲其父兄。」[95] 以至於後來衛瓘、劉毅都相繼提出「九品始因魏初喪亂，是軍中權時之制，非經久之典也。宜用土斷，復古鄉舉里選之法」。[96]「盡除中正九品之制，使舉善進才，各由鄉論」。[97] 九品中正，在這裏已經成了「鄉舉里選」的反義詞。

但是到了南朝，「九品」名目倒是沒了，而所謂恢復了的鄉舉里選仍然虛偽不堪：「鄉舉里選，不覈才德，一以官婚冑籍為先」，[98] 還是門閥那一套。最後改行科舉，連鄉里、道德、舉薦的影子都沒有了，但鄉試、舉人和「孝廉」，還是從「鄉舉里選」得名。

所以後來參修《資治通鑒》的劉攽，就指出在秦制下，提倡「鄉舉里選」只能是烏托邦：「鄉舉里選之法，難全行於今。自三代之盛，諸侯列國與郡縣不同，及事久遠不傳，⋯⋯欲法前世，一使郡縣議其行實而察舉之，固難矣。」[99] 具有史家眼光的劉攽清楚地知道，「鄉舉里選」只適於三代諸侯列國盛世，郡縣制帝國是沒法搞的。

但是面對秦制之弊，「論成周選舉之法，孰不知鄉舉里選之為公論？」[100] 只要不是叔孫通那樣純粹御用文人的「法儒」，不是無所謂信仰而只背經書作為敲門磚的利祿之徒，由於那些秦制批判者在西學東漸之前唯有「儒表」可藉，他們還是一直都把「鄉舉里選」當成敲打秦制（包括敲打掛羊頭賣狗肉的「科舉」和推薦爪牙的「九品官人」）的棍子，到了近代，又把它當成了嫁接西學「選舉」的橋樑。[101]

而在那個所謂的「中世」，周制並沒有真正復興，用道德推薦來為秦制服務，仍會引起崇周仇秦人士的不滿。這就是他們反對九品中正的原因，而這也是「中世」並沒有真正走出秦制的證明。秦制本身的性惡論特質，也決定了它不可能接受「基於道德的推薦」。九品中正制最後是兩頭不討好：一批人批評它不是真正的「鄉舉里選」，另一批人則認為它不如考試選爪牙。事實上，考試也確實比薦舉更有利於秦制，並且發揮了更大的作用。但是前一批人對此就更不滿意了，直到最後他們在國門打開後發現了真正的「選舉」。

五 「儒表法裏」的格局未變：《河清律》與北齊的「反禮教」苛政

如前所述，漢魏之變的一個要點就是陳羣等人修改成文法。「以禮入法」進行儒家化改造的結果，使很多條文變得比秦漢法不同，甚至看起來截然相反：原來鼓勵告親，禁止容隱，現在要承認容隱，懲罰告親了；原來強制分家，民有二男不分異者倍其賦，現在則不准分家，祖父母在，子孫別籍異財者徙三年。

若當真這麼實行，家中最年長者只要不死就不能分家，爺爺不死，成家諸孫就必須四代同堂，曾祖高壽，就會有五世同堂，即便曾祖去世，爺爺輩兄弟友愛一點就可能六世同堂。那中國豈不都是超級大家庭嗎？以前人們不看統計，往往真這麼想。傳統農村大家庭多，往往是文學中的場景。

但實際上當然不是這樣。從秦漢簡牘、敦煌文書直到明清冊籍，看過了就知道從秦以來直到近世《大清律》廢除之時，無論城鄉，中國人都是小家庭為主。兄弟完婚，大概率就會分家，父母仍在，也會商量着誰跟誰過，而極少聽説誰因此被「徙三年」的。為什麼？現代的一個法律原則中國人在這裏用得很好：不告不理。父母如果不告官，分不分家官府通常不會管。但是觸犯秦制的行為，就不可能不告不理了。「儒家化法律」在維護秦制和維護小共同體倫理方面孰輕孰重，還是很拎得清的。

前面説過，法家在周秦之變中是挑動小共同體中的「偽個人主義」的。為的是儘可能消除民間組織資源，原子化的個人好控制。皇上想「利出一孔」，族羣所有的井田制就要打破，張三李四之間「民得買賣」，但國家要收走你的田更容易，這就是秦《田律》的精神。拆分「族廟公產」，會更便於「一大二公」。通過「大獨」摧毀「小羣」而實現「大羣」，近世章太炎（「文革」中他也被封為「法家」）説得很透。當年的統治者自然也不會不懂。

但是法家並非楊朱，不會搞「真個人主義」。為皇上六親不認可以，為自己就不行。如果反皇上呢？那兒女「告親」就不為罪，而是大功了——這一點在秦漢是確定無疑的。魏晉「以禮入法」之後其實也沒有改變。直到明清，雖然《河清律》以來的宗法條款和反分家條款已經代代承襲了上千年，清代東南鄉村宗族組織也日益活躍，但秦制對宗族的控制也日益嫻熟。從長房嫡派年尊者控制宗族，變成科舉功名最高的縉紳控制宗族，加上不時的「毀祠追譜」動作。侵犯族權無視禮教，如果有利於朝廷，所謂的倫理就不是障礙。清初的「錢氏家變案」就是一個典型。

一般地講，如果與大共同體本位不矛盾，法家並不反對、甚至比儒家更支持在小共同體內實行尊卑之分。例如前已述及，秦漢法家雖然鼓勵「告親」，但夫告發妻比妻告發夫更受獎勵；兒子告發父親偷了自己的東西，這在鼓勵告親的當時並非罪過，官府常常不予受理（屬於「非公室告」），而父親告發兒子偷了自己的東西，那就必須受理。所以法家其實還是支持男尊女卑、父高於子的。前面説過，甚至父為子綱、夫為妻綱也是法家（而非儒家）先發明的。只是這一切都必須服從於皇權至上。皇上需要你殺爹你就得殺，倘不需要，你弑父當然還是大罪。

在周秦之變的「進行時」，法家為了打破周制，會更加支持「偽個人主義」。但是到了周秦之變「完成時」，法家就不那麼鼓吹「個性解放」了。為了建立「一大二公」，法家可以支持分光「族廟公產」，但「一大二公」完成後，不僅「大公」不能侵犯，小公（比如「生產隊」）也不能侵犯了。從這個角度講，漢魏之變時法律變得更強調「禮教」，這並不會影響「儒表法裏」，也不會真正顛覆秦制。當然，這種禮教只能用於束縛百姓，不能束縛皇上，甚至也不能妨礙皇權自己需要時破壞「禮教」。

這在北齊表現得最明顯。

前面提到，瞿同祖先生在研究「法律儒家化」時，北齊《河清律》被視為一個里程碑。從陳羣、劉劭改律，到《河清律》載入「十惡八議」，瞿同祖視為「以禮入法」的完成，此後的《唐律疏議》等等就只是抄作業了。但在現實中，恰恰是《河清律》的禮教精神，被北齊統治者破壞得最嚴重。我這裏指的還不是皇室內部的倫理破壞。大家知道兩晉南北朝時期是中國歷史上皇室倫理敗壞最甚的時期，骨肉相殘、弒父屠兄、上烝下報、亂倫獸行、變態性交層出不窮，並非僅僅北齊如此，這就姑且不論了。我指的是北齊對百姓橫徵暴斂中的禮教破壞，這在歷史上也是不多見的。

我們知道，在這個暴君頻出的「中世」，短命的北齊又是最暴虐的皇權之一。北齊文宣帝高洋，繼秦始皇之後第二次發動了大規模修建長城。秦始皇當時在統一中國之後，以舉國之力徵發 50 萬人修長城，結果落下了流傳千古的孟姜女悲慘記憶：她的丈夫被徵發苦役死在長城上，孟姜女痛哭而亡，泪水據説沖倒了長城……[102]

不過按這個傳説，法家秦始皇似乎還是遵守禮教的：根據夫為妻綱、妻守閨中的禮教，秦始皇懂得男女有別。他只徵發了孟姜女的丈夫，沒有把她也抓走。

而北齊高皇帝比秦始皇更厲害，思想也更解放：北齊當時是南北分治的北朝兩國之一，與北周分據華北的東西兩邊。只擁有四分之一壁江山的他，卻要與統一天下的秦始皇爭勝，高皇帝在位期間六次修長城，最多時徵發了 180 萬人，是秦始皇徵發人數的三倍多。高皇帝是怎麼做到的？他的具體辦法是突破禮教，實行「男女平等」，連女人也一塊抓走！並且打破父母包辦婚姻的傳統由朝廷來包辦，把全國少女與寡婦全部抓來，強行「配軍」，然後兩口子都送去修長城。説什麼禮教森嚴，女子不出閨門，父母之命媒灼之言，寡婦從一而終 —— 高皇帝統統不管那一套。時代不同了，男人能做苦力，女人也能做！[103]

前些年我曾在京西馬創泉村邊的「北齊嶺」（原名北祁嶺）上，考察了北齊長城的遺跡。當時真是感慨萬千。這就是走出了秦制的「中世」？這就是頒佈了《河清律》、實現了「表裏皆儒」的北齊？這到底是「以禮入法」，還是「以法入禮」？這究竟是「法律的儒家化」，還是倫理的法家化？

六　「貴族社會」之後的「平民社會」？

綜上所言，漢魏之變儘管比秦漢之異要變化更大，但並沒有改變秦制的基本特徵，所以它與周秦之變是不能相提並論的。與周制演為秦制過程中的「高岸為谷，深谷為陵」般的社會劇變相比，漢魏之際乃至魏晉以後數百年間儘管戰亂頻仍，但社會規則的改變並沒有那麼大。東漢時期儘管從王莽的「周表秦裏」軌道走了出來，出現了儒學復興、周制回歸的某些跡象，但不僅周制完全復歸不可能，「部分復歸」也極其不易。幾個世紀的分裂戰亂，與其說是「回到西周」、回到「封建」，毋寧說實際是，「回到戰國」。而「戰國趨秦」的邏輯仍然在這個時期起作用。自北魏孝文至楊隋改革，「第二帝國」（隋唐）興起，秦制再度消滅「封建」餘緒。所謂科舉制度，即為儒表法裏在第二帝國時期一大發展——而這一發展，直到「第三帝國」（宋元明清）時期仍在深化。所謂「唐宋之際變革」不過是這一深化的又一說法罷了。

閻步克先生對「上古」「中世」「近世」之說有一個回應，他認為魏晉到隋唐的歷史是「常態—變態—回歸」。[104] 歷史當然不可能完全「循環」，但我確實覺得「上古」「中世」「近世」似乎講的是歐洲，而「常態—變態—回歸」恐怕更接近於我們這段歷史的實際。不少人說，經過「唐宋之際革命」，「中世」的「貴族社會」變成了「近世」的「平民社會」。但這是什麼樣的「平民」？他們與「上古」秦漢的「編戶齊民」究竟有多大的不同？如前所述，從「貴族社會」向「平民社會」的演變，在南方充滿了嚴酷的檢籍、土斷，以及客民激烈的抵抗，在北方則拿「百室合戶」「千丁共籍」開刀，也激起了許多民變。這就使人感到，這種「平民社會」究竟有多「近世」？為什麼這麼多人寧願做「中世」的「貴族農奴」，而不願做「近世」的「平民」？

傳統的官修史書總是說：「豪強」壞，朝廷好，「貴族」壞，官僚好，「私屬徒附」悲慘，「編戶齊民」幸福。我也相信其中有部分事實，好壞其實不總是「物以類聚」。正如朝廷有昏君明君、官僚有清官貪官循吏酷吏，「豪強」有惡霸地頭蛇，也有田疇、庾袞這樣公認的好人乃至以道德凝聚的「豪族共同體」，「私屬徒附」中肯定有力圖逃奔朝廷重入編戶者（可惜我們很少聽到這種類似內戰前美國南方黑奴逃奔自由的故事），但也明顯有「遠近歸附」塢壁而抗拒「檢籍」的人（這種故事我們聽到的太多），至於「編戶齊民」就更不用說，既有花木蘭，也有孟姜女，「范丹貧窮石崇富」，「朱門酒肉臭，路有凍死骨」說的都是他們。我們要做的，是分析一下概率：到底是朝廷和官僚好的概率大、編戶齊民幸福的概率大，抑或豪強、貴族、私屬徒附的相應概率大？這需要做大樣本的計量分析，我沒有這個能力，但僅就我讀史的感覺而言，後一類故事似乎明顯更多。

而那時人們嚮往的「桃花源」，不管是陶淵明描述的那個「不知有漢，無論魏晉」的小共同體，還是白居易說的那個「縣遠官事少」「有丁不入軍」的兩姓村，似乎都更像塢壁，而絕不似編戶齊民，這又是為什麼？進而言之，秦漢時代，乃至秦制下的歷朝歷代，史不絕書的一件事，就是朝廷為了擴充「編戶齊民」，而對那些「浮游無籍」「不書名數」的黑人黑戶嚴加打擊。從秦之禁民擅徙，漢之八月算民，直到隋唐大索貌閱，明初大軍點戶，給人的印象是那時國人逃避編戶，追求「浮游無籍」，就像美國南北戰爭前南方黑奴逃奔聯邦管轄的自由州。而那些「浮游無籍」的人是一種什麼生存狀態？可想而知不會大量處於魯濱遜式的離羣索居狀態。而那個時代只要是「羣」，也不會是現代的自由公民社會。無論田疇庾袞、桃源朱陳、塢壁寨堡、宗主督護、水泊梁山、礦徒棚民，都多少存在「人身依附關係」，按某些理論的說法就是「農奴」。那麼，為什麼人們寧願做「農奴」也要逃避為「編戶」？不就是與其依附於官府，不如依附於民間嗎？

所以我當年曾信從「魏晉封建論」，也覺得秦漢與古羅馬帝國在某些方面很可比（詳後），卻從不稱秦漢為「奴隸社會」。雖然秦漢的「私奴婢」

與羅馬奴隸相當類似，但問題是除此之外更多的其他人[105]：秦漢的「編戶齊民」與羅馬公民的區別可太大了！而秦漢與明清的編戶齊民的區別又太小了。因此無論說秦漢與羅馬是同類「社會形態」，還是把秦漢與明清分屬「上古」和「近世」兩端，都難以讓人信服。

註釋：

1　《晉書》卷45《劉毅傳》，第1274頁。

2　《竹書紀年·周宣王》。

3　《左傳·宣公十五年》。

4　《晉書》卷127《慕容德載記》，第3170頁。

5　閻步克：《士大夫政治演生史稿》，第366-377頁。

6　《史記》卷30《平準書》，第1420頁。

7　漢和帝永元年間，已經是「倉帑為虛」，「比年水旱，人不收穫……中州內郡，公私屈竭」，「百姓愁苦，縣官無用」，見《後漢書》卷43《何敞傳》，第1481-1484頁。另參見馬大英：《漢代財政史》，北京：中國財政經濟出版社，1983年，第161-170頁；張捷：《秦漢時期財政運作研究》，博士學位論文，華東師範大學歷史學系，2012年，第196頁。

8　這一「出現」表現為持續性的存在或延續，參見楊聯陞：《東漢的豪族》，第1-58頁。

9　可參閱谷川道雄：《中古中世社會與共同體》，馬彪譯，北京：中華書局，2002年；蒙思明：《魏晉南北朝的社會》，上海：上海人民出版社，2006年。

10　詳見秦暉：《傳統十論——本土社會的制度、文化及其變革》，第1-34頁。

11　參見張建國：《兩漢魏晉法制簡說》，鄭州：大象出版社，1997年，第53-67頁。

12　瞿同祖：《中國法律與中國社會》，第362頁。

13　沈家本認為：大約唐法輕於漢法。沈家本：《漢律摭遺》，載《歷代刑法考》，北京：中華書局，1985年，第1397頁。

14 參見瞿同祖：《中國法律與中國社會》，第 362-363 頁；張建國：《兩漢魏晉法制簡說》，第 146-151 頁。

15 睡虎地秦墓竹簡整理小組編：《睡虎地秦墓竹簡》，「法律答問釋文註釋」，第 98、117-118 頁。

16 《史記》卷 8《高祖本紀》，第 362 頁。

17 參見程樹德：《九朝律考》，北京：中華書局，2003 年，第 391 頁；陳寅恪：《隋唐制度淵源略論稿》，載《隋唐制度淵源略論稿．唐代政治史述論稿》，北京：商務印書館，2011 年，第 111-112、125-127 頁。

18 當然，「八議」入律不始於北齊。瞿同祖：「八議之入律，亦自魏始，為吸收禮經最重要之一事。《唐六典》註云：八議自魏、晉、宋、齊、梁、陳、後魏、北齊、後周及隋、唐皆載於律。」瞿同祖：《中國法律與中國社會》，第 363 頁。

19 北齊時，「重罪十條：一曰反逆，二曰大逆，二曰叛，四曰降，五曰惡逆，六曰不道，七曰不敬，八曰不孝，九曰不義，十曰內亂。其犯此十者，不在八議論贖之限。」隋文帝時，「又置十惡之條，多採後齊之制，而頗有損益。一曰謀反，二曰謀大逆，三曰謀叛，四曰惡逆，五曰不道，六曰大不敬，七曰不孝，八曰不睦，九曰不義，十曰內亂。犯十惡及故殺人獄成者，雖會赦，猶除名。」《隋書》卷 25《刑法志》，北京：中華書局，1973 年標點本，第 706、711 頁。

20 「八議」出自《周禮．秋官司寇》：「以八辟麗邦法，附刑罰：一曰議親之辟，二曰議故之辟，三曰議賢之辟，四曰議能之辟，五曰議功之辟，六曰議貴之辟，七曰議勤之辟，八曰議賓之辟。」《漢書》卷 23《刑法志》：「周官有五聽、八議、三刺、三宥、三赦之法。……八議：一曰議親，二曰議故，三口議賢，四曰議能，五曰議功，六曰議貴，七曰議勤，八曰議賓。」第 1105-1106 頁。

21 參見范志軍：《漢代喪禮研究》，博士學位論文，鄭州大學，2006 年，第 103-114 頁。

22 參見黃益飛：《殷周三年喪制考論》，載《三代考古》2015 年，第 455-459 頁。

23 參見范志軍：《漢代喪禮研究》，第 100-103 頁。

24 《後漢書》卷 66《陳蕃傳》記載，樂安郡趙宣葬親後，在墓道中「行服二十餘年，鄉邑稱孝，州郡數禮請之」，後陳蕃為樂安太守，才查出他五個兒子都是在行服期間所生，揭穿其沽名釣譽的騙局，並且治了他的罪。見《後漢書》，第 2159-2160 頁。

25 《明史》卷 93《刑法志一》、卷 94《刑法志二》，第 2284、2318 頁。

26 黄仁宇：《萬曆十五年》，北京：生活・讀書・新知三聯書店，1997 年，第 275-277 頁。

27 《史記》卷 15《六國年表》，第 751 頁。

28 《漢書》卷 24 上《食貨志上》，第 1133-1135 頁。

29 王定保：《唐摭言》，西安：三秦出版社，2011 年，第 4 頁。

30 語出《三國志・蜀書》卷 32《劉備傳》，第 875 頁。

31 參見羅志田：《清季科舉制改革的社會影響》，載《中國社會科學》1998 年第 4 期；劉海峰：《為科舉制平反》，載《書屋》2005 第 1 期；劉海峰：《為科舉制平反不等於否定廢科舉》，載《北京大學教育評論》2008 年第 3 期。

32 朱熹：《學校貢舉私議》，見傅雲龍、吳可主編《唐宋明清文集》第 1 輯《宋人文集》卷 4，天津：天津古籍出版社，2000 年，第 2066-2067 頁。

33 朱熹對科舉的批評，可參閱黃強：《朱熹：「科舉制」撥亂反正的理想主義者》，載《東南大學學報》（哲學社會科學版）2008 第 4 期；鄧洪波：《講道以化科舉：南宋書院建設的目標與理想——以朱熹、張栻等理學家為中心的討論》，載《北京聯合大學學報》（人文社會科學版）2011 年第 3 期；張全明：《朱熹對科舉態度的轉變及其改革主張》，載《南都學壇》2011 年第 5 期。

34 《郎中莊定山先生昶》，載黃宗羲著，沈芝盈點校：《明儒學案》（修訂本）下冊，北京：中華書局，2008 年，第 1081 頁。

35 參梁啟超《戊戌政變記》：「況上也者，又農工商賈婦孺之瞻仰而效也。士既為是，則舉國之民從而化之，民之愚國之弱皆由於此，昔人謂八股之害甚於焚書坑儒，實非過激之言也。故深知中國實情者，莫不謂八股為致弱之根源。」梁啟超：《戊戌政變記》，載《梁啟超全集》第一冊，第 193 頁。「昔人」指顧炎武。顧炎武在《日知錄・擬題》就說過：「愚以為八股之害等於焚書，而敗壞人材，有甚於咸陽之郊所坑者但四百六十餘人也。」梁啟超對科舉制的批評，可見程禹文：《論梁啟超對封建科舉教育的批判》，載《首都師範大學學報》（社會科學版）1996 年第 2 期。

36 參見宋德華：《論丘逢甲的維新思想——兼與康梁等人相比較》，載《廣東社會科學》2011 年第 5 期。

37 宮崎市定：《中國聚落形態的變遷》，張學鋒等譯，上海：上海古籍出版社，2018 年，第 26-30 頁；谷川道雄：《中國中世社會與共同體》，馬彪譯，北京：中華書局，2002 年，第 83-88 頁。

38 宮崎市定：《中國聚落形態的變遷》，第 83-89 頁。谷川道雄：《魏晉南北朝隋唐史的基本問題總論》，谷川道雄主編：《魏晉南北朝隋唐史學的基本問題》，李憑等譯，北京：中華書局，2010 年，第 6-7 頁。宮川尚志《六朝史研究：政治．社會篇》，日本學術振興會，1956 年，第 437-471 頁。堀敏一：《中國古代の家と集落》，汲古學院，1996 年，第 289-310 頁。

39 《後漢書》卷 72《董卓傳》，第 2327、2329 頁。

40 《後漢書》卷 32《樊宏傳》：樊宏「與宗家親屬作營塹自守，老弱歸之者千餘家」，第 1120 頁。

41 《後漢書》卷 33《馮魴傳》，第 1147 頁。

42 《後漢書》卷 41《第五倫傳》，第 1395 頁。

43 《三國志．魏書》卷 11《田疇傳》，第 341 頁。

44 《晉書》卷 88《庾袞傳》，第 2282-2283 頁。

45 《宋史．孝義傳》表彰了若十數世同居共爨的家族。例如，北宋初年，江西奉新胡仲堯「累世聚居，至數百口」。《宋史》卷 456《胡仲堯傳》，第 13390 頁。族譜記載胡氏家族人口多達 800 人，吃飯時「東男膳堂，西女膳堂。一日三膳，蒼頭擊鼓。膳者咸集，莫相混亂」。見黃勇：《華林胡氏：從胡城開始不分家，800 人一起生活，形成華林義門》，https://www.thecover.cn/news/2840591，2023 年 9 月 20 日。《宋史》還記載，北宋時，「方綱，池州青陽人。八世同爨，家屬七百口，居室六百區，每旦鳴鼓會食」。《宋史》卷 456《方綱傳》，第 13396 頁。《明史》卷 296《孝義傳》也表彰了若干數世同居共爨的「義門」，不贅。

46 關於九品中正制的淵源，可參閱張旭華：《九品中正制研究》，北京：中華書局，2015 年，第 56-88 頁。

47 參見閻步克：《察舉制度變遷史稿》，瀋陽：遼寧大學出版社，1997 年，第 1-2 頁。

48 關於漢金消失之謎，詳見秦暉：《漢「金」新論》，載《歷史研究》1993 年第 5 期。

49 參見葉世昌：《古代中國經濟思想史》（修訂版），上海：復旦大學出版社，2021 年，第 198 頁。

50 魯褒：《錢神論》，見曹道衡選編：《漢魏六朝文精選》，北京：商務印書館，2018 年，第 131-133 頁。

51 《後漢書》卷 52《崔寔傳》，第 1731 頁。

52 崔寔撰，石聲漢校註：《四民月令校注》第 2 版，北京：中華書局，2013 年。

53 《後漢書》卷 49《仲長統傳》，第 1648 頁。

54 《後漢書》卷 49《仲長統傳》，第 1651、1653 頁。

55 《後漢書》卷 22《劉隆傳》，第 780-781 頁。

56 參見晉文：《東漢光武帝的度田問題》，載《中國史研究動態》2022 年第 4 期。

57 《東觀漢記》卷 12《樊重傳》，載劉珍等撰，吳樹平校註：《東觀漢記校注》，北京：中華書局，2008 年，第 459 頁。

58 《後漢書》卷 32《樊宏傳》，第 1119 頁。

59 《後漢書》卷 24《馬防傳》，第 857 頁；卷 42《劉康傳》，第 1431 頁。

60 當年「魏晉封建論」學者中確實有人把「封建化」的變革上延到東漢，如何茲全：《漢魏之際封建說》，載《歷史研究》1979 年第 1 期。

61 尚鉞：《先秦生產形態之探討》，載《尚鉞史學論文選集》，人民出版社，1984 年，第 295-336 頁。

62 谷川道雄：《魏晉南北朝隋唐史的基本問題總論》，載谷川道雄主編：《魏晉南北朝隋唐史學的基本問題》。

63 馮天瑜：《周制與秦制》，北京：商務印書館，2022 年。

64 馮天瑜：《歷代皆行漢政法》，載《華中師範大學學報》（人文社會科學版）2022 年第 2 期。

65 梁雲：《戰國時代的東西差別——考古學的視野》，北京：文物出版社，2008 年。

66 這種廢除當然不可能徹底，事實上秦始皇陵仍有此制。直到朱元璋和努爾哈赤都用人殉，當然都是親隨而非戰俘了。

67 《陝西發現 2000 年前的刑徒墓志銘，內容讓人歎息，難怪大秦二世而亡》，https:// xw.qq.com/cmsid/20201117A02UCXOO。

68 中國新聞社報道：《西安北郊首次發掘出秦刑徒墓》，https://www.chmanews.com.cn/2000-08-31/26/43991.html。

69 《陝西發現 2000 年前的刑徒墓志銘，內容讓人歎息，難怪大秦二世而亡》，https:// xw.qq.com/cmsid/20201117A02UCXOO。

70 中國社會科學院考古研究所編著：《漢魏洛陽故城南郊東漢刑徒墓地》，北京：文物出版社，2007 年，第 3-50 頁。

71 「甲有完城旦罪，未斷，今甲癘，問甲何以論，當遷癘所處之，或曰當遷癘所定殺。」睡虎地秦墓竹簡整理小組：《睡虎地秦墓竹簡》，法律答問釋文註釋，第 122 頁。

72 參閱谷川道雄：《中國中世社會與共同體》。

73 谷川道雄：《中國中世社會與共同體》，第 7-8 頁。

74 普列漢諾夫：《我們的意見分歧》，北京：人民出版社，1955 年，第 43 頁。

75 《三國志》卷 33《蜀書 · 後主傳》。

76 李密：《陳情表》。

77 《三國志》卷 11《魏書 · 袁張涼國田王邴管傳》。

78 《晉書》卷 88《庾袞傳》。

79 閻步克：《變態與回歸：魏晉南北朝的政治歷程》，https://m.thepaper.cn/newsDetail_forward_10436846。

80 唐耕耦、陸宏基編：《敦煌社會經濟文獻真跡釋錄》第一輯，北京：書目文獻出版社，1986 年，第 109-361 頁。

81 秦暉：《傳統十論 —— 本土社會的制度、文化及其變革》，第 1-34 頁。

82 鄒紀萬：《中國通史：魏晉南北朝史》，台北：眾文圖書有限公司，1992 年，第 124 頁。

83 《後漢書》卷 3《章帝紀》，第 133 頁。

84 王十朋：《周禮詳說》，見《古今圖書集成·經濟匯編·選舉典》第 39 卷。

85 王與之：《周禮訂義》，見《古今圖書集成·經濟彙編·選舉典》第 39 卷。

86 湛若水：《新論》，見《古今圖書集成·經濟彙編·選舉典》第 41 卷。

87 章俊卿：《羣書考索續集·鄉評》，見《古今圖書集成·經濟彙編·選舉典》第 40 卷。

88 王禹偁：《鄉老獻賢能書賦》，見《古今圖書集成·經濟彙編·選舉典》第 41 卷。

89 朱健：《古今治平略·三代貢舉》，見《古今圖書集成·經濟彙編·選舉典》第 41 卷。

90 王與之：《周禮訂義》，見《古今圖書集成·經濟彙編·選舉典》第 39 卷。

91 洪邁：《容齋五筆》卷一（四庫全書本）「五經秀才」條。

92 章俊卿：《羣書考索續集·鄉評》，見《古今圖書集成·經濟彙編·選舉典》第 40 卷。

93 馬端臨：《文獻通考》卷 36《選舉考》。

94 馬端臨：《文獻通考》卷 36《選舉考》。

95 《晉書》卷 50《庾峻傳》，第 1393 頁。

96 馬端臨：《文獻通考》卷 36《選舉考》。

97 《晉書》卷 36《衞瓘傳》，第 1058 頁。

98 《古今圖書集成·經濟彙編·選舉典》第 40 卷。

99 劉攽：《送焦千之序》，見《古今圖書集成·經濟彙編·選舉典》第 41 卷。

100 朱健：《古今治平略·三代貢舉》，見《古今圖書集成·經濟彙編·選舉典》第 41 卷。

101 而今天號稱「新儒家」的一些叔孫通之徒，卻專以「科舉」來對抗「選舉」。我看就不要說孔、孟、黃宗羲了，他們比朱文公、王十朋、楊綰等的見識都差得太遠了吧！

102 「孟姜女傳說」現已成為「國家級非物質文化遺產」。哭倒長城之說最早見於日本藏國寶唐初類書《雕玉集》引《同賢記》所載：「杞良，秦始皇時北築長城，避苦逃走，因入孟超後園樹上，超女仲姿浴於池中，仰見杞良而喚之，問曰：『君是何人？因何在此？』對曰：『吾姓杞名良，是燕人也，但以從役而築長城，不堪辛苦，遂逃於此。』仲姿曰：『請為君妻。』……大婦禮畢，良往作所，主典怒其逃走，乃打煞之，並築城內……聞良已死，並築城中。仲姿既知，悲哽而往，向城號哭。其城當面一時崩倒。」傳說並非秦史，但秦長城之役多悲劇是事實，而秦長城之役沒有徵發女性的記載，也是事實。

103 北齊文宣帝天保六年（公元 555 年）二月「發寡婦以配軍士築長城」。「是歲……詔發夫一百八十萬人築長城，自幽州北夏口，西至恆州，幾百餘里。」（《北史》卷 7《齊本紀》，北京：中華書局，1974 年標點本，第 253 頁）在短短 20 多年中北齊修長城共有 6 次，《北齊書》，《北史》均有記載，文繁不引。

104 閻步克：《變態與回歸：魏晉南北朝的政治歷程》，https://m.thepaper.cn/newsDetal-forward_10436846。

105 秦漢的私奴婢應該是總人口的少數，而羅馬帝國按今天的主流看法，奴隸也絕非人口的多數。

第七章

秦漢經濟：中國古代第一次商品經濟高潮

從世界範圍來看，鐵器和牛耕興起後，不僅帶來了農業生產率的急劇提升，更進一步導致作為經濟組織的血緣或地緣小共同體的解體，核心家庭成為主要的經濟組織。農業生產率的急劇提升，意味着有更多的糧食剩餘來供養更多的人口包括非農人口，還導致分工和商業的發達。由於貿易量大幅增加，交通更加拓展和繁密，導致金屬貨幣的出現和廣泛應用以及城市的繁榮。金屬貨幣為大規模的批發貿易與地區間的貿易提供了便利條件，而小商品交易也無須再物物交換，結果又促進了製造業、農業、商業和市場的發展，並使經濟專門化隨着效率和生產率的提高而全面深化，歐亞舊大陸普遍出現了歷史上第一次商品經濟的高潮。西方是以古希臘、古羅馬為代表，這一時期在西方歷史上又稱為「古典時期」，因此，西方歷史學界常以「古典（或古代）市場經濟」來稱呼古希臘、古羅馬的經濟。與之相應，我國戰國秦漢時期，隨着鐵器牛耕的普及，也出現了這一經濟趨勢，商品經濟初次興起，不妨也以「古典商品經濟」或「古代市場經濟」來指稱這一時期的經濟，並且做一番上下、東西的對比觀察。

第一節　集約農業的起源

中國是西亞、美洲之外世界三大農業發源地之一。大約在 8000 年前的新石器時代，中國這片大地上的先民開始了種植農業和畜牧業，最早培育了粟、黍、稻等農作物，馴化了豬、狗、雞等禽畜，而且最早掌握了桑蠶技術，種桑養蠶紡織。進入國家、文明階段，農業成為立國之本，官民都非常重視農耕生產。

我們知道，先秦時就有「五穀」的說法，五穀是當時國人主要種植的農作物，一般是指稻、黍、稷、麥、菽。一般來説，稷就是粟，脱殼後為小米；黍是一種大黃米；菽是豆類的總稱。不過，先秦時代北方水稻種植較少。孔子說：「食夫稻，衣夫錦，於女安乎？」[1] 物以稀為貴，那時稻和錦都是比較珍貴、高檔的衣食。[2] 北方主要的糧食作物是粟。古代常以「社稷」來指代國家，孟子曰：「民為貴，社稷次之，君為輕。」[3] 社是土地神，稷本意是粟，這裏指穀神，可見先秦時土地和以粟為主糧的農業對於國家的重要。

一 「北粟南稻」向「北麥南稻」演變

秦漢時代，農業延續了先秦「北粟南稻」的格局。北方黃河流域主要種植粟，主食以小米為主。另外還主要種植黍，一種具有黏性的黃米。秦漢的政治和經濟中心在關中和關東或者說黃河中下游地區，主要種粟，因此，秦漢時粟往往就成為糧食和財政的代名詞。秦王政四年（公元前 243 年），秦國遭了蝗災，糧食歉收，財稅不足，就讓「百姓納粟千石，拜爵一級」。秦國還設有「治粟內史」一職，到了漢景帝的時候，就把「治粟內史」改稱為「大農」，位列九卿，相當於農業部長兼財政部長。《史記》說漢武帝初即位時，府庫充足：「京師之錢累巨萬，貫朽而不可校。太倉之粟陳陳相因，充溢露積於外，至腐敗不可食。」[4] 南方長江流域則以種稻為主，《史記．貨殖列傳》載：「楚越之地，地廣人希，飯稻羹魚，或火耕而水耨。」[5] 司馬遷遊歷過楚越故地，這一描述應該是他親眼目睹過的。

當然北方有水源、水利條件的地區也種稻，因為：一、水稻高產，單位面積相對產量高；二、稻米長期以來被認作是「細糧」，相對於「粗糧」，吃起來口感好。古籍中常以「稻粱」並稱，類似於後人所言的「細糧」。[6]「稻粱」的「粱」，不是指高粱，而是指粟、小米，甚至偏指精細的小米。高粱屬於粗糧，口感不佳，現在多用於釀酒。而且，高粱原產於非洲，一般認為兩漢魏晉時期才傳入中國，在漢代種植面積比較有限。[7] 早在戰國時，魏國的史起批評西門豹治鄴時未能有效利用漳水灌溉農田，所以魏襄王就任命史起為鄴令。史起上任後，決漳水灌溉鄴附近的土地，原來的鹽鹼地變得可以種「稻粱」了（「終古斥鹵，生之稻粱」），鄴從一個窮地方變成了富地方[8]。西漢時，長安近畿地區因有鄭國渠等溝渠的灌溉，也種植水稻。[9] 再如，東漢時鄧晨當陳留郡太守（陳留郡在今天河南開封以東一帶），「興鴻郤陂數千頃田，汝土以殷，魚稻之饒，流衍它郡」。[10] 洛陽、陝縣等地出土的陶倉上常標出盛的是「稻」或「白米」，西安出土的陶罐上還有標「粳米」的。[11] 可見，由於戰國秦漢水利工程的修建，北方的水稻面積似有擴大之勢。

從漢代開始，北方小麥種植逐漸推廣擴大，也就是開始了「北粟南稻」向「北麥南稻」格局的演變。西亞最早培育了小麥，雖然 4000 年前小麥就傳到了我國，但是前 2000 年小麥並沒有成為主糧，小麥成為北方人的主糧是後 2000 年的事情。為什麼小麥傳入中國後的前 2000 年沒有成為主糧？可能受限於當時的磨麵技術。今天北方人作為主食的麵食，是小麥磨成麵粉後，用其製成饅頭、麵條等。沒有掌握磨麵技術，或者不將小麥製成麵粉，那麼，2000 年前的人使用小麥應該主要是「粒食」，就是像大米、小米一樣整粒蒸煮後食用。以這種食用方法，當然口感不佳。先秦秦漢古籍中，不乏這樣的記載。例如，《潛夫論．思賢》載：「夫生飯秔粱，旨酒甘醪，所以養生也，而病人惡之，以為不若菽麥糟糠欲清者，此其將死之候也。」菽麥與糟糠並稱，都屬於難以下嚥的劣等食物。《論衡．率性》說：「豆麥之種，與稻粱殊，然食能去飢。」為什麼豆麥與稻粱不一樣呢？《論衡．藝增》又說：「稻粱之味，甘而多腴；豆麥雖糲，亦能愈飢。」稻粱甘美，豆麥粗糲。小麥粗糲、口感不佳，很可能主要就是與食用方法未經過磨製有關。不過，這一情況在漢代逐漸得以改變。

磨面須用石磨，據考古發掘，石磨在漢代開始普及起來，這是麵食流行的前提條件。漢唐將麵食統稱為餅。「餅」最早見載於《墨子．耕柱》。西漢時，「餅」已經比較流行了，史籍中有不少買賣「餅」的記錄。[12] 東漢劉熙《釋名》：「餅，併也，溲麥使合併也。胡餅，作之大漫沍也，亦言以胡麻著上也。蒸餅、湯餅、蝎餅、髓餅、金餅、索餅之屬，皆隨形而名之也。」可見，東漢時麵食種類已經較為豐富。

石轉磨和麵食的流行與小麥播種面積的擴大相互促進。漢代已經出現了冬小麥，叫「宿麥」。《四民月令》講八月的事務安排，其中有：「糶種麥糴黍，凡種大小麥，得白露節可種薄田，秋分種中田，後十日種美田。」可見，是秋天種植大小麥。漢武帝元狩二年（公元前 120 年）「勸（關東）有水災郡種宿麥」。[13]《淮南子・地形訓》就說，「東方」也就是「關東」黃河下游地區「其地宜麥」。小麥於夏季成熟，早於秋糧成熟，「種宿麥」可以讓遭受水災的百姓早點收穫糧食，也可以解決只種秋糧時青黃不接的問題。因此，兩漢政府都曾經推廣種植冬小麥。西漢時董仲舒曾上書：「春秋它穀不書，至於麥禾不成則書之，以此見聖人於五穀最重麥與禾也。今關中俗不好種麥，是歲失春秋之所重，而損生民之具也。願陛下幸詔大司農，使關中民益種宿麥，令毋後時。」[14] 東漢安帝時，「詔長吏案行在所，皆令種宿麥蔬食，務盡地力，其貧者給種餉。」[15] 出土的尹灣漢簡記載了西漢末東海郡（今連雲港、臨沂一帶）的一些統計數據，據推算，東海郡的墾田數為 206226 頃，而「種宿麥」107300 多頃，達到了耕地面積的一半。[16] 因此，漢代北方小麥種植逐漸推廣擴大，「北粟南稻」的種植格局逐漸向「北麥南稻」的格局演變。

秦漢時代，除了種植業，紡織業也是一項非常重要的家庭經濟活動，所以古人常以「耕織」並稱。商鞅輔政，「內立法度，務耕織，修守戰之備，外連衡而鬥諸侯」。[17] 商鞅變法「務耕織」的具體做法之一是，「僇力本業，耕織致粟帛多者復其身」[18]。「耕織」同為「本業」，獎勵耕織，粟帛生產得多，減免稅賦。《墨子・非命下》：「農夫怠乎耕稼樹藝，婦人怠乎紡績織紝，則我以為天下衣食之財將必不足矣。」秦始皇時「男子力耕不足糧餉，女子紡績不足衣服」。賈誼說：「古之人曰：一夫不耕，或受之饑；一女不織，或受之寒。」[19] 戰國秦漢已經是「男耕女織」的家庭經濟模式了。

當時可謂是一個「桑麻」時代。棉花傳入中國比較晚，先秦秦漢時代紡織物主要是絲織品和麻織品，[20] 因此需要大量種植桑麻，提供紡織原料。孟子說：「五畝之宅，樹之以桑，五十者可以衣帛矣；雞豚狗彘之畜，無失其時，七十者可以食肉矣；百畝之田，勿奪其時，數口之家可以無饑矣。」[21] 孟子雖然講的是一個理想的模式，但是五口之家，有田有宅，種五穀，植桑麻，養六畜，在戰國秦漢確實是普遍的農村家庭經濟模式。董仲舒也說：「生五穀以食之，桑麻以衣之，六畜以養之。」《史記・貨殖列傳》：「沂、泗水以北，宜五穀桑麻六畜。」[22]

漢代的絲織品總稱「繒」或「帛」，根據製作方法不同，分為錦、綾、羅、綺、絹、紗、縑等不同類別。[23] 漢代絲織品不僅深受匈奴喜愛[24]，而且行銷西方，輾轉售往羅馬，成為羅馬貴族喜歡的奢侈品，這就是眾所周知「絲綢之路」的來歷。

二　代田法、區種法與「復種革命」的端倪

從古至今，中國農業的一大特點是精耕細作，這種集約農業就是從秦漢時開始的。[25] 精耕細作的集約農業，最大的特點是土地單位面積產量高(即單產高)。為了實現高單產，就要在單位面積土地上投入較多的勞動、肥料，甚至包括種子等。

秦漢時代，農業技術的一大進步是西漢趙過代田法的發明（或改良）以及推廣。史載：

> 武帝末年，悔征伐之事，乃封丞相為富民侯。下詔曰：「方今之務，在於力農。」以趙過為搜粟都尉。過能為代田，一畝三甽。歲代處，故曰代田，古法也。後稷始甽田，以二耜為耦，廣尺深尺曰甽，長終畝。一畝三甽，一夫三百甽，而播種於甽中。苗生葉以上，稍耨隴草，因隤其土以附［苗根］。故其詩曰：「或芸或芓，黍稷儗儗。」芸，除草也。［芓］，附根也。言苗稍壯，每耨輒附根，比盛暑，隴盡而根深，能風與旱，故儗儗而盛也。其耕耘下種田器，皆有便巧。率十二夫為田一井一屋，故畝五頃，用耦犁，二牛三人，一歲之收常過縵田畝一斛以上，善者倍之。過使教田大常、

> 三輔，大農置工巧奴與從事，為作田器。二千石遣令長、三老、力田及里父老善田者受田器，學耕種養苗狀。民或苦少牛，亡以趨澤，故平都令光教過以人挽犁。過奏光以為丞，教民相與庸挽犁。率多人者田日三十畝，少者十三畝，以故田多墾闢。過試以離宮卒田其宮壖地，課得穀皆多其旁田百一斛以上。令命家田三輔公田，又教邊郡及居延城。是後邊城、河東、弘農、三輔、太常民皆便代田，用力少而得穀多。[26]

代田法以甽壟異位的輪耕法取代了休耕法。休耕法是古今中外廣泛實行的一種恢復地力的耕種方法。眾所周知，直到中世紀，歐洲才將休耕制從「二圃制」改為「三圃制」，即「耕一休一」改為「耕二休二」。代田法在同一塊土地上進行甽壟換位，可以連年耕種，提高了土地的利用效率。代田法又以甽壟替代了「縵田」（就是在平地上撒種播種），在溝甽中播種，等禾苗長起來後，則將除草後壟上的上推到甽中禾苗的根部，這樣可以使根深入土中，起到保墒作用，抗風又耐旱。用代田法耕種，「用力少而得穀多」，甚至在試驗中每畝增產一斛以上。另外，趙過在推廣代田法的同時還改進了田器，「其耕耘下種田器，皆有便巧」，改進的工具提高了生產效率，開溝甽一般需要用牛來犁耕，如果沒有牛還以人力替代。代田法不僅在三輔、弘農、河東等中心地帶推廣，而且也推廣到邊疆「邊城」，這在居延漢簡中獲得了證實。

區種法是另一種精耕細作的農業技術，將土地分為若干小的區塊，以方便進行灌溉、施肥、除草等田間勞作，以及進行等距植株和合理密植。[27]據《氾勝之書》，區種法還有這些好處:「區田以糞氣為美，非必須良田也，諸山陵近邑高危傾阪及丘城上，皆可為區田。區田不耕旁地，庶盡地力。凡區種，不先治地，便荒地為之。」[28]所以，東漢明帝時，「以郡國牛疫，通使區種增耕」，因為「郡國以牛疫、水旱，墾田多減，故詔敕區種，增進頃畝，以為民也」。[29]區種法可以不需要畜力和機械，甚至可以不需要太多土地，而主要是通過在小塊土地上密集投入勞力、肥料、種子來獲得產量或實現增產。因此，區種法可以在荒地上、災後耕牛短缺的情況下增加播種面積和產量，也因此得到了漢代皇帝和政府的推廣。

從一些史料來看，秦漢時代出現了農業「複種革命」的端倪。《荀子．富國》說：「今是土之生五穀也，人善治之，則畝數盆，一歲而再獲之。」當時黃河流域有的地方可以「一歲而再獲之」，因此，有人說這應該是複種輪作。《周禮．地官司徒．稻人》鄭玄注引鄭眾註：「今時謂禾下麥為荑下麥，言芟刈其禾於下種麥也。」《周禮．秋官司寇．剃氏》又引先鄭註：「又今俗間謂麥下為夷下，言芟夷其麥以其下種禾豆也。」[30]《四民月令》五月的安排：「可災麥田，夏至先後各二日，可種黍」，六月也提到「可災麥田」，北方大部分地區正是在夏至前收穫小麥，因此「災麥田」，應該就是焚燒收麥後的麥田，因此，過些天，到夏至前後二日，就可種黍了。可見，漢代已經出現了麥和禾（禾一般指粟）或豆等的輪種。[31]

《四民月令》還提到，六月收麥子、葵、芥子後，六七月可種小蒜、冬藍、冬葵、蕪菁、大小葱、苜蓿、稻、藍等，很可能這些農作物之間也存在輪種關係。另外，《氾勝之書》提到了套種，在種瓜的同時，種薤或小豆。

複種技術是中國精耕細作集約農業的一個重要內容，秦漢時代複種技術已經初現端倪，之後該種植技術的普及，對提高土地單產起了非常重要的作用，也間接影響了人口的增長。

集約農業的結果主要體現在土地單產高和農業勞動生產率高。寧可的研究得出了以下幾個估算結論：

（1）漢代一個農業勞動力墾田畝數是 14 市畝多，一家農戶佔有耕地數字為 29 市畝弱；

（2）漢代糧食單產約在每市畝 140 斤左右；

（3）漢代農業人口平均口糧數每人每年 480 斤左右；

（4）漢代農業勞動生產率約為每個農業勞動力平均年產糧（以粟計）2000 斤左右，一家約在 4000 斤左右。

因此，他認為：「從漢以來的兩千年間，我國農業生產雖然有所發展，特別是單位面積產量有明顯的增長，但由於每人佔有的耕地面積趨於減少，因此農業勞動生產率、每個農業人佔有的口糧數和全國每人平均佔有的糧食數，仍在漢代已經達到的水平上徘徊。」[32]

對漢代糧食單產的估算，爭議很大，寧可先生的估算是居中的數字，有人認為漢代糧食單產只有每畝 70 市斤左右，而吳慧估算漢代畝產達 264 市斤。[33] 同樣，吳慧估計漢代的農業勞動產生率也比較高，達年產糧 3578 市斤。[34]

精耕細作集約農業、土地單產高與人口密度高，三者具有遞進的因果關係，是自古以來的「中國特色」，可以說，這種特色基本上從秦漢開始。

第二節　秦漢的水利工程

也許秦漢時期，至少西漢以前的糧食畝產不應太低估，因為那時作為經濟中心的北方黃河流域一帶，其農業生產的氣候、水利條件較優，平均氣溫較高，水資源也遠較現在豐富，而且在戰國秦漢時期，為了農業生產，修建了眾多水利灌溉工程。

關於秦制的治水功能，史學界曾出現過有趣的討論。前德共中央委員、漢學家魏特夫在受到斯大林清洗、與蘇聯決裂後，到美國寫出一本《東方專制主義》，[35] 把水利灌溉事業需要中央集權作為「東方」國家出現「專制主義」的主要原因。由於冷戰因素，這本書在我國受到過三波大批判，其中 1990 年和 1994 年先後在北京與上海舉行了兩次高規格的批魏專題研討會，「組織文章」上百篇，從中精選了 19 位當時國內史學領軍人物所寫的 15 篇文章，加前言、附論共 17 篇，編成《評魏特夫的〈東方專制主義〉》一書出版。[36]

然而有趣的是，對於古代中國存在強大專制權力這一點，這些文章都沒有提出反駁。除了一些人着力論述古代專制不僅東方獨有、魏氏特別強調「東方」專制是基於西方偏見外，這些文章主要是針對「治水社會」論進行證偽。論者一曰中國的季風氣候不同於埃及、美索不達米亞與中東的大陸性乾旱氣候，上古農業要麼靠天吃飯，要麼有排無灌，後來北方形成雨水型旱作農業，南方是高濕半水區的稻作農業，都與西亞北非那種沙漠包圍中完全依靠工程措施引河灌溉的綠洲式農業根本相異。二曰中國古代王權成長的夏商周時代並無國家級大型水利的建設，戰國秦漢雖然確實出現了鄭國渠、都江堰等工程，但那都是統一之前修的，「大一統」帝制出現後，尤其是漢以後，這種大型灌溉工程反而極少見。唐宋明清都是專制政治，但決非「治水」使然。三曰中國古代專制者發動的水工通常以漕運、潤陵等為主，往往截水供舟，禁民引溉，因漕害農，甚至專制官僚還常常以權謀私在渠上設碾牟利、興苑自娛，造成棄水禍農，而漕運本身也主要是政權自我維持用的調撥運輸與軍事運輸，而非民間商運，即便從以貿促農的角度看也並非農業之利。四曰唐宋以後政府不僅水工有限，水事管理職能也萎縮，主要灌區的用水分配、水權糾紛等都依靠民間自治來解決，等等。

總之，其中沒有一篇文章否認中國古代或「古代東方」存在「專制主義」，但篇篇都否認中國存在「治水社會」。僅從如下章節標題就可見一斑：「水力文明、水力社會、水力國家、水力專制主義等東方專制主義之批判」「『治水社會』——一種歷史的虛構」「《周禮》中有所謂『分配灌溉用水』的『專職官吏』嗎？」「古代中國不是治水社會」「駁魏特夫：『治水工程－灌溉農業』國家起源論」「駁魏特夫：治水工程－國家－東方專制主義三位一體的『東方專制主義』起源論」「魏特夫：『治水社會』國家起源論錯誤的根源」[37]，等等。

這些文章幾乎都傾向於反對誇大水利工程、主要是灌溉工程對中國古代農業的重要性，只有一篇文章提到「中華水利文明」是「舉世無雙的農本文明，中華民族生存與發展的基牀」。但該文也否認這種「水利文明」是靠中央集權專制體制來運作的。該文強調「中國古代掌水官署」通常連中央直屬機構（如三省六部）都不是，而只是某一部門的下屬，「不僅不是國家機構的全部，而且不屬國家權力中樞」，其事為「諸事之末」，其人亦「列卿之最末者」。[38] 這些文章大都指出：中國傳統農業的主體是雨水農業而非灌溉農業，灌溉工程基本是地方事務而非中央統籌，「秦始皇組織築長城、辟馳道，就是沒有組織全國性水利工程」。[39] 而另一方面，專制主義之説固然「抓住了中國封建政體特點」，[40] 魏特夫關於強國家下的民間私有財產「軟弱性」之説在前資本主義社會也是「不言自明」的，但這些都是各民族歷史上曾經有過，「不獨東方如此，西方也是如此」[41]……

應當説這些文章的確有效地顛覆了魏氏的「治水社會」論，尤其是證偽了那種把中國與埃及、西亞型灌溉社會相提並論的謬説。但有趣的是：由於這些論證都在刻意説明古代中國專制者並未如埃及、兩河流域諸王權那樣承擔治水的公共服務責任，卻並未否認中國古代存在專制權力，也沒有説這種專制比埃及、兩河流域的王權更溫和、更可制約，於是，這些本意在於譴責魏氏貶抑中國的論説，聽起來倒更像是責怪魏特夫過於美化——而不是醜化了秦制皇權。魏特夫關於中國「治水社會」的第一個例證就是大禹治水而為王。而我們的批判者則指出「禹治水的神話是戰國以後才有的」，「孔子不言禹治水」，《論語》只説「禹稷躬稼而有天下」。[42] 總之，他們論證的就是皇帝們「不治水，照樣要專制」。魏特夫模式中的帝王還真有點大禹式的「治水公僕」形象，而如今這些統治者卻被中國學者論證為無責治水、有權剝民、不興水利、只貽吏患，成了只勒索不服務的壞蛋了！

應該説這些作者有點矯枉過正。中國確實不同於埃及、兩河，但灌溉農業還是有的。皇帝搞「家天下」並不是為了修水利，但治水還是有利於鞏固皇權的。鄭國渠、都江堰、西門豹渠（漳河渠）、芍陂等最著名的水利確實都修成於秦統一前，但白渠總是統一後修的嘛，而且秦統一前，「秦制」已經在戰國七雄尤其是秦國內部形成，對統一前的那些工程也不能説沒起作用。秦制朝廷對搜刮漕糧的運河確實比生產糧食的灌溉工程更重視，但後者也不是無所作為，糧食總要生產出來才能被搜刮呀。除了灌溉與漕運，還有河防等等也很重要。秦制從一開始，其強大的動員能力就被強調用於「耕戰」，雖然實際上它更重視「戰」，甚至不妨說在和平時期它對長城、馳道、皇陵、皇宮等的重視也超過對灌溉的重視，但其用於水利的動員能力還是可以遠超周制的。下面我們就本着不虛美不掩惡的原則，實事求是地談談這些問題。

《漢書》記載水利工程事業的篇章叫《溝洫志》，溝洫之名始於先秦，不過，先秦的溝洫制，其實是排水工程，而不是蓄水灌溉工程。《周禮·考工記·匠人》：「匠人為溝洫。」鄭玄註：「主通利田間之水道。」《周禮·地官司徒·小司徒》鄭玄註：「溝洫為除水害。」傳說中的大禹治水，也是導水排水。殷周時代，開墾荒地，發展農業種植，往往要開挖溝洫，因為古人選擇川澤附近比較低濕的土地作為農田，所以排水、洗鹼是墾田播穀的前提。[43]

但是，到了戰國秦漢時期，可能隨着土地開墾和人口增加，以及交通的需求增加，出現了不少大型水利通航和灌溉工程。司馬遷說：

> 自是之後，滎陽下引河東南為鴻溝，以通宋、鄭、陳、蔡、曹、衛，與濟、汝、淮、泗會。於楚，西方則通渠漢水、雲夢之野，東方則通溝江淮之間。於吳，則通渠三江、五湖。於齊，則通菑濟之間。於蜀，蜀守冰鑿離碓，辟沫水之害，穿二江成都之中。此渠皆可行舟，有餘則用溉浸，百姓饗其利。至於所過，往往引其水益用溉田疇之渠，以萬億計，然莫足數也。[44]

司馬遷說，鴻溝等人工運河或水渠既可以行舟，也可以灌溉，特別是這些水道上又引出多不可數的分渠用來灌溉，因此百姓很受益。

戰國秦漢修建的大型水利灌溉工程，除了秦國李冰父子修建的都江堰、前面講過的魏國漳河渠，還有不少。下面以關中地區為重點，考察一下關中水利工程的歷史變化。

戰國後期秦國強大，對關東六國虎視眈眈，形成了巨大的威脅，而首當其衝的便是函谷關東邊的韓國，而後來秦滅六國也確實是先滅的韓國。

因此，韓國就想出了一條妙計，派他的水利工程專家鄭國去秦國，遊說秦國修建大型水利工程，以消耗秦國的國力，使秦國無力或無暇東顧。秦國在鄭國的主持下，開鑿咸陽北涇水東注洛水這樣一條東西向的引水渠，用來灌溉。修到中途，秦國發覺了韓國的計謀，但還是讓鄭國將渠修完了，並且命名為鄭國渠。鄭國渠修成後，使得原來關中不適宜農耕的四萬餘頃鹽鹼地，因得到灌溉而變成了沃野，「畝收一鐘」，一鐘應為十石[45]，相對秦漢一般土地常畝收二三石，畝產高數倍之多。因鄭國渠秦國變得更加富強，最後統一了六國。

> 而韓聞秦之好興事，欲罷之，毋令東伐，乃使水工鄭國間說秦，令鑿涇水自中山西邸瓠口為渠，並北山東注洛三百餘里，欲以溉田。中作而覺，秦欲殺鄭國。鄭國曰：「始臣為間，然渠成亦秦之利也。」秦以為然，卒使就渠。渠就，用注填閼之水，溉澤鹵之地四萬餘頃，收皆畝一鐘。於是關中為沃野，無凶年，秦以富強，卒併諸侯，因命曰鄭國渠。[46]

西漢漢武帝時期，修建了眾多大型的水利工程。首先是黃河瓠子（今河南濮陽西南）決口堵口工程。元光年間，黃河在瓠子決口，河水氾濫流於東南，在「河決天定」的主張下，一直沒有堵塞決口。20 多年後，由於河南等地遭災歉收，漢武帝才決心堵塞決口，發動數萬民工，加之漢武帝親自指揮，命令羣臣都負薪填堵決口，最終成功堵塞了決口。這次特大型水利工程的成功，讓漢武帝非常興奮，在決口處還建了一座宮殿——宣房宮。也許黃河決口堵口工程的成功，極大地激發了西漢君臣「人定勝天」的意志，加之漢武帝好大喜功，「用事者爭言水利」，各地開工興建水利工程。司馬遷說：「自是之後，用事者爭言水利。朔方、西河、河西、酒泉皆引河及川谷以溉田；而關中輔渠、靈軹引堵水；汝南、九江引淮；東海引鉅定；泰山下引汶水：皆穿渠為溉田，各萬餘頃。佗小渠披山通道者，不可勝言。然其著者在宣房。」[47] 漢武帝時期，還開鑿漕運、修龍首渠等等，有的工程獲利，有的則勞民傷財未獲其利。

漢武帝時期，關中的水利灌溉工程除了「關中輔渠、靈軹引堵水」（堵一作「諸」），最重要的應該是白渠的修建：

> 太始二年，趙中大夫白公覆奏穿渠。引涇水，首起谷口，尾入櫟陽，注渭中，袤二百里，溉田四千五百餘頃，因名曰白渠。民得其饒，歌之曰：「田於何所？池陽谷口。鄭國在前，白渠起後。舉臿為雲，決渠為雨。涇水一石，其泥數斗。且溉且糞，長我禾黍。衣食京師，億萬之口。」言此兩渠饒也。[48]

白渠從鄭國渠上穿渠，從涇水的谷口引水到櫟陽入渭水中，流經今涇陽、二原、高陵、臨潼，長 200 里，灌溉面積達 4500 餘頃。白渠是關中僅次於鄭國渠的水利灌溉工程，後來白渠和鄭國渠往往被連稱為「鄭白渠」。鄭白渠既能灌溉洗鹽，又能放淤增肥，不僅可以降低土壤的含鹽量，還可以增加土壤的肥力。鄭白渠的灌溉面積約 4.5 萬頃，因鄭白渠的灌溉，關中平原成為糧食高產的沃野。

「涇水一石，其泥數斗」，雖然引含沙量較大的涇水灌溉，既洗鹽又增肥，但是泥沙沉積也會導致渠道淤平堵塞，抬高渠道，使得河水不能流入渠內，只得在原引水渠口上游重新開鑿新渠口引水，才能繼續灌溉。因此，西漢以後鄭白二渠屢壞屢修，鄭白渠的灌溉面積逐漸縮小，最後不得不廢棄湮沒了。

史載，前秦苻堅就曾因「關中水旱不時」，「依鄭白故事」，修復破壞的鄭白渠。[49] 到唐代，宗室李知柔任京兆尹時，「鄭白渠梗壅，民不得歲」，李「治復舊道，灌浸如約，遂無旱虞」。[50] 不過，唐代鄭白渠上富商大賈以及權貴爭造水碾（水力碾磨）盈利，屢禁不止，水碾堵截渠水，破壞灌溉，以致鄭白渠的灌溉面積急劇縮小。唐高宗永徽六年（655 年），鄭白渠的灌溉面積只有一萬頃左右，至 100 多年後大曆年間，灌溉面積下降到 6200 餘頃，與漢代不可同日而語。

> 永徽六年，雍州長史長孫祥奏言：「往日鄭、白渠溉田四萬餘頃，今為富商大賈競造碾磑，堰遏費水，渠流梗澀，止溉一萬許頃。請修營此渠，以便百姓。至於鹹鹵，亦堪為水田。」高宗曰：「疏導渠流，使通溉灌，濟汲炎旱，應大利益。」太尉無忌對曰：「白渠水帶泥淤，灌田益其肥美。又渠水發源本高，向下枝分極眾。若使流至同州，則水饒足。比為碾磑用水，泄渠水隨入滑；加以壅遏耗竭，所以得利遂少。」於是遣祥等分檢渠上碾磑，皆毀之。至大曆中，水田才得六千二百餘頃。[51]

到唐末，鄭國渠完全堙廢。唐宋期間，白渠幾經疏浚修復，至北宋太宗至道元年（995 年），白渠灌溉面積還不到 2000 頃。後北宋政府又徵調民力從涇水上游鑿渠引水，經過 30 餘年到大觀四年（1110 年）才完成，更名為豐利渠，灌溉面積增加到 3953 頃。元朝在豐利渠上游鑿「王御史渠」，明朝又在更上游處穿大小龍山為「廣惠渠」，但灌溉面積越來越小了。到清朝，涇水引水渠口已經無法再上移了，乾隆二年（1737 年），在大龍山洞口下築壩，堵塞原渠口，阻絕涇水入渠，而專引北山各溝壑流下的泉水，取名為「龍洞渠」，灌溉面積 700 多頃。從此，涇水不再流入舊渠，白渠完全廢棄。[52]

從關中一地，可窺見漢代水利灌溉工程之興盛，甚至若干地區灌溉條件遠優於後代，也許對漢代糧食畝產不應太低估。

漢代水利工程的一大變化是漕運的興起，可以説漢代以後「國營水工」就以漕運為主。秦與西漢都定都在關中，關中平原地稱膏腴，農業興盛，當時有「天府之國」的美譽[53]。但是，首都冠蓋雲集，除了皇室、權臣、貴族等以及保衞京師的軍隊，還有被遷徙來的關東豪強等各種非農業人口，關中畢竟面積、物產有限，無法供養如此眾多的人口，因此，必須通過漕運將關東地區的糧食等物產包括珍寶異物運輸到關中首都。

漢武帝之前，漕運是通過黃河入渭河，一路逆流而上，將關東的貨物運輸到長安。漢武帝時，在大司農鄭當時的建議下，修建了渭河漕渠：

> 是時鄭當時為大農，言曰：「異時關東漕粟從渭上，度六月而罷，而漕水道九百餘里，時有難處。引渭穿渠起長安，旁南山下，至河三百餘里，徑，易漕，度可令三月罷；而渠下民田萬餘頃，又可得以溉田：此損漕省卒，而益肥關中之地，得穀。」天子以為然，令齊人水工徐伯表，悉發卒數萬人穿漕渠，三歲而通。以漕，大便利。其後漕稍多，而渠下之民頗得以溉田矣。[54]

在修渭漕以前，關東漕粟要走彎彎曲曲的渭河水道 900 多里到長安，而且還有行船困難等問題，運輸時間長達六個月，需要非常多的漕運人員。在渭河南側沿秦嶺修一條直的漕渠，只要 300 里，而且由於渠道及水量穩定，行船便利，還可以灌溉渠下的農田，所以漢武帝採納了鄭當時的建議，三年後渭漕修成，果然獲得了漕運兼灌溉一舉兩得的效果。特別是，漢高祖時，關東漕粟歲不過數十萬石，而漢武帝開通渭漕後，漕粟達 400 萬石。[55]

劉秀建立東漢，定都洛陽，關中漕運自然就不需要了，渭漕就逐漸廢棄了。大一統的隋唐帝國又定都關中後，對關中漕渠進行了恢復。隋文帝開皇四年（584 年），任命宇文愷負責開鑿廣通渠，引渭水自大興城東到潼關入黃河，方便漕運關東的糧食等物資。隋煬帝時，徵發百萬勞力在關東開鑿通濟渠、永濟渠等運河，構築了以洛陽為中心的大運河，北達涿郡（今北京），南通餘杭（今杭州），是隋唐漕運的大動脈，而開封便是南北運河的交通樞紐。唐玄宗開元年間，開挖了三門峽谷「開元新河」，重修了關中漕渠，漕糧可以從關東便利地運到長安，漕糧的年運輸最又提高到了 400 萬石。經過安史之亂和唐末戰亂，關中漕運徹底破壞廢棄，大運河也潰決污澤而淤塞不通。五代後周大規模地整治大運河水道，恢復其通航功能。北宋選擇無險可守的開封作為國都，就是因為來自江淮地區以及黃河下游地區的漕運可以到達開封。[56] 元大都建在北京，因此，元朝修會通河，將原來隋唐大運河從「人」字形南北拉直，變成了「一」字形的京杭大運河。元代的漕運以海運為主，而明清的漕運就嚴重依賴於京杭大運河，為維持漕運，明清兩代對大運河投入大量財力和民力，耗費巨大。

第三節 秦漢「名田宅」制度

傳統時代的經濟以農為本，因此土地制度尤其重要。我們知道，秦國商鞅變法「為田開阡陌封疆，而賦稅平」[57]。《漢書．食貨志》:「及秦孝公用商君，壞井田，開阡伯（陌）」，又記董仲舒言:「（秦）用商鞅之法，改帝王之制，除井田，民得賣買，富者田連阡伯（阡陌），貧者亡（無）立錐之地。」[58] 依照《史記》《漢書》的記載，商鞅變法是廢除了井田制，而實行了新的田制。因此，過去很多人都說，井田制是國有制，商鞅變法是變土地國有制為私有制，土地私有制導致了土地兼併，「富者田連阡陌，貧者亡立錐之地」。[59]

首先，井田制是「國有制」還是「族廟公產」？前面已經論述過，我認為井田既不是國有也不是私有，而是當時族羣社會中一種小共同體的公田制。像「壞井田，開阡陌」這樣的一種變化，如果從所有制的角度講，其實就是戰國時候瓦解族羣社會小共同體的公田制。

其次，商鞅「壞井田、開阡陌」而推行了「土地私有制」，如今史學界仍然堅持此種說法的恐已不多。因為 20 世紀 70 年代以來，人們從睡虎地秦簡與青川秦牘等出土簡牘中已明確知道，秦朝實行的是嚴格的國家授地制，而不是什麼「土地自由買賣」。人們從《商君書》《韓非子》一類文獻中也不難發現，秦代法家經濟政策的目標是「利出一孔」的國家壟斷，而不是民間競爭。睡虎地秦簡中的《田律》就有這樣的規定:「百姓居田舍者毋敢酤酒，田嗇夫、部佐謹禁禦之，有不從令者有罪。」[60] 即百姓在田舍中居住，禁止賣酒，並且有基層幹部監察，如果不從令，那就判有罪。商鞅變法後，秦國的農民被國家管制得非常厲害。

睡虎地秦簡和張家山漢簡等簡牘的出土，使得我們今天可以基本上了解秦漢的土地制度。

「為田開阡陌封疆」，過去不甚了了，青川木牘《田律》(或《為田律》)發現之後，張家山漢簡《二年律令．田律》中也發現有類似的規定：

> 田廣一步，袤二百四十步為畛，畝二畛，一陌道；百畝為頃，十頃一阡道，道廣二丈。恆以秋七月除阡陌之大草；九月大除道□阪險；十月為橋，修波（陂）堤，利津梁。雖非除道之時而有陷敗不可行，輒為之。鄉部主邑中道，田主田道。道有陷敗不可行者，罰其嗇夫、吏主者黃金各二兩。□□□□□□及□土，罰金二兩。[61]

所謂「為田」就是「做田」的意思，就像「為人」是「做人」的意思一樣。「為田開阡陌封疆」就是規劃整治土地，進行農田基本建設，以便下一步開墾耕種土地。按照240平方步為一畝（秦漢普遍實行的畝制）、百畝為頃等規定，將土地開出田間道路即阡陌，樹立疆界[62]，並進行道路除草、修橋、修陂堤等農田基本建設。土地如此整治後，統計土地面積和收租稅大為方便。當然，這種統一整齊的土地規劃適合於平原，並不是所有地方都完全適用這種規定。

睡虎地秦簡《田律》：「人頃芻稾，以其受田之數，無墾不墾，頃入芻三石、稾二石。」[63]《二年律令·田律》：「田不可田者，勿行；當受田者欲受，許之。」[64]可見，秦漢確實實行過授田制。

「為田」之後，雖然疆界畛畝已經劃分，但是土地很可能是荒地，需要開墾。另外，秦漢時還普遍實行休耕，因此有「無墾不墾」「田不可田」的說法。理論上，土地可分為三種：已墾，不可墾，可墾但未墾。實際上，秦漢的土地也正是如此分的，並且政府要每年測量匯總上報。走馬樓漢簡《都鄉七年墾田租簿》，對全鄉土地做了測算，並將土地分為「墾田」「可墾不墾」「羣不可墾」三種類型。《漢書·地理志》也是如此分類：「提封田一萬萬四千五百一十三萬六千四百五頃，其一萬萬二百五十二萬八千八百八十九頃，邑居道路，山川林澤，羣不可墾，其三千二百二十九萬九百四十七頃，可墾不可墾，定墾田八百二十七萬五百三十六頃。」[65]秦漢的土地稅中，芻稾（飼草、禾杆）稅，不論墾不墾，授田的土地都要交納，租稅則是根據實際耕種土地按比例及產量交納。[66]

「為田開阡陌封疆」即農田基本建設完成之後，下一步應該就是授田。可以說，「為田」是授田的前提。那麼，授田之前的土地屬於誰？當然屬於政府，是國有土地。如果說，「普天之下，莫非王土」，對於西周基本上只有主權宣示的意義，那對於秦漢帝國而言，確實有了土地所有制層面上的意義了。

那麼，「為田」之後，授田怎麼授？商鞅變法規定：「有軍功者，各以率受上爵；……明尊卑爵秩等級，各以差次名田宅，臣妾衣服以家次。」[67]《二年律令 · 戶律》則詳細規定了如何「各以差次名田宅」。二十等爵位、庶人以及最輕罪的刑徒司寇等按照身份高低，可分別佔有不同數量的田宅（見下表）[68] 徹侯是二十等爵最高一級，漢武帝登基後，為避諱漢武帝劉徹的名字，改稱為「列侯」，可以享用封地的租稅，因此在這一套制度中，徹侯沒有相應可以佔有土地的標準數。當然，這並不表明他們不能佔有土地，他們可以通過賜田、購買、繼承等多種方式佔有土地。就像授田的土地一般是荒地一樣，這裏的宅一般也是宅基地而不是房屋[69]，「宅之大方卅步」，這就是「名田宅制」。[70]

張家山《二年律令》授田宅標準

爵位／身份	田（頃）	宅	爵位／身份	田（頃）	宅
徹侯		105	五大夫	25	25
關內侯	95	95	公乘	20	20
大庶長	90	90	公大夫	9	9
駟車庶長	88	88	官大夫	7	7
大上造	86	86	大夫	5	5
少上造	84	84	不更	4	4
右更	82	82	簪裹	3	3
中更	80	80	上造	2	2
左更	78	78	公士	1.5	1.5
右庶長	76	76	公卒、士伍、庶人	1	1
左庶長	74	74	司寇、隱官	0.5	0.5

名，就是名籍、名數，指戶口等政府的登記資料。「名田」就是「以名佔田」，《史記・平準書》「賈人有市籍者，及其家屬，皆無得籍名田，以便農」，司馬貞索隱：「謂賈人有市籍，不許以名佔田也。」[71]「名田宅制」就是依據戶籍中戶主的身份就可以佔有相應的田宅。也就是，你「為戶」「書名數」，即登記立戶，政府就應該授給你以一定的土地和宅基地，《二年律令・戶律》：「欲為戶者，許之。」[72]相應的，你也要承擔政府的賦稅、徭役以及兵役。其實，這種制度與羅馬公民打仗分土地的制度是非常相似的。

單說土地制度，名田制和授田制是什麼關係？《二年律令・戶律》規定：「其已前為戶而毋田宅，田宅不盈，得以盈。」《二年律令》規定了土地可以買賣和繼承，這些都屬於「名」下的土地，因此，當你立戶了，沒有土地，或者所有的土地不足名田宅的標準，這種情況下，可以向政府申請授田。當然，可耕地面積是有限的，政府不一定立刻就授給你土地或者授給你足額的土地。例如，江陵鳳凰山漢墓出土的《鄭里廩簿》登記的西漢鄭里，25 戶共有土地 617 畝，戶均 24.7 畝；而四川郫縣東漢殘碑中 16 戶，至少有 1800 畝土地，戶均 112.5 畝（其中明確記載的 13 戶有地 1025 畝，戶均 78.9 畝。[73]再如，里耶秦簡中，遷陵 152 戶共有耕地 5292 畝，戶均 34.8 畝。[74]《二年律令・戶律》有一條規定：「未受田宅者，鄉部以其為戶先後次第編之，久為右。久等，以爵先後。」意思是，沒有授田宅的人，鄉部以他立戶的先後編次排隊，誰先立戶排隊等待授田宅，授田宅時便先授給他，如果同時立戶，那就優待爵位高的人，先授田宅給爵位高的人。

那麼，《二年律令・戶律》中的「名田宅」標準，是佔有土地的最高限制嗎？學界的觀點基本分為兩種：一種說法認為那就是限田的規定；另一種說法認為那只是政府授田的最高標準，實際上還可通過購買、繼承等手段獲得土地，也就是佔田可以超過此數。但是不管孰是孰非，漢初文帝時就沒有了佔田限制。經過戰國和秦末的戰亂，漢初人口銳減，相對來說地廣人稀。因此，西漢末師丹說漢文帝時：「民始充實，未有並兼之害，故不為民田及奴婢為限。」漢武帝時，董仲舒就提出過「限民名田」，而且因為不限民田，土地可以買賣，所以才出現了「富者田連阡陌，貧者亡立錐之地」「邑有人君之尊，里有公侯之富」的現象。[75]

關於秦漢授田制或名田制下的土地性質，也有很多討論和不同看法。[76] 過去說商鞅變法推行了「土地私有制」，這說法卻也非空穴來風。前面講過，法家政策的一面是反宗法、抑族權、消解小共同體，使專制皇權能直接延伸到臣民個人，而不至受到自治團體之阻隔。因此，法家在理論上崇奉性惡論，黜親情而尚權勢。出土《秦律》中一方面體現了土地國有制，一方面又為反宗法而大倡個人財產權，給人以極「現代」的感覺。難怪人們會有商鞅推行「私有制」的印象了。而且，根據出土秦漢簡牘，在授田後，土地可以繼承和買賣，也確實很像土地私有制。

過去有種說法很盛行，那就是商鞅變法後，土地私有導致土地兼併，漢代兩級分化，「富者田連阡陌，貧者亡立錐之地」，階級矛盾非常尖銳。漢代確實貧富兩級分化非常嚴重，也確實存在土地兼併。不過土地私有只是土地兼併的一個條件而已，土地私有並不必然導致大規模的土地兼併。如果一戶小農安居樂業，那別人是沒法兼併他的土地的，除非是強取豪奪，而這也顯然不能怪土地私有，只能怪法律對私有財產保護不力。

漢代確實出現了大量的「離土」農民，尤其以時不時出現的大量流民為典型，他們逃離家園，流離失所。那這是土地私有制下，地主兼併土地導致的災難嗎？還是另有原因？首先我們要指出一個常識：「離土」不等於「無地」，從古到今，農民「離土離鄉」既有無地可耕者，也有（因為橫徵暴斂、天災人禍等）有地不能耕、棄地而逃者。早有人指出：傳統時代流民的前身主要不是無地佃農，而是「破產自耕農」，漢代應該就是如此。

我們先看看漢文帝時晁錯是怎麼說的：

> 今農夫五口之家，其服役者不下二人，其能耕者不過百畝，百畝之收不過百石。春耕夏耘，秋獲冬藏，伐薪樵，治官府，給徭役；春不得避風塵，夏不得避暑熱，秋不得避陰雨，冬不得避寒凍，四時之間亡日休息；又私自送往迎來，弔死問疾，養孤長幼在其中。

> 勤苦如此，尚復被水旱之災，急政暴（虐）[賦]，賦斂不時，朝令而暮改。當具有者半賈而賣，亡者取倍稱之息，於是有賣田宅鬻子孫以償責者矣。[77]

晁錯非常同情當時的農民，他把農民和苦難歸咎於天災和政府的賦稅徭役。特別是「急政暴（虐）[賦]，賦斂不時，朝令而暮改」，農民為了應對，只能以半價把農產品賣掉，或者借高利貸，甚至賣兒鬻女。「富者田連阡陌，貧者亡立錐之地」，是常被用來形容漢代土地兼併、兩極分化的史料，那我們再看看董仲舒在這句話前後是怎麼說的：

> 至秦則不然，用商鞅之法，改帝王之制，除井田，民得賣買，富者田連阡陌，貧者亡立錐之地。又顓川澤之利，管山林之饒，荒淫越制，踰侈以相高；邑有人君之尊，里有公侯之富，小民安得不困？又加月為更卒，已復為正，一歲屯戍，一歲力役，三十倍於古；田租口賦，鹽鐵之利，二十倍於古。或耕豪民之田，見稅什伍。故貧民常衣牛馬之衣，而食犬彘之食。重以貪暴之吏，刑戮妄加，民愁亡聊，亡逃山林，轉為盜賊，赭衣半道，斷獄歲以千萬數。漢興，循而未改。[78]

董仲舒說這段話時的主語都是秦漢政府，「小民安得不困」的原因，除了「除井田」，還有上至皇帝下至有封地的公卿貴戚「顓川澤之利，管山林之饒，荒淫越制，踰侈以相高」，更由於力役「三十倍於古」，「田租口賦，鹽鐵之利，二十倍於古」，才導致貧苦農民「或耕豪民之田，見稅什伍」；甚至穿的是牛馬衣，吃的是豬狗食，貧苦至此，遇到「貪暴之吏，刑戮妄加」，逼得沒有活路，只能棄田逃亡，入山林當盜賊。

可見，秦漢農民的破產逃亡以及兩極分化，除了天災，主要是政府的賦稅徭役太過沉重，加之吏治腐敗苛刻所導致。可以說，秦漢的主要社會矛盾不是階級矛盾，而是官民矛盾。

第四節 賤商制度下的「偽市場經濟」

戰國秦漢是中國古代第一次市場經濟或曰商品經濟的高潮。《漢書·食貨志》:「(漢初)時民近戰國，皆背本趨末。」[79] 本就是農業，末就是商業。秦漢雖然商品經濟發達，但是賤商抑商卻是秦漢的「國策」。如何理解這種矛盾呢？

一 賤商、抑商、滅商與「重商」

大家知道，在實行法家統治的秦國、秦朝，「急耕戰之賞」[80]，以種田與打仗，作為立國強國的根本，「耕戰二者，力本」[81]，在這種原則和政策下，秦實行重農抑商的政策。商人被打入「另冊」，戶口要登記在「市籍」，其職業身份受到了歧視性對待。《史記》記載秦始皇時期:「三十三年，發諸嘗逋亡人、贅婿、賈人略取陸梁地，為桂林、象郡、南海，以謫遣戍。」[82] 商人和贅婿、逃亡過的人都被發配去打仗。漢文帝時晁錯說到秦朝的這次戰爭:「先發吏有謫及贅婿、賈人，後以嘗有市籍者，又後以大父母、父母嘗有市籍者，後入閭，取其左。」[83] 先徵發商人，後來只要曾經有市籍就是做過商人的人，以及父母、祖父母有市籍、做過商人，都在徵發之列。

到了漢朝，雖然「天下已平」，但仍延續了秦的賤商抑商政策。漢高祖下令「賈人不得衣絲乘車，重租稅以困辱之」。[84] 商人不能穿錦繡等華貴的絲織品，並且徵重稅，也不能帶兵器和騎馬[85]，就是羞辱商人，讓商人困乏。到了孝惠、呂后執政的時候，才「復弛商賈之律」，賤商抑商的法律政令才稍有鬆弛，但是仍然規定「市井之子孫亦不得仕宦為吏」，商人的子孫不能做官吏。[86] 漢武帝時期用兵西域，曾徵發「天下七科謫」隨軍出征，像秦始皇征桂林等地一樣。所謂「七科謫」，據張晏註解:「吏有罪一，亡命二，贅壻(婿)三，賈人四，故有市籍五，父母有市籍六，大父母有籍七：凡七科。」[87] 四至七科，不是商人就是商人後代，都被徵來參軍作戰。

漢武帝的時候，還不准商人及其親屬佔有土地：「賈人有市籍者，及其家屬，皆無得籍名田，以便農。敢犯令，沒入田僮。」[88]不過，這一條法令，很可能沒能一直貫徹執行，到了漢末哀帝時，擬定的限田內容包括：「賈人皆不得名田、為吏，犯者以律論。」而這一限田令根本就沒有實行。[89]

西漢前期繁榮的工商業以及整體經濟，在漢武帝時期遭到了沉重的打擊破壞，「外事四夷，內興功利，役費並興，而民去本」，賦役沉重，迫使農民離開壟畝逃亡，不僅如此，「天下虛耗，人復相食」[90]，「自是始征伐四夷，師出三十餘年，天下戶口減半」[91]。在這個過程中，商人階層自然不能置身事外、倖免於難。

有意思的是，對商人的打擊很大程度上正是來自漢武帝任命的出身商人的官員，像負責經濟事務的桑弘羊、東郭咸陽、孔僅。桑弘羊是「洛陽賈人之子」。漢武帝時鹽鐵官營，東郭咸陽、孔僅負責鹽鐵事務。這二位：「咸陽，齊之大煮鹽，孔僅，南陽大冶，皆致生累千金」。他們還多任用商人為吏，「除故鹽鐵家富者為吏。吏道益雜，不選，而多賈人矣。」[92]前面講過，桑弘羊這些人搞的這一套像是「重商主義」，所謂「重商主義」，是國家要重視對商業的控制，要管制商業，並不是重視商人、對商人友好。所以不難理解，商人出身的官員更了解商人、商業，更懂得如何管制商業和汲取稅賦。

對商人和商業毀滅性打擊的政策是「告緡」：

> 異時算軺車賈人緡錢皆有差，請算如故。諸賈人末作貰貸賣買，居邑稽諸物，及商以取利者，雖無市籍，各以其物自占，率緡錢二千而一算。諸作有租及鑄，率緡錢四千一算。非吏比者三老、北邊騎士，車以一算；商賈人軺車二算；船五丈以上一算。匿不自占，占不悉，戍邊一歲，沒入緡錢。有能告者，以其半畀之。[93]

緡錢本來只是商人的車船稅。[94]由於政府用度不足，擴大了徵收面，所有商人自行申報財產交稅。如果隱匿不申報，或者不如實申報，那就沒收財產，戍邊一年。為了鼓勵舉報隱匿不報或不實申報，把被舉報者的一半財產給舉報者，這就是「告緡」。

「告緡」在酷吏楊可的主持下，不僅商人紛紛破產，「中家以上」普遍也被舉報而破產，以後也不敢再致富積蓄，而政府沒收了大量的錢物、奴婢和田宅，度過了財政難關：

> 楊可告緡遍天下，中家以上大抵皆遇告。杜周治之，獄少反者。乃分遣御史廷尉正監分曹往，即治郡國緡錢，得民財物以億計，奴婢以千萬數，田大縣數百頃，小縣百餘頃，宅亦如之。於是商賈中家以上大率破，民偷甘食好衣，不事蓄藏之產業，而縣官有鹽鐵緡錢之故，用益饒矣。[95]

漢武帝之後，經過「昭宣中興」，經濟包括工商業得到了恢復和發展。可是到了西漢末，王莽執政，又開始橫徵暴斂，搞「五均六筦，王田私屬」，又幾次改易錢幣，結果不僅經濟破壞，商業雕零，而且「及莽未誅，而天下戶口減半矣」[96]，最後天下大亂，新莽覆亡。

二「法律賤商人，商人已富貴」

漢代賤商、抑商，甚至有時滅商，但弔詭的是，如晁錯所言：「今法律賤商人，商人已富貴矣；尊農夫，農夫已貧賤矣。」[97] 漢承秦制，繼續實行重農抑商的政策，為什麼結果卻是「商人富貴」「農夫貧賤」？農夫之所以貧賤，前面已經講過了，那為什麼在賤商抑商的政策下，商人反而富貴了呢？可能主要有以下幾方面原因。

(1) 戰國秦漢是中國古代第一次市場經濟或曰商品經濟的高潮，從事商業，可以賺取比農業高得多的報酬。《漢書 · 食貨志》載，漢初「時民近戰國，皆背本趨末」。[98]《商君書 · 外內》也載：「農貧而商富」，「農之用力最苦⋯⋯不如商賈技巧之人」。西漢有句諺語：「以貧求富，農不如工，工不如商，刺繡文不如倚市門。」[99] 由於「末利深」[100]，漢代有眾多人力投入商界。特別是西漢前期，國內統一，政治安定，交通暢達，又開放山澤漁獵礦產，極大地促進了工商業的繁榮。用司馬遷的話來說：「漢興，海內為一，開關梁，弛山澤之禁，是以富商大賈周流天下，交易之物莫不通，得其所欲。」[101] 在這種情況下，西漢湧現出眾多巨富商人。司馬遷在《史記．貨殖列傳》中以褒獎口吻寫道：「請略道當事千里之中，賢人所以富者，令後世得以觀擇焉。」司馬遷稱他們為賢者，記載的當時經商致富的典型有：蜀臨邛卓氏、程鄭都是以冶鑄致富；宛孔氏經營冶鑄、農業等，「家致富數千斤」；曹邸氏經營冶鐵和借貸，「富致巨萬」；齊刀閒很會使用奴隸，從事漁鹽商業，「起富數千萬」，等等，「大者傾郡，中者傾縣，下者傾鄉里者，不可勝數」。[102]

(2) 漢代的賦稅貨幣化程度非常高（詳後），而且農民的稅賦比較重，使得即使是一般的小農之家也不得不將自己的農產品大批投入市場，以換取貨幣交納賦稅，因此，賦稅的高度貨幣化製造了巨大的市場空間，這就需要非常多的商人來參與市場活動。漢代雖有「三十稅一」「十五稅一」輕稅的說法，那只是田租，而田租在農民全部的稅賦中並不佔大的比例。漢代的人頭稅，一般而言，成年人算賦每人 120 錢，未成年人 23 錢，此外還有各種名目的代役錢，數額更高[103]，後來的財產稅皆算也是貨幣稅。可是，一般情況下漢代糧價約在 30—130 錢之間波動，一個普通農民家庭需繳納的貨幣稅賦相當於近半的糧食收入，當然農民還有紡織等副業收入。《鹽鐵論．未通》載：

> 田雖三十，而以頃畝出稅，樂歲粒米狼戾而寡取之，凶年饑饉而必求足。加之以口賦更徭之役，率一人之作，中分其功。農夫悉其所得，或假貸而益之。是以百姓疾耕力作，而飢寒遂及已也。

董仲舒批評漢代的稅賦徭役「二十倍於古」「三十倍於古」。王莽說：「漢氏減輕田租，三十而稅一，常有更賦，罷癃咸出，而豪民侵陵，分田劫假，厥名三十稅一，實什稅伍也。父子夫婦終年耕芸，所得不足以自存。」[104] 由於賦稅重、賦稅的貨幣化程度高，官府「釋其所有，責其所無」，[105] 加之，「賦斂不時」，甚至「鄉部私求，不可勝供」，[106] 官吏貪污勒索，農民只得「賤賣貨物，以便上求」[107]「當具有者半賈而賣，亡（無）者取倍稱之息」（前揭晁錯語），甚至借高利貸交稅。這種情況，不僅驅使農民將大量的產品甚至是人本身（賣兒鬻女，賣身為奴）投放於市場，而且也迫使相當大的一部分農民「背本趨末」，投身於工商業，或作工，或商販。[108]

下面貢禹的這段話特別能說明以上所述農苦商富這「一推一拉」驅使農民「背本趨末」的態勢：

> 農夫父子暴露中野，不避寒暑，捽草杷土，手足胼胝，已奉穀租，又出稾稅，鄉部私求，不可勝供。故民棄本逐末，耕者不能半。貧民雖賜之田，猶賤賣以賈，窮則起為盜賊。何者？末利深而惑於錢也。[109]

(3) 漢代特別是西漢前期的貨幣政策多變，也為商人羣體提供了巨大的獲利空間。《漢書．食貨志》載：

> 漢興，以為秦錢重難用，更令民鑄莢錢。黃金一斤。而不軌逐利之民畜積餘贏以稽市，物痛騰躍，米至石萬錢，馬至匹百金。……孝文五年，為錢益多而輕，乃更鑄四銖錢，其文為「半兩」。除盜鑄錢令，使民放鑄。[110]

每一次貨幣的更變都提供了投機獲利機會，「商賈以幣之變，多積貨逐利」。[111]

特別是漢文帝「弛山澤之禁」，「除盜鑄錢令，使民放鑄」，相當於國家放棄鑄幣權，允許自由鑄幣，造成上至公侯下至庶人都瘋狂投入採礦鑄幣的局面。漢代的制度，國家授田給農民，農民承擔各種賦稅兵役徭役，農民繳納的田租等賦稅是作為政府收入，而「山川園池市肆租稅之入，自天子以至封君湯沐邑，皆各為私奉養，不領於天子之經費」[112]，也就是山川園池市肆是皇帝及大大小小的王侯等封君的私產，其租稅收入用來奉養他們。這就是日本學者加藤繁較早指出的漢代有國家財政和帝室財政之分。[113]「弛山澤之禁」，「除盜鑄錢令，使民放鑄」，一方面給市場提供了更多的貨幣，有助於推動市場的繁榮，當然也造成了通貨膨脹。漢武帝時，「自孝文更造四銖錢，至是歲四十餘年，從建元以來，用少，縣官往往即多銅山而鑄錢，民亦盜鑄，不可勝數。錢益多而輕，物益少而貴。」[114] 另一方面，「吳、鄧錢佈天下」，吳王「即山鑄錢，富埒天子，後卒叛逆」，鄧通「以鑄錢財過王者」。而且，直接推動大量的農民投入鑄幣業，賈誼說：「今農事棄捐而採銅者日蕃，釋其耒耨，冶熔炊炭，奸錢日多，五穀不為多。」[115]

漢武帝又改為造三銖錢、白金和五銖錢，規定「盜鑄諸金錢罪皆死」，但是為了獲利，「吏民之犯者不可勝數」。嚴重到什麼程度？班固記載：「自造白金五銖錢後五歲，而赦吏民之坐盜鑄金錢死者數十萬人。其不發覺相殺者，不可勝計。赦自出者百餘萬人。」[116] 可見，至少兩百萬人鋌而走險，盜鑄貨幣。雖如此嚴厲打擊，盜鑄錢幣在武帝之後仍然屢禁不絕。

(4) 漢代皇帝大臣、王公貴戚、民間富豪過着奢侈豪華的生活，他們還豢養了成百上千服侍他們的奴婢，因此，他們對綾羅錦繡、奇珍異寶等奢侈品以及一般消費品的需要，也構成了一個巨大市場。

漢代奢侈成風，漢成帝曾在詔書說：

> 方今世俗奢僭罔極，靡有厭足。公卿列侯親屬近臣，四方所則，未聞修身遵禮，同心憂國者也。或乃奢侈逸豫，務廣第宅，治園池，多畜奴婢，被服綺縠，設鐘鼓，備女樂，車服嫁娶葬埋過制。吏民慕效，浸以成俗，而欲望百姓儉節，家給人足，豈不難哉！[117]

「上有所好，下必甚焉」，帶頭造成奢侈風俗的自然是皇帝，然後才是「公卿列侯親屬近臣」。對於「時天下侈靡趨末，百姓多離農畝」，漢武帝問東方朔：「吾欲化民，豈有道乎？」東方朔直言相對：

今陛下以城中為小，圖起建章，左鳳闕，右神明，號稱千門萬戶；木土衣綺繡，狗馬被繢罽；宮人簪玳瑁，垂珠璣；設戲車，教馳逐，飾文采，藂珍怪；撞萬石之鐘，擊雷霆之鼓，作俳優，舞鄭女。上為淫侈如此，而欲使民獨不奢侈失農，事之難者也。[118]

在交通不發達的古代，遠距離貿易基本上以貴重的奢侈品為主，因為奢侈品的高利潤才能覆蓋交通的高成本。《鹽鐵論．力耕》載：

美玉珊瑚出於崑山，珠璣犀象出於桂林，此距漢萬有餘里。計耕桑之功，資財之費，是一物而售百倍其價也，一揖而中萬鐘之粟也。夫上好珍怪，則淫服下流，貴遠方之物，則貨財外充。

可見，皇帝以及「公卿列侯親屬近臣」的奢侈性消費，帶動了漢代奢侈享樂之風，這種風氣向民間彌散，「邑有人君之尊，里有公侯之富」，同時帶動若干民眾從事於與此相關的工商業之中。

戰國秦漢特別是西漢，雖然是中國古代第一次市場經濟的高潮，但是古代的市場經濟和現代的市場經濟，還是有一些本質的區別。現代市場經濟中勞動者出賣的是勞動力，而古代的市場經濟，勞動者本身也可以變成商品，即有奴隸的買賣。現代市場經濟中的市場主體是平等的，但是古代的市場經濟，其市場主體是不平等的。像秦漢，就有貶商抑商的政策，這對於現代市場經濟是不可能發生的事；另一方面，權貴或其「關係戶」倒是可以橫行獲利，甚至壟斷經營。鹽鐵會上，「文學」就批評：

有司之慮遠，而權家之利近；令意所禁微，而僭奢之道著。自利害之設，三業之起，貴人之家，雲行於途，轂擊於道，攘公法，申私利，跨山澤，擅官市，非特巨海魚鹽也；執國家之柄，以行海內……[119]

「攘公法，申私利，跨山澤，擅官市」，「執國家之柄，以行海內」，這些做法為現代市場經濟所不容。

秦漢一方面貶商抑商，另一方面皇帝、權臣貴戚們的生活又極奢侈浮華，這需要商人向他們提供商品和服務。二者的矛盾不僅使得貶商抑商的政策效果大打折扣，另一方面，會催生出不少鋌而走險的「奸商」，甚至形成一種惡性循環：商越抑，則商越奸；商越奸，則更抑。因此，為了和真正的市場經濟相區別，秦漢的市場經濟，或可稱之為「偽市場經濟」。[120]

第五節　千古奇文《貨殖列傳》

司馬遷的《史記·貨殖列傳》不僅為商賈列傳，褒獎他們致富的才能，肯定每一個人追求富貴和享受的慾望；而且對經濟活動規律的認識，兩千年以下簡直是無出其右者，可謂是千古一奇文。

一　熙熙攘攘，為利來往

《史記·貨殖列傳》的開篇部分，司馬遷就說：

> 虞夏以來，耳目欲極聲色之好，口欲窮芻豢之味，身安逸樂，而心誇矜執能之榮使。俗之漸民久矣，雖戶說以眇論，終不能化。故善者因之，其次利道之，其次教誨之，其次整齊之，最下者與之爭。[121]

司馬遷肯定人們追求耳目聲色、美食口慾、身心安逸等物質和精神的享受，並且認為這是人的本能，通過宣傳教化是不能改變的，最好是順應利導。而如果與之相反，要反對克服，那是最差的政策選擇。

司馬遷接着說：

> 農而食之，虞而出之，工而成之，商而通之。此寧有政教發徵期會哉？人各任其能，竭其力，以得所欲。

「虞」指直接從大自然獲取人類所需的物質及其從事者，包括漁夫、礦工等。農、虞、工、商各盡其能的社會分工，難道是什麼聖人、政教發明安排的嗎？不是的。人人各盡其能，各自努力，就出現了這種社會分工，而之所以如此，不過是人人都想滿足自己的慾望而已。因此，很多人說，這和一千八百年後英國現代經濟學鼻祖亞當·斯密的觀點不謀而合。[122]

> 故物賤之徵貴，貴之徵賤，各勸其業，樂其事，若水之趨下，日夜無休時，不召而自來，不求而民出之。豈非道之所符，而自然之驗邪？

這段話簡直是對市場經濟基本規律深刻而準確的描述。商品太賤了，就有可能漲價，反之，太貴了就有可能降價，這背後是供需法則在起作用，商品價格低，則需求增加、供給減少，商品就會漲價，反之，商品價格高，導致需求減少，供給增加，商品就會降價。而且，價格、價格的波動作為市場信號決定了人們的經濟活動，使得人們「各勸其業，樂其事」。司馬遷說，就像水往低處流、日夜不停歇一樣，這是自然而然的「道」，這就像是「看不見的手」在調節經濟一樣。

> 積著之理，務完物，無息弊。以物相貿易，腐敗而食之貨勿留，無敢居貴。論其有餘不足，則知貴賤。貴上極則反賤，賤下極則反貴。貴出如糞土，賤取如珠玉。財幣欲其行如流水。

這就是「計然之策」的部分內容。計然和范蠡同時輔佐越王勾踐，計然提出「旱則資舟，水則資車」，要提前預測市場的供需關係。供需的短缺或過剩，決定了商品的貴賤。商品的價格是波動的，貴極反賤，賤極反貴，貴時要及時大量出售，賤時要大量購入。對於商品流通，不可使商品滯納（「無息弊」），容易腐敗的貨物更是如此，只有使得財物或貨幣流通運轉起來，「行如流水」，才是比較好的狀態。在計然的輔佐下，越國後來富了起來，成了「五霸」之一。范蠡後來用「計然之策」於家，成了巨富「陶朱公」。

> 故曰：「倉廩實而知禮節，衣食足而知榮辱。」禮生於有而廢於無。故君子富，好行其德；小人富，以適其力。淵深而魚生之，山深而獸往之，人富而仁義附焉。富者得執益彰，失執則客無所之，以而不樂，夷狄益甚。諺曰：「千金之子，不死於市。」此非空言也。故曰：「天下熙熙，皆為利來；天下壤壤，皆為利往。」夫千乘之王，萬家之侯，百室之君，尚猶患貧，而況匹夫編戶之民乎？

司馬遷辨析了貧富與禮節榮辱的關係，認識到社會道德的維持，需要以一定的經濟作為基礎，如果食不果腹，就很難談得上禮節榮辱。「天下熙熙，皆為利來；天下壤壤，皆為利往」，司馬遷不僅再次肯定了人們獲利致富的動機，而且也肯定了這一行為的社會價值，還特別肯定了普通老百姓脫貧致富的願望。

從「熙熙攘攘，為利來往」出發，司馬遷提出各種職業、各色人等的行為目的和動機都是趨利，頗有「理性經濟人」的色彩[123]：

> 由此觀之，賢人深謀於廊廟，論議朝廷，守信死節隱居巖穴之士設為名高者安歸乎？歸於富厚也。是以廉吏久，久更富，廉賈歸富。富者，人之情性，所不學而俱欲者也。故壯士在軍，攻城先登，陷陣卻敵，斬將搴旗，前蒙矢石，不避湯火之難者，為重賞使也。其在閭巷少年，攻剽椎埋，劫人作奸，掘塚鑄幣，任俠併兼，借交報仇，篡逐幽隱，不避法禁，走死地如騖者，其實皆為財用

> 耳。今夫趙女鄭姬，設形容，揳鳴琴，揄長袂，躡利屣，目挑心招，出不遠千里，不擇老少者，奔富厚也。游閒公子，飾冠劍，連車騎，亦為富貴容也。弋射漁獵，犯晨夜，冒霜雪，馳坑谷，不避猛獸之害，為得味也。博戲馳逐，鬥雞走狗，作色相矜，必爭勝者，重失負也。醫方諸食技術之人，焦神極能，為重糈也。吏士舞文弄法，刻章偽書，不避刀鋸之誅者，沒於賂遺也。農工商賈畜長，固求富益貨也。此有知盡能索耳，終不餘力而讓財矣。

這當然不表明司馬遷推崇為貪慾發財而不擇手段，而是反映了他的一種觀點：求富逐利是人的天性或本能。雖然爭名逐利求富中不乏作奸犯科、貪贓枉法之徒，但是司馬遷的態度是：「善者因之，其次利道之，其次教誨之，其次整齊之，最下者與之爭。」

二　規模經營、專業化與平均利潤率

在《貨殖列傳》中，司馬遷舉了若干「無秩祿」的庶民農業專業戶，通過專業化的規模經營，其收入可以達二十萬錢，相當於千戶侯所得封地的租稅，因此被稱為「素封」：

> 今有無秩祿之奉，爵邑之入，而樂與之比者。命曰「素封」。封者食租稅，歲率戶二百。千戶之君則二十萬，朝覲聘享出其中。庶民農工商賈，率亦歲萬息二千，百萬之家則二十萬，而更傜租賦出其中。衣食之慾，恣所好美矣。故曰陸地牧馬二百蹄，牛蹄角千，千足羊，澤中千足彘，水居千石魚陂，山居千章之材。安邑千樹棗；燕、秦千樹栗；蜀、漢、江陵千樹橘；淮北、常山已南，河濟之間千樹萩；陳、夏千畝漆；齊、魯千畝桑麻；渭川千畝竹；及名國萬家之城，帶郭千畝畝鐘之田，若千畝卮茜，千畦薑韭：此其人皆與千戶侯等。然是富給之資也，不窺市井，不行異邑，坐而待收，身有處士之義而取給焉。若至家貧親老，妻子軟弱，歲時無以

祭祀進醵，飲食被服不足以自通，如此不慚恥，則無所比矣。是以無財作力，少有鬥智，既饒爭時，此其大經也。今治生不待危身取給，則賢人勉焉。是故本富為上，末富次之，奸富最下。無巖處奇士之行，而長貧賤，好語仁義，亦足羞也。

養馬 50 匹、牛 160 多頭、羊 250 隻、豬 250 頭，或者種千棵棗樹、栗樹、橘樹……其年收入大概也有 20 萬錢，和千戶侯的租稅收入相當。這些不僅僅是算賬的數字，而是實有其人。司馬遷稱讚他們：「富給之資也，不窺市井，不行異邑，坐而待收，身有處士之義而取給焉」；並認為以農業致富是最上等的：「本富為上，末富次之，奸富最下。」司馬遷還說，貧窮令人慚愧恥辱，而貧窮又好說些仁義之類的話，是羞恥的。在這一點上，司馬遷和講安貧樂道的儒家是不同的。

凡編戶之民，富相什則卑下之，伯則畏憚之，千則役，萬則僕，物之理也。夫用貧求富，農不如工，工不如商，刺繡文不如倚市門，此言末業，貧者之資也。通邑大都，酤一歲千釀，醯醬千瓨，漿千甔，屠牛羊彘千皮，販谷粜千鍾，薪稾千車，船長千丈，木千章，竹竿萬個，其軺車百乘，牛車千兩，木器髹者千枚，銅器千鈞，素木鐵器若卮茜千石，馬蹄躈千，牛千足，羊彘千雙，僮手指千，筋角丹沙千斤，其帛絮細布千鈞，文采千匹，榻布皮革千石，漆千斗，糵麴鹽豉千荅，鮐鮆千斤，鯫千石，鮑千鈞，棗栗千石者三之，狐鼦裘千皮，羔羊裘千石，旃席千具，佗果菜千鍾，子貸金錢千貫，節駔會，貪賈三之，廉賈五之，此亦比千乘之家，其大率也。佗雜業不中什二，則非吾財也。

司馬遷已經發現，「庶民農工商賈，率亦歲萬息二千」，「庶民農工商賈」各行各業，乃至放貸的「子錢家」和其他「雜業」，都存在着一個平均利潤率：無論哪一行，投資萬錢都能獲歲利二千，投資百萬則歲盈二十萬，即「什二」之利，也就是年利潤率 20%。《史記·蘇秦列傳》也有這樣的說法：「周人之俗，治產業，力工商，逐什二以為務。」[124]《漢書·貢禹傳》也有「商賈求利，東西南北各用智巧，好衣美食，歲有十二之利，而不出租稅」。[125]

考察市場經濟的發達與否，關鍵是看市場機制是否健全，而這很大程度是通過利潤率的平均化來體現的，整個經濟在動態平衡中形成平均利潤率並藉以維持社會分工不致失常。當然，司馬遷的表述是理想化的，但是，這段話足以表明漢代市場經濟已發達到一定程度上出現利潤率平均化的趨勢，否則司馬遷不可能憑空臆想出那樣的論述。同樣，我們也不必拘泥於上述數字而斷言漢代或西漢的平均利潤率或投資回報率是 20%。[126]

司馬遷之所以能寫出千古奇文《貨殖列傳》，不僅因為他聰敏睿智，更重要的是他生活的西漢市場經濟曾非常發達，對此，後面將會通過時代和地域的縱橫對比進一步說明。到了東漢，班固寫《漢書》，對司馬遷略有非議：「其是非頗謬於聖人：論大道則先黃老而後六經；序游俠則退處士而進奸雄；述貨殖則崇勢利而羞貧賤；此其所弊也。」[127] 班固對於司馬遷「述貨殖則崇勢利而羞貧賤」的觀點非常不能接受，這在很大程度上應該是時代原因所造成的。漢武帝後獨尊儒術，東漢的儒學之盛是西漢不能比的，但是東漢的市場經濟卻比西漢低落不少。

第六節　漢唐商品經濟之比較

漢與唐是我國古代兩個創造了光輝文化的強盛王朝，古來就有「漢唐盛世」之稱。從一般社會經濟發展水平看來，唐代顯然要超過西漢。社會勞務與產品的運動與分配規模，唐也在漢之上。唐代絲綢之路的繁忙，市舶貿易的初興，南北大運河上的物資交流等等，都是漢代所沒有的。這往往會使人們對唐代商品經濟發展水平的估價一般也在漢之上。

然而一般經濟發展水平與商品貨幣關係的發展水平未必同步。社會勞務與產品的運動規模也未必等同於市場發達的程度——道理很簡單，這種運動可以以等價交換的市場方式來實現，也可以在人身依附關係的基礎上以超經濟強制方式來實現，更可以在「自由人聯合體」中通過科學的計劃安排來實現。實際上，唐代的商品經濟水平遠遠不及漢代。[128]

一　漢唐貨幣流通方面的不同

首先，漢唐貨幣流通方面的差距是十分明顯的。漢代貨幣流通的發達令人驚歎。西漢一代黃金大量用作「上幣」，其數量之巨，竟使一些學者懷疑所謂「黃金」可能是黃銅。有人把這個時期稱為「事實上的金本位制時代」。儘管這時黃金的貨幣職能未臻完善——它主要作為價值尺度和貯藏手段而很少作為支付手段使用，但直到明後期大量使用白銀之前，我國歷史上貴金屬大量進入流通領域也只有西漢一朝。東漢以降，黃金退出了流通領域，在唐代它基本上只作為「器飾寶藏」出現。只是到了晚唐，新的貴金屬貨幣——白銀才嶄露頭角，但終唐一代，它的流通量、價值與作用都無法與漢代的黃金相比。

在經濟史上，實物貨幣—賤金屬貨幣—貴金屬貨幣—符號貨幣（信用貨幣）依次代表着更發達的貨幣形態並體現着市場關係的更高水平。在這裏，唐比漢要差一個等級。

漢代的主要支付手段銅錢的流通規模更為驚人。西漢時期出現的本位幣（標準貨幣）「五銖錢」，它不僅通行於西漢一代，而且直到唐代以前，一直是我國主要的標準貨幣，歷時 700 餘年之久，其在經濟史上的地位是不待言的。而且，西漢五銖是我國歷史上鑄造量最大的一種貨幣。據《漢書．食貨志》載，從武帝至平帝的 110 多年中，共鑄造了「二百八十億萬」，當時的「億」為 10 萬，上數即 2800 億，平均每年發行五銖錢達 25 億文之多。這個數字之驚人，我們只需做個對比：我國最後一個傳統王朝清代，順治、康熙、雍正三朝 92 年間鑄錢共 249 億多文，平均每年不過 2 億多，不及西漢 1/10。唐代天寶年間鑄錢最盛，每年才 3.2 億文；開元年間年鑄錢約為 2.3 億文，也不到漢代百餘年平均值的 1/10。唐代其餘時期鑄錢更少。總的來看，漢代貨幣發行規模是唐代無法企及的。[129]

西漢鑄錢如此之多，然而除了戰亂時期外，沒有出現通貨膨脹，因此貨幣史家稱五銖錢為「中國歷史上最成功的貨幣」。事實上，與其說漢代的錢法「最成功」，不如說漢代的貨幣關係最發達更為恰當。西漢時，金屬貨幣進入社會生活的各個領域。在漢文明的主要區域，終西漢一朝，史籍中幾乎看不到以物易物或實物貨幣的記載，而唐代的貨幣關係比起魏晉南北朝自然大有發展，出現了開元通寶這樣影響頗大的貨幣，但比起兩漢尤其西漢，仍然十分可憐。不但貴金屬很少回到流通領域，就是銅錢的地位也十分虛弱，長期不能取代實物貨幣與以物易物。唐代一直是「錢帛兼行」，而且歷來學者都認為唐代銅錢在流通中的作用不如實物貨幣。如黃宗羲認為「唐時民間用布帛處多，用錢處少」，彭信威說唐代以絹帛為貨幣的事「很為普遍」，在各種野史中，縑絹的使用，似乎比銅錢還要多。當代經濟史學家李埏也主張當時絹帛在流通中比錢幣更佔優勢。在唐代，行旅所帶、日用所需、物價的表示與支付、勞務的報酬，都經常使用絹帛。《唐律疏議》規定罪犯計贓用絹，計功作庸及牛馬駝騾車等計庸也用絹。學生用絹帛支付束脩。唐後期銀、錢使用漸廣，但直到晚唐的元和六年，政府還下令公私交易兼用匹段。

在經濟生活的許多領域，唐與漢形成了如下鮮明的對比。

(1) 物價。《漢書．食貨志》記載：「(元帝初元) 二年，齊地饑，谷石三百餘，視宣帝時京師谷石五錢，邊郡谷斛八錢，豐歉大不侔矣。」類似內容在唐人那裏表述為：「貞觀之初，率土荒儉，一匹絹才得粟一斗，…… 自五六年來，頻歲豐稔，一匹絹得十餘石粟。」[130] 漢代鯉魚長至三尺者枚直五十，肉百斤七百錢。而唐代據說「開成中，物價至賤，村路賣魚肉者，俗人買以胡綃半尺」。[131] 這類對比可以說不勝枚舉。當然，這決不是說唐代沒有用錢表示物價的事，不過與漢代相比，以實物貨幣表示物價無疑是唐代的特色。

(2) 勞務報酬。漢代的《太平經》稱：「時以行客，賃作富家，為其奴使，一歲數千 (錢)，衣出其中。」崔寔《政論》有「客庸一月千」的記載。居延漢簡記西漢時河西屯田上的官吏與勞動者都領取「月奉（俸）錢」，吏士每月 600—2000 文，令史 400 餘，田卒、戍卒 300 餘，徒、弛刑士 280 餘。可見那時從內地到邊陲，從自由的「行客」（傭傭勞者）、農奴身份的田卒到身份近似奴隸的刑徒、弛刑士，都以貨幣形式取得生活資料。而唐代僱傭勞動的報酬形式卻多為實物，即「以升斗給役於市」。《唐律疏議》卷 4 規定唐代主價的法定標準：「平功庸者，計一人一日為絹三尺，牛馬駝騾驢車亦同」，也以實物計算。這方面最鮮明的對比是賦役制度中的代役規定：漢代的更賦是以錢抵役，而唐代的丁庸則是以絹抵役。

（3）地租。我國直至 1949 年前，實物地租仍佔絕對優勢，因此漢代存在着「或耕豪民之田，見稅什伍」的實物租並不奇怪。值得注意的是漢代也存在着定額貨幣地租，如《九章算術》卷 6《均輸》第 24 題：「今有假田，初假之年三畝一錢，明年四畝一錢，後年五畝一錢，凡三歲得錢一百，問田幾何？」這裏的數字是否具有實際意義姑且不論，但漢人能提出這種類型的算題，足證貨幣地租決非罕見。而隋唐時代史籍中看不到有關貨幣地租的任何痕跡，敦煌文書中所見的唐代沙洲租佃關係也是純粹的實物租。至於吐魯番文書中有若干麴氏高昌及唐初西州「夏田」文書係用銀錢作「夏價」者，則與當時當地的特殊條件、主要是對外貿易及西域經濟之影響有關（鑄幣用銀而非銅，即為西亞傳統而非中國錢制），學者公認為是一種例外。

（4）借貸關係。戰國時代，我國的貨幣借貸已興起，《管子·輕重丁》：「凡稱貸之家，出泉三千萬，出粟三數千萬鐘，受息子民三萬家。」到了兩漢，借貸關係中的貨幣成分已佔絕對優勢，以至於高利貸者在漢代被通稱為「子錢家」。漢代史籍中所見的借貸關係絕大多數是貨幣借貸：從貧民為「賦斂不時」而「有者半賈而賣，亡者取倍稱之息」，[132] 到「列侯封君行從軍旅，賫貸子錢」，[133] 從「負債數百萬」的私人到「官負人債數十億萬」的國家，不一而足。最明顯的是河西地區出土漢簡中有關債務的文書，就我所知共 47 例，其中除 9 例不詳外，在債務形態可考的 38 例中純貨幣債務達 35 例之多。此外尚有一例借實物而還貨幣，一例借實物而以貨幣計值（可以想見多半也是以貨幣償付的），而真正的實物債務僅有一例。換言之，貨幣借貸幾乎成了唯一的借貸形態！

而到唐代，「子錢家」之名消失，借貸關係中實物成分又佔明顯優勢。中國科學院歷史研究所編輯的《敦煌資料》第 1 輯中共收錄借貸文書 39 件，其中借錢契只有 6 件，其餘 33 件均為借貸麥、粟、豆、生絹、緤、褐等實物。這與同屬河西地區的漢代簡牘中貨幣借貸幾乎一統天下的狀況形成了極為鮮明的對比。唐代官高利貸號為「公廨錢」，給人以主要出貸貨幣的印象，但實際上王永興先生所輯《隋唐五代經濟史料彙編校註》收錄的唐代「官高利貸文書」卻提供了相反的佐證：在 14 件這類文書中就有 11 件是實物，1 件兼貸實物與錢，只有 2 件是完全的貨幣貸款。如果說現存文書統計還帶有一定的隨機性的話，唐代法律中有關借貸的規定就更能說明問題了。例如，唐律規定：「諸負債違契不償：一匹以上違二十日，笞二十；二十匹加一等，罪止杖六十；三十匹加二等，百匹又加三等」；「計庸以當債直：謂計一日三尺之庸，累折酬其債直」[134]；「諸公私以財物出舉者，任依私契，官不為理。每月收利，不得過六分。……其放財物為粟麥者，亦不得回利為本」；「諸以粟麥出舉，還為粟麥者，任依私契，官不為理」；「諸家長在，而子孫弟姪等不得輒以奴婢六畜田宅及餘財物私自質舉」[135]。這裏講的顯然都是實物借貸，現存唐代律令中完全沒有貨幣借貸的規定。這與漢律中關於子錢家「取息過律」的條文形成了明顯的對比。

此外，漢代多用金錢表示財產多寡，諸如「貧民，貲不滿千錢者」，「百金，中人十家之產也」，「豪富吏民貲數巨萬」等等。囤積貨幣成為積累財富的主要方式，「富人藏錢滿室，猶無厭足」[136]，「富貴成，泉金盈」成為風氣。而唐代則以絹帛的多少論貧富，富人多以巨量的絹帛囤積而自炫。唐高宗時有巨富鄒鳳熾，「請市終南山中樹，估絹一匹，自云：『山樹雖盡，臣絹未竭』」；玄宗時又有富人王元寶，「請以絹一匹，係陛下南山一樹，南山樹盡，臣縑未窮」。[137] 漢代官場賄賂多用金錢，唐代則多用絹帛；漢律多以黃金計罰款，唐律多以絹帛計贓值。諸如這類現象，都說明唐代貨幣關係的發展水平遠在漢代之下。

二　漢唐財政的不同

漢唐貨幣關係發展水平的差異最明顯地體現在國家財政上。漢代賦稅的貨幣化程度之高，令人歎為觀止，其中主要有：

人頭稅：包括算賦——成年人每人120錢，和口賦——未成年人每人23錢。

代役稅：成年男子每年服役一月，是為更卒，武帝以後通常都以錢代役，謂之「顧更錢」或「更賦」，其數額向有2000錢與3000錢二說，現多數人據如淳、張晏所言，主張為2000錢。其中如淳並舉二數，謂2000為代更卒之役，3000為代戍邊之役。果如此，則漢代的代役稅實際上要超過成年男子每人每年2000之數。

財產稅，即貲算，在武帝以後也逐漸成為正式的賦稅，其數為「貲萬錢，算百二十七」。10萬錢的中人之產就需納1270錢。

漢代賦役的非貨幣部分主要為田租，其稅率在漢代大部分時期僅「三十稅一」，是非常輕的。按「五口百畝之家」年產穀150石，石價30錢計，這項負擔價值約150錢。

綜合以上數項，一戶標準的「五口百畝之家」按一夫一婦一老二小的人口構成和「中人之產」計，就需交納120×2+23×2+2000+1270+150=3706錢的價值量，其中只有150錢是實物，其餘3556錢即總額的95%以上是貨幣。這當然不準確，實際上當時還有更卒以外的其他徭役（正卒、戍邊等）、田租以外的芻槀稅及獻費之類的雜斂。其中獻費是貨幣，正卒、戍邊乃至田租、芻槀也時有折成貨幣徵收。所以總的來說，漢代賦役絕大部分是貨幣稅，應無問題。

而唐代前期的賦役主要是租庸調，其中田租所徵「粟麥粳稻，隨土地所宜」，戶調所徵是絹、綾、布、綿、麻等，丁庸則是以絹抵役。總之，這是一種典型的實物稅制。有人說其時「一錢不徵」，未免過於絕對，但徵錢很少是無疑的。唐後期的商品經濟有所發展，改行兩稅法，「以錢、穀定稅」，貨幣的地位有了提高。但實際上徵錢只實行了不到30年，在兩稅法頒行的大部分時期，貨幣只是計算賦額的單位之一，實際徵收的仍是按時價折納的實物。換言之，唐後期賦稅的實物稅性質並未有實質性改變。也許一直到明後期行一條鞭法時，賦稅貨幣化程度才再次達到漢代的水平。

財政收入是如此，支出呢？我國歷代財政支出之大者，不外軍費、官俸與營造三項。漢代軍事所花費的貨幣為數驚人。武帝的軍功在常規貨幣稅外，又大興「算緡錢」及鹽錢之利才得以維持。東漢順帝時對羌人用兵，致使國家對私人欠債「數十億萬」錢。而唐代的軍費卻常常用絹帛來支付。如安史之亂爆發時，朝廷倉促擴軍，「乃開左藏庫，出錦帛召募」。[138] 憲宗時對藩鎮用兵，又「出內庫繒絹五十萬匹供軍」。漢代官僚以若干「石」定品級，但實際上領取的主要是或全部是貨幣支付的月俸。到東漢時商品經濟衰落，官俸才改為半錢半米。漢代的封君從食邑上徵收的租稅也以貨幣為主。而唐代早期官俸主要是祿米與職分田上的收益，到永徽年間才有了定額的俸錢，然而其中相當一部分實際上是用「防閤、庶僕」等勞務支付。開元以後，才全部付給錢幣，但到唐末又改發實物。最後，漢代營建費用一般也以貨幣開支，而唐代則常常用絹帛充任此項支付。如開成元年「左僕射令狐楚請以罷修曲江亭子絹一萬三千七百匹，回修尚書省」。[139]

財政收支的狀況決定了預算和國庫的狀況。桓譚《新論》謂西漢時「百姓賦斂，一歲為四十餘萬萬。吏俸用其半，餘二十萬萬藏於都內，為禁錢。少府所領園池作務之八十三萬萬，以給宮室供養、諸賞賜」。這裏的國庫收支與貯存都用貨幣結算。但唐代的國家財政，前期是用實物計算，後期則兼用錢、物。因而唐代國庫的內容也與漢截然有別。當開、天盛世，「國忠徵佚丁租地稅，皆變為布帛，用實京庫，屢奏帑藏充牣，有逾漢制。…… 又賤貿天下義倉，易以布帛，於左藏庫別造數百間屋，以示羨餘」。[140] 漢之宣、元與唐之開、天，史家並稱為盛世，皆以府庫充盈著稱，但其經濟內涵不同如此。事實上，唐以後即使在商品經濟相當活躍的宋代，國家財政也是以「貫石匹斤兩」這樣的複合單位結算，直到清代才又恢復了用單一貨幣結算。

三　漢唐城市經濟的不同

貨幣關係方面的差異，使漢唐的城市經濟面貌也存在着某種區別。唐代長安城，規模之大，設計之精，遠在漢代城市之上，但商品經濟在城市生活中的地位遠比漢代低下。面積廣達 84 平方公里的唐長安城實行嚴格的坊市制，大街兩旁坊牆高聳，幾乎沒有商業活動，作為商業區的東西二市各僅二坊之地，與居民區 108 坊相比僅為後者的 3.7%。如按考古發掘實測，則東西二市總面積不過 1.88 平方公里，僅佔全城面積的 2.2%。唐洛陽城的市更只在全城 126 坊之中據有二坊之地，僅為居民區的 1.6%，比隋洛陽的市還小。

相比之下，漢長安面積約 35 平方公里，僅為唐長安的 41.7%，商業區卻有九市之多。雖然每市面積較小，但以「凡四里為一市」計，九市共佔 36 里，與居民區 160 里相比，商業區佔到居民區的 22.5%，遠遠高出唐代兩京。

漢代城市的閭（里）市之別似乎也沒有唐代城市的坊市之別那樣嚴格。從班固《西都賦》中「闐城溢郭，旁流百廛，紅塵四合，煙雲相連」的描寫看來，漢長安大街上似乎是有商業的。更值得注意的是，唐長安二市東西對稱，形制雷同，是官方嚴格規劃的產物，而漢長安九市格局不一，名稱雜亂，「六市在道東，三市在道西」，甚至可能多數在城外，如「直市在富平津西南二五里」，令人想起宋明城市的關厢。可見兩種市的風格不同。唐市雖然也反映了商品經濟的一定程度的活躍，但主要還是官府行政權力的體現；而漢市雖然也受官府管理，但主要卻是隨着商品經濟的發展而自發形成的。

長安而外，漢代還有不少商業城市，如左思《蜀都賦》中「市廛所會，萬商之淵，列隧百重，羅肆巨千，…… 百室離房，機杼相和」的成都，以及臨淄、邯鄲等等。由於缺少定量性資料，難以把它們與唐代同類城市相比。但值得一提的是漢代按王符的說法，「天下百郡千縣，市邑萬數」，似乎平均每縣竟有 10 個以上的市集。這當然是「言其多也」的形容用語，未必實有其數。但漢《張遷碑》中有「黃巾初起，燒平城市，斯縣獨全」之語，馬王堆西漢墓出土帛書《天文氣象雜占》中亦有某地「又（有）市邑四」之說，聯繫王符所言，看來漢代縣以下市集的活躍是沒有疑問的，這一點似乎尚未引起學術界的注意。[141] 相比之下，唐代則是「諸非州縣之所，不得置市」，至少在盛唐時代，縣以下是不存在正規市集的。

從一國之都到鄉間市邑，漢代的市場網絡顯然比唐代要發達。當然這是指「市場」網絡而不是超經濟強制下運行的物資集散網絡，就後者而言，漢代當然比不上有着更大型城市和更完備的運河等交通系統的唐朝。

在都市商業活動的深度方面，漢與唐相比也有許多值得研究之點。在「封建前期向鼎盛期發展」的思維模式下，過去人們對唐代尤其晚唐城市商業中出現的一些「新生事物」如櫃坊、飛錢、邸店等給予了高度評價。尤其是櫃坊，日本學者加藤繁首先予以注意時，說它如果順利發展下去可能會成為銀行業的開端。此後的學者們越拔越高，竟至於把它說成是「專營銀行業務」的「純粹的金融機構」，比歐洲佛羅倫薩或奧格斯堡的金融業要早 600—700 年等等。其實就史載而言，櫃坊經營的是「僦（出租）櫃」業務，即提供保險櫃供人租用以鎖放錢物。這些「鎖在西市」櫃坊中的錢物既不能周轉生利，櫃坊主也不用向錢主付息，相反錢主還要付保管費。與窖存、埋藏相比這種方法只是取用較方便而已，它雖然為商人提供了服務，而且近代銀行往往也有這項業務，但僅憑這種業務它是不能變成銀行的，因為它與金融市場中信用機構的基本職能——變死錢為活錢，使分散的或呆滯的資金作為借貸資本而周轉起來——並無必然聯繫，正如藏錢滿室的富翁與銀行家並無必然聯繫一樣。

事實上，銀行業或金融信用事業產生的基礎是商品經濟發達後在價值規律[142]的作用下形成一般（平均）利潤率，並使之成為借貸利率的天然界限。因為只有這樣，以借貸資本從事經營才會有利可圖，才能產生吸收游資、形成借貸資本並使其向經營資本轉化的內在動力和要求。而這在唐代是無從談起的。唐代自然經濟下並無能夠約束借貸利率的一般利潤率可言，因而高利貸利率之高駭人聽聞，這種利率只能盤剝那些走投無路而飲鴆止渴的破產窮人，或者躺在特權之上而毫無「經濟核算」觀念的貴族寄生蟲，誰會借這種閻王債作資本去從事經營活動？

但在漢代則不然，下面將要談到西漢商品經濟的發達已初步形成了一般利潤率，並在一定程度上制約着借貸利率，因而出現了「民貸以治產業」的現象。這在邏輯上必然產生促使「子錢家」吸收游資、擴大借貸資本並使自己演變成原始銀行家的可能性。古希臘－羅馬十分發達的金融業就是這樣產生的，在漢代史籍中雖尚無此種事例發現，但在邏輯上至少可以說，漢代那些頗得司馬遷好評的「率亦歲萬息二千」的「子錢家」，比唐代的櫃坊主更接近於銀行家——自然是古典商品經濟中的而不是資本主義誕生時的「銀行家」。

四　漢唐商品生產的不同

商品經濟的基礎並不是商業，而是商品生產，因此對漢唐商品經濟的研究自然不能只限於流通領域。

漢代手工業商品生產的發達是人所共知的。就連對唐代商品經濟評價極高，認為是由古代向近代的轉折的傅築夫先生也承認，唐代手工業商品生產總的來看，「沒有達到第一次高潮（指戰國秦漢時期）曾經達到過的水平」。但他認為在農產品的商品化方面唐代已超過漢代。的確，在我國這樣一個農業國，考察商品經濟的發展不能只盯着城市，只盯着工商業，而這往往正是以往研究的弊病所在。因此這裏我們着重比較一下漢唐商品性農業的情況。

在「二十四史」中，《史記》《漢書》中的《貨殖（列）傳》是僅見的絕唱。「貨殖」者，財貨增殖也，它不僅包括商業與信貸業，也包括面向市場、以「貨殖」為目的的商品生產業。在太史公筆下，古典時代的「企業家」們大顯身手，「治生產猶伊尹呂尚之謀，孫吳用兵，商鞅行法」，在各個領域裏，「趨時若猛獸鷙鳥之發」，從事激烈的競爭。他們「大者傾郡，中者傾縣，下者傾鄉里者，不可勝數」，「千金之家比一都之君，巨萬者乃與王者同樂」。那些顯赫的列侯封君、軍功貴族在他們面前也「低首仰給」，這在我國歷史上可以說是空前絕後。像《貨殖列傳》這樣的著作只能見之於漢而不能見之於唐修諸史，這本身就很能說明問題。

然而更重要的，也是迄今人們往往忽略了的一點是，《貨殖列傳》有關生產領域的敍述中，農業佔了極突出的地位。與今日一些人一談起古代商品生產首先想到手工業不同，司馬遷在《史記．貨殖列傳》中列舉那些「歲萬息二千」的生產部門時，提到的全屬農（林、牧、漁）業部門：

> 陸地牧馬二百蹄，牛蹄角千，千足羊，澤中千足彘，水居千石魚陂，山居千章之材，安邑千樹棗，燕、秦千樹栗，蜀、漢、江陵千樹橘，淮北、常山已南、河濟之間千樹萩，陳、夏千畝漆，齊、魯千畝桑麻，渭川千畝竹，及名國萬家之城，帶郭千畝畝鍾之田，若千畝卮茜，千畦薑韭，此其人皆與千戶侯等。

在論及「富者必用奇勝」一節中，他提到的第一個、也是生產領域唯一一個例子是「田農拙業，而秦揚以蓋一州」。這裏所謂「田農」顯然屬於上述各種商品性種植園業，而決非出租土地收取地租。實際上整篇《貨殖列傳》所描繪的農業，就是一幅類似古羅馬「加圖式」農業的專業化、商品化、規模經營的圖景。而在隋唐時期的任何文獻中是絕對看不到這種圖景的。

當然我們絕不至迂腐到把這幅圖景看成漢代農業的全貌。與唐代一樣，漢代農民絕大多數無疑是個體小農而不是種植園主。但即使漢代的一般小農，其經濟的商品化程度也遠高於隋唐。《漢書．食貨志》中有一筆常為人引用的小農收支賬：

> 今一夫挾五口，治田百畝，歲收畝一石半，為粟百五十石，除十一之稅十五石，餘百三十五石。食，人月一石半，五人終歲為粟九十石，餘有四十五石。石三十，為錢千三百五十，除社閭嘗新春秋之祠，用錢三百，餘千五十。衣，人率用錢三百，五人終歲用千五百，不足四百五十。不幸疾病死喪之費，及上賦斂，又未與

此。此農夫所以常困，有不勸耕之心，而令糴至於甚貴者也。

這裏說的是入不敷出的小農而不是「求富益貨」的種植業主，生產的是糧食而不是經濟作物，但其生產的商品率仍達到 30%（45÷150=30%）。而如按維持簡單再生產所需的消費掀計，則為（1350+450）÷（150×30+450）=36.4%。這個數字意味着什麼？我們只需記住：時至 1978 年，我國農業中糧食生產的商品率也只有 20%！

有人可能會說班固描繪的這種賣出糧食買衣穿的農民不典型。也許如此。但無論如何，我們看到戰國秦漢時人談到發展農業的條件時，幾乎都要強調市場及價格因素，所謂「市也者，勸也，勸者，所以起本」，[143]「重粟之價金三百，若是，則田野大辟，而農夫勸其事矣」，[144]「谷賈什倍，農夫夜寢蚤起，不待見使，五穀什倍⋯⋯農夫夜寢蚤起，力作而無休止」，[145] 也所謂「二十病農，九十病末」，[146]「糴甚貴傷民，甚賤傷農」;「欲民務農，在於貴粟⋯⋯農民有錢，粟有所渫」[147] 等等，不一而足。

而隋唐時人在類似場合談到的大都是輕徭薄賦、行均田、抑兼併、興水利之類，沒有誰主張用提高糧價、開闢市場的辦法來發展農業。晚唐行兩税法時，由於錢重物輕，農民受害甚烈，一時議論紛起。但這些人都不是要求「重粟之價」，而是要求取消貨幣税！陸贄說：「粟可耕而得，帛可織而成，至錢非官鑄不行，是貴民之所無，不如用粟帛為便。」[148] 白居易說：「錢者，桑地不生銅，私家不敢鑄，業於農者，何從而得之？」「私家無錢爐，平地無銅山，胡為秋夏税，歲歲輸銅錢？」[149] 總之，他們所看到的當時的農民，都處於「樹之穀，藝之麻，養有牲，出有車，無求於人」那樣一種純自然經濟狀態。像白居易那樣以體察民情著稱的現實主義者，他的這種看法當然不是憑空臆想出來的。也許有人說這些人是反對兩税法的保守派，有偏見。可能如此。但是我們不禁要問：漢代長期實行貨幣税制，也曾有貢禹、張林等人的反對，但他們只是說貨幣税會誘民「趨末」，助長「奸邪」，干擾物價，以及採銅冶鑄勞民傷財等等，從沒有人提出過那種要錢只能自鑄，「業於農者何從而得之」的指責。這是為什麼？顯然，結論只能是漢代農民經濟的商品化水平遠高於唐代農民，對漢人來說，像陸贄、白居易那樣提問未免太可笑了！

五 漢唐商品經濟的本質區別

商品經濟最本質的特徵不在於「商人吃香」，也不在於生產者可以拿出多少東西，而在於它是受價值規律或市場法則支配、調節的經濟。改革開放初期，20 世紀 80 年代「全民經商」、「倒爺」橫行的狀況決不說明商品經濟發達。相反，它只說明商品經濟不發達，「看不見的腳」踩住了「看不見的手」。蘇聯斯大林時代用行政命令迫使農民義務地按某種「價格」提供了比集體化前多得多的「商品糧」，但這與「商品經濟」自然也風馬牛不相及。所以，考察商品經濟發達與否，關鍵是看市場機制是否健全，價值規律能否正常調節生產並維持社會分工。而價值規律的調節作用是通過利潤率的平均化來體現的，整個經濟在動態平衡中形成平均利潤率並藉以維持社會分工不致失常。那麼，這種機制在古代經濟中是否存在呢？

《史記．貨殖列傳》曰：「庶民農工商賈，率亦歲萬息二千（戶），百萬之家則二十萬……此其人皆與千戶侯等。……子貸金錢千貫，節駔會，貪賈三之，廉賈五之，此亦比千乘之家，其大率也。佗雜業不中什二，則非吾財也。」司馬遷已經發現，商品經濟中「農工商賈」各業，乃至放貸的子錢家和其他「雜業」，都存在着一個平均利潤率：無論搞哪一行，投資萬錢總能獲歲利二千，投資百萬則歲盈 20 萬，即年利潤率 20% 或曰「什二」之利。人為地抬價坑騙（「貪賈」）或壓價招徠（「廉賈」）並不能改變這一比率。

為什麼會這樣？司馬遷指出：「物賤之徵貴，貴之徵賤……若水之趨下，日夜無休時，不召而自來……豈非道之所符，而自然之驗邪？」商品價格圍繞某一水平周期性地上下波動，這就如「水之趨下」那樣是客觀規律，並非人之「廉」「貪」所能左右。司馬遷自然不可能發現價值這一範疇，但他對價值規律的作用以及由這一規律決定的商品經濟中利潤率平均化趨勢有着相當深刻的感性認識。在中國古代史上，有這種認識的人他是第一個，恐怕也是唯一一個！

相比之下，唐人是怎樣看這些問題的呢？被一些學者譽為唐代最優秀的貨幣理論家的劉秩有如下一番高論：「『先王以（貨幣）守財物，……』是以命之曰衡。衡者，使物一高一下，不得有常，故予之在君，奪之在君，貧之在君，富之在君」，[150] 在他看來，商品價格「一高一下」是由君主決定的，根本不存在什麼「常」即客觀規律。這種看法比司馬遷的見解糊塗多了。著名經濟思想家胡寄窗先生認為唐代商品經濟比漢代發達，照理貨幣理論會有進步，但實際上這一時期的貨幣理論卻既貧乏又保守，他覺得很難理解。其實，如果他能懷疑唐代商品經濟是否真比漢代發達，大概對此就不難理解了。

思想家的思想歸根結底是他那個時代的社會存在之反映。如果漢代不存在古典商品經濟中價值規律調節下的利潤率平均化趨勢，司馬遷天賦再高也想不出「農工商賈率亦歲萬息二千」的話。而事實上當時不僅司馬遷，其他人也看到了 20% 的平均利潤率的存在。《史記．蘇秦列傳》《漢書．貢禹傳》都有「什二之利」或「逐什二以為務」的提法。

而在唐代並沒有誰提到過一般的或平均的利潤率，相反地在經濟活動中可以有神通廣大的商人，卻沒有起調節作用的市場機制，商業的偶然性、欺詐性與投機性使得利潤率沒有什麼標準可言。唐代江西商人販木材到揚州，「利則數倍」；河南人從江南販來江湖之貨，一年「獲利可倍」，如此等等。

當然，所謂平均利潤率只是一個相對的概念，並且只能以動態平衡方式體現。利潤率的完全平均化只存在於「完全競爭」的「理想市場」之中，任何現實的商品經濟包括當代資本主義各國都不可能達到這一理論上的典型狀態，更遑論古代的商品經濟了。所以司馬遷一面講「農工商賈率亦歲萬息二千」，一面又聲稱「用貧求富，農不如工，工不如商」，就不是什麼難於理解的事了。儘管如此，一個經濟系統的性質畢竟是由支配該系統並決定着系統內各元素間特定的聯繫方式與相互作用機制的運動規律所決定，並表現為一種特有的自組織、自調節機制。許多經濟現象如僱傭、租佃、奴隸制、借貸、承包、股份制、商業利潤等等可以存在於不同的經濟系統中，但在不同的經濟規律制約下便具有不同的性質。在漢唐經濟的比較中可以看到這一點。

例如，漢唐社會都有許多奴隸，過去在古史分期討論中，人們對漢代奴隸多少的問題爭論不休，其實漢唐奴隸究竟孰多孰少，是很難斷定的。然而漢代的奴隸自有其特定的性質，用漢人的話説，「奴婢，職在理財貨」，「奴婢致財，與財貨相似，⋯⋯可通往來，故理財貨也」。[151] 奴隸是一種與財貨相似「可通往來」即可以流通的商品，而且還是一種使用於商品經濟（「職在理財貨」）並在使用中可以「致財」即產生價值增殖的特殊商品。這樣一種古典商品經濟中的奴隸概念，在唐代的自然經濟中是不存在的。在那裏，奴隸制只是自然經濟下宗法式人身依附狀態的最極端形式而已。

又如，漢唐社會中都有高利貸者，但漢代的借貸資本作為古典生息資本的一種形式，受古典商品經濟中平均利潤率的一定程度的限制，而唐代的高利貸則完全是自然經濟下弱肉強食式的勒索。《貨殖列傳》中的子錢家與農工商賈一樣「歲萬息二千」，鄭玄在《周禮》註中認為合理的利息率是 5%，王莽時的五均除貸，利息為年率 10% — 36%，而且明確規定「欲貸以治產業者」，「計所得受息」，直接以產業利潤率來限制借貸利息率。而唐代的利息率與漢代相比高得驚人，法定官高利貸（公廨錢）月利 40% — 70%，相當於年利 480% — 840%！法定私高利貸月利 40% — 60%，而現存文契竟有高達 100% 的。「五十之本，七分生利，一年所輸四千二百」，這樣的利率真是駭人聽聞。呂思勉先生也注意到隋唐借貸利率明顯高於秦漢，但這是為什麼呢？顯然不能説漢代的子錢家比較仁慈而唐代的高利貸者生性狠毒。關鍵恐怕還在於唐代經濟中不存在古典商品經濟中平均利潤率的調節機制。在歐洲，中世紀前期高利貸利率遠遠高於希臘－羅馬古典時期，就是這個道理。不言而喻，這兩種借貸關係也具有不同的經濟運行機制所賦予的不同性質。類似的，漢唐的租佃、傭傭等現象也可以放在不同的動態經濟系統中去比較。

以上從貨幣制度、國家財政、城市職能、生產領域經濟運行機制與運動規律等方面考察，唐代商品經濟的水平都比漢代相差很遠。但唐代社會的發展階段與文明程度當然不能說比漢代還落後，這顯然會引出傳統史學理論框架所難以容納的一系列問題。

當然，可能有人會指出這裏所謂「漢唐比較」太籠統，因為漢與唐都各有數百年的歷程，各自內部經歷的經濟變化也很大，例如誰能說，東漢末期的商品經濟要比兩稅法以後的晚唐更發達呢？

但問題的關鍵恰恰也在這裏。我們看到，漢唐商品經濟的發展與社會文明興衰之間的相互制約關係是截然相反的：漢初社會進步最快、文明最有生氣的時代是以「文景之治」為中心的「漢興七十餘年之間」。這個時期正是古典商品經濟在「無為之治」的自由放任政策下幾乎不受限制地大發展的時期。武、昭、宣、元四代達到了社會繁榮和文明昌盛的頂點，而商品貨幣關係也發展到頂峰並開始在武帝中後期及王莽時代的一系列打擊下趨於停滯。東漢以後古典商品經濟逐漸衰敗，自然經濟化進程已經開始，「閉門成市」的莊園與《四民月令》式的自給自足經濟模式發展起來，黃金退出流通，貨幣停止鑄造。而燦爛的漢文明隨之黯然失色，社會日趨蕭條破敗。董卓亂後，三國兩晉，自然經濟完全佔據了統治地位，秦漢古典文明也就被一個分裂混亂的黑暗時代所取代。

而唐代的發展恰恰相反。唐初「貞觀之治」虎虎生氣，文明如日中天，而此時是均田制、租庸調，交易用粟帛，官祿賴職分，自然經濟高度發達的時期。開、天之際商品貨幣關係逐漸發展，而社會文明也盛極而危。至安史之亂後商品經濟日盛一日，定州何明遠式的工商業巨富出現了，「如見錢流地上」的局面形成了，賦稅貨幣化的進程開始了，草市、飛錢等新生事物隨着商品經濟的發展紛紛出台。然而在這商品經濟長足發展的時代，氣勢恢宏的唐代文明卻已成風中殘燭。

這就是說，秦漢文明是以古典商品經濟為基礎的社會文明，隨着古典商品經濟的衰落與自然經濟化，這個文明衰落了。隋唐文明是以中古自然經濟為基礎的社會文明，隨着自然經濟的日近黃昏與商品經濟的復興，這個文明也逐漸失去了生氣。

第七節 漢代的古典借貸關係

—— 兼與古希臘—羅馬的比較

漢帝國和羅馬帝國是約略同時出現在歐亞大陸東西兩端、幅員遼闊的大帝國。在各自發展的鼎盛時期，連人口規模、黃金儲備，兩大帝國都極為相近。漢帝國和羅馬帝國都處在古典商品經濟的發展階段，那麼這東西兩大帝國，哪一邊的經濟相對更為發達呢？以下從借貸和租佃兩個方面進行比較。

一 漢代的借貸

《漢書．食貨志》中記載的「有者半賈而賣，亡者取倍稱之息」是人們常常引用的漢代高利貸史料。通常認為，這種借貸與一直延續到近代農村中的封建高利貸沒有什麼不同。實際上，在漢代發達的古典商品經濟土壤上形成的借貸關係是與封建高利貸異質的。[152]

首先讓我們從最原始的資料——保存至今的兩漢債務文書入手，對當時的借貸關係作一個歸納性分析。現存漢代債務文書在西北邊郡出土漢簡中保存的不少，其中能反映債務關係諸因素、具有統計價值的，經統計共有 47 例（見下表）。

漢代債務文書中的債務關係

序號	債務方式	債務形態	債額	身份		簡文出處
				債權人	債務人	
1	借貸	?	?	?	故居延令史	《居延漢簡甲乙編》3.2
2	欠付	貨幣	2330 錢	燧長	亭長	同上 3.4
3	欠付	貨幣	280 錢	燧長	故燧長	同上 3.6
4	借貸	貨幣	600 錢	?	燧長	同上 6.17
5	借貸	貨幣	778 錢	?	燧長	同上 24.13
6	借貸	貨幣	9500 錢	侯長	里民	同上 35.4

續表

序號	債務方式	債務形態	債額	身份		簡文出處
				債權人	債務人	
7	借貸	實物（以貨幣計算）	練1匹（價1200錢）	戍卒	令史	同上 35.6
8	借貸	貨幣	5000錢	?	?	同上 35.12
9	借貸	貨幣	?	士吏	?	同上 56.2
10	借貸	貨幣	800錢	（代理）侯長	燧長	同上 58.11
11	?	?	?	「官女子」	燧長？	同上 58.15A
12	除買	貨幣	?	?	燧長	同上 88.13
13	借貸	貨幣	560錢	?	?	同上 132.31
14	除買	貨幣	1855錢	里民	燧長	同上 123.36
15	借貸	?	?	戍卒	?	同上 143.8
16	欠付	貨幣	?	?	中使妻	同上 145.1
17	欠付	貨幣	1500錢	?	燧長	同上 157.SA
18	借貸	貨幣	500錢	戍卒	弛刑士	同上 157.11
19	借貸	貨幣	?	里民	侯官尉史	同上 158.3
20	借貸	貨幣	?	?	?	同上 178.8
21	借貸	借實物還貨幣	150錢	燧長	?	同上 178.8
22	借貸	貨幣	400錢	戍卒	故尉	同上 190.13
23	除買	貨幣	6400錢	?	?	同上 206.28
24	借貸	貨幣	?	戍卒	燧長	同上 214.34
25	借貸	貨幣	?	燧長	?	同上 214.60，178.2
26	除買	貨幣	360錢	戍卒	燧長	同上 217.15
27	賠償	貨幣	7000錢	里民	燧長	同上 229.1-2
28	借貸	貨幣	?	戍卒	燧長	同上 231.28
29	借貸	貨幣	?	刑徒	侯長	同上 259，1
30	借貸	貨幣	?	戍卒	里民	同上 261.42
31	除買	貨幣	353錢	堠史	戍卒	同上 262.29
32	借貸	?	?	囚徒	侯長	同上 264.16B

續表

序號	債務方式	債務形態	債額	身份		簡文出處
				債權人	債務人	
33	借貸	貨幣	?	?	?	同上 279.17
34	借貸	貨幣	?	戍卒	士吏	同上 279.17
35	借貸	貨幣	?	戍卒	?	同上 282.4A、4B
36	借貸	貨幣	300 錢	?	燧長	同上 282.9A、9B
37	借貸	貨幣	?	戍卒	燧長	同上 285.12
38	借貸	貨幣	1300 錢	小吏	小吏	同上 312.1、26.9A
39	借貸	貨幣	3500 錢	小吏	小吏	同上 312.1、26.9A
40	借貸	貨幣	115 錢	戍卒	小吏	同上 326.22A
41	借貸	?	?	燧長	燧長	同上 405.2
42	借貸	貨幣	?	官府	?	同上 455.14
43	借貸	?	?	侯官吏	嗇夫	同上 506.9A
44	除買	貨幣	1450 錢	戍卒	燧長	同上附 22
45	除買	實物	麥 7.6 石	?	戍卒	1977 年出土，簡號 77・J・H・S：2A
46	欠付	貨幣	80000 錢	甲渠侯	客民	《候粟君所責寇恩事冊》
47	借貸	?	?	官府	?	《居延漢簡甲編》826

資料來源：中國社科院考古研究所編：《居延漢簡甲乙編》上下冊，中華書局，1980 年。轉引自秦暉：《漢代的古典借貸關係》，《中國經濟史研究》1990 年第 3 期。

以上 47 例債務關係的主要特點是：

第一，47 例中，除 2 例債權人為官府外，其餘都是私人之間的債務關係。這與河西地區現存唐代債務文書中官高利貸與寺院高利貸所佔比例達

30% 的情形大有區別。這 47 例債務的成立方式中，除買佔 7 例，欠付佔 5 例，賠償佔 1 例，其餘 34 例都以直接借貸方式成立。

第二，債務形態方面，除 9 例不詳外，在可考的 38 例中純貨幣債務達 35 例之多。此外尚有 1 例是借實物還貨幣、1 例是借實物而以貨幣計值（可以想見其多半也是以貨幣形式償付的），而真正的實物債務僅有 1 例。換言之，貨幣借貸在這裏佔了絕對優勢，甚至幾乎可以說是唯一的借貸形態。這是很值得注意的！因為即使晚至解放前，我國農村的債務仍以實物債為主。而漢代在如此邊遠的地區借貸關係的貨幣化程度已十分驚人，其中奧妙何在？

第三就債權人與債務人的身份等級而言，上表給人以前者低於後者的總體印象。47 例中除借貸雙方或其中一方身份不詳而無從比較的 18 例外，其餘 29 例中借貸雙方身份相當的有 4 例，債權人身份等級高於債務人的有 7 例（包括私人欠官債的兩例在內），另有 3 例借貸雙方分屬軍、民兩系統（候官吏－嗇夫、燧長－亭長、戍卒－里民）而難以比較身份高低，其餘 15 例即半數以上是債權人身份明顯低於債務人的，如候長欠刑徒的債、尉欠戍卒的債以及燧長欠「官女子」的債等等。上表中身份可考的所有 35 名債務人中只有 6 人即 17% 是沒有任何職銜名分的戍卒、里民、客民、弛刑士等，而在所有 34 名身份可考的債權人中這類身份低下者卻佔了 19 人，即 56%。這種狀況是否意味着特權者仗勢強借民錢以為勒索之法？看來不是，因為從簡文看那些身份較高的債務人並非他們的平民債主的長上，而且從這些債主往往再三催討乃至提起訴訟看來，他們也無所懼於那些欠債的尊者。顯然，這種現象與《史記・貨殖列傳》中描繪的那種列侯封君在「無秩祿之奉、爵邑之入」的素封們面前「低首仰給」現象一樣，都是商品經濟的競爭之潮沖毀宗法秩序的結果。

第四，從債額來看，除 1 例實物債與 24 例債額不詳者外，債額可考的 22 例中有 5 例在 5000 錢以上，7 例在 1000—5000 錢之間，7 例在 300—1000 錢之間，而 300 錢以下的只有 3 例。這 22 筆債款的總額共 125053 錢，其中有爭議的「粟君所責寇恩」一例就佔了 8 萬錢。由於這筆債務有爭議，其成立的情況較特殊，又不是直接借貸，姑置而不計，則所餘 21 筆債務的債額平均為 2145.4 錢。考慮到有的簡文（如上表中第 13 例）中的數字並非債款的全部，這一平均值顯然是偏小的。那麼這種規模的債務意味着什麼？從漢簡中可知當時當地的物價：土地每畝值 30 — 100 錢，牛每頭值 2500—3000 錢，小奴一人值 1500 錢。可見這些債務平均能買 20 — 70 畝地，或買一個小奴隸（有餘），或買一頭牛（不足）。顯然，如此水平的貨幣債務與自然經濟中常見的消費性借貸，如青黃不接時為度荒而舉借「升斗之債」的情況不同，它在邏輯上已包含着在經濟領域中作為貨幣經營資本來運轉的可能性。

「粟君所責寇恩事」是這批漢簡中對債務關係的成立與糾紛過程敍述最詳細的一例。建武三年（27 年）甲渠候粟君僱潁川昆陽籍客民寇恩運魚到張掖郡治市場上出售，寇恩向粟君承包的魚價為 40 萬錢。由於行情不利，寇恩賣魚之後又把運輸用的一頭牛也賣了，卻總共只拿到 32 萬錢。於是粟君認為他欠了自己 8 萬錢。而寇恩則認為他的一些物品被扣押在粟君處，他在販運途中還為同行的粟君妻買了糧、肉，加上他的兒子曾受僱於粟君百日，應得的工資加前述開支，已超過了承包魚價之差額，而粟君還應倒付他餘額合 24600 錢。[153] 無論這樁訴訟怎樣了結，這種因商務關係而產生的債務，在當時決不會是罕見的。

最後，關於利息問題，由於這批漢簡的性質多為訴訟冊籍而非契約原件，故多未涉及。只有上表中第 45 例即 1977 年在玉門花海漢代烽燧遺址出土的 77・J・H・S：2A 號簡可能是契約原文：「元平元年七月庚子，禽寇卒馮時賣橐絡六枚楊卿所，約至八月十日與時小麥七石六斗，過月十五日，以日斗計。蓋卿任。」這筆債務在約定支付期內是無息的，逾期不償，則從逾期五日後每日加息七十六分之一。但這是賒買而不是以生息為目的的放貸，「以日斗計」的規定只是對逾期的懲罰，加上它是唯一的一例實物債，與通行的貨幣借貸肯定有別，所以這一「利息」並不具有典型性。看來對利率問題只能結合文獻記載來考察。

以上材料都出土於西北屯戍地區，內地漢簡後來雖多有發現，但已公佈的材料中尚未見有債務文書。[154]以邊郡的材料論全國，在空間上有以偏概全之嫌，因此我們只有在結合史籍文獻的分析後才能對其性質做出判斷。但在時間上上述材料卻恰可成為與中古借貸關係相對照的極好範例，因為我國現存中世紀債務文書正好也都出自西北邊郡（敦煌、吐魯番）。同一地域上建立的時間坐標，最能反映出債務關係演進的歷史軌跡。

二　漢代借貸的特點

結合史籍來看，漢代借貸關係有如下特點：

(1) 貨幣借貸佔優勢。

在世界各國歷史上，最早的借貸關係都是實物借貸。我國在戰國時期隨着商品經濟發展，開始興起貨幣借貸，但在借貸關係中比重還不大。《管子．輕重丁》曰：「凡稱貸之家，出泉二千萬，出粟三數於萬鍾，受子息民三萬家。」這裏實物借貸的價值比重遠遠超過貨幣借貸。但後者畢竟發展更為迅速，到了漢代，史籍所見的實物借貸已很少，[155]貨幣借貸已在當時的借貸關係中佔絕對優勢。漢代的出貸者通稱為「子錢家」（《史記．貨殖列傳》），就是這種情況的反映。

當時的貧民借債，如晁錯所云貧民「有者半賈而賣，亡者取倍稱之息」，以應「賦斂」之急索。這顯然是錢債，因為漢代之「賦斂」，尤其是「不時」之賦斂，一般都徵收貨幣。這從「半賈而賣」也可看出。中等人家借債，如《後漢書．桓譚傳》：「富商大賈多放錢貨，中家子弟為之保役」，也是錢債。富貴者借債，如《史記．貨殖列傳》中「列侯封君行從軍旅，賫貸子錢」，《漢書．宣元六王傳》中「（張）博言負責數百萬」，「今遣有司為子高償責二百萬」。國家借債，如《後漢書．順沖質帝紀》載順帝時為征羌之役「詔假民有貲者戶錢一千」，「官負人責數十億萬」（又見同書《龐參傳》）等等，也都是借的貨幣。

這種情況與隋唐自然經濟下的高利貸形成鮮明對比。以唐代為例，那時「子錢家」之名稱已消失，借貸關係中實物成分又佔了明顯優勢。王永興先生所輯《隋唐五代經濟史料彙編校註》收錄寺院高利貸文書 4 件，其中實物借貸佔 3 件；私高利貸文書 42 件，其中實物借貸佔 26 件；唐代官高利貸以「公廨錢」為名，給人以主要出貸貨幣的印象，但上書收錄的唐代官高利貸文書 14 件中卻有 11 件貸的是實物，1 件兼貸實物與貨幣，只有 2 件是純貨幣貸款。唐代法律中有關借貸的規定全部以實物借貸為對象，如「諸負債違契不償：一匹以上違二十日，笞二十；二十匹加一等，罪止杖六十；三十匹加二等，百匹又加三等」；「計庸以當債直：謂計一日三尺之庸，累折酬其債直」[156]，等等。在整個封建時代，這種狀況並無根本變化。

（2）平均利潤率對利息率有嚴重影響，壓低了利息率。

世界經濟史中的大量事例表明，借貸利息率的高低，與自然經濟化的程度成正比：商品貨幣關係越發達，貨幣資本的各種形態在各經濟領域內自由流動的結果便使利潤率平均化，而平均利潤率便日益成為利息率的天然界限。而在自然經濟下無所謂平均利潤，債利在人身依附關係的基礎上具有明顯的敲詐勒索性質，因而出奇地苛重。希臘－羅馬古典時代的借貸利率遠遠低於它以前的父權制氏族貴族統治時期和它以後的歐洲中世紀前期，就是這個道理。

如前所述，漢代的確存在着從前古典的公社時代遺留下來的高利率，即所謂「倍稱之息」。但各種資料表明它只是漢代利率構成中的次要成分。[157] 總體上看，漢代利率既低於先秦時代，又低於魏晉以降，是近代資本主義利息產生前我國歷史上借貸利率的低谷時期。

《史記．貨殖列傳》曰：「庶民農工商賈，率亦歲萬息二千，戶百萬之家則二十萬，…… 此其人皆與千戶侯等。…… 子貸金錢千貫，節駔會，貪賈三之，廉賈五之，此亦比千乘之家。其大率也。佗雜業不中什二，則非吾財也。」這是關於漢代商品經濟中存在着平均利潤率的明確表述，同時也體現了經營利潤（「農工商賈」及「佗雜業」的商業－產業利潤）對借貸利息的制約。「子貸金錢千貫」即 100 萬錢的借貸資本，其生息相當於年收入 20 萬錢的「千乘之家」，年利率為 20%，與農工商賈「歲萬息二千」的平均利潤相當。當然，司馬遷的表述是理想化的，即使商品經濟最發達、市場機制最健全的現代資本主義國家，各行業的利潤率也不可能絕對劃一，何況乎漢代？但是顯然，這段話足以表明漢代商品經濟已發達到在一定程度上出現利潤率平均化趨勢的程度，否則司馬遷是不可能憑空產生那樣的思想的。同樣，我們不能也不必拘泥於上述數字而斷言漢代借貸利率一律為 20%，但當時利潤率平均化趨勢在一定程度上形成了利息率的天然界限並使利息率處於相對較低的水平，則是可以肯定的。事實上其他一些資料也可以證明這一點：《周禮・地官司徒・泉府》鄭玄註曰：「貸萬泉者，則期出息五百」，「王莽時民貸以治產業者，但計贏所得受息，無過歲什一」。這裏所謂「則期出息五百」而未言為「期」多長，但據後引「歲什一」可知鄭玄的意思是一年。10000 錢的貸款年息 500，利率 5%。這段話雖是用來註《周禮》的，但西周當然不可能有這樣的制度。實際上鄭玄與當時的許多儒者一樣是從自己所處的時代、社會背景出發來理解經義的，他引王莽時的事為例也證明了這一點。可以說，5% 的年利率是當時社會條件下鄭玄認為合理的利息率。

鄭玄說王莽時民眾向官府貸款以投資於「產業」，根據「產業」利潤確定利息率，但最多不超過年息 10%。此事又見於《漢書・食貨志》。它的意義不僅在於又提供了一個利息率的數據，更重要的是依據「產業」利潤確定利息率的原則印證了前述司馬遷關於平均利潤率制約着利息率的思想並非空穴來風。當然，關於王莽時期的利息率還有另一個數字：「賒貸與民，收息百月三」。[158] 即折合年息 36%。著名貨幣史家彭信威先生認為這是消費貸款的利率，並說政府「對於消費放款與生產放款，實行差別利率，這恐怕是歷史上的創舉」。[159] 而這兩項利率平均起來恰與司馬遷說的「什二」之利相等。

漢代史籍中常有「取息過律」而獲罪的記載，可見當時對民間利率有法律規定。但其數額沒有流傳下來。呂思勉先生認為是 10%，並據此推斷《史記・貨殖列傳》中吳楚之亂時子錢家無鹽氏乘列侯封君從軍之費急需貸款而同行多觀望之機大舉放出「千金貸」，「其息什之」，此利率並非十倍於本金，而是十倍於法定利率，即 10%×10=100%，相當於「倍稱之息」。[160] 此推斷雖無確據，但不無道理。當然，借貸關係一旦在市場的基礎上展開，是不能指望其利率會固定在法律的死杠杠上的。從以上情況綜合分析，漢代貨幣貸款的年息大致在司馬遷所說的 20% 左右波動。

而魏晉以降各代的公私借貸利率則大大高於此數。呂思勉先生曾指出：「隋唐之世，官（貸）之取於民者，遠過於秦漢時之什二。」（同上）的確，唐代法定的官高利貸（公廨錢）月利為 40% — 70%，相當於年利 480% — 840%！法定私高利貸月利 40% — 60%，而現存文契竟有高達 100% 的。[161]「五十之本，七分生利，一年所輸四千二百」[162]，這樣的利率真是駭人聽聞！為什麼漢唐之間會有如此差異呢？顯然這不能用漢代的子錢家比較厚道而唐代的高利貸者生性狠毒來解釋。關鍵恐怕還在於唐代的自然經濟中不存在古典商品經濟中生息資本諸形式之間的相互調節機制，不存在作為利息率天然界限的平均利潤率所致。顯然，不同的系統經濟運行機制賦予了借貸關係以不同性質，這又表現為 ——

（3）信貸資本向經營資本轉化的趨勢。

封建經濟中的高利貸與近代金融資本在經濟職能上的根本區別在於：後者是產業－商業資本流通過程中的一個環節和調節器，而前者由於其沒有平均利潤率這一天然界限，與經營資本間便形成了高利率的壁壘，這種利率只能盤剝那些走投無路而飲鴆止渴的破產窮人，或者躺在特權之上而毫無經濟核算觀念的貴族寄生蟲，至於商人與企業主是絕不會借這種利息比利潤還高的閻王債作資本去從事經營活動的。但在漢代則不然，漢代借貸利率在一定程度上被限制在平均利潤率界限以內，這便為貸款投資創造了條件。東漢初鄭眾說：

> 貸者，謂從官借本賈也，故有息，使民弗利，以其所賈之國所出為息也。[163]

這裏講的是借貸資本轉化為商業資本，它雖出現在《周禮》註中，但決非西周的事。與前引鄭玄註一樣，必是當時社會上廣泛地存在這種現象，經學家們才據以解經的。而前引王莽時「民貸以治產業者，但計贏所得受息」一語，更確鑿地證明當時還有把信貸用於產業投資的趨勢。眾所周知，王莽時的一些制度多託言於《周禮》，但經學家們卻非常清楚這二者的區別：「周時不計其贏所得多少，據本征利；王莽時雖計本多少為定，及其徵科，唯據所贏多少。假令萬泉歲還，贏萬泉徵一千，贏五千徵五百，餘皆據利補什一也。」[164] 這種說法除對「什一」的理解有誤[165]外，基本上是能成立的。

上引資料涉及的是經營者向官方的貸款，私人之間的借貸關係中有沒有這種趨勢呢？目前還無確證。不過既然利息率與平均利潤率之間存在着《史記．貨殖列傳》中描述的那種關係，則「子錢家」發放資本性貸款的可能性在邏輯上是完全具備的。事實上，漢代借貸關係中盛行按年連續計息的辦法（如「歲什一」「歲萬息二千」「歲有什二之利」等說法）也透露了此種信息。相比之下，在自然經濟時代，例如唐代，借貸主要為解消費的燃眉之急，或應付季節性消費短缺即所謂「青黃不接」，因此多為按月計息或季節性一次付息（春借秋還等）。唐代文獻與現存借貸文契中充滿了此類事例。[166] 漢唐計息方式的這種差異顯然與借貸資本的運行機制不同有關。

其實，信貸資本向產業、商業資本轉化的現象在秦代已開始。雲夢睡虎地秦簡《秦律十八種．司空》提到了對「作務及賈而負責（債）者」的處理辦法。」「作務及賈」即手工業作坊主與商人，他們借債顯然不是為解決飢寒，而是為了經營資金周轉的需要。但這一趨勢無疑是在漢代才更為明顯。

（4）宗法貴族時代的奴役型借貸關係為古典契約型借貸關係所取代，借貸關係中的超經濟強制因素削弱而純經濟因素增強。

我國與世界一些主要文明古國一樣，借貸關係是在父權制氏族貴族統治時代出現的，它最初往往是氏族貴族奴役平民的一種形式。在「工商食官」的時代，以及此後的一個時期，一般是氏族顯貴（工、諸侯、卿大夫等）成為平民的債主。《管子．問》所謂「貧士之受債於大夫」，《左傳》文公十四年所謂「貸於公、有司」，襄公二十九年「出公粟以貸、使大夫皆貸」都是例子，晉文公、鄭罕氏、齊陳氏、孟嘗君、欒桓子等等皆為著名的放債貴族，他們同時又是宗主、父家長、統治者，借貸雙方談不上平等的純經濟關係。而當古典商品經濟打破了公社的軀殼和舊的宗法秩序時，債權人身份便向平民中的富有者轉移，同時伴隨着氏族顯貴的沒落。這樣債權人與債務人的關係同時又是統治－服從關係的狀況便告結束。早在戰國末年這種趨勢已非常明顯，以至於周天子也「九鼎淪沒，二南堙盡，貸於百姓，無以償之，乃上層台以避其責（債），周人謂王所居為逃責（債）台者也」[167]。

到了漢代，這種趨勢更加明顯。貴族向庶民（往往還是法律所「賤」的、有「市籍」的下等公民）借錢、官府向私人告貸，是漢代很突出的現象。儘管相反的情況即貴族、國家充當庶民、私人的債主的事漢代也有，而且這兩類現象在魏晉以下各代也存在，但在漢代它們的超經濟因素仍明顯低於魏晉以後。吳楚七國之亂中列侯封君為籌集軍費而告貸於子錢家時，子錢家怕擔風險，貴族們於是只能按經濟原則支付極高的風險利率才從無鹽氏那裏得到貸款。反之，貴族向平民放債時也不能憑身份抬高利率。如西漢的旁光侯劉殷就因「取息過律」而獲罪[168]。王莽時的官貸民錢與順帝時的官負民債也基本以經濟方式進行。像唐代建中年間那樣「取僦櫃質庫法拷索之」「一切借四分之一，封其櫃窖」[169]式的強借民錢，像唐之公廨、宋之青苗那樣以「捉錢」「抑配」辦法強攤官貸的現象，在漢代沒有出現過。

漢代以前，我國的借貸契約形式已較完善，漢代有了進一步的發展。當時借貸均削木為券，剖以為二，雙方各執其一，還債時「合券」為據。漢代民間借貸的一個特點是無抵押的純信用借貸成為普遍形式，這本是古典借貸關係平等傾向的體現，但有的學者卻以南北朝以後抵押借貸（典質制）的盛行來反證漢代信用事業的不發達。[170] 其實正如近代銀行的無抵押信貸比中世紀的典當業進步一樣，古典的無抵押信貸也是繼父權制貴族時代抵押制之後的一種進步表現。在世界史上，氏族貴族統治下產生的原始借貸關係往往是以份地乃至以人質為抵押的，梭倫變法以前的雅典就是如此，我國先秦借貸關係中的「擅強質」現象（詳後）也是如此，這種體現對平民的人身奴役的抵押制之被消滅，恰恰是古典商品經濟的發展帶來的進步之一。

(5) 人們對於借貸關係的價值評價有所提高。

前資本主義時代的高利貸一般來說是經濟生活中一種破壞性、消極性的力量，因而在社會上受到普遍譴責。只有當商品經濟的發展使借貸資本融入整個資本大循環並成為必不可少的環節後，放貸款者－銀行家才成為被社會所承認並歡迎的角色。從氏族顯貴統治的古風時代向古典商品經濟繁榮時代的發展過程中，借貸資本的社會價值地位在某種程度上也經歷了一次類似的預演。在古風時代的羅馬，社會認為「貸款取利者是比盜賊壞得多的公民」，而到共和中期「貸款取利如果非常公道時」便被視為「很好的」行為，到了帝國初年便出現了辛尼加、小普林尼等對借貸資本的推崇。中國也經歷了類似的過程。先秦時代乃至所謂「中世」自然經濟時代的輿論普遍敵視或鄙視放貸牟利者，孔子「稱貸以益之，非也」的評論就是一個典型。然而在漢代，卻出現了推崇子錢家的思想傾向，司馬遷表現尤為突出，他把曹邴氏、無鹽氏等子錢家視為當代豪傑而為之立傳。在他的筆下，這些人「不害於政，不妨於民，取與以時而息財富」；他們在競爭中「必用奇勝」「與時俯仰，獲其贏利」，比那些「有爵邑俸祿弄法犯奸而富」者高尚得多；他們是「當世千里之中，賢人所以富者，令後世得以觀擇焉」[171]，等等。

尤其值得指出的是，從司馬遷對無鹽氏乘時取息「什倍」的讚賞可以看出，他並不像一些人那樣把利率是否合乎「道德」當作評價他們的標準。這當然不表明司馬遷推崇為發財而不擇手段的貪慾，而只反映了他的一種觀點：在商品經濟中利息率、利潤率和物價一樣不是由人們的道德水平，而是由某種客觀規律決定的，「物賤之徵貴，貴之徵賤，……若水之趨下，日夜無休時，不召而自來，……豈非道之所符，而自然之驗邪？」因此，儘管「貪賈三之，廉賈五之」，而最終整個行業的獲利總是在競爭中受平均利潤率規律的制約，維持「率亦歲萬息二千」的水平。換言之，司馬遷是從借貸資本在古典商品經濟運動中的職能，而不是從子錢家個人的道德水平出發來評價借貸業的。這在近代以前的整個中國歷史上恐怕是罕有其匹的思想。我們當然不能把這種思想僅僅看成太史公天才腦瓜中的發明，很明顯，它首先是社會存在的產物。

三 漢代借貸與古希臘－羅馬的對比

古羅馬時代的拉丁文中有兩個表示借貸關係的詞彙：usura（意為「勒索」「霸佔」，轉義為「高利貸」）與 credo（意為「信任」「信用」，轉義為「信貸」）。古風時代與共和早期的羅馬人把高利貸當作可憎的 usura 來反對，而共和中期到「羅馬和平」時期的人們又把借貸關係當作有益的 credo 來接受。

與羅馬類似，漢代 credo 式的借貸關係也是在 usura 式的原始高利貸衰落後發展起來的。前古典的原始高利貸是生息資本的自然形態與最早的形態，它在由古風時代向古典時代過渡時期特別活躍。因為這時商品經濟的最初萌芽已刺激起氏族顯貴的貪慾，使他們勇於撕下氏族關係的溫情面紗而扮演債主的角色，但同時這種弱小的萌芽又無力衝破氏族組織本身以及建基於氏族紐帶之上的宗法父權制壓迫，因而借貸關係又不能表現為獨立個體間的私法關係的形式。這就帶來如下特點：1. 借貸關係具有奴役性，一般是貴族貸與平民，並非平等的契約關係。希臘－羅馬早期的債務奴役制、《十二表法》中債權人對債務人的生殺之權、我國先秦時代所謂「民倍貸以取庸」「擅強質」「居貲贖責」等制度，都體現了這一特點。2. 實物借貸比重大。《管子》所謂「貸粟米、有別券者」「秋糴以五、春糶以束」和《左傳》昭公三年所載齊國舊貴族小斗出、大斗進的事，都是如此。3. 由於沒有平均利潤率的制約，利息率大都遠遠超過生產部門的收益。早期羅馬的借貸利息高達 40% — 50%，我國先秦時更普遍盛行「倍貸」（利率 100%）。這種利率可以佔有債務人的全部剩餘勞動乃至部分必要勞動，同時也阻斷了借貸資本與生產過程的聯繫，使其具有純消費性質。

原始高利貸是古風時代通過「經濟強制」而產生階級對立的主要因素之一，恩格斯所說的「貨幣與高利貸已成為壓制人民自由的主要手段」[172]

就是指這一階段而言。在這種關係發達時，階級鬥爭便成為「債權人和債務人之間的鬥爭」，[173] 鬥爭的結果使奴役性的原始高利貸受到打擊，同時更重要的是商品經濟發展後逐漸形成的一般利潤率開始影響利息率，借貸投資也開始出現，這樣原始高利貸便逐漸向古典信貸轉化。

但在我國，這一過程與古希臘—羅馬相比有很大差別。概言之，即從古風時代到古典時代，希臘、羅馬通過平民革命擺脫了貴族的宗法壓迫與債務奴役，平民因而取得了獨立人格。而中國春秋戰國時代的改革不是表現為平民運動，而是表現為上層改良。在當時商品經濟較發達而債務危機也最嚴重的齊國，這種改良尤為典型。《管子·問》的「為君應問諸事」中就有一系列關於債務的問題：「問邑之貧人債而食者幾何家？」「問人之貸粟米、有別券者幾何家？」「貧士之受責於大夫者幾何人？」《管子·治國》也說：「凡農者，月不足而歲有餘者也，而上征暴急無時，則民倍貸以給上之徵矣；耕耨者有時而澤不必足，則民倍貸以取庸矣；秋糴以五，春糶以束，是又倍貸也。」齊國的債務問題由此可見一斑。

面對嚴重的債務危機，統治者把「無什倍之賈，無倍稱之民」[174] 作為治世的標準，並為此採取了一系列措施。《管子·輕重丁》稱：「崢丘之戰，民多稱貸，負子息，以給上之急，度上之求。」崢丘之戰後，平民大批負債，引起了齊君不安，因為他們是齊國戰鬥力之所在。於是齊君決心「籍吾國之富商、蓄賈、稱貸家，以利吾貧萌」。他遣人「視四方稱貸之間，其受息之氓幾何千家」。在查清了債務狀況後，他把債主們招來，聲稱願以宮中「鏤枝蘭鼓」價萬錢者為民「決其子息之數，使無券契之責」。債主們當然不敢讓國君破費而代民還債，但是國君堅持要代民償債，遂免四方之債。又一次，齊君派人分頭旌表眾債主，債主不知何以受此榮譽，前來詢問。齊君故作驚訝曰：聽說你們都捨財以賑百姓，真「民之父母也」，難道不該表揚嗎？於是這些人只好就梯子下樓，「稱貸之家皆折其券而削其書，發其積藏，出其財物，以賑貧病，分其故貲，故國中大給」。[175]

《管子》不是史書，而是思想理論著作，以上所述未必就是桓公、管仲做過的事，然而它卻反映了那個變革時代各國處理債務危機的一般作法。

史籍中諸如晉文公歸國而「棄責（債）」[176]、齊陳氏反舊貴族之所為——以大斗出、小斗進而招徠民心[177]、馮諼代孟君免債於薛並焚其券，結果在政爭中受平民擁戴等等，莫不如此。這與希臘－羅馬形成了鮮明的對比：希臘－羅馬是平民（包括像後來的羅馬騎士那樣的平民債權人）發動運動來反對貴族債主，而中國卻是改革派貴族以債務問題上的「高姿態」來籠絡平民去反對那些「貪婪的」債主（包括守舊的貴族債主和「富商蓄賈」等平民債主）。這樣就使我國古典化以後的債務關係中保留了比古典希臘－羅馬多得多的宗法因素。因此，儘管繁榮時代的希臘－羅馬借貸關係中也有 usura 的殘餘（事實上即使在資本主義社會中它也不能說完全消滅），但秦漢借貸關係中這種殘餘要嚴重得多，其表現為：

（1）債務奴役並未消滅。雲夢秦簡《法律答問》曰：「百姓有債，勿敢擅強質；擅強質及和受質者皆貲二甲。」[178]這是禁止債主強行扣押人質的規定。漢初普賜天下民爵一級，並規定凡有爵者皆不為奴[179]。漢代對子錢家徵稅，並制定利率的法律限制[180]，甚至在漢成帝時一度下令「禁絕息貸」[181]，以及王莽時代的五均賒貸王田私屬等政策，也都有遏制債務奴役的意義。但實際上這些禁令收效不大。尤其在秦代，官債奴即所謂「居貲贖責」[182]者曾大量增加。入漢以後「富商大賈多放錢貸，中家子弟為之保役，趨走與臣僕等勤」[183]的現象也很普遍。尤其是古典商品經濟帶來的兩極分化造成「賣田宅、鬻子孫以償債」的後果。因此，如果說希臘－羅馬在平民革命後基本消滅了債務奴役制的話，我國的債務奴役制則在古典商品經濟發展後以債務奴隸制的形式保留下來，自然，後者已在很大程度上脫去了前者那種宗法色彩，而成為以「人的商品化」為本質的古典奴隸制的一部分。

（2）由於奴役性的高利貸殘餘較多，因而 credo 型的古典借貸關係也就達不到希臘－羅馬那樣的發達水平。這表現在二個方面：一是漢代利息率儘管在中國歷史上屬低水平，但仍比古典希臘－羅馬要高。羅馬帝國初年的借貸利率為年息 6% — 8%，而漢代達 20% 左右。「倍稱之息」的原始高利貸仍時有所見。二是借貸資本向經營資本的轉化即信貸投資也遠不如希臘—羅馬發達，這又造成了漢代信用制度的落後。在雅典與羅馬的經濟生活中銀行業起着重要作用，尤其是帝政初年的羅馬，銀行業遍佈各個城市，除存款、貸款業務外，還從事匯兑、轉賬支付、期票貼現、賦稅折算等等。而漢代沒有出現銀行業，「富人藏錢滿室，猶無厭足」[184]之類的現金囤積便成為一時風氣。三是沒有形成一般生息資本的形態。在羅馬繁榮時期，由於古典商品經濟中利息率的平均利潤率化，各種投資收益都被視為生息資本的不同形態，例如地租在羅馬人那裏便被看作是地價的利息，地租率隨利息率的波動而波動。但漢代租佃關係雖也表現出古典色彩，卻絕沒有達到羅馬那種地步。

由於我國氏族血緣紐帶並未徹底斬斷，古典時代仍保留了一定的宗法色彩，所以除原始高利貸與古典信貸之外，漢代的借貸關係中還存在着同宗相濟的低利乃至無利借貸。如西漢末的樊重，「貲至巨萬，而賑贍宗族，恩加鄉閭……其素所假貸人間數百萬，遺令焚削文契。責家聞者皆慚，爭往償之，諸子從敕，竟不肯受」[185]。這與因利息率受平均利潤率制約而產生的古典信貸性質不同，它的低利乃至無利不是古典色彩的，而是一種前古典的氏族遺風。

但所有這些區別基本上只是發達程度與模式之別，就借貸關係由原始高利貸、古典借貸演進到中世紀高利貸的發展規律而言，我國漢代借貸關係的基本特徵是與古典西方相同的。

第八節　古典租佃制——漢代與羅馬的比較

「租佃」是史學中極常用的概念。長期以來人們都說：「奴隸社會」是奴隸勞動，封建社會是租佃制。而「古史分期」的全部工作便是尋找奴隸制為租佃制所取代的標誌。然而，究竟什麼叫「租佃制」？看來對這一「符號」所要表達的「語義」在今日還遠不是一致的，於是關於它的研究便有成為一場沒有規則的「語言遊戲」（維特根斯坦語）的危險。[186]

一 租佃制與古典商品經濟

筆者認為所謂租佃制應有廣、狹二義。廣義的租佃制指獨立經營者向別人交納剩餘產品或勞務，不論這種交納是基於土地所有權、人身權利、政治特權還是宗教特權等等。在這個意義上，租佃制是與剝削者組織生產而向勞動者交付必要產品的制度（僱傭制或奴隸制）相對而言。馬克思說，資本主義條件下資本家給工人工資，而中世紀農民給地主地租；資本主義制下無酬勞動似乎也成了有酬勞動，奴隸制下有酬勞動似乎也成了無酬勞動。而租佃制則是有酬勞動與無酬勞動分開的。從這個意義上說，「吃自己飯的」勞動者向剝削者交納產品或勞務的任何形式，包括我國三代的貢助徹、斯巴達的希洛制、古羅斯的「索貢巡行」制等等，都可以稱之為「地租」。也只有在這個意義上我們才可以說中世紀的農奴支付着「勞役地租」。因為很明顯，在中世紀共同體等級佔有制條件下我們很難絕對地說領主是「土地私有者」，而農民則對土地沒有任何權利。事實上，這種勞役的基礎並不是「無地的」農民耕種了「土地私有者」領主的土地，而是自然經濟宗法共同體的人身依附關係，統治與服從關係。

而狹義的租佃制則是建立在土地所有權基礎上的經濟關係，其實質是土地所有權或土地資本的有息借貸，也可以理解為土地定期使用權的買賣。羅馬法把租佃視為一種債權關係，並定義說：「它很類似買賣，並受同一法律規範的調整。」馬克思說：「土地的價格不外乎是資本化的地租，什麼叫資本化的地租呢？這就是說，我把地租看作是投在購買土地上的資本的利息。」顯然，這個意義上的地租只能是商品經濟發展的產物。它的前提是土地之為商品，土地之為貨幣等價物，土地之為生息資本，而租佃關係的當事人必須是自由人。這種作為自由人的佃戶以等價交換方式租賃作為自由財產的土地（亦即購買土地一定時期內的使用權）的制度，只有在商品經濟較發達的時代，存在着自由人與自由私有財產的時代才能存在，也就是在古典時代與近代才能存在。而在封建社會，它只有作為農奴化以前的古典私有制遺存，或作為人身依附制度瓦解後的近代自由私有制的歷史前提而存在。

可見，廣義的租佃制與封建制二者之間並無必然聯繫，封建制發達的國家未必有發達的租佃制，而租佃制發達的國家未必就是封建國家；而狹義的租佃制即自由租佃制更與封建制在邏輯上是矛盾的。我們過去說鴉片戰爭前的中國是一個「封建社會」，儘管其實與古語所謂「封建」無關，但即便只是強調其非近代性而言，也不是因為有租佃關係，而是因為命令經濟、人身依附與共同體羈絆——私有制關係上的宗法與特權羈絆，因此租佃制也是不自由的。換言之，不是租佃制決定了當時社會的封建性質，而是社會的封建性質決定了那種租佃關係的性質。

由於狹義租佃關係條件下地租不過是生息資本利息的一種形式，地租率與借貸利息率一樣受到支配商品經濟的「看不見的手」的制約，必然地要低於資本的社會平均利潤率，因此這種租佃關係不會妨礙其他形式的資本（例如近代產業資本）的積累。過去有一種似是而非的流行說法，說什麼中國資本主義所以難產，就是因為土地「自由私有」，自由買賣與租佃，因此地主、工商業者、高利貸三位一體，積累都投資於購買土地剝削地租，因而資本原始積累搞不起來。而西方則是領主制加村社，土地不能買賣與自由租佃，故工商業積累只能變成產業資本云云。其實歷史的事實是：在西方農奴制與地產「僵化」的時代，還根本沒有什麼資本原始積累，而原始積累的開始正是在農奴制瓦解、租佃制盛行、土地可以買賣的16世紀以後。當時西方並不是沒有「以末致財，用本守之」，以工商業利潤購買土地的現象，但它並不妨礙原始積累，因為自由租佃制本身具有的使地租率低於平均利潤率的機制，就像「一隻看不見的手」而自行阻止了工商業者大規模進行土地投資的趨勢。而在封建中國「家國一體」的宗法共同體下，恰恰不存在自由租佃制。晉唐之間那種貴族等級佔田制下的農奴制自不待言，就是宋元以後，在「土地買賣」的表像背後也根本不是商品交換關係，而是統治與服從關係，土地不是按資分配的，而是按權分配的。最有資格的土地所有者始終是權貴而非富商。「投獻」「優免」「飛灑」風氣之盛，表明對權貴來說固然「福字從田」，而對非特權者來說卻是「累字從田」，平民地主的不穩定性遠甚於封建性的特許商、專利商。靠純經濟手段購買土地，當平民地主來「用本守之」是根本「守」不住的。由此造成自然經濟與人身依附條件下地租率極高而地價相對極低，根本不受平均利潤率的限制。地租與其說是地價的利息，勿寧說是「特權即例外權的類存在」。由這種高額地租吸引而發生的「以末致財，用本守之」，與其說是工商業資本通過等價交換方式轉為土地資本，毋寧說是工商業資本投靠宗法特權：是以工商業（往往是壟斷性、特權性的專利商、特許商）致富，通過權力關係（而非等價交換關係）轉化為權貴地主及其附庸以「守之」。顯然，在這裏阻礙資本原始積累的，與其說是自由租佃，毋寧說是宗法特權。

然而在前封建的古典時代，「以末致財，用本守之」這句司馬遷在《史記．貨殖列傳》中的名言卻具有一種完全不同的性質。我們知道，前古典時代由氏族異化而產生的早期文明在氏族團體封閉性的基礎上往往形成種姓制。我國西周時代就是「工之子恆為工，商之子恆為商，農之子恆為農」。在古風時代的希臘諸邦如底比斯、克里特諸城，工商業者不能享有公民權（這在當時的實際意義即不能佔有份地、不能為農民），「以末致財，用本守之」是對這種傳統的否定。所謂用本守之，從《貨殖列傳》的行文看，主要是指古典商品經濟中的農業經營資本即經營「千畝漆」「千畝桑麻」「千樹栗」「千樹棗」「帶郭千畝畝鐘之田」「千畝卮茜、千畦薑韭」之類商品種植園的生產資本，但毫無疑問土地生息資本也會隨着商品經濟的發展而同步興起。

古典商品經濟的發展，在羅馬與漢代都造成了文明史上貨幣關係發達的第一個高峰。從漢武帝至平帝的一百餘年間，發行五銖錢共達 2800 億文之多，年均發行量達到唐代最高年份的七倍以上、清代前期平均數的十倍以上，賦稅、工資、俸祿、利息、罰款等等都高度貨幣化了。「庶民農工商賈，率亦歲萬息二千，戶百萬之家則二十萬，⋯⋯ 此其人皆與千戶侯等。⋯⋯ 子貸金錢千貫，節駔會，貪賈三之，廉賈五之，此亦比千乘之家，其大率也。佗雜業不中什二，則非吾財也。」這反映了當時在價值規律的作用下已形成資本的社會平均利率。它調節着農、工、商、高利貸乃至其他「雜業」等各行業間的資本流向，這是後來封建時代從未有過的現象。至於古羅馬，則古典商品經濟與貨幣關係的發達又高於兩漢，不僅貴金屬鑄幣（塞斯退斯、德拉克馬、迪那里等）已取代了賤金屬貨幣（阿司），而且已經廣泛出現了具有存款、貸款、匯兑、轉賬、貼現等功能的金融信用業（古典式的「銀行」）。羅馬物權法中所謂「物」（res）被定義為可以轉換為金錢價值的權利客體，並且指出了「物」具有產生「息」（fructus）的功能。在這裏「物」實際上已被抽象為生息資本，它也必然使羅馬人產生關於社會平均利率的認識。在羅馬經濟學家如科路美拉等人的論述中，常把等量資金作為生產資本所能產生的利潤、作為借貸資本所能產生的利息、作為土地資本所能產生的地租進行比較，並以此作為擇優投資的根據，同樣是一種「不中什二，則非吾財也」的思維方式。

古典商品經濟揭示了「一個偉大的真理：人也可以成為商品，如果把人變為奴隸，人力也是可以交換和消費的」。現在不少人認為漢代奴隸沒有羅馬那麼多，因而得出結論說，商品經濟在羅馬導致了奴隸制，而在漢代導致了租佃制。這是否合乎事實姑且不論，起碼他們沒有看到：漢代與羅馬哪個奴隸更多，固然並非無足輕重，但這都是什麼性質的奴隸、在什麼樣的經濟規律制約下的奴隸、在一種怎樣的動態經濟系統中充當元素的奴隸，卻是更重要的問題。羅馬法認為：「奴隸是 mancipia，即可買賣物，奴隸勞動體現在其產品之中，而……產品被理解為扣除（奴隸）必要消費後的餘額。」漢代人說得更透徹：「奴婢，職在理財貨」，「奴婢致財，與財貨相似，……可通往來，故理財貨也」。奴隸是「與財貨相似」，可通往來即可以流通的商品，而且還是一種本身可以「致財」即產生價值增值的特殊商品！古典商品經濟撕掉了早期文明時代掩蓋着人身奴役的氏族家長制宗法外衣，以商品所有者和商品的形式赤裸裸地展示了自由人與奴隸的對立，這就是作為歷史必然性的古典奴隸制。至於這種必然性所引起的社會現象已發展到什麼程度，這是另一個問題。

二 古羅馬的租佃制

然而古典商品經濟並不僅僅造成了古典奴隸制，它還把人與財產都從異化了的氏族共同體束縛中解放出來，形成了文明史上第一個「自由人」與「自由私有財產」的時代。作為「自由私有財產」主要成分的土地也捲入了商品經濟的自由流通之中。中國自秦以後，羅馬自布匿戰爭以後，土地關係已從「份地永佔」發展到自由私有制，西漢田地「人賣買由己，是專地也」。羅馬的西塞羅則認為當時的地權已是「不受任何官方或私方干擾的、對不動產的所有權」。在商品經濟洪流中，土地流通頻率異常地高。漢代「商人並兼農人」，形成了「富無經業，則貨無常主」，「田無常主，民無常居」的局面。羅馬地產的流通頻率更令人歎為觀止。共和晚期，米塞努姆地方一個莊園在最多 25 年內先後屬於馬略、科尼利亞、盧庫路斯和老庫里奧四人。西塞羅在圖斯庫拉努姆的地產在他購買它之前的四分之一世紀裏也已經過了蘇拉、卡圖盧斯和一個自由富人維提烏斯之手，而西塞羅流亡歸來後又賣了它，但很快又改變主意，把它贖回。同一地區另一個莊園從自由人索特里庫斯・馬修斯手中轉到 L. 克拉蘇手中，此後約 50 年間又至少換了 5 個所有主。這種狀況從邏輯上說必然伴隨着兩個現象：第一，土地所有權的流通自由必然伴隨着土地使用權的流通自由。不少羅馬農民就是在出賣土地所有權後「在自己的土地上」成為佃戶的。第二，地主們既然佔有的是流動性很大的地產，就需要剝削可適應其地產消長變化的勞動力，而不能也不必佔有固定的人身依附者，否則一旦買進新的地產，靠誰耕種？如果賣出地產，又怎麼養活原有的依附者？換言之，「自由地產」需要「自由」的勞動力，這種「自由」可以是主體意義上的，即自由僱工、自由佃農，也可以是客體意義上的，即「財貨相似，可通往來」的自由流通的商品——奴隸，但絕不能是處於宗法紐帶之中，累世依附，數目固定的農奴、部曲、私屬等等。

因此，古典時代租佃制的發達在邏輯上是必然的。廣義的「租佃制」雖在羅馬發生極早，王政時代的被保護民就耕種着從主人那裏得到的土地，並承擔「資助」主人的義務。但狹義的即真正以土地所有權為基礎的租佃制則是公元前 3 世紀後興起的。加圖的《論農業》中就多次談到租佃制，出租的種類包括種植穀物和豆類的土地、葡萄園、牧場等，收取九分之一至五分之一的實物分成租。公元前 2 世紀為羅馬征服的希臘地區古典商品經濟興起更早，租佃制發達也更早，如提洛島及其附近的 20 多個屬於阿波羅神廟的地產都是出租的，其中包括橄欖園、無花果樹園等等。佃戶交納貨幣地租，租佃契約為期 10 年，但這種契約通常都可續訂，銘文表明這裏的租佃關係自公元前 313 年直至公元前 170 年一直延續。這種短期、定額、貨幣租的形式很快也在意大利流行。五年租期是契約的標準形式，而地租即使實際上以產品支付，也往往是按固定的貨幣價格來結算的。在定額租制下，遇荒年佃戶可以減納，但地主保留在次年豐收後追回所減數額的權利。到了公元 1 世紀的「羅馬和平」時代，羅馬社會的繁榮、古典商品經濟的發達都達到頂峰，租佃制同樣發展到極點。這個時期的租佃形式也日趨多種多樣，除了定額貨幣租外，還有分成制、實物租。租約有長期的和永佃制的，還廣泛存在着轉租（一田二主）、包租現象。猶如借債往往需有抵押一樣，租佃關係中也盛行押租制，《法學匯纂》中關於押租與租佃保險有一系列的規定。在租地的使用方面，既有使用奴隸勞動的「貨殖」型租地農業家，也有大批租進、小批租出、轉租牟利的包租人，當然也有大批小佃農，其中既有外來的求佃者，也有失去土地後保留佃種權的原來的小農。在諸行省，小佃農無疑佔絕對優勢，即使在意大利，也沒有什麼根據足以證明租地奴隸主居多數。整個來看，這一時期租佃制的特點是：

（1）租佃關係的相對普遍性。國有地幾乎全部租與私人，私有地的租佃也很活躍。據小普林尼在公元 98 年的一封書信說，他一般每年可從佃戶那裏得到 40 萬塞斯退斯的租金。從其他信中可知這時他的全部收入為每年 100 萬塞斯退斯，其中包含相當一部分商業與債利收入。不難推斷，地租收入在他的農業收入中大概已佔一半以上。

（2）自由租佃。地權流通率高，活動性大，反映在租佃關係上便是短期租佃佔優勢，既使實際上租佃關係持續好幾代人，也往往採取不斷續簽短期租約的方式進行，如前述提洛島的情況。顯然這樣是難以形成固定的依附關係的。反映這一時期的租佃法有兩條原則：其一，佃戶「在我們的法律中不屬於從屬地位」。直到隸農制盛行以後，224 年的一個法令仍然說：「如非所願，無論佃戶或其子孫在租契期滿後都不應被羈留」，並補充說：「以往法令中常常有此規定」。顯然，3 世紀的法令如是言，反映了「以往」自由租佃制的遺風，儘管實際情況早已面目全非。與佃戶退佃自由相應的是地主的劃佃自由，不但租佃期滿後地主有權收回土地而辭退佃戶，甚至在租期內如果地主將土地賣與他人（按羅馬法的絕對所有權觀念，他原則上是有此權利的），新地主也可以把佃戶趕走，因為他並非原租佃契約的一方，不受它的約束（相應地佃戶也可不受約束而提前退佃）。這就是第二個原則「出賣終止租佃」。在此情況下佃戶如受損失，可對原地主提起訴訟要求賠償，但無權反對新地主的劃佃行為。

（3）租金利息化。正如下文還要提到的，羅馬地產普遍不論面積而論價值，地租率不是按產量，也不是按地畝，而是按地價計算的，並且在理論上須以貨幣支付。這樣，商品經濟條件下地租是地價的利息這一特點便表現得相當明顯。事實上，這一時期的地租率也確實與當時的借貸利息率基本相等，並都被限制於某一水平（實際上就是社會平均利率）以下。相對於前近代社會（無論是我國魏晉至明清還是歐洲典型封建時代）而言，這種地租的租率相當低。這當然不是因為當時的地主比中世紀的地主善良，更不是因為他們認識到「地租只是奴隸制的補充」而對此無所謂，而主要是古典商品經濟的內在調節機制所決定的。正是在這種租率的基礎上才能存在相當數量的古典式「租地農業家」。

（4）這種租佃制上承早期文明中異化了的氏族社會裏的被保護民制，下接古代末期自然經濟化以後的人身依附制（隸農制、農奴制等等）。它作為土地商品化的產物，與人身商品化的產物 —— 古典奴隸制 —— 同受古典商品經濟運動規律的調節，同興同衰，並沒有「租佃制取代奴隸制」一說。至於誰是誰的「補充」也很難講，無論如何，現在學者們日益傾向於認為「羅馬社會中典型的勞動者是農民，而不是奴隸」。看來，我們應該用系統論中一定規律下諸元素相互作用的觀點取代以往那種 A 支配 B、B 服從（補充）A 的機械論觀點。社會形態的演變應該是系統結構與運動方式的改變，而不僅僅是某個「支配因素」的替代。

三　漢代租佃制與古羅馬的相似之處

從上述觀點看，漢代租佃制有許多與羅馬相似之處：

（1）漢代租佃關係也是古典商品經濟發達的產物。漢代與羅馬一樣，盛行着土地作為貨幣等價物的觀念。我們今天看到的漢代記產文書，無論是官立的四川郫縣出土訃貲殘碑、居延戶籍簡中的記產內容（如著名的公乘禮忠等簡），還是私立的記產碑如《隸釋》中的《金廣延母徐氏記產碑》等，都是把土地與奴隸等折合成為貨幣價值載入的。這與我國封建時代的地產記錄文書（如敦煌、吐魯番唐宋文書與明清魚鱗圖冊、地籍文書等）形成鮮明對比，而與《拉丁銘文集成》（CIL）、《拉丁銘文選輯》（ILS）中收錄的絕大部分 3 世紀以前羅馬記產碑類似。顯然，這種形態的地產在租佃關係中已具有土地資本的性質。

（2）上述經濟條件下，漢代也出現了一個自由租佃制相對活躍的局面。董仲舒曰：「（秦）用商鞅之法，改帝王之制，除井田，民得賣買，富者田連阡陌，貧者亡立錐之地。…… 小民安得不困？又加月為更卒，已復為正，一歲屯戍，一歲力役，三十倍於古；田租口賦，鹽鐵之利，二十倍於古；或耕豪民之田，見稅什伍，故貧民常衣牛馬之衣，而食犬彘之食，重以貪暴之吏，刑戮妄加，民愁亡聊，亡逃山林。」[187] 可見這些佃農是國家編戶齊民，是向國家承擔公民義務（賦役）的，而不是依附於私人的。在原則上他們可以當兵（正卒、屯戍），還可以當官，如東漢的楊震、鄭玄都曾為佃：楊震「少孤貧，獨與母居，假地種殖，以給供養」；[188] 鄭玄「年過四十，乃歸供養，假田播殖，以娛朝夕」[189]。至於國有地的租佃，即「假民公田」，在漢代租佃關係中比重尤大，其承租者有平民中之貧者 [190]，有平民中之富者，如武帝時通西南夷，「募豪民田南夷，入粟縣官，而內受錢於都內」[191]。甚至更多的還有官吏貴族，如《鹽鐵論·園池》中論述的「公家有障假之名而利歸權家」的「公田轉假」制，史籍中酷吏寧成等就曾幹過這種事。可見，這種租佃制只能是自由租佃制，由於佃戶並不是特殊身份，也不被視為一種特殊職業，因此佃戶沒有特殊稱呼，亦謂之「民」而已。租地經營方式也多種多樣，有自耕者（「豪民之田，見稅什伍」），有轉租者（「公田轉假」），還有商品化農業經營者，如寧成在「貰貸陂田」上「役使數千家」，楊震在「假地」上「種藍」等等。

兩漢地租支付手段與羅馬一樣可以以勞務、產品與貨幣支付。前者如甯成「貰貸陂田千頃，假貧民，役使數千家」，中者如「耕豪民之田，見稅什伍」，後者如《九章算術》卷 6 第 24 題：「今有假田，初假之年三畝一錢，明年四畝一錢，後年五畝一錢，凡三歲得錢一百，問田幾何？」但無論支付形式如何，都是以交換的形式實現經濟地租。過去有一種理論，把地租支付形式與人身依附關係強弱簡單掛鉤。凡以勞務支付的便稱之為「勞役地租」，認為最原始、依附性最強，次為「實物地租」「貨幣地租」，依附性依次遞減。其實地租規律並不按此順序演進，而只有經濟性地租與依附性地租兩種，前者可以勞務支付（如俄國之工役制，甯成一例即可稱為古典工役制），後者亦可以實物或貨幣支付（如我國安徽佃僕制便是交納定額租的）。問題不在於地租支付形式，而在於租佃關係成立的基礎：是商品交換性質的自由經濟契約，還是自然經濟下的人身依附？

（3）漢與羅馬的這種古典租佃關係，都是隨着古風時代依附制度（我國的井田制「勞役地租」，希臘的「六一農」債奴制地租以及羅馬被保護民的「封建租佃制」[維科語]）瓦解後興起的，後來又隨着中世紀人身依附關係的盛行而衰落。這種以土地使用權商品化為本質的古典租佃關係和以人身商品化為本質的古典奴隸制是隨着古典經濟的興衰而平行起落的，正如資本主義性質的地租（級差地租與絕對地租）與僱傭勞動（勞動力商品化）平行興起一樣，不存在一個取代另一個的問題。

我國租佃制興起於何時？這是個值得討論的問題。「西周封建論」者認為井田制就是一種「勞役地租」制度。這從廣義租佃制說可以成立，雖然，它並不是封建地租。而最沒有根據的是「戰國封建論」者的主張了。他們立論的基點是把「地主」「租佃制」與封建制劃等號，因此在漢代以前尋找租佃制達到了捕風捉影的程度。例如郭沫若從《呂氏春秋．審分覽．審分》關於「公作則遲，有所匿其力也；分地則速，無所匿遲也」一語中得出結論説，「秦前的地主們已經充分懂得」「奴隸制集體耕作」不如「封建制的」「分佃的辦法」。其實，上述語句不過是説明集體勞動不如個體勞動而已，哪裏有什麼「分佃」的影子？他又從《韓非子．詭使》中「士卒之逃事伏匿，附託有威之門以避徭賦而上不得者，萬數」一語中斷言，韓非時代已出現了「萬數」即「不計其數」的、「極多」的、「普遍」的佃農。其實，「附託有威之門以避徭賦」與「租佃制」並無必然聯繫。孫達人在 20 世紀 50 年代已舉出大批證據證明這些避役的人只是不事生產的「食客」，而絕非農民，更不是佃農。事實上，整個戰國時代仍然在實行國家授田、份地永佔的制度。

我國的古典租佃制與羅馬一樣，是在從「份地永佔」向土地私有過渡的時代（這一時代同時也是商品化私有奴隸制和奴隸市場活躍的時代）發展起來的。漢時租佃稱為「假田」。「假」訓為借，即自由農民向地主（國家或私人）「借用」土地，「假」又通賈、價，是用貨幣、產品或勞務為代價交換來的土地使用權。同羅馬一樣，這種關係最初是在國有土地上形成，在「份地永佔」制下，國家除按一定標準向公民授田外，也可以以一定條件向公民出借土地。羅馬在共和中期就是這樣的，到格拉古改革前後私有土地變成了自由財產，租佃關係也隨之在其中活躍起來。在我國，《史記》中只有假公田的記載，到兩漢書中才出現私田租佃的材料。可見租佃制也是從公田發展到私田的。到東漢以後，古典商品經濟衰落，邊疆地區的「北假」田制為軍事農奴制的屯田所代，內地的「假民公田」自安帝以後不復再見，至三國時亦為屯田所代。至於私田租佃，則在「奴的客化、客的奴化」的趨勢下演變為自給自足莊園中的徒附、私屬、部曲制，「假田」之名也消失了。

租佃關係從國有地擴展到私有地，從公法性質變為純私法性質。希臘－羅馬的公有地出租與漢代之假民公田原來在一定程度上是公民身份的體現，不完全是經濟關係，後來受土地買賣的影響，成為純經濟的土地使用權買賣關係了。而到古代末期自然經濟化時又從純經濟關係變成了超經濟強制的依附關係。羅馬帝國前期，小普林尼與科路美拉均提到佃戶耕作很糟糕，應該慎用。如果要使用租佃制，則主人應勤於監督，並改定額貨幣租金為實物分成租。這些話與其如過去有人所說的那樣體現了奴隸制向租佃制的轉變，毋寧說體現了古代自由租佃制向中古依附關係演變的端倪。這時的自由租佃制已是一種走向沒落的關係而不是新生的東西了。

四　漢代租佃制與古羅馬的不同之處

但是，秦漢與羅馬租佃制也各有其特點。

首先，應該說漢代租佃制遠不如羅馬發達。前面說過，漢代自由租佃制比起先秦及魏晉南北朝來說要發達，但若與希臘－羅馬世界相比，則我們應承認還是不甚發達的。所謂「或耕豪民之田，見稅什伍」，也只是說「或」然有之而已。《史記》一書根本未提到私有土地的租佃制，公田租佃亦僅二見，而提到奴婢與傭傭勞動之處卻很多。從西漢中期至東漢陸續寫成的漢代大部頭文獻之一《太平經》的現存部分也頻頻出現「奴婢」與「流客」（傭工），卻一次也沒有涉及租佃制。另外兩部古典時代的經濟巨著《管子》（部分篇章寫成於西漢）與《鹽鐵論》也絕口不提私有租佃（後者只提到公田轉假），而這兩部書對奴婢、傭傭、高利貸等現象均有記述。《史記·貨殖列傳》中列舉致富門路上百項，其中有各種商品化農業經營者、農產品販子，也有「出租」資本的「子錢家」，唯獨沒有提到土地出租者。晁錯說農民破產後的處境是借高利貸，「賣田宅鬻子孫以償債」等等，也沒有提到淪為佃農的出路。可見漢代雖然毫無疑問有租佃關係，但發達程度甚為可疑，把漢代農村描繪成地主與佃農的世界肯定是不符合實際的。《貨殖列傳》所描寫的那種商品化農業、代田法、區種法所顯示的規模經營與集約化農業，郫縣殘碑中反映的土地關係，都與租佃制格格不入。

前面已說過，關於先秦租佃制的說法大都是曲解史料，而漢代雖然確有租佃制，但過去為了誇大其作用以證明「封建制佔主導地位」，也往往牽強附會地解釋史料。例如，把所有的「假民公田」都說成是國有土地租佃制，其實正如高敏論證的，其中有相當一部分是國家授田制而非租佃制。又如，據陳湯所說，成帝時「關東富人益眾，多規良田，役使貧民」。[192] 有人以此證明「富人普遍採用」租佃制，有人甚至進一步引申出「役使」一詞當時就是指租佃制。其實，這句話只是說富人霸佔大片土地使貧民為之幹活，並沒有說他們是以什麼方式實現這一點。「役使」一詞就字面意義來說是「使之服役」，更不能理解為交納地租。《戰國策》註：「規，猶謀也。」《康熙字典》謂:「《漢書》凡謀皆作規。」又《禮記．王制》有「規田」之制，其說為「九夫為規，四規而當一井」，是一種井田制式的集體耕作制。所以從字面上講「多規良田」帶有謀劃、經營之意，並非坐收地租而不問其他的租佃制。還有一些史料，我們雖然不能說它絕不是指租佃制，但至少把它解釋為租佃制仍是可疑的。如王莽指責「漢氏減輕田租，三十而稅一，常有更賦，罷癃咸出，而豪民侵陵，分田劫假，厥名三十稅一，實什稅伍也」，[193] 今人多從顏師古說，把「分田劫假」與「什稅伍」等為一事，認為這是豪民向佃戶收什伍之租。其實從原文看來「厥名三十稅一，實什稅伍也」一語的主語顯然是「漢氏」而非「豪民」。「分田劫假」一語較為費解，「分田」當時一般作「依分佔田」解，所謂「分田無限」就是這個意思，而「假」即「假民公田」。正如高敏曾指出的，兩漢後期的「假民公田」已由租佃型為主變為授田型為主，因此所謂「豪民侵陵，分田劫假」似應解釋為：豪民侵陵百姓，霸佔土地，把國家授與的假田也劫奪去了。如漢成帝時，「帝舅紅陽侯立使客因南郡太守李尚佔墾草田數百頃，頗有民所假少府陂澤」。[194] 這類事情當時屢見不鮮，故王莽有是言。由於小民的土地，多為豪強所佔，而稅如故，因此名曰三十稅一，實際上等於是什伍而稅了。

此外，荀悅的話，「今漢民或百一而稅，可謂鮮矣，然豪強富人，佔田逾侈，輸其賦太半。官收百一之稅，民收太半之賦，官家之惠優於三代，豪強之暴酷於亡秦」，[195] 也是今人論及租佃制時幾乎人人必引的史料。但要把「太半之賦」解釋為私人地租也有可疑之處，因為這裏「輸其賦太半」的主語似乎是「豪強」，這就不好理解了。因此後來杜佑在《通典》中改為「浮客輸太半之賦」，「人輸豪強太半之賦」。我們現在的理解便是從杜佑而來。但杜佑這種改動是否合適，值得研究。事實上說秦漢之時以「賦」稱私人地租，且租率高達三分之二，並無其他材料可為佐證。我們也可以作另一種理解，即荀悦這裏說的是土地集中程度之高，並不是說地租率的高低（下文緊接着談論應該實行限田制與井田制，可以為證），由於豪強富人佔田逾侈，以至提供田賦總數三分之二的土地都集中於他們之手，而這些田賦也為其所吞。所以說這是一種「適足以資富強」的制度，需要以井田制或至少是限田制來糾正之。

總之，兩漢雖有租佃制，但並不像過去所渲染的那樣發達。

如前所述，漢代史料中很少談到租佃制，而羅馬繁榮時代的作家如加圖、西塞羅、維吉爾、賀拉斯、科路美拉與小普林尼等人的著作中都多次談論租佃制。我們現在所知的秦漢法律，包括睡虎地、張家山出土的秦漢律簡、正史刑法志及沈家本《漢律摭遺》一書所蒐集的豐富材料在內，都未見有關於租佃制的條文，而羅馬法中關於租佃制的規定之詳明令人歎為觀止，整個《法學匯纂》的第 19 卷第 2 章和《查士丁尼法典》的第 4 卷第 65 章以及其他章的部分條款都是租佃法，其中許多原則至今還在指導資本主義國家的近代租佃關係。自然，羅馬法中關於租佃的部分內容是帝國後期隸農制即「束縛性佃戶」制時代的東西，但諸如《法學匯纂》第 19 卷第 2 章中作為債權關係一部分的租佃法則完全建立在自由契約（locatio conductio）原則上，其淵源可上溯至希臘，而在羅馬至少在加圖時代它已是「正常的行為」。

我們知道，秦漢時代並沒有形成任何關於租佃關係的特有術語，「佃戶」「地租」之類的概念都是隋唐以來才有的，秦漢時代只有「貧民」「假」了土地而交「稅」這類泛泛的說法。而羅馬時代已經發展了一套關於租佃的專門術語，如 locatio conductio（租佃契約）、colonus（佃農）、vectigal（承租者）、conductor（包租人）、partiarius colonus（分成農）、emphyteusis（永佃權）、adscripaticii（編入佃農）等等。

秦漢考古材料為我們提供了一些原始的商業、信貸、財產登記、賦稅交納等方面的文契籍賬，然而至今並未發現任何一件有關租佃制的原始文件，而這種文件在希臘與羅馬的銘文中和紙張文書中卻是大量存在的。所以今天人們可以對羅馬租佃制進行個案的微觀分析，而對漢代租佃制則沒有這種條件。

羅馬的租佃制形態中已經具有了許多我國前近代晚期租佃制高度成熟後才具有的，甚至在那時都尚未具有的現象，如貨幣地租、定額租、不在地主、一田二主、田骨田皮、包佃制、押租制、永佃制、租佃保險等等，而秦漢的租佃制絕無如此成熟。過去在古史分期討論中曾有人批評魏晉封建論說：「與其說兩漢像羅馬，不如說兩漢更像宋元明清。」其實僅就租佃制而言，羅馬倒似乎比兩漢「更像」明清，當然確切地說，應該是比起典型封建制來，前封建的古典時代「更像」封建晚期商品經濟復興時代，這是合乎否定之否定規律的。

如前所述，在古典時代國有土地的租佃制是具有代表性的。羅馬與漢代的國有地產租佃制都比私有租佃制產生早、發達程度低，但兩相比較，羅馬國有租地的發展水平顯然又遠在漢代之上。我們知道古典私有制高度發達的羅馬很少有「國營經濟」，「國有地如果開發了，一般都是在國家的私人佃戶手中」。而漢代的國有地則除了「假」於私人外，還有大量被用於國家經營，如武帝時在「楊可告緡」中被沒收的大批田地、奴隸，就是轉交水衡、少府、太僕、大農等部門設立田官來經營的。此外，非自由的軍屯土地也佔了很大比重，東漢尤其如此。因此漢代國有租佃制的發展是不能與羅馬相比的。

最後，我們還可以從邏輯分析入手比較一下羅馬與漢代租佃關係的發展水平。

我們知道租佃關係得以發展的歷史前提是地權與經營相分離，或者地權集中而經營分散或者地權分散而經營集中。羅馬與漢代都存在着古典商品經濟自由分化條件下的土地集中問題。漢代有「富者田連阡陌，貧者亡立錐之地」之說。羅馬也有「大地產毀滅了意大利」，「六個地主佔有阿非利加全省土地的一半」之說，單憑這些泛泛之詞似難以作定量的比較，但在邏輯上，由於羅馬古典商品經濟的發展水平遠在漢代之上，自由民的競爭、分化也比漢代劇烈，因「民得賣買」「田無常主、民無常居」「信併兼之法，逐進取之業」而造成的土地集中趨勢也應比漢代強烈。從實例來看，如果把西漢鄭里廩簿、東漢郫縣簿書碑與羅馬帝國的若干類似的銘文用現代統計方法加以處理，可得下表：

	東漢郫縣殘碑	西漢鄭里廩簿	Ligure-Baebiani A.B.101	Veleie A.D.110	Volcei A.D.307	Lamasba A.D.220	Magnesia ≈A.D.310	Hermopolrs ≈A.D.310
樣本包含的單位數	16	25	57	46	36	78	67	198
基尼係數	0.50	0.223	0.435	0.526	0.394	0.447	0.679	0.856
離散係數	0.920	0.409	1.414	2.003	1.178	1.808	2.992	4.642

基尼係數與離散係數是顯示土地集中程度的兩個統計指標。顯然這兩個指標羅馬一般較漢代為高。因此從邏輯推理到抽樣分析的結果都告訴我們，兩極分化、土地集中的現象在羅馬比在漢代更明顯（而在這兩個社會內，後期又比前期更明顯）。

而土地經營方面呢？以往中國學者往往被灌輸以這樣一種看法：似乎奴隸制生產就是一種「十千維耦」，擁有「上萬奴隸」的特大農場，這完全是一種天方夜譚式的神話。實際上，古典商品經濟條件下的典型種植園如加圖、瓦羅、科路美拉所描繪者，是一種中小型種植園。加圖描繪的橄欖園標準模式是 240 猶格（800 多畝），葡萄園為 100 猶格（378 畝），而科路美拉所描繪的葡萄園僅 7 猶格（26 畝）。當代不少西方研究者也認為興盛時代的羅馬富豪與其說擁有一個龐大而連片的地產，不如說最常見的是擁有一系列散在各處的小農莊。而西漢的古典商品化農業，從《史記·

貨殖列傳》中「千畝桑麻」「千畝畝鐘之田」「千畝卮茜、千畦薑韭」和趙過代田法「率十二夫為田一井一屋，故畝五頃」的標準模式看，也在 500 畝— 1000 畝規模上下，亦即典型的羅馬種植園不大於、很可能還小於兩漢的同類經濟。顯然，地權更集中而經營規模並不大的羅馬古典農業更需要租佃制。

另一方面，羅馬的商品經濟發達，在土地兼併與自由分化中破產的自由民隊伍也應該比漢代更龐大（當然漢代破產小農的處境可能比羅馬更悲慘），他們出路何在？從理論上說不外五種可能：1. 成為寄生性的「無產者」；2. 成為被僱傭者；3. 成為半自由的依附者；4. 淪為奴隸；5. 成為自由佃農。

有一種傳統的說法，認為羅馬平民破產後都成了靠社會養活的「無產者」，這實在是個絕大的謬誤！按現代一般估計，帝國自由人口約六千萬至一億，意大利人口七百萬。而「無產者」有多少？我們僅知道在羅馬有 10 萬— 30 萬而已，除了羅馬城及後來的君士坦丁堡以外，我們未見到其他意大利城市、更不用說行省城市對「無產者」實行一包到底的大規模供養制的例子。少量的「糧食津貼」（alimenta）絕不可能使大羣窮人過上「寄生」生活。至於廣大農村地區，更是從來不存在什麼社會養活「無產者」的制度。可見，寄生性「無產者」絕不是羅馬窮人的主要出路。那麼出路何在？羅馬法禁止公民為奴，雖然未必能禁得住，但與漢代相比顯然不是大的出路。僱工雖然有，但在當時奴隸勞動發達條件下也不可能有很大市場。至於依附民，在帝國中晚期誠然是窮人的主要出路，但在古典時代公民自由的觀念下也不會多。因此，當佃農便成為邏輯上最大出路。

而秦漢時代並未廢除債權制，自由民淪為奴隸的路是敞開的；由於沒有大量外族奴隸競爭，當僱工的路子也較寬；同時又因沒有經過雅典、羅馬那樣的「平民革命」，前古典時代的父權制依附傳統仍然殘存，自由人權觀念較淡，封建依附關係也產生較早，在東漢逐漸成為大潮之前早已有涓涓之流，所以自由貧民破產後淪為自由佃農的可能性是不會比羅馬更大的。這樣，漢代租佃制發達水平不如羅馬便是合乎邏輯的事了。

五 漢代租佃制古典化程度不及古羅馬

漢代租佃關係不僅在數最上與羅馬有一定距離，在租佃關係的古典化性質方面也較羅馬遜色。

如前所述，在古典商品經濟基礎上發展起來的古典自由租佃制是土地資本的生息形式，地租是地價的利息，而且在「看不見的手」作用下受到古典生息資本各種形式的社會平均利率的制約。在古典時代的羅馬，地產皆以貨幣價值表示。鄧肯－瓊斯（Richard Duncan-Jones）《羅馬帝國經濟》一書附「意大利地價」一表，搜羅羅馬意大利地產材料 117 條，有面積記載者僅 3 條。既然土地被視為貨幣等價物，人們並不關心一塊地產有多少面積，而只關心它值多少錢，則土地租佃便相當於資本借貸，地租自然便成了這筆錢的利息。因此雖然分成制租佃的淵源在羅馬可以上溯至加圖時代，甚至更早，但是羅馬典型的地租計算方法不是以畝數為依據，也不是以產量為依據（分成制），而是以地價為依據，並採取不問產最如何的定額貨幣租的形式。當時羅馬法規定的借貸利率為年息 6%，因此法定地租率也為地價的 6%。從共和到帝制時代的羅馬作家如西塞羅、科路美拉、老普林尼、小普林尼在自己的著作中都證實了此租率。現存的羅馬租佃銘文也表明這種租率是確實實行了的，見下表：

銘文出處	年代	地點	租金（塞斯退斯）	為地價的 %
ILS 6468	A.D.138 — 161	彼提利亞城	100000	6
ILS 6469	內容同上			
ILS 6271	一世紀	費倫提努姆	4200	6
ILS 6466	?	科羅托 III	600	6
AE，1954.168	A.D.172	卡皮那	300	6

年租率為地價的 6% 意味着佔收成的多大比例？這可以從 ILS 5946 銘文看出。這個公元前 117 年立於格努瓦城的銘文稱，如果佃戶交不出每年

1200塞斯退斯的租金，則應強令其償以穀物收成的二十分之一加上葡萄收成的六分之一。因為這種實物徵收是作為對欠交租金的懲罰而定的，所以它應該高於原貨幣租額。這就是說，在古典條件下，地租率通常並不高。因此如果按科路美拉的算法，在租地上從事商品化農業經營是可以獲利的。但是這種低地租率並非因為法律上有強制性規定，相反，古典時代的租佃關係是自由的，它往往只受「租地競爭」與「招佃競爭」所左右。羅馬國有地更常帶使用定期開標招佃的辦法，出租給願付出最高佃價的投標者。顯然，在這裏主要的限制因素只能是「看不見的手」——生息資本的社會平均利率。

相形之下，漢代地租作為地價利息並受限於社會平均利率的性質便不很明顯。如前所述，漢代公私記產碑體現了與羅馬類似的以地產為貨幣等價物的傾向，而根據前引《九章算術》的材料，漢代毫無疑問也是存在着租率較低的定額貨幣地租的。有人認為「假税」的税率應為收成的40%—50%，而《九章算術》所載「假税數額過低」，因此不可信。此說似可商榷。所謂40%—50%之說的根據是居延漢簡中「田六十五畝，租二十六石」的材料。[196] 然而這種材料所說的並非「假税」，而是軍事屯田上的田租，屯田並非自由租佃制，而如上所述田卒們還領取「月奉錢」。事實上「假税」的數額通常的確很低。《鹽鐵論》所謂「假税殊名，其實一也」，即是說假地的地租與地税額差不多，均為三十税一。只有這樣，「轉假」和像寧成那樣在假田上從事農業經營才會有利可圖。《九章算術》中誠然有少量脱離實際的、僅僅為了練習算術而設定的價格數字，但大部分算題還是以實際情況為基礎的，其數字固然「一般偏低」，但並非低得離譜，一般仍屬當時實際價格範圍內的較低水平。

實際上，早在古典商品經濟初興的戰國時期就有這樣的記載：周臣向魏王請溫囿以與周，謂「嘗聞溫囿之利，歲八十金，周君得溫囿，其以事王者，歲百二十金，是⋯⋯贏四十金」。[197] 這裏王家園囿向國王的貢納雖然不同於租佃關係基礎上的租金，但也是以貨幣形式上交土地產品。戰國如此，古典商品經濟全盛時代的西漢出現貨幣地租當然是合乎情理的。

總之，從《九章算術》和其他史料來考察，漢代無疑是存在着其地租率處於生息資本社會平均利率這一界限以下的定額貨幣地租的。當然，其數額是否一定為「初假之年三畝一錢，明年四畝一錢」云云，似不可過於拘泥。但是，與羅馬相比，漢代的這種古典型地租並不是很典型的。首先，漢代的人們並不像羅馬人那樣有關於地租就是地價（土地資本）的利息這樣一種明確觀念，更沒有以租佃立法的形式把這種觀念明確表達出來。司馬遷發表「農工商賈率亦歲萬息二千」等一大套理論的時候，他所講的「農」是指農業經營資本而不是土地資本，也根本沒有提到租佃關係。漢代人觀念中的地租或者與收成相聯繫（「見税什伍」「與田戶中分」），或者與土地面積相聯繫（「三畝一錢」「以頃畝出税」），但尚未見有與地價相聯繫者。當然沒有此種觀念不等於沒有此種事實。實際上漢代低額貨幣租的流行與羅馬一樣不能以道德的及其他的理由來解釋，只能是古典商品經濟客觀規律這隻「看不見的手」的結果。但是除了低額貨幣定額租之外，漢代租佃關係中還始終存在着不受社會平均利率法則制約的實物分成制成分。如董仲舒所説的「或耕豪民之田，見税什伍」，以及東漢馬援「與田戶中分，以自給也」。並且在東漢從這種分成制租佃中進一步產生了新的人身依附制度，如馬援就曾「役屬數百家」，「賓客多歸附」，開中古蔭客制度之先河。誠然如前所述，羅馬的租佃關係中也一直存在着實物分成制，但在古典商品經濟繁榮時代它只是租佃關係中很次要的成分。而在漢代它的比重則似乎要大得多，尤其是在私人租佃關係中。當然，説它就是「主要的」成分也缺少證據，畢竟到目前為止能確信為分成制的史料也就是上面那兩條。

總之，漢代的租佃關係在性質與發展的總趨勢上與羅馬租佃制是一致的，但又有自己的特點。這些特點歸根結底也就是漢代古典商品經濟發展的一般水平不如羅馬的結果。

過去，人們往往從奴隸制＝「奴隸社會」、租佃制＝封建社會，奴隸制為租佃制所取代的先驗框框出發，看到漢代奴隸勞動不如羅馬發達，便認為漢代理所當然應該是租佃關係發達的「封建社會」了。他們沒有想到，漢代奴隸勞動固然沒有發展到羅馬的水平（嚴格地說，應該是沒有發展到羅馬意大利的水平），然而租佃制更沒有發展到羅馬的水平。如果說，漢代沒有羅馬那麼多奴隸，便成了「封建社會」，那麼漢代沒有羅馬那麼多的佃農，豈不又該是「奴隸社會」了嗎？

還有人提出了這樣的命題：「奴隸社會」是難以劃分的，因為「奴隸社會」奴隸不一定多，封建社會奴隸不一定少。確實，如果以奴隸多少來區分「奴隸社會」，誠然困難。但難道以租佃制的盛衰來區分封建社會就更容易嗎？列寧曾問道：「農業中資本主義（和半資本主義）生產方式的特點是什麼？」他回答道：「到處都有發達的租佃制。」羅馬租佃制比典型中世紀要發達更是不爭之事實。可見，「封建社會」租佃制不一定盛，資本主義社會或古代社會租佃制不一定衰，以租佃制的興衰來劃分「社會形態」本來就沒什麼理由。

問題不在於劃分「社會形態」，而在於我們過去藉以劃分社會形態的方法論值得反思。奴隸制、租佃制與僱傭制、債利剝削等等，作為元素可以存在於不同的社會經濟系統中。我們應該把注意力從元素的分析轉移到系統整體結構及其運動規律、功能特徵上來。

註釋：

1　《論語·陽貨》。

2　參見孫機：《漢代物質文化資料圖說》（增訂本），上海古籍出版社，2008年，第22頁。

3　《孟子·盡心下》。

4　《史記》卷30《平淮書》，第1420頁。

5　《史記》卷129《貨殖列傳》，第3270頁。

6　例如：《荀子·榮辱》：「今使人生而未嘗睹芻豢稻粱也，惟菽藿糟糠之為睹也……」《列女傳·母儀·楚子發母》：「子發之母，刺子驕泰，將軍稻粱，士卒菽粒，責以無禮。」

7 參閱趙利傑:《試論高粱傳入中國的時間、路徑及初步推廣》,載《中國農史》2019 年第 1 期。

8 《呂氏春秋·先識覽·樂成》。

9 元鼎六年(前 111 年),兒寬為左內史(後改置左馮翊,在今西安東北一帶),奏請穿鑿鄭國渠六輔渠,漢武帝說:「……今內史稻田租挈重,不與郡同,其議減。」《漢書》卷 29《溝洫志》,第 1685 頁。

10 《後漢書》卷 15《鄧晨傳》,第 584 頁。

11 孫機:《漢代物質文化資料圖說》(增訂本),第 22 頁。

12 孫機:《漢代物質文化資料圖說》(增訂本),第 18-21 頁。

13 《漢書》卷 6《武帝紀》,第 177 頁。

14 《漢書》卷 24 上《食貨志上》,第 1137 頁。

15 《後漢書》卷 5《安帝紀》,第 213 頁。

16 楊際平:《從東海郡〈集簿〉看漢代的畝制、畝產與漢魏田租額》,載《中國經濟史研究》1998 年第 2 期。

17 《史記》卷 6《秦始皇本紀》,第 278-279 頁。

18 《史記》卷 68《商君列傳》,第 2230 頁。

19 《漢書》卷 24 上《食貨志上》,第 1126、1128 頁。

20 此外還有葛織品和毛織品。

21 《孟子·梁惠王上》。

22 《史記》卷 129《貨殖列傳》,第 3270 頁。

23 關於漢代染織業,參閱林甘泉主編:《中國經濟通史·秦漢經濟卷》上冊,第 409-422 頁。

24 「匈奴好漢繒絮食物」,見《史記》卷 110《匈奴列傳》,第 2899 頁。

25 關於秦漢農業是否是精耕細作的集約農業,學術界有爭議,主要爭論點在於精耕細作的集約農業的普及程度,但是秦漢已經出現了精耕細作的集約農業則無異議。參見楊際平:《秦漢農業:精耕細作抑或粗放耕作》,載《歷史研究》2001 年第 4 期;韓強強:《秦漢農業精耕細作問題評述》,載《農業考古》2017 年第 1 期。

26 《漢書》卷 24 上《食貨志上》，第 1138-1139 頁。

27 林甘泉主編：《中國經濟通史．秦漢經濟卷》上冊，第 219-221 頁。

28 萬國鼎輯釋：《氾勝之書輯釋》，北京：中華書局，1957 年，第 63 頁。

29 《後漢書》卷 39《劉般傳》，第 1305 頁。

30 過去，這則史料常被引用說明漢代出現了複種。最近這一觀點受到了挑戰，羅振江認為「禾下麥」「麥下禾豆」並非複種，而是作為綠肥使用的技術。當然，即使是綠肥，也略有集約的意味，而且正如羅文所述，那離複種也只有一步之遙了。羅振江：《「禾下麥」「麥下禾立」複種說辨析》，載《中國經濟史研究》2024 年第 3 期。

31 關於代田法、區種法與複種等漢代農業耕種技術，可參閱許倬云：《漢代農業中國農業經濟的起源及特性》，桂林：廣西師範大學出版社，2005 年，第 105-125 頁。

32 寧可：《有關漢代農業生產的幾個數字》，載《北京師院學報》（社會科學版）1980 年第 3 期。

33 參見趙德馨、周秀鸞：《漢代的農業生產水平有多高 —— 與寧可同志商榷》，載《江漢論壇》1979 年第 2 期；楊際平：《從東海郡〈集簿〉看漢代的畝制、畝產與漢魏田租額》，載《中國經濟史研究》1998 年第 2 期。

34 吳慧：《中國歷代糧食畝產研究》（增訂再版），北京：中國農業出版社，2016 年，第 141 頁。

35 卡爾．A. 魏特夫：《東方專制主義 —— 對於極權力量的比較研究》，徐式谷等譯，北京：中國社會科學出版社，1989 年。

36 李祖德、陳啟能編：《評魏特夫的〈東方專制主義〉》，北京：中國社會科學出版社，1997 年，第 4 頁。

37 《評魏特夫的〈東方專制主義〉》一書目錄。

38 《評魏特夫的〈東方專制主義〉》，第 172-173 頁。

39 《評魏特夫的〈東方專制主義〉》，第 155 頁。

40 《評魏特夫的〈東方專制主義〉》，第 156 頁。

41 《評魏特夫的〈東方專制主義〉》，第 112 頁。

42 《評魏特夫的〈東方專制主義〉》，第 42 頁。

43　參見李根蟠:《先秦時代的溝洫農業》，載《中國經濟史研究》1986 年第 1 期。

44　《史記》卷 29《河渠書》，第 1407 頁。

45　西漢莊熊羆言:「臨晉民願穿洛以溉重泉以東萬餘頃故鹵地。誠得水，可令畝十石。」鄭國渠下「畝收一鐘」，此言「畝十石」，二者應等同。《史記》卷 29《河渠書》，第 1412 頁。

46　《史記》卷 29《河渠書》，第 1408 頁。

47　《史記》卷 29《河渠書》，第 1414 頁。

48　《漢書》卷 29《溝洫志》，第 1685 頁。

49　《晉書》卷 113《苻堅載記上》，第 2899 頁。

50　《新唐書》卷 81《李知柔傳》，北京:中華書局，1975 年標點本，第 3603 頁。

51　杜佑:《通典》卷 2《食貨志二·水利田》。

52　參見戴應新:《關中水利史話》，陝西人民出版社，1977 年，第 11-22 頁。

53　《史記》卷 55《留侯世家》，第 2044 頁。

54　《史記》卷 29《河渠書》，第 1409-1410 頁。

55　《漢書》卷 24《食貨志》，第 1127、1171 頁。

56　參見戴應新:《關中水利史話》，第 26-33 頁;全漢昇:《唐宋帝國與運河》，重慶出版社，2020 年。

57　《史記》卷 68《商君列傳》，第 2232 頁。

58　《漢書》卷 24 上《食貨志上》，第 1126、1137 頁。

59　參見趙儷生:《有關井田制的一些辨析》，載《歷史研究》1980 年第 4 期。

60　睡虎地秦墓竹簡整理小組編:《睡虎地秦墓竹簡》，「秦律十八種釋文註釋」，第 22 頁。

61　張家山二四七號漢墓竹簡整理小組編著:《張家山漢墓竹簡 [二四七號墓] 釋文修訂本)》，「二年律令」，第 42 頁。

62　青川木牘《為田律》有「以秋八月，修封埒，正疆畔」的規定。

63　睡虎地秦墓竹簡整理小組編:《睡虎地秦墓竹簡》，「秦律十八種釋文註釋」，第 21 頁。

64　張家山二四七號漢墓竹簡整理小組編著:《張家山漢墓竹簡 [二四七號墓]

（釋文修訂本）》，「二年律令」，第 41 頁。

65 《漢書》卷 28 下《地理志下》，第 1640 頁。提封就是全部的意思。

66 晉文：《張家山漢簡中的田制等問題》，載《山東師範大學學報》（人文社會科學版）2019 年第 4 期。

67 《史記》卷 68《商君列傳》，第 2230 頁。

68 張家山二四七號漢墓竹簡整理小組編著：《張家山漢墓竹簡［二四七號墓］（釋文修訂本）》，「二年律令」，第 52 頁。

69 部分通過沒收等手段收歸政府的已有房屋和土地可能也會授出。

70 楊振紅、於振波等相關研究眾多，茲不贅引。

71 《史記》卷 30《平準書》，第 1430、1431 頁。

72 張家山二四七號漢墓竹簡整理小組編著：《張家山漢墓竹簡［二四七號墓］（釋文修訂本）》，「二年律令」，第 52 頁。下文《二年律令・戶律》內容皆本此，不再注出。

73 秦暉：《郫縣漢代殘碑與漢代蜀地農村社會》，載《陝西師大學報》（哲學社會學版）1987 年第 2 期。

74 晉文：《張家山漢簡中的田制等問題》，載《山東師範大學學報》（人文社會科學版）2019 年第 4 期。

75 《漢書》卷 24 上《食貨志上》，第 1142、1137 頁。

76 參見晉文：《睡虎地秦簡與授田制研究的若干問題》，載《歷史研究》2018 年第 1 期。

77 《漢書》卷 24 上《食貨志上》，第 1132 頁。

78 《漢書》卷 24 上《食貨志上》，第 1137 頁。

79 《漢書》卷 24 上《食貨志上》，第 1137 頁。

80 《漢書》卷 24 上《食貨志上》，第 1126 頁。

81 《商君書・慎法》。

82 《史記》卷 6《秦始皇本紀》，第 253 頁。

83 《漢書》卷 49《晁錯傳》，第 2284 頁。

84 《史記》卷 30《平準書》，第 1418 頁。

85 「賈人毋得衣錦繡綺縠絺紵罽，操兵，乘騎馬。」《漢書》卷 1 下《高帝紀下》，第 65 頁。

86 《史記》卷 30《平準書》，第 1418 頁。

87 《史記》卷 123《大宛列傳》，第 3176 頁。

88 《史記》卷 30《平準書》，第 1430 頁。

89 《漢書》卷 11《哀帝紀》，第 336 頁。

90 《漢書》卷 24 上《食貨志上》，第 1137 頁。

91 《漢書》卷 27 中之下《五行志中之下》，第 1427 頁。

92 《史記》卷 30《平準書》，第 1428、1429 頁。

93 《史記》卷 30《平準書》，第 1430 頁。

94 《漢書》卷 6《武帝紀》，第 165 頁。

95 《史記》卷 30《平準書》，第 1435 頁。

96 《漢書》卷 24 下《食貨志下》，第 1185 頁。

97 《漢書》卷 24 上《食貨志上》，第 1133 頁。

98 《漢書》卷 24-1《食貨志上》，第 1127 頁。

99 《漢書》卷 91《貨殖傳》，第 3687 頁。

100《漢書》卷 72《貢禹傳》，第 3075 頁。

101《史記》卷 129《貨殖列傳》，第 3261 頁。

102《史記》卷 129《貨殖列傳》，第 3277-3282 頁。

103 據研究，人頭稅算賦本就是徭役貨幣化的結果，見臧知非：《「算賦」生成與漢代徭役貨幣化》，《歷史研究》2017 年第 4 期。

104《漢書》卷 99 中《王莽傳中》，第 4111 頁。

105《鹽鐵論．本議》。

106《漢書》卷 72《貢禹傳》，第 3075 頁。

107《鹽鐵論．本議》。

108 對於漢代農民為何「背本趨末」，參見黃今言：《漢代農民「背本趨末」的歷史考察》，載《中國經濟史研究》2006 年第 4 期。

109《漢書》卷 72《貢禹傳》，第 3075 頁。

110《漢書》卷 24 下《食貨志下》，第 1152-1153 頁。

111《漢書》卷 24 下《食貨志下》，第 1166 頁。

112《漢書》卷 24 上《食貨志上》，第 1127 頁。

113 加藤繁：《中國經濟史考證》上，吳傑譯，北京：中華書局，2012 年，第 25-126 頁。

114《漢書》卷 24 下《食貨志下》，第 1163 頁。

115《漢書》卷 24 下《食貨志下》，第 1157、1155 頁。

116《漢書》卷 24 下《食貨志下》，第 1168 頁。

117《漢書》卷 10《成帝紀》，第 324-325 頁。

118《漢書》卷 65《東方朔傳》，第 2858 頁。

119《鹽鐵論・刺權》。

120 參閱秦暉、金雁：《田園詩與狂想曲：關中模式與前近代社會的再認識》，山西人民出版社，2023 年，第 175-180 頁。

121《史記》卷 129《貨殖列傳》，第 3253 頁。以下所引《史記・貨殖列傳》，皆本此，不再注出。

122 參見李愛軍、于淳善：《司馬遷的經濟思想與亞當・斯密的經濟自由主義》，載《東北財經大學學報》2002 年第 5 期；儲麗琴：《司馬遷與亞當・斯密經濟思想比較研究》，載《學術論壇》2005 年第 7 期；景春梅：《論「太史公」與「經濟學之父」的不謀而合 —— 司馬遷與亞當・斯密經濟思想的相似性及其原因探析》，載《江西社會科學》2008 第 2 期。

123 參見董平均：《司馬遷天下「皆為利」思想簡論 —— 兼與亞當・斯密「經濟人」假設比較》，《河北經貿大學學報》2011 年第 4 期。

124《史記》卷 69《蘇秦列傳》，第 2241 頁。

125《漢書》卷 72《貢禹傳》，第 3075 頁。

126《史記》《漢書》中也有「逐什一之利」的記載。范蠡「候時轉物，逐什一之利。居無何，則致貲累巨萬。天下稱陶朱公」。《史記》卷 41《越王勾踐世家》，第 1753 頁：楊惲「幸有餘祿，方糴賤販貴，逐什一之利，此賈豎之事，污辱之處，惲親行之」。《漢書》卷 66《楊惲傳》，第 2896 頁。

127 裴駰：《史記集解序》，《史記》全書後附「史記集解序」，第 1 頁。

128 關於漢唐商品經濟的對比，詳見秦暉：《漢唐商品經濟比較研究》，載《陝西師大學報》（哲學社會科學版）1991 年第 2 期；秦暉：《關於漢唐商品經濟之比較兼答疑者》，載《社會科學輯刊》1993 年第 5 期。此處引文不再標註出處。

129 詳見秦暉：《關於西漢五銖錢的流通數額問題》，載《陝西師大學報》（哲學社會科學版）1988 年第 2 期。

130《貞觀政要》卷 6《論奢縱》。

131 胡震亨《唐音癸簽》引《豐年錄》。

132 晁錯：《論貴粟疏》。

133《史記》卷 129《貨殖列傳》，第 3280 頁。

134 以上見《唐律疏議》卷 26。

135 以上見仁井田陞《唐令拾遺》雜令 33。

136《漢書》卷 24 下《食貨志下》，第 1176 頁。

137《太平廣記》卷 495《雜錄三 · 鄒鳳熾》

138《舊唐書》卷 150《安祿山傳》。

139《冊府元龜》卷 484《邦計部 · 經費》。

140《冊府元龜》卷 510《邦計部 · 希旨》。

141 後來的研究有段渝：《漢代集市考略》，載《文史雜誌》1991 年第 5 期；楊毅：《漢代集市聚落演變考訂》，載《建築師》2005 年第 4 期等等。

142 本節使用的「商品經濟中價值規律」這一說法帶有當年開課時的用詞習慣。其實那時關於「價值規律」的一些表述，如社會必要勞動時間決定價值、價格圍繞價值波動等，現代市場經濟的經濟學通常並不接受，但建基於市場供求關係的價格機制，確實是市場經濟，或當時我所說的「商品經濟」的基本特徵，本節也是在這一意義上使用這個概念。

143《管子 · 侈靡》。

144《管子 · 輕重乙》。

145《管子·山至數》。

147《漢書》卷 24 上《食貨志上》。

148《皇朝經世文編》卷 52《戶政二十七錢幣上》。

149 顧炎武：《日知錄·以錢為賦》。

150《舊唐書》卷 48《食貨志上》，第 2097 頁。

151 王明編：《太平經合校》卷 42，北京：中華書局，2014 年。

152 關於漢代的古典借貸關係以及與古希臘—羅馬的對比，詳見秦暉：《漢代的古典借貸關係》，載《中國經濟史研究》1990 年第 3 期。除了部分文中註移作尾注，其餘註釋部分見該文。

153 甘肅居延考古隊簡冊整理小組：《「建武三年侯粟君所責寇恩事」釋文》，載《文物》1978 年第 1 期。

154《漢代的古典借貸關係》一文寫作發表之後，公佈的居延新簡、尹灣漢簡等秦漢簡牘中有一些借貸的文書。特別是，嶽麓秦簡中有不少借貸的法律文書，據此研究再次證明，「秦的借貸關係其實是一種古典借貸關係，並非為一種純粹的『封建高利貸關係』」，見朱德貴、齊丹丹：《嶽麓秦簡律令文書所見借貸關係探討》，載《史學月刊》2018 年第 2 期。

155 據筆者所見只有一例，即《漢書》卷 15《王子侯表》：「陵鄉侯⋯⋯貸穀息過律，免。」漢代史籍中有大督政府在災亂之年向貧民和流民「貸種食」「假與糧種」的記載，湖北江陵鳳凰山出土「鄭里廩簿」所載的發放種子賬也屬此類。這是救濟性質，不僅不收息，往往連本都予赦免（例見《漢書·元帝紀》等）。顯然這不能視為一般意義上的借貸關係。

156《唐律疏議》卷 26。

157 事實上從晁錯的行文「有者半賈而賣，亡者取倍稱之息」中也可看出這一點。「半賈而賣」自然決非正常的商業價格。「倍稱之息」也應當不屬於正常的借貸利率。二者皆為「急政暴虐，賦斂不時，朝令而暮當具」所造成的非常後果。

158《漢書·王莽傳》。

159 彭信威：《中國貨幣史》，上海：羣聯出版社，1954 年，第 115 頁。

160 呂思勉：《呂思勉讀史札記》，上海：上海古籍出版社，1982 年，第 1156-1157 頁。

161 王永興：《隋唐五代經濟史料彙編校註》，中華書局，1987 年，第 813、899 頁。

162《冊府元龜》卷 506《邦計部・俸祿二》。

163《周禮・地官司徒・泉府》鄭玄註引「鄭司農日」。

164《周禮》「鄭註」賈公彥疏。

165 所謂「計贏所得受息，無過歲什一」，是指依貸款投入經營後的利潤計息，但最多不超過本金的十分之一，而不是利潤的十分之一。否則如按司馬遷指出的平均利潤年率 20% 計，則借貸利率將最多只有 2%，這也未免太低了。

166 參見王永興：《隋唐五代經濟史料彙編校註》，第 811-932 頁。

167《晉書》卷 26《食貨志》引王赧雲，第 780 頁。

168《漢書》卷 15 上《王子侯表上》，第 447 頁。

169《舊唐書》卷 12、卷 135。

170 見彭信威：《中國貨幣史》，第 116 頁。另一些人為了證明漢代信用事業的發達則多方證明漢代有典質業存在，但其證據正如彭先生所說，是難以成立的。

171《史記》卷 129《貨殖列傳》，第 3281、3277 頁。

172《馬克思恩格斯選集》第 4 卷，第 107 頁。

173《馬克思恩格斯選集》第 28 卷，第 438 頁。

174《管子・揆度》。

175《管子・輕重丁》。

176《國語・晉語》。

177《左傳》昭公二年。

178 睡虎地秦墓竹簡整理小組編：《睡虎地秦墓竹簡》，「法律答問釋文註釋」第 127 頁。

179《漢書・刑法志》。

180《漢書・王子侯表》：「旁光侯殷…… 坐貸子錢不佔租，取息過律，會赦，免。」

181 居延漢簡 73.E.J.F。

182《秦律十八種・司空》。

183《後漢書・桓譚傳》。

184《漢書》卷 24 下《食貨志下》，第 1176 頁。

185《後漢書》卷 32《樊宏傳》，第 1119 頁。

186 古典租佃制及漢化與羅馬的比較，詳見秦暉：《古典租佃制初探 —— 漢代與羅馬租佃制的比較研究》，載《中國經濟史研究》1992 年第 4 期。相關引文註釋見該文。

187《漢書》卷 24 上《食貨志上》，第 1137 頁

188《後漢書》卷 54《楊震列傳》，引《續漢書》第 1760 頁。

189《後漢書》卷 35《鄭玄列傳》，第 1209 頁。

190 如地節三年詔：「流民還歸者，假公田，貸種食，且勿算事。」初元元年詔：「江湖陂澤園池屬少府者，以假貧民，勿租賦。」（見《漢書》宣帝紀、元帝紀）顯然，這些貧民、流民都是正常情況下需要交納租賦的自由民，而非國家農奴。在邊境地區，趙充國推行屯田制以前也只是實行「募民實邊」基礎上的自由假田，位於如今內蒙地區的「北假田官」（《漢書》元帝紀引李斐註：「主假貸官田與民，收其假稅也。」）與東漢以後盛行的國家軍事農奴制屯田顯然不同。

191《史記》卷 30《平準書》，第 1422 頁。

192《漢書》卷 70《陳湯傳》，第 3024 頁。

193《漢書》卷 99 中《王莽傳中》，第 4110-4111 頁。

194《漢書》卷 77《孫寶傳》，第 3258 頁。

195 荀悅：《前漢紀・孝文皇帝紀》。

196 按：學界討論歷史上農地的地租率有兩種，一種是地租與當年產量（值）之比，另一種是地租與地價之比。

197《戰國策・西周策》。

餘論

我們講了秦漢帝國那一套政治經濟制度和觀念的由來以及它們在秦漢以後的影響，並從縱（時間上的漢唐對比）橫（空間上的秦漢與羅馬帝國對比）兩個維度來探討它們的歷史地位。

但是我無意從這裏得出什麼簡單的結論。

例如，我不認為漢魏之變導致了不同於秦制的「中世」，但也指出了漢唐經濟確實有很多的不同。我認為把漢帝國與羅馬帝國的經濟進行比較是很有意義的，並且傾向於認為兩者都有明顯的「古典商品經濟」特徵，但不想得出兩者都屬於「奴隸社會」的結論。漢以後的魏晉以至隋唐，乃至羅馬帝國以後的中古歐洲，都有一個商品貨幣關係萎縮的過程，但我也不認為這就可以證明中國與歐洲都從「奴隸社會」進入了「封建社會」。我是在「五朵金花」[1] 時代進入秦漢史研究這個領域的，並且直到今天我也認為，如果古希臘－羅馬算是「奴隸社會」的話，那麼從實證的角度講，中國與之最相似的時代確實就是秦漢時代。其他「分期」主張想要證明他們認為的那個時代的中國與羅馬帝國屬於同一「社會形態」或「發展階段」，從實證來講都太荒唐了。

但是今天，我認為即便把羅馬帝國定義為「奴隸社會」，也是一種過時的思維了。更不用說把其他民族也套進這個框框。不過我也不會走向另一個極端，即從「文化決定論」出發，乾脆否定不同「文化」國家間的發展進程有任何可比性。

只不過這種比較應該是多維度的。比如我認為，漢唐經濟的差別再大，但它們都受專制帝制或秦制的強烈影響則毫無疑義。而漢代與羅馬的經濟再怎麼相似，由於羅馬沒有秦制（羅馬帝國的「皇帝」只是一個中譯，它與中國的皇帝區別大矣），很多看似相似的東西，其實際含義會大相徑庭。

比如，羅馬奴隸和秦漢的「私奴婢」都很多，他們的地位其實也很相似。但是奴隸（婢）的「對立面」，羅馬公民和秦漢的「編戶齊民」，就相差猶如霄壤了。這反過來會導致看似相似的「奴隸制」或「農奴制」也隱含了不同的意義。王莽大罵「私奴婢」制「逆天心、悖人倫」，慘無人道，言辭之激烈放在羅馬，恐怕斯巴達克也不過如此。但王莽「解放奴隸」之舉（把奴隸從「大觀園」解放到「勞改營」裏），則恐怕不僅奴隸主跳腳，奴隸也要跟他魚死網破了。眾所周知，羅馬法財產權是今天西方私有制之祖，過去甚至流行把「絕對私有權」稱為「羅馬法意義上的私有權」之說。但是羅馬絕不可能像秦律那樣，搞到一家子人裏父子夫妻各有其財、「借父耰鉏，慮有德色；母取箕帚，立而誶語」的程度。羅馬氏族法、家庭法對個人財產的限制其實甚多，遺囑自由等等都是晚至拜占庭時代才實現的。所以近年來意大利羅馬法學界有「羅馬法集體主義」之說。但是羅馬國家是尊重私有財產的，甚至公益投資主要也不是靠徵稅，而是靠捐獻。除了「公敵」宣判以外，羅馬國家一般不會對普通公民抄家沒產。而秦制儘管可以允許，甚至鼓勵兒子對父親講「私有」，個人對小共同體講私有，卻絕不會允許你跟朝廷講什麼私有。所謂「公私無異財，人主擅操柄，取予皆自我，兼併乃奸回」，就是這個意思。

所以，簡單地講漢代和羅馬哪個更保護「私有制」是說不清楚的。不過，這種比較當然有意義。因為它說明了「私有」有個針對什麼而言的問題。針對小共同體的「私有」和針對大共同體的「私有」，其區別有時比抽象的「公有」和「私有」還大。而這種區別的意義是邏輯的，而非「文化」的，因此它並不只對某一民族的歷史研究有意義。

如果說在經濟上，秦漢與羅馬有相當類似的發展軌跡，那麼在政治發展方面，儘管秦漢與羅馬的政治都出現「帝國化」趨勢，但秦漢官僚制比羅馬發達（後者到拜占庭時代才出現接近秦漢的科層化官僚系統），而羅馬則保留了較多的地方自治因素。兩者帝國化前後的演進方向似乎完全相反：羅馬是由共和國與自治城邦變成大型帝國，以後才變成「封建」；而秦漢則從「封建」變成大帝國，兩千年後帝國終結才出現「共和」的嘗試。

有趣的是，羅馬帝國解體後東西兩部分分別走向不同發展道路。其中的東羅馬－拜占庭儘管在「文化」上是不少人認為的「西方之根」即所謂「兩希文明」（古希臘＋希伯來一神教起源的基督教）的源頭所在，政治上卻越來越變成一個「東方化」的專制帝國——拜占庭帝國。然而，拜占庭的帝國化恰恰與前述的「羅馬法集體主義」消亡並行。羅馬氏族法、家庭法對個人財產的限制，在帝國晚期至拜占庭時代逐漸消失，無夫權婚姻日益取代有夫權婚姻，財產遺囑也越來越自由，「羅馬法個人主義」與拜占庭中央集權專制官僚制（羅戈塞特制）的形成，羅馬「家長共和」和地方自治傳統的消失，都有邏輯聯繫。我覺得這就像秦漢時期以「偽個人主義」消解小共同體來形成大共同體的一元化控制一樣。我們是不是可以把它稱為拜占庭的「秦漢化」趨勢呢？

另一方面，西羅馬帝國晚期與東漢以後都出現因內部小共同體認同發展和外部「蠻族入侵」、文化變異導致的長期分裂局面。但是中國再度走向統一，而歐洲－地中海地區從此分裂，至今才重新開始「歐洲一體化」，而且舉步維艱。這是制度原因，還是文化（價值觀）原因？

其實我覺得也許都不是。或者，我們可以從漢語和拉丁語的差異中得到解答。人們公認，後羅馬帝國因拼音化拉丁文的方言化衰變而失去文化統一性，是歐洲分裂的重要原因。而漢語作為「單音節詞根語」，不同於字母－單詞語言的一大特性，就是它難以拼音化。這種表意形聲字的傳統在口語方言分裂的背景下可以保持書面語言的統一。而這並不依賴於秦制。其實，周原甲骨的發現，就證明「書同文」並不開始於秦始皇。早周與殷商（周原甲骨與殷墟甲骨）文字的一致性，也許就奠定了後來中華文化認同的一部分基礎。實際上，拼音語文中即使口語沒有發生分裂，也會因為「音同字異語亦異」而導致文化的疏離：就像塞爾維亞語與克羅地亞語，烏爾都語與印地語，馬來語與印尼語，本來都是一種語言，至今互相也能聽懂，但是由於採用不同的字母系統：西里爾字母的塞爾維亞語與拉丁字母的克羅地亞語，阿拉伯字母的烏爾都語與梵文天城體字母的印地語，馬來語與印尼語雖然都用拉丁字母，但英、荷兩個宗主國各用一套正字表，也造成了不同的認同。

我們關於秦漢史的講義應該結束了。結束時該有個結論，可是我的研究是「正在進行時」，是沒有「結論」的。這裏就講點「餘論」吧。我們沒有講出一個「時間軸」式的，或者流水賬式的秦漢史，那是因為這樣的秦漢史很容易找到，在有限的課時裏我不想浪費大家的時間，以及我的時間。

我們為什麼要研究歷史？以前很長一個時間，我相信歷史是有「不以人們意志為轉移的客觀規律」的。研究歷史就是為了掌握這些規律。掌握了就不僅能夠解釋過去是怎麼走到現在的，還能料定現在必然又會走向哪裏。這叫「知所從來，知何所去」。所以我剛開這門課的時候，就決定把主要時間放在「周秦之變」和「漢魏之變」上。

但是研究越多，這種想法越動搖。現在我認為，歷史的發展，無論過去、現在還是未來，都是不確定的。唯其不確定，人們的努力才有意義。過去的歷史發展是有因果可循的，發現歷史中的因果鏈是歷史學家的責任。但是人文的因果不同於物理的因果，就在於前者是概率性的，而不是必然性的。因此對歷史的解釋不可避免地具有相對性。也正因為此，我們的未來也具有不確定性。歷史研究無法使人成為一個算命先生。但歷史研究能夠使我們增長智慧，鑒往知今，從歷史中汲取經驗教訓，培養正確的價值觀，知道什麼是我們應該抵制的，什麼是值得我們追求的，並且儘量找到用力點，以提高我們追求的成功率。簡而言之，就是「追所從來，欲何所去，知所用力」。

最後畫個句號：我們站在兩千年後回望那段歷史，看今朝科技發展日新月異，新的技術手段、新的名詞層出不窮，很多網絡詞彙我都落伍看不懂了，表面上看起來那段歷史距離我們已很遙遠。但是不知道大家發現了沒有，中國歷史與現實有些骨子裏最深層的一些東西並沒有變，我們總能在當代看到前朝甚至前前朝的影子，到了某個節點上，總能感覺到似曾相識的一幕，似乎並沒有跳出歷史循環的怪圈。我想這也許是我們學習秦漢史的意義所在，我們要知道這一切是從何而來，接下來我們努力的方向，使中國要向何處去也就不言而喻了。

註釋：

1 指改革前數十年到改革初中國歷史學在意識形態指導下集中討論的「五大問題」：古史分期、農民戰爭、資本主義萌芽、土地制度和民族融合。

附錄

對話：傳統中國的「周制」與「秦制」

（2021 年 2 月 28 日上午）

馮天瑜　秦暉

主持：各位老師，各位同學早上好！今天我們在這裏舉行一個小型學術座談會。請到清華大學秦暉教授和我們中心的馮天瑜教授對話。兩位著名史學家不用我詳細介紹，大家都了解他們的成就和對當今思想界的影響。今天參加活動的，還有許多知名學者，如經濟學家陳浩武博士，文史專家聶運偉教授、陳文新教授、吳根友教授、傅才武教授，以及我們傳統文化中心的其他老師和同學。

兩位今天討論的題目是「傳統中國的『周制』與『秦制』」，這是一個有分量的論題，馮老師和秦老師很早就開始進行相關考析，可以說是周秦二制比較研究的開創者。

今天先請遠道而來的秦老師開講，然後馮老師與之對話。在座的各位老師同學也可以發表意見。下面我們掌聲有請秦老師。

秦暉：今天就不客氣了，謝謝大家。

在研究封建或者是周制與秦制這一類的問題上，馮先生是個先行者。當然就封建話題，可能在民國時期就有比較多的討論，但是在改革開放以後問題就突顯出來，其實應該都是馮先生的功勞。我們也是在馮先生的啟發下，做了一些工作。這些啟發來自很多人，當然包括馮先生，也來自我們這一代人。我們經歷了「文革」到改革，是有感而發。

在改革開放期間，隨着我們視野的擴大，覺得問題不僅在中國是有意義的，在全世界範圍內也是非常值得分析的，這就是前近代社會的兩種主要模式。而且這兩種模式在前近代社會向近現代社會轉型的過程中，也的確是帶來了很多值得分析的現象。我們在座的都是研究歷史的，而且都是研究傳統文化與傳統社會的專家，所以我就不用引材料，我這裏主要是就基本邏輯來講一下。

我經常使用的一個概念叫做「共同體」。共同體這個詞在日本也非常流行，老實説，這種概念是來自馬克思主義的，不過也不僅是來自馬克思主義，因為在 19 世紀啟蒙運動中，現代社會意味着個人的獨立，這似乎不管是自由主義者還是社會主義者，都是公認的。儘管兩者有「羣己權界」怎麼劃之爭，但在羣己顛倒、羣域無民主、己域無自由的時代，羣域大一點還是己域大一點，並不是最重要的問題。

從啟蒙運動以來，洛克、盧梭、馬克思等都不斷地在強調這一點，包括後來的一些具體學科領域的學者，比如法學界的梅因、經濟學界的亞當·斯密，等等，他們都大講這個問題，只不過具體術語不同，比如梅因説要從身份到契約，盧梭則叫做臣民與公民。但是其實都是這個意思。都是在説臣民是有依附性的，而公民是有獨立人格的。獨立倒不意味着他們是孤立的，他們的社會聯繫（這是馬克思常用的詞，所謂「社會主義」就源於此，那時「社會主義」與「國家主義」是對立的）要比以前發達得多，但是這種聯繫的紐帶不是人身依附，而是契約——自由契約，這就變成梅因的概念——「從身份到契約」。

在這個過程中，馬克思在哲學意義上談共同體比較多，但是到 19 世紀以後，很多人從人類學方面就開始更細化一點。較馬克思稍晚一點，德國人滕尼斯寫過一部名為「共同體與社會」的書，他講的「共同體」，其實更近似於我講的「小共同體」概念。馬克思論及的共同體要廣泛得多，他認為從家庭一直到「亞細亞國家」都是共同體，都是對個人的一種束縛。而且馬克思專門提到一對概念——「自然形成的」和「政治性的」兩種共同體。「政治性的」共同體是通過國家的活動建立的，而「自然形成的」共同體是通過血緣、地緣關係，諸如父子關係、家長和親屬關係乃至鄰里關係形成的認同。但是滕尼斯對「政治性的」共同體談論得較少。比如說專制國家，秦制我認為就是一種大共同體，但是滕尼斯談論的共同體就沒有包括大的概念。滕尼斯關於共同體的討論非常詳細，在我看來可以歸納為兩條（點）：

第一條（點），他談的共同體其中的關係是依附（梅因的術語叫「身份」）關係，不是契約關係。這一點是很明確的，因為我們現在經常有大的整體，小的整體，比如有人說人民公社時代的生產隊就很小，它是不是小共同體？肯定不是。因為生產隊是國家組織的基層形式，它是國家機器的末梢，是屬於「大共同體」科層結構中的下層。用馬克思的話說是「政治性的」，那就肯定不是滕尼斯講的共同體。

但是以前的家族、宗族，俄羅斯的村社等，那是馬克思所謂「自然形成的」，如果它又具有依附性，那就是滕尼斯描述的對象，即我們講的小共同體。

滕尼斯講的共同體第一個特點是成員都有依附性、身份性，不是自由結合，表面上看起來是依附於共同體，實際是依附於共同體的家長。第二個特點是這種依附有直接的人際交往作為基礎，是熟人社會乃至親人社會。這就與秦制（包括秦制的基層）完全不一樣。

簡而言之，我們看到的小羣體根據這種邏輯可以分為三種：一種是身份性熟人組織，如家族等，即滕尼斯講的共同體或馬克思講的「自然形成的」共同體。另一種是外部強制力量建構的，或馬克思講的「政治性的」組織，如秦制下「編戶齊民」形成的里甲、保甲、都圖或生產隊。滕尼斯的共同體概念不涉及這些內容，但馬克思的共同體概念包括這些同樣壓抑個性的「亞細亞國家」組織。

當然還有第三種，比如經濟學家科斯定義的「企業」，他界定為「人們為減少交易費用而自由結合的契約組織」。其實也不限於「為減少交易費用」，比如自由居民形成的社區、以信仰自由為前提的教會，乃至以「治理的合法性來自被治理者的授權」為基礎的現代「契約國家」。滕尼斯的「共同體」主要是強調與這類組織（滕尼斯謂之「社會」）的區別：前者有身份性而後者只基於契約，前者有穩定的直接人際關係，而後者往往是陌生人社會。

滕尼斯不討論馬克思所講的「亞細亞國家」——它同樣是具有依附性的或不自由的，但卻要整合一個「天高皇帝遠」的陌生人社會。他不討論可以理解，因為歐洲的近代化，理論上無須面對這種東西。但是中國呢？

當年的儒家是「崇周仇秦」的。周制就是馮先生講的「封建」制。孟子曾經提出周制的原則就是「人各親其親，長其長，則天下平」。天下有諸多依附者，每個人都有自己的主人，但是這些主人基本上都是附庸認識的。這就是一種滕尼斯所謂的共同體、我所謂的「小共同體」關係。先秦時代有很多故事強調主人和附庸者之間，或者是主人和門客之間的關係，即你對我很好，我就怎麼報答你。但是到了秦制就沒有這種關係了。到了秦制，皇帝只認識身邊的一些重臣乃至宦官，但是一般百姓乃至下層官吏，皇帝是根本不認識的。類似於孟嘗君與毛遂、馮諼，智伯與豫讓這一類主僕之間的交流，在秦制下是沒有的。秦制是一種以強制性為主的制度安排，主要是陌生人社會中建立的一種服從機制。它強調的也是個人的服從，對「大共同體」的服從，或者說對共同體代表者的服從。但是這種服從跟小共同體有一個本質的區別，就是絕大多數的附庸（臣民）與主人之間是完全不可能有任何互動，不可能有任何直接人際交往。

滕尼斯十分強調這一點，因為他所謂的共同體內人與人之間的關係是不平等的人之間完全通過自由契約形成的聯合就不是「共同體」而是「社會」了，比如工廠和職工也構成了一個團體，但不是滕尼斯講的共同體，因為企業和職工之間就是契約關係。雙方自由，我可以「炒」老闆，老闆也可以「炒」我。

但傳統莊園就不是這樣，如果是一個奴隸制或者農奴制或者氏族制羣體，這種共同體是有身份性的，不是想加入就加入，想退出就退出的。它有兩個特點：第一個特點是它有依附性，在這種共同體之下，近代社會一些諸如自由平等的基本原則是不存在的，所以在近現代化過程中需要解決這種問題；第二個特點與大共同體相比，小共同體一般來講都具有（用馬克思的話講）「溫情脈脈的家庭面紗」。孟子說「人各親其親，各長其長」，或者用西方的語言叫做「我主人的主人不是我的主人」，這裏講的「我的主人」通常都是我認識的人。而人即便作為一種動物屬性，它也包含了親情，這就是我們講的虎毒不食子，即使是老虎，他對自己的親人也會有感情。而作為人還會對持久的熟人存在「擬親情」。即使不從感情，而從「經濟人理性」而言，持久性熟人社會的這種人際關係也有兩個經濟學界經常講到的特點，和陌生人之間不一樣。第一個特點就是「無限重複博弈」，簡而言之，就是我們這種關係要維持一輩子，甚至是世世代代，那就不能一錘子買賣。我不能把你整成敵人，我隨時想殺了你，你隨時想殺了我，這種關係就沒有辦法維持，所以一定要有「非零和」的重複博弈，即通常所謂的「同在一個屋檐下，低頭不見抬頭見」「打斷骨頭連着筋」等。第二個特點就是，如果這種關係是非常穩定的，而且又有直接人際交往作為基礎，那就會產生「信息對稱」。簡而言之，就是既然這種關係維持一生，甚至祖祖輩輩，就有了中國人的一句老話——「路遙知馬力，日久見人心」，彼此知根知底，我了解你是個怎樣的主人，你也知道我是怎樣的附庸。而經濟學常識就是「信息對稱」，易於建立信任，減少「交易成本」。所以小共同體會出現溫情脈脈的色彩，在這小共同體本位的社會中，一般道德因素或者倫理因素都能起到很大作用。而且如果這種狀態解體了，不管這種解體從歷史上看是多麼進步，多麼必然，但當時的人們都會有一種道德上的淪落感，用馬克思的話講，就是今天的資本主義撕掉了中世紀溫情脈脈的家庭面紗，把它泡在了利己主義的冰水裏。

其實不僅是馬克思引用了這個說法，資本主義早期很多情況下都會出現留戀小共同體的現象。最明顯的如拿破崙戰爭中根據法國大革命的價值觀，整個歐洲範圍內到處解放農奴，但是那些農奴往往不願被解放，馬克思提到的萊茵地區表現最明顯。很多其他地方也是，甚至在俄國都有這種現象——金雁當年的學位論文就是討論拿破崙戰爭中的俄國農民。

這裏要講一個故事，大家知道我國老革命家李立三留俄很久，他在共產國際工作了很長時間，娶了一個俄國太太李莎——俄國共青團員、「娜拉出走」後的貴族家庭的小姐。後來李莎跟着李立三回到中國，在中國歷經滄桑，李立三在「文革」中被「迫害致死」，李莎也被誣為「蘇聯間諜」入獄多年。中蘇關係解凍後，李莎也平反了。離俄幾十年的李莎落葉歸根回去探親。她的家鄉那個原來的莊園，1917 年前的一些人居然還健在，雖然都已垂暮。他們聽說「大小姐回來了」，都紛紛來看望，並且認為還是當年的主人好，斯大林時代把他們整得很慘，劇變後休克療法時期俄國生活也很糟，提出讓大小姐回來，他們依舊跟隨……

這其實也很容易理解。在課堂上曾經有同學提出，中國文化和西方文化不一樣，中國文化相信性善論，總認為我們的統治者就像父親一樣會照顧我們為我們着想，所以他的權力越大我們越幸福。我們希望有個仁慈的家長。但是西方就相信性惡論，總是懷疑家長是不是以權謀私，不利於我們，所以他們要限權、分權，進行權力制衡。

我回答說：其實未必，我理解的是，共同體的半徑越小，直接交往越多，人們就越「性善」，制度上約束「性惡」的必要性就越小，倫理和情感起的作用就會越多。比如西方美國民主憲政搞了兩百多年，但從來也沒聽說他們「民主選爹」，也從來沒聽說對爹進行權力制衡或者三權分立之類的。道理很簡單，共同體小到一定範圍，儘管它還是依附性的，限制人的自由，沒有平等，但是共同體那種溫情脈脈的東西會自然造成一種權力和責任的對應。就是作為父親有父權，兒子必須聽我的，但是我也有照顧、保護子弟的責任。父權與父責的對應其實不需要、至少不太需要制度約束。當然這裏講的是如果共同體的交往半徑足夠小，就像滕尼斯講的共同體。但是在陌生人社會中就不一樣，在陌生人社會中這種東西靠不住，這也沒有什麼中西之別：你看韓非對人性預設的邪惡，完全超越了我們知道的西方思想史上所有關於性惡論的任何描述，霍布斯、薩特等，在商鞅、韓非面前都算性善的。一旦進入了陌生人時代，你就不能把寶押在道德倫理上，需要靠嚴厲的制度。民主制是百姓對統治者分權制衡，秦制是君主對臣民「分權制衡」。方向相反，但都不再相信「溫情脈脈」。

人類社會五花八門，各個民族也難說有「共同發展的客觀規律」，但有一些最基本的點還是一樣的。人類社會最早的人際交往紐帶很簡單，就是血緣紐帶，早期人類不管哪裏的初民在擺脱猿人的狀態以後，既沒有企業，也沒有教會、政黨等別的東西，唯一有的就是血緣關係。後來人類社會最早的道德也是在血緣關係的基礎上產生的，以至於不管中國還是西方，都常把血緣關係中的一些概念，用來形容正面的道德，比如說motherland（祖國）、Pere（神父）、Tous les hommes sont frères（四海之內皆兄弟）等。儘管實際上並沒有血緣關係，但也是這麼比喻的。

遠古中國像「王」「德」，它最初的時候不僅是一個權力頭頭的意思，也是一個血緣—道德的含義。比如所謂的王道，早在民國時期，例如我在陝師大時的前輩學者斯維至等，都做過古文字學上的考證，認為這些其實都是來自血緣關係。那時的「封建」關係，王、公、侯、伯、子、男，字面上就是一股血親色彩。但是到了以後，處理這些事，就不能光靠血緣倫理。所有的民族，幾乎從邏輯上來講，都經歷過這麼一個階段，就是一開始他們的政治，如果可以用政治這個詞的話，都是一種「長者政治」，就是氏族元老、父家長，對他們下面的子弟，親屬關係中處於依附地位的人，存在這樣的關係。但是這種關係在人類發展到一定時期就會產生問題，因為人們的交往半徑越來越大，越來越變成是一種陌生人之間的交往。這種趨勢其實我們現在看得很清楚。

如果以古希臘為一個典型，以中國為一個典型的話，那就是當「長者政治」越來越不足以維繫越來越大的共同體時，它的前景千差萬別，但是邏輯方向無非就是兩個，一個是從「長者政治」向「強者政治」演變，不靠溫情脈脈，而是靠暴力。一個就是「長者政治」向「眾人政治」或者契約政治演變，家長定不了，那就大家來定，就如雅典的「民主」，或者即便有「執政官」，我不能完全指望你執政官像我爹一樣，但是我可以跟你定一個契約，我給你授予權力，你對我承擔義務。兩者都是在小共同體本位時期晚期出現的，而且幾乎所有的民族都曾在這兩者之間不斷地跳來跳去，契約政治的起源也是很早的，儒家所謂「君君臣臣」，「君不君則臣不臣」，「撫我則后，虐我則仇」，就是一種契約政治概念的萌芽。而法家就相反，來硬的，就是法、術、勢那一套。

直到近代化過程，如果要真的能夠完成，就必須解決不管是大共同體還是小共同體的那種依附性。要把人與人之間的關係，從身份性的依附關係、主奴關係、主從關係，變成一種自由的或形式平等的契約型關係。但路徑何在呢？

當然實際上漢以後，任何大共同體，都在它的強權統治中，用了很多小共同體中溫情脈脈的詞彙，比如古代經常講君父臣子，就是把君臣和父子做了一個比喻。但是從這種關係建立之始，人們都知道這只是比喻而已，君臣「應該」如父子，但實際上並不是父子，先秦時代，無論法家還是儒家都知道這個道理，叫做「君之於臣，無骨肉之親也」。你可以作為一個努力方向，使君臣關係儘量變得像父子關係一樣，君以父待臣，臣以子事君，但是無論法家還是儒家都認為這裏押不得寶。

儒家認為萬一君不君，解決的辦法就是臣不臣。你對我好，我就對你好，你對我不好，我就搞「革命」推翻你換一個好的。而法家解決問題更簡單：不管我對你多麼壞，你都必須服從我。

最經典就是雍正皇帝。他在位期間每到春節大臣要給他上賀表，其中有個人給他上的賀表，也按照以前的慣例大講了一通皇上對臣深恩厚德，臣肝腦塗地不足以報。這本是拍馬屁，一般人不會較真，這雍正卻發怒了，寫下一道硃批：「但盡臣節所當為，何論君恩之厚薄！」你忠於我必須是無條件的，不以我對你好不好為前提。我對你好不好不是你該想的，你就無條件做鷹犬就是了。而且你必須接受一個原則，就是爹親娘親不如皇上親，用荀子的話講叫做「隆君」與「隆父」不能並存，「隆君高於隆父」。這就把「為父絕君，不為君絕父」的古儒倫理完全顛倒了。

其實，把君臣關係比擬為父子關係，這在中世紀歐洲也非常流行。當時很多人說我們服從君主，就像兒子要服從父親是一樣的。但是在整個啟蒙時代不知有多少人反駁了這個說法。最具代表性的就是盧梭和洛克，他們都專門提到父子是骨肉關係，是神聖的，所以父權理所當然。但君臣本應是契約關係，君權毫無神聖可言。這裏我要講人們說五四也是啟蒙運動，但盧梭和洛克畢竟不是五四青年，他們並沒有五四時代那種個性解放

「娜拉出走」的思想，也不強調子女要獨立於父親。但是他們都強調臣民不能無條件聽從君主，這是毫無疑義的。這兩個人都談到父子關係是自然的，就是我們很自然地服從父親，父親也很自然地愛護我們。但洛克的原話可謂擲地有聲：「天底下再也沒有比君臣關係更違背自然的了。」

講得簡單一點，「周制」就是「封建」，其特點是「小共同體本位」，「主人的主人不是我的主人」，「人各親其親，長其長」，「國雖百里可王也」，「小國寡民」，儘管「周朝」的天下很大，但是「王臣公，公臣大夫，大夫臣士……」，每一級的依附都按小共同體的規則，小君小臣雖不等於父子，但差類父子；熟人社會不等於親人社會，但不乏溫情。周制下不會有秦制下不斷上演的全國性「官逼民反」。

秦制為什麼從陳勝吳廣到太平天國不斷重演？核心邏輯就是元末民變時的那首兒歌：「天高皇帝遠，民少相公多，一日三遍打，不反待如何？」小共同體本位的時代是沒有這種事的，那時人各親其親、長其長，主人和附庸之間有互動。但從周制變成秦制以後，君臣就完全與父子不類，倒有點像強盜與苦主（譚嗣同：「秦政……皆大盜也」）。君臣關係的緊張積累 200 年左右，就來一次天翻地覆的官逼民反，然後再推倒重來，劫後再生。如此六道輪迴不已。

馮天瑜：共同體是解析中國社會的重要論題，對這個題目需要多做實證研究。日本人的「滿鐵」調查部 20 世紀三四十年代對東北、華北農村實地考察，一種結論是，中國村落並不存在強有力的共同關係，村民與村落的結合關係極為鬆散，從而否定中國農村共同體之說。另一調查顯示，中國農村以村廟為中心形成的村落凝聚力甚強，村民的是非善惡等規範意識以村廟主神為核心形成，因此中國村落存在強有力的共同關係。此兩說並存，當為中國實際。

我的家鄉馮家畈、張家灣，民國時續存祠堂、族田，宗族長老會議頗具權威性（家庭貧寒的先父能繼續讀書，便是族中長老會決定以學田收入資助所至）。以我的直接觀察，宗族組織 1949 年以後趨於解體，黨支部已然設於鄉里，公社幹部、大隊幹部取代三老五更，掌理行政權、話語權，但宗族觀念還在延傳，歷次政治運動也未能滅除（我 60 年代、70 年代、80 年代回鄉，發現灣子裏還極講輩分，親情濃濃），但近三四十年的打工潮，則強有力地破襲宗族觀念，今之馮家畈、張家灣，人們的生活方式、思想觀念已經「城市化」，也即「非宗族化」，小共同體全然瓦解矣！

秦暉：西方各國在中世紀解體進入近代的時候，那種道德淪落感就像馬克思所引撕掉溫情脈脈的家庭面紗，浸在利己主義的冰水裏。但是像這樣的打擊，在中國其實產生得比西方更早。在中國，溫情脈脈的家庭面紗，不是到了近代才被資本主義撕掉的，而是秦制就撕掉了。如漢人賈誼說秦:「借父耰鉏，慮有德色;母取箕帚，立而誶語。抱哺其子，與公並倨;婦姑不相說，則反脣而相稽。其慈子嗜利，不同禽獸者亡幾耳。」賈誼這些話，聽起來好像與馬克思引的話是一樣的，說家庭內的關係就像禽獸一樣。鼓勵告親，禁止容隱；天大地大不如權勢大，爹親娘親不如皇上親。隆君不隆父，「貴貴而尊官」;「時不知德，惟爵是聞。故閭閻以公乘侮其鄉人，郎中以上爵傲其父兄」。周秦之變有個非常有趣的特徵，就是在大共同體瓦解小共同體的過程中，往往有意在小共同體中製造虛假的個體獨立。法家認為「父之孝子，君之背臣也」，所以皇上特別喜歡挑動子女反爹反媽，強制分異，「不許族居」。商鞅、韓非和荀子都講這一套。

而周制時代完全相反，典型的一個案例就是伍子胥，他的道德邏輯是小共同體本位，為給父兄報仇，就要推翻暴君，甚至不惜投奔敵國，帶領吳軍滅楚，而得賢名。這與秦制的邏輯是完全相反的。從周制到秦制的改變在歷史上影響很大。改革前的意識形態說三代是「奴隸制」而入秦後變成了「封建」。如馮先生所說，這與「封建」本意完全相反。但不管怎樣此說仍是把周秦之變定為「社會形態」的質變。而儒家傳統上崇周仇秦，盛讚「三代」而痛斥秦後。顯然，不管「歷史唯物主義」還是傳統儒家對歷史的描述，有一點可以肯定，就是自古至今人們一直都把周秦之變看得極重。

大家知道按照儒家的歷史觀，一直認為三代是黃金時代，後來就一代不如一代，所謂「兩千年之政，秦政也，皆大盜也;兩千年之學，荀學也，皆鄉愿也」。馬克思主義傳入中國後「進步史觀」取代儒家的「倒退史觀」，主流也都是把所謂的社會形態的質變劃在周秦之際。那時講的奴隸社會、封建社會這兩個概念儘管莫名其妙，但基本都是把周秦之際當作古史的分界。

真正對周秦之變有所質疑的大概就是王國維先生，他在殷墟甲骨出現後，強調了殷周之間的一些變化，然後得出一個結論，即中國古代社會變革之巨，莫過於殷周之際。這一論斷影響了胡厚宣先生等學者，把古史分期劃界在殷周之際，但是這一說法曇花一現，尤其是 1970 年代以後發現周原甲骨，因為以前我們只知道殷商有甲骨，周人是怎麼回事，我們是不知道的。甚至有些人認為殷周之間的事件就是所謂的蠻族征服，用這個說法來套羅馬帝國滅亡。說姬周就是日耳曼人，殷商是羅馬人，隨着周原甲骨的發現，這一說法再無人提及，因為周原甲骨除了形態比同期的殷商甲骨要更原始，字句也更短以外，基本是同語同文，怎麼會是不同於殷人的「蠻族」？

當然也有一些區別，比如說殷商主祭鬼神，周人主祭祖宗。殷商有兄終弟及，西周傳說中周公搞的那一套就是規範的嫡長子繼承等，但是我們前面講的那些「封建」特徵，小共同體本位社會的一些基本特徵，殷周是一脈相承的，但是周秦的區別就十分大。

正是由於周秦之變的根本性引起觀念重建，所以也是在周秦之際出現了百家爭鳴，出現了不同思想流派的爭論。這些不同的思想流派在我看來，至少儒家、法家、道家、墨家幾個主要的流派，他們的爭論都是在對周秦之變表態。最典型的就是儒法兩家，儒家是以捍衛周制，抵制秦制，或者說捍衛所謂的王道，抵制所謂的霸道為出發點的。孔子一再講他述而不作，就是只紹述古聖，不妄創作新制。當然，當時的現實是「禮崩樂壞」，霸道趨秦，孔孟「以古非今」就是激烈批判現實，甚至「恒言君之惡者謂之忠」。所以古儒如孔孟都很憤世嫉俗，絕不對現實歌功頌德。「文革」時罵儒家「復辟倒退」，余英時先生盛讚古儒及後「士」具有「批判現實的知識分子良知」，其實事實判斷都是一個，即那時儒家不趨時不媚上，當時統治者往往視為添亂的「負能量」，因此通常都是沒有權勢依託的「喪家犬」。但是歷史上以「復古」為名的現實批判成為進步動力者並不罕見，如歐洲的 Renaissance（文藝復興）就是典型，晚清的「崇周仇秦之儒」其實也是這樣。

與「以古非今」相反，法家就是老說「法後王」。「文革」時解釋說，先王是保守的，後王是改革的。這是錯誤的解釋。如果你去看歷史，「先主」大有作為而「後主」是敗家子，那才是大概率現象，不是嗎？而且所謂先王，就是堯舜禹湯文武這些過去的人，但「後王」是誰？是「未來的王」？未來誰是王無人知曉，如何「法」？其實所謂「法後王」就是「法今上」，就是拍當權者的馬屁，這還有什麼可辯解的？

所以對荀況爭議很大，從師承看他是儒家，也說過「從道不從君」這種儒家該說的話。但「法後王」只能說是對古儒的背叛。「先王」已逝，既不能賞順，也不能罰逆，只是一種「道統」的象徵。所謂法先王，就是不滿今上，用先王當做一個棍子去敲打今上。這不就是「從道不從君」嗎？而所謂法後王，說穿了就是法「今上」，不僅要聽皇上的，而且就要捧現在的皇上，以前的皇上已經駕崩，我聽他的，他也不能賞我高官厚祿；我不聽他的，他也不能罰我什麼，我幹嘛要聽他的呢？這不就是「從君不從道」，難怪譚嗣同罵他是「鄉愿」，即毫無廉恥、有奶便是娘的御用文人。難怪他培養出韓非、李斯這兩個秦制的理論家和實踐家。這種法後王，後來也就產生了叔孫通，那個「所事者且十主，皆面諛以得親貴」的「漢家儒宗」。

當然，周制和秦制如果我們待一種價值中立的態度，應該說它們各有所長。從今天的角度講，周制作為制度已經過時，是不必要、不可能，也不應該重建的。從它的功能來講，周制有兩個特徵，使它不可重現：第一，它雖然溫情脈脈，但仍然不是一種自由平等之制，仍然是一種不平等的依附關係。作為現代社會，無論市場經濟還是民主政治，要求的都是一個契約型的社會。第二，即便在古代，在周制和秦制的比較中，雖然歷代的人都認為周制道德形象好像更有光彩，但實際「競爭力」不行。具體的講，國家間如果發生對抗，在其他條件相似的情況下，一般來講都是秦制能夠勝出。

所以你就可以理解，到了戰國時期，無論哪個國家都出現了所謂「變法」的趨勢，說穿了就是法家化的趨勢，而且各國在這方面實際是在比賽，或者說是「比壞」。最後法家化最徹底的，把那仁義道德拋棄得最極端的，就是虎狼之國嬴秦。不管「暴秦」在道德上已經被中國人罵了兩千多年，說秦好的人應該說極少，但它就是厲害。秦滅亡了以後，劉邦和項羽之間的較量，在很大程度上也帶有秦制和周制較量的色彩，最後還是無底線的劉邦（漢臣司馬遷都說他「無賴」），勝過了更為君子的項羽。因為集權無限的「大共同體本位」比周制確實更能夠橫徵暴斂窮兵黷武不顧一切地打仗。中國的歷史說穿了自從有秦制以後，就是秀才遇見兵，有理講不清。就是強權戰勝道德，君子鬥不過惡人。

即使在更廣義的世界史上，我們也可以看到，秦制不管多麼邪惡，他至少有個長處，就是我們經常講的叫做集中力量辦大事。秦始皇陵能夠建成這樣的規模，有誰見過周王陵？至今為止還沒有一座周王陵是被確認的，更不用說宏偉不宏偉了。秦始皇的確是可以創造奇跡，在短短的十幾年中，不停地建設重點工程，一直建到天下大亂崩潰為止。周制無論如何做不到這一點，而且其他國家的歷史上也有類似情況。

比如俄國沙皇從羅曼洛夫王朝之前就已經開始出現中央集權的趨勢，中央集權的趨勢和蒙古征服有一定的關係，當時並不是因為俄國比西歐更先進，其實俄國比西歐中歐的大部分地區更落後，這大概是不爭的事實。而且以前俄國也不能打仗，大家知道最典型的就是俄國和波蘭的關係，在17世紀以前一直是波蘭佔優勢的，今天到克里姆林宮，還可以看到宮外紅場上唯一的兩尊大塑像，就是紀念從莫斯科趕走了波蘭軍隊的米寧和托波爾斯基。當時波蘭要比莫斯科羅斯能打，當時兩邊都是封建制，但是波蘭毫無疑問，它在經濟文化等各個方面都比莫斯科公國強，所以周制和周制打，波蘭可以勝出。但是後來波蘭打仗越來越不行，但波蘭人不服氣，因為他們覺得自已經濟文化都行，連列寧也這樣講，直到波蘭亡國後，「俄屬波蘭」仍然是俄羅斯帝國境內最發達最先進、工業化程度最高、識字率最高的地方，也就是說波蘭始終比莫斯科公國更文明更進步，但波蘭就是打不過俄羅斯，原因在於波蘭還是「封建制」，而俄國從前代伊凡、到伊凡雷帝、再到彼得大帝，越來越「秦制」化、越來越軍國主義、中央集權皇帝專制。這也解釋了一些歷史問題：中國歷史上不知道有多少人罵秦始皇，但是「暴秦」官逼民反天下大亂之後，還是得靠秦制收拾爛攤子。

歷史常常不是根據人們的道德觀念來進行。但是到了近代就出現了一些變化，近代出現了所謂三千年未有之變。三千年未有，其實秦制以來未有。就是由於中西交往，對中國的秦制構成強烈的衝擊。五四時代以來很多人有個印象，即強烈的衝擊是受到中國以儒家為代表的傳統的強烈抵制。以至於五四要打倒孔家店，而且事情好像還做得不夠徹底，以至於「文革」時期批孔，而北京紅衛兵衝到曲阜，把孔子的墓都挖了。當時給人的一種印象就是阻礙中國現代化的是中國傳統，而且尤其指儒家的傳統。

但是歷史事實其實並非如此。至少在戊戌以前，西方那一套——傳到中國不是指船堅炮利，而是指西方那一套民主制度——就被當時的中國人稱為「天下為公，得三代之遺義」。那一套制度傳入中國以後，首先就得到了「崇周仇秦」的古儒傳統的大力呼應。當時很多人一看西方說，這不就是我們的三代嗎？我們三代就建設得很好。不幸後來秦始皇搞得烏煙瘴氣，越來越糟糕，三代以前中國是最文明的國家，但是秦漢以後，中國文明就「日益微滅」，反倒是西方成了「三代」，他們看我們就像「三代之視夷狄也」。

這些說法遠遠早於五四。很多人把五四當做啟蒙運動，但五四之前的辛亥革命，連皇帝都推翻了，實現了共和，說那時候還沒有啟蒙是不可能的。就像法國啟蒙運動後才會有法國大革命。如果沒有思想啟蒙，怎麼會有政治革命呢？實際上啟蒙早在辛亥以前已經進行了幾十年，更早一些可能早於洋務運動，甚至比學習西方的船堅炮利還要早。很多人說西方文明影響中國建立了先「器物」、再「制度」，然後才是「文化」——就是五四新文化運動。但是這如何解釋 1851 年起事的太平天國？太平天國無疑是基督教影響的產物，基督教不是西方文化？太平天國雖受「西方文化」影響，卻是政教合一的中世紀組織，不能說是啟蒙，然而比太平天國更早的徐繼畬等人直接介紹憲政民主，這就無疑屬於啟蒙了。造槍造炮的洋務運動是 1860 年以後才有的。可是包括徐繼畬、王韜，乃至太平天國方面的洪仁玕等人所稱讚的西方之「推舉之法，天下為公，駸駸乎得三代之遺義」，早在洋務運動之前就已興起。

有人寫文章批評我，說這只是很少幾個人的提法，大部分人不這麼認為。其實大部分人不這樣說，並不是因為「文化衝突」，而是因為很多人沒有接觸過西方，根本不知道那是怎麼回事。這是信息屏障問題，不是文化衝突問題。但是晚清的國人，包括郭嵩燾這樣的國學大師，只要到了西方的，都深受震動，感到西方那套比中國更文明，甚至比中國更儒家。張德彝、劉錫鴻等人甚至認為英國人比中國人更尊君孝親：英國的皇上是虛君，你忠於他，他也不能給你高官厚祿；你不忠於他，他也不會殺你；即便這樣英國人還是對國王以至王室非常愛戴，這才是真忠。中國哪有這樣的事？就像法家明言，君臣「無骨肉之親也」，臣下為皇上效力是圖重賞，不敢造反是怕殺罰，一旦失去賞罰之權成為虛君，就會面臨牆倒眾人推的境況，哪有忠君可言？國人忠的其實不是君，而是槍，或者說怕的是槍。只有英國人才真忠君。他們還說，英國子女真的是孝！英國人孝父不是由於有父權威逼，有「父要子死，子不得不死」的恐嚇。他們實行嫡長繼承制度，不存在分家產問題，與你孝不孝也沒關係。但侯爵夫人與我們談話幾個小時，他那已封伯爵的兒子恭立甚謹。這就是真孝。

但就是劉錫鴻、陳蘭彬這些人，私下與那些啟蒙者講的幾乎一樣甚至猶有過之，朝堂上卻媚上弄權，「擅拳擄袖」痛罵啟蒙，攻擊容閎、郭嵩燾等人，幾乎把這些啟蒙者誣為漢奸。這種晚清現象是所謂「文化衝突」，還是一羣鄉愿的惡劣表演而已？

啟蒙者在外交上都是護國權、反侵略的，但比較中西內政，則秦制卑污，「而政教風俗，歐洲各國乃獨擅其勝」，令人「每歎羡西洋國政民風之美」。當時到了西方的人，不管保守派還是改革派，乃至所謂的「極頑固之舊學派」，實際觀感並無太大差異。區別只在於有些人公開講，有些人只記在日記中，朝堂上卻滿嘴政治正確，講的完全相反。以至辛丑之後禁忌一旦取消，所有的人都這樣講，沒有人再講不同的話了。

從徐繼畬、郭嵩燾到譚嗣同，他們歎羨西制、抨擊秦制，卻從不反儒。所以中國兩千年來古儒對秦制的不滿，一直是中國接受現代化的一個很重要的資源。但是戊戌以後，就逐漸產生了變化。變化當然有各種原因，其中中國本身秦制傳統的慣性還是起了最根本的作用。我並不認為中國的問題都可以歸咎於外部影響，但是如果要講其中有外部影響的成分，這和中國從戊戌以後學習日本是很有關係的。

馮先生也是研究日本的專家，在日本待過很長時間。我下面講的，馮先生也非常了解。其實中國對日本的學習是一個非常有趣的現象，就是中國晚清或者清末民初對日本是非常之佩服。但是佩服的不是日本固有的那些東西，而是日本學習西方的成功。當然中國古代被日本學去卻在我們這裏失傳了的東西也有人喜歡，那就談不上佩服了。而真正日本本土的東西，中國是很少有人喜歡的。

經常有人說，中國文化和西方文化距離很遠，但是和日本好像是同種同文，我說哪有這回事？中國即使是親日派甚至漢奸，包括汪精衛，也沒有聽說他信了神道教的，但是中國人到了西方接受基督教的比比皆是，甚至沒有到西方就接受了基督教的也比比皆是。所以你很難說當時中國人對日本的那些國粹有多大的興趣，但是日本學習西方很成功，中國人是把日本當作學習西方的高材生來拷貝的。

而日本學習西方跟中國有一個非常大的不同，就是他們在明治的時候，要解決的是走出周制的問題，不是走出秦制的問題。日本雖然受中國影響很大，但是日本基本制度在明治以前跟秦制區別是非常大的，反而跟周制更接近點。所以這裏我要講，日本在明治以前，儒學在日本的流傳，更具有邏輯上的合理性。因為儒學本來就是主張周制反對秦制的，而日本在它的思想史上多次討論過周制和秦制的利弊問題。日本也不是不知道秦制，而且這裏我要講，任何一個統治者都希望自己的權力越大越好。

在這一點上我並不認為，比如有人說英國 1215 年有一個大憲章，這證明英國的國王早就知道自己的權力應該是有限的。哪有這回事？大憲章曾經多次被破壞又多次重立，它的延續都是靠真實的實力較量形成的。英國國王不是不想獨裁，而是沒有能力獨裁。日本也是一樣，日本歷史上也不完全都是周制的，日本歷史上也曾經有過幾次短暫的天皇集權。而且後來的幕府想把自己的「霸權」超越周制，引起了幾個強勢諸侯的反對。甚至維新之初西南強藩的倒幕，初衷都未必是追求秦制，只是怕幕權強大威脅到自己的割據。隨着維新的推進，那些強藩都被削弱了，這也是他們始料未及的。西鄉隆盛不就是這麼死的嗎？其實要說實行中央集權，那些幕府也希望中央集權，只不過想要集權於自己手中，但是最終失敗了而已。

不管怎麼說，日本中央集權的確立，包括廢封建立郡縣，就是把那兩百多個國變成一都一道二府四十三縣，整個過程都是在明治維新中完成的。日本通過走出周制的過程，向西方學習了很多東西，而且成功地實現了民族國家認同的建立以及在這個基礎上的富國強兵。日本的憲政制度——近代的政治制度，其實一直到「二戰」以後才解決。

但是當時日本的影響傳到中國以後，就出現了一個變化，即在有日本榜樣之前，當時中國主張學習西方的人都是對秦制不滿，認為西方那一套有助於復興周制，或者說西方那一套值得我們學習，就是因為它更符合儒家道德。但是，日本榜樣引進中國以後逐漸就反過來了，很多人就認為中國不行，是因為講道德講得太多，小共同體本位的東西過多，大共同體本位的東西過少，學習日本的很多人都這麼說：中國人不行，就是由於「只知有家不知有國」，孝子太多，忠臣太少，諸如此類。這些人同樣也要學西方，但是經日本轉手後他們就越來越把學習西方和「去周向秦」聯繫起來，而否定了崇周仇秦。

走出周制，當然從思想史上講就會否定儒家。像章太炎、楊度等都是這樣，日本對中國的影響之所以受到忽視，是因為很多中國人從日本人那裏受到啟發，他們引的文章往往都不是日本人的文章，而是日本人用過的西方人的文章，所以從表面上看他們不是受日本人的影響，而是受西方人的影響。

其實日本人對西方的那一套是經過選擇的，有些在中國起了很大影響的西方學者，本來在西方沒有那麼重要，但是因為日本人抬得很高，中國人也就很重視。像當時很有名的伯倫知理，主張中央集權的一個瑞士國際法專家，在西方其實出了國際法圈子並沒有太大的影響，但是在日本就很受推崇。由於日本人推崇，中國也有很多人學伯倫知理。

所以很有意思的是，我們很多人都講近代學習西方，哪裏學得對，哪裏學得錯，但是無論對還是錯，很大程度上並不是直接從西方學，而是從日本人那裏學的。其實就是學他們如何走出周制，如何「反封建」。他們走出周制學習西方，進行了不少變革，其中包括兩方面內容：一方面的確引進了一些西方憲政的近代政治的因素，這一點不可否認，我也不會認為明治以後日本建立的只是一個秦始皇式的體制；一方面，不容否認的是，明治以後日本建立的，其實也不是憲政體制，而是在很大程度上比原來更集權的天皇－軍國體制。這是個很有特色的體制，有人說明治之後的日本天皇仍是虛君，平時是不管事的。但是日本的虛君有個突出的特點，就是「虛責不虛權」。虛君的含義是天皇權力無限，只是不承擔責任。天皇一般來講對政事不輕易表態，正因為這樣，日本後來做了無論再多的那些亂七八糟的事，天皇都不負責，包括戰爭也是這樣。其實關於戰爭決策的最重要幾次會議都是「御前會議」，都是天皇最後拍板。後來福澤諭吉建立的體制，當然也不完全是秦制。天皇一般不直接過問政事，但是這個體制很重要的一點就在於明文規定天皇是軍隊的統帥，軍隊並不服從文官政府。軍部是獨大的，這裏所謂的軍部獨大，不見得天皇就直接指揮作戰。但至少造成了一點，就是日本的軍隊是不聽政府的，日本的軍隊是「皇軍」而不是國軍，這一點是明確的。至於皇上並不太管，那是因為皇上不想承擔責任，並非沒有權力。否則我們就不能理解，「二戰」後期日本天天喊叫「一億玉碎」，但天皇一旦決定「終戰」，那些軍頭哪怕就是大批自殺了，你也必須服從。但問題是，你既然有權「終戰」，自然「開戰」也應該出自你的權力！這時候天皇就又是「虛君」了。天皇虛責不虛權，實際上造成了軍部專政，釀成後來的大禍。

總而言之，明治維新是有秦制的色彩，當然也有憲政的色彩，但是憲政的色彩在「二戰」以前一直不是太強。這套東西引進中國以後，馬上就和中國秦制的傳統結合在一起。不管國民黨還是共產黨，都從中吸取了很多東西。後來在 1990 年代的反思中，很多人都在大談激進主義、保守主義，而且說中國的問題就是受到激進主義的影響。但激進主義從哪裏來？答曰是從俄國來。俄國激進又從哪裏來？據說是從法國來。所以 1990 年代以後一直有人提出這樣的說法，西方文明中有歐陸傳統和英美傳統的兩分法，歐陸傳統就是從法國傳到俄國，從俄國傳到中國，並且以早期中共骨幹很多來自留法勤工儉學運動為例，認為他們受到法國激進主義的影響。這個說法我認為是非常牽強的。其實，那些後來在中共中崛起的留法人物，絕大多數在出國之前就已經非常激進。而且他們到法國也沒怎麼讀書，他們是不是在法國讀過盧梭我都懷疑。他們如果讀過，大概也是在中國讀的。而且留法勤工儉學生中有一部分人後來轉入了全日制學習，而轉入全日制學習的這些人，沒有一個成了「激進分子」。1921 年參加中共一大的 13 個代表，加上沒有到場的創黨領袖南陳北李，一共 15 個人。這 15 個人中 6 個是留日學生，留法的一個都沒有。包括陳獨秀接受馬克思的這套，經考證最初也都是從日本人那裏來的。所以給陳獨秀寫傳的唐寶林先生就寫了一節《東方吹來十月的風》。以前中國有首著名紅歌《北方吹來十月的風》，說中國接受馬克思主義是從北方的俄國吹來的風。唐寶林先生則指出，陳獨秀對十月革命的新看法其實也是從日文書刊來的。

馮天瑜：前邊提到日本的近代化，這也可以打開我們的思路。日本近代化的起點——中世近世社會（日本將鎌倉幕府、室町幕府時期稱「中世」，江戶幕府時期稱「近世」，明治維新後稱「近代」），與同期中國（宋元明清）制度有很大差別。嘗謂中日兩國「同種同文」，其實並不盡然。「同種」說難以成立：「大和」與「華夏」族源相異（有 DNA 檢測為證），今不具論。「同文」須加辨析。「同文」有兩種含義：(1) 指日本借用漢字，至今還留在「漢字文化圈」內，但不要忽略，中日的語法大異，表明思維方式有別，而且日本自平安後期創製假名。我在日本講學幾年間廣覽日本文獻，發現鎌倉以前文獻幾與中國古文獻一樣，全為漢字文言；鎌倉以降文獻，漢字－假名混用，而且幕末明治假名所佔比例越來越高，與「日中同文」愈行愈遠。(2)「同文」指文化相近，古代日本採藉儒學、華化佛教和唐宋典章制度，文化與中國有類似處，但日本存在強勁的本土文化（神道、萬世一系的天皇制，等等），與中華文化頗相區隔，如隋唐科舉制在盛行貴族政治的日本便難以推行。此外，日本自幕末以降即脱亞入歐，與中國制度分道揚鑣。總之，近代轉型之際，幕藩林立的日本與皇權一統的中國，社會制度並不一樣，卻與前近代西歐相類。英國首任駐日使臣歐盧柯克（中文名阿禮國）以自己對幕末日本實地考察著《大君之都》（「大君」非指日本天皇，而是指掌實權的征夷大將軍），具論日本制度與中世紀晚期西歐「酷似」，而與清代中國制度迥異。我們借詞説話：日本近代轉型立基於分權的「周制」，中國近代轉型立基於君主集權「秦制」，這正是同期發生的日本明治維新與清末的洋務運動效果大異的社會歷史原因。

秦暉：當年立即引起陳獨秀共鳴的俄國革命其實是推翻沙皇建立共和的「二月革命」，因為陳獨秀當時力挺協約國，認為歐戰就是民主國家與專制國家之戰。而俄國打得極糟，就因為俄國是協約國中唯一的帝制國，所以三心二意，甚至可能出賣民主國盟友而與德奧土保皇帝們單獨議和。現在俄國也推翻了帝制，民主的新俄國將會如大革命後的法國越戰越勇。但後來陳獨秀大失所望：8 個月後共和俄國就被「十月革命」推翻，列寧上台後不僅武力驅散議會，而且立即與德國單獨議和。所以，陳獨秀起初對十月革命甚為牴觸，更談不上歡呼。直到 1919 年巴黎和會後陳獨秀對協約國失望，又從河上肇等日本人那裏了解到對十月革命的解讀，這才在兩年後成為十月革命的擁躉。

後來問題就越來越明顯，五四以後，新文化運動的個性解放特徵顯然比民主和科學更重要。很多人因為陳獨秀講德先生、賽先生，就認為五四的精神就是民主與科學。五四的確弘揚這兩者，但如上所述，民主與科學並不是五四以後才傳入中國的，如果民主在五四以前沒有傳入中國，怎麼會有中華民國？

論及五四在中國歷史上開創了什麼，答案就是個性解放。無論胡適、魯迅，還是許壽裳等很多人都提及過。以前中國人早就知道共和民主、天下為公，但是後來從日本人那裏又知道了個人主義。所謂個人主義本來是要擺脱所有束縛，追求個人的真正獨立。但是日本明治時代的個人主義、個人獨立，其實講的都只是從小共同體中追求獨立。到了五四時代形成大潮的個人獨立，典型的如「娜拉出走」《家》《春》《秋》等，都是以家庭為對立面的。直接沖着小共同體本位的儒家。而真正對國家主義的警惕，對秦制的警惕，反而被放在一邊，包括魯迅在內的許多人都認為秦始皇還是很偉大的。五四前章太炎等已有這種説法。而包括魯迅在內的「章門弟子」更成了五四個性解放的旗手。

1980 年代王元化先生也曾經提出過諸如「五四反儒不反法」的問題。這一點五四前後也已經有端倪，特別是楊度、章太炎等。我把它稱為偽個人主義，什麼叫偽個人主義？就是當時從日本引進的個人主義，其實真要是個人主義也可以，因為近代社會就是要講個人獨立。我前面也講過，這其實也是馬克思主社會主義和自由主義的共同底線。但是五四時代的個人主義帶有很濃的日本味，主要針對小共同體。

有人注意到陳獨秀在 1920 年寫文章吹個人主義，説個人獨立非常好，中國之所以糟糕，就是因為我們的家長壓制了個人，等等。但是僅過了 4 個月，他又發表了一篇文章，説中國人個人主義的災難簡直不可收拾，以至於大家都只顧自己，不顧國家將來。後來金觀濤先生説，只是這 4 個月之間，陳獨秀對個人主義的評價發生了 180 度的轉變。在我看來其實根本沒有發生任何轉變。因為陳獨秀之前肯定個人主義，是希望個人擺脱家庭，擺脱小共同體。而後來反對的個人主義，是説個人不願意無條件服從國家。但中國的秦制傳統本來就是要六親不認只為皇上，這兩者有什麼對立？

從大共同體本位的角度去打壓個人，從瓦解小共同體的角度去弘揚個人，這秦制的兩面，在晚清直接受西方影響（儘管尚淺）的第一波啟蒙中已經被削弱。那時國人「崇周仇秦而學西」，並不認為反秦和尊儒、抵制皇權和維護家庭有什麼矛盾。但是西方的影響經過日本中轉後一方面確實「加深」了（提出了比民主共和更深層次的個人本位問題），另一方面卻「變味」了（只擺脫家庭的「個人解放」恰恰為法家所倡）。這兩種現象其實在五四時代的陳獨秀身上就已經體現，他代表的那個方向（不是他本人）以後也沒有變，只是在這兩點上走得更遠了而已。這裏面的變化很可能在戊戌以後就已經發生。總體來講，從各民族向近現代化轉型的角度而言，這種轉型要解決個人獨立性問題，不管是真正意義上的社會主義，還是自由主義，這一點應該沒有問題，只是羣己權界上有些不同的劃分而已。

個人的獨立，在歷史上除了價值觀方向以外，還有一個路徑的問題。西方各國，因為它的中世紀是小共同體本位的，包括日本也是一樣，所以他們在走出中世紀、走入現代化的過程中，曾經有過一個和大共同體本位結盟，首先擺脫小共同體的過程，這就是所謂市民與王權的聯盟，或者就叫「反封建」。西方各國包括日本，大都曾經有過一個所謂「絕對主義」的時期，這個時期其實起了兩個作用，其一是通過「反封建」消除了國內的領主，首先擺脫小共同體本位；其二就是消除了國外的，主要是羅馬教皇的跨國教權。在擺脫了小共同體以後，隨着公民社會力量的發展，他們才會和王權發生衝突，出現了我們後來在大部分歐洲國家看到的，那種擺脫君主專制、完全建立公民社會的那種趨勢。

在中國這樣的傳統體制下，以上路徑就值得反思。因為中國自秦始皇以後，總體上就無「封建」可反。壓制個人的主要是大共同體本位的束縛，不是小共同體本位的束縛，我們個性的壓抑，自由的缺乏，主要不是爹媽造成的，而是秦制造成的。不是因為中國社會溫情脈脈的東西太多，而是冷酷的「法、術、勢」太多。在這種情況下，如果我們還是像西方中世紀晚期那樣，企圖靠王權來打壓小共同體，通過這種渠道來解放個人，這條路顯然是不通的。

日本就不一樣，畢竟它的現代化是從擺脫周制開始，也有「封建」可反。所以日本的明治維新我認為很了不起，還是非常偉大的。其偉大不像有些人說的僅僅是溫和改良不是暴力革命——其實就「反封建」而言它不僅激進，而且流的血不比中國的辛亥少。明治維新的偉大在於它既符合現代化的總體價值方向，也符合日本走向現代化的具體邏輯推出的路徑。即日本要走出周制，第一步首先就要「反封建」。但這也僅僅是第一步。「市民與王權的聯盟」最終還必須擺脫王權。這一點明治維新不僅沒解決，而且增加了國族狂熱和軍部專政的阻力。明治後對小共同體加於個人的約束，其實已經破壞得很徹底。那時中國留日學生到了日本，對日本式「個性解放」印象深刻，諸如「中國的女性愛哭，日本的女性愛笑」等，在當時留下了許多文字。但是恰恰在軍國時代，日本出現了許多個人從家庭的工具變成國家的工具以後非常極端的場景。日本式「娜拉出走」之後，男女都「報國奉仕」、目無家庭，在大共同體的逼迫或變相逼迫下，男的走進神風隊，女的去當慰安婦。傳統時代是根本不可能出現這樣的事。這種現象對個性和個人自由的壓抑，那是一般所謂「傳統家庭」「儒家禮教」可比的嗎？我認為這種現象的根源是一種基本邏輯：在近代化過程中，個人的解放不是一蹴而就的。無論在哪個國家，無論東方還是西方，人們都不可能一下子就擺脫所有束縛，達到所謂最高水平的自由。這一過程需要兩害相權取其輕，接受（有時且可利用）某一種束縛，而首先擺脫危害最大的束縛。

在西方如前所述，由於中世紀主要是一種小共同體本位的體制，「主人的主人不是我的主人」的體制，所以他們常常需要走「市民與王權聯盟」之路首先擺脫小共同體本位。但是這條道路也並不見得都是順暢的。有些歐洲國家王權強大以後，並不只是壓抑了貴族，連市民的發展空間也給壓下去了。最典型的例子就是西班牙。西班牙原來在人文主義時代也有一定的個人覺醒，後來在天主教雙王時期，貴族與教會都被王權徹底壓服。像堂吉訶德，其實就是西班牙貴族沒落的形象。而西班牙的宗教裁判特別恐怖，也是因為它不像別的地方只限於教會，西班牙國王是撇開教廷，直接用世俗王權推行大規模宗教恐怖。但是，西班牙貴族的沒落並沒有導致社會的公民崛起，反而使西班牙變成了一個專制而停滯的老大帝國，雖曾強大一時，但之後長期淪為「歐洲病夫」，20 世紀甚至導致了一場現代歐洲最慘烈的內戰，直到 1970 年代民主化以後才走出噩夢。

與之相反的例子就是瑞士，它是歐洲現代化非常成功的一個國家。但是瑞士的現代化跟大部分歐洲國家不一樣，它沒有一個「市民與王權聯盟」的階段。瑞士從 1291 年成立「三森林州聯盟」以後，就長期依靠阿爾卑斯山裏的農民——完全是家長制農民。琉森、伯爾尼等城市邦都是後來加入的。瑞士在「國家民主化」方面好像很先進，因為它不僅各邦民主，而且聯邦層面不設總統，只有輪流坐莊的「聯邦委員會」集體執政，並且這一體系產生得非常早。但是在「小共同體內個性解放」方面，瑞士似乎又十分落後。傳統瑞士農民盛行大家庭，宗教氛圍濃厚，婦女公民權在歐洲是最晚產生的國家之一。瑞士的民主其實主要是父家長民主，雖然是全民投票、直接民主，但是參加公民會議的必須是男性父家長。瑞士婦女在聯邦一級的投票權是在 1971 年才實現的，有的州投票權產生得還要更晚。最早的瑞士三邦就是三個森林州，全是農村州，在擊退哈布斯堡軍隊後第四個加入的琉森才是城市，才有市民入夥。所以瑞士出現的不是市民與王權聯盟，而是市民與宗法農民聯盟，首先擺脱了王權。瑞士的開國故事，如威廉·退爾、鮑姆加滕等，説的都是哈布斯堡王朝的「總督」千方百計破壞農民家庭的事：不是企圖誘拐農民之妻，就是強迫農民殺子。這從反面暗示：其實在那個時代，血緣紐帶正是使農民能夠反抗專制王權的組織資源。

我們知道今天的瑞士當然已經全面現代化。包括婦女解放和平權，都已經走在歐洲前列，瑞士聯邦委員會現在女性成員比例也是歐洲最高的之一。但是如果就先後順序而言，其實瑞士是與主要歐洲國家相反的：公民個性解放的趨勢，首先是和小共同體結盟，擺脱哈布斯堡王權，然後才在民主國家體制下逐漸解決小共同體內部的個性解放問題。也就是説即使在歐洲，也並不只有市民與王權聯盟這樣一種路徑，這些經驗對我們反省兩千年的傳統也好，一百多年來的轉型成敗也好，都是有啟示意義的。

我就講到這裏，謝謝大家。

主持：秦老師剛才從廣闊的歷史視野談了周制與秦制。其中講到組織制度、人際關係，講到大共同體和小共同體。共同體，是一個核心的關鍵詞。在上面的講話中，還談到反秦制的歷史，以及中西的歷史，還有日本的歷史。視野非常開敞，信息量很大，十分難得。我想，在座各位如果沒有比較豐富的知識積累，可能難以跟上秦老師的思維節奏。我們慢慢消化，待會一邊談一邊消化。

下面請馮先生與秦老師對話。馮先生近十多年用力於制度史研究，《「封建」考論》《中國文化生成史》等著作裏已有反映，時下正在撰寫《周制與秦制》，秦老師剛才說馮先生是探討這一論題的先驅，是有道理的。好，我們請馮先生講話。

馮天瑜：秦暉老師古今中外、縱橫捭闔，對制度文化做深度解析，對我頗有啟發。人們討論文化，多作物質文化—精神文化兩分，而二者之間還有一個重要的環節，那就是制度文化。亞里士多德說「整體大於部分相加之和」，文化整體力量的張大，得益於制度文化的組織作用，特別是國家制度的策動效應。黑格爾說：「神自身在地上行進，這就是國家。」我們可以把「神」解讀為歷史，歷史行進世上，其具象便是國家。自從人類跨入文明門檻，組建國家，即以國家形態推演歷史。所以制度（尤其是國家制度）是文明史研究的題中必有之要點。

華夏從「天下為公」的「大同」轉進「大人世及」的「小康」，禹啟初建邦國以後，歷經夏商之變、商周更革，形成較完備的國家制度——周制，「周監（鑒）於二代，郁郁乎文哉」，周人承襲夏商、造就璀璨的文明，其宗法、封建、禮樂，置之世界古文明羣體，堪稱卓異。

周代典制行至周秦之際，發生一次大的更革，皇權一統的秦制取代貴族分權的周制，建立君主專制的國家制度，王夫之稱之「古今一大變革之會」；趙翼指出，從周制的世卿世祿演為「漢初布衣將相之局」，乃「天地一大變局」。自戰國至秦漢幾百年間，周制與秦制前後遞嬗，相互博弈，還須補充一句：周制與秦制還彼此滲透，共構漢制，延傳此後兩千年。

時人常常引用毛澤東給郭沫若的詩句：「百代皆行秦政制，《十批》不是好文章。」剛才也講到，兩漢至明清運行在秦制軌道上。余以為，「百代皆行秦政制」之說可以成立。但需要補充或者修訂的是，兩漢到明清沿襲的不單是秦制，完整言之，實際運行着周秦二制交混的漢制。嘗言「漢承秦制」，但縱觀兩漢四百年，其文化在不斷調整，襲秦—黃老—尊儒，在這一過程中形成的漢制，實為周秦交混之制。漢宣帝誡太子（後來的漢元帝）言，將漢制底牌交代得清楚：「漢家自有制度，本以霸王道雜之。」漢代雜取周制（王道）和秦制（霸道），行政上秦之郡縣制、周之封建制並存，「以郡國治天下」;思想學術領域便是「儒表法裏」，或曰「儒皮法骨」。漢宣帝「霸王道雜之」說，確乎是對兩漢以降二千多年皇權制度的精要概括。我們到故宮（明清紫禁城）參觀，發現那裏懸掛的匾額、條幅，都是弘揚周制的。粗略統計，取自《尚書》最多，《周易》其次，「三禮」再次，皆不出「十三經」範圍，《商君書》《韓非子》語錄一條也不入選。可見，諸王朝書之於文、宣之於口的多為周制，實際操作的卻是商韓帝王術，秦制是陰面實施的東西。王莽改制，要復興周制的封建井田之類，結果撞得頭破血流，所立新朝十餘年滅亡。漢唐宋明等國祚長久的王朝全都實行周秦交混的漢制。歷史實情如此，那句名言是否可以改成「百代皆行漢政制」，這裏的「漢政制」，正是周秦二制的綜合。

周制要點是「宗法—封建—井田—禮樂」，可簡稱宗法封建之制，實行分權的貴族政治和領主經濟。周制保有若干原始民主遺存，如「師保輔貳」「國人參政」「鄉治鄉校」「采風誹謗」，等等，秦漢以降耿介儒者與隱士追懷的「三代之治」，正是這些美妙卻難以復返的古制。

秦制要點是「定於一尊的皇帝制—中央集權的三公九卿制—垂直掌控地方的郡縣制—朝廷直轄庶眾的編戶齊民制」，文化上「輿論一律，思自上出」，秦代「以吏為師」，漢倡「獨尊儒術」，東漢皇帝還親自主持經學討論會，編纂《白虎通義》，規定「三綱六紀」。秦制可簡稱君主專制之制，實行皇權下的官僚政治和地主經濟。秦老師多次提及共同體、小共同體、大共同體，這是一個重要的觀史視角。而秦制的突出之處便是試圖消解宗族小共同體，組建君治一統的國家大共同體，郡縣制、編戶齊民制、戶籍制、鄉亭里甲制，便是為國家大共同體而設，取締貴族等中間環節，朝廷直轄地方和民眾。這在世界古代史、中世紀史罕見其匹。

中國歷史上多次制度更革，王國維特別重視殷周之際的制度之變，由此形成立子立嫡之制、君天子臣諸侯之制，從重巫鬼轉為尚人文，宗法統領政治、經濟、文化。殷周之變確立周制之後，又發生兩次制度劇變，一在周秦之際，周制向秦制轉化；二在清民之際，君治向民治轉化，歷百餘年，這一轉化尚未完成，這與周秦二制強勁的慣性相關聯。故討論周制秦制，與近代制度建設頗有干係。

我們的社會及制度的近代轉換，是在秦制基地上發生的。這一判斷切關緊要，但還須補充説明：中國制度的近代轉換，是在周秦交混的制度基地上發生的，這與西歐日本近代化起點頗相差異。中國前近代是中央集權的宗法君主制社會，西歐日本前近代是貴族分權、市民初興的封建社會。中國與西歐日本近代轉型歷程差異，原因正在這裏。前輩學者已議及此，而概念明晰並系統地討論此題，大約是從秦、馮這裏開始的。但我們的研討僅僅是發端，許多問題有待深入。

「周制與秦制」是一個宏闊的論題，本人初涉，需要從頭梳理、縱橫比較，如果細化深論，需要六七十萬字，但年邁多病，心有餘而力不足，只能作一綱要式的二三十萬字小冊子，所涉諸題，切盼友朋切磋。前幾年讀到秦老師華章，啟發良多，今天大家還可就此類問題展開討論，有以教我。

中國近代轉型的起點是周秦二制混合的清制，皇權專制爛熟，對商品經濟及民主政治施以高壓，又拒斥外來近代文化，受重擊後被迫仿效西方技藝，而核心制度堅執不改，此所謂「中體西用」。近代前夜的日本，則是封建分權的幕藩社會，為商品經濟、民主政治留有較寬鬆的發展空間，又對外來的西方近代文化取受容態度。中日之間近代前夜的制度差異，最顯著之處是，中國政治頂層聳立着權力無限的皇帝，而日本社會頂層有二，一是作為虛君的天皇，二是掌握行政實權的征夷大將軍，前者貴而不強，後者強而不貴。這便是福澤諭吉説的，中國政治是一，日本政治是二。日本天皇相當於天主教的教皇，不是一個實際掌權者，僅僅是國家的象徵，民族文化的象徵。天皇能夠「萬世一系」，重要原因為天皇是虛君。日本人民擁戴不干預實際生活的虛君。我在日本前後待了好幾年，發現日本人，尤其是下層的老百姓，對天皇懷有感情。愛知大學的一位體育教師，中國人，曾經是全國武術冠軍，他的夫人是善良的日本人。我到他們家裏去玩過兒次，發現夫人對於天皇家族熱愛，她得知皇太妃生了一個女孩（愛子小公主），高興萬分。丈夫懟她：關你什麼事？但夫人就是高興得不得了。由此我想到，虛君制確乎是日本社會穩定、民心趨同的一個因素，這與皇權威壓社會的秦制區隔何止道里間。

鬆散的貴族分權的封建制度提供了近代文明生長空間，卻有礙統一市場建立和國家強盛，故從封建社會脱穎而出的明治維新必須集權中央，遂有「大政奉還」「廢藩置縣」兩大舉措。前者指征夷大將軍及諸強藩將政權交還以天皇為首的中央政府；後者是指廢除半獨立的諸藩國，改建為朝廷直轄的府縣。世紀之交我有幾年在名古屋任教，名古屋屬於愛知縣，江戶時期分為尾張藩、三河藩（或稱尾張國、三河國），歸兩藩大名世襲統治，明治維新時取消藩國，兩藩合併為愛知縣，由天皇任命縣長治理。明治維新補做中國秦始皇時代的「廢封建立郡縣」，建立大一統國家。中國由封建分權轉為君主集權，是在兩千多年前的周秦之際完成的，隨後中央集權的君主專制伴隨農業文明，延傳至明清；而西歐日本由分權到集權的轉變，發生在近代，因以走向工業文明。中國與西歐日本制度史的區別，值得深入研討。

談到歐洲制度史，需要區分西歐和東歐，二者差異甚大，俄羅斯的沙皇專制及基層的農村公社制，與西歐中世紀封建制是兩回事，因而東西歐通向資本主義的道路大相徑庭。馬克思十分注意兩者的區別，他對俄國民粹派混同東西歐制度史作過尖鋭批評。這對我們的制度史研究頗有參考價值，限於時間，今天就不展開講了。

秦老師提出的一個問題很有意思，就是近代中國人（保守派、革新派皆在其列）接觸西方近代文明後，馬上聯想到周制。這是一個值得推敲的制度史論題。我們以近代「開眼看世界」的幾位先驅為例略作討論。

魏源《海國圖志》稱，美國聯邦制和民選制直追「三代」，「其章程可垂奕世而無弊」；瑞士「推擇鄉官理事，不立王侯」，是「西土桃花源」。

徐繼畬曾任福建布政使、巡撫，與西洋人打交道，知曉華盛頓總統期滿歸田事跡，對其不戀權位極表欽佩，在所著《瀛環志略》中盛讚華盛頓「天下為公」，有「三代遺意」。徐氏語後來鐫刻石材，贈於美國首都獨立紀念碑內。2000 年我訪問華盛頓，曾登碑觀覽徐氏語，頗有體悟。

鄭觀應、王韜、薛福成等初步接觸西政者，都有類似反應：將其與周制、三代之治相比擬。另外，現代新儒家開山者熊十力將周制集成《周禮》詮釋為民主、憲政、共和的祖源。熊氏於 1951 年上書毛澤東，稱《周禮》乃古代聯邦民主制的設計，今人照此辦理，即可建設現代國家。可見託古改制是近代中國改革思維的一大走向，不少卓越的思想者，將民主、共和的實現寄望於對周制（或表述為周禮、三代之治，等等）的復歸。這說明三個問題，其一，去古未遠的周制包蘊的開明君治及原始民主遺存，與近代民主制之間具有可比性，三千年前的周制提供了中國人接納近代民主制的某種想像性基礎；其二，中國近代民主主義者將皇權專制的秦制視為批判對象，而以周制作為取代秦制的歷史象徵；其三，將近代民主制附會周制，或將周制拔高為近代民主制，又表明我們思維方式的向古看而不是向前看，這正是中國近代化進程中的一種並不健全的思維方式。所以我們今天確有必要歷史地研究周制與秦制，研究周制向秦制轉化，研究兩制的現實影響，以清理中國近代文明前行的基地。像楊華老師做的禮制考析，便很有意義。

中國史學有研究制度文化的傳統。《史記》八書、《漢書》十志，是制度史專論，以後的正史都有典章制度篇什。唐人杜佑《通典》、宋人鄭樵《通志》、宋元之際馬端臨《文獻通考》稱「三通」，乃制度史巨著，以後續有典制之作，合謂「十通」。近人呂思勉著《中國制度史》。前賢留下豐富的制度史成果，奠定了厚實基礎。但是我們不必重複先輩，而當另闢蹊徑，如從周制與秦制解析入手，縱覽制度史邏輯，這或許是一種新探索。

無論對此唱輓歌還是奏頌曲，只要材料豐富，便有存史價值、審美價值。

主持：謝謝馮先生！剛才馮先生談了對周制與秦制的研究心得，以及他正在展開的寫作計劃。這既是先生個人的構想，也是我們中心的一個學術走向。多年來馮先生聚焦於中國文化史的元典創發期和明清之際轉型期研究，近十餘年由此二端拓展出制度文化考析，時下正在撰寫的《周制與秦制》為其結集。我們認為制度是中國文化史研究的一個重要側面，中心正集中部分力量投入其間。

馮先生回應了秦老師關於周制和秦制的相關問題，尤其是關於這兩種制度對於中國乃至全世界近代化的影響。中國走向近代化過程中，如果用周制和秦制來另加解讀，將會大有學術價值。徐繼畬、王韜等人的思想路徑，或許可以重新審視。馮先生剛才還講到日本近代化過程中的制度變遷，例如廢藩置縣等，也很重要。

有一點我想補充一下。早期馬克思主義史學家，如郭沫若、翦伯贊、侯外廬等談古史分期問題和上古史其他問題時，也多次講到周制的影響，還有講到原始氏族的遺存問題。我們以往把這些東西都過於概念化了，或者不太重視。其實他們 1930—1940 年代在重慶的時候，為了反蔣，這兩種制度講得特別多。我想，這對於今天和未來進一步的深入研究，都是思想前導，值得我們注意。

還有時間，請各位老師做回應或者是提問。然後請秦老師、馮老師再作闡發。

陳浩武：我特別高興回到自己的母校，我是學經濟學的，但是這些年來我成為一個歷史學的票友，我自己稱自己是一個票友，就是最近大概 10 到 15 年以來，我開始從經濟學領域轉向歷史學領域，但是我的歷史學和兩位老師的歷史學，不在一個檔次，我關注的是人類文明史，就是文明和文明之間的關係，歷史和歷史之間的關係。所以我跑了 80 多個國家，這些 80 多個國家主要不是去看它的風景，主要是關注它背後的人文歷史。

80 多個國家，十年跑下來的結果，就是我最近在喜馬拉雅上開了一個講座叫「人類文明進程 100 講」。講座其實就是我這些年來遵循古人先行的教誨，叫讀萬卷書，行萬里路。我認識中國很多歷史學家，他們做了很多研究，但是他們都沒有去過他們所研究的目的地，包括我認識貴州師範大學的藍琪教授，其實她也是武漢大學的博士，她最近在商務印書館出的中亞史，我跟她交流的時候，她說陳老師我一次都沒有去過中亞，中亞的一個國家我也沒去過，這其實是一個很大的遺憾。

（因此）我想說一個話題，一個很有趣的話題，就是我在琢磨秦帝國它是怎麼崛起的，好像跟今天的主題稍微有點關係。那我們都知道秦統一六國時期是非常的邊緣，在西邊遙遠，它的文化，它的技術統統都非常落後，它比六國來還差很多。那為何秦會統一六國，中國的史學界大體的説法是商鞅變法，就是因為商鞅變法，加強了集權制，因為搞了很多這種政策性的改變，所以到秦的崛起，但是我們走了很多路以後，發現題目有點問題。

因為在一個冷兵器時代，如果沒有在軍事技術上的絕對優勢，沒有那種碾壓式的優勢，它是很難去征服其他國家，它大體上是一個均衡的狀態。所以我們後來發現了一個很奇怪的現象，就是中國秦的崛起，其實是和古波斯文明有非常深刻的關係。怎麼來解釋？就從歷史上來看，亞歷山大征服波斯，就是公元前 323 年，最後他攻佔了波斯的首都波斯波利斯。這過程當中，他首先摧毀了古波斯的宗教，就是瑣羅亞斯德教。大量的波斯祭司向東逃亡，因為他是從希臘打到波斯，這些祭司就像龍頭，他們向東逃亡的第一個目的地在哪？不是長安，也不是曲阜，而是我們最西邊的秦，最西邊的秦嶺。所以最西面的秦他們最先接觸到波斯帝國被驅趕過來的這些波斯祭司，波斯是人類第一個橫跨歐亞非的大王朝。這個王朝對人類是作出了極為重要的貢獻的，他們在很多方面都給人類作出了貢獻。因為他們的文明其實相對處於一個比較高級的形態，波斯的滅亡向東逃亡，他們來到秦帝國。

我們預計在當時的秦的宮廷裏面，有很多來自波斯的祭司，他們這些人把波斯的文明帶到了中國。第一個就是天文學，第二個就是冶煉技術。我們知道赫梯人是最早從事冶煉的，赫梯人的這種冶煉技術明顯要高於中原，高於中華地區。他們帶過來了。你說東西究竟有多少證據可以證明這一點，當然現在來看，一個問題還需要有很多的證據去證明它，但是我們現在起碼可以看到的現實的例子，可以找到很多痕跡。

比方說波斯帝國建立以後的第一項行動就是修王道。秦帝國的第一項行動叫車同軌。在中國就要說叫修御道，秦始皇，秦始皇他去巡視路途上，張良僱人去擊殺他，就是說他是坐的王道的車到處在全國巡視。第二個，波斯帝國建立以後的第二個行為就是統一文字，而秦朝它做的一個重大改革，就是講叫書同文，是相似的。秦始皇在他建立了秦帝國以後，他做了一個很重要的事情，就是把天下兵器收錄以後鑄十二金人，這並非中國傳統文化，而恰恰是波斯的 12 月份。所以現在當然我不展開來講問題，很多例子當中能夠找到秦帝國和波斯帝國在文明之間這種聯繫，還可以舉出很多例子來，比方我們在天文學上的這些變革，所以現在人們就提出一個大膽的設想，就是說秦之所以能夠統一六國。一個非常重要的原因是因為波斯文明對中原文明產生了很重的影響，對中原文明它的冷兵器冶煉技術有一個明顯的提高。在冷兵器時代冶煉技術的提高，是會對其他的國家形成一種碾壓式的優越的。

所以說我所關注的點是文明和文明的關係。我認為中華的文明其實在很大程度上是受到地中海文明的影響，或者說受到兩河文明的影響。現在其實有很多人來提出這種假說，具體到秦，其實它是受到波斯帝國的影響，在時間邏輯上對不對呢？邏輯上自洽，剛才說亞歷山大大帝東征波斯最後的一個勝利，就是在公元前 323 年佔領了波斯波利斯，而秦帝國的崛起是在公元前 221 年，中間有多長時間？大約 100 年的歷史，100 年的歷史足夠讓秦有一個科技的發展（的時間），天文學的發展和它的冶煉鍛造技術的發展，使秦帝國有一個很大的昇華。我們不要拘泥於所謂的商鞅變法之類的說法，我們要承認文明之間是有交流的。比方說現在我們對三星堆這種東西的考察，就很難做出一個時間上的自洽的解釋。我大體上做一個小小的補充，話題和今天不見得有關係，只有一點點小小的關係，就是秦的崛起。

主持：謝謝陳老師。秦的崛起是談了多少年的老話題。科技、天文、制度這些東西，當然是文明的一方面。兩種文明的交流，可能跟近代中國走過的道路差不多。是先接受制度還是先接受科技？一般認為，能接受另一種文明的物質和科技，說明這種文明對之存在需求。是先接受物質文明，再接受制度文明和思想意識，從一個從外到內的過程。這是很有意思的話題。

秦暉：當然，我們也許不能簡單地講次序，尤其對於晚清史，一個最簡單的問題就是，如果按照器物—制度—文化的順序，是沒有辦法理解太平天國的。太平天國還在洋務運動之前，但是不管太平天國的基督教多麼不正統，洪秀全受梁發影響，從羅孝全學教，應該是基本事實。要說西方文化是到了新文化運動之後才對中國產生影響，那是完全不符合基本常識的。而且很明顯的是，文明的這些成分也是互相影響的，可能很難說一定有什麼順序或者誰決定誰。西方器物也不是洋務運動才傳入，早在晚明時，「紅夷大炮」已經發揮很大的軍事功能，入清後反而倒退了。而利瑪竇傳教則在更早。所以順序論和決定論都不是固定的。

馮天瑜：陳老師講到波斯文化對秦帝國的影響，這是個值得注意的問題。不過，這須有文獻材料、考古材料證實。

我贊成吳千寵先生的說法，人類文明從分散到整體，在近代以前，諸文明基本處於分散狀態，東地中海諸文明間互相會有影響，如埃及文明與美索不達米亞文明，以及後來通過克里特島到希臘，在一定的程度上發生互動。又因亞歷山大東征，東地中海文明對波斯文明、南亞文明發起衝擊，但由於存在險峻的地理障壁，紀元前及紀元初，中華文明獨立於西方文明之外，現在還沒有跡象說明東地中海文明、波斯文明成規模地進入秦朝、漢朝。如果發現波斯文明入秦的證據，中國乃至世界文明史將要改寫。

陳浩武：這是一個推測，但是現在引起學界的討論。

主持：好，還有沒有其他老師？吳老師請發言，這是我們哲學系的吳根友教授。

吳根友：感謝陳老師，留了很多東西，然後今天馮先生（講得）非常有意思，就是從史學從思想史的角度，把秦制和周制，把它特別拎出來，那我從哲學的角度講，其實這兩個概念可以作為一個研究，中國史和世界史的一個範式來對待，就是秦制代表了集權政治，或者是一個國家的統治和人民，周制可能代表地方的分權，等等，就這兩個概念，從思想史上來說，它有很強的解釋力，特別是秦老師縱橫捭闔，從頭到今從中到外。

概念提的時候，有這樣一個廣泛的基礎，不一樣的，我們這經常在政治學和政治哲學講到的民主與專制的這樣一類範疇。所以就兩位先生的配合，我就感覺到在羣體裏，周制天下的國家這樣一個範疇裏面，我們可以對世界政治給出中國的話語，也不一定要局限於這樣一個民主與專權，周自己可能更多地包括分權和民主的因素。這兩個可以有很強的歷史學和政治學的解釋力，對世界文明的格局和制度、文化的變化，可以有這樣一個啟發的意味，這是我們從聽了之後一直在思考的。

第二個就是剛才馮先生講得特別好，就是我們作為概念上或者歷史的描述上講，周秦形成的也不是一個簡單的平行的概念，而是互相之間的滲透。稍微了解中國史都知道，漢代它畢竟還是這樣一個帝國的天下。它裏面有分封制，一直在整個中古到清代，都沒有停止，當然後來的分封制的政治意味越來越低，象徵意味越來越大，但畢竟還是存在。

整個中華民族的所謂的人文精神的宗教味道是比較淡的，在周秦二制的這樣一個跌宕起伏又融合又相互滲透的一個漫長的歷史過程中間，中華的這樣一個抽象的人文精神，能不能有一些內在的比較一貫性的東西，就是我們講兩個制度交替進行互相滲透過程中間，它能不能體現出一些精神性的文化。而更歐洲的基督教、不光是後來的新教和天主教，等等，它有一神教所形成的一些在文明在精神層面的差異，不知道兩位先生能不能就做一些各自的簡要的闡述，我這是一個回應，也是一個提問，好吧？

秦暉：大家也都知道我這幾十年有一論點，即我還是比較強調文化和制度是兩個東西。「選擇什麼是『文化』，能否選擇是『制度』。」我不主張有「文化制度」或「制度文化」這類說法。當然在另一種定義系統中這些說法是可以的，甚至必需的。比如馬克思主義就把文化定義為一定社會制度的上層建築，所以一開口就是「封建文化」「資本主義文化」「社會主義文化」，但是這種定義是不講橫向的「文化類型」，那時我們幾乎沒有聽到什麼「中國文化」「西方文化」「印度文化」的提法。其實我覺得兩種定義系統都可以存在，但是你不能混着用，否則邏輯就亂了，我一再強調這一點。比方我主張「文化多元」，所以肯定信仰自由反對宗教審判。但有人抬杠說「信仰自由」就是一種「文化」，「宗教審判」是另一種「文化」，所以肯定信仰自由反對宗教審判就不能說是文化多元，而是一種「文化霸權」。你說這還能討論下去嗎？

所以我認為所謂的文化就是特定的價值偏好，而價值偏好的前提就是你要有選擇權。在這個背景下，當然可以談論我們繼承下來的傳統思想資源對我們未來道路的影響，但是這種討論不應拘泥於某一個文化內部的學術術語，因為如果是這樣的話，就會導致你說你的，我說我的，說不到一塊去。

其實雖然一神教和中國的儒教有非常大的區別，但是在「人同此心，心同此理」的基本層次上是沒有本質差異的。這就造成了剛才馮先生也提到，晚清很多國人一到西方，就覺得他們那一套比我們要「仁義」，當然我這裏指的是內政，至於侵略外國那是另外一回事。用「仁義」而不是用「自由」「民主」這類詞來誇獎，可能是文化之別，但真心覺得那種內政比我們這種好，就是「心同此理」了。無論開明的人，還是保守的人，其實都這麼想。包括郭嵩燾的死對頭劉錫鴻，容閎的剋星陳蘭彬，他們私下講的都差不多，唯一的區別就是在朝堂上一個講真話，另一個講假話就是了。劉錫鴻對英國制度的仁義道德，在他的日記中寫得比郭嵩燾有過之而無不及。這不就是「人同此心，心同此理」嗎？

我之所以提到「封建」時講周制，而不講「封建制」，就是因為一扯到「封建制」就會引起人們對西歐的「封建制」和中國的、馮先生叫做宗法封建制之別。周制實際上就是比較強調血緣關係的，西歐我們知道經過羅馬幾百年的發展後，他們是不太強調血緣的。他們的「封建」比較強調封主和封臣之間那種保護和被保護的契約。但是契約如果訂了就沒法解除，也就變成「身份」或依附，而依附如果以小共同體內長期直接的人際交往為基礎，其實都會出現「主人的主人不是我的主人」，所有的小共同體基礎上的依附關係，都多少籠罩着熟人社會的溫情脈脈「面紗」，這個特點無論中國、印度還是西方是沒有本質區別的。所以我有的時候想，如果我們真的死摳孔孟時代的價值觀，那我們應該承認西方中世紀要比我們現在更儒家，因為西方中世紀和儒家喜歡的周制都是小共同體本位，那些原則更符合儒學描述的那種倫理，包括主人和附庸之間的「主信臣忠」之類。還有日本傳統的武士護主與先秦時代的豫讓、聶政，不也極其相似嗎？所以我常常覺得「文化」之別不如制度的類同重要。

在周秦之際變化的評價中，歷來有兩種截然相反的說法，一種是肯定這一變化，一種是否定這一變化。肯定這一變化的一個重要理由就是認為周制有等級，而秦制因為它是官僚制，皇上看中誰就用誰，官僚制就有布衣卿相的機會。包括後來很多人吹捧的科舉制更是這樣，說這很平等。同時也有很多人罵秦制，說周制是溫情脈脈的，秦制是非常殘酷和血腥的。其實這兩種評價是可以統一的。我經常想周制和秦制最重要的區別在哪？把儒家或者基督教拋開不論，其實無非就是小共同體本位時代有很多小主人，每個小主人各有一批依附者，小主人和依附者之間就有很大概率出現直接人際交往。而秦制，全國只有一個主人，這就造成了一個後果，比如說秦，現在一般說秦代有兩三千萬的人口，那兩三千萬人秦始皇認識幾個？郡守縣令恐怕都輪不到，布衣甚至比布衣更卑賤的倒不無可能。比如趙高，哪個太監不是三代貧農九代乞丐出身？從身份來講，的確這些人對於皇帝而言是平等的，秦制的平等可以做到：皇上殺李斯，殺一個宰相和殺一個乞丐沒區別。以前貴族制度，要議親、議貴、議功，等等，在極端的秦制下這些都別議了。我們所有的人對於皇帝而言都是他的奴才，而我們互相不能為奴才——這是秦制的一個忌諱：其實秦制最忌諱的就是除了皇權以外、臣子間的那種横向依附關係，包括「封建」。

剛才馮教授也提到周制以後一直存在，但是一直存在，也是始終作為秦制的對立面而存在。只要皇上技術上能夠做得到，他就想消除這些東西。道理很簡單，對於皇上來講，他最相信的就是他身邊的人，那些除了他的寵信外沒有任何依憑的人，那些人越低賤越好。同等條件下皇上更喜歡用那種苦大仇深的老貧農，這是一個傳統，最典型的就是宦官，你說哪個宦官不是苦出身？富貴人家會自閹為奴嗎？我們經常講貴族制會阻塞社會階層之間的流動，這的確是大問題，尤其是西方，因為西方不是從帝制而是從貴族制進入現代化的，所以它特別重視流動性問題，關於科舉制度的研究上百年來都是討論它的流動性功能。

最近西方漢學中關於科舉制有一個反過來的說法，說科舉制造成的流動性並沒有像以前想像得強，他們強調科舉制其實也有身份固化現象，由於科舉成本高，很多功名都出自世家，真正由田舍郎登上天子堂的還是很少。但是我認為這其實不重要。最重要的是什麼？最重要的是我們不能把布衣卿相理解為代表布衣的卿相。其實布衣卿相比貴族對布衣更狠，這是一個普遍現象。我看過明清改土歸流時的不少材料，說原來的土官對那些土民還比較留情。改流的結果，流官一任，三年就走，任內橫徵暴斂只顧媚上升官，完全不管土民死活，把土民搜刮得「酒不待熟，雞不成蛋」，逼得土民紛紛擁戴原來的土司造反。這些都是朝廷文件記載的，不是土官造謠。

如果要講平等，秦制是平等，因為官民都是皇上的奴才，官民之間沒有依附關係，如果有依附關係，民反倒有「靠山」了。比如縣太爺我們很害怕，但不是因為我是他的農奴，如果我真的是縣太爺的農奴，縣太爺既剝削我也會照顧我，他來的時把我帶來，走的時候也會把我帶走，我們祖祖輩輩都跟着他，他也祖祖輩輩就擁有我們這些人，整死我們對他何益？但現在他也和我一樣都是皇上的奴才，我和他處境一樣嗎？當然不一樣。因為他是得寵的奴才，我是不得寵的奴才。皇上派他來治我們三年，錢糧超額上面喜歡，他就升官走了。我被橫徵暴斂餓死了他會在乎？

秦制的一個最基本的政治邏輯，就是那首民歌講的「天高皇帝遠」，皇上沒法直接管那麼大疆土上那麼多臣民。他又要壟斷依附關係，不願層層分封，使「人各親其親長其長」，有個夠得着的主，那皇上就只能用受寵的奴才去整治那些不受寵的奴才。而受寵的奴才整不受寵的奴才往往比主人直接管奴才更壞。因為就算奴才不是人而是「當牛做馬」，役使自己的牛馬還有節制，知道愛惜，役使別人的牛馬往往是不知道節制的。特別是役使得夠猛還可以更受寵（升官），那就更沒有節制了。這是從人性中很容易推出來的一個道理。

主人和奴才的關係，有個經典的案例一大觀園，那就是「受役使也受庇護」的典型。而受寵的奴才整不受寵的奴才的一個經典的案例——古拉格。

當年「古史分期」之爭經常計較奴隸制和農奴制的區別，其實現在看來根本不重要，農奴和奴隸的區別有時也很難說清。比如說像古斯巴達的黑勞士，人們爭論了幾十年，很難說它到底是農奴，還是奴隸。但是有一點很清楚，如果是個人之間的隸屬，有一個具體的主人，而且主人跟他有直接接觸，那麼主人的態度可能取決於奴隸價格，除非像羅馬共和末期有一段時間戰俘特別多、奴隸極端便宜，主人揮霍這種「財產」並不在乎，對奴隸就會很嚴酷。但一般情況下不會這樣，比如古希臘，以前說古希臘是奴隸社會，但是古希臘個人使用生產奴隸並不多，這方面主人虐待奴隸的材料幾乎是找不出來的。但是古希臘奴隸有兩個非常惡劣的案例，一個是阿提卡半島南端的勞里昂銀礦，我們知道勞里昂銀礦是雅典政府財政的一個主要來源，按照有些經濟史的研究，雅典的財政 70% 是來自勞里昂銀礦，它是一個國營企業，用「國有」奴隸挖礦，管奴隸的也不是什麼高貴的人，那就是古拉格式的經濟，真的是慘不堪言；一個是剛才講的黑勞士，它到底是奴隸還是農奴其實說不清楚，但明確的是他們屬於斯巴達國家，斯巴達人只打仗不幹活，幹活全靠黑勞士，黑勞士完全沒自由，但它不是任何私人的奴隸或農奴，它只屬於斯巴達國家。國家怎麼對待黑勞士，真的是一點溫情脈脈都沒有，公然每年春天派人無端屠殺黑勞士不是鎮壓造反，這稱做「滅丁」政策，就是害怕他們人口增加得太快，會影響國家的安全。你說我不知道黑勞士是奴隸還是農奴，但是他肯定比一般的奴隸悲慘得多。關鍵就在於他沒有一個具體的主人，他毫無人權，就是財產，更可悲的是，他還是「產權不明晰的國有財產」，任何人都不愛惜。斯巴達國家也好，國家派去具體管黑勞士的人也好，對他們都全然沒有任何溫情脈脈的色彩。

講到這裏就能理解古儒為何「崇周仇秦」。周制下有主人的附庸，秦制下所謂平等的「編戶齊民」，兩者的區別也就在這裏。西方人只知道貴族制不好，所以極重「流動性」，即便批評科舉，也是說它的「流動性」不強，幾乎沒有人考慮這些「布衣卿相」對通常的布衣究竟如何。但是在奴隸羣中偶爾「流動」出個走狗，對絕大多數奴隸來說這會更好嗎？要說「流動性」，宦官制比科舉制更強，三代貧農九代乞丐之人一旦「流動」到皇上身邊，就可能變成威逼朝官的「九千歲」，但這難道就是一般貧下中農之福？無怪乎大儒如朱熹者，儘管後來科舉題庫和答案都以他的文字為準，但他本人卻大罵科舉不僅不如「鄉舉里選」的周制，甚至不如魏晉九品中正，「尚德之舉不復見，流弊極矣」。

最近美國的種族問題鬧得很厲害。很多美國人，尤其是美國本身的學者，有些也不太懂歷史比較，他們總是將美國的黑奴制後遺症和南非的種族隔離制相提並論，說美國也有種族隔離。其實這是兩個完全不同的東西，黑奴制當然很壞，但主人奴隸都在一個莊園裏怎能叫「隔離」呢？黑奴解放後幾乎都進了城，就更談不上「隔離」。其實南非當年的白人政府歷來是拿美國作為一個反例，說美國的黑人政策從來都是錯的，因為美國讓黑人和白人同住一地，不管是過去的莊園，還是後來的大城市，結果城市給黑人弄成什麼樣？到處是貧民區，治安敗壞。南非白人說我們不一樣，過去我們就是把黑人趕走，從來不用黑人做奴隸。現在我們實行「有序的城市化」，只讓黑人拿「暫住證」進城打工不讓在城安家，他們的戶口必須留在「黑人家園」（鄉村部落）。平時滿大街查暫住證，沒有就扣起來，強制收容遣返。打工黑人我們安排住集體宿舍，沒工打了就回老家。「黑人家園」土地歸部落集體，按規定計口分地，不許土地私有，打工黑人就算有「退路」了。我們用不着打工黑人了，就可以把他們趕回農村，靠部落份地耕作終老……這樣我們就與他們「隔離」，可以「各自發展」——這樣的制度，從過去到現在美國有過嗎？有點近似的倒是印第安人，美國白人過去是把他們趕走，並不用印第安人做奴隸。

其實在過去的南非，黑人比奴隸的地位更低，這是很多外人不懂的。南非以前是有奴隸的，但不是黑奴。當時南非白人主要是布爾人，「布爾」就是「農民」。這點南非倒是比當年的美國「平等」，白人農民是自己種地的「勞動者」而不是奴隸主，是不要黑人做奴隸的，他們只搶黑人的土地，然後把黑人趕走，趕走以後就讓他自生自滅。後來發展工業，需要黑人做廉價苦力，但仍然不是讓黑人做奴隸（奴隸是不能隨便趕走的），而是讓黑人進城打工。有證的黑人就可以在城裏打工，但是不能在城裏入戶。老了以後就回黑人家園，在那裏種責任田還不許你有土地私有權——「好心」的白人怕你賣了土地跑到城裏來流浪，或者形成難管的貧民窟，給白紳士們堵心添亂。他們經常以美國城市黑人區治安差為戒，說是取消了種族隔離就會這樣。

今天才來到南非的新華人（基本是大陸華人）是不懂這些的。但種族隔離時代來的老華人（基本是台灣華人）都經歷過那個時代。前些年南非約堡市警察局長孫耀亨（老華人）跟我說，他幼年就多次親眼見到白人警察當街扇無證黑人的耳光，把黑人當場銬走。他感慨道：那時的黑人比奴隸都不如！

其實過去南非也是有奴隸的。南非的奴隸後裔就是今天所謂的「有色人」。有色人是黑人與白人之外的南非第三大種族，他們基本上是馬來人。因為當年南非與印尼是荷蘭人在地球上的兩大殖民地。荷裔南非白人（就是布爾人）不用黑人做奴隸，但是他們中不少富人從荷屬印尼等東南亞引進了很多馬來人，這些馬來人當年就是給白人當奴隸的。然而從那時到種族隔離廢除前，有色人的地位都高於黑人，僅低於白人。為什麼？就是因為他們有具體的主人。他們當然面臨主人的壓迫，相信自由民主的人都不會認為這值得羨慕。當然更不會認為奴隸制是個值得稱讚的制度。但是在南非，這些有具體主人的奴隸顯然不是最慘的。起碼主人為他們屏蔽了國家暴力。而南非黑人是沒有主人的，他面臨的就是南非白人國家的壓迫。而國家對他們的暴力完全沒有人情味可言，乃至黑勞士被「滅丁」一樣。當年這種暴力搶佔了他們的土地，後來這種暴力又把他們當做都市盲流來虐待。反觀美國黑奴，且不說《亂世佳人》這種白人立場的作品對內戰前南方的美化，就是公認的廢奴主義名作《黑奴籲天錄》，在譴責奴隸制的同時也有不少莊園中牧歌式「主奴之情」的描寫。作為「自由盲流」的南非黑人能有這種境遇嗎？

在某種意義上，「自由但隔離」的南非黑人與有色奴隸乃至美國黑奴之比，就有點像秦制與周制之比。所以你要談秦制下的流動性也可以，但這種「從奴隸中提拔管家」的流動性是不能與公民社會的流動性相提並論的。布衣卿相絕不是代表布衣的卿相，對絕大多數布衣而言，他們中間出了卿相。

這就是為什麼「天高皇帝遠，民少相公多」的秦制會有「一日三遍打，不反待如何」，而周制卻不會的道理。秦制流官「為國聚斂」下會有大量餓殍，而周制不會，秦制下官逼民反導致大規模民變，而周制未之聞也。我分析、比較秦制和周制，其實都是從基本人性出發。文化差異肯定是有，但剛才就雅典斯巴達、南非和美國南方講了那麼多，就是想說小共同體的溫情與大共同體的冷酷其實是超文化的。當然歷史上秦制的優點我們前面也說過。今天我們絕不是只有秦制、周制兩種選擇，恐怕也很少有人會真的認為周制應該恢復或者能夠恢復。但是當年古儒對秦制進行的道德批判確實持之有故符合歷史事實，而今天我們走出秦制追求「新制」，這些批判作為思想資源也是應該重視的。

主持：好，謝謝秦老師！

馮天瑜：編戶齊民是秦制的一個要點。周制是貴族分權，天子下面有各級貴族，貴族統治庶眾，組成許多小共同體。而秦制取締了層層貴冑對社會的實際控制，消解小共同體，皇帝操縱的朝廷命官直接治理庶眾，構建皇權國家大共同體。這是周秦二制在社會組織層面上的差異所在。

主持：謝謝馮先生！本來還想再開放幾個問題，但時間有限，恐怕不太可能了。今天討論的，是一個非常有學術價值的話題。此前講儒法關係的特別多，而且講得很早，討論的學者很多，材料也很豐富，理論也比較成熟，但是，將周制和秦制作為一個話語，作為一個學術範式或者解釋框架，還比較少。最近幾十年來，可能在座的兩位即馮老師和秦老師，是講得較早又較系統深入的。這個話題還遠遠沒有完結，還要研究下去，還有很多內容值得開掘，比如説，周制與秦制的時間先後關係問題，實際上法是在儒裏面生長出來的，秦制是在周制裏面生長出來的，等等。又比如説，兩位老師講到的西方與中國對應的話題、日本跟中國對應的話題，此前很多學者也想過或談過，但是大都沒有兩位先生這樣的學養，知識範圍、理論思考不夠，談的不能令人滿意。

在座各位，我們今天非常有眼福、耳福，我們看到了兩位學者的研究深度和廣度，大受啟發，「目擊而道存」！我們再次感謝兩位，也非常感謝參加今天活動的各位老師和同學！

秦漢史講義（增訂版）

秦暉　著

責任編輯　俞　笛
裝幀設計　鄭喆儀
排　　版　黎　浪
印　　務　劉漢舉

出版　中華書局（香港）有限公司
香港北角英皇道 499 號北角工業大廈一樓 B
電話：（852）2137 2338　傳真：（852）2713 8202
電子郵件：info@chunghwabook.com.hk
網址：http://www.chunghwabook.com.hk

發行　香港聯合書刊物流有限公司
香港新界荃灣德士古道 220-248 號
荃灣工業中心 16 樓
電話：（852）2150 2100　傳真：（852）2407 3062
電子郵件：info@suplogistics.com.hk

印刷　美雅印刷製本有限公司
香港觀塘榮業街 6 號海濱工業大廈 4 樓 A 室

版次　2025 年 4 月初版
2026 年 1 月第三次印刷

規格　16 開（240mm×170mm）

ISBN　978-988-8912-87-2